Rudolf Nissen
Kritische Methodik des Englischunterrichts 1

Rudolf Nissen

Kritische Methodik
des Englischunterrichts

Erster Teil: Grundlegung

Quelle & Meyer Heidelberg

Rudolf Nissen
Studiendirektor
Fachlehrer für Englisch und Deutsch
am Bismarck-Gymnasium, Hamburg
Fachleiter für Englisch
am Staatl. Studienseminar f. d. Lehrämter
an Hamburger Schulen, Abt. 2 (Gymnasien)

© Quelle & Meyer, Heidelberg 1974. Alle Rechte vorbehalten.
Jede Vervielfältigung, gleich welcher Art und zu welchem Zweck, ist
ohne ausdrückliche Genehmigung des Verlags unzulässig.
Printed in Germany. Satz und Druck: Bücherdruck Wenzlaff, Kempten.
Umschlagentwurf: Friedrich Vogt, Heidelberg

ISBN 3-494-00758-6

Ein Gedanke hat genau so viel Wert, wie die Sprache darauf legt, eine zu sein. Hinter dem Wort steht sowenig das eigentlich Gemeinte, wie hinter dem Spiegel wir stehn, wenn wir davor stehn.

A. P. G.

»... mit Worten allein läßt sich der Erfolg gar nicht beschreiben.«

H. W.
(aus dem Brief eines begeisterten Kursteilnehmers nach absolviertem Sprachschnellkurs)

Da Sprache der Selbstausdruck des Geistes ist, da die Beherrschung einer Fremdsprache also – vereinfachend ausgedrückt – die doppelte Expressionskraft und die entsprechend tiefere Durchbildung aller geistigen Fähigkeiten verlangt bzw. bewirkt, ist die sprachliche Schulung in all ihrer sachlichen Nüchternheit eine Aufgabe von solcher Bildungspotenz, wie es kaum eine zweite gibt.

W. H.

Die sittliche Person, wenn sie eine solche zu bleiben wünscht, hat ... die (Pflicht), grammatisch zu denken.

A. P. G.

Schon wieder Englisch!

N. N.
(Stoßseufzer des Unbekannten Schülers)

The trouble with education is that nothing that's worth learning can be taught.

O. W.

Inhalt

Verzeichnis der Abbildungen

Verzeichnis der im Zusammenhang mit Zeitschriften-Aufsätzen verwandten Abkürzungen:

NSpr.   – Die Neueren Sprachen. Diesterweg (Frankfurt/M.)
Praxis   – Praxis des neusprachlichen Unterrichts. Lensing (Dortmund).
NM   – Neusprachliche Mitteilungen aus Wissenschaft und Praxis. (Cornelsen-) Velhagen & Klasing (Berlin).
FU   – Der fremdsprachliche Unterricht. Klett (Stuttgart).
ELT   – English Language Teaching. Oxford University Press (London).
LuD   – Linguistik und Didaktik. Bayerischer Schulbuch-Verlag (München).
pl   – pl – Programmiertes Lernen, Unterrichtstechnologie und Unterrichtsforschung. Cornelsen (Berlin).
IRAL   – International Review of Applied Linguistics in Language Teaching. Groos (Heidelberg).
ZE   – Zielsprache Englisch. Hueber (München).
ETF   – English Teaching Forum. A Journal for the Teacher of English outside the United States. Information Center Service of the United States Information Agency (Washington, D.C.).
CONTACT –   CONTACT. Revue officielle de la Fédération Internationale des Professeurs de Langues Vivantes. Sauerländer AG (Aarau)/Fédération Internationale des Professeurs de Langues Vivantes (Bern).
SpTZ   – Sprache im technischen Zeitalter. Kohlhammer (Stuttgart).
Englisch   – Englisch. Cornelsen (Berlin).

Sonstige Abkürzungen:

DaF; PMLA; DU; betrifft: erziehung; Neue Sammlung; Neue Deutsche Schule; TLS; Times Ed. Suppl.;
ALD; COD.

ET   (= Einübender Teil),
DT   (= Darstellender Teil).

Einübender Teil

*(Vor dem »Darstellenden Teil« zu lesen! – Effizienter Fremdsprachenunterricht ist das Er-
gebnis einer Haltung, nicht einer Technik: Die »Techniken« kommen aus einer Haltung, oder
sie kommen nicht.
Es ist also wohl besser, diesen »Einübenden Teil« wirklich zu lesen = sich in einer – sprach-
bewußten, strukturbewußten, sprachpädagogisch bewußten etc. – Haltung »einzuüben«.
Vor allem anderen!)*

Vorspiel

Statt einer Einleitung

L'appétit	*vient en mangeant.*
L'idée	*vient en parlant.*
Der Appetit	*kommt beim Essen.*
The more one has,	*the more one wants.*

1. Diese vier Versionen einer – ja, was denn nun: Erfahrung? – oder: sprachlichen Struk-
turformel? – eines Klischees? – finden sich *nicht* in dieser Zusammenstellung in KLEISTs
Essay »Über die allmähliche Verfertigung der Gedanken beim Reden«. Kein Wunder:
Sie nehmen sich seltsam genug aus, in dieser Zusammenstellung. KLEIST nennt nur die ersten
beiden »Fassungen«; er kennt die dritte, kein Zweifel, aber die vierte hätte ihn gewiß
überrascht (und dies gewiß nicht nur des – damals noch – gesellschafts-unüblichen Idioms
wegen).

1.1. Barbaren – Babbelbrüder, Stammler – Bezeichnung der Griechen für jeden, der eben
»anders« sprach: Europa beginnt mit der Verteufelung der Fremdsprachen. Es endet mit
den Versuchen, deren jeweils eine auf den Schild griechischer Modellhöhe oder wenigstens
doch kommunikativer Kulturnorm zu erheben: KLEISTs Französisch – »unser« Englisch;
beide, je auf sich bezogen, zu weltumspannender Plapperei einladend. GOETHE, beiden
Jahrhunderten an Neigung überlegen, sprach und las beides. Seine bis zum Überdruß
zitierte Maxime Nr. 1015 sei hier abermals zitiert: »Wer fremde Sprachen nicht kennt,
weiß nichts von seiner eigenen.« Keinerlei Einschränkung erscheint: offenbar sind ihm alle
Fremdsprachen »gleich bedeutend«.
Stadtluft macht frei. Athen, erste Groß-Polis unserer erst noch embryonalen Kultur, verband bereits mit jenem Abscheu vor den Artfremden, die da lallten, die Faszination durch
Sprache überhaupt. Großstadt und Thema expandierten in der Folge: In Berlin um 1810
geht Kratylos-Suche nach dem Sinn von Sprache weiterwetternd einher mit fremdsprachlich gebildeter kommunikativer Politik. Geselliges Geschwätz und Massen-Information,
literarische und kriminalistische Lese-»Features« oder Reports spielen ineinander im ersten
deutschen Boulevardblatt, der ersten Tageszeitung Berlins, den »Berliner Abendblättern«.

KLEIST, ihr Herausgeber, verhalf der durch das neue Medium zugleich sichtbar gewordenen kommunikativen Unruhe im selben Akt zu Äußerungs-»Stoff«, Stimme, Reflexion und Selbstverständnis. Als erster deutscher Journalist von großstädtisch-modernem Zuschnitt legte er Wert auf die Zusammenarbeit mit den administrativen Steuerungszentren seiner Zeit, Polizei und Behörden; vom modernen Massenblatt unterscheidet seine Zeitung im wesentlichen nur die Höhe des Niveaus damals sowie die entwickelteren Konsumgewohnheiten breiterer Adressatengruppen und der entwickeltere Appeal in Aufmachung und Bildreichtum heute. Als der Kontakt zu seinen Informationsquellen, eben den Behörden, schlechter wurde, brach das Unternehmen zusammen.

1.2. Kleists Aufsatz »Über die allmähliche Verfertigung der Gedanken beim Reden«

1.2.1. Bedeutung des Kleistschen Aufsatzes

Heute interessiert uns der »Stoff« kommunikativer Dynamik aus jenen Tagen nur mehr mittelbar. Geht es aber um deren Stimme, Reflexion und Selbstverständnis, dann sind wir herausgefordert. Angesichts der wohl reinsten Spiegelung jener Stimme nämlich, im Aufsatz »Über die allmähliche Verfertigung der Gedanken beim Reden«, ergeben sich seltsame Wiedersehens-Effekte. Die von KLEIST (u. a. am Beispiel der oben zitierten Spruch-Formeln) beschriebenen sprachlich-kognitiven Phänomene zeigen Entsprechungen in Darstellungen zur Sprach- und Sozialpsychologie sowie in fremdsprachlichen Schullehrbüchern unserer Tage. Wie weit spiegelt überhaupt jene Zeitung Bewußtseinszustände jener historisch-vergangenen Großstadtgesellschaft, wie weit solche der unseren? – Sollte der »Stoff« jener Dynamik uns mehr als nur mittelbar angehen?
Stimme, Reflexion und Selbstverständnis jenes Aufsatzes betreffen uns so offenbar, daß eine kurze Auseinandersetzung angebracht erscheint.

1.2.2. Situation und Sprachform in Kleists Aufsatz

Schlüsselbeispiel in KLEISTS nachmals so berühmt gewordenen Feuilleton-»*leader*« ist ein Vorfall aus der Französischen Revolution, die ja schon an sich ein hervorragendes Beispiel tendenziell großstädtischer, moderner Bewußtseinsdynamik ist: die Rede des Mirabeau vom 23. Juni 1789 vor den Ständen. Mirabeau spricht, so scheint es, unvorbereitet. Tatsächlich weist die *Situation* ein dramatisches *Erwartungsmuster* auf: Mirabeau schöpft »aus den Umständen« und aus der »Erregung seines Gemüts«, wobei die Umstände bestimmt sind durch die erwartungsvolle Erregung seiner Zuhörer. In dieser Lage »setzt« er, »dreist genug, den Anfang, auf gutes Glück hin.« Aus
(1) der Kraft der Erwartung aller Beteiligten,
(2) der erregten Zustimmung der ihm Zuhörenden, d. h. der anderen an der Situation Beteiligten,
(3) der Eigendynamik einer sich in der Zustimmung Schritt für Schritt steigernden Vorstellung
und
(4) der strukturellen Entfaltung von Satzbau-Mustern und von Satzfolge-Schematismen
entwickelt und verändert sich die Situation.

KLEIST schreibt:

> ... »Ja«, antwortete Mirabeau, »wir haben des Königs Befehl vernommen« – ich bin gewiß,
> daß er bei diesem humanen Anfang noch nicht an die Bajonette dachte, mit welchen er schloß:
> »ja, mein Herr«, wiederholte er, »wir haben ihn vernommen« – man sieht, daß er noch gar
> nicht recht weiß, was er will. »Doch was berechtigt Sie« – fuhr er fort, und nun plötzlich
> geht ihm ein Quell ungeheurer Vorstellungen auf – »uns hier Befehle anzudeuten? Wir sind
> die Repräsentanten der Nation.« – Das war es, was er brauchte! »Die Nation gibt Befehle
> und empfängt keine« – um sich gleich auf den Gipfel der Vermessenheit zu schwingen. »Und
> damit ich mich Ihnen ganz deutlich erkläre« – und erst jetzo findet er, was den ganzen Wider-
> stand, zu welchem seine Seele gerüstet ist, ausdrückt: »so sagen Sie Ihrem Könige, daß wir
> unsre Plätze anders nicht als auf die Gewalt der Bajonette verlassen werden.«

Wir würden heute wohl sagen, KLEIST verfolge die syntaktische *Sequentierung* des Prozesses mit gespanntem Interesse. Wir hätten ein angestrengtes Fachvokabular zur Beschreibung dieser Sequentierung zur Verfügung: Satzmuster-Wiederholung, antithetische
Frage, rhetorisch-definitorischer Respons (vom Typus einer »Gleichung«), so hieße es wohl,
bereiteten über abermals definitorische Kontrast-Aussage (wiederum antithetisch, in der
Form eines zweigliedrigen Aussage-Hauptsatzes), über Zweck- und Folge-Bestimmungen
den entscheidenden politischen Schluß und »Donnerkeil« vor (in additiv angeschlossenen
Final-, Imperativ- und Konsekutiv-Konstruktionen, zuletzt in der Form des *volition-
coloured future*). KLEISTs Darstellung ist auch ohne Verwendung eines derartigen Fachvokabulars völlig klar.

Mit dieser Feststellung ist nichts über die eminente Nützlichkeit solchen Fachvokabulars
gesagt. Wichtig ist vielmehr eben die Klarheit gegliederter Erkenntnis von sprachlichem,
prozessualem und vorstellungsmäßigem Kontext, lange vor entsprechenden Überlegungs-
ansätzen unseres Jahrhunderts. – Während nun im Falle der Mirabeau-Anekdote das vorstellungsmäßige Element ein gewisses Übergewicht hatte, steigt KLEIST in einem anderen
Beispiel (aus Lafontaines Fabeln) tief in die Zellen und Kammern des französischen Satzbaus hinab, um seine These zu belegen. Die gleiche Äquivalenz, die in diesen beiden
Beispielen verschieden akzentuiert erscheint, demonstriert KLEIST spielerisch-produktiv
am Beispiel der witzig an die Spitze seiner Darstellung gesetzten Strukturmuster-Parallele,
die auch den vorliegenden Text krönt: »L'appetit vient en mangeant« – »L'idée vient en
parlant«. Immer wieder wird deutlich: Sprachliche Sequenz und Vorstellungs-Sequenz
»kongruieren« in seltsamer Weise innerhalb situativer Zusammenhänge, wobei es einmal
diese, ein andermal jene sind, die sich impulsgebend aus strukturellen Erwartungsmustern
entfalten. – Mit anderen, KLEISTs Worten: Es sind die »Gemütsakte für eins und das andere«, die »kongruieren«; die beiden sind wie zwei »parallel fortlaufende« Räder an
einer Achse.

Die begrifflich, d. h. psychologisch und neurologisch, noch ungeklärte *Qualität* dieses Zusammenschießens und Auslaufens struktureller »Energien« faßt KLEIST, sehr modern, in
das Bild elektrischer Vorgänge.

2. Kleists Aufsatz und der fremdsprachige Unterricht

Es läßt sich zeigen, daß der Aufbau des Aufsatzes einem entsprechenden Gesetz folgt.
Wir finden die Gedankenfolge verzögert und vorangetrieben zugleich durch zugespitztes
Beweismaterial, die Erzählhaltung gestaut und gesteigert durch Zitateinschübe, den Plau-
derton des Ganzen überformt durch die Logik zwingend voranschreitender Entfaltung

(oder umgekehrt). Der Aufsatz gibt durch sich selbst ein glänzendes Beispiel für die durch ihn vertretene These ab – die mit der provokativ (d. h. wieder produktiv) einseitig »gesetzten« Titelformulierung eben nur in einem der zwei aufeinander bezogenen Aspekte übereinstimmt.

Wichtiger als ein solcher Aufweis künstlerischer Geschlossenheit (der natürlich im Detail auszuführen wäre) ist allerdings im vorliegenden Zusammenhang etwas anderes.

Das außerordentlich wache und entwickelte Bewußtsein von sprachlich-kognitiver Struktur, ihrer Einheit, ihrer situativen Einlagerung bzw. Funktion, das aus der KLEISTschen Darstellung spricht, weist auf Betrachtungsweise und Untersuchungsergebnisse unseres Jahrhunderts voraus. Darin gründen die oben vermerkten Wiedersehens-Effekte. Dabei handelt es sich durchweg gerade um solche sprach- und denkpsychologischen Phänomene, die für den Sprach*unterricht* unserer Zeit bedeutsam wurden. Die einleitenden Strukturbeispiele z. B. nehmen einfach das Schema der Substitution Table vorweg – überdies im Ansatz bereits mit der für den modernen Fremdsprachenunterricht so höchst bedeutsamen »Pointierung ins Produktive«, die wir spätestens seit H.-J. LECHLER (FU 4/67/70 ff.) von ihr kennen. – Abgesehen von diesem Einzelaspekt zeigen sich in KLEISTs Essay überhaupt fast alle Elemente eines guten Fremdsprachenunterrichts: die zwingende Einheit von Sprache und Kognition im Begriff der Situation; Sequenzen kommunikativer, d. h. adressatbezogener Äußerungen; »immanente« sprachlich-kognitive Wiederholung und Progression; vor allem aber die Sicherung einer ganz auf Form und Funktion von Sprache gerichteten Motivation: es ist einfach ein Gaudium, den Essay zu lesen. Er verleitet dazu, seine Prämissen zu akzeptieren.

2.1. Zum Lernziel

Uns heute sind diese Prämissen wenigstens übertragbar, wenn nicht selbstverständlich. Das beginnt mit der unerörtert vorausgesetzten »Lernziel«-Vorstellung: Ohne metaphysische Umschweife auf »Büldungs«-Huberei erscheint das Französische als das, was heute das Englische ist. Von den »Kulturwerten« des Französischen ist gar nicht erst die Rede; es ist einfach ein (allerdings standesbezogenes) Kommunikationsmittel in einer Welt, in der französische *native speakers* politisch-faktisch etwa die Bedeutung hatten, die heute – aus ähnlichen und aus anderen Gründen – englisch Sprechende in vielen Lebensbereichen für sich beanspruchen können. Sprache ist dabei sowohl pragmatische Stütze wie artikulierte Haltung, mit der man rechnen muß und die kritisch zu verstehen nützlich ist: Kommunikation ist, *in a way,* »Schicksal« geworden, kritischer Umgang damit notwendig, will sich der Betroffene angesichts dieses großstädtisch-modernen »Schicksals« relativ unabhängig machen. Alle Reflexion *über* Sprache (die älterem Sprachunterricht soviel bedeutete) erscheint zurückgeschraubt auf vorgängigen Sprach*erwerb*, und Spracherwerb tritt hier schon in Beziehung zu jener ROBINSOHNschen »Mündigkeit *in* einer Kultur, nicht *für* eine Kultur«,[1] von der heute so oft und leichthin die Rede ist.

2.2. Produktive Züge

Alles produktive oder sogenannte »tiefere« Verstehen, so KLEIST, kommt von der produktiven Kraft verstandener, d. h. zunächst einmal: pragmatisch beherrschter Sprachstruktur, – beruht auf und erhebt sich aus »reiner« Fertigkeit (die es natürlich *»als solche«,* in abstrakter »Reinheit«, gar nicht gibt). »L'idée« kommt wirklich »en parlant«, so wie dieser Spruch selbst aus jenem anderen, »l'appétit vient en mangeant«, herauskommt, entspringt, geharnischt und fertig, wie Pallas Athene aus dem Haupte des Zeus. Fertigkeit ist immer schon situativ, kognitiv und strukturell eingebettet und »gebunden«. Eben diese Bindung aber reizt zur Veränderung, Erweiterung, Aufhebung. Sprachlich-kognitives Verhalten, ob spielerisch, ob zielgerichtet, trägt Elemente eines »Appetits« in sich, den man im streng psychologischen Sinne »produktiv« nennen darf (wie in der bisherigen Darstellung durchweg geschehen; vgl. BERGIUS' Unterscheidung von »produktiv« und »kreativ«[2]). Wenn dies aber so ist, dann ist KLEISTS Essay mehr als eine geistreiche Vorwegnahme sprachunterrichtlicher Möglichkeiten unserer Tage: Dann deutet sich so etwas wie ein Vehikel nicht nur für die elementaren, sondern auch für die entwickelteren Formen des Sprachunterrichts an, diejenigen, in denen elementarer Sprach*erwerb* sich in *Ausbau* und *Differenzierung* wendet.

> Sprachausbau und Sprachdifferenzierung waren lange die Stiefkinder der methodischen Literatur zum neusprachlichen Unterricht: Enthusiastischer Transfer akademischer Interpretationsmuster verdrängte (didaktisch naiv) als Wille und Vorstellung die eigentlich *sprach*unterrichtlichen, auch »handwerklich« relevanten Fragen – die nach Textaufbereitung, Gesprächsaufbau und Ergebnissicherung – aus dem »allgemeinen Bewußtsein«. Dies ändert sich seit kurzem und wird sich weiterhin ändern müssen.

So lohnt es zu fragen: Wie erscheint bei KLEIST sprachliche Äußerung im (situativen, kommunikativen, kognitiven, artikulativen, textlich-strukturellen etc.) Kontext?

2.3. Diagrammatische Darstellung

Beim Versuch diagrammatischer Verkürzung und Veranschaulichung ergeben sich vier Stufen der Darstellung (s. S. 18 f.).

2.4. Legende zu den Abbildungen

Zunächst prägt die durch den Titel gegebene Vorstellung von der »Verfertigung« der »Gedanken« (C) beim »Reden« (A und B) das Bild: Abbildung 1.1.
In einem zweiten Schnitt wird deutlich, daß die »Verfertigung« von »Gedanken« (C₁) Stimulus neuen, *weitertreibenden* »Redens« (A₂ und B₂) ist, das wiederum neue Vorstellungen (C₂) aus sich »hervorbringt« usw.; das Diagramm ist also zu modifizieren: Abbildung 1.2.
Weiter eindringende Betrachtung zeigt, daß tatsächlich die bisher künstlich isolierten Elemente sprachlicher Konzeption und Äußerung untrennbar ineinandergefügt sind; eine weiter differenzierende Darstellung zeigt den Gesamtvorgang zugleich schematisch-symbolisch reduziert auf zwei Folge-Einheiten. Außerdem ist nun nicht mehr zu übersehen, daß die Situation, aus der heraus besagtes »Reden« sich entfaltet, bislang nur äußerst vage gefaßt und bestimmt wurde. Eine eindringlichere Betrachtung konkretisiert dies Vage als aktive und reaktive Präsenz der »anderen Kommunikationsteilnehmer«. Im Beispiel KLEISTS gerät auf diese Weise der Wechselbezug zwischen Mirabeau und seinen Zuhörern in den Blick: Abbildung 1.3.
Erst nach Konkretisierung der unmittelbaren »anderen Kommunikationsteilnehmer« wird

deutlich, daß erst ein viertes Modell die volle Komplexität der Kommunikationssituation wiedergeben kann: »Hinter« den unmittelbaren *participants* dieser Situation, deren »Bewußtsein« und Reaktion mit bestimmend, erscheinen die nur mittelbar gegenwärtigen Kommunikationsteilnehmer. So wird der »totale situative Kontext« darstellbar als »Erwartungsmuster«, das die Änderung mit-konstituiert. Natürlich ist ein solcher »totaler

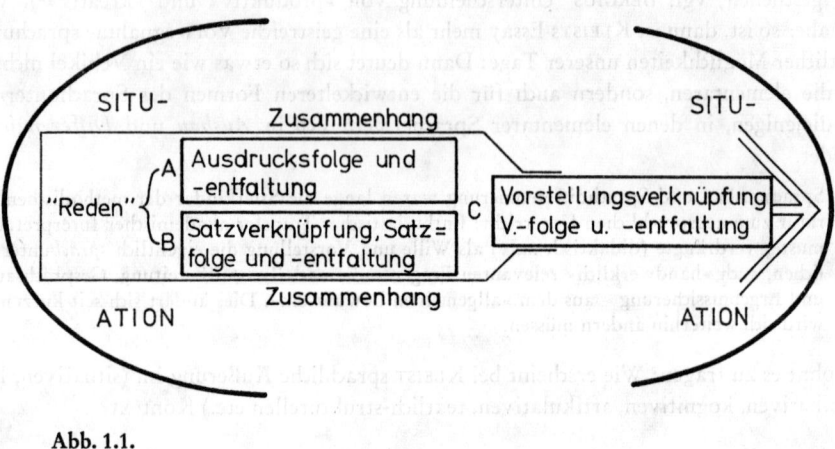

Abb. 1.1.

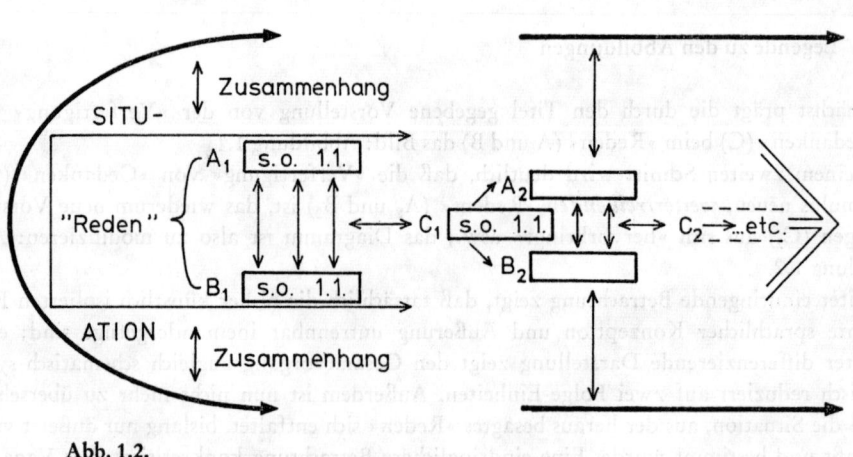

Abb. 1.2.

situativer Kontext« nur zu gewinnen, indem man die mittelbaren Kommunikationsteilnehmer in begrifflicher Vereinfachung generalisiert. In KLEISTS Beispiel wären sie dann der Bewußtseins- und Prozeßhintergrund der »allgemeinen Unruhe«, die auch Mirabeau ausdrückt. Sie wären ganz einfach die Gesamtheit dessen, was wir heute als die anlaufende Französische Revolution bezeichnen: Abbildung 1.2.

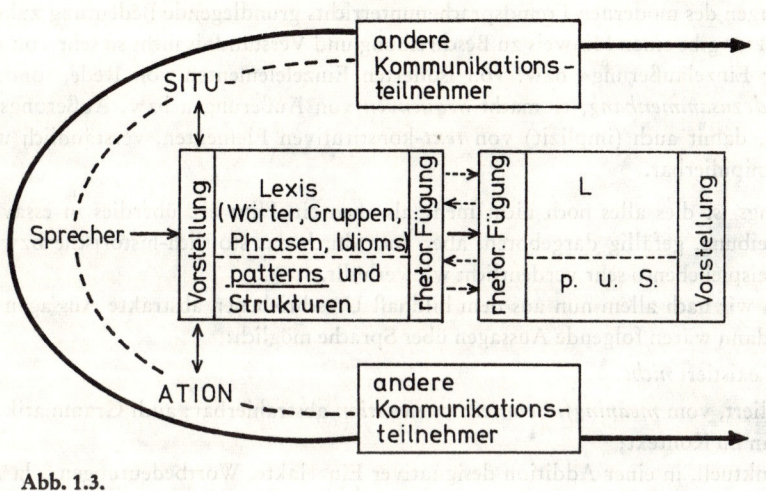

Abb. 1.3.

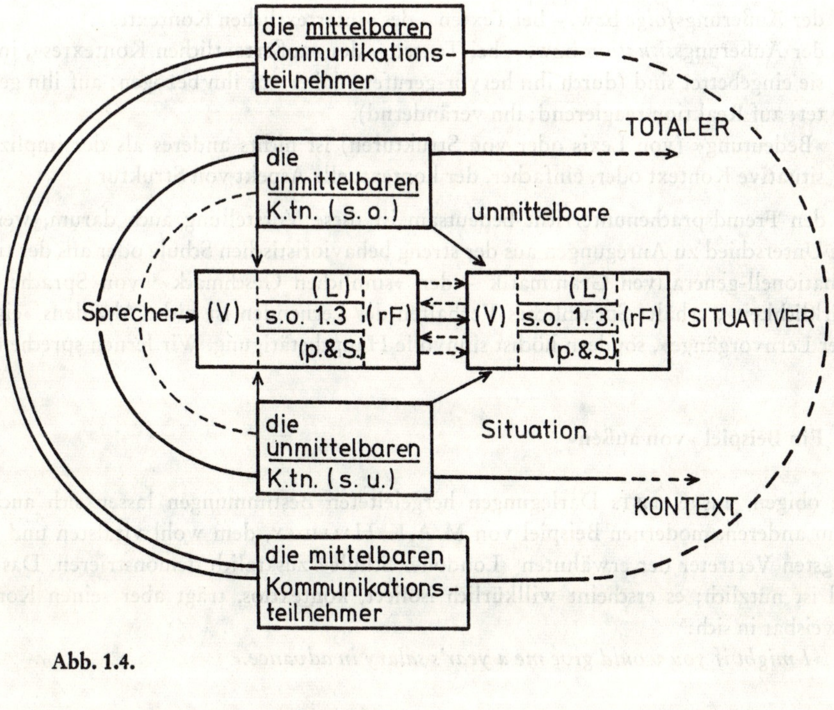

Abb. 1.4.

3. Kritische Überschau

3.1. Abstandnehmend vermerken wir mit Verblüffung:

- KLEISTs Überlegungen und Beobachtungen ähneln dem, was bestimmte Schulen moderner Linguistik heute zur Beschreibung von Äußerungen anführen. Dies gilt vor allem für die »Londoner Schule« des Kontexualismus (der im Zusammenhang mit Fragen des modernen Fremdsprachenunterrichts grundlegende Bedeutung zukommt[3]).
- KLEIST gibt einen Hinweis zu Beschreibung und Verständnis nicht so sehr von »stehender Einzeläußerung« bzw. von isolierten Einzelelementen von Rede, sondern von *Redezusammenhang;* er macht *Sequenzen* von Äußerungen bzw. Äußerungselementen, damit auch (implizit) von *text*-konstitutiven Elementen, verständlich und also manipulierbar.

Allerdings ist dies alles noch nicht mehr als eben ein Hinweis, überdies in essayistischer Umschreibung, gefällig dargeboten, aber auch durch das stofflich-historische bzw. literarische Beispiel ebenso sehr verdeutlicht wie verhüllt.

Wollten wir nach allem nun aus dem bildhaft Umschriebenen abstrakte Aussagen herausfiltern, dann wären folgende Aussagen über Sprache möglich:

Sprache existiert *nicht*

- isoliert, vom *meaningful context of situation* abstrahierbar; auch Grammatik hat nur Sinn im Kontext;
- punktuell, in einer Addition designativer Einzelakte, Wortbedeutungen à la ARISTOTELES, begreif- und faßbar.

Damit sind ganze Generationen von Sprachunterrichtenden vom Tisch gefegt.

Alles wird zum *Merkmal*. Ein Merkmal hat Sinn im Zusammenhang

- der Äußerungs*folge* bzw. – bei Texten – des »intertextlichen Kontextes«,
- der Äußerungs*situation* bzw. – bei Texten – des »außertextlichen Kontextes«, in den sie eingebettet sind (durch ihn hervor-gerufen, daher auf ihn bezogen; auf ihn gerichtet; auf Reaktion reagierend; ihn verändernd).

»Bedeutung« (von Lexis oder von Strukturen) ist nichts anderes als der implizierte situative Kontext oder, einfacher, der kontextuelle Aspekt von Struktur.

Für den Fremdsprachenunterricht bedeutsam ist diese Vorstellung auch darum, weil sie – im Unterschied zu Anregungen aus der streng behavioristischen Schule oder aus der transformationell-generativen Grammatik – den »sinnlichen Geschmack«[4] von Sprache, ihre »Wirklichkeit«, erhält: Sprachliches Verhalten des Lernenden ist nicht Akzidens »eigentlicher Lernvorgänge«, sondern höchst sinnvolle Hauptbetätigung. Wir lernen sprechend.

3.2. Ein Beispiel »von außen«

Alle obigen, aus KLEISTs Darlegungen hergeleiteten Bestimmungen lassen sich auch an einem anderen, modernen Beispiel von M. A. K. HALLIDAY, dem wohl vitalsten und vielseitigsten Vertreter der erwähnten »Londoner Schule« zusätzlich demonstrieren. Das Beispiel ist nützlich; es erscheint willkürlich isoliert, kontextlos, trägt aber seinen Kontext aufweisbar in sich:[5]

»*I might if you would give me a year's salary in advance.*«

»Bedeutung« und »Sinn« des darin Geäußerten sind faßbar

(1) in der Zuordnung der *participants* (Stellung des *I* und des *you*; *if*-Konstruktion mit *would*; inhaltliche Beziehung der Teile; konjunktivischer und futuristisch-konditionaler Aspekt);

(2) im sprachlich-sachlichen »Stoff« des Geäußerten (Gewicht und Länge der Äußerungsteile »Hauptsatz« und »Nebensatz«; grammatische »Abhängigkeit« und stoffliches Interesse; Distribution von Information auf die Rede-Einheiten);

(3) in der Perspektive der Äußerungsanordnung (Erststellung und Zweitstellung; syntaktische Subordination oder Koordination; Folge der Einheiten).

Dem Sprecher dieses Satzes scheint seine eigene Person dominant, sein »Interesse« aber ganz und gar auf die – im Wortsinne – fragliche Geldvorstellung gerichtet zu sein: So selbstverständlich-knapp das erste, so ausladend das andere, allerdings in skeptisch-komplexer Gesamt-Sageweise.

3.3. Grenzen Kleists

Damit allerdings sind wir an die *Grenze* der KLEISTschen Beobachtungen geraten. Unsere Darstellung war von vornherein Auslegung, insofern KLEISTsche Aussage hier im Gewande moderner Fachsprache oder überhaupt Ausdrucksform einherschritt. Das Verfahren schien vertretbar, weil offenbar genug Ansatz dazu in den Beispielen und Zitaten des Aufsatzes »Über die allmähliche Verfertigung der Gedanken beim Reden« vorlag. An dieser Stelle aber endet jede Auslegungsmöglichkeit; man kann nur noch versuchen, »über KLEIST hinaus« weiter zu entwickeln, was in diesem Ansatz bereitliegt.

3.3.1. Zu sprecher-zentriert

Es hätte z. B. nach dem obigen vierten Diagramm (Abbildung 1.4.) ein fünftes und letztes folgen müssen. Wir wissen heute, daß das Modell in Abbildung 1.4. noch *zu sprecher-zentriert* ist. Erinnern wir uns der Lage, in die Mirabeau und seine Zuhörer geraten waren. Es handelt sich um den klassischen Fall einer komplexen Kommunikationssituation mit mehreren Teilnehmern und entsprechend vielen Perspektiven und Relationen. Struktur und Wesen einer solchen viel-poligen Situation – so hören wir von der Kommunikationsforschung – fassen wir aber nicht so sehr in den einzelnen Teilnehmern je einzeln, als vielmehr in den aufeinander verweisenden sozialen Rollen, den Beziehungen der Teilnehmer untereinander. »Individual«-Bewußtsein ist immer durch Teilhabe an gruppendynamischen Beziehungs-Einheiten und -Prozessen mitgeprägt: Sind also die Relationen nicht *das erste*, dann ist personales Bewußtsein eines möglichen einzelnen in dieser Situation notwendig unzulänglich beschrieben. Zurück zu Mirabeau: Linienführung und Figurenarrangement in Abbildung 1.4. zeigen, daß KLEISTs Ansatz zwar nicht im strengen Sinne des Wortes, wohl aber *perspektivisch* und tendenziell durchaus »monadisch« zu nennen sind. Die Person des Sprechers, Mirabeaus eben, bildet den Mittelpunkt des Interesses, ist optischer Ausgangs- oder Zielpunkt der Darstellung; sie scheint isolierbar, alles bezieht sich (»sekundär«, so mag es scheinen) auf sie. Einen solchen »ab-soluten« personalen Mittelpunkt von Situation aber kann es nicht geben. Modernere Darstellungsweise hätte Feld-Struktur.

KLEISTs Interesse haftet am »primären« Individuum – obwohl natürlich die Problematik dieser Vorstellung gerade in diesem Essay sehr weit vorangetrieben wird. Ein fünftes Diagramm, etwa Elemente eines Soziogramms strukturell einbauend, hätte diese letzte »innere Grenze« der KLEISTschen Sehweise aufheben müssen.

3.3.2. Eher an »Rede« als an »Text« interessiert

Die zweite Blickeinschränkung des Essays hängt mit der ersten zusammen. »Rede« ist für KLEIST so sehr lebendiger Vortrag eines tatsächlich Sprechenden, daß ihm »Äußerung« in »Situation« kaum jemals *Text* bedeutet. Die »synsemantische« Komponente von Sprache erscheint höchst nachdrücklich in die Nähe der »empraktischen« gerückt (seltsamerweise ohne Verlust an Differenzierung und eigenem Gewicht): K. BÜHLER, über 100 Jahre später, untersuchte und beschrieb diesen Unterschied sehr genau; M. A. K. HALLIDAY, dessen obiges Zitat-Beispiel im Rahmen und in den Grenzen KLEISTscher Vorstellungen vorgetragen werden konnte, widmet diesem Unterschied beträchtliche Aufmerksamkeit; in der modernen *Textlinguistik* schließlich ist KLEISTs »Versäumnis« zum Thema erhoben.

3.3.3. Die »zweite Dimension« der Fremdsprache

Der erste wie der zweite »Mangel« KLEISTscher Optik sind leicht behebbar; ein dritter greift tiefer und eröffnet weite Perspektiven.
Die Perspektiven, die er eröffnet, sind weitgehend sprachpsychologischer Art. Sie sind besonders wichtig im Zusammenhang der vorliegenden Darstellung, da sie das, was am Beispiel KLEISTs an bewußtseinsmäßigen Voraussetzungen eines modernen Fremdsprachenunterrichts bereits »implizit« bedacht wurde, vollenden: sie führen diese Voraussetzungen an den kritischen Punkt.
Immer wieder rühmt man die schöne Ausgewogenheit von Beispielstoff und Konklusion, das Arrangement von Material und Reflexion in den Aufsätzen KLEISTs. Auch im vorliegenden Fall erhöhen solcherlei Qualitäten die »Lesbarkeit« und beschleunigen das Verständnis. Dies gilt insbesondere für einen an wesentlicher Stelle eingesprenkelten Einfall: Schon in den Einleitungspassagen erscheinen die zwei strukturgleichen Sprüche »L'appétit vient en mangeant« und »L'idée vient en parlant«, von denen ja nun wiederholt die Rede war – das französische Sprichwort und die KLEISTsche Substitutions-Neuschöpfung. Das so geschickt manipulierte Beieinander, Gegenüber und Nacheinander dieser beiden Versionen einer Grundform befördert ein anfängliches und dann weiterwirkendes Seh-Arrangement, auf das hin der ganze Text ausgelegt ist. Das Seh-Arrangement ergibt sich, wie bereits gezeigt wurde, sowohl assoziativ wie kognitiv aus der Aufeinanderfolge der beiden Sprüche. Es ist als Arrangement besonders einleuchtend und faßlich, weil hier verblüffenderweise struktureller »Nachhall« neue Bedeutung generiert; es handelt sich tatsächlich um einen ersten, knappen Fall produktiver Sinn-Schöpfung durch Substitution in der Art, wie ihn sehr viel später H.-J. LECHLER so eindrucksvoll beschrieb. Darüber hinaus aber haftet gerade dieses Arrangement besonders gut im Gedächtnis, weil die Struktur, die hier »nachhallt«, dem *deutschen* Leser leicht eingeht. Das entsprechende deutschsprachige Sprichwort nämlich, »Der Appetit kommt beim Essen«, folgt dem gleichen Klischee wie sein französisches Pendant.

Die Tatsache, daß die beiden im Ansatz erscheinenden Sprüche und deren deutsches Gegen-
stück das gleiche Satzbaumuster bzw. *pattern* zeigen, ist also für die Gesamtanlage des
KLEISTschen Essays sehr nützlich. So gefällig trickreich sich dieses Vorgehen des Autors
aber beim schnellhin eilenden Lesen ausnimmt, so gefährlich trickreich wird es, unterbleibt
die kritische Durchleuchtung. Die unerörtert vorausgesandte und also wohl vorausgesetzte
Vorstellung[6], dies müsse wohl (über alle sprachlichen Grenzen hinweg) so sein, ist natürlich ganz abwegig. Eine Erweiterung unseres Beispielmaterials in den Bereich einer dritten
Sprache hinein beweist dies schlagend. Im Motto-Kopf dieses Kapitels ist den beiden
französischen Sprüchen nebst ihrem deutschen Pendant das nächstliegende englische *equivalent* hinzugefügt: *The more one has, the more one wants*[7]. Neben dem deutschen und
den beiden französischen Text(en) nimmt sich diese englische »Entsprechung« ziemlich
verwirrend aus – folgt man Meister KLEIST unkritisch. Weder das Satzbaumuster noch das
kognitive Arrangement (die eben zusammenhängen), ja, nicht einmal die zugrunde liegende
bildliche Vorstellung sind identisch mit dem, was so »eindrucksvoll gleich« die französische
und die deutsche Fassung prägt. Gleiche oder ähnliche Aussageabsicht, die sich auf gleichen
oder ähnlichen Aussage-»Inhalt« richtet, wählt in anderen Sprachen und Sprecher-Grup-
pierungen andere Aussage-Strukturen, ja, selbst andere Vergleichs-Vorstellungen – womit
denn bewiesen wäre, daß eben die »ursprüngliche« Aussage-Intention im Kontext der verschiedenen »natürlichen« Sprach-Gemeinschaften doch nicht notwendig so »gleich« war,
wie es nach KLEISTs geschickter Beispiel-Selektion scheinen mochte: Andere *Sprecher* –
andere *Rollen* – in einem anderen *»Spiel«* – das anders *strukturiert*, anders *vorgestellt* ist,
ein anderes *Verhalten* »meint«.
KLEISTs gleitendes Ineinander zweier verschiedener Sprachsysteme war in diesem Fall
bei diesen beiden Sprachen möglich. Es gilt offenbar nicht für alle Fälle.
Erst in der »Korrektur« KLEISTs durch Hinzufügung der englischen Version jenes Spruchs
wird am begrenzten Beispiel deutlich, daß grundsätzlich eine »zweite« Sprache dem Lernenden und Sprecher eine neue, »zweite« Dimension er-öffnet: eine »zweite« Dimension
nicht nur des formalen Ausdrucks, sondern zugleich und eben darin der Erfahrensmöglich-
keit, des Verstehens, des Verhaltens. Die beiden sprachlich-attitudinalen Systeme können
über weite Bereiche im Strukturellen Entsprechungen zeigen; dies ist aber nicht notwendig
und also nicht immer so. KLEISTs Verstehen von Sprache ist *wesentlich* – auch wenn es sich
fremdsprachlich gebärdet – muttersprachlich gebunden. Die Perspektiven seines Aufsatzes
aber weisen über diese Grenze hinaus.

4. Kleists Aufsatz und die »Kritische Methodik des Englischunterrichts«

Der kritische (Unterrichts-)Zusammenhang, in den alle (Unterrichts-)»Technik«, Grammatik und Formal-Übung einzubetten ist, ergibt sich sehr wesentlich aus der »richtigen«
Vor-Einstellung des Unterrichtenden: Fremdsprachenunterricht ohne die Kenntnis der
integrierenden sachstrukturellen Zusammenhänge, *in die Sprache gehört und in denen
Äußerung sich bildet,* ist absurd. *Elicitation* von *utterances* in *situations* ist strukturell dasselbe wie *elicitation* von Schüler-Äußerungen in der Unterrichts-Situation.

4.1. Spracherwerb (des Schülers) und Sprachverstehen (des Lehrers): Die Rolle des kritisch verstehenden Bewußtseins

Es ist also durchaus nicht genug, die zu lehrende Sprache einfach pragmatisch zu beherrschen: Wir müssen sie in ihren kommunikativen Funktionen und Formen *verstehen*, um sie lehren zu können. Es geht im Sprachunterricht nicht um das Memorieren eines Tatbestandes oder Texts, noch um kognitiven Erwerb von etwas quasi objektiv Vor-liegendem; es geht um Erwerb oder Entwicklung eines differenzierten *Verhaltens*. Insofern ist – für den Schüler – *»skill«* zunächst alles; alle Differenzierungsformen und darüber hinausgehenden Lernziele verweisen zurück auf sprachlichen *skill*.

Sprache ist unser wesentliches *»means of communication«* (– *»we use language to live«*, wie M. A. K. HALLIDAY nicht müde wird zu betonen). Der fremdsprachliche Unterricht ist im Doppelsinne eine Kommunikationssituation: Er ist es als Lehr- und Lerngespräch, und er ist es als Aggregat fremdsprachlicher Äußerungen. Anlage, Entfaltung und Steuerung dieser so besonderen, ausgezeichneten Kommunikationssituation durch den Unterrichtenden setzt also ein erheblich differenzierteres Bewußtsein eigenen und fremden sprachlich-kognitiven Verhaltens voraus, als in allen anderen Schulfächern (einschließlich des muttersprachlichen Unterrichts) sonst üblich und nötig ist. Er muß mehr über die Struktur der »Sache« wissen, die er lehrt (und die eben im strengen Sinne gar keine »Sache«, sondern ein äußerst komplexes Verhalten ist); und er muß mehr über die psychologischen Bedingungen jener Unterrichtssituation wissen, in der *Äußerung* nicht nur Basis, sondern zugleich Ziel und Thema ist – *fremd*sprachliche Äußerung!

Diese sehr schwierige Haltung zu erlernen, wird ihm erleichtert, wenn er davon ausgehen darf, daß die Struktur seines »Objekts« *wesentlich* zugleich die Struktur der jeweiligen Kommunikationssituation ist.

Er darf von dieser Vorstellung ausgehen. Er soll es geradezu. Es war die Absicht dieses »Vorspiels«, in lockerer Auseinandersetzung mit einem Aufsatz, der weit genug abliegt, um unverdächtig zu sein und nicht von vornherein zu irritieren, Vor-Urteile über Sprache, sprachliche Situation, sprachunterrichtliche Situation, fremdsprachenunterrichtliche Situation durch Überrumpelung oder Überlistung aufzuheben, andere Vorstellungen nahezulegen und überhaupt auf mehr oder weniger gefällige Art zur *bewußten* Beschäftigung mit dieser Grundlage allen fremdsprachlichen Unterrichts zu verlocken. Die unten im DARSTELLENDEN TEIL und im 2. Band folgenden ausführenden, begründenden und exemplifizierenden Darlegungen sind systematisch aufgebaut; sie sind theoretisch oder praktisch stärker »gebunden«: Wir wollten in diesem »Vorspiel« gewissermaßen einen »situativen Kontext« für die Arbeit mit ihnen schaffen. Im fremdsprachlichen Unterricht ist ein im Verhältnis zu anderen Schulfächern höheres Maß an kritisch voraus-reflektierendem Bewußtsein nötig; die Erörterung wird notwendigerweise oft etwas dürr-systematisch, vielleicht gar – der gedehnten theoretisch grund-legenden Elemente wegen – befremdlich wirken. So schien es dringend geboten, unser leitendes Prinzip des »situativen Kontexts« auch auf den vorliegenden Lehr- und Darstellungszusammenhang anzuwenden: Ein situativ »eingestimmter« Leser schien eher bereit, ihn (im Doppelsinn des englischen *»to recognize«*) als sinnvoll zu *erkennen* und zu *akzeptieren*. Da es hierbei um Erleichterung, vorbereitendes Verständnis, ein pädagogisches Ziel also, ging, bedurfte es keiner streng wissenschaftlich-beweiskräftigen Behandlung des gewählten Anlaß-Textes (i. e. KLEISTs Aufsatz). Für kritische Referate vorgegebener Positionen, strengeren Umgang mit Texten, ist im Hauptteil der Darstellung Raum genug.

4.2. Funktion des »Vorspiels«

Funktion dieses »Vorspiels« war also wesentlich »Einstimmung« und Vorwegnahme. Diese allgemeine Funktionsbezeichnung läßt sich untergliedern in eine Reihe von Teilfunktionen; folgendes war zu leisten:

(1) Sprach- und Problembewußtsein überhaupt waren anzuregen; der bloße *Wille*, Sprache zu vermitteln, bewirkt ohne ein solches kritisch-verstehendes *Bewußtsein* von Sprache nichts oder zu wenig.

(2) Am Beispielfall eines Aufsatzes sollte deutlich werden, daß dieses Bewußtsein nur (oder wenigstens doch erheblich leichter) zu stimulieren ist am Beispiel- oder Vorstellungsfall überhaupt, situativ, im konkreten Äußerungs- oder Darstellungs*zusammenhang*.

(3) Eben darin sollte dann schon etwas von dem besonderen »Inhalt« dieses Bewußtseins angedeutet werden: der Zusammengehörigkeit von Struktur und Kontext, der *Einlagerung* von Äußerung in Situation.

(4) Zugleich war eine vom hohen Sockel herunterziehende, ernüchternde Erörterung des Lernziels vorzubereiten; mancherlei verblasener Bildungs-Tiefsinn ist aufzustechen, damit arglose Praxis zu ihrem Recht kommt und *ihre* »Tiefen« zeigt. Mit Sprachen verhält es sich wie mit frühgriechischen Plastiken, von denen es hieß, ihre ganze Tiefe liege in ihrer Oberfläche. Und wenn erst die aktuell-kommunikative Bedeutung einer Sprache schwindet, wie sollte dann wohl ihre »Tiefe« überdauern: Kultur-Mythen können sie nicht ersetzen. Der Wechsel vom Französischen zum Englischen seit den Tagen KLEISTs gibt zu denken. Wann ist das Englische »dran«? – Keine Methodik wird ihm mehr Lernziel-Bedeutung aufpfropfen können, als wirkliche Kommunikation ihm zumißt: in Unterhaltung und Unterhandlung, öffentlichen Medien, Wirtschaft, Politik und Wissenschaft.

(5) Zusätzlicher Nutzen, nicht vorgeplant, fällt seitlich mit ab: Viele kleine praktische Lernhilfen, weiter unten aus diesem Zusammenhang zu schildern, ergeben sich so klar schon aus diesem Ansatz, daß bereits ein Vorverweis möglich wäre und das spätere Verständnis jedenfalls beträchtlich erleichtert ist. Dies gilt z. B. für die Unterrichts- und Stunden-Vorbereitung nach Äußerungs-Impulsen und Erwartungsmustern (KENNETH L. PIKES *»slots«*) oder für die Objektivation der Stilnote (in Klassenarbeiten) durch Beurteilung der Ausdrucks- und Satz*folge* nach einem in Andeutung sich abzeichnenden Modell.

(6) Dies ist dann nur Teil eines umfassenden und wiederum beabsichtigten technischen Gesamt-Arrangements: Es sollte so viel Vor-Entwurf geleistet sein, daß jederzeitiger Rückgriff der Erinnerung von den Hauptteilen der Darstellung her möglich ist.

(7) So rundet sich das Bild: Letzte und wiederum umfassende Funktion ist eben Vor-Entwurf überhaupt: Die Grundvorstellung alles folgenden, unverkrampfte Lernziel-Bestimmung und situativ-kontextueller Sprachbegriff, sollten in wesentlichen Details im vorhinein vorliegen.

5. »Kleist-plus« – wozu?

Ja, dennoch: Was soll's? Es liegt zwar jetzt, so scheint es, allerhand »strukturierte Impression« über Sprache und Situation vor, – was aber ist, speziell für den Fremdsprachenunterricht, konkret dabei herausgekommen?

»Herausgekommen« ist viererlei:

(1) »Strukturierte Impressionen« über Sprache und Situation allgemein haben bewußt-
seinsprägenden Wert und sind also im obigen Sinn notwendig.

Deutlich wurden:

- die produktive, vielleicht auch »generative« Kraft bewußten Verstehens von
  Sprache in Situation; – von *Regeln* war nicht die Rede (kleinliches, mechanisch-
  genaues, schrittweises Nachrechnen »generativer« Vorgänge ist also hiernach nicht
  möglich);

- die Tatsache, daß dieses Verständnis von Sprache überhaupt lernpsychologisch
  untersucht und unterrichtsmethodologisch gewendet werden kann;

- die Möglichkeiten, im Rahmen des solcherart Erkannten zu *spielen* (woraus sich
  zusätzliche lernpsychologische und unterrichtsmethodische Einsichten ableiten
  lassen).

(2) Für den Sprach*unterricht* allgemein ergeben sich eine Reihe von wesentlichen Folgerungen, zunächst über den *Zusammenhang* von *Sprachverstehen* (Bewußtsein des
Unterrichtenden) *und Sprachunterricht überhaupt.*

Es ergeben sich

- die grundlegende didaktische Einsicht: Erst und nur wenn Sprache in Situation
  und Kontext verstanden ist, ist unmittelbare Anwendung, d. h. sinnvoller
  Sprachunterricht möglich (– humaner »Sinn« von Sprache: die Situationen sind
  immer menschliche Situationen!); und

- die grundlegende methodische Einsicht: Erst und nur wenn in mündlicher und
  schriftlicher Produktion von Sprache der formale Erwerb stets zugleich »inhaltlich« bedeutsam (M. A. K. HALLIDAY: *»meaningful«*) ist, ist ein erfolgreicher
  Unterricht möglich.

(3) Im Zusammenhang mit den oben dargelegten Details sind aus diesen grundlegenden
Einsichten einige *konkrete methodische Folgerungen* für den Sprachunterricht allgemein abzuleiten.

- Positive Anweisungen:

  (a) Es ist für einen erfolgreichen Sprachunterricht notwendig, in Analogie zu dem
  oben gegebenen Modell alle Übungen auf sprachlich-kognitive *Struktur-* und
  Folge-Regeln zu gründen, die aus dem spezifischen Bau der jeweils zu lehrenden
  Sprache ableitbar sind. Im Falle des Faches Englisch hat diese Überlegung zunächst zur Praxis mit Substitution Tables und zur Pattern Practice geführt. Weitere wesentliche Folgerungen im Bereich der schriftlichen Arbeiten sowie in
  Interpretation und freiem Gespräch auf der Sekundarstufe II sind unten auszuführen.

  (b) Alle konkrete Arbeit im Sprachunterricht sollte jederzeit nachvollziehbaren Situationsbezug besitzen (bei Texten: Kontext-Verweis; HALLIDAYS *»meaningful
  context«*).

- Negative Anweisungen, –
  im Grunde nur einige:

  Isolation des formalen Trainings oder Erwerbs ist »unnatürlich«; sie *hindert* das
  Verständnis des zu Lernenden »von innen«, hat daher auf die Dauer nur geringe

Effizienz: *»Reine«* Formal-Übung ist zu vermeiden; Formal-Übung hat nur Sinn im Kontext situativ bezogener und gesteuerter Kommunikation.

Sprache ist nicht isoliert verstehbar, genauso wie Vorstellungen nicht isoliert darzustellen sind: beide sind in mitmenschlicher Kommunikation immer und wesentlich aufeinander bezogen. Sprache ist eine höchst zugespitzte Tätigkeit, artikuliertes Verhalten *in Situationen*. Es folgt ein völlig neues Problem der letzten Dekaden, das ältere Auffassungen von Sprachunterricht gar nicht kannten: Wie lehre, betreibe, übe ich Grammatik – »immanent«?

(4) Für den *Fremd*sprachenunterricht ergibt sich eine zusätzliche wesentliche Einsicht, die das bis hierher über Sprachunterricht allgemein Gesagte modifiziert:

Im Unterschied zu manchen *vereinfachenden* CHOMSKY-Nachbetern, die den Erwerb der Erstsprache dem der Zweitsprache unkritisch gleichsetzen, ist schon nach der oberflächlichen Auseinandersetzung am Beispiel des KLEISTschen Aufsatzes auf unwissenschaftlich-assoziative Manier klar geworden, daß die Zweitsprache – als *andere Sprache* – *eine zweite Dimension des Verstehens, Erfahrens und Verhaltens eröffnet.* Damit ist die Bedeutung der situativen Elemente beträchtlich gesteigert: Nicht nur sichern sie die kognitive Verankerung des Unterrichtsgesprächs (durch sie ist *»meaning«* verbürgt), und nicht nur sind sie Vorstellungsreiz und also Sprechanlaß, d. h. emotional oder affektiv wichtig. Sie sind vielmehr so etwas wie das psychologische Fundament des ganzen Lernvorganges: In der künstlichen Kommunikationssituation des Unterrichtsgesprächs wirken sie als komplexe Identifikationsbasis zwischen Schüler und Lernvorgang. Identifikation, »gebrochen«, aber immer schon als Äußerungs-*Ingrediens* mit »da«, wirkt

- in der Phasengliederung vorstellungsgesteuerter Unterrichtsaktivität überhaupt und

- in dem Element von *Rollen*verhalten im Rahmen fremdsprachlicher Unterrichtsaktivität;

  beides ist im KLEISTschen Modellfall bereits andeutungsweise zu fassen, ist dort vorgeprägt. –

- Außerdem ist es von Bedeutung bei der Entwicklung eines eigenen Unterrichts-»Registers«, das die spezifischen rekurrenten Ausdrucks-Patterns des Unterrichts (das sogenannte »Transportvokabular«) »trägt«.

Stärkung, Steigerung und Steuerung der situativen Elemente ist also Grundbedingung jedes erfolgreichen Fremdsprachenunterrichts.

Selbstverständlich ändert sich der Sinn von »Situation« von Stufe zu Stufe sehr tiefgreifend. Insbesondere sind der situative Bezug in den ersten Wochen (bzw. vor dem 10. Lebensjahr), der situative Bezug bei Dominieren des Sprach*erwerbs* und der situative Bezug oberhalb der elementaren Erwerbsstufe, im Ausbau erworbener Fertigkeit und erlernten Verhaltens und Verstehens, zu unterscheiden. Die am Beispiel KLEIST gewonnenen Kategorien gelten für die verschiedenen Stufen in sehr verschiedener Weise. Daher gliedert sich die folgende Darstellung – vereinfachend – in zwei Hauptteile: Sprach*erwerb* und Sprach*ausbau* oder *-differenzierung*.

Beide sind natürlich nur Aspekte eines Vorganges und greifen im konkreten Unterricht ineinander.

6. Ausblick

»*And the LORD said, Behold, the people is one, and they have all one language . . .: nothing will be restrained from them, which they have imagined to do.*« Leichthin folgernd, ließe sich hieraus ein »biblischer Auftrag« des Fremdsprachenunterrichts herleiten, etwa fortfahrend: Gehet hin, die Folgen der babylonischen Verwirrung aufzuheben, die da sind die Ursachen der Entfremdung. Es wäre aber der Würde des Fremdsprachenunterrichts gewiß nicht abträglich, hätte er *auch dies* im Auge und gründete seine Lernziel-Kalkulationen *auch* auf eine eindringendere Reflexion dieser bedeutenden und aussagekräftigen Passagen aus *Genesis* 11,6.

Nachtrag und Rahmen

statt eines Vorworts

Wenn dich die bösen Buben locken,
so folgen ihnen nicht.

1. F. Achtenhagen: Paradies und Labyrinth didaktischer Reflexion

FRANK ACHTENHAGEN wendet sich verschiedentlich gegen »eine unwissenschaftliche Kompendienliteratur« *ad usum Delphini* und meint damit Darstellungen wie die hier vorgelegte[1]. PETER FUNKE wendet sich verschiedentlich gegen »statische Modelle« zur Didaktik und Methodik des Fremdsprachenunterrichts und meint damit unter anderem den Entwurf ACHTENHAGENS[2].

Bedeutende Stimmen – bedeutende Schläge. Der gequälte Praktiker indessen braucht nicht einmal den Buckel zu krümmen, denn ohne modell-artige Durchsichtigkeit in kompendiengemäßer Verkürzung erreichen ihn derlei akademische Fechtstöße nur selten.

»Kritisch« allerdings ... ja, muß solche Verkürzung bleiben. Das »pädagogische Feld«, in dem er sich längst nicht mehr ungestraft »instinkthaft-ungebrochen« (WINNEFELD) heimisch fühlen darf, bedarf der Auf- und Umpflügung durch solche Debatten dringend.

Und so geben wir denn, obigen Leitsternen unbeirrt folgend, gern zu, wieviel wir ihnen verdanken – und wie wenig wir ihnen Genüge tun können: Da wir nämlich die Füße am Boden derberer Praxis halten wollen, wird die Blickbindung an den Himmel der Theorie allerlei Verrenkungen und kombinatorische Versimpelung notwendig mit sich bringen.

1.1. ACHTENHAGENS Einwände gegen »Kompendienliteratur« richten sich auf deren eilfertig präskriptive Haltung: In ihnen werden »Vorschriften« erteilt, die, durch keinerlei »organisierende Kategorien« strukturiert, keinerlei Legitimation aus wissenschaftlicher Klärung ihres allgemeinen didaktischen Kontexts besitzen; sie bieten daher im besten Falle »nützliche Anregungen«. ACHTENHAGEN gibt zu, daß der Praktiker »Entscheidungshilfe« braucht; er erklärt selbst, das »Bedürfnis des Praktikers nach ›Handreichungen‹« sei auf besagte »unwissenschaftliche Kompendienliteratur« nur »abgedrängt«. Diese gewiß bedenkliche Tatsache aber hat natürlich Gründe. Aus ACHTENHAGENS eigener Darstellung wird hierzu zweierlei deutlich:

(1) Sowohl in Hinsicht auf eine Reihe elementarer *fach*didaktischer Probleme wie auf die umfassendere grundlagen-didaktische Forschung gilt ein traurige Wahrheit: Endgültige Klärung »grüßt von ferne«, ist aber bisher
   - weder als *communis opinio* der Verantwortlichen greifbar,
   - noch überhaupt als *Umriß* einer solchen *communis opinio* dem »Uninitiierten«, dem »Ausgesetzten« in der Schule, überschaubar,
   - noch etwa in die »Praxis« schulpolitischer Entwürfe oder gar Entscheidungen dem jungen Lehrer wahrnehmbar genug (i. e. potentiell ausführbar!) eingegangen: Insbesondere dies letztere wird deutlich beim Studium des ACHTENHAGEN-schen Aufsatzes in der Sammlung »Curriculumrevision«; seine Darstellung hat immer wieder Postulatcharakter. Konfrontiert mit einer ausnehmend widerborstigen Wirklichkeit, liefert der Didaktiker Darstellungen, die dem Praktiker die ersehnte »Entscheidungshilfe« nur zu einem geringen Teil fühlbar machen.

(2) Viele dieser Unzulänglichkeiten ergeben sich ganz schlicht daraus, daß Debatte und Problemanalyse bisher oft einfach zu »abstrakt« und »rein theoretisch« erfolgten. Der Praktiker flüchtete sich dann hinter einen warmen Altväter-Ofen: Dort fand er seine »Entscheidungshilfen« in Form von »Kompendien« und »Handreichungen« und war jetzt nur noch mit beträchtlicher Mühe hervorzulocken.

Die Wirklichkeit hat sich nicht geändert. ACHTENHAGENs eigene Versuche haben ihr ein kräftiges Stück Abstraktion und (für den Praktiker) Schwerverdaulichkeit hinzugefügt; dies gilt besonders für seine »Didaktik des fremdsprachlichen Unterrichts«: Der Stil des Werkes erschwert jeden Versuch, den unterrichtenden Schulmann ins Offene dieses so hervorragend und kritisch zusammenstellenden Kompendiums der modernen Debatte zu locken. Und ist dies mühsame Geschäft vollbracht, ergibt sich sogleich eine weitere Behinderung des guten Willens: Am Ende nämlich, wo das *Ergebnis* winken sollte, entspringt aus eisern durchgehaltenen Denk-Exerzitien für die Praxis ein *ridiculus mus*. Natürlich war von vornherein »unmittelbare« Praxis gar nicht anvisiert worden; das aber wird die Enttäuschung vieler Praktiker nicht mindern. Es steht vielmehr zu befürchten, daß der von ACHTENHAGEN selbst beschriebene Effekt eintreten wird: man wird auf »Handreichungen« abgedrängt.

Der abstrakte Stil solcher Erörterungen, das Ungeklärt-Vorläufige vieler wissenschaftlich angelegter Untersuchungen und Darstellungen, das Widerborstige schulpolitischer Wirklichkeit und schulischer Praxis – Gründe über Gründe, die die relative Wirkungslosigkeit und den Postulat-Charakter so vieler bedeutender Aussagen (nicht nur bei ACHTENHAGEN) nur allzu verständlich machen. »Doch die Verhältnisse, sie sind nicht so«: Wir brauchen Kompendien. – »Doch die Verhältnisse, sie sind nicht so«: Wir brauchen ACHTENHAGEN; jetzt erst recht.

ACHTENHAGENs eigene Darstellung *referiert* über weite Strecken, *stellt zusammen*, ist sogar im Falle der Untersuchungen N. F. JOHNSONs *Tertiär*literatur (dabei unterläuft ein gravierender Zitierfehler[3]). Er scheint insgeheim (vielleicht unbewußt) zu konzedieren, daß mehr als ein »Kreißen der Berge« im Geiste erforderlich ist. Dies nimmt seiner »Didaktik«, mit der sich abzuquälen jedem Schulmann nur inständig zuzuraten ist, durchaus gar nichts von ihrer Bedeutung. Es sollte indessen den Blick schärfen für die Notwendigkeit und den *pädagogischen Sinn* von Kompendien: »Vermittlung« ist auch hier mehr als nur mechanische Darreichung. –

Oder haben wir uns jetzt endgültig der »bloßen Praxis« *ausgeliefert*, wie ACHTENHAGEN fürchtet?

Er selbst sollte es besser wissen: Atomistisch-mechanisch reihende Handreichungen spiegeln ein entsprechend unzusammenhängend-vordergründiges, unzulängliches didaktisches Bewußtsein; ein *modernes* »Kompendium« – falls es eines zu sein wünscht – müßte moderne didaktische »Tendenz«, strukturell geordnet und gebündelt, wiedergeben.

1.2. Reflexion und Erfahrungsbericht in der Fachliteratur sind unübersehbar geworden. Reflexion und Kenntnis der Erfahrungen anderer sind notwendig. Also braucht der Schulmann Kompendien. – Braucht er auch eine »Methodik«?

Eine »Methodik« ist entweder mehr als »Kasuistik und Rezeptologie« (bei uns – so ACHTENHAGEN – »seit langem verpönt«[4]) oder ... *well*, eben doch eine Rezeptsammlung. Worin könnte dieses *»Mehr«* bestehen?

Eine *reine* Rezeptsammlung wäre wohl technisch unmöglich: Es müßte eine gigantische Zusammenstellung werden. Die Bedürfnisse der Praxis sind – gerade wegen jener vielen

schon vorliegenden Kompendien und Teil-Kompendien – heute in ihrer vollen Differen-
ziertheit ins Bewußtsein gerückt. Fülle des Gebotenen würde Überblick und innere Ordnung entgleiten oder vermissen lassen (ACHTENHAGENs Vorwurf!).

So liegt die zentrale Darstellungsschwierigkeit darin, jene »organisierenden Kategorien«
sichtbar zu machen, die ACHTENHAGEN so sehr fehlen. Diese »Kategorien« entsprächen zugleich einer lernpsychologischen Grundforderung, gemäß welcher strukturierte Gestalt
leichter aufzufassen und zu behalten ist als eine Addition von locker Gereihtem: Stoffliches
würde *Beispiel;* je ein oder zwei Beispiele müßten pro »Einheit« genügen. Selektion dieser
Beispiele erfolgte gemäß allgemeiner Strukturidee bzw. Seh-Ordnung.

ACHTENHAGENs Kritik erschiene weniger berechtigt angesichts eines solchen Gebildes.
Allerdings gibt es immer noch einen *flaw*: Es ist zuzugeben, daß das Ganze immer noch
eher »organisierte Empirie« als »wissenschaftlicher System-Entwurf« wäre. Da liegt es
dann nahe, ganz Schwarzes zu vermuten: Zu vermuten, *under cover* des Neuen werde
dennoch jene »Auslieferung an Praxis« betrieben, nur eben listig-reaktionär mit progres-
sivem Mäntelchen, die Scham dialektischen Mangels kaum bedeckend.

Hier könnten nur wissenschaftliche Aussagen mit Anweisungscharakter helfen, – jene von
ACHTENHAGEN postulierten Aussagen, die einfach angesichts der Forschungslage nicht mit
inhaltlicher Füllung zu versehen sind. Vorwissenschaftliche und punktuelle Untersuchungen
sind z. T. sehr weit; über ihre Verwertung in einem noch zu konzipierenden strukturierten Ganzen gibt es eine Vielzahl gegründeter – *Meinungen.* Rivalisierende Faktionen und
Reflexionsgruppen im Bereich der Fachdidaktik und -methodik des Englischen sind bereits
differenziert entwickelt. Ihre »Richtungskämpfe« betreffen mitunter die praktische Unter-
richtsorganisation bis ins Detail. Statt bequem alles einrührender »Versöhnung« sollte man
endlich an etwas anderes denken:

Wo es keine eindeutigen Endaussagen gibt, sollte es Problembewußtsein und Sachüberblick geben. Wo die Autorität der Wissenschaft versagt, öffnet sich die Chance des produktiven Praktikers – falls Sachüberblick und Problembewußtsein vorhanden sind. An die
Stelle der ACHTENHAGENschen Postulate tritt deren Studium – als Beschäftigung mit *einer*
(äußerst bedeutsamen!) der rivalisierenden Faktionen und Reflexionsgruppen im Bereich
neusprachlicher Fachdidaktik. Die Not des Faches wird zur kritischen Tugend, ja, zur
Not-wendigkeit von selbsttätig-kritischer Haltung. Die Praxis selbst ist ohne kritische
Reflexion – die durchaus keinen einfachen Vorschriften-Charakter (ACHTENHAGENs
Trauma!) mehr kennen kann – nicht mehr sinnvoll durchführbar.

1.3. »Die Analyse von Lernproblemen im sekundären Sprachunterricht und die Beurteilung des
Wertes einer linguistischen Theorie für diese Analyse sind streng zu trennen von Fragen der
Präsentation von Material, bei der ein ›pragmatischer‹ Eklektizismus anders einzuschätzen
sein mag.«[5]

Dieser Satz ACHTENHAGENs könnte als sein didaktischer Imperativ dienen, fügte man ihm
nur das aus dem Kontext mitzudenkende *»gemäß Lernzielvorgabe«* (nach: »Sprachunterricht«; vor: »und die Beurteilung«) hinzu. Zugrunde liegt eine Unterscheidung von

(1) Lernziel,
(2) Analyse von Lernproblemen des »Subjekts«
    sowie der Sachstruktur des »Objekts« in diesem Vorgang
    und von
(3) Darbietung *(presentation)* im konkreten Unterricht.

Diese Unterscheidung ist von schöner Deutlichkeit. – Ebenso »deutlich«, aber weniger einleuchtend, bei dem sonst so strengen Vorgehen ACHTENHAGENs schlechterdings unverständlich, ist etwas anderes: Wieso eigentlich darf sich »Darbietung« etwas leisten, das in der psychologischen und sachstrukturellen *Begründung* dieser »Darbietung« nicht vorgegeben ist? Sollte sich in dieser »Toleranz« gegenüber »bloßer« Praxis die geheime Verachtung dessen aussprechen, der dem Teufel überläßt, was ohnehin »verloren« ist?? Das wäre unerfreulich.

Wenn unsere obigen Ausführungen zutreffen, dann mag ein Eklektizismus im lernpsychologisch-didaktischen und im linguistisch-sachstrukturellen Bereich *vorläufig* geboten sein. Ganz anders liegen die Dinge bei dem, was sich bei sinnvoller und kritischer Erörterung dieser Lernvoraussetzungen daraus an Lernbedingungen und aufzubauenden Lernvorgängen ergibt: es sind *Derivate,* streng aus ihren Voraussetzungen herleitbar. Ein wie immer gearteter »Eklektizismus«, gar ein »pragmatisch« sich gebender wäre hier fehl am Platze, wäre Verirrung und Entgleisung und durchaus unentschuldbar. ACHTENHAGEN erliegt hier der gleichen Gefahr wie seine verbalradikalen Gegner: Was er verabscheut, sind die Anhänger eines behavioristisch-mechanistischen, sozusagen praktisch-»reinen« Spracherwerbs, ist die Vorstellung eines Sprachverhaltens ohne »Sinn-Verhalten« – der Apfel ohne Sündenfall. (Wie schon oben im Zusammenhang des KLEISTschen Aufsatzes »Über die allmähliche Verfertigung der Gedanken beim Reden« deutlich wurde, gibt es *diesen* »Apfel« gar nicht.) Was nun ACHTENHAGEN an die Stelle zu setzen droht, ist – umgekehrt – sozusagen der Sündenfall ohne Apfel, der »Sündenfall schlechthin«: Vor lauter Grundlagenforschung und Sinn-Suche kommt er kaum noch zum konkreten »Apfel«, der Sprache, zur sprachlichen Äußerung im unterrichtlichen oder realen Kontext. Die babylonische Sprachverwirrung unserer biblischen Vorväter konnte nur *nach* dem Sündenfall (mit Apfel!) stattfinden: Wieviel verwirrender, reizvoller, aber auch bedenklicher, gefährdeter, ist unser Leben, seit so viele »Äpfel« am Baume(?) sichtbar wurden. Das *»Eritis sicut Deus«* ist zur schrecklichen Herausforderung, ist in der Notwendigkeit differenziertesten Bewußtseins heute fast zum – natürlich unerfüllbaren – Postulat geworden. Die Wiederkehr aus dem Labyrinth grund-legender Reflexion zu einfach-konkreter Tat (die KLEIST in seinem Aufsatz »Über das Marionettentheater« an das Ende aller Tage setzt) ist auch in diesem Bereich ein Problem: ACHTENHAGENs »Didaktik« führt nur mit äußerster Anstrengung zur »wiedergefundenen Praxis«; die obige Bemerkung zeigt (mit ihrer sonderbaren »Liberalität« im Bereich der »Präsentation«), wie dünn sein Ariadne-Faden ist.

2. Möglichkeiten und Aufgaben einer »Methodik« heute – und hier!

Eine Methodik (des Englischunterrichts) zu schreiben, ist heute unmöglich geworden. Die Spatzen pfeifen es von den Dächern, und die Herausgeber der (übrigens hervorragend nützlichen!) Reihe »Moderner Englischunterricht – Arbeitshilfen für die Praxis« bestätigen es einander in schönem Unisono[6].

Eine Methodik zu schreiben, ist heute ein leichtfertiges Unternehmen oder doch ganz leicht geworden. Unken rufen es einander zu und einer bestätigt es dem anderen, Methodiken seien nichts anderes als »dogmatische Didaktik«[7], eine Zusammenstellung von Handgriffen bzw. überhaupt ... »unwissenschaftliche Kompendien-Literatur« (s. o. ACHTENHAGEN). Dahinter steht offenbar der Verdacht, ihre Popularität (wenn sie je eine hatten) rühre daher, hier wolle sich einer drücken. Der »Pauker«, der Viel-Beschimpfte und

-Beschriene. Es ist wahrhaft tröstlich, daß es auch Stimmen gibt, welche »Didaktik« selbst in Frage stellen: Sie sei – in ihrem terminologischen Selbstverständnis – »provinziell«[8].

2.1. Tatsächlich ist die Fülle des bereits Erarbeiteten außerordentlich. HALLIDAY/MC-INTOSH/STREVENS schreiben 1964:

> *»A study of the titles of papers and articles on the subject of English language teaching for overseas learners during the past fifteen years shows a steady process of analysis, of breaking down the task into smaller, more manageable components, and applying a specialised solution to each component. But the analysis itself has not been a consistent or planned one; individual writers ... have each written on a separate problem, while a small number ... have occasionally brought together a group of related ideas and applied them to the field as a whole.«*

Nach unserer Kürzest-Auseinandersetzung mit ACHTENHAGEN oben ist dies letztere das Wichtigste. Es geschah auch bei uns in letzter Zeit zu selten, oder vielmehr zu wenig überzeugend. In den oben einleitend zitierten Stimmen (»dogmatische Didaktik, auch Methodik genannt«) äußerte sich eine elementare Fremdheit von seiten der Hochschulen gegenüber der Lehrerausbildung (i. e. der »2. Phase« dieser Ausbildung). *To bring together a group of related ideas and apply them to the field as a whole* ist offenbar notwendig, um einen anderen Abgrund zuzuschütten (wenn es denn möglich sein soll, einen »Abgrund« zuzuschütten): den immer wieder aufbrechenden Abgrund zwischen Lehrerausbildungsstätte (Studienseminar) und Schule. Vielleicht – oh, hoffentlich! – geht es auch um weniger: *to »fill in the blanks«*, um im Lehrbuch-Jargon zu assoziieren, die »offenen Stellen« zwischen beiden. Letzten Endes geht es wohl auch um das Interesse der Instrumente und Institutionen der »2. Phase«, sich als *»meaningful context«* vernehmbar und verständlich zu machen. Tatsächlich ist in vielen Bereichen bereits so viel praktische Arbeit geleistet, liegt auch bereits so viel grundlegende pragmatische Einzeldarstellung vor, daß die Gesamt-Darstellung nicht einmal mehr in jedem Fall konkret werden müßte. Zitat könnte durchaus genügen: ein Hinweis leistete mehr als bemühter Nachweis von heuchlerisch-vorgespiegeltem »Eigenem«; ein *»reader«* wäre nützlich. Dies gilt z. B.

● für die bereits erwähnte hervorragende Arbeit aus dem Kreis, den man vielleicht die »Lensing-Gruppe« nennen sollte (locker verbunden mit den o. erw. »Arbeitshilfen« und der Zeitschrift PRAXIS),

● für solche locker empirie-gesättigten Handbücher wie MARIANNE DIREDERs »Paths to Spoken English«,

● für Arbeits-, Organisations- und Darstellungsleistungen, die sich personal gruppieren: um Männer wie HELMUT HEUER in Dortmund, WALTER BRODDE in Hamburg, die PZ- und BBR-Planungsgruppen in Berlin, CHRISTOPH EDELHOFF in Fröndenberg und so viele andere mehr.

Selbst ein *»reader«* müßte heute bereits uferlos dahin»strömen«; Raffung und Verdeutlichung des Prinzips sind nötiger denn je.

2.2. Oben schon, im Zusammenhang unserer bemühten Mückentänze um ACHTENHAGEN, wurde der lernpsychologische Effekt solcher Raffung und Verdeutlichung genannt: Ein strukturiertes Ganzes »geht leichter ein«, wird leichter verstanden, wird länger behalten. – Darüber hinaus sind nun *4 Funktionen einer Methodik des Englischunterrichts* auf dem heutigen Stand der Debatte deutlich:

(1) Sie soll durch Raffung, Verdeutlichung und Arrangement *Bewußtseins*schärfung bewirken: Indem sie überschaubar gliedert, macht sie auch übersichtlich im Sinne von

»durchsichtig«, durchschaubar; sie gliedert im Hinblick auf kritische Bewußtheit. *To pragmata* sind da; sie bedürfen nur der Zusammenstellung und Bereitstellung für einen produktiv-selbständig und kritisch zu führenden Unterricht (der wiederum produktiv-selbständige und kritische Haltung bewirken will).

(2) Sie soll die für einen solchen Unterricht benötigten *Methoden und Mittel* nennen – so konkret, daß konkreter Einsatz aus dem Verständnis unmittelbar möglich wird.

(3) Kontroverses, das sich in Rivalitätsstreit und Veröffentlichungskatarakten ausdrückt, soll *als solches* deutlich, d. h. *aus dem widersprüchlichen Streitansatz heraus*, verständlich gemacht werden. Dies ist im Grunde nur Erweiterung und Transfer des Prinzips von oben (1).

(4) Soweit möglich, sollten wesentliche Fragen, die in der bisherigen Auseinandersetzung »zu kurz kamen«, in der Darstellung weiter vorangetrieben werden; soweit möglich, sollte ihre Bedeutung auch durch Zuweisung entsprechenden Raumes sichtbar gemacht werden.

2.2.1. Für das unter (1) Gemeinte lieferte das »Vorspiel«, unsere kleine Gaukelei um KLEISTs Aufsatz »Von der allmählichen Verfertigung der Gedanken beim Reden«, einen – unsystematischen, unfundiert-lockeren, vorläufig noch etwas verantwortungslos-leicht-berockten – Vorgeschmack. Wo hier noch fröhlich drauflos-vorausgesetzt und herumgefolgert wurde, wurde, wird und muß der Hauptteil unserer Darstellung *evidence* und »Applikabilität« bringen. *Ein* Weg in die erstrebte differenziertere wache Bewußtheit wäre natürlich der Umweg über das Vergnügen – das wir das »reine« nennen wollen, um es gegen das »angewandte« unseres ersten Kapitels abzusetzen. Unter Voraussetzung jener ersten Lockerungsübungen aus unserem »Vorspiel« gibt es tatsächlich ein literarisch aufgemütztes *enjoyment*, das in unserem Problembereich weitere Lockerung und erste Einübung in bedeutenderes Ausdrucks- und Gebärdenspiel verspricht: den »Familienroman« LUDWIG HARIGS, i. e.

> Ludwig Harig: SPRECHSTUNDEN für die deutsch-französische Verständigung und die Mitglieder des Gemeinsamen Marktes, ein Familienroman. München 1971: Hanser.

HARIG schreibt »auf dem *pattern*« eines deutschen Französisch-Lehrbuches, Lektion für Lektion[10] Strukturen und Lexis entfaltend – als »Wirklichkeit« einer Familie, der Lehrbuch-Familie Dupont, das Ganze reich umspielt von Erörterung und schnörkelndem Sprachspiel, auch aus dem Bereich angelsächsischer Motivik (GERTRUDE STEINs Miss Mary, AGATHA CHRISTIEs Hercule Poirot u. a. m.). Ein anderes Beispiel, in dem ein Lehrbuch des Englischen *(hear hear!)* das *pattern* vorgibt[11], ist IONESCOs »La Cantatrice Chauve« – *voilà*, doch wieder etwas Französisches! Aber es gibt eine englische Übersetzung (in diesem Fall, der sprachlichen Vorlage und speziellen Intention wegen, höchst sinnvoll):

> Eugène Ionesco: The Bald Primadonna. A Pseudo-Play in One Act. Translated and Adapted by Donald Watson. French's Acting Edition. London 1958: John Calder Ltd. (Samuel French).

IONESCOs Stück ist im Vergleich zu HARIGs »Kunststück« weniger elementar-strukturell als dialogisch-motivlich dem Lehrbuch verbunden; es fügt eine ganze Dimension hinzu: die Problematik *kommunikativer* Isolation oder Verfehlung. Schärft HARIG eher das Bewußtsein von der Bedeutung der formalen Aspekte, so IONESCO eher das Bewußtsein von der Bedeutung der situativ-kontextuellen und personalen Aspekte. Beide sind selbstverständlich wieder nur eine andere Art von »Vorspiel«, versteht man sie im Rahmen dieser die

Ausführungen des 1. Hauptteils vorbereitenden Passagen. Weiter unten erst, nach abschlie-ßender Darstellung dieses Problemzusammenhangs, geht es dann endlich um die dritte und letzte, bereits bekannte und erwartete Art von »Vorspiel«: thematisch gezielte, ge-stufte Lektüre. –

2.2.2. Auch für (2) ist aus dem bereits Gesagten zulänglich deutlich, worum es geht: Die *»reported experience«* vieler und die didaktische Intelligenz einiger werden zusammen-gehen müssen; Erfahrung wird auf Kontext, der Kontext auf *methodische* Möglichkeiten im Erfahrungsraum verweisen müssen. Bei diesem Versuch, Erfahrung in einen festen Zu-sammenhang zu bringen, *to bring together a group of related ideas and apply them to the field as a whole,* wird es sich im Sinne HALLIDAYS zuvörderst um *Methodik (»methodics«),* nicht um Methodologie handeln müssen. HALLIDAY/McINTOSH/STREVENS definieren die-sen Unterschied folgendermaßen:

> »METHODOLOGY: *principles and techniques of teaching, with no necessary reference to linguistics.*
> METHODICS: *a framework of organization for language teaching which relates linguistic theory to pedagogical principles and techniques.«*[12]

Dies verweist zurück auf die schärfer differenzierende »immanente« Hierarchisierung der Formulierung in ACHTENHAGENS Aufsatz zur »Curriculumrevision« (s. o.). Dort war – wie bei HALLIDAY im entsprechenden Zusammenhang – *method* das Dritte: nach *cross-fertiliz-ing analyses* zur psychologischen und sachstrukturellen Begründung der Arbeit im Unter-richt.

Entsprechend wird auch in unserer Darstellung die *methodische* Arbeit im engern Sinne Grund und Struktur aus solchen Ansätzen entwickeln müssen. In solcher Bestimmtheit des Ausgangspunktes und der Herleitung aber wurzelt eine eigene Bestimmtheit des Anspruchs. Gegen diesen Anspruch wie gegen seine Voraussetzungen melden sich immer wieder Be-denken. Dabei sollte schon das durchschnittliche Ergebnis der Anglistikausbildung an den Universitäten zu denken geben: Sie zeitigt einen so geringen Stand *sprachlicher Bewußt-heit,* daß viele Referendare bzw. Junglehrer in Verlegenheit geraten, wenn Thematisie-rung und Problematisierung *der Sprache* für konkrete Unterrichtsvorhaben nötig werden. So wäre schon der Schüler wegen, um die es letztlich doch geht, ein Bewußtsein von Sprache zu fordern, das über nur pragmatische Meisterung hinausgreift.

Die Bedenken allerdings, von denen die Rede war, überrennen dergleichen engmaschig praxis-verpflichtete »oberflächliche« Argumentation, ja, scheinen die Tiefendimension einer Praxis, die so »vordergründige« Forderungen stellt, leugnen zu wollen. Sie reichen in ältere, »archaische« Bewußtseinsebenen herab. So scheint es.

Ein Abscheu vor Konditionierung – sowohl geübter wie erfahrener – als moralischer Im-perativ wie als existentielles Trauma – kann im schlimmsten Fall höhere erzieherische und existentielle Imperative in Frage stellen. Dies betrifft dann selbst das Postulat einer emanzipatorischen Erziehung – sofern diese sich »wirklich« will und nicht in bloßer For-derung erschöpft (was ja – wie es wohl im altmarxistischen Jargon hieße – »objektiv« dem »Klassenfeind« nützte).

> Der *Scheu, erzieherisch »manipulativ« zu wirken,* liegt ohne Zweifel ein vor-industrieller Affekt zugrunde. Dieser Affekt, zugleich hilflos und hoffnungslos überholt, kann sich desto ungestörter entfalten, als die »offizielle« didaktische Debatte seine Zurückweisung in nicht eben lese-attraktiver Form betreibt. ACHTENHAGEN z. B. stellt die zu diesem Behufe bisher eindrucksvollsten und überzeugendsten Argumentationsketten zusammen, tut dies aber in

einer so intensiv terminologisierten Manier, daß er Gefahr läuft, eben jenen Affekt auf sich
zu lenken. Vergleichsweise ausgewogener und lesbarer ist da HERWIG BLANKERTZ' vernichtende Kritik an den Entwürfen des Ehepaares MÖLLER sowie an den Vertretern einer kybernetischen Didaktik. Wer die *Mechanik* des Vorganges überbetone, und nicht dessen *Subjekt*
an wesentlicher Stelle in seine Überlegungen einbaue, fasse das Phänomen »Erziehung« zu
kurz.
Gerade wohlmeinende Praktiker wollen zunächst oft »das Gegenteil von Konditionierung«.
»Das Gegenteil« von etwas ist immer eine fatale Kategorie, da es auf das *pudendum* als auf
seinen Ursprung zurückverweist. Bleibt nun (aus Sorge, integrativen Versuchungen anheim-
zufallen?) konkrete Verhaltens-Definition dieses »Gegenteils« aus, dann ist Holland in Not:
Wer sich dem Test einer konkreten Schulstunde in einer konkreten Schulklasse ohne zuläng-
lich-kritische, konkrete Vorbereitung aussetzt, kann sich leicht bittere Enttäuschungen bereiten. Auf ihn trifft sehr bald das o. erw. altmarxistische Argument zu: Er arbeitet »dem Gegner« (wer immer das ist) in die Hände. Gerade sein Ziel ist offenbar nur in gründlicher Auseinandersetzung mit dem, was WINNEFELD das »Gesetz der indirekten Steuerung genannt
hat,[14] zu erreichen.

Im Bereich »professioneller« didaktischer Debatte hat die Position dieses Typs idealisti-
schen Praktikers in facettenreicher Manier und auf sehr beträchtlichem Reflexionsniveau
JOHANNES FLÜGGE vertreten. In seiner »Pathologie des Unterrichts« sammelt er Stimmen und faßt selbst in der Einleitung ihrer aller Credo zusammen:[15]

> »Wie leicht läßt sich . . . ›Mündigkeit‹ als Ziel des Unterrichts angeben, während für den
> Transport zu diesem Ziel hin eine Technik geheimer Manipulation entworfen und praktiziert
> wird. . . . Tatsächlich ist bei einem solchen inneren Widerspruch von erhoffter Selbstbestim-
> mung und vorerst praktizierter ›Konditionierung‹ der Unterricht stärker und wirksamer als
> das deklarierte Unterrichtsziel. Denn auf den Wege wird Unmündigkeit oder Widerstand
> erzeugt, beides verfehlt den Sinn und das Ziel von Unterricht.«

Dies ist so offenbar Re-aktion gegen die Übertreibungen der in der »Pathologie des Unterrichts« wiederholt attackierten »S-R-Didaktiker«, fast schon einfache Umkehrung, daß darauf
die Argumente HERWIG BLANKERTZ', ebenfalls in einfacher Umkehrung, zu passen scheinen.

Unterricht ist, Erziehung will – beides: »Konditionierung« und »Spontaneität.« »Mündigkeit« ist nicht das Ziel des einen oder das Ergebnis des anderen: Sie ist das dialektisch
sich bildende, *niemals als »Ergebnis« zu sichernde oder zu umfassende* Dritte. Die ganze
vor-industrielle Dichotomisierung von »Konditionierung« und »Mündigkeit« übersieht,
daß beide aufeinander bezogen sind und ineinandergreifen; und dieses Paradoxon von
Erziehung kann ganz einfach nicht »gelöst« oder »überwunden«, kann allenfalls *versimpelt* werden.
Eine Methodik wird immer die konditionierenden Elemente stärker herausarbeiten müssen.
Unsere Darstellung wird also notwendigerweise einseitig sein. Als Korrektiv dieser Einseitigkeit scheint uns aber der selbst so einseitige FLÜGGE nicht sonderlich geeignet: Die
»reinere« Weiterführung der sich in allen diesen Stimmen äußernden Sorge findet sich in
THEODOR BALLAUFs »Skeptische(r) Didaktik« von 1970. BALLAUF schreibt aus eindeutiger
(»FLÜGGEscher«) Perspektive. Aber seine Reflexionen über Planbarkeit und Nichtplanbar-
keit wesentlicher Unterrichts- und Erziehungsvorgänge sind weit davon entfernt, obige
dialektische Spannung aufzuheben. Sie verdeutlichen sie.

2.2.3. Unter (3) hieß es oben, eine Methodik dürfe heute Kontroverses nicht verschleifen
und verschleiern. *The proof of the pudding is in the eating:* Es wird sich erweisen müssen,
ob wir in dieser Frage Wort halten konnten. Das gleiche gilt für den Hinweis unter (4);
dies wiederum bezieht sich vor allem auf den differenzierenden Ausbau der im Unterricht
erworbenen elementaren fremdsprachlichen Kompetenz.

Differenzierender Ausbau, fremdsprachlicher Unterricht auf dem »*intermediate*« und »*advanced level*«, vollzieht sich wesentlich in der Form der »*guided conversation*«: Das »freie Unterrichtsgespräch ist vom 3. Lernjahr (der 7. Klassenstufe) an der wesentliche »*andere Aspekt*« des fremdsprachlichen Unterrichts. Dieser »*andere Aspekt*« wurde bisher (wie schon im »Vorspiel« beklagt) ganz unzulänglich beschrieben. Die oben zitierte Manipulations-Scheu mag, als psychologische Barriere, an dem schrecklichen Verfall des Unterrichtsgesprächs *als eines Handwerks* nicht ganz unschuldig sein. Flockig-ergebnisarmes Herumreden (das dann in fehler-potente Haus- und Klassenarbeiten einmündet) und mühsam »situierte« Äußerungs-Stockaden (in denen dann die Motivation stirbt) nehmen zu und geben sich oft schon als »freies Unterrichtsgespräch« aus. Niemand aber wird im Ernst sagen wollen, dies sei das Ziel, auf das sich jene Manipulations-Scheu richte. *Es gibt keinen Ersatz für Gesprächsführung.* Auch Tests, als Zusatz und Mittel zur Erfolgsmessung hochwillkommen, sind als *Druck*mittel bei atemschwacher Unterrichtsführung von nur begrenztem Effekt. Bereitschaft und Fähigkeit zu freier Äußerung sind wichtiger als Formalkenntnis, die schweigt: Unter dem fachdidaktischen Gesichtspunkt des bleibenden Erwerbs der Sprache und unter dem allgemein-didaktischen des »mündigen« Verhaltens ist das »freie Unterrichtsgespräch« mindestens ebenso wichtig wie die Techniken des elementaren Spracherwerbs – wenn nicht wichtiger!

Unsere Darstellung wird also ihr Übergewicht haben zum einen in denjenigen Aspekten, die den Imperativ des *sprach-bewußten* Unterrichtens verbürgen sollen, zum anderen im Bereich des differenzierenden Ausbaus fremdsprachlicher ... well, »*competence*« durch »*performance*«: in der Darstellung der Struktur und Möglichkeiten des »freien Unterrichtsgesprächs« im fremdsprachlichen Unterricht. Dabei wird – weil es sich um *fremd-*sprachliche »*performance*« handelt – die Rolle des WINNEFELDschen »*Gesetzes der indirekten Steuerung*« ganz besonders gründlich zu bedenken sein.

3. P. Funke: Grenzen didaktischer Reflexion und »methodischer« Hoffnung

An dieser Stelle mag es scheinen, daß die anfängliche impressionistische »Konfrontation« von ACHTENHAGEN und FUNKE an einen vorläufigen Zielpunkt gelangt ist, ohne FUNKE weiter zu beachten: Eine bequeme Kontrast-Stimme, zu Einleitungs-Effekt »verbraten« ... – ist das alles?

Wir haben FUNKE »darstellungstechnisch« abgedrängt, um etwas anderes zu verdeutlichen. Das ist geschehen. Versäumtes sei jetzt – kurz – nachgeholt.

3.1. PETER FUNKE hat den bisher überzeugendsten Versuch einer *umfassenden* Komponentenzusammenstellung, -zuordnung und -analyse für das Erlernen von Fremdsprachen als *Modell* vorgelegt. Seine eigene schaubildartige Verkürzung und Darstellung des Modells[16] sei hier abgedruckt (s. Abb. 2, S. 38).

Das Umfassende seines Modells ist zugleich dessen Grenze. FUNKE strebt an, in einer geschlossenen »wissenschaftlichen Fremdsprachenlerntheorie« die »funktionale Interdependenz aller Faktoren ..., die den Fremdsprachenlernprozeß beeinflussen«, zu erfassen und zulänglich darzustellen. Leicht gesagt, schwer vollbracht: Wir vermerkten bereits, daß schon die einzelnen Faktoren seines Feld-Arrangements durchaus nicht alle in wünschenswerter Klarheit erforscht sind. Darüber hinaus macht gerade das so Deutliche und Herausfordernd-Einleuchtende dieses Feld-Arrangements sichtbar, daß hier noch ein gerüttelt

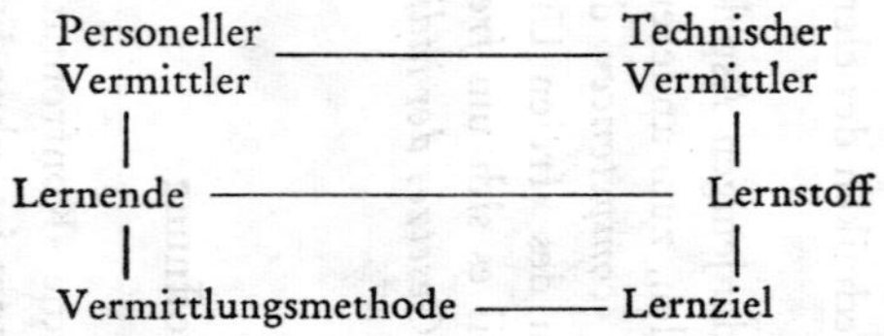

Personeller Vermittler
1. Qualifikation
1.1 pädagogische
1.1.1 persönlichkeitsbezogene (Kontaktfähigkeit, Phantasie, Humor)
1.1.2 wissenschaftsbezogene (erziehungswissenschaftliches Grundwissen)
1.2 fachliche
1.2.1 praktische
1.2.1.1 Sprachbeherrschung
1.2.1.2 fremdsprachenmethodische Fertigkeit
1.2.2 theoretische
1.2.2.1 angewandte Linguistik (einschl. Fremdsprachenlerntheorie, Phonetik, Psycholinguistik, Soziolinguistik, etc.)
1.2.2.2 Literaturwissenschaft
2. Motivation
2.1 pädagogisch
2.2 fachlich
3. Lehrform
3.1 Einzelunterricht
3.2 Team Teaching

Lernende
1. Lernpsychologische Voraussetzungen
1.1 Alter, Entwicklungsstand
1.2 Sprachbegabung bzw. -eignung
1.3 Lernfähigkeit, Konzentrationsfähigkeit, Ausdauer
1.4 Lern- und Leistungsmotivation
1.5 Soziologischer Hintergrund (Elternhaus, geistiges Feld)
2. Fachliche Voraussetzungen
2.1 Vorkenntnisse
2.1.1 Erstsprache
2.1.2 Zweitsprache
2.1.3 Zielsprache
2.2 bisheriges Lernverfahren

Technischer Vermittler
1. auditiv
1.1 rezeptiv (Schallplatte, Tonband)
1.2 rezeptiv und produktiv (Sprachlabor, Tonband)
2. visuell
2.1 rezeptiv (Lehrbuch, Lektüre)
2.2 rezeptiv u. produktiv (Lehrmaschine, Arbeitsbuch, Lückentext)
3. audio-visuell
3.1 rezeptiv (Fernsehen, Lehrfilm)
3.2 rezeptiv und produktiv (Sprachlabor mit visuellen Impulsen)

Lernstoff
1. Auswahl
1.1 Art
1.2 Umfang
2. Aufbau
2.1 Anordnung
2.2 Progression

Lernziel
1. Zielsprache
1.1 lebende
1.2 tote
2. Sprachform
2.1 gesprochene
2.2 geschriebene
3. Sprachbereich (Sprachregister)
3.1 soziologischer (Umgangssprache, U und Non-U)
3.2 regionaler (Dialekt, Nord-/Südengl.)
3.3 fachlicher (Handel, Medizin, Rechtswesen)
3.4 dichterischer (Prosa, Lyrik, Drama)
4. Sprachbeherrschung
4.1 praktische Fertigkeiten
4.2 theoretische Kenntnisse

Vermittlungsmethode
1. Arbeitsform
1.1 Einzelarbeit
1.2 Gruppenarbeit
1.2.1 Größe
1.2.2 Zusammensetzung
1.2.2.1 homogen
1.2.2.2 heterogen
2. Arbeitsweise
2.1 einsprachig/zweisprachig
2.2 mündlich/schriftlich
2.3 rezeptiv/produktiv
2.4 imitativ/kognitiv
2.5 paradigmatisch/kontrastiv
2.6 induktiv/deduktiv
3. Lernhilfen
3.1 visuelle (Skizze)
3.2 situationsbezogene
3.2.1 imaginäre (Bild)
3.2.2 reale (Lernspiele, szenische Dialoge)
3.3 abstrakte (Regelkanon)
4. Lernzeit
5. Effektivitätskontrolle (Tests)

Personeller Vermittler — Technischer Vermittler
Lernende — Lernstoff
— Lernziel
Vermittlungsmethode

Abb. 2. *Modell einer funktionalen Fremdsprachenlerntheorie*

Maß an Grundlagenforschung zu leisten ist. So beschließt er selbst seine Ausführungen jeweils mit dem Satz: »Es folgt, daß eine so konzipierte Fremdsprachenlerntheorie nur akkumulativ erstellt werden kann.«

3.2. FUNKES Kritik an ACHTENHAGEN entspricht dieser ebenso grandiosen wie vorläufig noch »offenen« Grundlage: Sie ist *zugleich* in vieler Hinsicht (noch) ganz boden-los *und* vollkommen zutreffend.

> Zur Verdeutlichung sei die Feld-Beschreibung von Unterricht, die ACHTENHAGEN zugrunde legt[17], schematisch-knapp referiert; dabei wird die bis zur Nachfolge getriebene Anlehnung an die analytischen Strukturbeschreibungen von P. HEIMANN und W. SCHULZ deutlich. Konkreter Unterricht läßt sich fassen und beschreiben in bzw. nach 6 Feldern – 2 Bedingungfeldern und 4 Entscheidungsfeldern:
>
> I. *Bedingungsfelder:*
>   1. Anthropogene Voraussetzungen
>   (»Individuallage von Schüler und Lehrer; Klassensituation«)
>   2. Sozialkulturelle Voraussetzungen
>   (»objektive Mächte als Träger der Ideologiebildung; Schulpolitik = normativer Einfluß auf Unterricht und Erziehung«)
> II. *Entscheidungsfelder*
>   1. Intentionalität
>   (»Zwecksetzung des Unterrichts, differenziert nach Handlungsdimensionen und Qualitätsstufen«)
>   2. Thematik
>   (»Inhalte des Unterrichts . . ., Techniken und Pragmata«)
>   3. Methodik
>   (Organisation des Unterrichts bei Unterscheidung mehrerer Ebenen)
>   4. Medienwahl
> Die Bedingungsfelder sind nach (1) Normen, (2) Fakten und (3) Formen zu differenzieren.

Tatsächlich hat ACHTENHAGEN mit seinen 2 Bedingungsfeldern und 4 Entscheidungsfeldern wesentlich *komplexe* Unterrichtswirklichkeit vereinfacht. Er vereinfacht, indem er
  1. selektiv aus der Perspektive des Lehrenden gewisse Komponenten betont,
  2. diese Komponenten jeweils »für sich«, »statisch« (FUNKE), darstellt.
Tatsächlich ist aber der selektive und »statische« Raster ACHTENHAGENS zugleich leistungsfähiger als das soviel differenziertere »regulative« Schema FUNKES: Das *Interaktionsfeld Unterricht* ist – auf Grund einer Reihe von Vorarbeiten, besonders aus dem Kreise der Berliner Didaktiker um HEIMANN und SCHULZ – schon jetzt relativ deutlich zu fassen und zu beschreiben im Sinne der ACHTENHAGENschen Kategorien: deutlicher – vorläufig – als unter der weiter gespannten Zielsetzung FUNKES. Daß diese Beschreibung »statisch«, nicht »funktional«, erfolgt, hat den praktischen Vorzug deutlicherer Abgrenzung, – erinnert man nur die wissenschaftsmethodischen Einwände FUNKES als notwendiges Korrektiv: Jeder Leser wird (mit FUNKE) wissen, daß es diese »chemische« Reinheit wechselbeziehungs-loser Komponenten-Abgrenzung in der Wirklichkeit keiner fremdsprachenunterrichtlichen Stunde gibt. Jeder wird aber auch froh sein, das bißchen Klarheit, das bereits verfügbar ist, so »sauber« serviert zu bekommen. Auswahl und Darstellung ACHTENHAGENs in seiner »Didaktik des fremdsprachlichen Unterrichts« erfolgen offenbar in größerer Nähe zu schon relativ »verfügbarer« Praxis (– seine Skrupel in den Aufsätzen zur »Curriculumrevision« haben demgegenüber eher FUNKEschen Stil). Die eminente Brauchbarkeit der von ihm beschworenen Kategorien von SCHULZ oder auch von B. S. BLOOM erhellt zum Beispiel aus dem so besonders »handfesten« Transfer dieser curricularen

»Muster« in Arbeitskategorien des konkreten Englischunterrichts in dem Aufsatz von HANS WEBER, »Von der didaktischen Interpretation zum Unterrichtsentwurf«, in der PRAXIS 1/69/1–12.

3.3. Als ein anderes, ebenfalls »statisches« (nicht »funktionales«) Modell zitiert FUNKE die vereinfachenden empirisch-ordnenden Schemata von MACKEY. Betrachten wir diese allerdings in der gleichen Weise wie oben ACHTENHAGENs Kategorien, dann wirken sie ähnlich praxisnah.

> W. F. MACKEY unterscheidet in seinem Beschreibungsmodell für das »Interaktionsfeld Unterricht« 3 Felder der Analyse (*»fields of inquiry«*); er spricht von
> (1) *Language Analysis,*
> (2) *Method Analysis,*
> (3) *Teaching Analysis.*
> Unter *»Method Analysis«* unterscheidet er *Selection, Gradation, Presentation* und *Repetition* (wie in einem Echo der sinnvolleren Feingliederung der *»procedures«* bei HALLIDAY/ MCINTOSH/STREVENS[18]); einen besonderen Teil der *»Teaching Analysis«* bildet die *»Lesson Analysis«*: MACKEY gliedert sie nach 1. *The Language,* 2. *The Plan,* 3. *The Techniques.*

3.4. Natürlich hat FUNKE recht: »Statische Modelle«[43] können »einem so dynamischen Prozeß, wie es der Lehr- und Lernprozeß einer Fremdsprache darstellt, nicht gerecht (werden).« Die vorliegende Darstellung aber verfolgt einen anderen Zweck: Verfaßt *ad usum Delphini,* muß ihr alles unter dem Gesichtspunkt praktischer Tätigkeit zu applikablen Bewußtseins-, Haltungs- und Vorgehens-Formeln gerinnen. Da sie aber nun so lange schon die Formel von der Piorität des *Bewußtseins* verficht, hat *in ihr* der oben angeführte Grundsatz-Streit um FUNKE, ACHTENHAGEN oder MACKEY – gerade weil er umrißhaft blieb – zweierlei Funktion:

(1) Dergleichen Mitteilung stiftet heilsame Verwirrung im Bewußtsein von Lesenden und folglich Lehrenden (hoffentlich!): Es macht die folgende Darstellung frag-würdig, zeigt Grenzen, Vorläufiges, Weiterzuführendes an: reizt zu Veränderung, weiterer Beschäftigung anhand der mitgeteilten Titel; verführt zur Innovation im Umgang mit sich und »anderen«, auch den Partnern von der jeweils anderen Bank, – Schülern.
(2) Es hebt überhaupt über das bloße rezept-anwendende oder -durchprobierende Tätigsein hinaus, indem es zeigt, wie alle, auch die der Absicht nach »kritischste« Beschäftigung mit dem eigenen Tätigkeitsbereich an eine Grenze stößt, an der dann eben Wissenschaft beginnt.

Vorliegende Darstellung überschreitet diese Grenze nur gelegentlich, tastend, zögernd. Ihre Absichten sind bescheidener. Aber es ist gut zu wissen, wie »bescheiden« diese Absichten sind: Ihre Bescheidung ist nicht nur – pragmatisch gesehen – Tugend, sondern auch – kognitiv gesehen – Armut; und dies ist natürlich – affektiv gesehen – enttäuschend. Nicht nur »bedauerlich«.

Wer die Wirklichkeit will, will den Kompromiß.

Seiner Unzulänglichkeiten wohl bewußt, wird der Praktiker – im »Bewußtsein dieses Bewußtseins« – »ACHTENHAGENs Fluch« und »FUNKEs Gelächter« tragen wie eine Kiepe Rübezahlschen Goldes. Er weiß, daß alle diese Bemühungen – wenn auch nicht ausdrücklich und zunächst – schließlich ihn meinen. Ihn allein: Sie verweisen auf ihn und sind auf ihn angewiesen. Scheitert er, dann haben sie ihr Recht verloren (– ohne allerdings damit ihre »Wahrheit« einzubüßen!).

4. Zusammenfassung und Vorblick:
Die vorliegende Darstellung und der Anspruch der Didaktik

Damit ist zugleich die komplexe Titel-Entscheidung dieses Buches »vor Ort« wiederholt: Wir gehen aus vom Interessen-Vorrang der Praxis und der Notwendigkeit der Theorie; aus beiden, dem Ineinander beider, leiten wir unser Axiom von der Priorität der Bewußtseinsbildung des Unterrichtenden her – im vorliegenden Falle der Bildung eines Bewußtseins sprachlicher, fremdsprachlicher und fremdsprachenunterrichtlicher Struktur. Didaktisches spielt immer wieder hinein, intentional aber geht es um Stundenwirklichkeit, Stundenaufbau, Stundenverlauf, kommunikative Prozesse, – *Methodik* (nur eben»*kritische*«). Wir wollen nicht wie HÜBNER in den frühen 30er Jahren Methodik zum sozusagen weniger interessanten »konkreten« bzw. »technischen Aspekt« von Didaktik oder wie ACHTENHAGEN in den späten 60er Jahren gar zu deren *Appendix* machen (der – gäbe es so etwas – in seiner »Didaktik des fremdsprachlichen Unterrichts« ganz gewiß an »galoppierender Appendizitis« litte). Auch die Gegenposition »bloße Praxis« (die nicht ACHTENhagen allein so sehr verabscheut: dies ist durchaus nicht sein Privileg), kann nicht unser Ziel sein: Angesichts des notwendigen Ineinanders der verschiedenen Komponenten und Aspekte von Unterricht verstehen wir den Satz vom Primat der Didaktik so, daß diese im vorliegenden Darstellungs-Interesse gewissermaßen »immanent«, als »kritischer Stachel« einzufügen sei.
Ecco!

5. Zur Einheit der Formen und Aspekte von Fremdsprachenunterricht
(Schulform und fremdsprachlicher Unterricht)

Alle Aspekte fremdsprachlichen Unterrichts gehören zusammen. So gehörte eigentlich auch das Thema »Fremdsprachen in der Erwachsenenbildung« in diese Darstellung mit hinein. Abgesehen von tiefgreifenden Unterschieden lernpsychologischer Art (die alle sogenannten »Stufen«-Unterschiede im Bereich der Schule übertreffen) fehlt hierzu der Raum. Das gleiche gilt für Privat-Erziehung, Hauslehrer-Einsatz, Fernstudium etc. Uns geht es um Hilfen für den im Bereich institutionalisierten Fremdsprachenunterrichts Arbeitenden; unser Modell ist der Typ »allgemeine staatliche Erziehungsinstitution bzw. -organisation«: die Arbeit in und mit Lerngruppen von der Art einer Klasse, eines Kurses oder einer Arbeitsgemeinschaft in den allgemeinen öffentlichen Schulen. Auch die besonderen und z. T. sehr erregenden Möglichkeiten internats-gemeinschaftlicher Erziehung wurden also ausgeschlossen.
Innerhalb des dadurch vorgegebenen Rahmens allerdings muß einiges als selbstverständlich gelten, das vielleicht noch nicht »jedermanns Bier« ist. Selbstverständlich gibt es alterspsychologische und arbeitsform-spezifische Unterschiede

(Gruppen im Alter von 8–10/11, 10/11–Pubertät, in der Pubertät, danach; Kleingruppen, Großgruppen, flexible oder starre Gruppen, Abgliederungen etc.),

vielleicht auch arbeitsstufen-bedingte Unterschiede. Ebenso selbstverständlich aber sind Unterscheidungen, die überkommenen äußeren oder »veräußerlichten« Erziehungs- und Organisationsformen entsprächen, absurd. Zwar sind *Aspekte* zu unterscheiden und ihre Unterscheidung ist zu begründen: Im allgemeinen aber haben diese *Aspekte* andere Begründung als etwa die »traditionellen« Schulformen. Schulformen, alte wie neue, sind gesellschaftlich-geschichtliche Einkrustungen, die das, was tatsächlich in ihnen geschieht, immer wieder in vorübergehend-äußerlicher Verfestigung eines Anscheins verdecken; was sie zu sein scheinen, hat sich oft schon in Generationsschüben mehrfach verändert und »gilt« nur noch als nützliches Diskussions-Klischee. FUNKE nennt in seiner Ablehnung aller »vorliegenden Modelle« auch die verheerenden Folgen, die das Übergreifen solcher Einkrustung auf das Bewußtsein von Unterrichtenden und Methodikern haben kann[19]:

> »Sie gehen entweder von einer bestimmten Schulform aus, ohne zu berücksichtigen, daß die Schulform (z. B. das Gymnasium) weder klar definierbar ist, noch eine Konstante darstellt. Dies hat verschiedentlich, besonders in unserem Lande dazu geführt, daß von den unteren Rängen der Gefolgsleute der Klassenkampf der Schulformen mitsamt ihren Ideologien auf den Fremdsprachenunterricht übertragen wurde, wobei die Methode mit der Schulform identifiziert wird, das Gymnasium schlechthin mit der Grammatik- und Übersetzungsmethode und die Hauptschule mit der direkten Methode.«

Bei dem Versuch, Formen und Aspekte als selbstverständlich einzubeziehn, die sich der begrenzten *persönlichen praktischen* Erfahrung des Verfassers entziehen, wird natürlich auch die Grenze solcher »guten Absichten« unübersehbar: Der »Weg zur Hölle«, der ja —wie es heißt – mit derlei Stolper-Steinchen gepflastert ist, findet sich ebenfalls in prächtiger Überdeutlichkeit von FUNKE angeprangert. Er vermerkt nämlich als zweiten Grund für seine Ablehnung aller vorliegenden Modelle:

> »Die Verfasser erheben ihre persönliche Unterrichtserfahrung mit einer bestimmten, zum Teil selbst intuitiv entwickelten Methode zum Axiom und bedenken dabei nicht, daß der Methodenstreit zeitlichen Wandlungen unterworfen ist, und daß eine bestimmte Methode für eine bestimmte Lernphase geeignet sein kann (wie z. B. die ›direkte Methode‹), aber nicht ungeprüft auf den gesamten Lernprozeß übertragen werden darf.«

Wir werden uns nach Kräften mühen, den genannten Anfechtungen nicht zu verfallen.

6. Pragmatische und attitudinale Voraussetzungen eines effizienten Fremdsprachenunterrichts

Dies Buch will also Kompilation sein: als solche für den Anfänger Anreiz und Aaronsstab zu den Wassern fremdsprachenunterrichtlichen Lehrens und Lernens – die, um das Bild fortzuführen, manchmal reichlich tief in Felsen unreflektierter Praxis eingeschlossen sind. Die Felsen aufzubrechen bedarf es – wie vorvermerkt – bestimmter Voraussetzungen, Haltungen, Handlungen. Sie seien hier *zusammenfassend* aufgeführt. Es sind

(1) *Beherrschung* der zu lehrenden Sprache. Dies sollte selbstverständlich sein, bedarf aber offenbar genauerer Bestimmung. – Ist allerdings *nur* diese Voraussetzung erfüllt, dann ist ebenfalls kein sinnvoller Sprachunterricht möglich: Das zeigte unsere ganze bisherige Darstellung. Weitere Faktoren sind

(2) ein sprachliches, sprachunterrichtliches, fremdsprachenunterrichtliches *Bewußtsein* und

(3) das, was F. L. BILLOWS in seinem prächtigen, temperamentvoll-applikablen Handbuch die »*Techniques* of Language Teaching« nennt.

Von allen dreien war bereits die Rede. Die unter (3) aufzuführenden *Techniken* werden erst im 2. Band unserer Darstellung eine wesentliche Rolle spielen.

6.1. Zur Beherrschung der Zielsprache durch den Unterrichtenden

6.1.1. Sprachbeherrschung von Sprach*lehrern* unterscheidet sich strukturell nicht wesentlich von der Sprachbeherrschung, die *Schüler* zeigen: Sie ist wie jene nach *skills* beschreibbar und nach Art und Grad meßbar. Eine ziemlich einseitige Darstellung finden die 4 *basic skills* in der Gruppierung und Formulierung von TH. FINKENSTAEDT[20]:

> »Hören (Verstehen) – Sprechen (Verstandenwerden)
> Lesen (Verstehen) – Schreiben (Verstandenwerden)«

Das Arrangement »geht ein« aufgrund seiner Gefälligkeit. Diese aber ist erkauft durch Verarmung der kommunikativen Struktur, besonders auffällig im passivischen »rechten Flügel« des Schemas: In dem »Verstandenwerden« geht der für Äußerungs-, vor allem aber *Lern*motivation zentrale Gesichtspunkt, der der *Produktion* (zusammen mit den dahinter stehenden psychologischen Haltungs-Stimuli) verloren. Das Ganze mag durchaus zureichend sein zur Beschreibung von Lehrerfunktionen in diesem Bereich (i. e. FINKENSTAEDTs Ziel!), ist aber gefährlich irreführend als Bezeichnung entsprechender Lern- und Lernzielfunktionen für Schüler. Da es auch uns in diesem engeren Zusammenhang tatsächlich um den *Lehrer* geht, ist FINKENSTAEDTs Formel als Einleitung für die unmittelbar anstehende Frage dennoch akzeptabel und – wer weiß – vielleicht sogar nützlich.

Daß Überlegungen dieser Art nicht etwa müßig oder überflüssig sind, wird jeder mit der Ausbildung von Sprachlehrern Beschäftigte bestätigen. Die Debatte über die Einrichtung von Sprachlehrinstituten in der BRD zeigt, daß man in dieser Frage einen Notstand entweder konstatiert oder auf sich zukommen sieht[21]. Ob es bei uns dabei schon soweit ist, wie ein verzweifelter Satz F. M. GRITTNERS[22] über junge amerikanische Sprachlehrer anzudeuten scheint, ist allerdings zu bezweifeln. GRITTNER spricht über Schwierigkeiten bei der Ein- oder Durchführung von Fremdsprachenunterricht nach der »Direkten Methode« in amerikanischen High Schools; er vermerkt, ein Problem sei »*that the direct method requires a teacher who is highly skilled both in methodology and in the use of the foreign language, a combination of skills frequently unavailable to American education*« (1969!). Dies ist allerdings weniger überraschend, nachdem es vorher vom amerikanischen Schüler hieß, er nehme normalerweise nicht teil an Kursen, »*which demand the direct method*«; anschließend folgt die lakonische Bemerkung: »*nor is the need for direct oral communication as apparent as with students who are studying abroad.*«

6.1.2. Aus der gleichen Beobachtung heraus, *that many (i. e. foreign language teachers) have been poorly or inadequately prepared*, wurden bereits im Jahre 1955 von der MODERN LANGUAGE ASSOCIATION[23] Richtlinien für die berufliche Qualifikation von Fremdsprachenlehrern an weiterführenden Schulen erarbeitet. Diese Richtlinien erschienen in der Übersetzung von REINHOLD FREUDENSTEIN als Anhang zu R. LADOS »Moderner Sprachunterricht«. Da wir den Titel »*Language Analysis*« in dieser Form für überholt, den Teil »*Culture*« für überhol-bedürftig, beide zusammen in Verbindung mit dem Teil »*Professional Preparation*« für überflüssig im Sinne unserer Fragestellung halten, da wir überdies Einwände gegen FREUDENSTEINS Übersetzung, vor allem in den Schlüsselkategorien haben, drucken wir die Tabelle hier *in Auswahl* nach dem Original (s. Abb. 3, S. 44).

Über die »*minimal qualifications*« (die durch das FREUDENSTEINsche »ausreichend« gänz irreführend »übersetzt« wurden) heißt es in dem vorausgeschickten, erläuternden Text ausdrücklich:

»We regret that the minimum here stated cannot yet include real proficiency in the foreign tongue or more than a superficial knowledge of the foreign culture. It must be clearly understood that teaching by persons who cannot meet this minimal standard will not produce results which our profession can endorse as making the distinctive contribution of language learning to American life in the second half of the twentieth century.
Our lowest level of preparation is not recommended. It is here stated only as a point of departure which carries with it the responsibility for continued study and self-improvement, through graduate and in-service training, toward the level of good and superior preparation.«

Abb. 3.

	Superior	*Good*	*Minimal*
AURAL UNDER-STANDING	The ability to follow closely and with ease all types of standard speech, such as rapid or group conversation, plays and movies.	The ability to understand conversation at average tempo, lectures, and news broadcasts.	The ability to get the sense of what an educated native says when he is enunciating carefully and speaking simpy on a general subject.
SPEAKING	The ability to approximate native speech in vocabulary, intonation, and pronunciation (e. g., the ability to exchange ideas and to be at ease in social situations).	The ability to talk with a native without making glaring mistakes, and with a command of vocabulary and syntax sufficient to express one's thoughts in sustained conversations. This implies speech at normal speed with good intonation and pronunciation.	The ability to talk on prepared topics (e. g., for classroom situations) without obvious faltering, and to use the common expressions for getting around in the foreign country, speaking with a pronunciation readily understandable to a native.
READING	The ability to read, almost as easily as in English*, material of considerable difficulty, such as essays and literary citicism.	The ability to read with immediate comprehension prose and verse of average difficulty and mature content.	The ability to grasp directly (i. e. without translating) the meaning of simple, nontechnical prose, except for an occasional word.
WRITING	The ability to write on a variety of subjects with idiomatic naturalness, ease of expression, and some feeling for the style of the language.	The ability to write a simple »free composition« with clarity and correctness in vocabulary, idiom and syntax.	The ability to write correctly sentences or paragraphs such as would be developed orally for classroom situations, and the ability to write a short, simple letter.

* Anm.: »*English*« ist in diesem Zusammenhang natürlich als »*Muttersprache*« zu verstehen.

Im ganzen ist dies doch noch ein recht grober Raster (wie bereits die zum Vergleich her-
anzuziehende Schrift Th. FINKENSTAEDTS mit ihren Ansätzen feinerer Differenzierung[24]
zeigen könnte. Es ist vielleicht als Beobachtung interessant, daß im Sinne dieses Beurtei-
lungs-Schemas nach persönlicher Erfahrung des Verfassers deutsche Referendare des Lehr-
amts in Englisch in »Hörverstehen«, »Lesen« und »Schreiben« besser abschnitten als in
»Sprechen«, nämlich »gut«, in den im engeren Sinne »Verstehens-*skills*« (»Hörverstehen«
und »Lesen«) z. T. sogar *superior*. »Sprechen« hingegen, die eigentliche Grundlage der
Unterrichtsführung, befindet sich bei einer immerhin noch deutlich bemerkbaren Minorität
auf der von der Kommission so angst- und sorgenvoll beschriebenen untersten Ebene, ist
einfach *deplorable*, wenn nicht *worse:* »*minimal*« eben (und die obige Erläuterung läßt
keinen Zweifel, wie wenig das ist).

6.1.3. Die Schwächen des MLA-Papiers und die Bedürfnisse mancher Praktiker machen
offenbar ein anderes Schema nötig. Schwächen wie Bedürfnissen »antwortend«, erscheint
das GRITTNERsche Schema des *»Wisconsin Department of Public Instruction«* (Madison,
Wis.)[25]. Es ist viel ausschließlicher und intensiver, auch formaler und kleinteiliger »sprach-
zentriert« als das Papier der MLA (das wir ja von 7 auf 4 Teile reduzierten, so daß nun
der Unterschied vielleicht geringer erscheint, als er ist). Das geht schon aus der program-
matischen Überschrift hervor: *»Essentials for Communication«*. Stand im MLA-Text von
1955 noch im Hintergrund allen Sprachverstehens das Wort *»Culture«*, so geht es in diesem jüngeren Text von 1968 »nur noch« um *Kommunikation.* – Das GRITTNERsche Schema
erscheint unten als Abbildung 4 (S. 46/47).
Die von uns immer wieder betonte Bewußtheit in Hinsicht auf Strukturen und Funktionen
der Sprache ist in diesem Schema – wenigstens »immanent« – zum Prinzip erhoben. Der
darin vertretene Qualitätsanspruch liegt je nach Detailbestimmung zwischen *»superior«*
und *»good«* (im Sinne der MLA-Richtlinien); er liegt also ziemlich hoch. Die rabiate Differenzierung des sprachlichen Ausdrucks, die in den gelegentlich stark summativ generalisie-
renden Formeln offenbar »gemeint« ist, entbehrt allerdings einer begrifflichen Stütze, die
das Verständnis beträchtlich erleichtern könnte: Was gemeint ist, gewönne an Deutlichkeit,
verbände man es mit dem in der »Londoner Schule« entwickelten Begriff des *»linguistic
register«.* Hierzu heißt es bei HALLIDAY[26]:

> *»Language varies as its function varies; it differs in different situations. The name given to
> a variety of a language distinguished according to its use is ›register‹.
> The category of ›register‹ is needed when we want to account for what people do with their
> language.«*

Er spricht auch von

> *»language activity in the various contexts in which it takes place«*

und von

> *»differences in the type of language selected as appropriate to different types of situation«.*

Der Begriff des *»register«* hat seine die Sprachwissenschaften und den Sprachunterricht
anregende Wirkung bereits vielfältig entfaltet[27].

6.1.4. Die vielleicht manchem etwas verwirrende Höhe der Forderung im Katalog GRITT-
NERs wird in die rechte Perspektive gerückt durch ein drittes Papier gleicher Art und Intention. Es ist in auffälliger Weise *»register-bewußt«* und ist der für die Zielsetzung un-

serer Darstellung vorläufig wichtigste *Raster zur »Beherrschung der Zielsprache«* für
»Lehrer der modernen Sprachen«. Dieser in unserer Serie letzte Kriterienkatalog wurde
entwickelt auf einem Seminar des EUROPARATS *(Committee for Higher Education)* in
Saalbach/Österreich vom 15.–25. 9. 1969[28].
Es erwartet vom Fremdsprachenlehrer *»in der Regel eine ›muttersprachenähnliche‹ Beherrschung der Zielsprache«* und definiert diese »muttersprachenähnliche« Beherrschung durch
5 Kriterien:
»1. Fehlen von phonemischen oder allophonischen Fehlern, welche die Verständlichkeit
beeinträchtigen, und von mißverständlichem intonatorischen und paralinguistischen
Verhalten.
2. Fehlen morphologischer und syntaktischer Fehler in allen Unterrichtssituationen und
im schriftlichen Gebrauch der Sprache.

Abb. 4. *Essentials for communication*

Skills and concepts	Phonology	Morphology	Syntax
LISTENING: the ability	to hear all the meaningful sound contrasts of the foreign language when it is spoken at a normal rate in complete utterances.	to hear all the changes of meaning caused by modifications of word forms when the language is spoken at a normal rate in complete utterances.	to hear the foreign language without being confused by syntactical arrangements.
SPEAKING: the ability	to produce all the significant sounds and intonation patterns of the foreign language in a manner acceptable to native speakers.	to express one's ideas orally using appropriate grammatical forms.	to express one's ideas orally using word order which is characteristic of the spoken language.
READING: the ability	to associate the appropriate graphic symbols with the sounds for which they stand.	to draw meaning directly from the printed page through recognition of changes in meaning caused by modifications in structure.	to read directly in the foreign language without being confused by syntactical arrangements.
WRITING: the ability	to spell the graphic symbols which stand for the sounds of the language.	to express one's ideas in writing using appropriate grammatical forms.	to express one's ideas in writing using the appropriate word order of the foreign language.
CONCEPT: the ability	to understand the relationship between sound symbols and written symbols (i.e., »phonemes« versus »graphemes«).	to understand how the foreign language uses such devices as gender, number, case, agreement, verb endings, and other modifications of oral and written forms to express meaning.	to understand how the foreign language uses variations in word order to express meaning.

3. Ein Wortschatz, der den gesamten Bereich der Gesprächssituationen umfaßt, die im täglichen Umgang mit gebildeten Fremden zu bewältigen sind.

4. Beherrschung des formellen und des kolloquialen Registers. Rezeptive Vertrautheit mit dem familiären Register sowie mit den wichtigsten Aussprachevarianten und Dialekten, denen ein Ausländer vermutlich begegnen wird.

5. Kenntnisse des kulturellen Hintergrundes, die dem gebildeten Durchschnittssprecher der Zielsprache im normalen täglichen Umgang gegenwärtig sind.«

Diktion und Arrangement dieser Sätze verraten die Sehschulung durch die Kategorien M. A. K. HALLIDAYS.

Wir haben uns in diesem Fall für die in einer Übersetzungsübung entstandene deutsche Fassung entschieden: Zweifelhaftes schien nicht gegeben. Ob allerdings die Übersetzung von *»colloquial«* in »kolloquial« oder von *»familiar«* in »familiär« glücklich ist, steht auf einem

Vocabulary	Culture	Ultimate goals
to hear and understand words in normal conversational contexts.	to detect nuances of meaning relating to social position, family relationships, customs, national traditions, literary classics, etc.	to comprehend aurally new arrangements of familiar material when spoken at normal tempo and with normal intonation and rhythm.
to acquire an active speaking vocabulary appropriate to the age, maturity level, and capacity of the student and one which is appropriate for communication in the modern world.	to use culturally acceptable forms appropriate to the age, social standing, and occupation of the person addressed and to reveal some knowledge of the heritage of those who speak the foreign language.	to reorganize familiar vocabulary and grammatical forms and to apply them to new situations using pronunciation and intonation in a manner acceptable to a native speaker.
to recognize in context a wide range of vocabulary items with sensitivity to the differences between spoken and written vocabulary and between contemporary and older literary forms, words, and expressions.	to be able to read everything from newspapers to works of literature. This implies a basic knowledge of the history, literature, current world position, etc. of countries in which the language is spoken.	to read directly without constant recourse to a bilingual vocabulary list.
to express one's ideas in writing using vocabulary which is appropriate to the occasion.	to use the appropriate style according to the nature of what is being written.	to express one's ideas—idiomatically and freely—in writing.
to understand that the semantic range of foreign words usually differs from that covered by the nearest English equivalents.	to evaluate the foreign culture objectively and on its own merits rather than from the standpoint of Anglo-American culture.	to apply spontaneously everything one has learned to new situations.

anderen Blatt; auch ist nach HALLIDAYs eigenen Ausführungen der englische Ausdruck
»familiar« nicht notwendig der in diesem Zusammenhang vorzuziehende[29]. Alle diese deutschen Äquivalente aber haben den Vorzug, eindeutig zu sein.

Im ganzen ist dies ohne Zweifel die nützlichste aller bisher genannten Zielformeln: Sie
ist genau genug gefaßt, sie ist nüchtern in ihren Forderungen und sie ist sprachbezogen
in einem situativen Sinn. Sie ist daher überschaubar, leicht anzuwenden und einzufordern,
und sie lenkt nicht ab von den heiklen Basis-Erfordernissen des Sprachunterrichts. Inbeson-
dere die im Vergleich zu GRITTNERS »Traum-Postulaten« und »Superlativ-Schlüsseln«
(*»all the«*) aus den *»Essentials«* so viel bescheideneren, konkretisierenden Negativ-For-
mulierungen der Punkte 1–3, vor allem aber auch der entsprechend zu kennzeichnenden
Einschränkungen in Punkt 4 sind wohltuend. Punkt 4 erinnert ein wenig an das Schlag-
wort vergangener Tage – *»2 dialects (B. E. – A. E.) – 2 registers (formal – colloquial)«* –
und ist doch soviel feiner gesponnen und gewirkt. Die Zielformel des 5. Punktes endlich,
»Kenntnisse des kulturellen Hintergrundes«, ebenfalls durch bedeutsame Nebensatz-
Restriktion sprachlich gewendet, wird etwas deutlicher bestimmt durch Ausführungen aus
einem anderen Teil des Seminarberichts. Dort heißt es (zum *Studium* für das Lehramt in
modernen Sprachen)[30]:

> »Der kulturelle Inhalt setzt sich zusammen aus dem *Studium der Gesellschaft* und
> dem *Studium der Literatur.«*

Gegen Schluß des Berichts wird noch einmal zusammenfassend festgestellt, Ziel des Stu-
diums sei,

> »daß das ›muttersprachenähnliche‹ Terminalverhalten des Studierenden schließlich
> das problemlose Verstehen gebildeter Unterhaltung und die Beteiligung an intellek-
> tueller Diskussion mit Partnern in ihrer Muttersprache auf nahezu gleichem Niveau
> umfaßt.«

Uns scheint in diesem Zusammenhang nur die in dem Ausdruck »intellektuell« enthaltene
Einengung ein wenig bedenklich. –

6.1.5. Wie im einleitenden »Vorspiel« hat dies etwas breiter ausgeführte Kapitel im Rahmen der vorliegenden Darstellung eine doppelte Funktion: Zunächst einmal war es durch
sich selbst wichtig. Es schien einfach notwendig – auch im Sinne des FUNKEschen Kom-
ponentenkatalogs – das Sprachleistungsminimum von Fremdsprachenlehrern einleitend
anzugeben: Auch in einer nicht vorzugsweisen imitativen Auffassung von fremdsprachlichem Lernprozeß ist noch *das sprachliche Modell des Unterrichtenden* grundlegend wichtig; ein gewisses Minimum darf einfach nicht ohne ernste Gefährdung des Lernerfolgs
unterschritten werden. Zum anderen aber hat diese Fixierung eines Sprachleistungsmini-
mums funktionale Bedeutung im *Verstehensaufbau* der vorliegenden Darstellung: Sie
führte ganz beiläufig auf Thematik und Problematik der 4 *skills*, der *dialects* und *register*,
nannte Grundelemente von Sprache und bereitete so auf »ernstere« Fragen in diesem Bereichen vor. Vor allem aber sind aus ihr – in behutsamer Einschränkung und Abgrenzung – im gröbsten Umriß erste Stütz-Formulierungen für die enger, einfacher, weniger
hoch anzusetzende Lernzieldiskussion für Schüler zu gewinnen. So erfolgt auch an dieser
Stelle vorbereitende Bewußtseinsschärfung und Blickeinstellung für weiter unten auszu-
führende grundlegende Probleme und Themen.

6.2. Zum »sprachunterrichtlichen und fremdsprachenunterrichtlichen Bewußtsein«

Diesem Grundanliegen der vorliegenden Darstellung, Bewußtsein zu »schärfen« und den Blick »einzustellen«, sei nun – nach erfolgter Voranzeige – eine letzte Ausweitung, Erörterung, Ab-, um nicht zu sagen: *Ausschweifung* gegönnt.

6.2.1. Vorgängige und begleitende Reflexion als Artikulation produktiven und kritischen Bewußtseins richtet sich auf (a) die *Sach*struktur, (b) die die *Fach*struktur dessen, worum es uns beim Fremdsprachenunterricht geht. Mit »Sachstruktur« sind dabei Elemente und Aufbau der zu unterrichtenden Fremdsprache (hier: des Englischen) sowie die dazugehörigen sprachpsychologischen Tatbestände gemeint. »Fachstruktur« bezeichnet Elemente und Aufbau der zu unterrichtenden Fremdsprache (hier: des Englischen) sowie die dazugehörigen sprach*lern*psychologischen Tatbestände. Strukturiertes Bewußtsein

- erhöht die Motivation des Unterrichtenden und, auf »jene« ausstrahlend, der Schüler; es
- ist die Basis jeglicher selbständigen Unterrichtsplanung, -führung und -auswertung;
- steigert die didaktische und methodische Phantasie (erhöht die Zahl konkreter Detail-Einfälle aus dem gegliederten Verständnis des Ganzen),
- macht daher innovationsbereit und experimentierwillig und
- legt die »permanente« Revision überkommener, eingefahrener, eingefrorener, erstarrter Sehweisen nahe.

Dies letztere klingt besonders schlagwortartig und ist besonders wichtig: Sehr oft sind diese überkommenen etc. Sehweisen nicht länger mehr effizient, weil sie entweder einen überholten Erkenntnisstand repräsentieren oder einfach dem Bewußtseinsstand jüngerer Zeitgenossen (i. e. jüngerer Lehrkräfte, der Mehrzahl der Schüler und ihrer öffentlichen Bezugspersonen) nicht mehr angemessen sind.
Soviel über die allgemein-didaktischen Kulissen und Wegmarken wohlstrukturierten, entwickelten Bewußtseins. Über all diese Allgemeinheiten, Gemeinplätze, Allgemeingültigkeiten hinaus gewinnt es höchste Bedeutsamkeit *im speziellen Zusammenhang des Fremdsprachenunterrichts*: Bewußtsein richtet sich hier nicht auf Unterrichtsvorgänge allgemein und überhaupt, sondern ausdrücklich *auf deren sprachlichen Aspekt*. Die Sprache des Unterrichts selbst ist nicht nur kommunikatives *Medium*, sondern zugleich kommunikatives *Problem* – kommunikative »Aufgabe«. Unterrichtssprache ist nicht nur Medium unterrichtlicher Aktivitäten und Vorgänge, sondern zugleich erklärtes Objekt und Thema, *Ziel* dieser selben unterrichtlichen Aktivitäten und Vorgänge.
Selbst dies aber bezeichnet noch nicht die volle bzw. »eigentliche« Bewußtseinsschwierigkeit und Bewußtseins-Pointe des fremdsprachlichen Unterrichts. Fremdsprachlicher Unterricht ist sozusagen Sprachunterricht in Potenz und erfordert ein »Bewußtsein hoch zwei«: Es handelt sich ja nämlich nicht um zu aktivierende *muttersprachliche* Möglichkeiten (die im Grunde bereitliegen), sondern um im Vollzug selbst erst aufzubauende *fremdsprachliche* »*exchanges*«. Ein entwickeltes und regsames Bewußtsein von den Strukturen und Funktionen von Sprache
(a) als Lerngegenstand und Verhaltensziel,
(b) als Unterrichtsmedium und tatsächliches Verhalten
ist demnach eine *conditio sine qua non*, reflektierte Praxis eine Selbstverständlichkeit in

einem modernen Fremdsprachenunterricht. Das Verhältnis von sprach(unterricht)lichem Bewußtsein zu Sprachbeherrschung ist dabei in einer einfachen Doppel-Formel zu fassen:

> Beherrschung der Fremdsprache allein bewirkt gar nichts. Ein ausgebildetes fremd-sprachen-didaktisches Bewußtsein aber ohne diese selbstverständliche Grundlage (i. e. *Beherrschung* der Fremdsprache) ist ebenfalls Käse.

6.2.2. So ist eine der Absichten der vorliegenden Darstellung, das – durchaus auch notwendige – didaktische und methodische »Für-*self-evident*-Halten« im fremdsprachen-unterrichtlichen Kontext zu exponieren, vielleicht zu denunzieren. »Zielstrebiges, effektives, ökonomisches Lehren will *gelernt* sein. ...

> Wenn, um ein paar alltägliche Aufgaben des Neusprachlers zu nennen, Vokabeln zu vermitteln, pattern-Übungen zu eröffnen und zu steuern, Lesetexte einzuführen, grammatische Erkenntnisse abzuleiten sind, wenn ein Gedicht, eine Dramenszene, ein Essay, eine short story, wie es lapidar heißt, »erschlossen« werden soll, so gibt es gewiß Verfahrensweisen und Praktiken, die sich dafür als zweckmäßig erwiesen haben und an deren handwerklicher Beherrschung dem Lehrer wohl gelegen sein sollte. Dennoch greift eine Unterrichtsbetrachtung entschieden zu kurz, die über die Beschreibung, Erörterung und Empfehlung unterrichtstechnischer Maßnahmen nicht hinausgelangt. Schulmeisterei ... ist ... mehr als ›Verpackungs-kunst‹.«

H. WEBER macht diese Bemerkung[31] nach einem schmerzlichen Seitenblick auf H. RUMPFS Berichte »aus der Drecklinie«, wo es dem Praktiker – trotz aller »Verpackungskunst« – oft scheinen mag, er versuche, »*Maulwürfen Mozart (vorzuspielen)*«. Die fürchterlich schiefe Perspektive dieses prächtigen Bildes allerdings, die auf ein geradezu archaisches Lehrer-Schüler-Verhältnis schließen läßt, macht WEBERS »Ruf nach didaktischer Reflexion um so dringlicher«. Funktion des Lehrers ist eben *nicht*, Schülern etwas »vorzuspielen«, vorzuführen, »präsent zu machen« (RUMPF a. a. O.) oder überhaupt etwas »vorzumachen« (gelobt sei der verräterische Doppelsinn dieses Wortes!); er hat vielmehr die Schüler dazu zu kriegen, *mit ihm zusammen* etwas zu »*machen*«: Verhaltenseinübung ist sein Ziel. Wie aber »macht« man das? – WEBER läßt keinen Zweifel: Jene oben genannten »alltäglichen Aufgaben des Neusprachlers« setzen das voraus, was wir uns zu leisten im vorliegenden Zusammenhang vorgenommen haben:

- Intensivierung des theoretischen Bewußtseins,
- Simplifizierung des praktischen *approach* durch Reduktion auf eine die vielen gegenwärtig flackernden und flatternden Impulse zusammenschließende Grundfigur (die dieses Bewußtsein und jenen *approach* ermöglicht),
- Aufzählung und Kurz-Erläuterung der wesentlichen »Techniken«,
- Verdeutlichung insbesondere der noch »offenen«, zu entwickelnden, weiter durchzu-reflektierenden »Techniken« (in denen »dieses Bewußtsein« und »jener *approach*« dann seine »Kulminationsform« erreicht; dies gilt vor allem für das »freie Unterrichtsgespräch«).

Dies alles macht nun wirklich ein neues der von ACHTENHAGEN so scheel betrachteten »Kompendien« nötig. WEBER weist darauf hin[32], daß »die Entwicklung des hier gemeinten Problembewußtseins ... sich bereits über ein Jahrzehnt hin verfolgen (läßt)« und nennt auch für unsere Darstellung entscheidende Schritte auf dem Wege, den wir weiter zu verfolgen gedenken. Im gleichen Zusammenhang aber entwickelt er Zweifel – sehr berechtigte Zweifel, wie uns scheint – darüber, »in welchem Maße ›die Naivität des Unterrichtenden‹ tatsächlich bereits aufgehoben wurde«. Es wird wieder Zeit, daß die dem Praktiker kaum noch zu bewältigende Unzahl hervorragender neuer Anregungen und Einsichten aus fachdidaktischer und -methodischer Kleinliteratur, aus mehr oder weniger zugänglichen Zeitschriften-Impulsen, Mini-Revolutionen in Fachblättern, selektiv überschaubar gemacht wird, daß Entwicklungslinien aufscheinen, Problematisches als Herausforderung auch deutlich wird. Ein neues »Kompendium« könnte die notwendig werdende didaktisch-methodische Unruhe »ins Breite« wenden – und also »in die Tiefe«: Gemäß der im o. erw. zweiten Aufsatz WEBERS erhobenen grundsätzlichen Einsicht, alle heute notwendig werdenden Revisionsstrategien erforderten, daß ihnen

> »aus der Praxis ein geschärftes und artikulationsfähiges Bewußtsein für die zur Lösung drängenden Probleme entgegenwüchse. Eine Sensibilisierung der Lehrer ist erforderlich, ohne die auch die *permanente* Curriculum-Revision, wie sie nach der Erstellung reformierter Lehrpläne erwartet wird, kaum in Gang kommen könnte. Damit eines Tages »vor Ort« eine kritische Weiterentwicklung des Lehrplans einsetzen kann, damit dann, wie man liest, Kontrollaufgaben ›durch die zu erwerbenden professionellen Kompetenzen der Lehrer selbst ermöglicht und vollzogen werden‹, ist es erforderlich, daß die Lehrer insgesamt, und nicht nur ein relativ kleiner Kreis von Delegierten, solche Kompetenzen erwerben.«

Im Sinne einer Vorbereitung einer solchen vielfältigen produktiven Haltung wird in allen Teilbereichen in der vorliegenden Darstellung der Reflexions*verweis* auf die großen Fragestellungen und Voraussetzungen, der Reflexions*zusammenhang* in dem durch sie bezeichneten Rahmen, immer deutlich sein müssen.

Dies bedeutet nun allerdings nicht, daß der Imperativ, die eigene Praxis »durchgehend zu reflektieren«, etwa im verstörenden Sinne radikal oder perfektionistisch zu verstehen sei: Weder eine »*Hamlet-like*« lähmende »absolute« Reflexion des eigenen Tuns in buchstäblich *jedem* Augenblick, noch eine totalitär *jedes* Detail dieses Tuns *einer* Idee – sei es auch einer »kritischen« – *unterwerfende* »totale« Reflexion sind gemeint. Beide sind puristische Theoretiker-Träume, nicht nur undurchführbar, sondern – insofern sie als Vorstellung verstören – u. U. auch einer effizienten Verwirklichung eher hinderlich als förderlich. Gemeint sind vielmehr

● die von Fronten und Methodenstreit unabhängig machende *Kenntnis* widersprüchlicher oder etablierter Theorie

● die aus der Kenntnis sich verändernder und veränderbarer Bedingungen und Haltungen erwachsende produktive *Unruhe*,

● die kritische *Distanz* auch den Legenden gegenüber, die über die Arbeit unseres Faches im Umlauf sind: Zum Beispiel die nicht auszurottende Vorstellung, es gehe mit der Sprachbeherrschung unserer Schüler rapide bergab, – ein glatter Humbug, wenn man nur von den Abiturforderungen und -leistungen der letzten 40 Jahre ausgeht[33].

Man wird entdecken, daß gewisse Dinosaurier der Debatte längst rotten und modern, während sie noch kolportiert werden, gewisse Uralt-Streitigkeiten (Nacherzählung-Essay; Arbeitsformen auf der Oberstufe) schon durch die Entwicklung überholt sind, während man noch um ihre Lösung kämpft; man wird auch gewisse feierlich verwünschte ältere »Sünden« ruhevoll zu betrachten lernen. Kurzum: Kenntnis des Reflexionskontextes und der verschiedenen wissenschaftlichen »Hintergrundsarbeiten« im Umraum des Faches werden den Unterrichtenden kritisch-unabhängig, vielseitig-neuerungsfreudig, leistungs-effizienter und sogar lustig-unterhaltsamer *(O brave new world, / That has such people in't!)* machen – wobei sich die Effizienz gewiß auch in vielen Fällen aus dem letzteren ergäbe: »Innovations-bereit« und »experimentier-freudig« heißt ja auch »phantasievoll« und *»mit lebhaftem Spieltrieb ausgestattet«*. Beide verweisen auf Kenntnisse und Bewußtseins-Bildung als auf ihre Voraussetzung; beide aber verweisen auch auf einen Grund-Satz allen erfolgreichen Unterrichtens: Nicht etwa auf den Satz »Arbeit macht frei« (der die Lager-Einfahrt des KZ Auschwitz krönte!), sondern auf das empörerisch-glorreiche *»L'imagination au Pouvoir«* des Pariser Mai-Aufstandes von 1968. *»L'imagination«* spricht nicht von »Arbeit«; sie setzt sie voraus. Es soll nicht am Ende von uns heißen: *»Was sind Sie von Beruf?«* – *»Obsthändler: Saure Trauben und Pferdeäpfel.«* (G. BENN). Unsere Früchte seien – im Doppelsinn des Wortes – genießbar.

7. Möglichkeiten der Vorbereitung durch gezieltes Lesen (Lektüre-Empfehlungen)

In der Absicht auf Bewußtseinsbildung ist man versucht, sofort mit einer Leseliste anzufangen. Eine solche Liste, die natürlich am besten *vor* Beginn der pädagogischen End-Ausbildung zum Fremdsprachenlehrer durchzuarbeiten wäre (und die wir aus gutem Grund erst hier, gegen Ende unseres Einübungs- und Vorbereitungsteils, bringen), könnte etwa folgendermaßen aussehen:

I. **Phase:** Elementa und Perspektiven
Darunter fiele:

1. Werner Hüllen: Linguistik und Englischunterricht. Heidelberg 1971: Quelle & Meyer.
   (– vollständig zu erarbeiten; einfachstes, lesbarstes sachlich voll vertretbares Kompendium, allerdings ohne progressiven »Drall«; hält Kontroversen »offen«; glänzend geordnete, übersichtlich-klare Problemeinführung und Blickschärfung, oft konzis formuliert und ohne »spinnerte« *sophistication*).

2. Peter Herriot: Language and Teaching. A Psychological View. London 1971: Methuen. University Paperback UP 418.
   (– notwendige Ergänzung zu Hüllen *für den Unterrichtenden;* leichter zu lesen und erheblich knapper als Hüllen, dabei aber von trügerischer Oberflächengefälligkeit: tatsächlich eine außerordentlich kompakte, hervorragend genau »gefaßte«, auch relativ breite Einführung!).

3. Wilhelm Luther: Sprachphilosophie als Grundwissenschaft. Ihre Bedeutung für die wissenschaftliche Grundlagenbildung und die sozialpolitische Erziehung. Heidelberg 1970: Quelle & Meyer.
   (– kursorisch zu lesen, über längere Zeit hin wiederholt »anzugehen«; Erarbeitung ermöglicht umfassende und grundlegende Ausbildung eines allgemeinen Verständnisses und Bewußtseins; auch als Nachschlagewerk und Literaturbericht benutzbar).

4. vielleicht auch:
   Ulrich Oevermann: Schichtenspezifische Formen des Sprachverhaltens und ihr Einfluß auf die kognitiven Prozesse. Forschungsbericht bzw. Gutachten in: Heinrich Roth (Hrg.): Begabung und Lernen. Deutscher Bildungsrat: Gutachten und Studien der Bildungskommission, Band 4. Stuttgart 1968 ff.: Klett.
   (– nicht mehr ganz taufrischer Report, als Einführung in einige Aspekte besonders gut geeignet; konzis: »quer« lesen!).

II. **Phase:** Aktion »Wühlmaus«
Etwa

1. John Lyons (Hrg.): New Horizons in Linguistics. Harmondsworth 1970: Penguin. Pelican Books.
   (– ein »first-class *reader*«; kompakt und äußerst aspektreich; Kapitel unabhängig voneinander zu lesen; – nicht zu verwechseln mit des Herausgebers erheblich massiverer »Introduction to Theoretical Linguistics«, die ins Deutsche übersetzt wurde).

2. Hans Hörmann: Psychologie der Sprache. Berlin 1970: Springer.
   (– nur für »Dickbrettbohrer« oder gezielte Einzel-Fragestellungen).
3. Utz Maas / Dieter Wunderlich: Pragmatik und sprachliches Handeln. Mit einer Kritik am Funkkolleg »Sprache«. Frankfurt/M. 1972: Athenäum. Athenäum-Skripten Linguistik 2.
   (– notwendige Ergänzung von I.1., I.3. und II.1., stellt die für den Sprachunterricht wichtigste neuere Schul-Richtung in Deutschland vor; gut lesbar; anwendungs-bezogen; beispiel-reich).
4. *Und schließlich:* R. Quirk / S. Greenbaum / G. Leech / J. Svartvik: A Grammar of Contemporary English. London–München 1972; Longman-Langenscheidt.
   (– *hervorragend!* – auch als Einlese-Vergnügen, das oft vernachlässigte grundlegende Aspekte des Englischen erschließt. »Handlicher« im Sinne eines Schul-Handbuches ist natürlich die Kurzfassung, i. e. R. Quirk/S. Greenbaum: A University Grammar of English; ob. O. 1973).
5. Rudolf Biermann: Unterricht. Ein Versuch zur Beschreibung und Analyse. Essen 1972: Neue Deutsche Schule. Reihe »Neue pädagogische Bemühungen« 55.
   Kontrahiert eine Reihe wesentlicher Modelle, vereinfacht stark: übersichtlich, leicht lesbar, *neat.*

III. Phase: Erholsames Sich-Umtun
nach dem Motto: *Nach getaner Arbeit ißt Gudrun:*

● M. A. K. Halliday et al.: Linguistik, Phonetik und Sprachunterricht. Übers. a. d. Engl. von H.-D. Steffens. Heidelberg 1972: Quelle & Meyer.
   (– am besten natürlich gleich im Original zu lesen; – Systemvorstellung und Sehweise Hallidays haben die vorliegende Darstellung sowohl »tiefenstrukturell« wie in einer Unzahl von Oberflächen-Details entscheidend mitgeprägt. Für weitere Information vgl. unten Kap. 3.4., Anm. 44).

Locker-leichthin anregend auch:

● H. G. Widdowson (Hrg.): Language Teaching Texts. London 1971: Oxford University Press. English Studies Series 8.
   (– glänzende Auswahl sehr geschickt gewählter Kurztexte, didaktisch »zubereitet« für leichtgemachtes Selbststudium; breite Streuung wesentlicher Gesichtspunkte; Darstellung vorzugsweise der Schule des brit. Kontextualismus verpflichtet).

IV. Phase: Endgültige Zuwendung zur Fachdidaktik und -methodik.
Zunächst einmal empfehlen wir uns selbst.
Konkretisierend-zusätzliche und erweiternde Lektüre ist damit nicht überflüssig oder gar sinnlos geworden.

● Immer noch empfehlenswert ist z. B. die kleine Einführung von J. O. Gauntlett (»Teaching English as a Foreign Language«. London 1966: Macmillan. Vertr. i. Deutschland: Lensing, Dortmund).
● Perspektivisch und »stofflich« weit gefächerte fachdidaktische Debatte auf zum gr. T. beträchtlichem Reflexionsniveau bieten die beiden Sammelbände »Fokus '80« (Hrsg. R. Freudenstein. Berlin 1972: Cornelsen) und »Neusser Vorträge zur Fremdsprachendidaktik« (Hrsg. W. Hüllen. Berlin 1973: Cornelsen).
● Hervorragend nützlich sind die beiden Kurzdarstellungen von Helmut Heuer (»Die Englischstunde« und »Brennpunkte im Englischunterricht«. Wuppertal-Ratingen 1968 und 1970: Henn. Henns Pädagogische Taschenbücher Nr. 17 und 22), die überlegen praxisnahe, sehr vielfältig anregende Aufsatzsammlung von Hans-Joachim Lechler (»Lust und Unlust im Englischunterricht«. Stuttgart 1972: Klett.) sowie der Sammelband »Probleme, Prioritäten, Perspektiven des fremdsprachlichen Unterrichts« (hrg. v. Hessischen Institut für Lehrerfortbildung. Frankfurt 1972: Diesterweg. Informationen des Hessischen Instituts für Lehrerfortbildung, Heft 3.).

- Ähnlich bedeutend sind die grundlegenden Aufsätze von H.-E. PIEPHO (PRAXIS 1/67, 2/71, auch 4/61), F. W. GESTER (PRAXIS 1/72 und NM 4/72), vor allem aber H. WEBER (PRAXIS 1/69 und NM 3/71) und R. M. MÜLLER (bes. NSpr. 4/72), sowie die grundlegenden *Themenhefte* unter den Fachzeitschriften (NM 3/71 – zum Curriculum; FU 16–4/70 – Lernpsychologische Grundlagen). In diesen Zusammenhang gehören schließlich auch viele der im Sammelband »Fremdsprachen« (hrg. v. R. Freudenstein / H. Gutschow. München 1972: Piper. Erziehung in Wissenschaft und Praxis 16) zusammengefaßten Aufsätze.
- Eine Fülle unterrichtsnaher Empfehlungen findet sich ferner in dem Mittelstufen-*Reader* der MARIANNE DIREDER (Hrg.: »Paths to Spoken English.« München 1969: Hueber) sowie in der einfalls- und erfindungsreichen Zusammenstellung von Lehrmodellen von K. H. KÖHRING und J. T. MORRIS (»Instant English« I und II. Heidelberg 1971 und 1972: Quelle & Meyer.).
- Abgesehen davon sind natürlich die sozusagen »klassischen« Darstellungen von F. L. BILLOWS (»The Techniques of Language Teaching«. London 1961 seqq.: Longman) F. LEISINGER (»Elemente des neusprachlichen Unterrichts«. Stuttgart 1968 ff.: Klett), auch F. M. GRITTNER (»Teaching Foreign Languages«. New York 1969: Harper & Row), W. TIGGEMANN (»Unterweisungstechniken im mündlichen Englischunterricht«. Dortmund 1968: Lensing. Moderner Englischunterricht – Arbeitshilfen für Praxis 3), R. LADO (»Moderner Sprachunterricht«. München 1967 ff.: Hueber) und D. A. WILKINS (»Linguistics in Language Teaching«. London 1972: Arnold) – mit den nötigen Einschränkungen – zu nennen. Für den Bereich der Hauptschule »stehen« entsprechend HARALD GUTSCHOWS »Englisch an Hauptschulen«, die Reprints der Zeitschrift »Englisch« (beide Cornelsen, Berlin), sowie G. GÖHRUMS nützlich vereinfachendes, aber nicht den neuesten Stand der *Debatte* spiegelndes »Englischunterricht an Volks- und Realschulen« (Dümmler, Bonn).
- Die wichtigste Darstellung eines Einzelaspekts ist PETER DOYÉS »Systematische Wortschatzvermittlung im Englischunterricht« (Dortmund 1971: Lensing. Moderner Englischunterricht – Arbeitshilfen für die Praxis 7). Die mächtigste Gesamtdarstellung des ganzen Zusammenhanges ist das Nachschlagewerk von W. F. MACKEY, »Language Teaching Analysis« (London 1965 seqq.: Longmans), erdrückend in der Fülle der Details, anregend bei selektiver Handhabung, bibliographisch natürlich z. gr. T. überholt.

Abgesehen davon, daß die IV. Phase selbstverständlich mit dem Beginn der obigen »pädagogischen Endausbildung« zusammenfiele, ist bei dem jetzigen Stand der Universitätsausbildung ein solch simplifizierender Katalog immer noch zu schwere Kost. Ebenso selbstverständlich wäre er etwa alle 1–2 Jahre total zu überholen und ist somit möglicherweise bereits in relativ kurzer Zeit nach Veröffentlichung dieses Buches nicht mehr ganz *up to date*.

8. Skrupel und System-Scham als produktive Korrektiva im Zusammenhang systematisch-methodischer Entwürfe

Damit sind wir dann abermals und abschließend bei dem leidigen Thema der *Grenze* jeglicher Darstellung dieser Art. *Panta rhei;* und wenn – wie BÜCHNER meint und wir alle wissen – selbst das Geld in Verwesung übergeht, wie sollte dann wohl etwas so Lebendig-Vielfältiges wie Unterricht und unterrichtliche Beziehung zwischen Lehrer, Schüler und Sachstruktur (lauter Variablen!) gleich bleiben.

So ergreifen uns Skrupel, packt uns eine Art *»System-Scham des Technologen, der es besser weiß«*, angesichts der Aufgabe, Systemhaftes als geschlossen (als »bliebe« es!) darzustellen. Wir meinen, man sollte diese Skrupel nicht verschweigen: Sie erhalten die Unruhe, die zu Innovationen bereit macht.

Zum Teil handelt es sich um Einwände, die bereits oben in anderem Zusammenhang bezeichnet wurden; sie sind vor uns von HANS MESSELKEN[34] in seinen »Einschränkungen« zur schematischen Beschreibung von sprachlichen Leistungen musterhaft formuliert worden. Wir wiederholen sie hier in MESSELKENS Formulierung:

(1) »Bei Schematisierungen dieser Art geht es nicht ohne sprachwissenschaftlich ziemlich leicht-fertige Simplifikationen ab. Der Sprachdidaktiker muß hier den Vorwurf des Dillettantismus getrost in Kauf nehmen, weil er mit seiner Arbeit nicht zuwarten kann, bis die Sprachwissen-schaft ein einheitliches und allumfassendes System entwickelt hat.«

(2) »Da die Sprachdidaktik neben den linguistischen auch psychologische, soziologische, pädagogi-sche und philosophische Aspekte zu berücksichtigen hat, die jeweils in sich auch nicht einheit-lich sind, mag sich ein recht eklektischer Eindruck ergeben – und diese Tatsache sollte nicht verschwiegen werden.«

Zu diesen bereits entwickelten »Einschränkungen« treten nun nach obiger Darlegung wei-tere »Skrupel«, die als wünschenswerte Unruhe im Bewußtsein aufzulisten sind:

(3) Psychologische Selbst-formung und Selbst-findung des Heranwachsenden vollziehen sich sehr wesentlich im Prozeß der (empörerischen) Abgrenzung gegen Begegnendes, vor allem gegen »verfestigt« erscheinende Positionen, »etablierte« Persönlichkeiten: Der Fehlschluß einiger Didaktiker, man brauche nur den »positiven Impulsen« der Schüler nachzugehen, dann werde das »ideale System« nicht ausbleiben, wird durch den agonalen, selbstbildenden Charakter solch notwendiger Auseinandersetzungen *ad absurdum* geführt: Das erhoffte »ideale System« müßte, sobald es seinerseits »verfestigt« ist, alsbald wieder die Züge des (notwendigen) agonalen Gegenübers annehmen. Schüler denunzieren das »System« nicht im Namen eines anderen »Systems«, sondern im Namen einer noch zu definierenden Zukunft (die durch eben jene De-finition sich »schlösse«), im Namen ihrer in diesem Prozeß erst sich bildenden gesell-schaftlichen »Wirklichkeit«. System-Ordnung kann immer nur nach-hinken: Die alle paar Jahre fällig werdenden Neufassungen von *Versetzungsbestimmungen* sind nur ein den mei-sten unter uns besonders auffälliges Beispiel unter vielen.

(4) Zu dieser psychologischen Perspektive tritt eine zweite: Schüler *fühlen* sehr richtig, daß ein »System«, da und wenn es existiert, d. h. funktioniert, in eben dieser Existenz und eben die-sem Funktionieren (wiederum: notwendigerweise), einseitig, begrenzt, damit in gewisser radikaler Bedeutung »unmoralisch« ist. In gewissen Etappen immer wieder vorgenommene Überarbeitung der administrativen Bedingungen zeigt nur, daß das Ungenügen am Existie-renden auch immer wieder »nach oben« dringt. Jedes System trägt seinen Widerspruch und sein Gegenteil in sich. THEODOR BALLAUF stellt in seiner »Skeptischen Didaktik« die Frage, ob die Wirklichkeit des Unterrichts überhaupt – ohne gefährliche Beschleunigung solcher Selbstaufhebungsprozesse im Bewußtsein – als System gefaßt werden könne. Diese Frage ist als notwendiger Stachel im Bewußtsein aller Modellkonstruktion nach Art der vorliegenden Dar-stellung hinzuzudenken: Es ist *in didacticis* grundsätzlich falsch, Systeme *in abstrakter Rein-heit* der Strukturierung begründen zu wollen, Lehrgänge *in abstrakter Reinheit* der Methode durchzuziehen. Das Fehlen des aus der Lernpsychologie bekannten ZEIGARNIK-Effekts würde ein solches Unterfangen von vornherein zur Ineffizienz, langfristig zum Scheitern verurteilen.

Muß immer alles zu allem stimmen? – Die teutonische Lust am System (die der Verfasser vorliegender Darstellung teilt) stimmt heiter, wenn sie Kobolz schießt: Im Gedenkjahr 1970 wurde als Altmeister deutscher Tradition, ja »Vater deutscher Klassik« (DIE WELT vom 6. 3. 71) der 3rd EARL OF SHAFTESBURY gefeiert, ein Engländer; GOETHE zitiert 1774 seinen Ausspruch:

»*The most ingenious way of becoming foolish is by a system.*«

Dieser Satz klingt gewiß vielen von uns so fremd wie manchen Zeitgenossen jener in so vielen Kleinstädten so reich zelebrierten deutschen Literaturblüte: denjenigen unter uns, die sich (wie jene Zeitgenossen an den Aufklärer NICOLAI in der Großstadt Berlin) an die systemgläubige Stimmeneinfalt manch heutiger Progressiver halten. Vielfalt ist heute abermals durch Provinzialität gesichert. Das zeitweilig (oder noch immer) hochbrisante Nicht-Einverständnis zwischen Münster und Frankfurt, Hamburg und München, Cam-bridge, Frankfurt und Paris sowie – in unserem engeren Interessenbereich – St. Cloud/ Frankreich, Cambridge/Massachusetts und London/England usf. leistet mehr für die

Aufbrechung ästhetisch sich auspunzender, d. h. erstarrter Reflexions-Fronten als der noch
so radikale Verfolg etwa einer bemüht »kritischen« Denkmanier.

Da nun dies letztere aber das ausdrückliche Ziel dieses Buches ist, das überdies trotz allem
Positionen nicht nur erklären, sondern auch einnehmen will, bleibt nur die Hoffnung auf
den verzweiflungsvoll angestrebten und ebenso verzweiflungsvoll abgewehrten Kompromiß: Entschiedene System-Ansichten, präskriptive Praxis-Reglementierung im Angesicht
und in Anerkennung unentschiedener, Veränderung (er)fordernder didaktischer Richtungs-
und Grundsatzkämpfe. »*Kritisch*« in freudiger Hinnahme des zwischen den Fronten Un-
Entschiedenen – »*dezisionistisch*« in ebenso freudiger, vor-eiliger Fixierung des Flüssigen
in praktischer Wirkungsabsicht: ein Modell, mehr nicht; *streng tendenziell* und seiner eigenen Überholbarkeit bewußt.

Schon der Ansatz sei, soweit möglich, problematisiert: Alles folgende »gilt« nur, solange
die Selektion und Tendenz, die hier als »richtig« dargestellt wird, unter dem Gesichtspunkt
fortlaufender fachdidaktischer Debatte valid ist. Irgendwann wird das hier entworfene
Modell bei aller intendierten Weite des Gesichtspunktes, Flexibilität, lockeren Strukturierung, einfach überholt sein: Erneuerung, Erweiterung, »Häutung« aus beständigem *feedback* mit jener Debatte findet nicht mehr statt bzw. ist nicht mehr möglich; Text und
Äußerung brechen ab wie die glorreiche *mock autobiography* des »ANTHONY CARSON«,
A Rose By Any Other Name[35], deren letztes Kapitel (*»Looking for a bandit«*) mitten im
ersten Satz abbricht, als hätte »ihn« wie weiland SCOTT in der Antarktis das Schicksal
(sei's nun als Frost, sei es als »*bandit*«) ereilt: *A MAGAZINE once sent me to Sicily to
find a bandit ...*

»Bis dann« sei zunächst und immer wieder auf unser »Vorspiel« (zu dem wir hier einen
so herrlich disproportionierten, überlangen »Nachtrag« lieferten) verwiesen: Das Flüssige
dialektischer Bereitschaft gerinne in das Feste eines (wenn auch vorläufigen) »Modells in
pragmatischer Absicht«. Es gerinne zum »Negativ«, zur applikablen Folie, zum Dennoch-
Rezept, unter dem nachdrücklichen Zuruf des »kritischen« Photographen: *Bitte recht
deutlich.*

So sei dies Buch eröffnet: Es eile seiner eigenen Überholtheit entgegen wie wir alle (mit
»ANTHONY CARSON«) unserem unvermeidlichen Tode – und der neusprachliche Unterricht
seiner »völker-(i. e. menschen-)verbindenden Mission«, was immer damit gemeint sein
möge. Die »Babbelbrüder« der alten Griechen und die Babelbrüder des Alten Testaments
(mit denen wir begannen), – es sollte möglich sein, sie zusammenzubringen, auch ohne die
Hilfe jenes, von dem es bei JOYCE heißt: »*(he) mostly speaks a language of his own called
Bellsybabble*«.[36]

9. Persönliche Bemerkung

Es ist üblich, gegen Ende einer Vorrede Selbige nebst Fortsatz jemandem zu widmen. Wer
den Mond anbellt, sollte wohl zugeben, wessen Nähe ihn bei solchem Tun bewegte. So
widme ich dies Buch den Mitgliedern meiner Seminarkurse, insbesondere denen meines
ersten Kurses, von denen ich viel gelernt habe, – sowie meiner Frau, ohne deren lebhafte
Präsenz ich gewiß diesen Lernprozeß nicht so fröhlich durchstanden hätte. Ich danke
Herrn Dr. H.-P. DRÖGEMÜLLER, Herrn H.-D. STEFENS, Herrn R. HINRICHS sowie auch den
Herren H. BENZE und H. KLIPPEL vom Verlag Quelle & Meyer für Anregung, Unterstützung und Verständnis und bitte um Korrekturen, Kritiken, Verärgerungen und Ausfälle

positiver und negativer Art – *Touché* – !(?) – von seiten meiner Leser, um jenen »Augenblick der Wahrheit«, von dem oben die Rede war, den Augenblick der Überholtheit dieser Darstellung, möglichst lange hinauszuzögern: Alles Vorbringen sei, soweit möglich, in weitere zu überarbeitende Auflagen integriert; und, um ein oft mißbrauchtes Wort substituierend abermals zu mißbrauchen, »der Dank des Autors ist Ihnen (im voraus) gewiß«. *There's a* Methodik *in my madness*: Solange Sie's in diesem Sinne akzeptieren, bin ich's zufrieden.

Ich hoffe auf Sie. Wer hofft, hat immer etwas zu knabbern. Hoffentlich hofft »der deutsche Englischlehrer« – und sein Partner vom anderen Ufer: der Schüler.

Darstellender Teil

Vorbemerkung

zu Programm und Prioritäten
der »Kritischen Methodik des Englischunterrichts«

(Zur Position des Unterrichtenden)

Im EINÜBENDEN TEIL unserer Darstellung verfolgten wir das Ziel, den Lesenden
– *presumably* ein junger oder in Ausbildung stehender Lehrer – »einzuüben« in elementare
Seh- und Haltungsgewohnheiten. Dieser Wunsch wird natürlich durch den ganzen folgenden DARSTELLENDEN TEIL hindurch weiterzuführen sein. Dem ganzen *sustained
effort* liegt und lag – wiederholt prononciert – eine einfache Überzeugung zugrunde, die
als »rote Linie« Gang und Aufbau unserer an dieser Stelle ansetzenden Darstellung prägt:

1. Als »Ziel-Person« unserer Darstellung ist der Unterrichtende zugleich deren Mittelpunkt. Dies gilt auch dann, wenn Zweifel darüber aufkommen sollten, ob er wirklich
   »Mittelpunkt« aller Unterrichtsvorgänge ist oder sein sollte. (Skrupelhafte werden
   sich möglicherweise fragen, ob nicht sogar das Wort »Ausgangspunkt« in diesem
   Zusammenhang Beklemmungen wecken könnte.) Welche Rolle aber er immer im Zusammenhang fremdsprachenunterrichtlicher Vorgänge spielt, *hier* war alle Darstellung so aufzubauen, daß diese seine Rolle zentrales Thema war: Ihn selbst durch Art,
   Aufbau und Perspektive der Darstellung in seine »Rolle« *einzuüben*, mußte ein vor-
   dringliches Anliegen des Ganzen sein (– das Fehlen solch »seminar-didaktischer« Ge-
   samt-Perspektive scheint uns zugleich ein ernster Mangel fast aller bisher vorliegenden
   Werke dieser Art zu sein!). Geschrieben *ad usum Delphini*, ruft es ihm auch darin ihr
   dreifaches *All hail – Dauphin!* entgegen (und meint dies ganz unzweideutig: Anspielungen auf unterrichtliches *Hagel*wetter – *hail* – sind natürlich durchaus nicht beabsichtigt)...: Mit der prophetischen Hoffnung der Fortsetzung – *that shalt be king
   hereafter!* (»Macbeth« I,3).

2. Damit ist zugleich wiederholt, was der ganzen Darstellung als Prinzip voransteht:
   »*Techniques*« (s. o. S. 13) und Methoden bewirken aus sich heraus *auf die Dauer*
   nichts, wenn der Lehrer aus falscher Haltung, d. h. falschem *Bewußtsein* unterrichtet.
   So etwas wie »Haltung« oder »innere Einstellung« aber gründet sich natürlich auch
   auf *Kenntnisse* – Kenntnis der fachdidaktischen und sachstrukturellen Grundlagen-
   Aspekte der Unterrichtsvorgänge, die man bewirken, des Lernverhaltens, das man
   veranlassen, und der Fertigkeiten, die man vermitteln möchte. Diesen Grundlagen-
   Aspekten also, soweit sie zum Aufbau jener Haltung nützlich oder nötig sind, ist zunächst weiter nachzuspüren. Sie sind nicht Zutat, sondern – durch den Lehrer als
   Leitmedium aller unterrichtlichen Vorgänge – unmittelbares Konstituens jeder Einzelstunde.

3. Der Unterrichtende als Leitmedium... – *well.* – Trotz aller öffentlichen Jauchzer und
   Beteuerungen REINHOLD FREUDENSTEINS scheint die technologische Ausstattung und

»Durchfeuchtung« des fremdsprachlichen Unterrichts in den Schulen der BRD noch ziemlich überschaubar, d. h. begrenzt. Es ist also vorerst ganz gleichgültig, ob wir uns *black-bored* fühlen, als Zwangsmitglieder einer zu überwindenden »Kreidezeit«, oder ob wir mit WOLFGANG SCHULZ im Zusammenhang technologischer Umgestaltung des Unterrichts von einer »Perfektionierung der Steinzeitdidaktik« sprechen: Solange jene Ausstattung und »Durchfeuchtung« den konkreten Unterrichtsbetrieb unserer Tage in einem derart begrenzten Umfang umformen oder überhaupt betreffen, müssen wir hier wohl oder übel den älteren Zustand des person-bezogenen Kontaktunterrichts als Norm behandeln. – »Mozart unter Maulwürfen« (s. o. S. 50)?? – Keinesfalls! – In diesem Bereich haben sich wirklich Verhältnisse und Erkenntnisse tiefgreifend geändert.

4. Stärker, als bislang üblich war, wird der Unterrichtende lernen müssen, sich als Leitmedium des Unterrichts zu *reflektieren* – und demgemäß »einzusetzen«.

Damit gewinnen Berge von Literatur, die z. B. WINNEFELDS Untersuchungen oder den ersten Darstellungen von Gruppendynamik im Klassenzimmer folgen, unmittelbare Unterrichtsrelevanz.

Dies hat zunächst einmal allgemein-pädagogische Gründe und eröffnet allgemein-pädagogische Perspektiven. Ganz unverhofft aber stehen wir an dieser Stelle *face to face* mit einer grundlegenden *fach*spezifischen »Wahrheit«. Unsere Erörterungen oben im EINÜBENDEN TEIL zeigten eines immer wieder: Der Typus »personbezogener Kontaktunterricht« mit seiner Betonung des komplementär steuernden Äußerungsaustausches in der Stunde repräsentiert besonders rein die besonderen Bedingungen des *Sprach*unterrichts im allgemeinen (SprUnt) und des *fremdsprachlichen* Unterrichts im besonderen (FU). Dem fremdsprachlichen Unterricht fehlt auf seiten des Schülers jede *ursprüngliche* (primäre = muttersprachliche) »Kompetenz« – selbst wenn auf den höheren Stufen des Sprachausbaus geschmeidige »Performanz« sich entfalten sollte. Versteht man diesen also als »kommunikatives Training«, Erwerb und Erweiterung einer *sekundären*(!) sprachlich-attitudinalen Kompetenz, dann ist der Unterrichtende unter den *participants* unterrichtlicher Kommunikation tatsächlich deren Leitmedium, und es entstehen ganz eigene Probleme.

Selbst der Traum eines vorwiegenden SGU (»schülergesteuerten Unterrichts«) wäre nur durch seine Initiative, seinen »unfairen Fertigkeiten- und Informationsüberhang«, seine *indirekte Steuerung* (WINNEFELD) anzusetzen, am Leben zu erhalten, durchzuziehen und ans »Ziel« zu führen. Das Ganze wäre immer noch eine – vielleicht raffiniertere, verhüllte – Form von LGU (»lehrergesteuertem Unterricht«, vgl. pl 4/71/202 ff.). Die Aufgabe, mögliche Äußerungsfelder und kommunikative Sequenzen bzw. auslösende Impulse gemäß Lernziel im Vorwege zu reflektieren, liegt in jedem Falle beim Unterrichtenden. – Wem dies Visionen unmäßiger Ausdrucksdisziplin und Selbstkontrolle während der Stunde bereitet, der sei getröstet: Ihm wird in den Beispielen sowie den Ausführungen besonders des 2. Bandes Hilfe zuteil, es gibt da eine Reihe von Tricks zur »Selbstprogrammierung« (auf der Grundlage der richtigen Haltung, s. o.! – im übrigen wird auch hier nur »mit Wasser gekocht«). Es gibt sogar gewichtige Gründe gegen eine *perfektionistisch* sich schließende Selbstkontrolle im Ausdrucks-Modell des Lehrers.

Thema und Intention des DARSTELLENDEN TEILS ist also nicht etwa die Erhellung der Bedingungen und Komponenten fremdsprachlichen Unterrichts »insgesamt«. Es geht uns lediglich um einige, allerdings zentrale Aspekte: diejenigen, die ein kritisch-produktives Verständnis, die Vorbereitung und Steuerung äußerungs-bezogenen Kontakt-Unterrichts begründen, erleichtern und fördern. Vieles, das bei der Darstellungsform »Methodik«

sonst als »didaktisch« abgedrängt wurde, wird als Moment von Lehrerhaltung mit unmittelbarem Unterrichtsbezug gewichtig in den Vordergrund rücken; manch kleines »Vordergrunds-Technem«, das sonst die Seiten füllte, erhält den – geringeren – Platz, der ihm (unseres Erachtens) gebührt. Was uns hier – pragmatisch, emotional und kognitiv – als zu erwerbendes System »generativer *attitudes*« vorschwebt, nennen wir vorwegnehmend die »*grids*« des FU: Der Ausdruck stammt – in sehr viel engerer Bedeutung – von J. C. CATFORD; wir werden ihn als terminologischen Schlüsselbegriff unserer Darstellung im Kapitel über Sprachlernpsychologie vollends verdeutlichen.

> Die Darstellung wird von Schritt zu Schritt die immer gleiche Situation zunehmend schärfer und aus wechselnder Perspektive ins Auge fassen; es wird also mancherlei äußere Wiederholung sich ergeben. Das liegt darin begründet, daß im unterrichtlichen Prozeß alles mit allem in wechselseitiger Verweisung zusammenhängt. Diese »Faktorenkomplexion« (WINNEFELD) – beiläufig ein faszinierendes Thema, dem Phänomen des »hermeneutischen Zirkels« verwandt – ist zugleich die Grundlage des lernpsychologischen Arrangements der vorliegenden Darstellung: Aus dem »von Wiederholung zu Wiederholung« sich vertiefenden Verständnis der »Fälle«, »Situationen« und Theoreme hoffen wir mehr aufzubauen als Technik –: eben jene »*grids*« des fremdsprachlichen Unterrichtens!

In der folgenden Darstellung beziehen wir uns durchgehend – immanent oder explizit – zurück auf unsere Analysen zum Situations-Begriff (am Beispiel des KLEISTschen *Casus*) aus dem EINÜBENDEN TEIL. Mit unserem Transfer allgemeiner fachdidaktischer Einsichten in die Perspektive des Unterrichtenden grenzen wir uns implizit gegen die umfassenderen Forderungen ACHTENHAGENs und FUNKEs ab. Wir meinen allerdings – bei aller kritischen Distanz im Detail – uns »im großen und ganzen« im Verständnisfeld ihrer Grundlagen-Untersuchungen zu bewegen. Ihre Aussagen über Bedingungen und Komponenten des fremdsprachlichen Unterrichts (FU) sowie, natürlich, unsere eigenen, bescheideneren Deduktionen zum Situationsbegriff (aus dem »Vorspiel«) seien hier vorausgesetzt.

Grundlagen-Aspekte des FU – I: »Grids« aus Sprachphilosophie, Sprachpsychologie, Sprachwissenschaft und Kommunikationsforschung

1. Sprache als Einbettungsphänomen: Ludwig Wittgenstein im Spätwerk

> *Fifteen men on the dead man's chest –*
> *Yo-ho-ho, and a bottle of rum!*
> > *an old sea-song*
>
> *chest n.... 4. A case for packing certain*
> *commodities*
> > *a dictionary definition*
> *The world is all that is the case.*
> > LUDWIG WITTGENSTEIN transl.[1]

1.1. Sprach-Bewußtsein – im Entwicklungsgang des Fremdsprachenlehrers – beginnt bei WITTGENSTEIN.
Oder sollte mit ihm beginnen. Mit seinem Spätwerk, den »Philosophischen Untersuchungen« von 1953.

WITTGENSTEIN ist darin nicht der »Originellste« – wenn dies denn bedeuten soll, seine Beobachtungen oder seine »Vision« erscheine bei ihm »zum ersten Mal«. Schon E. LEISI[2] und später CHARLES S. HARDWICK (in seiner lesenswerten kleinen Abhandlung über »*Language Learning in Wittgenstein's Later Philosophy*«)[3] weisen darauf hin, daß es hier Vorläufer oder doch eine Polygenese gibt: Wesentliche Beobachtungen, ja, Grund-Elemente finden sich bereits in den frühen Schriften von J. R. FIRTH. WITTGENSTEIN ist darin auch nicht der begrifflich-systematisch »gründlichste« Denker – wenn denn »Gründlichkeit«
durch »*punkt*-mäßig«-atomistisch in sich geschlossene Begrifflichkeit,
durch »*linear*«-logische Verknüpfung dieser Begriffs-»Punkte«
und
durch »*system*-hafte« Geschlossenheit des sich ergebenden Denk»gebäudes«
signalisiert sein soll. WITTGENSTEIN ist überdies in vielerlei Hinsicht dem englischen Typus Exzentriker ähnlicher als dem, was selbst großzügigste deutsche Kompensations-Bewunderung (die zum Verehrlichen sublimiert, was sie lieber verachtete – um sich nicht bloßzustellen) dem Typus *geistiger Trottel* zuzugestehen bereit ist.[4]
Andererseits ist WITTGENSTEINS Wirkung im Westen enorm, und dies gilt für das Frühwerk wie das Spätwerk. – Seine Darstellung in den »Philosophischen Untersuchungen« ist zwar nicht gelahrt-gründlich, aber äußerst facetten- und perspektivenreich und bei aller Abweisung linear verknüpfender Theorie im Durchhalten, Ausbauen und Ausführen einer geistigen Strukturidee äußerst streng. Es ist diese größere Strenge in Verbindung mit dem Reichtum konkreter Beispielhinweise, die das Buch zugleich »lesbarer« und wirkungsvoller machen als die mancherlei bedeutenden Stimmen, die vorher Entsprechendes untersuchten und darstellten. So ist der späte WITTGENSTEIN im Westen trotz fast völliger menschlicher Isolation Membran und Prisma wesentlicher sprachphilosophischer Unruhe in den 30er, 40er und 50er Jahren geworden – eine Unruhe, deren »Früchte« in den folgenden Dekaden nur sehr langsam reiften. – Die außerordentliche Bedeutung der »Philosophischen Untersuchungen« für den fremdsprachlichen Unterricht erscheint ausdrücklich erst in der oben erwähnten Veröffentlichung HARDWICKS, vor allem dann – unausdrücklich – in der strukturell tiefer dringenden Untersuchung von GUNTER GEBAUER »Wortgebrauch, Sprachbedeutung«.

Gewisse Unschärfen und Mängel ergeben sich aus dem unsystematischen Vorgehen WITTGENSTEINS und haben eine Reihe Mißverständnisse gezeugt, Kritiker auf den Plan gerufen. Wesentlich ist demgegenüber die mit Anschaulichkeit, Intensität und Präzision verfolgte Grundvorstellung – vom EINBETTUNGS-Charakter von Sprache. Das Modell ist da-

bei nach der Analogie der Begriffe FELD und STRUKTUR, nicht nach der von Punkt,
Linie und System durchgezogen; es ist nicht von Einzelteilen oder Teilstücken und deren
Folge, sondern von Komponenten, Elementen, Faktoren oder Vektoren und deren *Zuordnung* die Rede (obwohl natürlich dies letztere jenes erstere *als Element im Feldzusammenhang* nicht aus-, sondern einschließt). In vereinfacht-vorwissenschaftlicher Ausdrucksweise geht es um die Einbettung von Laut in Wort, von Wort in Satz, von Satz in Äuße-
rungskontext oder Text – und von Äußerung oder Text in umfassendere Verhaltens- und
Verstehens-Kontexte; – in all dem ist, um jetzt WITTGENSTEINS Ausdrucksweise »ins Spiel«
zu bringen, die Rede von SPRACHSPIELEN und von LEBENSFORMEN. Es geht also
nicht um behaviorale Schemata, Verhaltens-Schematismen im Sinne des amerikanischen
Behaviorismus, sondern um *Deutungs*-Kontexte, die sich in menschlichen *Haltungs*-Bezie-
hungen manifestieren, – in der vorliegenden Darstellung von hier an als »*attitudinaler*
Kontext« bezeichnet. In unserem Zusammenhang ist dabei besonders interessant, welch
durchaus verschiedene Wirkung diese bislang noch ziemlich grob umrissenen Vorstellungen
im Westen und in der BRD hatten: Wirkten im angelsächsischen Verstehensbereich das
Modell vom *Sprachspiel,* vor allem aber die zugrunde liegende erkenntnistheoretische Unruhe nahezu bewußtseinsprägend, so erreichte die Diskussion in Westdeutschland nur begrenzte Zirkel (und wurde weitgehend zurückgewiesen) – prägte oder repräsentierte aber
dafür in verhüllter, »uneigentlicher« Form die fremdsprachenunterrichtliche *Praxis* in der
Tiefe! Da dies letztere bis vor kurzem ausschließlich auf dem Umweg über angelsächsische
Ableitungs- und Anwendungsformen der Debatte erfolgte, wird es nachgerade Zeit, sich
mit der verschüttet scheinenden Quelle dieser Impulse zu befassen.

1.2. Das problematische einzelne Wort und seine Bedeutung

Das bedeutungsmäßig geschlossene Einzel-Element Sprache, volkstümlich »Wort« genannt
und als solches von der gesamten modernen Linguistik mit *distrust* betrachtet, »gibt es«
nur im Sonderfall. Die Bedeutung eines »Wortes« ergibt sich im allgemeinen aus dem Sinn,
den es durch *Funktion* im attitudinalen Kontext hat: »Nach der Benennung fragt nur der
sinnvoll, der schon etwas mit ihr anzufangen weiß.«

> Eine Sprache zu erlernen (unser Thema!), *könnte* demnach heißen: In aktivem Verstehen und
> Verhalten sich in einen fremden attitudinalen Kontext hineinzubegeben, indem man sich in
> dessen Funktionen einübt – z. B. durch Übernahme der Zeichen und Signale, die diese Funk-
> tionen darstellen oder ausdrücken.

Das Einzelwort als Bedeutungsträger im Sinne des ARISTOTELES oder AUGUSTIN[6] ist eine
fragwürdige Sache, und das im Englischen noch etwas auffälliger als in vielen anderen
Sprachen. *»It is very hard not to be understood by a single sole!«* schreibt WITTGENSTEIN
an seinen Freund RUSSELL am 19. 8. 1919 aus dem Kriegsgefangenenlager Cassino[7] – in
seiner *foreigner's orthography,* die komisch deutlich macht, wie wenig selbstverständlich
die graphische Einheit *soul / sole* bzw. die phonische Einheit / soul / sich mit einer »festen«
und »geschlossen«-begrenzten Bedeutung verbindet. Angesichts der weitgehenden Zufällig-
keit eines irgendwann stehengebliebenen Schriftbildes ist überdeutlich, daß die Bedeutung
dieses *lexical item,* wenn schon nicht kontext-*bedingt,* so doch kontext-*bezogen,* »gebunden« ist. Sie kann sich nur aus dem Kontext, in dem es jeweils steht, ergeben: Der Brief-
schreiber WITTGENSTEIN z. B. legt gewiß keinen Wert darauf, von *Schuhsohlen* verstanden

zu werden. Auch das Schweigen submariner »Zeugen« wird nicht die Quelle seiner Trübsal sein: Offenbar ist nicht *Seezunge,* sondern *Seele* »gemeint« (– und auch dies eben in ganz »übertragen«-abgeblaßter Funktionsbedeutung!).

> Die Tatsache, daß nicht nur der Wortsinn, sondern darüber hinaus auch die Definition, die aus der grammatischen Funktion stammt, wie die grammatische Funktion selbst nur kontextbezogen zu fassen ist, haben wir dabei noch nicht einmal gestreift: Es ist offenbar – im obigen Fall – auch nicht etwa das Adjektiv *sole* gemeint (das wiederum einen anderen Bedeutungsraum eröffnete), sondern ein Substantiv. Dies ergibt sich nicht zunächst aus dem Umfeld-Kontext, attitudinal definiert durch *performer* und *addressee* dieser Äußerung sowie durch die Implikationen des *it is very hard* (das einen Fühlenden signalisiert) und des *not to be understood* (das ein plurales Gegenüber indiziert). Es ergibt sich vielmehr vor allem aus der Praeposition *(by)* und dem Attribut *(single)* sowie der *word-order.*

Das Einzel»wort« ist nur als EINGEBETTETES verständlich, »benutzbar«, erlernbar – d. h. aber: *als einzelnes nicht* verständlich und benutzbar außer in Sonderfällen, gewiß aber nicht erlernbar. –

Erheblich lustiger ist dies natürlich zu belegen am Beispiel der drei Zitate, die diesem Kapitel voranstehen. 15 Mann auf der *Brust* eines Toten... – das wäre wohl (kontextuell!) unwahrscheinlich. Insofern *chest* aber auch (in anderen Kontexten) *case* ist, liegt eine Substitution nahe; die wiederum würde wohl im Fall (abermals *case!*) des dritten Zitats Verwirrung stiften: *The world is all that is – the chest?* – Doch wohl nicht! Hier spielt auch die idiomatische Vertracktheit des WITTGENSTEIN-Diktums hinein, über die unten noch zu sprechen sein wird. Verweilen wir ein Sekündchen bei dem oft zitierten »Wort« *(sic)*! Auch eine suprasegmentale Neugliederung veränderte den »Wort«-Sinn: *The world is all. That is the case.* – Das »Wort« ist offenbar Funktion des außertextlichen, des innertextlichen und sogar des intonatorischen Kontexts (– im letzten Beispiel wurde sogar der »Satz«, als *breath-unit,* in dieser Abhängigkeit greifbar): Lauter Kontexte, die zu bedenken offenbar auch für den Sprach*lern*prozeß notwendig ist!

Die Verwirrung steigt, je tiefer wir uns in die Struktur der Aussage hineinwühlen: *the case,* da durch nichts substituierbar, scheint in diesem Kontext als (aus sich Bedeutung tragendes!) *Einzelwort* gar nicht mehr zu existieren. Es ist damit (in diesem *Fall* zu-*fällig!*) seinem deutschen Pendant strukturell ähnlich – »was *der Fall* ist«; es bedeutet als Einzel-Element[18] nichts mehr, bedeutet nur mehr etwas *im Verband* mit dem Hilfsverb: *s. th. is the case* ... – ein Wortverband vom Typus »Idiom«, der sich *als ganzer* wie ein Einzelwort verhält:

He	is	a butcher
It	is	a case
		the case
		the chest

Diese Tafel falscher Substitutionen zeigt im Grunde nur die Unmöglichkeit, lexikalische Wortbedeutung allein auf etwas anderes als Kontext zu beziehen.

Well, – »im Grunde« zeigt sie auch etwas anderes: *The dead man's chest* im einleitenden *sea-song* hüllte den Leser oder *Listener* in eine vermeintliche Bekanntschaft mit diesem *dead man* (– ähnlich dem Effekt des pronominal so bestimmt verweisenden ersten Satzes aus HEMINGWAYS *»The Old Man and the Sea«: He was an old man...*), als hätte er vorher von ihm gehört, als sei vorher von ihm die Rede gewesen. *Case* im obigen »Idiom« ist als Einheit eigener Art überhaupt nicht mehr verstehbar; entsprechend ist das *the* vor *case* kein Kontext-Indikator, der etwa auf vorherigen Hinweis zurückverwiese. Man vergleiche

    ... *is* | *the* | *case*

und

    ... *is* | *the* | *cheese.*

Welcher *Käse* auch im 2. Beispiel gemeint sein mag, sein Auftauchen ist vorbereitet (– der bestimmte Artikel beweist es). Das kann man von WITTGENSTEINS »*case*«, einem nur noch funktionalen Zeichen im Wortverband, nicht behaupten.[9]

> Kurioserweise entfaltete dieses Zeichen die ganze Fülle seiner Aspekte in einem *exhibit* der *Institute of Contemporary Arts exhibition Ten Sitting Rooms* in London, in der Wintersaison 1970/71[10]: einer symbolischen Portrait-Darstellung LUDWIG WITTGENSTEINS! Es handelt sich um das wohl einzige *abstract portrait of Wittgenstein,* das je auf die Idee eines zutiefst bedeutungsvollen »dreidimensionalen Kalauers« gegründet wurde:
> Der Künstler, VAUGHAN GRYLLS *(Could it be a Welshman?),* ein professioneller »*sculptor of puns*«, präsentiert sich selbst – als freistehenden »Kern« des Kunstwerks – mit einem Bekanntmachungs-*Poster;* dieses verkündet in kräftiger Schlagzeile: *A Case for Wittgenstein.* Vor ihm steht sein *Koffer* (case), der offenbar diesen *Fall* (case) enthält – mit der Aufschrift *A Case for Wittgenstein.* Für den *Fall (In case!),* daß dieser *Koffer (case)* nicht ausreichen sollte (= das »Material« nicht ausreichen sollte für den *Fall?),* hält er in der anderen Hand einen zusätzlichen Koffer, der – auffällig querüber – den handschriftlichen Vermerk zeigt: *I brought this in case.*
> Wir meinen: *An extraordinary case – of Punmanship!* – GRYLLS demonstriert an dem berühmten Einleitungssatz des WITTGENSTEINschen Frühwerks (des »Tractatus Logico-philosophicus« von 1921) die ebenso berühmte Einsicht des Spätwerks (der »Philosophischen Untersuchungen« von 1953) – eine Einsicht, die die Grundlagen eben jenes Frühwerks aufhebt: Es *ist* ein Portrait WITTGENSTEINS!

1.3. Wortbedeutung und Sprachtypus im Englischen

WITTGENSTEIN könnte, wäre er ein Linguist des rein nur beschreibenden Typs, im Falle des Englischen bei einer formalen Erklärung dieser Phänomene stehen bleiben. Die so oft beobachtete Polysemie (Bedeutungsvielfalt) englischer *head-words,*[11] verstärkt durch die vielen Homophone (wie das obige *soles / souls*), hängen ohne Zweifel mit der Tendenz der englischen Sprache zum *isolierenden* und *positionalen* Typus zusammen.

> Zur *Klassifikation der Sprachen* unterscheidet man nach einem bequemen alten Schema vereinfachend folgende »Annäherungs-Typen«:[12]
> (1) den *isolierenden* und *positionalen* Typ: »Bedeutungen« durch »Worte« signalisiert, Beziehungen durch Wortstellung bzw. -folge. Weitgehende Ersparnis grammatischer Morpheme; Idealfall: ein Wort = ein Morphem.
> (Formel: $W^1 + W^2 + W^3 + W^4$, wobei W = Wurzel oder volles »Wort«. Beispiele: vietnamesisch, chinesisch.)
> (2) den *agglutinierenden* Typ: Grund-»Bedeutungen« durch konstante und abtrennbare Wurzeln gegeben, Beziehungen durch jeweils ein-funktionale spezifische Affixe.
> (Formel: $a + a + W + a + a + a$, wobei a = Affix. Beispiel: türkisch.)
> (3) den *flektierenden*
> und
> (4) den *polysynthetischen* Typ: »Bedeutungen« und Beziehungen (i. o. Sinn) angezeigt durch Veränderungen in der Wurzel und/bzw. mancherlei »Verschmelzungen« in Wortkörper und Satzbau.
> (Formel für *flektierenden* Wortbau: $a W^{i.a.u.}$, a^{123}, wobei W = Wurzel. Beispiele: die Mehrzahl der indogermanischen Sprachen.)
> Die 4 Typen sind Modelle: Die existierenden »natürlichen Sprachen« zeigen im allg. Züge verschiedener Typen in sich vereint, wobei dann eine Tendenz vorherrscht.

Im Englischen gibt es zwar bedeutende Reste flektierender Bildung (z. B. in den unregel-mäßigen Verben); aber das agglutinierende Element ist stärker (z. B. in der Bildung *un-reasonableness*). Vor allem aber ist die beherrschende Tendenz zum isolierenden Typus unübersehbar. FIRTH[12] wies schon 1937 auf diese Tendenz hin. Er bringt ein anschauliches Beispiel: *We can make at least seven different sentences with the five words* you, know, what, I, mean *without in any way changing the form of the words themselves.* (Alle 5 sind bezeichnenderweise Einsilber!) – Durch Substitution macht er daraus:

> *I know what you mean.*   *You mean what I know?*
> *I mean what you know.*   *You know I mean what?*
> *What you know I mean.*   *What I know you mean?*
>   *What I mean you know.*

An die syntaktisch weiter ausgreifenden Möglichkeiten *You know, what I mean is . . .* und *I mean, you know what Soandso did* usw. denkt er dabei noch nicht einmal. – Noch auf-regender wird das Spielchen (bei dem nicht nur die chinesische Sprache, sondern auch das System der *Chinese boxes* Pate gestanden zu haben scheint), wenn Intonationsimplikatio-nen hineinkommen. FIRTH notiert hierzu:

> *You* know *what I* mean.   You *know what I* mean.
> *You* know *what I* mean?   You know *what I* mean.
> You *know what I* mean?   *You* know *what I* mean.

so daß am Ende völlig klar ist, *how little you know – if you know what I mean –*, wenn man die situationsbedingten Intonations-*markers* nicht kennt.[13]

> Wie selbstverständlich diese Beobachtungen bereits dem FIRTH-Schüler HALLIDAY sind, geht daraus hervor, daß dessen Schüler derlei Überlegungen bereits zu reizvollen Unterrichtspro-grammen für muttersprachlichen Lehrbetrieb an englischen Schulen verarbeitet haben![27] – Daß situations-bezogene Intonation die Kraft hat, semantische Bedeutung sprachlicher Struktur zu verändern, gilt allerdings auch für andere Sprachen und Sprachtypen: R. JACOBSON berichtet von 40–50 solcher intonatorischen Kraftakte zu einer einzigen *russischen* Äußerung[14] (– das Russische wäre eher zu den *flektierenden* Sprachen zu zählen). –
> Das ganze quasi »chinesische« Prinzip, das sich hier als für die englische Sprache charakte-ristisch erwies, läßt sich für den Bereich der Wortbildung an einem letzten komischen Fall »anglo-chinesischen Ulks« exemplifizieren. Der bekannte britische *Cartoonist* GERALD SCARFE verfertigte (nach dem Modell des GRYLLSschen WITTGENSTEIN-Portraits) ein dreidimensional kalauerndes Portrait Mao Tse-tungs:[15] eine fachgerecht ledergepolsterte Sessel-Figur (in Le-bensgröße), die sozusagen in sich selber sitzt – *Chairman Mao* als *Chair Man Mao* (den »Sessel ›Mann Mao‹«)! Und so sitzt in seinem *armchair* der *calm Chairman*, ohne daß da-durch etwa der *armchair* zu einem »*calm chair ›Man‹*« würde.

Damit sind wir wieder bei WITTGENSTEIN. Die Reduktion der Formen und die »Belastung« relativ weniger *high-frequency words* mit relativ vielen »Bedeutungen« mögen mit der für das Verständnis der (englischen) Sprache wichtigen Tendenz zum isolierenden Typus zusammenhängen. Allerdings deckt diese »Erklärung« nur gewisse Züge und vereinfacht weitgehend.[16] Außerdem geht WITTGENSTEINs Interesse über die englische Sprache hinweg auf Sprache überhaupt. So ist vor allem wichtig, daß er diesen ganzen Tatbestand gar nicht als beschreibender Linguist untersucht und zu erklären trachtet; sein *approach* ist (bei aller Abneigung gegen »Theorie«) der des deutenden Sprachphilosophen: Als solcher kommt er er dann erstaunlicherweise zu ganz ähnlichen Schlüssen wie (oben) der Linguist FIRTH.

1.4. Wortbedeutung und Kontextbezug

Nach dem älteren, durch ARISTOTELES und AUGUSTIN[6] vorgeprägten Verständnis von
Wort-»Bedeutung« hat bei Polysemie *ein* Wort gewissermaßen verschiedene (also mehrere!) »Bedeutungen«, die jede »für sich« gelten bzw. »existieren«. Nach WITTGENSTEIN
hängt – für eine große Zahl von Fällen – die Vielheit der Bedeutungen auch und vor allem
zusammen mit der »Vielgliedrigkeit« und also Vieldeutigkeit menschlicher *Haltungen*,
deren Sinn in so vielen *Verhaltens*kontexten »changiert«: Wörter »meinen« *Haltungen*,
– »Grund-*Verhältnis*« oder »*Beziehung zu* ...« –; sie »bezeichnen«, »begleiten« bzw. sind
Verhalten. Zu verstehen sind sie daher nur oder vor allem im Zusammenhang konkreten
(i. e. »außertextlichen«) Verhaltens; und dies impliziert dann: vor dem Hintergrund und
in Richtung (bezug) auf zugrunde liegende Deutungen oder Haltungen.[17] Der »König«
(king) im Schachspiel –: ein Wort, das in einem anderen *Sprachspiel*, im Zusammenhang
einer anderen *»Lebensform«* eine andere »Bedeutung« hätte! Verschiedenartige Bedeu-
tungs-»Wendung« kann sprachlich durch Partikel und Präpositionen *(the people of / the
people from* – Volk/Leute; *we must / you must not* – müssen/dürfen), durch grammatische
Morpheme *(people*s), durch die Art von sprachlicher Handlung (»Platte« – als sprachliches
»Befehlsspiel«, »Fragespiel«, »Benennungsspiel« etc. ....[18] – man vergleiche FIRTHs intona-
torische Spielchen) oder durch Textrestriktion *(»to offend«* – in juristischem / in nicht-
juristischem Darstellungs- oder Äußerungszusammenhang) gegeben sein. Immer handelt
es sich dabei um einen Rückverweis auf sprachlichen Kontext (Sprachspiel), der wiederum
integrativer Teil eines ihm entsprechenden attitudinal-behavioralen Kontexts (Lebensform)
ist: Das sprachliche Einzel-Zeichen ist *eingebettet* in beide, »kommt zu sich selbst« in
beiden – ist durch einen Kontext Teil des (umgreifenden) anderen.

> Wie sehr Phrasenstruktur und Einzel-*item* aus funktionalem Bezug auf einen Kontext an
> Klarheit gewinnen, zeigen z. B. die 2 Beispielsätze *John ran up a big hill* und *John ran up a
> big bill*, die von M. A. K. HALLIDAY stammen[19] (als Beispiele des phrasenstrukturellen Unter-
> schieds SPA bzw. SPC). »Doppelsinn« ist zu einer ergiebigen Quelle von Reklame-Effekten
> geworden: *A little boob is all it takes* unter einer silhouettierten liegenden Figur als Land-
> schaft, in der ein Auto einen offenbar schweren Unfall hatte, wurde aufgrund des Doppelsinns
> von *boob* (auch: »Fehler«)[20] ein höchst wirkungsvolles Poster zur Förderung der Verkehrs-
> sicherheit. Die Antwort auf das *Stand and deliver!* eines Straßenräubers – *I am no travelling
> midwife, Sir* – galt als einer der prächtigsten Kinogags der letzten Jahre[21] *(to deliver* – je
> nach Situation »etwas herausrücken«, Geld nämlich, oder »Geburtshilfe leisten«: andere Situa-
> tionen hätten weitere Aspekte dieses vielfältigen Ausdrucks *»delivert«*!). JÜRGEN HENNING-
> SEN[22] zeigt an einem drastischen Beispiel aus deutscher politischer Praxis, wie tief der »chan-
> gierende« Reichtum sprachlichen Ausdrucks situativ, d. h. aus den jeweiligen persönlichen
> Relationen, völlig klar ist und weist auf die akontextuelle Erstarrung von Sprache im Ge-
> brauch von Juristen hin: Indem sie kommunikative Vielschichtigkeit der Sprache aufzuheben
> trachten, verfehlen sie den Sinn von Situation! – Wie sehr angesichts der modernen »Ver-
> schaukelei« von Bedeutung in den öffentlichen Medien das Bewußtsein von widersprüchlichem
> Reichtum, auch Plurivalenz von Bedeutung, gewachsen ist, zeigt überdeutlich das Text-Bild-
> Werk des Japaners ARAKAWA, das unter dem Titel »Mechanismus der Bedeutung« 1972 in
> Deutschland publiziert wurde: Hier werden mit den Mitteln des Pop Fragwürdigkeit und
> Hintersinn des sprachlichen Zeichens zu einem den Leser und Betrachter verwirrenden präzisen
> Spitzentanz.

Aus dieser grundlegenden Vorstellung bzw. Beobachtung ergeben sich einige für unsere
Fragestellung bedeutsame Aussagen:
Erinnern wir uns des leitenden Prinzips, Sprache als EINBETTUNGSphänomen zu ver-
stehen. Dies Prinzip ist jetzt – in der von WITTGENSTEIN bevorzugten Terminologie – neu

zu fassen als der Grundsatz, *Sprachspiel* und *Lebensform* als strukturell zusammengehörig zu verstehen.

Dies besagt *zum ersten*, daß verschiedenen realen und attitudinalen Kontexten verschiedene sprachliche »*sets*« zuzuordnen sind:

> Dies führt dann – nach den Ansätzen bei dem Anthropologen B. MALINOWSKI und dem Linguisten J. R. FIRTH – zur Vorstellung von sprachlichen *varieties* gemäß *context of situation* bei M. A. K. HALLIDAY und den anderen Vertretern der Londoner Schule des Kontextualismus. Ansätze zu einem Verständnis dieser Schule sind bereits im EINÜBENDEN TEIL sowie in den obigen Hinweisen auf J. R. FIRTH enthalten; sie sind unten in einem eigenen Zusammenhang weiter auszuführen.

Dies besagt *zum anderen*, daß es – von den großen allgemeinen *varieties* absehend – möglich sein müßte, einen strukturellen Zusammenhang zu finden zwischen der konkreten Einzelsituation bzw. einem *limited context* und den darin eingebetteten Äußerungen und Formulierungen.

> Diese eher linguistische und anthropologische als allgemein sprachphilosophische Frage wird bei WITTGENSTEIN nur angedeutet durch eine Fülle hingestreuter Hinweise; die außerordentliche Bedeutung des ganzen Komplexes für den FU wird erst darzulegen sein, wenn es um die Detail-Verwirklichung solcher Vorstellungs-Ansätze geht: im Zusammenhang unserer Ausführungen über die beiden Begriffe »*Situation*« (in Anschluß an FIRTH, HALLIDAY und G. N. LEECH) und »*Behaviorem*« (im Anschluß an K. L. PIKE).

Die erste und die zweite Vorstellungsfolge sind zusammenzufassen unter dem Begriff des sprachlichen und attitudinalen FELDES, »in das hinein« und aus dem heraus alles sprachlich Begegnende zu verstehen ist.

> Dieser Begriff wird uns, als eine Grundkategorie psychologischer und linguistischer Art, in fast jedem zu schildernden Unterrichtsdetail wieder entgegentreten und bedarf natürlich weiterer Ausführung, i. e. semantischer Füllung und begrifflicher Präzisierung, in den entsprechenden Kapiteln weiter unten (– z. B. in den Ausführungen über BÜHLERS Sprachtheorie und die verschiedenen Feld-Theorien).

Damit ergibt sich eine *dritte* Vorstellungsfolge aus dem obigen Grundsatz der Zusammengehörigkeit von *Sprachziel* und *Lebensform*:

Alle Äußerung oder Formulierung übersteigt feld-bezogen, was sie unmittelbar *aussagt.*
Sie hat nicht zufällig oder – im Einzelfall – beabsichtigt, sondern notwendig und auch ohne Zutun dessen, der sich da äußert, eine *mittelbare* Aussage-Dimension[38]: *Implikationen.* Diese Implikationen sind *linguistisch* zu fassen durch die Tatsache der *limitation* und *selection* sprachlicher Mittel im jeweiligen Kontext: Es ist die jeder Äußerung oder Formulierung immanente – linguistische – *Option* (um mit HALLIDAY zu sprechen[39]) oder – psychologische – *Perspektive*. Diese beiden natürlich ebenfalls noch erheblich schärfer auszuführenden Kategorien sind schlechthin die Grundlage sinnvoller Gesprächsführung und damit u. a. auch der fremdsprachunterrichtlichen Arbeit auf dem *intermediate* und *advanced level*. Elementare Einführung an Beispielen findet sich z. B. in dem überhaupt sehr lesenswerten *pocket-book* von MAX BLACK: *The Labyrinth of Language* (S. 124 ff.). Die Tatsache der Implikation bezieht sich auf alle sprachlichen Zeichengrößen *(ranks)* – das Einzelwort, den Satz und den Text oder die Äußerung insgesamt: Von ihr auszugehen, reizt in ein tieferes Verstehen von Äußerung oder Text hinein; es bietet also die für Gesprächsaufbau und -ausbau im fremdsprachlichen Unterricht so wesentlichen *Sprechanlässe* (falls nur die Grundvoraussetzung gegeben ist: daß es sich nämlich um einen *sprach-* und *ausdrucks-bewußten* Unterricht handelt!); es enthält überdies überreiche *Motivation*, da

das Aufdecken, Erhellen, »Enthüllen« verdeckter oder nicht sogleich offenkundiger Implikationen eine der Hauptvergnügungen unseres Zeitalters zu sein scheint.
In all dem wird eine *vierte* Vorstellungsfolge oder Implikation obiger allgemeiner Prämissen deutlich: Es geht WITTGENSTEIN – in seinem Spätwerk, von dem hier ausschließlich die Rede ist – nicht um eine isolierte, systemhaft-reine Konstruktion von Sprache, eine besondere Hof- und Hochsprache, sondern um tatsächlich gesprochene oder geschriebene (gedruckte) Äußerung. WITTGENSTEIN selbst verkündet dies – in Reduktion des eigenen viel weiter tragenden Ansatzes (vgl. die Auseinandersetzung bei G. GEBAUER[23] und S. J. SCHMIDT) – als Primat der »Umgangssprache«.

> Diese mißverständliche »Verengung« des Ansatzes auf »Umgangssprache« *scheint* zur Aufhebung der soeben erkämpften Möglichkeiten attitudinaler Kontextanalyse zu führen und hat entsprechend spaßige, wenn auch verständliche Proteste herausgefordert. H. HEISSENBÜTTEL z. B. fragt, ob nicht vielleicht alles Verständliche *eo ipso* reaktionär sei (weil es sich auf einen stillschweigend hingenommenen sprachlich-kognitiven und attitudinalen *status quo* gründe)[24]. H. MARCUSE äußert offenen Abscheu im 7. Kapitel seines *One-Dimensional Man* (»*The Triumph of Positive Thinking: One-Dimensional Philosophy*«)[25]: Er hält – über HEISSENBÜTTEL hinausgehend – kritiklose Hinnahme des Bestehenden, Verzicht auf kritische Reflexion, »pragmatisch« sich einrichten-wollende Veränderungs-Unlust für die Basis, den Impuls und den Effekt der durch WITTGENSTEIN repräsentierten Denkweise und spricht verächtlich von einer Philosophie der *familiarity with the chap on(?!) the street:*
>
> *The language of John Doe and Richard Roe is the language which the man on* (sic!) *the street actually speaks; it is the language which expresses his behaviour; it is therefore the token of concreteness. However it is also the token of false concreteness.*
>
> Das reduzierte Verständnis von Sprache, das MARCUSE WITTGENSTEIN unterstellt, schlösse »Meta-Sprache«, *Sprache über Sprachliches*, aus.[26] Es schlösse damit auch eine Reflexion über *the difference between that which things really are and that which they are made to be* aus (da mit den »Dingen« ja die »Bezeichnungen« in Rede und Frage stünden). Diesen Angriff MARCUSES trägt dann J. HABERMAS – kühler im Ton – systematisch und energisch weiter voran. Vom *background context* her phosphoresziert die Fluchformel des amerikanischen Campus aus den späten 60er Jahren, höhnisch und resignativ zugleich, in utopischem Zorn: *Come vei come woe – the status is quo.* Wir können und wollen uns dieser Fragestellung hier nicht weiter widmen; im Zusammenhang unserer Darstellung ist ein anderer Aspekt dieses Komplexes wichtiger:

In der Zuwendung zur Umgangssprache (die von der Oxforder Schule der *»Ordinary language philosophy«* aufgegriffen und aspektuell ausgearbeitet wurde) äußert sich eine neue Bereitschaft,
- tatsächliche Kommunikation, Sprache *in actu* oder doch auf den *actus* hin angelegt, zu studieren;
- solche Beschäftigung mit sprachlichem Verhalten (statt mit der Sprache als System oder »Gebäude«)[27] als *ganz und gar wert-positiv* zu empfinden.

Tatsächlich geht es ja bei diesem Begriff eher um Sprache »des Umgangs« als um »Umgangssprache«, so daß durchaus fraglich ist, ob der Ausdruck *»ordinary«* als anderssprachiges Äquivalent im Sinne der CATFORDschen Übersetzungstheorie überhaupt paßt. In gewisser Weise haben wir in der philosophisch so heftig umstrittenen Konzeption der »Umgangssprache« einen Aspekt noch nicht aus-entwickelter Grundlegung moderner Sprachdidaktik.

> Die Weiterführung dieses Ansatzes geht teilweise über die Kommunikationsforschung und wird weiter unten in jenem Zusammenhang zu verfolgen sein. Allererste, vorläufige Explikation leistet die bereits erwähnte kleine, aber gewichtige Schrift von G. GEBAUER »Wortgebrauch, Sprachbedeutung – Beiträge zu einer Theorie der Bedeutung im Anschluß an die

spätere Philosophie Ludwig Wittgensteins.« Im Zusammenhang mit der Abhandlung GE-
BAUERS findet sich jetzt, bei vollem Überblick über die wesentlichen Aspekte der WITTGEN-
STEINschen Sprachtheorie, Gelegenheit, abrundend die alles begründende und organisierende
Leitvorstellung noch einmal »zur Sprache zu bringen«.

1.5. Zur Bedeutung von »Bedeutung«

WERNER HÜLLEN zitiert in seinen didaktischen Analysen zu »Linguistik und Englischunterricht« die SAUSSUREsche Begriffstrias von *signe, signifiant, signifié* für das Sprachzeichen – zögernd zwar, aber dennoch sie partiell bekräftigend durch Wiedergabe des sog.
»semantischen (bzw. semiotischen) Dreiecks« von OGDEN und RICHARDS[28]:

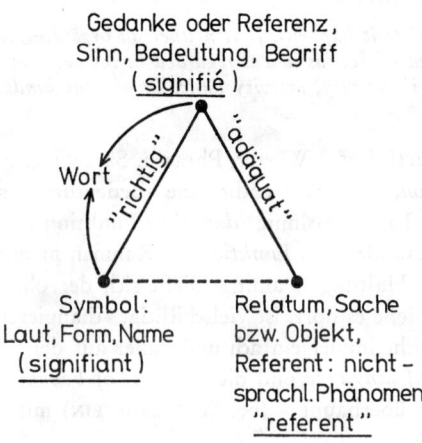

Abb. 5

Die Auseinandersetzung mit WITTGENSTEIN setzt erst bei GEBAUER an. Sie zeigt deutlich,
daß es sich bei diesem in dieser oder jener Form immer wieder abgebildeten Dreiecks-
schema nicht um ein linguistisches Phänomen, sondern um eine philosophische Vorent-
scheidung handelt. GEBAUER verweist auch auf ein gering scheinendes, aber wesentliches
Detail: Erst die Strichelung der Beziehungslinie zwischen Symbol *(signifiant)* und Sache
(referent) rückt OGDEN/RICHARDS' *basic triangle* von der Tradition ab. Auch bleibt bei
DE SAUSSURE durchaus unklar, ob nicht in einer viel radikaleren Weise der »Sinn« *(concept, signifié: das Gemeinte, die Vorstellung)* vom *langue*-System bestimmt wird – statt
vom außersprachlichen Referenten![29] Wodurch aber wird dann dieses (das System) bestimmt? – Schon vor GEBAUER gibt es hierüber deutliche Hinweise in der Literatur
(CAMPBELL, 1967): Bei dem Dreieck von OGDEN und RICHARDS fehlt der Kontext. SAUS-
SURE machte zwar den Zeichen- und Verweisungscharakter von Sprache deutlich, läßt
aber offen, woher die Verweisungen – deren »Ziel« weder eindeutig ist, noch etwa ein
außersprachliches Phänomen zu sein braucht – ihren *Sinn* nehmen.
Die traditionelle Theorie über das Bedeutungsproblem charakterisiert WITTGENSTEIN am
Beispiel AUGUSTINS auf der ersten Seite seiner »Philosophischen Untersuchungen«:

> Die Wörter der Sprache benennen Gegenstände – Sätze sind Verbindungen von solchen Be-
> nennungen. – In diesem Bild von Sprache finden wir die Wurzeln der Idee: Jedes Wort hat
> eine Bedeutung. Sie ist der Gegenstand, für welchen das Wort steht.

Sprache war punktualisiert, kontextlos. Die Linie zwischen Symbol und Sache – bei OGDEN und RICHARDS gestrichelt – war durchgezogen, die Verbindung beider einfach, eindeutig, fest.

Für den Fremdsprachenunterricht war dies die einzig mögliche theoretische Begründung für das Erlernen von Vokabeln, Einzel-*items,* auch zweisprachigen Listen (Typus »Vokabelgleichung«). Eine so einfache eindeutige und feste Verbindung von Wort und Wirklichkeit gibt es – so ist mittlerweile wohl genügsam deutlich geworden – nicht oder nur im Einzelfall. Um den schwierigen Zusammenhang beider zu klären, geht WITTGENSTEIN von etwas anderem aus:

Wörter, Phrasen, Sätze, i. e. sprachliche Elemente bzw. Zeichen *leisten* etwas – nicht: *sind* etwas.

Später heißt es bei HALLIDAY:[30]

Language does not exist: it happens. It is neither an organism, as many nineteenth-century linguists saw it, nor an edifice, as it was regarded in the early modern ›structural‹ period of linguistics. Language is activity, activity basically of four kinds: speaking, listening, writing and reading.

Was also »leistet« diese *activity?* – Wörter, Phrasen, Sätze, i. e. sprachliche Elemente, Zeichen, haben eine *Funktion,* nicht notwendig eine »Bedeutung«; sie *verweisen* zwar, aber sie *stellen* nicht in jedem Fall (ein-sinnig) *dar.* Ihre Funktion ist: Sie *geben* Begegnendem (das können auch Gegenstände sein) *Funktion* im Rahmen menschlichen Verhaltens – gemäß zugrunde liegender Haltung. Damit schließt sich der oben angesetzte Bogen (s. o. S. 66 f.): »Haltung«, so hieße es dort, ist vielschichtig, »changierend« – wie die Oberfläche gewisser Krawatten –, nicht immer einfach und daher auf der Oberfläche (!) nicht immer eindeutig. Die *patterns of language* und die *patterns of behaviour* entsprechen einander. Wir müssen also – wenn überhaupt – (bei WITTGENSTEIN) mit einem »dynamischen Bedeutungsbegriff« operieren:

Sprachliche Äußerungen *sind menschliche Verhaltensweisen* (patterned *behaviour*). Sie erfolgen – wie alles menschliche Verhalten – in einer *Situation* und in/mit Bezug auf diese Situation. Die Situation konstituiert sich aus sprachlichen und aus nicht-sprachlichen Elementen. Alle diese Elemente gehören in diese Situation, insofern sie Element menschlichen Verhaltens bzw. so etwas wie »Bewußtseins-*telos*« sind (– und können darum durchaus natürlich *auch* Gegenstände sein, s. o.![31]). Den hieraus zu entwickelnden *primären* Bedeutungs-Aspekt nennt GEBAUER die *Funktional-Bedeutung.* Was in dieser Funktional-Bedeutung ursprünglich (»intentionale«) Verhaltens-Funktion war, löst sich dann allerdings in Kontext und Folge konkreten sozialen Verhaltens als *Vorstellung* ab: Es entsteht eine – »ursprünglich« gänzlich *private* – sekundäre »Bedeutung«, die *Vorstellungs-Bedeutung.* Diese kann es im konkreten Lebenszusammenhang kaum jemals »rein« geben, da sie mögliches Element verbaler Interaktion ist – in welcher laufend »Einigungen« stattfinden: So kommt es dann zur *konventionellen »Bedeutung«* des Zeichens, die – wie wir oben sahen – je nach Art der »Einigung« im Zusammenhang menschlicher Interaktion mehr oder weniger eindeutig sein kann, da sie stets in den Ursprung von Bedeutung, auf die (primäre) Funktional-Bedeutung, zurückverweist.

Es ist der »Zwischenbereich« wechselnder »Einigungen«, auf den die immer wieder vorgebrachte Vermutung zutrifft, die *patterns* einer Sprache entsprächen »irgendwie« den – attitudinalen – *patterns* der Gesellschaft: Hier kann – über die »Implikationen« – kontextuelle Analyse ansetzen; man vgl. weiter unten die Ausführungen über progressive Kontextualisierung im Verstehensbereich der Londoner Schule des Kontextualismus (SS. 127 f.).

Es ist dieser Doppelsinn von »Bedeutung«, der dem so oft zitierten und mißverstandenen Diktum WITTGENSTEINS[32]
»Die Bedeutung eines Wortes ist sein Gebrauch in der Sprache«
zugrunde liegt. Dieser Satz gilt nach ausdrücklicher einschränkender Angabe des Autors

> »für eine *große* Klasse von Fällen der Benützung des Wortes ›Bedeutung‹ – wenn auch nicht für alle Fälle seiner Benützung . . .«.

Diejenigen Fälle, in denen »Bedeutung« sich aus dem Gebrauch eines Wortes *»in der Sprache«*(!) herleitet – man erinnere sich unserer obigen Beispiele für Polysemie, für Bedeutung aus dem KONTEXT, unserer Hinweise auf Bedeutung aus dem FELDzusammenhang[33] –, bezeichnet WITTGENSTEIN terminologisch mit dem Ausdruck »SPRACHSPIEL«. Diejenigen Fälle, auf die dies nicht zutrifft, entsprechen – erhebt man sie zum Thema – offenbar dem, was GEBAUER die »Vorstellungs-Bedeutung« nennt und stehen damit der traditionellen Theorie näher: es sind die semantisch unkomplizierten Fälle eindeutigen Gegenstands-Verweises. Sie sind der traditionellen Theorie dennoch fern, insofern sie nicht primäres Thema sprachlicher Reflexion, sondern »bewußtseins-geschichtlich« *Ableitungen* sind: Ihre sekundäre Geltung und Wirklichkeit verweist zurück in ein »ursprünglicheres« Sprach-Bedeuten, durch das sie – auch als Ableitungs-Verfestigungen – dennoch Teil eines »einbettenden« *Sprachspiels* sind. Die Tatsache der EINBETTUNG in ursprünglichen Erfahrungs-, Deutungs- und Verhaltens-Horizont ist »unhintergehbar« und »unhinterfragbar« (um mal recht schönen *»early-seventies jargon«* anzubringen).
Uns will scheinen, daß durch die systematisch-theoretische Ausführung WITTGENSTEINscher Ansätze bei GEBAUER die Vorwürfe MARCUSEs und HABERMAS' gegenstandslos geworden sind.

1.6. Spracherwerb und Fremdsprachenerwerb

WITTGENSTEINS Theorie von den Sprachspielen impliziert und eröffnet höchst bedeutsame Perspektiven für das Fremdsprachen-Lernen.

> Dies ist nicht weiter verwunderlich: Für ihn selbst gewann eine zweite Sprache (das Englische!) eine überragende persönliche Bedeutung. Es ist wohl kein Zufall, daß die Wendung seines Denkens über die Sprache – die für seine Freunde so überraschend erfolgte und dann so zäh (wenn auch langsam) vorangetrieben wurde – seit 1929 datiert: Sie erfolgte unmittelbar nach seiner endgültigen Übersiedlung nach England (Cambridge)! Entsprechend formuliert er auch das Erlernen einer Fremdsprache ganz konkret als Beispiel-Erfahrung eines erdachten Reisenden.[34] Dieser kommt »als Forscher in ein unbekanntes Land mit einer (ihm) gänzlich unbekannten Sprache«. Die sprachliche Kommunikation der Leute dort ist ihm unzugänglich und auch als Regel-System nicht durchschaubar. Indem er aber an der schon eingespielten Interaktion jener Leute teilzunehmen versucht, übt er sich auch ein in die Formen sprachlicher Kommunikation. Sprach-Verstehen und Sprach-Produktion erwachsen aus Verhaltens-Verstehen und Verhaltens- und Erfahrungs-Teilhabe.

Ein schrittweise erwachsendes »Verhaltens-Verstehen« der Fremdsprache entwickelt sich nach WITTGENSTEIN vor der Folie des eigenen sprachlichen Vorverständnisses aus dem Bereich der Muttersprache. Es handelt sich demnach um einen sowohl »behavioristisch« wie »kontrastiv-kognitivistisch« zu verstehenden Sprachlernprozeß (angesichts dessen z. B. ein anderer Vorwurf HABERMAS' gegen WITTGENSTEINs Vorstellungen völlig unverständlich wirkt).[35] Der Primat des *»use«* besagte, daß Sprache die attitudinalen Beziehungen von Menschen untereinander sowie zu »den Dingen« *im aktiven Austausch* artikuliert. Wie diese Beziehungen sich zu »Lebensformen« (Deutungs-»*clusters*«) bündeln, so bündeln sich die Artikulationsformen zu »Sprachspielen« – die der »andere Aspekt« jener Lebensformen sind, ihnen strukturell entsprechen, sie »widerspiegeln«. Das Erlernen einer Sprache – und dies gilt für den primären wie für den sekundären Spracherwerb – ist also zunächst einmal als ein Eingewöhnen, d. h. nach dem behavioristisch-mechanistischen Modell, als Technik, verständlich.

> GEBAUER empfindet diese Komponente so stark, daß er sogar an das auch von LEISINGER zitierte BLOOMFIELDsche Beispiel von Jack und Jill (die sich über einen Apfel verständigen)[36] erinnert: einen Musterfall SKINNERscher S-R-Herleitung! – WITTGENSTEIN selbst spricht im Falle des primären Spracherwerbs von Kindern sogar von einem »Abrichten« und beschreibt den sekundären Spracherwerb durchaus im Sinne des obigen Beispiels ganz im Stile der S-R-Theorie: er werde den Schüler
> »die Worte durch *Beispiele* und durch *Übung* gebrauchen lehren. ... Ich mach's ihm vor, er macht es mir nach; und ich beeinflusse ihn durch Äußerungen der Zustimmung, der Ablehnung, der Erwartung, der Aufmunterung. Ich lasse ihn gewähren, oder halte ihn zurück; usw.«
> Schließlich heißt es sogar:
> »Eine Sprache verstehen, heißt eine Technik beherrschen.«

Das »Funktionieren« der Technik aber – so zeigt ein Blick auf HABERMAS' fugenlos zu integrierende »Gegen-Argumentation« wie auf das obige Beispiel des Reisenden in einem fremden Land – bedeutet zugleich eine »Einpassung« der Person in die andersartigen bzw. neuen Interaktionszusammenhänge jener Sprache: Es bedeutet, daß der Lernende sich zugleich »perspektivisch-attitudinal« verändert *und der gleiche bleibt* (er bezieht sich »kontrastiv« auf das »eigene« System von attitudinalen Zuordnungen, Normen oder Regeln zurück!). So hat er eine »zweite Dimension« des Erfahrens und Verstehens hinzugewonnen, aber alle »Erkenntnis« bleibt »verhaltens-immanent«. Es handelt sich um eine Art von Differenzierung des Bewußtseins, die sich nicht notwendigerweise selbst – in der Weise einer metasprachlichen (Universitäts-)Debatte – zum Problem und Thema wird.

> GEBAUER betont, es werde »bei der ›Einstellung‹ der ›Mechanismen‹ ... eine bestimmte intellektuelle Struktur mit aufgebaut« (– uns erscheint hier der Ausdruck »attitudinal« passender!) und zitiert:[37] »Indem wir zu einer Technik erzogen sind, sind wir es auch zu einer Betrachtungsweise, die *ebenso* fest sitzt als jene Technik.«

WITTGENSTEINs späte Philosophie berührt hier die Grenzen insbesondere gestaltpsychologischer Forschung (und ihrer Deszendenzformen) in den letzten Jahrzehnten: Die Bildung fest werdender sprachlicher »Spuren« impliziert (als seinen strukturell anderen Aspekt) die Bildung von »Bahnen« des Verhaltens-Verstehens, in denen wir und indem wir uns in der Welt und die Welt um uns herum ordnen: gestalthaft, strukturell, als FELD-System, »grid«. So gibt es schon bei WITTGENSTEIN (vor CHOMSKY) die Vorstellung einer »Oberflächengrammatik« und einer »Tiefengrammatik« der Sprache:[38] »Auf der Oberfläche« erlernen wir ein Sprachspiel behavioral, als grammatisch-technisches Verhaltensschema.

> W. FUCHS[39] »übersetzt« entsprechend den Begriff der »Lebensformen« mit »VERHALTENSMUSTER«. Dies ist allerdings nur der eine, »oberflächliche« Aspekt von »Lebensform«: er bezeichnet das *lineare Nacheinander* von Verhaltensabläufen. Der zweite, »eigentliche« Aspekt von »Lebensform« ist das gemeinte *strukturelle Zueinander* (»Zu-ordnung«), zeitlich in *und vor* dem betreffenden einzelnen Akt »da«: Es ist die nicht im Nacheinander einer Phasen- oder Phrasenstruktur sich »abspulende« und erschöpfende, sondern als »bereitliegende«, immer schon *vor* der Reaktion auf mögliche Stimuli anzusetzende *Beziehung* zu möglichem und wirklichem Begegnendem:
> ein »ERWARTUNGSMUSTER«.

»In der Tiefe« bildet sich beim Erwerb einer Sprache – in auszweigenden (attitudinalen) Erwartungsmustern – eine strukturierte Verstehensdimension. Aus dieser heraus schlägt dann – sozusagen im Aktiv-Werden der Erwartungsmuster oder »Spuren« – das *Imitative* des beschriebenen Sprachlernprozesses um ins *Produktive* und schließlich (auf dem *advanced level*) ins auch *kognitive* Relevante.

Es ist sehr bezeichnend, daß WITTGENSTEIN seine Unterscheidung einer »Oberflächengrammatik« und einer »Tiefengrammatik« von sprachlichen Elementen ausgerechnet an dem Wort *meinen* exemplifiziert, bei dem eben nicht eine »geistige Tätigkeit«, sondern »geistige Einstellung« (etwa HUSSERLS Begriff der »Intentionalität« und SARTRES »Transzendenz« entsprechend) »gemeint« ist:
»Die geistige Einstellung (die wir terminologisch mit dem Ausdruck *attitudinal* zu fassen suchten – d. Verf.) ›begleitet‹ das Wort nicht in demselben Sinne, wie eine Gebärde es begleitet.«

»Erwartung ist, grammatisch, ein Zustand«:[40] WITTGENSTEIN fragt nach den Kriterien für ein analytisches Verständnis der *Grammatik dieser Zustände.* Solche Kriterien aber sind nur empirisch zu erarbeiten und liegen jenseits seines Arbeitsfeldes. Sie erscheinen im monumentalen Werk des amerikanischen Linguisten und Anthropologen KENNETH L. PIKE, über das weiter unten zu berichten ist: »*Language in Relation to a Unified Theory of the Structure of Human Behavior*« (1954–64).[41]

1.7. Resümee und Anwendung

Was also »bietet« das Studium der WITTGENSTEINschen »Philosophischen Untersuchungen« dem angehenden und jungen Fremdsprachenlehrer? –

DIDAKTISCH

volle Bestätigung der verschiedentlich aufgeführten »Nebenergebnisse« unseres EIN-ÜBENDEN TEILS oben:

(1) Zunächst eine sehr differenzierte und eigener Weiterbildung »offene« Reflexion über den Zusammenhang von Sprache, Verhalten, Haltung und »Bedeutung«. Diese Reflexion kann sowohl als Anregung zu eigenem tieferen Eindringen in Bau und Möglichkeiten der Sprache wie auch als Anregung zum Nachdenken über die offenbar sehr wichtige *psychologische Komponente* im Fremdsprachenlernprozeß weiterwirken. Die Vorbereitung der Unterrichtsstunde muß sich auf attitudinale Aspekte von Schülerbewußtsein richten, Rollen-Identifikationen und -Aktivitäten ermöglichen, Sprache als Bewußtseins-*telos* kalkulieren lernen – nicht als Lernstoff, Lernthema, Lern-»objekt«, sondern als Verhaltensform mit kognitiven (und attitudinalen) Implikationen!

(2) Von dieser sprachlernpsychologischen Grundeinsicht und dem *allgemeinen* Verständnis von Sprache abgesehen, ergibt sich ein Verständnis des besonderen Charakters der englischen Sprache (vgl. unsere obigen Beispiele und Analysen S. 63 ff.), von dem man nur hoffen kann, es werde bei weiterem Umgang in *produktives Spiel* umschlagen: Erhöhte Lehrer-Bewußtheit von den Formen, Funktionen und Möglichkeiten der Sprache erzeugt eine entsprechende Schüler-Bewußtheit.

(3) Abermals wurde an einem besonders umfassenden »Fall« von Reflexion vorwegnehmend vieles geklärt, was in den folgenden Kapiteln als Anwendung verkürzt erscheinen darf: So hat auch dieses Kapitel den Sinn, im WITTGENSTEINschen Sinne »einzuüben« in ein Sprachspiel (– mit kognitivem Effekt, natürlich) und eine Lebensform.

METHODISCH:

(1) WITTGENSTEIN liefert mit seinen Ausführungen über die Sprache als *Einbettungsphänomen* die erste Voraus-Deutung des SITUATIONAL TEACHING: Seine »Philosophischen Untersuchungen« enthalten dessen volle philosophische Begründung; die psychologische und linguistische Begründung grüßen lediglich von fern: Energischer Zublick und weitere Ausführung sind offenbar nötig.

(2) Das *Einbettungs*prinzip besagt ebenfalls klar und zweifelsfrei, daß im Sprachunterricht *Strukturen* und *Phrasen-Zusammenhängen* der Vorrang gebührt vor punktueller oder listenmäßig gereihter *Lexis:* Diese kommt erst »zu sich selbst« im *Kontext* von Wortverband, Phrase bzw. Struktur. Auch hier ist zur psychologischen und linguistischen Begründung (soweit nicht schon vorwegnehmend eingefügt) einiges nachzutragen.

(3) Strukturen der Sprache sollten vor kognitiver Regel-Übung *als pattern* gebraucht, geübt, gelernt sein; selbst auch mechanische Übungen scheinen hier sinnvoll, ist nur »irgendwie« der Kontext gewahrt (vgl. den Hinweis oben auf die »Beispiele« und »Übungen«!).

(4) Wird Vokabular selbst zum Thema, dann ist der obige Hinweis (unter 2) zu ergänzen: Als Problem isoliert, ist *Lexis* (wenn nicht im Zusammenhang von *patterns* und *structures*) grundsätzlich im Zusammenhang *feldartiger Arrangements* zu lernen. Diese Lern-Vorordnung, die dem situativen Prinzip sowie der Begriffsbildung von Lebensform und Sprachspiel entspricht, erregte indessen das Interesse von WITTGENSTEIN noch kaum: Hier vor allem wird erhebliche »Durchleuchtung« sprachpsychologischer und linguistischer Art nachfolgen müssen.

(5) Mit der Vorstellung von *»varieties of implication«* (M. BLACK)[42] ist ein erstes Verständnis für Textzusammenhänge und -bedeutung angeregt: Hinweis auf Arbeitsmöglichkeiten der Sekundarstufe II, »transphrastische« Analyse, *interpretation*, textbezogene Gesprächsführung!

(6) Vor allem bietet sich ein einfaches Prinzip für die notwendige Selektion und Sequentierung im Aufbau des Wortschatzes nach Lernstufen. Die Frühstufe des Fremdsprachenerwerbs ist gekennzeichnet durch restringierte Kontexte, Engführung in Vorstellung und sprachlicher Äußerung; d. h. es herrscht das Vokabular vor, für das wir als Lehrende eine relativ eindeutige *Vorstellungsbedeutung* (im Sinne WITTGENSTEINS) abheben können. Diese allerdings ist dann nach dem Imperativ der EINBETTUNG *situativ* einzuführen. Auf der Stufe fortgeschrittenen Spracherwerbs bzw. des Sprachausbaus ist eben die Vieldeutigkeit vieler sprachlicher Elemente unübersehbar geworden: Sprachausbau vollzieht sich sehr wesentlich auch in der Auseinandersetzung mit der Fülle der *Funktions-Bedeutungen* (im Sinne WITTGENSTEINS), welche sprachliche Elemente in wechselnden Kontexten zeigen. Sind auf der Frühstufe des Spracherwerbs noch die Kontexte nach Zahl, Art und Folge streng kalkuliert, so ist auf der Stufe des Sprachausbaus langsam zunehmende Selbständigkeit der Kontextwahl durch den Lernenden ein wesentliches Problem, – in der Sprache HALLIDAYs (s. u.) das Problem sprachlicher *Optionen.* Auch dies weist dann in Arbeitsprobleme der Sekundarstufe II.

(7) Schließlich sind noch einige *Negativ-Postulate* zu nennen, die sich im Zusammenhang der WITTGENSTEINschen Analysen am Wege ergaben:
   – Vokabellernen ohne Kontext ist sinnlos; Wortlisten vom Typus »Vokabelgleichung« mögen alle möglichen Funktionen haben: unmittelbare *Lern*förderung im Bereich fremdsprachlichen Ausdrucksvermögens kann durch sie nicht erfolgen.[43]

- Metasprachliches Regellernen aus theoretisch erarbeiteter und verstandener System-grammatik, das einer »Anwendung« voraufgeht, ist nur in wenigen Fällen sinnvoll. Sprach*erwerb* vollzieht sich kommunikativ, d. h. nicht *aus* einer Systemgrammatik (deduktiv), sondern *in Richtung auf* ein derartiges systematisches Verständnis bzw. systematische Reflexion der Sprache (induktiv) bzw. *im Zusammenhang* damit.
- Spracherwerb darf nie ganz aus der Situation eines (allerdings wohl gesteuerten) Gesprächs, seines kommunikativen Ursprungs, abgelöst werden.

ZUM LERNZIEL

Das Lernziel des FU ist schon jetzt
- *pragmatisch* bestimmbar als Einübung in Fertigkeiten mit inhärenter Regel,
- *»affektiv«* bestimmbar als attitudinale Erweiterung oder »Öffnung« der personalen Möglichkeiten,
- *kognitiv* bestimmbar als Erwerb einer »zweiten Dimension sprachimmanenten Ver-stehens«, exemplifizierbar an strukturierten Aussage-Inhalten, die dann das *sekundäre* kognitive Lern- und Bewußtseins-*telos* sind (Landes-/Kulturkunde, Texte und deren Struktur u. a. m.).

Alle drei Aspekte treffen zusammen in der noch weiter auszuführenden Zielvorstellung einer Erweiterung der sozialen Kompetenz des Lernenden.

UB 1: Kl. 6/ *Stoff:* »*The English Companion*« (Diesterweg) 2, *Lesson XI* »*Dick Whittington and his Cat.*« / *Thema:* Einführung des ersten Teils der Lektion. / *Strukturelle Basis:* Passivformen aus vorhergehenden Stunden bekannt; *Past Perfect* in der letzten Stunde »angesetzt«. / *Übungsziel:* Gebrauch des Passivs oder der Vergangenheitsformen, spez. des *Past Perfect* zu »vertiefen«. / *Verlauf d. St.:* L. trennt Übungsziel vom Thema, da – nach seiner Meinung – das erstere Voraus-setzung für das letztere ist (– welchen didaktischen Wert hat eigentlich ein Lehrbuchtext?? – »aus sich selbst« doch gar keinen!) und übt an der Tafel (+!), formal isolierend, zuerst das Aktiv und Passiv durch *transformation exercises* mit *to give* und *to tell* (*Mother* / *tells* / *a story* / *to Mary:* *Mother* und *Mary* kommen dann in der Stunde nicht wieder vor!), übt darauf in gleicher Manier – dieses Mal mit imaginären *Peter* und *Tom* als »Protagonisten des *pattern*« (die dann auch nach der Übung in der Versenkung verschwinden!) – das *Past Perfect: Peter had just taken his test when the teacher came in* u. a. Beiläufig (+!) werden *just* und *already* als »*signal words*« eingeführt. Danach, abbrechend und neu einsetzend, wird, Vokabel für Vokabel, der Wortschatz der neuen Lektion erklärt, sodann verbindungslos die Aussprache einzelner Wörter betont nachgetragen und darauf dann der Text selbst »vorgenommen«. / *Beurteilung:* Hier wurde so gut wie alles falsch ge-macht: Kein Vorstellungskontext verbindet die neu einzuführenden Vokabeln (Möglichkeiten wären: *activities* / Vorgänge / Gegenstände in der Klasse; ein erfundener / vorgestellter Vorgang überhaupt; die anregenden Zeichnungen / Bilder zum Text; die Vorstellungswelt der Lektion); grammatische Struktur erscheint ohne perspektivischen Vorstellungs-Sinn, d. h. die Perspektive (*just / already*) wird zu einer formalen Übungsregel »neben« dem, was die Schüler motivieren könnte. Auch die einzelnen Paradigmen der Übung sowie die Übungsformen stehen unverbunden und hart nebeneinander, zusammengehalten nur durch den abstrakten Glanz grammatischen Schreckens von jenseits allen Äußerungs-Interesses. / *Alternativen:* Die durch die Schwächen des Lehrbuchs mitverschuldeten Verführungen ins didaktische Dürregebiet kompensieren durch »Auf-forstung« aus den Beständen anderer Lehrbücher! Modellhafte Anweisungen zu spielbaren Dialog-sequenzen finden sich z. B. in den *Exercises* (bes. in den *Speech Drills* und *Questions and Answers*) des entsprechenden *Chapter* II aus »*English for Today*« (Lensing): 2: Die hervorragenden Hinweise des dazugehörigen Lehrerheftes S. 14 f., die methodisch übertragbar sind, zeigen, daß bei durch-gehender Einbettung *allen* Vokabulars in wenige Vorstellungskontexte (*ein* möglicher K. wäre der des Lektionstextes!) aus der Veränderung des *point of view* (= der Perspektive) sich *alle* Tempora »natürlich« hätten üben lassen: *immanent!* Interessant und wichtig ist dabei der detaillierte Ver-weis (im Lehrerheft zu Übung 2 und 4) auf vorherige »vorbereitende« *occurence* der Formen in anderen Kontexten (vorherigen Lektionen): Was im Zusammenhang dieser Lektion geschieht, ist nur »bewußtere« Einübung, Bewußtmachung überhaupt, von »nicht Ungewohntem«. – Bei der Neufassung des *»Companion«* (= dem *»Good Companion«*) haben die Herausgeber das Problem erkannt und durch massive Stütze für den Unterrichtenden beheben wollen: Zur entspr. *Lesson X* im Band A 2 schlossen sie einen reichen Apparat mit kontextuell »gebundenen« Substitutions-Übungen an, die das »perspektivische Wesen« der Zeiten (Von welchem Zeit-»Punkt« = aus welcher Perspektive wird welcher – zeitliche – Vorgang gesehen?!) verdeutlichen, auch gesprächsimmanente Übung erlauben, z. T. in den Lektionskontext zurückverweisen. – Die Einführung des Present Perfect in *Lesson IV* (»England from the Air«) war schon in der ersten Fassung dieses Lehrwerks perspektivisch und kontextuell geschickter angelegt und leichter »auszubeuten«!

UB 2: Kl. 8 / *Stoff:* »*English for Today*« (Lensing) 3, *Chapter X »A letter from Freddie«.* / *Thema:* Wiederholende Besprechung des Lektionsschlusses, Sprechübungen. / *Strukturelle Basis und Übungsziel:* »Festigung« der -*ing*-Formen (im Anschluß an den Lektionstext). / *Verlauf d. St.:* L. stellt stoffbezogene, i. e. punktuelle Detailfragen zum Schlußteil des Textes, stimuliert dann ein Gespräch über das bleiche Aussehen des Vaters nach der Tunnelfahrt im Mittelteil und rekapituliert über die Frage *How did the whole thing begin?* den Anfang. (Dabei erweist sich als nützliche »Brücke« der zweite *blunder* des Vaters im Schlußteil: das Wort *accidentally* weist »direkt« auf das *by accident* des Eingangs zurück!) Die S. sprechen in direkter Rede die im Brief berichtete Familien-Auseinandersetzung des Anfangs *(about spending ones holiday)* in einem improvisierten Rollenspiel und erfinden andere Anlässe zu entsprechenden Streitigkeiten nach dem Substitutions-Schema, das der Text nahelegt:

> *Father: I am tired of (having to / ...)*
> *Mother: I was looking forward to (spending ... / ...)*
> *Jane: Let me suggest (hiking / ...)*
> *Freddie: I am thinking of (seeing B. / ...)*

Es ergeben sich lebhafte Streitsequenzen:

> *Father: ... working for the whole family.*   *Mo: ... cooking for you.*
> *Mother: ... buying a new dress.*   *Fa: ... eating your cake.*
> *Jane: ... waiting a little.*   *Ja: ... going into a restaurant.*
> *Freddie: ... leaving the house.*   *Fr: ... baking the cake myself.*

Besonders das väterliche *I am tired of* läßt sich herrlich weiterspinnen: *Freddie: ... going to school and learning English for you. Jane: living in this town.* (Mögliche Schlußreaktion. *I am thinking of burning this place down.)* / *Aufgabe:* Erfindung neuer Auseinandersetzungen in diesem (variablen!) *»frame«* oder *if possible* sogar Erfindung eines neuen *frame.* / *Beurteilung:* Akontextuelle Punktfragen, die erkennbar *nur* der Kontrolle dienen, bringen wenig Dauerhaftes; sowie das Gespräch sich um die Figur des Vaters »rankt«, hat sich ein kontext-gebender Kristallisationspunkt gebildet, um den herum die Einheit der Vorstellung als Einheit der *story* (»geschlossene« Vorstellung mit einem Ende, einem Anfang, einer Entwicklung und einer interessanten Mitte!) sinnvolle Äußerungen anregt. Die lautmalenden Verben auf S. 110 unten – *to plunge (into darkness), to bump* – gaben Anlaß zu weiterem (sprachlichem) Ausbau des sinnlichen Eindrucks: ein »neuer« Kontext, ein weiterer Gesprächsanlaß – zugleich Verlebendigung der »Bedeutung« aus dem Kontext und höherer Behaltenseffekt! Das *»grammatisch gelenkte«* Rollenspiel (LECHLER) schließlich ist sowohl von der Motivationskraft wie vom Gesichtspunkt des »Einschleifens« und Transfers her glänzend ausgedacht und wirkt in einer sinnvollen Hausaufgabe über die Stunde hinweg. – Steigerung des Lerneffekts ergäbe sich natürlich aus der Erfindung einer Reihe von Substitutions-Rollenspielen, die feld-mäßig Vokabel-*clusters* aus den vorherigen Lektionen abdeckten.

UB 3: Kl. 10–11 / *Thema* und *Übungsziel:* Gesprächs-immanente Wiederholung der *modal auxiliaries.* / *Verlauf d. St.:* Unvorbereitete Ausgabe eines Matrizenabzuges mit folgendem Text:

> *Shall we?*
> *I don't think we can.*
> *But we ought to. And they won't.*
> *They may, of course ...*
> *Rubbish, you'll never be able to do it if all you can think of is it might or could or would.*
> *They won't dare to interfere.*
> *Well then, let's go, come what may.*

Die S. äußern sich ohne besonderen Anstoß: Einige finden, der Text sei *nonsensical:* eine größere Zahl will wissen oder raten, woher er stammt (wird nicht mitgeteilt: stammt vom L.); etliche gehen daran, mögliche Kontexte zu suchen und zu finden. Rollensprechen mit verschiedenem Ausdruck bringt temperamentvolle wechselseitige Bewertung (mit Gründen): Die kontextlosen *auxiliaries* entfalten durch den je »gefundenen« Kontext hindurch ihre »intentionale« Bedeutung. / *Beurteilung:* »Einlagerungs«-Idee sinn- und wirkungsvoll – bei flexibel-sicherer Gesprächsführung. Verfahren lehnt sich an Möglichkeiten der Besprechung von PINTER-Dialogen auf höherer Stufe an (vgl. LECHLER in: FU 13–1/70). – Für eine entsprechende Übung mit engerem »Erfindungs-« bzw. Ratehorizont (d. h. auf dem Niveau der 9. Kl. sinnvoll) vgl. das von Firth stammende Beispiel

> *Do you think he will?*
> *I don't know. He might.*
> *I suppose he ought to, but perhaps he feels he can't.*
> *Well, his brothers have. They perhaps think he needn't.*
> *Perhaps eventually he may. I think he should, and I very much hope he will.*

im Übungsteil der Lektion 5, Learning English A 3 neu, S. 162 (Exercise 11) / Lehrerheft S. 19 (– nach F. R. Palmer: A Linguistic Study of the English Verb. London 1965 seqq.: Longmans. S. 25). Palmer fährt fort: »The ›key to the code‹ is *join the army.*« Im Lehrerheft zum Lehrwerk werden außerdem die Alternativen *to go to University, to buy a car, to build a house* genannt.

2. Der unvermeidliche Feld-Begriff: Karl Bühler und die Folgen

> Ich bin ich und meine Umwelt.
> J. Ortega y Gasset

> *Fifteen apparitions have I seen;*
> *The worst a coat upon a coat-hanger.*
> W. B. Yeats

> Der Rock, am Tage angehabt,
> er ruht zur Nacht sich schweigend aus; ...
> Chr. Morgenstern

2.1. Zeichencharakter der Sprache: Ferdinand de Saussure

Ein alter Rock: abgewetzt, ausbeutelnd, verstaubt. Das scheint Schicksal und Endzustand jener grundlegenden Distinktionen zur Sprachwissenschaft zu sein, die vor nunmehr über 50 Jahren der Genfer Gelehrte FERDINAND DE SAUSSURE einführte.

Ein alter Rock, ja, und mehrfach geflickt – aber im ganzen doch auch überaus bequem zu tragen.

SAUSSURE, der erste »moderne« Linguist (vergessen wir für einen Augenblick den unschätzbaren HENRY SWEET!), konzipierte die Sprachwissenschaft als Wissenschaft von den sprachlichen *Zeichen* und dekretierte wie folgt:

(1) Das Ensemble sprachlicher Zeichen ist als *Zeichensystem* zu verstehen.

(2) Sprachliche Zeichen sind als einzelne wie als System Veränderungen unterworfen; sie sind demgemäß sowohl historisch *(diachronische Sprachbetrachtung)* wie in ihrem zu einem gegebenen Zeitpunkt jeweils »gegenwärtigen« Stand *(synchronische Sprachbetrachtung)* zu studieren bzw. zu verstehen.

(3) Sprachliche Zeichen sind fernerhin zu studieren bzw. zu verstehen
    (a) im Rückbezug auf die zugrunde liegende Gesamtorganisation
    oder
    (b) im Hinblick auf die aktuelle Verbindung von ausschnittweise zusammentretenden Elementen.
Terminologisch ist dieser Unterschied zu fassen als Studium bzw. Verstehen sprachlicher Zeichen als
    (a) *Sprachsystem (la langue)*
    oder
    (b) *Sprechakt* bzw. *Sprachverwendung (la parole).*

(4) Sprachliche Zeichen sind – als Elemente des Sprachsystems wie des konkreten Sprechakts (d. h. nach Zuordnung und Folge) – darüber hinaus in zweierlei Weise zu studieren bzw. zu verstehen:
    (a) in »satz-konstitutiver« Funktion = in ihren syntaktisch geordneten bzw. ordnenden Relationen:
    syntagmatisch
    (Beispiel: Subjekt–Prädikat etc.);
    als Folge von *»slots«.*
    (b) als »Material« = Beispielfall solcher Funktion:
    paradigmatisch
    (Beispiel: Zugehörigkeit zu bestimmten Wortklassen);
    als *»fillers«.*

(5) Sprachliche Zeichen (*»signe«*) sind zu verstehen als Einheit aus Bezeichnung *(signifiant)* und »Bezeichnetem« *(signifié).*
Wesentliche Hebel- und Hebammen-Funktion in der Begründung und Entwicklung der *modernen* Sprachwissenschaft besaßen vor allem der *erste* und *zweite* Hinweis: Linguistik versteht sich seit SAUSSURE wesentlich als Wissenschaft vom gegenwärtigen Sprachzustand (nicht

mehr – wie weitgehend im 19. Jahrhundert – als Wissenschaft von historischer Sprachentwicklung). – Im frühen amerikanischen Strukturalismus (deswegen auch Distributionalismus genannt) wird der *vierte* Hinweis entfaltet zu rigoroser Segmentierung des Rede- und Textkontinuums und entsprechender Klassifizierung seiner in diesem Verfahren herausgearbeiteten Elemente. Dabei erscheint schon relativ früh etwas, das dann CHOMSKY zu Mittelpunktstellung im System und zu drastischem Öffentlichkeitseffekt stilisiert: Als *drittes* Prinzip tritt das der Transformation an die Seite der – linear progredierenden – Segmentierung und Klassifikation. Dies wird weiter unten bei der Betrachtung der linguistischen Prämissen des FU erneut zu zitieren sein. – Zum *fünften* Hinweis wurde oben bereits in anderem Zusammenhang (S. 69 f.) kontroverses Material geboten.

Das Verständnis von Sprache als System und als konkretem Akt, als *langue* und als *parole,* bestimmt jede weitere Debatte über Sprache in den auf SAUSSURE folgenden Jahrzehnten –: damit auch, zuletzt, die Debatte über Wesen und Techniken des fremdsprachlichen Unterrichts. Vor allem das Verständnis von Sprache aus dem Koordinationssystem der paradigmatischen Achse und der syntagmatischen Achse (der *vierte* Hinweis oben; vgl. die diagrammatische Darstellung unten S. 103) hatte grundlegende Bedeutung: ursprünglich die Parameter von *Sprachform* stellend, erweisen sich die beiden als geeignet, aus eben dieser bis zu einem gewissen Grade auch *Verhaltensform* und *Unterrichtsvorgänge* (bei PIKE) sowie *Textform* (JAKOBSON) und *ideologische Implikation* darstellbar und durchsichtig zu machen.

Bei BÜHLER geht es zunächst um elementarere Dinge.

2.2. Bühler und Wittgenstein: Der Entwurf im ganzen

KARL BÜHLER versteht – wie SAUSSURE – die Sprache als ein System von Zeichen. Er wendet auf sie den platonischen Begriff des *Organons* (= des Werkzeugs)[1] an. Aufgrund des von BÜHLER energisch in den Vordergrund gerückten intersubjektiven Charakters von Sprache hat das einzelne sprachliche Zeichen eine komplexe semantische Funktion. Es handelt sich also um kein so ganz gewöhnliches »Werkzeug«. Seine Komplexität ergibt sich

   – im Bereich der *langue* aus seiner »aspektuellen Mehrstrahligkeit«,
   – im Bereich der *parole* aus seinen implizierten *Rollen*-Momenten.

Sprache ist *als Ereignis* (statt: als Gebilde, s. o. WITTGENSTEIN!) semantisch »mehrstrahlig« aufgrund eben jener in jedem sprachlichen Akt konstitutiv mit »gemeinten« Rollen-Beziehung: Sie ist immer zugleich »Kundgabe des Sprechers, Appell an den Hörer und Darstellung des Sachverhalts. Wenn wir jemanden reden hören, hören wir, wer spricht, wie er spricht und was er sagt.«[2] Und im »Appell« ist jeweils der Angesprochene antizipatorisch gegenwärtig.

Es geht bei BÜHLER – im Unterschied zu WITTGENSTEIN – um mehr als *ein* Bewußtsein: Artikulation von Bewußtsein spiegelt immer schon den anderen und das andere, auf den oder das sie sich richtet; sie enthält und spiegelt die anderen, auf die sie »antwortet«. Indem BÜHLER dergestalt das Umfeld[3] von Äußerung als bewußtseins-immanent, d. h. als rede-immanent in seine Analysen mit hineinnimmt, weist er voraus: in die linguistischen Analysen des britischen Kontextualismus; allgemeiner: in den Bereich von Kommunikationsforschung. Es war die erste geistreiche Klärung dieser Bewußtseins-Relationen »unterhalb« von Äußerung, derentwegen wir die KLEISTschen Ausführungen »über die allmähliche Verfertigung der Gedanken beim Reden« so nachdrücklich an den Kopf unserer Darstellung rückten. Die am KLEISTschen Ansatz entwickelten vier Schlüssel-Diagramme zur

Analyse von Äußerungs- bzw. Kommunikations-Situationen (s. o. S. 18 f.) sind auch zum Verständnis der Bühlerschen Positionen nützlich: Zwar ist – wie für Wittgenstein – Sprache in einen Haltungs- bzw. Verhaltenskontext eingebettet; zugleich aber hängt die Bedeutung des Sprachzeichens zusammen mit der Verteilung und Zuordnung der verschiedenen(!) sich äußernden oder betroffenen sprachlichen Subjekte – jener anderen, deren implizierte Präsenz die Kleist-Diagramme anzeigen. »Einbettung« erscheint strukturell komplexer als bei Wittgenstein; weiter ausgreifende Reflexion wird nötig.

Aus dem Gesamtzusammenhang unserer vier Diagramme aus dem »Vorspiel« interessieren für Bühler nur bestimmte isolierbare Züge: diejenigen, in denen sich das sprachliche Zeichen oder die Einheit aus sprachlichen Zeichen semantisch als Kontext von Verweisungen konstituiert. Der »Sinn« des sprachlichen Zeichens ist dann determiniert durch die Komponenten eines *gegliederten kommunikativen Feldes*. Es ist graphisch darstellbar als System von Verweisungen innerhalb einer Rollenfiguration (= dem Zueinander der Kommunikanden):[4]

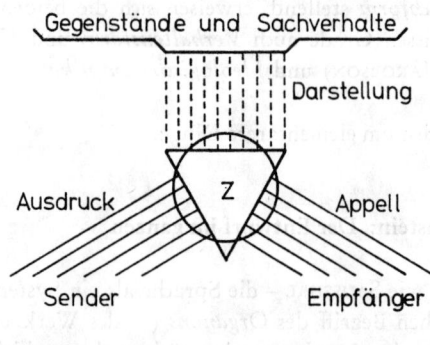

Abb. 6.

Zum vollen Verständnis unserer (die Bühlersche Vorlage nur leicht verändernden) Darstellung des »Organon-Modells« ist zunächst eine terminologische Vorklärung vonnöten. Wittgenstein hatte sozusagen einen »Innenraum« attitudinaler Verweisungen von Sprache (um nicht gleich von »Bewußtsein« zu schwadronieren!) aufgezeigt und anfänglich beschrieben. Bühler macht eine Reihe von Unterscheidungen, die auf diesen »Innenraum« anwendbar sind: Unterscheidungen, die sich dem Wittgensteinschen Erkenntnis-Modell zwanglos integrieren und geeignet sind, ihm »Füllung« zu geben. Natürlich geschieht dies gegen alle Veröffentlichungs-Chronologie, aber *who cares!* – Erkenntnis-»Vorteil« fragt nicht nach Chronologie. (Außerdem liegt die »Geburtsstunde« beider Entwürfe näher, als es scheinen mag: auf der Wende der späten 20er zu den frühen 30er Jahren.)

Bühlers Differenzierungen beziehen sich durchgehend und sehr konkret auf die sprachliche Form bzw. Fassung jener Verweisungen.

2.3. Aspekte des Organon-Modells

2.3.1. In diesem Zusammenhang wie für die gesamte folgende Darstellung ist terminologisch zu unterscheiden zwischen den ELEMENTEN einer Sprache (vgl. z. B. oben den *vierten* Hinweis zu Saussure) und den MOMENTEN sprachlicher Kommunikation. Erstere sind das *Material* der letzteren. Sonst nichts. Sie haben weder für Bühler noch sonst im Zusammenhang der vorliegenden Darstellung einen eigenen Wert oder eigenes

Interesse. BÜHLER interessiert sich vorzugsweise für die letzteren. In ihnen sind die elementaren Formen attitudinaler Verweisung faßbar: für den Sprachlehrer, der die »Einsetzbarkeit« von Sprache kennen muß, ist daher die Beschäftigung mit ihnen unabdingbar. Und durch die MOMENTE sprachlicher Kommunikation hindurch, als deren »Stoff«, werden dann die ELEMENTE wiederum wichtig (vgl. das folgende Kapitel über die Bedeutung der Linguistik für den fremdsprachlichen Unterricht).

BÜHLER kennt zwei bevorzugte »Momente von *langue*«:

- das *Zeigen* (Ausdrücken und Signalisieren)
  und
- das *Nennen* (Darstellen und Bezeichnen).

Beide bestimmen konkret die Funktion der Sprachzeichen in der *parole;* sie können an nahezu jedem Sprachzeichen auftreten.

Momente von *langue* haben ihre psychologischen Korrelate im »Umfeld« der Äußerung. Das sprachliche Zeichen ist, so sahen wir oben, semantisch-funktional mit-determiniert durch das (psychologische) Umfeld.

BÜHLER unterscheidet *drei* solcher *Umfelder*:

- das *symphysische* (= ein »Sein« betreffend):
  der jeweilige Ausschnitt von gegenständlicher Wirklichkeit überhaupt, in den Äußerung oder Text sich »hinein-nennen«;[5]
  Beispiele: Markennamen auf Waren (»Persil«); Ortsnamen auf Wegweisern; Hinweise und Anzeigen (*»Made in Germany«,* »Köln – die Heimat ihres Ford«);
- das *empraktische* bzw. *sympraktische* (= ein »Verhalten« betreffend):[6]
  das Bezugsfeld sprachlicher Äußerung als eines Verhaltens im praktischen Lebenskontext;
  Beispiele: »Einmal erster München retour!« – »Hier hinein, bitte!« – *»Wot – no Watneys?!«*
- das *synsemantische* (= »Bedeutung« betreffend): der *»Co-text«* in Texten, insofern Bedeutung weitgehend innertextlich-geschlossen erstellt wird; Literatur; vortragsmäßige Darstellung von etwas.

Das »Umfeld« von Rede ist – im Zeichenzusamenhang von Sprache – lediglich zu fassen, weil und insofern es in der Rede sozusagen »inkorporiert« ist, d. h. indem es sich darin *artikuliert.* So verbinden sich die »Momente von *langue*«, konkretisiert in den Sprachzeiten der *parole*, mit dem »Umfeld« der Rede. Indem sich beide aufeinander beziehen, konstituieren sie das jeweilige sprachliche (*recte:* attitudinal-kommunikative) FELD. Aus diesem Grund-Ansatz sind dann

- die Arten von REDE,
- die Arten von FELDERN
  und
- der »Sinn« sprachlicher ZEICHEN

zu entwickeln: die volle Bedeutung des obigen (S. 80) Diagramms zum BÜHLERschen Organon-Modell.

Hinweis:

A. Wir verwenden hier wie im folgenden das Lexem *artikulieren/artikulativ/Artikulation* etc. nicht in modern eingeschränkter Bedeutung als »phonisch/phonetisch gestalten/gestaltet«, sondern in einer terminologisch älteren Bedeutung (s. HUMBOLDT, auch – ansatzweise – SAUSSURE). Danach ist bzw. heißt »die der Sprache eigentümliche *Handlung*«[7] Artikulation: »Formgebung der Bedeutung im Zusammenhang der ganzen Sprache«, – Möglichkeit bzw. Hervorbringung dessen, was wir heute die phonematische, vor allem die morphematische (und vielleicht auch die textematische) Gliederung sprachlicher Ausdrücke nennen würden, ihre *»aktuelle* Taxologie« (um mit W. A. KOCH zu sprechen).

B. Der aus der Physik stammende FELD-Begriff hat bei seiner Übertragung auf geistes- und sozialwissenschaftliche Gegebenheiten mancherlei Umbildung erfahren. FELD bezieht sich im folgenden

(a) auf die Strukturierung von Kommunikationssituationen,

(b) auf die – »innere« – Strukturierung bestimmter sprachlicher Phänomene.

FELD-Struktur in diesem Bereich verstehen wir als wesentlich gekennzeichnet durch

(1) SELEKTION von *Polen* oder *Elementen;*
Frage: Welche *Art* von Element *dominiert?*

(2) DISTRIBUTION von *Elementen oder Polen* über eine vorgestellte Fläche (Ebene);
Fragen: In welcher *Dichte* treten die gen. Elemente an welchen *Stellen* auf? – In welcher *Zahl* und *Verteilung* erscheinen sie?

(3) KORRELATION oder *Zuordnung,* durch welche diese *Elemente* oder *Pole* strukturell gebunden(!), durch welche sie als *Momente* dieses Feldes verstehbar werden.

Im Falle von Textanalysen ist das zweite Moment oft weniger bedeutend; hier geht es dann wesentlich um Dominanz und Korrespondenz (= den semantischen Aspekt von Korrelation) von Merkmalen.

2.3.2. Die Arten von Rede sowie die Arten sprachlicher Feld-Ordnung sind nach dem Vorgenannten jetzt ohne Mühe zu bezeichnen. Wir können uns kurz fassen. BÜHLER unterscheidet *zwei »idealtypische« Grundformen von Rede:*

● *empraktische* bzw. *situationsbezogene Rede* (bei welcher der Kontext außersprachlich vorgegeben ist)
und

● *synsemantische* bzw. *textbezogene Rede* (bei welcher der Kontext innertextlich aufzubauen ist).

Beide Arten von Rede greifen ineinander. Vor allem zeigt synsemantische Rede immer auch empraktische Aspekte. Dies hat sprachunterrichtliche Konsequenzen – und nicht nur auf der Frühstufe des FU: Textanalysen gewinnen an Reiz und Eindringlichkeit durch Herausarbeiten ihres *»extratextual context«* = der stillschweigend vorausgesetzten Situations-Elemente von Sprache (– der Form der Anrede in Dramen als Indiz sozialer Relationen; des Darstellungs-Registers als Indiz vorausgesetzter Leser-Zielgruppen-Mentalität; der Perspektive, des Aufbaus, der Selektion etc. ...).

Den zwei Arten von Rede entsprechen die *zwei Arten sprachlichen* (recte: attitudinal-kommunikativen) *FELD-Zusammenhanges:*

● das *Zeigfeld*
und

● das *Symbolfeld.*

Natürlich sind auch dies »idealtypische« Vereinfachungen. Die beiden artikulativen FELD-Ordnungen unterscheiden sich aspektuell und konstitutionell, sind aber strukturell miteinander verzahnt und zeigen mancherlei Überlappungen.

2.3.3. So verbinden sich die zwei Momente von *langue* vielfunktional in dreistrahlig umfeld-bezogener *parole* zu einer ZEICHEN-Ordnung, die jetzt in der Fülle ihrer Modi und Aspekte überschaubar ist. Die Einheit aller genannten Modi und Aspekte des sprachlichen (*recte:* attitudinal-kommunikativen) Feldes zeigt – als Einheit der »drei Momente des sprachlichen Phänomens« – das Diagramm des Organon-Modells oben auf S. 80.

Erst jetzt erscheint es uns sinnvoll, dieses Diagramm in seinen Einzelelementen zu erläutern (weil erst jetzt deren Zuordnung und Gesamtaussage voll verständlich ist):

Das Zeichen Z ist zunächst konkret existent als (hörbarer) Laut und als (sichtbare) Schrift- bzw. Druckform; es existiert – mit HALLIDAY – »phonisch« oder »graphisch«. Als solcherart konkretes Ereignis oder Phänomen ist es durch den zentralen *Kreis* dargestellt.

Das Zeichen Z ist sodann semantisch bezogen auf (1) seinen »Hervorbringer«, den Sender, (2) den Empfänger und (3) den durch sich »gemeinten« Sachverhalt: die Gesamt-Beziehung kann sehr verschieden akzentuiert sein, ist aber zunächst einmal dreistrahlig. Diese fundamentale semantische Dreistrahligkeit des sprachlichen Zeichens ist durch die zentrale *Dreiecksfigur* bezeichnet.

Das konkrete sprachliche Ereignis ist zugleich *mehr* als die Funktion, die es in der aus Sender, Empfänger und »Gemeintem« konstituierten Situation hat – durch assoziativen Bedeutungsfeld-Verweis des »Zeichens selbst«. Es ist zugleich *weniger:* Indem es, eingelagert in die Bedeutungsstruktur dieser Situation, bestimmte Bedeutungsmomente im Sinne dieser Struktur weiterführt, erweitert es in diesem Kontext den allgemeinen »Erwartungshof« des konkreten Lautzeichens, des »Zeichens selbst«. So gehen Kreis und Dreieck wechselweise übereinander hinaus. Das »Mehr« wie das »Weniger« beider bezeichnet sozusagen »bereitliegende Erwartungsstrukturen« des sprachlichen Zeichens, die je nach dem Charakter der Kommunikationssituation, in die sie eingelagert sind (= aus der sie »aufsteigen«), so oder so aktualisiert werden: *Elemente* der Sprache, im Rede- oder Textkontinuum feld-mäßig geordnet, repräsentieren *Momente* der ebenfalls feld-mäßig strukturierten Kommunikationssituation.

2.3.4. So bezeichnet BÜHLERs Organon-Modell, feld-mäßig aufgefaßt,

die *Komponenten* einer Kommunikationssituation (Sender, Empfänger, Sachverhalt),

die *Aspekte* des Kommunikationsmediums (es ist Symptom, Signal, Symbol)

sowie

die Leistungen, *recte*: Funktionen der Elemente dieses Mediums (Ausdruck, Appell, Darstellung).

> Schon vor BÜHLER nennt der amerikanische Linguist E. SAPIR als die drei Funktionen von Sprache (1) die Mitteilung von Vorstellungen = BÜHLERs *Darstellungsfunktion,* (2) von Gefühlsbewegungen = BÜHLERs *Ausdrucksfunktion* und (3) von Wünschen = BÜHLERs *Appellfunktion.*[8] BÜHLER selbst sagt zusammenfassend über das sprachliche Zeichen,[9] es sei
> »*Symbol* kraft seiner Zuordnung zu Gegenständen und Sachverhalten,
> *Symptom* (Anzeichen, Indicium) kraft seiner Abhängigkeit vom Sender, dessen Innerlichkeit es ausdrückt, und
> *Signal* kraft seines Appells an den Hörer, dessen äußeres oder inneres Verhalten es steuert wie andere Verkehrszeichen.«

2.4. H. Messelkens »gereinigtes Modell«

Vor dem Hintergrund der Ausführungen zu WITTGENSTEINs Begriff des Sprachspiels zeigen sich Schwächen des BÜHLERschen Modells.

Der »Darstellungs-Strahl« im Diagramm auf S. 80 »verweist« auf Gegenstände und Sachverhalte, als verbinde er das konkrete sprachliche Zeichen mit ihnen – die es demnach gäbe! Er setzt ihre Existenz als unabhängig von der Sprache voraus. Demnach *bildete* Sprache *ab*. In unserer WITTGENSTEIN-Diskussion war nur vom Verweisungscharakter des sprachlichen Zeichens *überhaupt* die Rede, von Verweisungen im Bewußtseinsraum o. ä.: Sprache, so sagten wir, »nennt« nicht »Bedeutung« (von Gegenständen), sondern erteilt Begegnendem Funktion im ganzen eines attitudinalen »Entwurfs«; von fern klang HUSSERLs Begriff der »Intentionalität« an. Auch HÖRMANN[10] weist nachdrücklich auf die Gegenstand bzw. Welterscheinung *konstituierende* Funktion der Sprache hin. Die nur verweisende, Zuordnung und Funktion »erteilende« Qualität von Sprache kommt z. B. darin zur Erscheinung, daß für die größte Zahl sprachlicher Zeichen ein dem »Namen« korrespondierendes Etwas als »Vorstellung« gar nicht existiert. Dies gilt selbst für *Nomina*:
»... wer ist je einem *Tier* begegnet? ... wie sieht das Vorstellungsbild aus, das dem Wort ›Tier‹ entspricht – hat es einen Pelz oder Federn oder Schuppen, Flossen oder Flügel oder Füße? ...« Unsere Sprache hat mit *Anschaulichkeit* von *Vorstellungen* denkbar wenig zu tun (– die angeblich so anschaulichen, aber als »geschlossene Anschauung« von niemandem mehr realisierten oder überhaupt realisierbaren *forms of linguistic abuse* bestätigen diesen Befund drastisch-komisch. Sind etwa Läuse *lousy*? Und was ist bloß – »anschaulich« – ein *»clodhopper«* oder gar ein »Schweinehund«?).

Abgesehen von derlei erkenntnistheoretischen Unzulänglichkeiten des Organon-Modells aber bleibt genug: Es bleibt, was BÜHLER selbst – vor J. R. FIRTH – die in der Verweisung gegliederte *»Situation«*, den als Verweisung strukturierten *»Kontext«* nannte. Vor allem aber bleibt die Einsicht in die *kommunikative Funktion sprachlicher Zeichen*, gegabelt in ihre zwei grundlegenden Modi, empraktische Rede und synsematische Rede. Unter Aussparung der angreifbaren Aspekte der BÜHLERschen Figur hat HANS MESSELKEN in seiner »Empirischen Sprachdidaktik« dies Bleibende in ein neues Diagramm gefaßt und damit ein sozusagen »gereinigtes« Modell vorgelegt:[11]

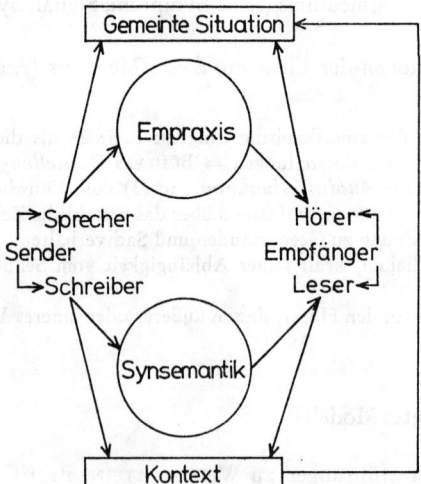

Abb. 7.

MESSELKENs Modell zeigt, worin die eigentliche Leistung der BÜHLERschen Sprachtheorie liegt: Sprache wird verstehbar als System attitudinaler und behavioraler Wechselbeziehungen; Kommunikation wird erkennbar als ihr durch sie verwirklichtes »Wesen«; Kommunikation und Sprache werden analysierbar in angebbaren Struktur-Momenten: Diese *Momente,* die »Syntagma von Kommunikation«, verweisen auf korrespondierende *Elemente* als deren »Paradigma« (s. u. das Diagramm auf S. 110): Der Zusammenhang beider begründet den Zusammenhang von sprachlicher Kompetenz und sozialer Kompetenz (dem u. a. MESSELKEN in seiner Auslegung des BÜHLERschen Schemas besondere Bedeutung zumißt).[12] So verweist *la parole* nicht nur auf *la langue,* sondern auf sich in ihr artikulierende attitudinale Strukturen: Differenzierungs- und Verweisungsmodi von Bewußtsein. Hat das eine Folgen für den fremdsprachlichen Anfangsunterricht (der wesentlich »Zeigfeld-bezogen« ist), so ist das andere für fortgeschrittene Textarbeit bedeutsam (in welcher es dann um Symbolfeld-Analysen geht).

> Wie weit solche strukturelle Einheit von Sprachfeld und attitudinalem Bewußtseinsfeld geht, zeigen z. B. die Deutungen der deiktischen Begriffe und der Tempora im Sinne des BÜHLERschen Begriffs des Zeigfelds durch KLAUS HEGER: Die sprachlichen Tempora werden »durchsichtig« auf eine zugrunde liegende »Ich-jetzt-hier«-Deixis (und deren Oppositionen) im Bewußtsein.[13]

2.5. Weiterbildungen des Bühlerschen Modells

2.5.0. Ging es dem späten WITTGENSTEIN um den Einbettungs- und Verweisungscharakter von Sprache sowie die Folgen für das Problem der Bedeutung, explizierte SAUSSURE den Zeichencharakter von Sprache in seinen verschiedenen Aspekten und Implikationen, so zeigte BÜHLER, *in was Sprache* eingebettet ist und *in welcher Weise* dies Zeichen verweist: Er verdeutlichte Sprache als *artikulierte Kommunikation.*
Bei unserem Versuch einer vereinfachenden Erläuterung verwandten wir den Begriff des *Feldes,* seiner *Momente* (»Syntagmen«) und *Elemente* (»Paradigmen«).
Im Zusammenhang der vorliegenden Darstellung ist von »Feld« in dreifacher Weise zu sprechen. Es geht entweder um das *kommunikative Feld,* um das *linguistische Feld* oder um den Sonderfall eines kommunikativen und (zugleich) linguistischen Feldes: den Sprach-Unterricht als Feld-Phänomen – das *»linguodidaktische Feld«.*
Vom linguistischen Feld wird im nächsten Kapitel, vom linguodidaktischen Feld in dessen Schlußteil (Stichwort: K. L. PIKE!) die Rede sein. An dieser Stelle interessieren zunächst zwei unmittelbare Weiterbildungen BÜHLERscher Ansätze, die für den fremdsprachlichen Unterricht bedeutsam sind, sodann fremdsprachenunterrichtliche Aspekte selbst. Die erste Weiterbildung betrifft die Feld-Ordnung der Sprache.

2.5.1. H. Werner und B. Kaplan. Linguistisches Nebenergebnis der Beschäftigung mit WITTGENSTEINs Entdeckungen im Strukturfeld von Sprachspiel und Lebensform waren die vielerlei Arten von *Wortverbänden* in der (englischen) Sprache. Linguistisches Nebenergebnis der BÜHLERschen Sprachbeschreibung könnte deren Darstellung als »Zwei-Klassen-System« sein: einem System aus *Lexikon* und *Syntax.* Das Lexikon zeigt nach BÜHLER eine Tendenz zum einzelnen Zeichen »nebst zugehörigen Setzungen« und verfährt überhaupt vielstrahlig-vereinzelnd. Erst die *Syntax* leistet die Verbindung des Vereinzelten zu symbolisch-geschlossener Darstellung: »Durchkonstruktion derselben Welt (des Darzustellenden) nach Relationen«. Damit entspricht das über das Lexikon Gesagte den »frühesten«, sozusagen »reinen« Formen des *Zeigfeldes:* »reines« Gegenüber von Ausdruck und gegenständlichem oder vorgestelltem Ausdrucksziel. Die zunehmende Zurückdrängung des Zeigfeld-Verstehens von Welt und Vorstellung erbringt aber mit dem Aufbau des *Symbolfeldes* in Sprache zugleich so etwas wie linguistische »Elaboration«. Dieser »elaborierte Code«, so H. WERNER und B. KAPLAN, bezieht sich aber durchaus nicht allein auf die Möglichkeiten der syntaktischen Verknüpfung, als vielmehr auch auf Differenzierung, Entsprechung, Verknüpfung und Ordnungen im Bereich des Vokabulars: den »systematischen« Aspekt des Lexikons, repräsentiert in »Wortfeldern«, »Wortständen« etc.[14]

Sprachliche Gliederung als attitudinale Feld-Gliederung ist zugleich »Stoff« und Verhaltensziel des Sprach*unterrichts*. Insbesondere der fremdsprachliche Unterricht bezieht, i. e. gründet und richtet sich demnach auf die zu erwerbende Sprache in dreifacher Gestalt:

   – das *Zeigfeld,*
   – das *lexikalisch-begriffliche Feld*
   und
   – das *symbolisch-syntaktische Feld.*

Dabei enthalten die beiden letzteren die Möglichkeit zu Abhebung reiner Symbolfeld-Artikulation und damit zu der Art von Arbeit, die in den fortgeschrittenen Studien des fremdsprachlichen Unterrichts üblich ist.

2.5.2. Roman Jakobson. Die zweite Weiterbildung wesentlicher BÜHLERscher Ansätze setzt am Modell selbst an. Sie stammt vom Altmeister der modernen Linguistik, ROMAN JAKOBSON, und findet sich in seinem *»Closing Statement: Linguistics and Poetics«* zu den Papieren der *Conference on Style,* Indiana University, 1960.[15] JAKOBSON beruft sich – wie WERNER und KAPLAN es taten – für seinen Ansatz ausdrücklich auf BÜHLERs Modell. Zusammenfassend schreibt er:

> »*Language must be investigated in all the variety of its functions. ... An outline of these functions demands a concise survey of the constitutive factors in any speech event, in any act of verbal communication. The ADDRESSER sends a MESSAGE to the ADDRESSE. To be operative the message requires a CONTEXT referred to (›referent‹ in another, somewhat ambiguous, nomenclature), seizable by the addressee, and either verbal or capable of being verbalized; a CODE fully, or at least partially, common to the addresser and addressee (or in other words, to the encoder or the decoder of the message); and, finally, a CONTACT, a physical channel and psychological connection between the addresser and the addressee, enabling both of them to enter and stay in communication.*«

JAKOBSON betont zwar, daß jeder dieser sechs Faktoren eine je besondere *Funktion* von Sprache determiniere, fährt jedoch fort, jeder sei nur ein Aspekt wesentlich *komplexer* Aussage-Einheiten:

> »*... we could ... hardly find verbal messages that would fulfill only one function. ... The verbal structure of a message depends primarily on the predominant function.*«

Das Kommunikationsmodell JAKOBSONs läßt sich, schematisch verkürzend, folgendermaßen darstellen: **Abb. 8** (S. 87).

Zwar ist, wie oben gesagt, jede Aussage-Einheit komplex: Sie vereinigt mehrere der Sprachfunktionen, die diesen »Faktoren« zuzuordnen sind, in sich. Da aber im allgemeinen eine dieser Funktionen

   – JAKOBSON begreift sie als *»Einstellung* (set) der Information *(message)* auf einen der Faktoren des Kommunikationsvorganges«, als *set toward the message* –

dominiert, sind entsprechend *6 Momente verbaler Kommunikation* zu unterscheiden.

```
┌─────────────────────────────────────────────────────────┐
│                                                           │
│                      KONTEXT                              │
│                                                           │
│      SENDER          »MESSAGE«          EMPFÄNGER         │
│      ─ ─ ─ ─ ─ ─ ─ ─ ─ ─ ─ ─ ─ ─ ─                        │
│                      KONTAKT                              │
│                                                           │
│                       CODE                                │
│                                                           │
└─────────────────────────────────────────────────────────┘
```

Abb. 8

(1) *the so-called REFERENTIAL, »denotative«, »cognitive« function: a set* (Einstellung) *toward the referent, an orientation toward the CONTEXT,* – entspricht Bühlers *Darstellungsfunktion;*

(2) *the so-called EMOTIVE or »expressive« function, focused on the ADDRESSER* (»Tut! Tut! *said McGinty*«), – entspricht Bühlers *Ausdrucksfunktion;*

(3) *the CONATIVE function: Orientation toward the ADDRESSEE … finds its purest grammatical expression in the vocative and imperative …,* – entspricht Bühlers *Appelfunktion.*

Zu diesen von Bühler übernommenen Grundfunktionen treten in Jakobsons Zusammenstellung dann auch die drei aus der »Einstellung« auf die verbleibenden »Faktoren« sich ergebenden Funktionen:

(4) *the PHATIC function* (so benannt nach dessen Erstbeschreibung durch den Anthropologen B. Malinowski, den »Großvater« der Londoner Schule des Kontextualismus): *messages primarily serving to establish, to prolong, or to discontinue communication, to check whether the channel works* (»*Hello, do you hear me?*«), *to attract the attention of the interlocutor or to confirm his continued attention* (»*Are you listening?*« … – *and on the other end of the wire* »*Um-hum!*«) … *may be displayed by a profuse exchange of ritualized formulas* (= das Wetter als »Thema«! – Typus Garden Party oder Büroschluß-Schnack), *by entire dialogues with the mere purport of prolonging communication* (= die also substanzarm oder doch ohne eine andere Substanz als die des reinen Miteinanderseins ist, daher auch von Malinowski »*phatic COMMUNION*« – nicht: »*communication*« – genannt!)[16]

Diese Kategorie ist für den fremdsprachlichen Unterricht sowohl in der Phase des Spracherwerbs wie des Sprachausbaus grundlegend wichtig, weil sie wesentliche Züge spezifisch angelsächsischer Kommunikationsweisen bezeichnet. Sie erscheint sowohl anekdotisch wie im Zusammenhang vieler Lehrbuchtexte immer wieder (und zu Recht!), vor allem aber dann in britischen *plays* – sie ist ein zentrales Darstellungsmittel bei Pinter (vgl. die aufschlußreichen Überlegungen von H.-J. Lechler in FU 13 – 1/70/29–37) – und kann auch zur Erhellung von Gesprächsstrukturen in moderner Prosa beitragen: Sie ist, als Folie, anwendbar z. B. auf die *layers of communicative exchange/interaction* in Hemingways *»The Killers«* oder *»Cat in the Rain«* (mit ihren konativen resp. emotiven Untertönen) oder bei J. D. Salinger, um nur einige von vielen zu nennen. *Komische* Beispiele finden sich bei L. Carroll, G. Mikes, St. Potter u. a.; Jakobson selbst zitiert ein besonders »reines« Beispiel von Dorothy Parker: »*›Well!‹ the young man said. ›Well!‹ she said. ›Well, here we are,‹ he said. ›Here we are,‹ she said, ›Aren't we?‹ ›I should say we were,‹ he said, ›Eeyop! Here we are.‹ ›Well!‹ she said. ›Well!‹ he said, ›well.‹*«

Angesichts der spezifisch englischen Neigung, Gespräche sozusagen mit Klischees »aufzuladen«, ist die *»phatic function«* vom ersten Tag an zugleich ein wichtiger Zug im Unterrichtsregister des Lehrers und der Schüler[17] (das geht bis zum 4- bis 5-fach mit wechselnder Intonation, zuletzt abschließend oder »offen haltend«, geäußerten *»Well«*) wie eine Art »Interpretations-Einstiegsluke«: Wenn »Tiefe« oder Belanglosigkeit von Äußerungen oder Texten z. B. durch die »phatische« Oberfläche hindurch sich als verhülltermaßen konativ oder emotiv offenbaren.

(5)   *the METALINGUAL (i. e. glossing) function: Whenever the addresser and/or the addressee need to check up whether they use the same code, speech is focused on the code ... – »I don't follow you – what do you mean?« asks the addressee ... And the addresser in anticipation of such recapturing questions inquires: »Do you know what I mean?«*

Auch diese Funktion ist für den fremdsprachlichen Unterricht aller Stufen wichtig. Schon in der Phase des elementaren Spracherwerbs ist sie als Möglichkeit kritischer Korrektur und Kontrolle der Unterrichtssprache dauernd präsent. Das Problem der Einsprachigkeit wie später eines textkritischen Wort- und Phrasenschatzes ist eng mit ihr verbunden. – Bei der Interpretation moderner Texte auf der Sekundarstufe II kann die Heraushebung metasprachlicher Züge eine ungeheure Rolle spielen: Man erinnere sich der entsprechenden Passagen aus SALINGERS *»The Catcher in the Rye«* oder ESSLINS Hinweise auf höchst bedrohlich »unterteufte« Passagen dieser Art bei PINTER.[18]

Auch JAKOBSON weist darauf hin, daß Sprachunterricht sich weitgehend bzw. immer wieder in diesem Modus von Kommunikation ergeht» wir finden hier die Grundlage für unsere Hinweise weiter unten auf die besondere Art von Kommunikationssituation im fremdsprachlichen Unterricht (– ansetzend in HEUERS Übertragung des Behaviorem-Begriffes auf den fremdsprachlichen Unterricht[19], fortlaufend in unserer Analyse des immanent gesteuerten »freien Unterrichtsgesprächs«).

(6)   *the POETIC function: the set* (Einstellung) *toward the MESSAGE as such, focus on the message for its own sake* – im Zusammenhang des deutschen Sprachgebrauchs wohl eher literarische Sprachfunktion zu nennen (vgl. allerdings die Rede von »Strukturen der Poetizität!«). Auseinandersetzung mit dieser immer wieder umstrittenen und gewiß vorläufig weder ausgeschöpften noch ausdiskutierten Kategorie ist natürlich für den Fremdsprachen-Lehrer auf der Sekundarstufe II eine *conditio sine qua non.* Ohne daß er gleich etwa eine eindringende Kenntnis der mancherlei Aspekte des sog. JAKOBSON*schen Theorems* besitzen müßte, sollten ihm doch elementare Einblicke in die »im Entstehen begriffene« Wissenschaft der *Textlinguistik* möglich sein: Ist das Lernziel die Sprache, dann ist die *literarische* Funktion wesentlich als ein Sonderfall (der »zugespitzteste«!) des allgemeinen *text-konstitutiven* bzw. *textematischen* Aspekts von Sprache. Erste Oberflächen-Information (die natürlich auf weite Sicht gänzlich unzulänglich ist) entnehme er der wohltuend vereinfachenden Darstellung HALLIDAYS (als Mitautor) in seinem schon wiederholt zitierten Einführungsband *»The Linguistic Sciences and Language Teaching«*, bes. auf den SS. 245–251, wo es heißt:

Literature is language for its own sake: the only use of language, perhaps, where the aim is to use language. ...
(Für weiter eindringende Betrachtung verfolge man Darstellung und Hinweise unten im 2. Band des vorliegenden Werkes.)

Wenden wir die gewonnenen Momente sprachlicher Kommunikation auf das obige JAKOBSONsche Modell an, so ergibt sich als dessen zweiter Aspekt folgende diagrammatische Verkürzung:

DARSTELLUNG

AUSDRUCK   LITERARISCHER SPRACHGEBRAUCH   APPELL

PHATISCHE »KOMMUNION«

METASPRACHLICHE VERSTÄNDIGUNG

Abb. 9

Das alte Bedeutungsdreieck (s. o. S. 69) – das auch bei BÜHLER nachwirkte – scheint noch durchzuleuchten in der »Rahmen-Trias« von Ausdruck, »Darstellung«(!) und Appell. Das ist eine grobe optische Täuschung: Aus dem Problem der Bedeutung, das zwischen »Name« und »Gegenstand« aufgespannt war, ist das Feld kommunikativer Vorgänge und Verhaltensbeziehungen geworden. Attitudinale Bewußtseins-Perspektive ist alles; vom Gegenstand ist nicht mehr die Rede; es geht um Äußerungs- und Verhaltens*kontext*. Aber auch dieser wird erkennbar als nur eines unter verschiedenen Momenten von Kommunikation. Gegenstände sind nur noch interessant, insofern sie Element, Material, Thema kommunikativer Beziehungen oder Akte sind.

Die »Reinheit« dieses Modells von Kommunikation kommt schließlich dadurch zum Ausdruck, daß auch BÜHLERs Mittelpunkts-Symbol Z ausfällt: Die »Mitte« ist ausgespart; Z existiert nur »durch«, »innerhalb von«, aufgehoben in« Momente(n) von Kommunikation. Das »FELD selbst« ist dargestellt, »syntaktische« Beziehungen zwischen *participants* von Kommunikation, – nicht einzelne »Paradigmen«.

2.6. Resümee und Anwendung

Die Beschäftigung mit »Bühler und den Folgen« förderte abermals eine Reihe von *grids* des fremdsprachlichen Lehrens und Lernens zutage: Raster attitudinaler und kognitiver Art, geeignet, dem Unterrichtenden seine ROLLE im fremdsprachlichen Lernprozeß zu verdeutlichen. Im wesentlichen handelt es sich dabei um Weiterbildung der Einsichten und Konsequenzen unseres WITTGENSTEIN-Kapitels. WITTGENSTEINs Einsichten werden feldmäßig bezogen und explizierbar: Ging es bei ihm um die Einlagerung von »Einzelwort« und »Einzelbedeutung« in attitudinalen Kontext überhaupt, so ist jetzt auch dieser – soweit er sich mit der Vorstellung möglichen »Einzel-Bewußtseins« verband – als in umfassendere Zusammenhänge eingebettet zu verstehen. Wurden durch WITTGENSTEIN elementare *grids* des SITUATIONAL TEACHING verstehbar, so erscheinenen jetzt dessen kommunikative Aspekte.

Die methodisch-technischen Konsequenzen dieser Aspekte seien im folgenden kurz zusammengefaßt:

(1) Die Feld-Darstellung macht, so scheint uns, zwingend klar, daß es im fremdsprachlichen Unterricht nicht darum geht, *über* Elemente der Zielsprache (als Lern-»Stoff«) etwas zu erarbeiten, etwas sagen zu können oder etwas zu wissen. Lernziel des FU

ist vielmehr der *Erwerb* dieser Sprache – *in und durch Ausübung!* Es geht um »applizierte«, nicht um »reine« Kompetenz: um ein Verhalten. Ausdrucksfelder sind demnach als *Verhaltens- und Vorstellungsfelder* vorzukalkulieren, nicht als listenmäßig aufzuführende kognitive Einheiten. Diese Erkenntnis verringert die Bedeutung ausdrücklicher Grammatik-Reflexion und betonter Testarbeit (deren *punktueller* Einsatz damit durchaus nicht sinnlos wird!). Sie verringert auch die Bedeutung einer vorzugsweise zahlen- und listenmäßig orientierten Wortfeld-Arbeit (s. bereits oben S. 74 über die »Vokabelgleichung«!). Primärziel des Unterrichts sind MOMENTE möglicher fremdsprachlicher Kommunikation. Dies allerdings schließt deren ELEMENTE (Sprachschatz, grammatische Aspekte etc.), als zwar sekundär, aber selbstverständlich, *ein*, nicht *aus!* Es geht also thematisch und ausdrücklich um den Aufbau von Rede und Gegenrede im Unterricht, um Vorkalkulation von Sprechanlässen und um deren Nutzung (s. u. Punkt 3) – auf der Grundlage einer kontrastiven und situativen Vor-Auswahl sprachlicher ELEMENTE. Problem und Thema der vorliegenden Darstellung sind aber nicht die Erstellung eines Lehrwerks oder Lehrgangs, sondern die konkreten Vorgänge im Unterricht, vor allem die Rolle und Möglichkeiten des Unterrichtenden. Darum ist die Prioritätenfolge der oben angegebenen Ziele (= ihre Kennzeichnung als »primär« oder »sekundär«) äußerst ernst zu nehmen. Die im Verhältnis zum Aufwand auf die Dauer doch ziemlich ergebnisarme Paukerei von sprachlichen ELEMENTEN (etwa »um ihrer selbst willen«??) muß endlich ein Ende haben. – Transfer ist alles: Was aber ist *Transfer?* – Er hängt zusammen mit Aufbau und Wechsel von Situation(en) und ist weiter unten ausführlicher zu schildern. Was in den letzten 20 Jahren für die Frühstufe des Unterrichts didaktisch und methodisch integriert wurde (vgl. die Arbeiten von PIEPHO, TIGGEMANN, HEUER etc. in der Leseliste oben S. 52 ff. sowie die Darstellung in den folgenden Kapiteln), sollte endlich auch für die zweite Hälfte der Sekundarstufe I, die »Mittelstufe« des Gymnasiums, sowie die folgende Phase des Spracherwerbs gelten.

(2) Mit diesem Imperativ ist dann die schon mehrfach geforderte *situativ-kontextuelle* Vorbereitung und Einbettung aller wesentlichen fremdsprachlichen Unterrichtsvorgänge abermals als Postulat bestätigt. Für die Praxis bedeutet dies den Primat sprachlicher *Funktion* (statt sprachlicher Struktur) in Bewußtsein und Haltung des Unterrichtenden. Ist nämlich das sprachliche *System* nur als *Prozeß* zu entwickeln und zu fassen (= im Unterrichtsgespräch), dann sind *Vorkalkulation* und *Einlagerung des Sprechaktes* dessen eigentliche Grundlage. Dies gilt für anfänglichen Erwerb genauso wie für übende und anwendende Festigung. – Als *Begriff* ist »Situation«, die Schlüssel-Vorstellung solchen Unterrichtens, schon bei BÜHLER zu finden; seine anschauliche und »aktuelle« *Wirklichkeit* erscheint erst, diagrammatisch verdeutlicht, in JAKOBSONs Kommunikationsmodell. Konkrete Detailanweisung wächst diesem Modell zu im Fragenkreis der kontextualistischen Schule sowie, kleinteiliger, auch etwas schematisch, bei PIKE.

(3) Die schon in Auseinandersetzung mit WITTGENSTEIN deutlich gewordene *psychologische* Komponente solcher Einlagerung ist im Durchgang durch Feld-Analysen nach obigem Modell sowohl in ihren Einzel-Elementen wie als unterrichtliches Problem verdeutlicht; Sprechakte sind als Bewußtseinsakte (nicht als »aktualisierte«, »technisch« reproduzierbare Gedächtnis-Inhalte, »Vorstellungs-Themen«) in ihrer vielfältigen Fächerung sichtbar geworden: Es werden an den Fremdsprachenlehrer höhere Bewußtseinsanforderungen gestellt, als im Rahmen anderer Schulfächer üblich ist; in

kaum einem anderen Fach »spielt« das Verständnis und die rechte Balance der ROL-LEN-Beziehung aus dem »Vieleck« Lehrer–Schüler–Mitschüler »eine solche *Rolle*«. Die alte Problematik des Ausdrucks-*Mediums* als des »Lern*stoffes*« ist hier über-deutlich.

(4) Davon abgesehen bietet die Diskussion Hinweise für elementare Unterrichtsprobleme. In Begriff und Wirklichkeit von SITUATION ist fremdsprachlicher Unterricht auf drei Ebenen kommunikativen Sprechens zu fassen:

(a) Das sprachliche ELEMENT ist in seinem Stellenwert erkannt. Erhöhte Bewußt-heit des Unterrichtenden richtet sich zunächst auf dessen Einlagerung, Anwendung und häufige («immanente«) Wiederholung im unterrichtlichen *Zeigfeld*, der un-mittelbaren situativen Beziehung zwischen Lehrer und Schüler *vor* aller thematisch gezielten und gefächerten Äußerung.[20] Dieser Gesprächszusammenhang, der bei H. GUTSCHOW[21] – in konnotativer Überhöhung seines Funktionswertes – »echter« *Kontext* heißt, ist feld-mäßig vorzubereiten als das Gesprächs-*Register* des Unter-richts (= nicht *formal standard*, sondern *colloquial* als *standard*!), notfalls mit Hilfe geeigneter Handbücher.

(b) Auf der Grundlage und im Ausbau der *Zeigfeld*-Aspekte des Unterrichts entfaltet, wiederholt und festigt sich zielsprachliches Ausdrucksvermögen schrittweise durch alle Arten von ROLLEN-Verhaltenssequenzen fiktiver Art hindurch. GUTSCHOW nennt diese Rollenspiele und vorstellungs-stimulierten Äußerungsbündel den »*fik-tiven*« Kontext: Er verbindet sich auf natürliche Weise zunehmend mit synsemant-isch gebundener Sprache, Textvorlagen bzw. Textanregungen.

(c) Hierbei wird aus rollenmäßigem Nachspielen, partieller Identifikation und endlich »nachbauendem« Verständnis von Texten schließlich der Typus »*Gespräch über...*«: Arbeit an und mit dem, was G. GUTSCHOW den »*intraverbalen*« Kon-*text* nennt. In Übungsformen sich zusammenziehende, zum »Gespräch über...« sie wieder »öffnende« Arbeit mündlicher, auch schriftlicher Art bleibt immer auf Texte bezogen und artikuliert diese Bezugnahme schließlich als »Beschreibung« bzw. »Analyse« seiner synsemantischen Relationen (JAKOBSONs »*factors*« und »*functions*«!). Der Umgang mit Texten als relativ(!) kontextunabhängiger Son-derform von Sprache fördert zugleich die Verfügung über die Sprache (durch häu-figen Transfer) wie deren kritisches Verständnis – als kritisches Verständnis des durch sie Ausgedrückten. Artikulationsrahmen des Unterrichts wird mehr und mehr das *Symbolfeld:* es überformt das *Zeigfeld* fast völlig.

(5) Die ELEMENTE der Zielsprache, so hatten wir gesehen, sind im Hinblick auf Zeig-feld wie auf Symbolfeld vorzuarrangieren. Im Bereich der Lexis führt dies zur Not-wendigkeit, jede Stunde situationsbezogen in *Wortfeld- und Bezugsbündel-Ordnun-gen* vorzubereiten (– darüber unten mehr). Deutlicher als jene schälte sich oben ein anderes Element des sprachlich-attitudinal-kommunikativen Feldes »FU« heraus, ein *grammatisch* gesetztes: PERSPEKTIVE. »Perspektive« als Grundmoment von Kommunikation, so sahen wir, drückt sich u. a. im Gebrauch der Tempora aus. Da-mit ist eine Grundlage kommunikations-*immanenter* Formalübung auf dem *inter-mediate* level gewonnen, die in H.-J. LECHLER prompt ihren Explikator gefunden hat (– auch darüber unten mehr!)

(6) Im attitudinalen Gesamtzusammenhang des fremdsprachlichen Unterrichts kommt also dem wohlgezielten Umgang und Einsatz sprachlicher ELEMENTE zentrale Be-deutung zu. Voraussetzung zu solchem Umgang und Einsatz ist natürlich zunächst

einmal eine sichere Beherrschung der Zielsprache durch den Unterrichtenden (s. o.
S. 42 ff.). Darüber hinaus aber ist hier eine Unterscheidung zu wiederholen und zu vertiefen, die bereits im EINÜBENDEN TEIL und seither in verschiedenen Zusammenhängen immer wieder »untergründig« wirkte: die Unterscheidung zwischen einem
Kalkül, das sich auf volles oder reiches Wissen gründet, und einem Umgang, der auf
strukturellem Verständnis aufruht. Wir hatten betont, das Detail-*Kalkül* sprachlicher
Elemente sei getrost den Lehrwerks- und Lehrgangs-Herstellern zu überlassen. Dies
gilt nicht für das strukturelle *Verständnis* dieser Elemente: Ein reiches Verständnis der
lexikalen und grammatikalen Ordnungen der Zielsprache ist auch für den ausübenden
Praktiker notwendig. Er hat es umzusetzen in *Momente* unterrichtlicher Kommunikation; er bezieht sich darauf in Lehrbuch- und allgemeiner Text-Arbeit (bis hin zur
Sekundarstufe II, die es förmlich »durchwächst«); er »aktualisiert« es in modellhafter
Äußerung und Erwiderung usw. usw.: Wir hatten auch gesehen, daß sich dieses Struk-
tur-Verständnis in einem dreifachen Feldzusammenhang hält und bewegt, den wir
hier – der Zusammenfassung halber – wiederholen wollen:

(a) den Ausdrucksaspekten des *Zeigfeldes;*
   dazu, bereits im Zeigfeld-Kontext ansetzend,

(b) dem *lexikalisch-begrifflichen Feld*
   und

(c) dem *symbolisch-syntaktischen Feld.*

(7) Dieses Koordinationsmuster möglicher Aussage-, Verhaltens- und Vorstellungsbezie-
hungen »gilt« offenbar für *alle Stufen* fremdsprachlicher Unterweisung. Es ist auf
allen Stufen der Vorbereitung des Unterrichts zugrunde zu legen. Das nämlich, wozu
dem Schüler die artikulativen Mittel nicht *verfügbar* sind (= was also im strengen
Sinne nicht *sagbar* ist), kann – im Unterschied zum muttersprachlichen Unterricht –
nur einen *sehr geringen* Motivationsreiz *in die Ausdrucksformen der Fremdsprache
hinein* entfalten: Es hat – auf allen Stufen – die Neigung, muttersprachlich weiter-
zu»arbeiten«. Äußerungsaustausch im fremdsprachlichen Unterricht bedarf daher bis
zuletzt einer besonders sprach-bewußten Vorbereitung und immanenter Steuerung.
Diese richtet sich nach allem Vorgesagten (in allen 3 Feldern und auf allen Stufen
der Unterweisung) auf die Distribution sprachlicher *Elemente,* i. e. auf
– feld-immanente Rekurrenz überhaupt,
– feld-immanente Dominanz
und
– feld-immanente Entsprechung
von Elementen der Fremdsprache im »gesteuerten freien Unterrichtsgespräch«. Bühlers Kategorien (bzw. deren Weiterbildungen) weisen Wege, auf denen die Einsichten Wittgensteins im Ansatz operational umzusetzen sind.[36]

Mit dem notwendigen Ineinander von »gesteuert« und »frei« wurde zugleich die
lern*psychologische* Problematik des FU erneut angerührt (s. o. Punkt 3).

UB 4: Kl. 5 / *Stoff:* »*Learning English*« (Klett) A1 neu, *Lesson* 6 »*Who wants an apple?*« / *Thema:*
Der Text soll eine unmittelbare Spiel- und Sprechsituation für den Unterricht hergeben. / *Strukturelle und lexikalische Basis:* Erarbeitung des Lektionsstoffes bzw. »-pensums« in den voraufgegangenen Stunden. / *Übungsziele:* Befestigung der relativ frischen Formen der Fragestellung, der
Bildungen mit *to do,* des Vokabulars; immanente phonetische Übung (über das Rollensprechen);
affektive Verlebendigung der erworbenen Äußerungsformen. / *Verlauf d. St.:* L. läßt die Zusam-

menstellung der zum Spiel notwendigen Gegenstände (aus der letzten Stunde) wiederholen, fragt dann nach der besonderen Situation, die im Lehrbuch auf der Zeichnung zum Text dargestellt ist; diese wird beschrieben, dabei die ganze Geschichte erneut aufgebaut (immanente Rekurrenz – und Kontrolle!). L. kündet dann den Beginn des Klassenspiels an und öffnet die Tafel weit – auf der in der Mitte eine gewaltige Baumkrone grob hingezeichnet ist; es entsteht ein einfaches Gespräch über die benötigten Gegenstände (Äpfel – aus L.-tasche – auf die Kreidekante der Tafel; ein Stuhl zum Draufklettern = in den Baum: Verdoppelung des *to climb!* u. ä.m.), die Rollenverteilung (vorher gewählt und auswendig gelernt; auf Vorschlag gibt es sogar *»the voice of the dog«*: ein S. bellt mehr oder weniger naturgetreu); dann geht es los: Ein S. tritt vor, ißt einen Apfel, »es« bellt von weitem usw., bis es heißt: *»And now the play is over«* (nach dem Modell *»school is over«*) – zu allgemeiner Trauer; es gibt also eine Wiederholung mit anderer »Rollenbesetzung«, dieses Mal *»with a girl in the tree« (Jane B.* statt *Jack B.).* Nach einem dritten Mal wird abschließend der ganze Lektionstext schnell noch einmal die Bankreihen entlang »runtergelesen« (1 S. – 1 Satz), dann tritt ein anderer S. vor – nach Aufforderung und Erläuterung – und *»offers the apples«* (drei sind auf dem Tafelbrett übriggeblieben) mit der Titelfrage *»Who wants an apple?«* – *Neuansatz:* L. liest eine selbstgefertigte Geschichte vor: *»Rover and the thief«* (Modell im *»Workbook«* zum Lehrbuch) – aus der Perspektive des Hundes! Der Dieb ist dieses Mal »echt«. L. diktiert (1) den Titel der neuen *story,* (2) die 2 Fragen *»Where is the thief – in which story?* und *»Who is the thief – in which story?«* (who/where-Übung!). Aufgabe zur nächsten Stunde: Die *neue* Geschichte wiedererzählen und beide – d. h. also eigentlich 4 – Fragen beantworten. / *Beurteilung:* Sichere Entfaltung situationsgegebener Gesprächsanlässe nach vorheriger Kalkulation der Situation; alle Äußerungen ergeben sich aus der Spiel-Idee. Dabei rekurrieren Vokabeln, Phrasen und Strukturen durch mehrfach wechselnde Kontexte hindurch, so daß Transfer-Leistung gesichert ist; – besonders glücklich der Transfer am Schluß mit der *perspektivisch* neuen Geschichte: Nicht nur Einschleifung von Fragewort und Fragebildung, sondern auch Wechsel der psychologischen Rolle (deren Bedeutung für den FU richtig gefühlt oder erkannt wurde) sowie der Übungsweise ist musterhaft. Es gibt Beispiele für »echten« Kontext (Regiegespräche), für »fiktiven« Kontext und zuletzt auch für »intraverbalen« Kontext; das Medium des Unterrichts ist mit einer einzigen Ausnahme (»Marion hat ein Knautschi!«) das Englische – in den elementaren Ausdrucksmöglichkeiten dieser Stufe. / *Alternativen:* Allenfalls Erfindung anderer Verhörsituationen zum immanenten Üben der Frageformen. Als Alternative auf einer etwas früheren Stufe (i. e. bei Einführung der Lektion) vgl. man das folgende Unterrichtsbeispiel.

UB 5: Kl. 5 / *Stoff:* abermals *»Learning English«* (Klett) A1 neu, *Lesson* 6 *»Who wants an apple?«* / *Thema:* Einführung der Lektion, i. e. der ersten Hälfte bis zum Sinneinschnitt (Z. 1–21). / *Strukturelle Basis:* Einfache Fragesätze mit Fragewörtern (im allg. mit *to be* als Prädikat) aus den voraufgegangenen Stunden bekannt. / *Übungsziel:* Erwerb und Einübung des neuen Vokabulars in wechselnden Kontexten (um es voll verfügbar zu machen). / *Verlauf d. St.:* L. zeichnet oben links auf die Tafel ein Strichhäuschen – *What's this?«* – *»...a house«* – ein zweites: ... *»...another house«* – einen Strich unter beide: ... *»...a street«* – einen quer verlaufenden: ... *»...a tree«* – PANNE: es war *»...another street«* erwartet worden (– schnelle Veränderung + Korrektur) – weitere Häuser etc.: *»...a city«* – *What is it?«* – *It is a city«* (*»...many houses / streets / people...«*): Beispiele für *»big cities«* – Hamburg, London. – Ganz rechts auf der Tafel entstehen darauf auf mittlerer Höhe ein krakelig-kurviger Baum, 2 Büsche und – oh Wunder – eine Kuh (die aussieht wie eine Kreuzung aus Katze und Fledermaus und allgemeine Begeisterung erzeugt), die entsprechend verbalisiert werden. Zielausdrücke sind dieses Mal *»garden«* und die Phrase *»in the country«*. Darauf zeichnet L. eine Reihe kleiner Kreise in die Baumkrone: *apples.* – Nach mancherlei ornamentierenden Kleinfragen (Typ *»What colour is the grass?«*) fragt L. abschließend noch einmal die beiden kontrastierenden Tafelbild-Inhalte durch. Aus dieser Fragenbatterie ergibt sich, neu ansetzend mit der Frage *»What can you do in the country?«* (*Walk / climb the tree / pick an apple / eat it*), ein kontrastierendes Gespräch, hin und her zwischen *»city«* und *»country«*. Das Gespräch bezieht sich, situativ wechselnd, auf die Feld-Ordnungen *»wait for a bus«*, *»fields«*, *»play football in the streets«*, *»spend ones holidays«* (*where*-Fragen: *»in the city«* / *»in the country«* – ein S.: *in bed«*), *»in the classroom«* (szenisches Mini-Spiel: *to cry – to shout, an angry voice, not friendly* – damit zurück zum *bus*). L. schreibt währenddessen an der Tafel in 2 Kolumnen wesentliche neue Vokabeln, sowie sie im Gespräch fallen, feldmäßig geordnet zwischen die zwei Zeichnungen: *»city«* links – *»country«* rechts. Es entsteht folgendes Bild:

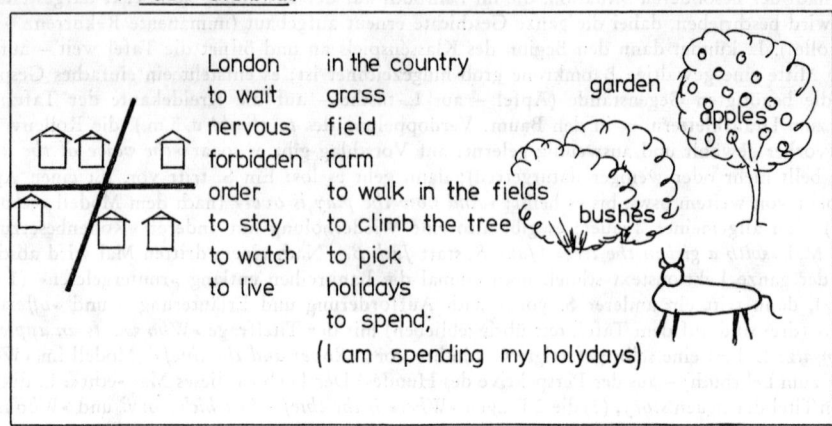

(Das Tafelbild:)

```
London        in the country
to wait       grass                    garden    apples
nervous       field
forbidden     farm
order         to walk in the fields
to stay       to climb the tree    bushes
to watch      to pick
to live       holidays
              to spend;
              (I am spending my holydays)
```

Abschließend stellt L. die *people in the story* vor, darunter den Hund, und demonstriert mit Hilfe eines Apfels und eines S. (ruft ihn nach vorn) die Bedeutung von *to offer*. Bei immer noch geschlossenen Büchern liest L. den Lektionstext (Z. 1–21) vor, kündigt Fragen dazu an, liest ein zweites Mal und fragt dann zügig durch (*Where is Jack spending his holidays?* – *What is Jack doing?* – zitiert *Suddenly he sees...* – *What does he see?* – *And what does he do then?* – *Where does Jack live?* / Stichwort wieder city*). Aufkommende Unruhe wird aufgefangen dadurch, daß den Rest der Stunde hindurch einzelne S. den Text absatzweise lesen (insgesamt 2×). / Zur *Beurteilung:* Gänzlich positiv die rollen-fiktive Gemeinsamkeit von L. und S.! – Alle Äußerung erfolgt (gesteuert:) aus dem sich entfaltenden situativen Vorstellungsarrangement. Besondere Sicherheit des Verfahrens wird an folgenden Einzelaspekten deutlich: (1) Situations-Rolle, -Identifikation und -Reiz wechseln rasch; sie sind dennoch der Motor der Arbeit: der größere Teil der Stunde ist eher produktiv als imitativ strukturiert. (2) Die Einführung der Vokabeln erfolgt in geänderter Reihenfolge und wechselnden Kontexten; dabei erscheint das Einzelwort (*angry*, *nervous*) in jeweils neuen Feldzuordnungen und -einlagerungen. Hierdurch wird nicht nur der Texthandlung nicht vorgegriffen; es bewirkt vor allem eine hohe Transferleistung! (3) Das Tafelbild ist sowohl im Nacheinander seiner schrittweisen Entstehung wie im Zueinander seiner Anordnung (– Sinn für die *natürliche* Einteilung, i. e. Dreiteilung der Tafel als Sichtfläche!) anregend und übersichtlich angelegt. Beide Eigenschaften sind *aktiv integriert* in den Gesprächsgang der Stunde: Strukturierung und Verwendung versprechen einen hohen Behaltenseffekt. (4) Die Zügigkeit des Gesprächsfortganges beruht z. T. darauf, daß sich offenbar ein Zeichen- und Signalsystem (z. B. im Falle der Tafel-Strichzeichnungen: eine Art zeichnerischer Kurzschrift) zwischen L. und S. bildet bzw. in Ansätzen schon gebildet hat: ein Signalsystem, das idealiter gewisse Stimuli für Anregungen oder in Automatisierungsübungen abrufbar zur Verfügung stellt (momentane Verschmelzung von *echtem* und *fiktivem* Kontext). (5) Die methoden- und medienbewußte *Führung* der Stunde ist auch im Hinblick auf Sequentierung des Lernvorganges überaus klar: Das Erarbeitungsschema ist durchgehend dreistufig in der Folge von (a) Präsentation (L.-Äußerung / Tafelbild) als Impuls, (b) Reaktionen der S., (c) sichernde Rückfragen des L. Das Ergebnis (21 neue Vokabeln in 1 Stunde) liegt entsprechend hoch. – *Negativ* ist zu vermerken, daß der *auffangende* Übergang vom impuls-gebenden fragend-entwickelnden Verfahren zum darstellend-entwickelnden Verfahren so spät und so geballt erscheint. Ruhepunkte in Form von Wiederholungen, sei es beim Lesen (schon nach je einem Absatz, nicht erst nach Fragen zum Ganzen!), sei es bei guten Äußerungen einzelner S. (die weiterzugeben wären!), sei es unter dem Vorwand phonetischer Detailarbeit, Chor- und *Whisper*-Einschübe o. ä., kamen gar nicht vor. Die gar zu zügige Führung verlangte (und erwirkte) zu starke durchhaltende Konzentration; vgl. als Kontrast die rundum geglückte Stunde des UB 17! – Ruhevolles Wiederholen, Weitergeben von und Arbeiten mit Äußerungen und Äußerungselementen sind das Rückgrat jedes weitergehenden Transfers.

UB 6: Kl. 8 / *Stoff:* »*English for Today*« (Lensing) IV, *Chapter One*, Lesson B »*Lee finds his place*« 3 (p. 7). / *Thema:* Einführung des dritten Teils der Lektion. / *Basis:* Die ersten beiden Teile der Lektion. / *Übungsziel:* Erwerb und Einübung eines spezifisch sportbezogenen Vokabulars zum Text der Lektion. / *Verlauf d. St.:* (I.) Am Stundenansatz erfragt L. sehr zügig den bisherigen Lektions- bzw. Vorstellungsstoff (»*Which school did Lee go to?*« – »*Where did he come from?*« – »*Did he look...?*« etc.). Die Fragen sind eng gezielt, reine Punktfragen, und folgen nebst strukturell eng sich anlehnenden Antworten schnell aufeinander.

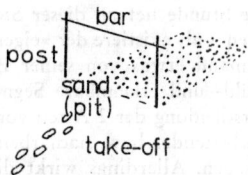

(II). Es folgt eine grob-einleuchtende Strichzeichnung einer *jumping pit*, »links außen« an der Tafel; ein Gespräch über die Möglichkeiten des »*high jump*« ergibt das Grundvokabular zur Sache sowie die nötigen Bezugsbündel zur Verbalisierung der Vorgänge an der *bar*. L.: »*You managed it. – What could you say?*« (S₁: »*...you cleared the bar*« – S₂: »*...you jumped over the bar*« etc.) Es folgen *if*-Fragen (L.: »*...if you knock the bar down?*« – S.: »*I'll fall into the jumping pit.*«) An der Tafel entsteht in diesem sowie den folgenden zwei Stundensegment(en) im breiten Mittelteil folgendes Arrangement:

to jump over a bar = to clear the bar	to knock the bar down
winner	**loser**
to manage it to touch the bar to quiver	to slip at the take-off to crash into the pit
the result was a tie	

(III.) L. wendet sich an S. persönlich: »*Which technique do you prefer?*« – Das folgende Gespräch (sehr einfach gehalten) erbringt eine Fülle »momentanen« Vokabulars; L. macht klar, welches Vokabular als – hoffentlich – *aktives*, welches als *passives* im Gespräch eingeführt werde. S. fragt nach der Bedeutung von »*hurt your ankle*«; L.: »*If you hurt your ankle you will walk home like this*« (humpelt: spielt vor und zeigt auf den »schmerzenden« Knöchel). Das Gespräch kommt auf Schul-Rekorde, ein Sportfest, den *world record holder, different techniques of jumping*; dann bricht L. ab und (IV.) wiederholt kurz (»*Let's repeat ... – What else can you say? – What will happen if you...? – What might happen at the take-off? – What might be the result? / ...might happen? – You might twist your ankle, that's right.*«). (V.) L.: »*Open your books*«. L. liest absatzweise vor, erarbeitet knapp (»*Any questions?*«) nach jedem Absatz das noch fehlende Vokabular – kennzeichnet es durch die Art der Behandlung als weniger wichtig (macht also abermals einen Unterschied zwischen aktivem und passivem Wortschatz) und stellt anschließend Punktfragen zum Text in der Art der die Stunde einleitenden Fragen (*What was the result of the high jump? – Was there any winner? – Who twisted his ankle? – Why did he... – What did he do... – What happened at 5 ft. 2 ins.?*). Anschließend brüllt die Klasse »mit verteilten Chören« die Anfeuerungs-Slogans aus dem Text und erfindet einige neue dazu (mit leichter Einhilfe), donnert auch diese glücklich heraus. (VI.) L. fragt verschiedene S. »*How high can you jump?*«, findet den »*best jumper in the class*«; die S. vergleichen. L. fragt, ob jemals einer der S. »*twisted his ankle*«. Einer: »*...broke my leg*«. Man spricht über die Behandlung (*x-rays* etc.). (VII.) L. läßt die wichtigen unter den neuen Vokabeln wiederholen; S. lesen; die Stunde endet. / *Beurteilung:* Der Erfolg der Stunde ist ganz und gar abhängig von der Fähigkeit des L., die situativ so sauber vorkalkulierten »persönlichen Kontakte« im gemeinsamen sportlichen Interesse geschickt »einzuspielen« und sprachlich zu nutzen, ohne den Bezug auf den Text entgleiten zu lassen. Die drei Vorstellungsräume Text, Olympische Spiele, Klassengemeinschaft bzw. Schule lassen die drei Arten von Kontakt immer wieder kommunikativ ineinanderfließen, wurden aber in der Stunde durchgehend in Perspektive und Äußerungs-*challenge* der Text-Situation gehalten. Dies gelang so überzeugend, daß S. den »aus der Rollen-Perspektive fallenden« L. »verbesserten«, als er den Namen des Schulleiters (des »wirklichen«) nannte, als von der Lehrbuch-Schule die Rede war: *»No ... – Mr. ... eh ... Jones!«* (ein besonders schlagendes Beispiel für die rollen-identifikatorische »Wirklichkeit« der »besprochenen« Situation im Bewußtsein der S.: die Stunde lief an dieser Stelle besonders »glatt«; das Versehen war *als solches* kaum realisiert worden – als existiere der »eigene Schulleiter« gar nicht, oder besser: als wisse *in diesem Augenblick* niemand etwas von seiner Existenz). – Positive Einzelzüge der Stunde: Ihre klare Einteilung in fühl- und erkennbare Segmente behavioraler und artikulativer Art; die fühl- und erkennbare Unterscheidung der 2 Arten von Gebrauchsvokabular (aktiv–passiv) sowie die deutliche Abgrenzung erarbeitender bzw. nacharbeitender Stundensegmente gegen »persönlich«-auflockernde Gesprächspassagen. Allerdings wirkt die Engführung im strukturellen Bereich zwar sicher und gut kalkuliert, aber beinah auch etwas zu strikt; die Vorformulierung fast sämtlicher L.-Fragen ist zu stark spürbar, so daß ein Hauch von Autoritärem – wenn auch gemildert durch das Temperament des Unterrichtenden, das thematische Interesse aller und die »persönlichen Einschübe« – über der Stunde liegt. Nützlich ist die kleine Tafelskizze der Sprunggrube; aber trotz der richtigen Grundüberlegung nicht ganz erfolgreich gelungen erscheint die Feld-Ordnung im Mittelteil der Tafel. Dies mag z. T. an der unsicheren Handschrift gelegen haben, liegt aber vor allem wohl daran, daß das Arrangement um »*winner*« und »*loser* in »2¹/₂« Felder nicht zwingend und einfach wirkt, eher etwas flockig.

UB 7: Kl. 8 / *Stoff:* »Death in the Kitchen« von M. Kennedy (aus: *Tales of Crime and Detection.* London 1960: *OUP. Second Series: about* 2000 *headwords*). / *Thema:* Variation und Rollen-Diskussion zum Schluß der Geschichte. / *Sprachliche Basis:* Lektüre und Besprechung der Kriminalgeschichte (in der voraufgegangenen Stunde abgeschlossen). / *Hausaufgabe und Stunden-Ansatz:* Die Aufgabe geht von einer fiktiven Situation aus, die die Handlung der Geschichte hätte fortführen können; sie lautet: *»On his way home the police officer got suspicious of M's behaviour. He thought of each detail heard and seen and came to the result that M was guilty. Which were his arguments?«* / *Übungsziel:* Die S. sollten geschult werden, in der Fremdsprache zu diskutieren und dabei eigene Gedanken bzw. Überlegungen auszudrücken. / *Verlauf d. St.:* (I.) L. geht umher und kontrolliert flüchtig die Hausaufgaben, läßt dann einzelne S. ihren Text vortragen; Schema: Klasse hört einmal das Ganze, unterbricht und korrigiert kurz beim zweiten Vorlesen. Danach üben S. und L. vergleichende Kritik in Diskussionsform. (II.) L. gibt dann 4–5 Minuten Zeit zur Vorbereitung auf die folgende angenommene Situation: Der Polizist stellt M. Fragen, dieser antwortet. Erste Gruppe: Vorbereitung der Rolle des Polizisten; zweite Gruppe: Vorbereitung der Rolle M's. Beim Durchspielen der Situation entwickeln sich im Wechsel einiger Schülerpaare schöne Streitgespräche, bei denen immer wieder der Text der Geschichte zitiert wird. Das letzte Paar bringt auch *nonsense arguments* und arbeitet so prächtig mit phatischen Gesprächsklischees *(I don't think... – Of course not... You must know...)*, daß allgemeine Heiterkeit aufkommt. (III.) Kurz vor Schluß der Stunde ergibt sich eine vergleichende Stellungnahme der nicht beteiligten S. der Klasse. / *Beurteilung:* Aus »echtem« wie aus »fiktivem« wie (zuletzt auch) aus »intraverbalem« Kontext entfaltet sich in glänzender Situations-Kalkulation das Unterrichtsgespräch in klar gegeneinander abgesetzten Stunden-Segmenten mit ebenso klarer Untergliederung. Durch Situations- und Rollen-Reiz, durch Textbezug (bis zum »immanenten Zitat«!) und in der immer wieder einblendenden kritischen Rückschau werden die sprachlichen Elemente und Mittel »umgewälzt«: ein schönes Beispiel gelungener »immanenter Rekurrenz«, nicht nur auf behaviorale Impulse, sondern auf attitudinale Fiktion, i. e. auf kritische, zugleich begeistert gewagte (partielle) Rollen-Identifikation, gegründet. / Naheliegende *Alternativ*-Möglichkeit: Einen S. gegen viele stellen; einer fragt (als Polizist), viele antworten (als Verdächtige) – um die vielen aus der vorübergehenden Zuhörerrolle zu locken. Letztere Gefahr ergibt sich nur, wenn (wie gegen Schluß geschah) ein Paar »zu gut wird« und beträchtliche Zeit in Anspruch nimmt, d. h. implizit andere zur Passivität ermuntert.

3. Sprachstruktur, Sprachverhalten, sprachliche Situation: Bedeutung linguistischer Modelle für den fremdsprachlichen Unterricht

He was shown into the drawing-room during afternoon tea. He appeared scarcely aware of the presence of Mrs. Whitehead, but marched up and down the room for some time in silence, and at last said explosively: ›A proposition has two poles. It is apb‹. Whitehead, in telling me, said: ›I naturally asked what are a and b, but I found that I had said quite the wrong thing. »a and b are indefinable,« Wittgenstein answered in a voice of thunder.‹

B. Russell

Situation und Kontext sind also ... die zwei Quellen, aus denen in jedem Fall die präzise Interpretation sprachlicher Äußerungen gespeist wird.

K. Bühler

3.1. Linguistik und fremdsprachlicher Unterricht I: Notwendigkeit und Grenze eines System-Verständnisses

Ein wesentliches Nebenergebnis des letzten Kapitels war: Es geht im recht verstandenen Fremdsprachenunterricht nicht um die *Elemente* der Fremdsprache, sondern um die *Momente* fremdsprachlicher Kommunikation resp. diese Kommunikation selbst.

Allerdings sind die sprachlichen Elemente das Material, ohne das jene Momente nicht existierten.

Beide sind in einer dialektischen Beziehung miteinander verbunden. Sie verweisen aufeinander, ähnlich wie Wort und Satz (nach LIEBRUCKS)[1] im System der BÜHLERschen »Zweiklassenlehre« oder wie das Sprachsystem als ganzes *(la langue)* und der konkrete einzelne Sprechakt *(la parole)* bei DE SAUSSURE: Das eine *ist* nicht ohne das andere; das andere empfängt seinen Sinn, es »kommt zu sich selbst«, durch das eine.

Die Bedeutung »der Linguistik« für den fremdsprachlichen Unterricht bemißt sich vor allem nach ihrer Funktion im fremdsprachenunterrichtlichen Lernprozeß. Nach dem oben Gesagten erscheint moderne Linguistik im Kontext fremdsprachenunterrichtlicher Bemühungen vor allem in dreifacher Funktion:

(1) Neuere amerikanische Instruktionspsychologen, insbesondere JEROME S. BRUNER, haben – nach dem Vorgang älterer gestaltpsychologischer Lern-Analysen – erneut und mit anderer Akzentuierung die außerordentliche zwingende Kraft präsenter und verstandener Struktur, der Struktur des Lernobjekts, nachgewiesen[2]. Unterrichtliche Präsentation muß also strukturell der Gliederung des Lernobjekts entsprechen; die für Präsentation und Erwerb nötigen Daten und Regeln zu nennen, ist bei dem Lernobjekt »Sprache« die Linguistik »zuständig«. (Von *Bewußtmachung* dieser Daten und Regeln *im Erwerb* war nicht die Rede.)

(2) Der Lehrer als Lernender wird aus dem gleichen Grunde erheblich produktiver darbieten, was er zu lehren hat, wenn er zuvor selbst mit dessen Strukturen und Funktionen konfrontiert wurde, diese verstanden, sie als »generativen Fundus« in sich aufgenommen hat. (Wir hatten Entsprechendes bereits in anderem Zusammenhang, im EINÜBENDEN TEIL S. 26, aufgeführt.) – Eine solche Konfrontation ermöglicht ebenfalls die Linguistik
– als die Wissenschaft von diesen Strukturen und Funktionen: Auch hier war von Bewußtmachung des dergestalt bewußt Verstandenen bei der Präsentation bzw. im Erwerb nicht die Rede.

(3) Von diesen Lernerfordernissen und -bedürfnissen auf seiten der betroffenen Schüler und Lehrer abgesehen, stellt die Linguistik – als »zuständige Wissenschaft« – überhaupt die Elemente des Lernobjekts »Sprache« bereit:

● für konkrete unterrichtliche Praxis,
wie
● für deren Vorbereitung;
● für die am Unterrichtsvorgang beteiligten Personen
wie
● für die im Unterrichtsvorgang integrierten Medien (Lehrbuch, Tafel, technische Medien).

Da es das eine erschöpfende wissenschaftlich-endgültige Verstehenssystem gerade im Bereich der Linguistik (noch?) nicht gibt,[3] ist die Forderung der Instruktionspsychologie in diesem Bereich »zurückzuschrauben« auf strukturbegegnendes Lernen überhaupt, auf streng strukturierte Präsentation überhaupt (und nähert sich damit älterer gestaltpsychologischer Einsicht wieder an). Da bleibt dann von der ganzen Problematik schließlich derjenige, der diese Art strukturvermittelnden Lehrens leisten soll – der Lehrer. *Was* er zu leisten hat, ist mitbestimmt durch sein »Objekt«, die Sprache: Präsentation ist hier immer »irgendwie« gesprächsimmanent; er ist der zugleich im Unterrichtsgespräch Partizipierende *und Steuernde,* dessen »Leitmedium« (s. o. S. 58 f.). Von der ganzen Problematik des »richtigen« wissenschaftlichen Kategorienschemas bleibt nur die kleinere Problematik seiner persönlichen Möglichkeiten: seiner Erfahrung oder Einsicht in die größere oder geringere Applikabilität, die reine *Nützlichkeit* dieser oder jener linguistischen Schulmeinung oder Modellvorstellung. Die vorliegende Darstellung bezieht sich ausdrücklich auf ihn als den potentiellen Leser: Es wäre also wohl ziemlicher Blödsinn, in dieser Frage sich bequem oder missionarisch zu gebärden, d. h. aus unterrichtsfernen Prinzipien-Gründen Partei zu ergreifen. Handfeste Hilfe wird ihm nicht aus Bekenntnissen zu dieser oder jener unter den rivalisierenden Lehrmeinungen zuteil. Er benötigt diejenige Grammatik, welche zugleich didaktisch-gesellschaftlichen Zielvorstellungen und fachspezifisch-unterrichtsmethodischen Erfordernissen entspricht, – oder doch dasjenige Agglomerat anwendbarer Konstrukte (aus möglicherweise verschiedenen Schulen), welches das gleiche leistet. Schlüssel didaktischer Bedeutung ist die stimulierende Kraft, die Anwendbarkeit, die Struktur verfügbar machende Qualität solcher Konstrukte überhaupt, nicht deren schul-mäßige System-Geschlossenheit. Vor aller »kognitiven Schönheit« muß das Lerngespräch laufen – und fortlaufen: auf das Leistungsziel zu.

Erwerb, Einübung und schließliche Beherrschung der Fremdsprache sind die unaufgebbaren pragmatischen Lernziele des FU: sie sind nicht die einzigen und nicht die »obersten« Lernziele des FU, wohl aber die faktische Basis aller anderen. Die Beherrschung einer Sprache erweist sich darin, daß *deren Elemente als Momente verbaler Kommunikation* (»gesprächs-immanent« also) *integriert und »situativ« verfügbar sind.* Vordergründig und zunächst richtet sich fremdsprachlicher Unterricht überhaupt nicht auf die Sprache als System *(la langue),* sondern intendiert *la parole,* das konkrete Sprechen in Rede und Gegenrede. Das »Ganze« der Sprache, durch welches jene Einzelakte Notwendigkeit und Sinn erhalten, ist im fremdsprachlichen Unterricht zunächst nur *durch konkretes Sprechen* hindurch aufzubauen. Da es sich um eine im Akt erst entstehende Kompetenz handelt, kommt der Unterricht auch in den höheren Lernstufen oft kaum über ein solch »immanentes« Reflektieren des »Eigentlichen« und »Ganzen« hinaus. *Thematische Reflexion der Sprache* (im Medium eben dieser Sprache) ist – außer in Ansätzen auf der Mittelstufe – erst auf der Sekundarstufe II möglich; und auch dort ist ihr durch die begrenzten Ausdrucksmöglichkeiten der Schüler Grenzen gesetzt. Die charakteristischen Verengungen allgemeinerer wissenschaftlicher Fragestellungen aus dem Bereich der Linguistik, die die folgenden Ausführungen zeigen, gehen auf das Konto dieser Grundbedingung des FU.

Entgegen anderslautender Meinung sei hier verdeutlicht: Reflexion der Sprache im Medium der Muttersprache gehört *als eine seiner Formen* dem muttersprachlichen Unterricht an: Zwar sind *Stoff* und *Thema* solcher Reflexion möglicherweise das »innere System« der Fremd-

sprache; die Sprache aber, die durch sich wiederholende, sich erweiternde und sich inten-
sivierende *parole* hindurch immanent geübt, ausgebaut und zunehmend verstanden, das heißt
doch: *gelernt*, würde, wäre in jedem Fall die Muttersprache. Ist aber das primäre Übungsziel
und Interesse nicht die Sprache, – warum dann noch von Sprachunterricht sprechen: Dessen
Sekundärziele verweisen doch allemal in den einfachen (»primären«) Grund allen Sprachunterrichts zurück, *daß eben gesprochen wird*.

3.2. Linguistik und fremdsprachlicher Unterricht II:
Notwendigkeit und Grenze einer »Sensibilisierung« der Unterrichtenden

Ein weiteres wesentliches Nebenergebnis unserer bisherigen Überlegungen zum Fremdsprachenunterricht war die Unterscheidung in *Strukturen* der Sprache auf der einen Seite
und deren *Funktionen* auf der anderen. Natürlich bezeichnen diese beiden Begriffe nur je
einen *Pol* einer Gesamtstruktur von Sprache, durch welche und in welcher sie beide als
Aspekte des gleichen Phänomens integriert sind; ihre Isolierung erfolgt lediglich zum
Zwecke methodischer Deskription und reißt Zusammengehöriges auseinander. Ebenso
»natürlich« aber ist die Unterscheidung dieser beiden Aspekte grundlegend wichtig für den
praktizierenden Englischlehrer – in der Ausübung seines Hauptgeschäftes: der Steuerung
konkreten Sprechens in Rede und Gegenrede. Sprachwissenschaftliche Aussagen und Kategorien gewinnen auch in dieser Frage ihre Bedeutung und ihren Wert aus einer Grundbedingungen des FU: dem Bezug auf Äußerungsmöglichkeiten im fremdsprachlichen Unterrichtsgespräch.

Zwar setzen ausdrückliche formale Übungen wie z. B. die Arbeit mit *substitution tables* u. ä.,
später dann die *comprehension*-Arbeit an Texten, ein produktives Verständnis sprachlicher
Strukturen voraus. Auch ist die Entwicklung zukünftiger Möglichkeiten des FU unter den
Auspizien der transformationell-generativen Grammatik zu bedenken. Aber das »Normal-
problem« des fremdsprachlichen Unterrichts unter gegenwärtigen Verhältnissen ist doch das
eines lehrergesteuerten Äußerungsaustausches, in dem eben der Lehrer »natürlicherweise«
Leitmedium ist: Da sind die *Funktionen* von Sprache des Praktikers täglich Brot; aspekt-
reiches *situational teaching*, Gesprächsanlässe sowie immer neue Impulse zu deren Fortführung, Intensivierung und immanente Übungsgliederung werden von ihm verlangt. Allerdings
ist dieser Dauertransfer von Elementen der Sprache in Momente gesteuerter Kommunikation
nur möglich, wenn er eben diese Elemente kennt.[4] So ist ein *produktives* Verständnis der
Strukturen der Sprache beim Lehrenden einfach vorauszusetzen. Da aber die *Funktionen*
gesprächstechnisch primäres Interesse beanspruchen, fragt sich, wieweit ein solches Verständnis
der *Strukturen* zu gehen hat.

Eine »Sensibilisierung« des Unterrichtenden, die über eine nur pragmatische Beherrschung
bzw. Kenntnis der Zielsprache hinausgeht, ist nötig um des erwähnten »Hauptgeschäftes«
willen. Diese Sensibilisierung bezöge sich auf

● die Unterrichts*mittel* in der Weise eines vertieften Verständnisses sprachlicher *Strukturen,*

● die Unterrichts*partner* in der Weise eines vertieften Verständnisses sprachlicher *Funktionen.*

Ohne eine solche Sensibilisierung müßte der FU immer wieder zurückfallen in ergebnis-
arme Paukerei, da – wie wir im letzten Kapitel sahen – Sprache »lebt« aus dem kommuni-
kativen Austausch von Sinn unter Partnern. Bei dem bewußtseinsmäßigen Vorrang der
Funktionen ist es aber sinnvoll, die graduierende Feinkalkulation der *Strukturen* dem
Lehrbuch- und Lehrgangsspezialisten zu überlassen, um seine Kräfte für die Arbeit mit
Unterrichtsmitteln und Unterrichtspartner frei zu halten.

Zwar haben wir im Zusammenhang der vorliegenden Darstellung das Wort von der »permanenten Curriculum-Revision (s. o. S. 51) mit positivem Akzent wiederholt. Selbst aber im Kontext des WEBER-Zitates, in dem es erscheint, tritt es in skeptisch-geschämiger Futur-Perspektive, als »Erwartung«, auf: Von täglich, monatlich oder auch jährlich neuem Entwurf oder neuer Planung kann für die Masse der ohnehin kaum noch weiter belastbaren Praktiker nicht die Rede sein. Die Rede ist von *kritischer Kontrolle,* von einem »geschärften und artikulationsfähigen Bewußtsein für die zur Lösung drängenden Probleme«. Die angestrebte »Sensibilisierung der Lehrer« ist selbst eine so gewaltige Aufgabe, daß deren *Folge* – die »kritische Weiterentwicklung des Lehrplans ›vor Ort‹« – nicht erschreckend und abschreckend *vor* der zu leistenden Voraussetzung (der ach so gefährdbaren!) anvisiert werden sollte.

Für die praktische Unterrichtsarbeit empfiehlt sich im Bereich der *Strukturen* eine drastische Reduktion des umfassenden Systemzusammenhanges applikabler »Regeln« auf deren wenige, einige »Schlüssel-Regeln«; ein solches Arrangement hat auch lernpsychologische Vorzüge (Überschaubarkeit – erleichterter Transfer – höherer Behaltenseffekt). Eine entsprechende Reduktion auf wesentliche Strukturen kann – bei erfolgreicher »Selbst-Programmierung« – zur Hauptstütze immanenter Gesprächs-Steuerung auf einer bestimmten Niveau-Stufe werden. Ein produktives und aktives Verständnis für die Strukturen *und* Funktionen der Zielsprache ist schließlich die Vorbedingung einer entscheidenden *psychologischen* Voraussetzung jedes erfolgreichen Sprachunterrichts auf seiten des Unterrichtenden: eines äußerst sprach-*bewußten* Vorgehens!

3.3. Vor- und nicht-kontextualistische Sprachbetrachtung – Strukturalismus und generative Transformationsgrammatik

3.3.0. Wir unterscheiden zwischen *functional language analysis* und *structural language analysis* seit den Tagen der Prager Schule (vgl. spez. N. MATHESIUS)[5]. Fremdsprachlicher Unterricht ist darstellbar als Sequenz gesteuerter sprachlicher Situationen, wobei Steuerung und Sprechanlaß sich im allgemeinen oder doch vorzugsweise auf Texte beziehen. Nach den Hinweisen des letzten Kapitels läßt sich also auch der fremdsprachliche Unterricht – unter Verwendung des Situationsbegriffes – darstellen als eine Sequenz von

● vorgestellten (innertextlich gegebenen) Situationen,
● implizierten (außertextlich angeschlossenen) Situationen
  und
● unterrichtlichen (»meta-textlichen«) Situationen.

Im Hinblick auf Zusammensetzung, Zuordnung und Zielspannung wären diese Situationen beschreibbar nach dem im Zusammenhang des KLEISTschen Essays im EINLEITENDEN TEIL entwickelten Modell (s. o. S. 14 ff.). Fassen wir Zusammensetzung, Zuordnung und Zielspannung der Elemente dieser Situationen als deren kommunikative, linguistische und linguodidaktische *grids* (s. o. S. 60 und 85), dann wird deutlich: Fremdsprachlicher Unterricht bedarf sowohl der *functional analysis* wie der *structural analysis* seiner Elemente; der Unterrichtende allerdings (im Bewußtsein seiner Doppelrolle als zugleich Partizipierender und Steuernder) bedarf vor allem vorgängiger *functional language analysis:* »Gesprächsgerechter« *Gebrauch* von Sprache ergibt sich durchaus nicht »von selbst« aus der *Kenntnis* der Strukturen; und dies gilt natürlich desto mehr, als es sich um eine Zweitsprache ohne »natürliche« Kompetenz-Grundlage beim »lernenden Gesprächspartner« handelt.

Unter dem Gesichtspunkt des Fremdsprachenunterrichts ist danach der frühe amerikanische Strukturalismus (s. u. 3.3.1. und 3.3.2.), selbst die transformationell-generative Grammatik (s. u. 3.3.3.) mit ihren erregenden Erkenntnisperspektiven von nur begrenzter Bedeutung. Erheblich stärkere (auch theoretische) Beachtung kommt den zwei Schulen zu, die heute Sprache aus oder im Hinblick auf ihre(n) Funktionen in realen oder vorgestellten Situationskontexten verstehen[6]:

● der »Londoner Schule« des Kontextualismus,
● der Theorie KENNETH L. PIKEs.

Diese beiden Schulen so betont herauszustellen, ist offenbar notwendig: Beide spielen im allgemeinen deutschen »öffentlichen« didaktischen Bewußtsein noch eine ziemlich eingeschränkte Rolle. In einer Art von Blindheit erscheinen z. B. bei H. PETERSEN und sogar B. CARSTENSEN (der den Engländern so viel verdankt) in Kurzzusammenstellungen lediglich der taxonomische Strukturalismus und die transformationell-generative Grammatik als Alternativen moderner Linguistik. Auch in weiter ausgreifenden Darstellungen wird z. B. oft die Leistung der britischen Schule gar nicht (ACHTENHAGEN nach dem Vorgange LADOS und GRITTNERS), unzulänglich (MIHM) oder gar in Einzelpunkten verwirrend (LORENZEN) angeführt. Die einseitige Blickbindung bzw. Verengung des Verstehenshorizontes hängt ohne Zweifel zusammen mit einer erst in jüngster Zeit sich lockernden Obsession mit Fragen der »reinen« *Struktur*analyse. Es wird allerhöchste Zeit, dem Bewußtsein sprachlicher *Funktion* (als dem für fremdsprachenunterrichtliche Gesprächspraxis wichtigeren) auf die Beine zu helfen.

Dennoch ist natürlich zunächst zu fragen, welche Bedeutung den »anderen Schulen« im didaktischen Verdauungsgang des Normalpädagogen für neuere Fremdsprachen zukommt. Das Wenigste, das wir erwarten können, ist eine handfeste kognitive Stütze für den Unterrichtenden in seinem Bemühen, sprach-*bewußt* vorzugehen: Damit folgte er unserem obigen Postulat. Über dieses unser Postulat hinaus sind dann aber auch im Strahlfeld jener »anderen Schulen« die aus funktionalem Sprachverstehen sich ergebenden Unterrichtshinweise und -hilfen darzulegen. Insgesamt sind durch die Auseinandersetzung mit Aussagen der modernen Sprachwissenschaft zwei sehr verschiedene Dinge für den fremdsprachlichen Unterricht zu verdeutlichen: Struktur und »Feld-Ordnung« von Sprachverhalten (= in den beiden voraufgegangenen Kapiteln »angesetzt«) sowie die – semantischen/situativen/kommunikativen – »Bewußtseins-Aspekte« von Sprache.

Wir können uns bei Darstellung und Diskussion vieler dieser Fragen auf das Wesentliche beschränken, da für den gesamten Problemzusammenhang die ausgezeichnete kritische Übersicht WERNER HÜLLENS (»Linguistik und Englischunterricht«, Heidelberg 1971) vorliegt. Wir folgen HÜLLEN in vielem, verschieben aber etliche Akzente und müssen für zu kurz Abgetanes auf seine Ausführungen verweisen (der Leser wird die Abweichungen von Fall zu Fall feststellen). Schlüssel unserer Selektion ist in jedem Falle der einmal fixierte Zweck unseres Vorhabens: das Sprach-Bewußtsein zu erhöhen, Sprachverhalten zu differenzieren, die Fähigkeit zur verbalen Steuerung kommunikativer Vorgänge zu entwickeln und zu fördern – im Medium der Fremdsprache, zu deren Erwerb und Ausbau. Sind also (wie zu zeigen ist) *substitution tables, patterns, situations* seit einiger Zeit selbstverständliche Instrumente des neusprachlichen Unterrichts, dann muß die Frage lauten: Was muß der Lehrer über sie wissen, um mit ihnen *produktiver* arbeiten zu können? – Aus der Vielzahl grammatischer Modelle interessiert unter didaktischem Gesichtspunkt nur, was geeignet ist, Lehrer und/oder Schüler *produktiv* zu machen. Fülle und Abstraktions-Intensität der Darstellung bei HÜLLEN schrumpfen unter diesem Gesichtspunkt auf ein, wie wir hoffen, *»handliches«* Format, werden *manipulierbar*. –.

Auch in der Kurz-Charakteristik der »Linguistische(n) Modelle und ihre(r) didaktischen Leistungen« empfiehlt es sich, der HÜLLENschen Einteilung im groben zu folgen: Er bezieht den britischen Kontextualismus als »selbstverständlichen Dritten« ein.

3.3.1. »patterns« und Gespräch

Wir haben durchaus und immer noch nicht die Möglichkeiten des taxonomischen Strukturalismus für den fremdsprachlichen Unterricht ausgeschöpft.

> Die erste Phase amerikanischer Linguistik zeitigte bereits einige ihrer wirkungsmächtigsten Repräsentanten: L. BLOOMFIELD und, später, C. C. FRIES. In der parallelen, etwas früher ansetzenden Unruhe im Bereich der »vor-*firth*schen« britischen Linguistik entspricht dem H. E. PALMER; dessen Impulse wurden dann aufgegriffen und weitergeführt durch F. G. FRENCH und, vor allem, A. S. HORNBY.

Der taxonomische Strukturalismus hat tief in den Stundenalltag des fremdsprachlichen Unterrichts hineingewirkt durch den Begriff des *pattern*. Bei strenger wissenschaftlicher Ausleuchtung ist dieser Begriff ziemlich schillernd, vieldeutig und etwas vage.[7] Dennoch

ist in einem pragmatischen Sinne völlig klar, was gemeint ist, weil sich in ihm die wissenschaftstheoretischen Prämissen seiner »Erfinder« spiegeln: Sprachbeschreibung erfolgt
»taxonomisch«, d. h. nach dem Modell der älteren beschreibenden Wissenschaften, kategori-
fizierend und subsumierend in der Manier Linnés. Hieraus ergibt sich konkret ein Verfahren zur Analyse von Satzstruktur. Die Analyse vollzieht sich danach in zwei zirkulär
aufeinander verweisenden Schritten,

(1) der *Segmentierung* des Redekontinuums nach Konstituenten
     und

(2) der *Klassifizierung* dieser Konstituenten nach ihrem »Ort« im Kontinuum, d. h. im
     Hinblick auf ihre »Nachbarn« im Satz.

Man folgte dabei linear-progressiv (»von links nach rechts«) dem »Gang« des Satzes.
Die Analyse war »strukturell« vorzugsweise im Sinne von *positional* bzw. *distributional*.
Es ging um »Verteilung« von »Elementen« entlang einer Linie. Alle im Schwange befind-
lichen Begriffe von *pattern* verweisen vage zurück auf diese linear-distributionale Grundvorstellung von Sprache aus dem Bereich des frühen westlichen Strukturalismus. Die »Zuordnung« solcher Elemente in einem System hierarchisch-transformationeller Verweisungen
und Abhängigkeiten (das notwendig die Linie des Hör-/Sprech-/Lese-/Schreib-Kontinuums
transzendierte) trat vorerst nicht als das dritte, vielleicht bedeutendere Prinzip in den Blick.
Was an Zuordnung erkannt wurde, schien vorläufig durch die positionale Strukturvorstellung »aufgefangen« und erklärt.

Um diese erste Stufe linguistischen Verstehens unter dem Begriff des *pattern* zu verdeutlichen, greifen wir zu einem Beispiel: Wir wählen das von ROMAN JAKOBSON, dem Senior
der modernen Linguistik, in einem völlig anderen Zusammenhang erörterte Satzfragment
»... *child sleeps* ...«: **Abb. 10** (S. 103).[8]

Die Zeichnung wurde so angelegt, daß zugleich das von DE SAUSSURE stammende Prinzip des
Verstehens von Sprache in zwei Achsen exemplifiziert wurde. Die beiden Achsen – die
paradigmatische und die *syntagmatische* – ergaben sich unmittelbar aus der Segmentierung und
Klassifizierung des Redekontinuums in der oben beschriebenen Form. Die außerordentliche
Kraft dieser komplementär verfahrenden Begriffsprägung geht u. a. daraus hervor, daß mit
ihrer Hilfe eine Definition der zwei Grundaspekte von Sprache möglich wird; HÜLLEN definiert »Grammatik« und »Lexik« in folgender Weise:[9]
● »Die *Grammatik* einer Sprache beschreibt jene Segmente, die syntagmatisch in systema-
   tischer Distribution und paradigmatisch als geschlossene Systeme mit einander ausschlie-
   ßenden Alternativen auftreten, und jene Distribution und Systematik selbst.«
● »Die *Lexik* einer Sprache beschreibt jene Segmente, die syntagmatisch in okkasioneller
   Distribution und paradigmatisch als offene Felder mit einander überschneidenden Möglichkeiten auftreten, und jene Distribution und Feldordnung selbst.«
Der Zusammenhang, in dem JAKOBSON sein Beispiel entwickelt, wird deutlich in der Gliederung des Satzes nach *topic* und *comment*: es handelt sich um die weiter unten für Probleme
der Interpretation zu mobilisierenden Techniken der Textlinguistik. Vorwegnehmend sei
lediglich auf die ganz erheblich differenziertere Behandlung hingewiesen, die sowohl die »Organisation« von Sprache in zwei »Achsen« wie auch die *topic-comment*-Problematik bei
HALLIDAY (und nach ihm W. A. KOCH) erfahren. HALLIDAY verwendet, bildhaft vereinfachend
und verhaltenstheoretisch verallgemeinernd auch die Ausdrücke *axis of chain* (bzw. *chain
axis*) für »syntagmatische Achse« und *axis of choice* (bzw. *choice axis*) für »paradigmatische
Achse« und spricht von »*the two fundamental dimensions of any patterned activity, chain
(one thing after another) and choice (one thing as opposed to another)*«.[10]
Im vorliegenden Zusammenhang ist zunächst etwas anderes wichtiger.

Hüllen erklärt durch einen Hinweis[11] die außerordentliche Wirkung des taxonomisch-
distributionalistischen Modells im fremdsprachlichen Unterricht der letzten 15 Jahre: Im

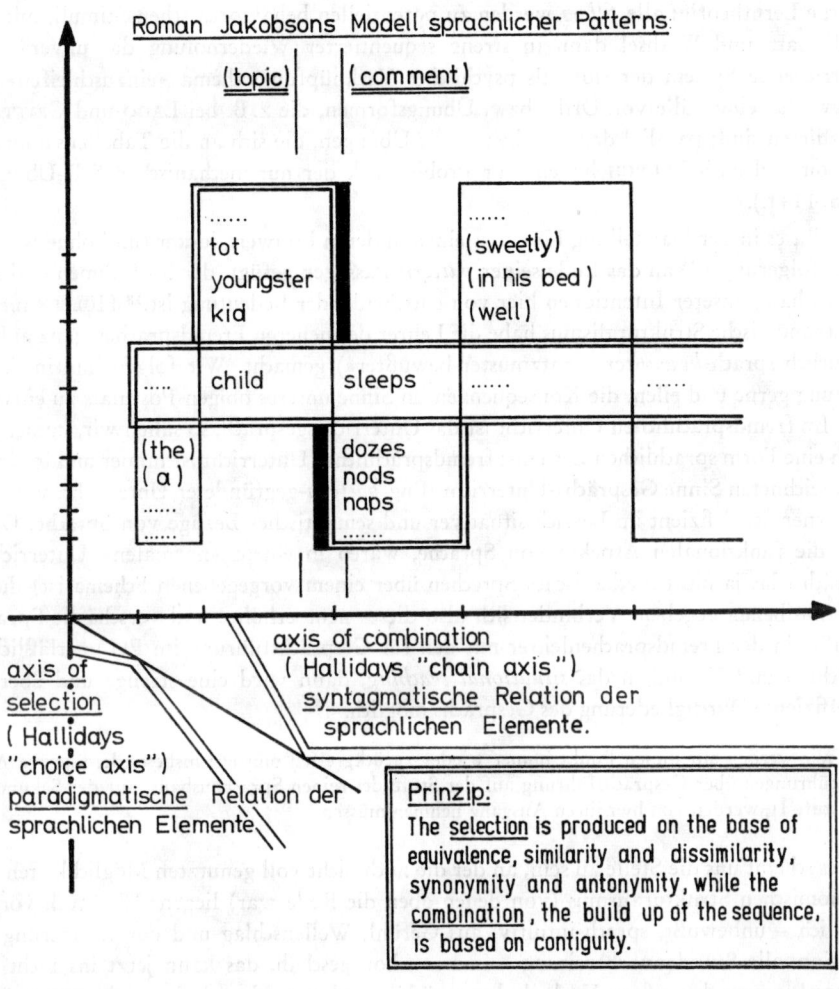

Abb. 10.

obigen Schema ist die Einsicht impliziert, ja, nahegelegt, die paradigmatischen Glieder (Alternativen) seien austauschbar. Diese Einsicht, praktisch gewendet, hat sowohl das unterrichtliche Verfahren der *pattern practice* sowie die von FRENCH und HORNBY »erfundenen« *substitution tables* hervorgebracht. Ist einmal das sprachliche Kontinuum als eine Reihe von *slots*[12] verstanden, deren *fillers* im Rahmen gewisser Gruppierungs- und Selektionsmechanismen einsetzbar und auswechselbar sind, dann liegt die Erfindung von Übungsformen nahe, die eben dieses Einsetzen und Auswechseln zum Thema erheben. Wird Sprache zu einem *Funktionsraster* mit Füllstellen (HÜLLEN), dann bieten sich, so scheint es, rasterbezogene Übungen geradezu an. Der »Funktionsraster Sprache« wird, in kühnem didaktischen Transfer, zum funktionalen Übungsraster eines die Sprache nur noch *strukturell* verstehenden fremdsprachlichen Unterrichts; die vorläufige Ausschaltung aller situativen und semantischen Bezüge (der *funktionalen* Aspekte von Sprache) wird lernpsychologisch – vorübergehend! – »abgedeckt« durch strenge Bindung an die behavioristische Lerntheorie: alle *fillers* werden zu potentiellen behavioristischen Stimuli, mit deren Einsatz und Wechsel dann in streng sequentierter Wiederholung das unverändert rekurrierende System der *slots* als psychisches Verknüpfungsschema »einzuschleifen« ist. So erwächst eine Fülle von Drill- bzw. Übungsformen, die z. B. bei LADO und GRITTNER nachzulesen sind; parallel dazu erscheinen die Übungen, die sich an die Tabellensammlungen von und nach FRENCH heften (zur Problematik der nur-mechanischen S-R-Übungen s. u. S. 114 f.).

Nun gibt es in der Darstellung HÜLLENs einen anderen Hinweis, locker (und ohne weitere Schlußfolgerungen!) an das Ende seiner *pattern*-Passagen gefügt, der im Rahmen und Zusammenhang unserer Intentionen hier von entscheidender Bedeutung ist.[13] HÜLLEN meint, der taxonomische Strukturalismus habe die Lehrer der neueren Fremdsprachen ganz außerordentlich sprach-*bewußter* (»Satzmuster-bewußter«) gemacht. Wir folgen ihm in dieser Meinung gerne und eilen, die Konsequenzen im Sinne unseres obigen Postulats zu entwickeln. Im fremdsprachlichen Unterricht ist das Unterrichtsgespräch, so sahen wir, immer zugleich eine Form sprachlichen Lernens; fremdsprachlicher Unterricht ist immer und in einem ausgezeichneten Sinne Gesprächs-Unterricht. Eng *pattern*-gegründeter Unterricht, so sahen wir ferner, ist defizient im Bereich situativer und semantischer Bezüge von Sprache. Diese aber, die funktionalen Aspekte von Sprache, wären in einem »normalen« Unterrichtsgespräch (das ja nicht mechanisches Sprechen über einem vorgegebenen Schema ist) durch Situationsbezug gegeben. Verbindet sich also dieses neue erhöhte und verschärfte Sprachbewußtsein der Fremdsprachenlehrer mit den für Gesprächsführung im FU unerläßlichen Einsichten und Techniken des *situational teaching,* dann wird eine strenge und überaus lerneffiziente Durchgliederung des Gesprächs möglich.

> Wir werden auf diesen Punkt immer wieder zurückgreifen müssen; insbesondere unsere Ausführungen über Gesprächsführung auf der Stufe des reinen Sprachausbaus, auf der Sekundärstufe II, werden von hier ihren Ausgang nehmen müssen.

Dies scheint uns die Stelle zu sein, an der die noch nicht voll genutzten Möglichkeiten des taxonomischen Strukturalismus (von denen oben die Rede war) liegen: Was auch vorher natürlich – unbewußt, sprach-intuitiv, aus Gefühl, Wellenschlag und der Erinnerung an eine sinnvolle Stundenvorbereitung – immer schon geschah, das kann jetzt ins Licht bewußter Planung, bewußten Vorbedachts gerückt werden. Nicht zu alten oder neuen Formen des Drills, sondern zu gesprächsimmanenter Steuerung des situativ eingebetteten und motivierten Lernvorganges ruft das taxonomische Modell.

In praxi hat das folgende Form: Das im Gespräch rekurrierende Vokabular sowie die verwandten Strukturen werden *bewußt* selektiert und eingesetzt. So entsteht ein immer wieder zu vernehmendes geprägtes sprachliches Modell in den Lehreräußerungen. Dieses lenkt und sichert das sprachliche Verhalten der Schüler durch seine Überschaubarkeit und regelmäßige Wiederkehr: *Paradigmatische* Engführung erscheint als Substitution und Rekurrenz, *syntagmatische* Engführung als Variation und Rekurrenz (d. h. der *syntagmatischen* Steuerung sind noch engere Grenzen gesetzt!). Für beide beziehen sich Selektion und Gebrauch zugleich

- auf den erreichten Formen- und Äußerungsbestand der Lerngruppe (Lektionen bis dato)
  als auch
- auf die angestrebte Erweiterung dieses Bestandes *(the lesson to come).*

Das erstere wie das letztere erfolgt also – bei *gründlich vorbereiteter* Selbstkontrolle des Unterrichtenden im Bereich syntagmatischer Ordnung (Schlüsselformulierungen!) – aus der häufigen Wiederkehr gleicher sprachlicher Elemente *im konkreten Äußerungszusammenhang des Gesprächs: »immanent«*.
Dies hebt zugleich die Schwächen des »abstrakten« Drills auf: »Elemente« der Sprache werden zu »Momenten« sprachlicher Kommunikation; die Sprache erscheint als das, was sie ist, als *Beziehungsform situativen Miteinanders,* und entfaltet entsprechende Motivationskraft. Das Ganze erfordert zwar eine gründlichere *qua* sprach-bewußte Vorbereitung des Unterrichts, als früher üblich war, verheißt aber auch größeren Efolg. Es stützt sich auf die drei einzig möglichen Grundlagen des sog. »freien Unterrichtsgesprächs, die hier abschließend wiederholt seien:

(1) variierende Engführung sprachlicher Elemente auf der syntagmatischen Achse im Sprechen selbst (die Satzformen),

(2) limitierte Auffächerung sprachlicher Elemente auf der paradigmatischen Achse im Sprechen selbst (das Vokabular),

(3) *»immanente Rekurrenz«* sprachlicher Elemente im Rahmen des durch (1) und (2) bezeichneten Feldes bei laufendem Gespräch.

Solche (»konditionierende«) Steuerung von Schüleräußerungen ist erst denkbar und möglich seit den »Analyse-Leistungen« des taxonomischen Strukturalismus. Dabei liegt schon im Ansatz, bei DE SAUSSURE, klar zutage, daß *Äußerungs*struktur (als Verhaltensstruktur) sogar auch *Haltungs*struktur, Struktur eines Verstehens, Deutens, Sehens impliziert. Diese Einsicht, die im französischen Strukturalismus zur Erforschung *anthropologischer »Muster«* geführt hat,[14] ermöglicht schließlich auch detaillierte, außerordentlich unterrichts-nützliche Analysen der komplementären Vorgänge im fremdsprachlichen Unterrichtsgespräch selbst (s. weiter unten S. 152 ff.: K. L. PIKES Begriff des Behaviorems und die Folgen!). Sie ermöglicht, darüber hinaus, einen unterrichts-*technisch* normierbaren »oberflächen-strukturellen« Zugang zu Texten und gibt erlernbare Mittel zur Interpretation im fremdsprachlichen Unterrichtsgespräch an die Hand (s. weiter unten die Darstellung im 2. Band).

»Pattern-Bewußtsein« ist also für den fremdsprachlichen Unterricht von sehr großer Bedeutung: es »steuert« den eigentlichen Gesprächsvorgang »mit« und macht ihn zum Rahmen und »Organ« der wesentlichen fremdsprachlichen *Lern*abläufe. Im Vergleich dazu kommt der *pattern practice,* so wurde wohl deutlich, eine nur sehr begrenzte Rolle zu. Die *pattern practice* hatte man ursprünglich für den didaktisch-methodischen Haupt-Gewinn aus dem Einbruch der Linguistik in den fremdsprachlichen Unterricht gehalten; sie wurde aber in Deutschland kaum je so bedingunglos und »blind« durchgezogen, wie von ihren amerikanischen »Vätern« geplant. »Reine« *pattern practice* reißt Äußerungselemente aus ihrer funktionalen Verankerung in situativer Sinn-Struktur und ordnet sie zu Übungs-Sequenzen; sie löst Sprache aus ihrem sinnlichen Kontext. In solcher Unform aber ist sie weder dem Verstehens-Ansatz noch dem Langzeit-Behalten »echt« dienlich zu machen – wie die etwas qualvolle Debatte über Möglichkeiten des *Transfers* bei reinen Reihen-Übungen[15] zeigt: Dies ist ja das Problem allen isolierten Formal-Drills. So ist die Funktion der *pattern practice* die des Ein-Übens, des Eingewöhnens (der Ausdruck »Einschleifen« greift wohl etwas zu hoch!) zu begrenzten Zwecken; sie bedarf des wenigstens nachträglichen situativen Transfers. Reihen-Übungen haben punktuellen Sinn, sind nützlich in Grenzen und erlauben gewisse Nonsense-Spiele ... – darüber aber unten mehr!

3.3.2. Der »Einbruch« des Charles Carpenter Fries – Zur Problematik von Wortklassen und »Gruppen« (Inhaltswörter und Strukturwörter)

3.3.2.1. Steuerungsvorgänge im fremdsprachlichen Unterricht, falls erfolgreich, verweisen u. a. zurück auf einen sprach-*bewußten* Unterrichtenden. Es gilt also, dieses Sprach-Bewußtsein des Unterrichtenden, seinen »generativen Fundus« zu entwickeln, zu wetzen und zu schärfen. Zu diesem Behufe haben wir (vgl. Abb. 11.1., auch 2.) am Beispiel eines Satzes aus dem Lehrbuch *»English for Today«* die wesentlichen grammatischen Darstellungs- und Notierungsformen zusammengestellt. Dabei wird, so hoffen wir, einiges deutlich.

> Zum Beispiel scheinen bei rein positionaler Betrachtungsweise, wie sie FRIES zeigt, die Unterschiede zwischen Wortarten (Wortklassen, *parts of speech*) und Satzgliedern *(parts of the sentence)* zu verschwinden. Interessant ist die Wiederaufrichtung dieses Seh-Rasters bei HALLIDAY: Nur erscheinen bei ihm die 4 *classes* von FRIES als 4 *parts of the sentence* S–P–C–A,[16] ein kleiner, aber bedeutungsvoller Unterschied! Noch interessanter ist die Schlußfolgerung im Stil einer *pädagogischen Grammatik*, die die Autoren von *»English for Today«* gezogen haben: Sie übernehmen die fundamentale Dichotomie von *Noun Phrase* und *Verb Phrase* im Satzverständnis CHOMSKYS (– man erinnere seine Satzformel $\boxed{S \rightarrow NP + VP}$). Die Dichotomie von Subjektteil und Prädikatteil im Satz gehört zugleich gewissermaßen in das Urgestein strukturalistischer Theorie und ist nicht neu bei CHOMSKY. – So gibt es (nach welchem Vorbild immer!) zwei Pfeiler, auf denen der Satz aufruht: *Subject* und *Predicate*. Dabei wird das *object* zum »Teil« des *predicate* (in der für Schüler vereinfachten Sehweise), desgleichen die adverbialen Bestimmungen (als *other links*).

Bei allem Gewinn an struktureller »Verstehensgewöhnung« durch CHOMSKY scheint uns dennoch die HALLIDAYsche Vierteilung, die verblüffenderweise sowohl der traditionellen Grammatik wie dem taxonomischen Schema näher steht, aus einer Reihe von Gründen nützlicher: Schon Spiel und Ernst der *substitution tables* erschließen sich leichter diesem Schema als jenem anderen. Dazu kommt, daß es als Kompromiß mit der Tradition deren Ergebnisse als Mitgift einbringt (und die Kooperation über Fachgrenzen hinweg sowie mit weniger »emanzipierten« Kollegen erleichtert). Durch seine vierfache Nebenordnung (statt komplizierter Hierarchie) ist es schließlich pädagogisch leichter handhabbar. Für die *advanced forms* des *FL-Teaching* (Stil-Analysen als Haltungs-Analysen aus dem Satzaufbau) ist es den Hilfen in englischen Schullehrbüchern angenähert, so daß es von hier aus sehr angenehme Förderung gibt.

3.3.2.2. Dies mögen etwas kleinliche parteiliche Querelen sein. Es gibt da ein zweites, höchst wichtiges Nebenergebnis im Wirkungs- und Ausstrahlungsfeld der FRIESschen Untersuchungen sprachlicher *Taxa* (– zum Begriff s. u.: W. A. KOCHS zusammenschließende Bezeichnung für »Elemente« und »Orte im System«): FRIES gelangt zu einer fundamentalen Zweiteilung, die des alten HENRY SWEET alte Einteilung der Wörter in *»content words«* und *»empty words«* zu wiederholen scheint. Tatsächlich weicht er – in seiner einstmals epochemachenden Darstellung *»The Structure of English«* von 1952 – für beide Kategorien von Wörtern in bedeutungsvoller Weise vom historischen »Vorbild« ab:[17]

1. Er faßt seine *»CLASSES«* 1–4 nicht unter irgendeinem Sammelnamen zusammen – wohl, um nicht ein Urteil über »Herkunft« oder »Art« ihres *»content«* abzugeben; vor allem aber, weil die *formalen* und *syntaktischen* Gruppierungskriterien, die ihm wichtiger sind, sich offenbar nicht unter das Joch einer einfachen Bezeichnung zwingen lassen (– der gelegentlich verwandte Ausdruck »Formklassenwörter« in Übersetzungen

11.1. Modelle zur Analyse von Satzstruktur (am Beispiel eines Satzes aus dem Lehrwerk "English for Today", Bd. 1)

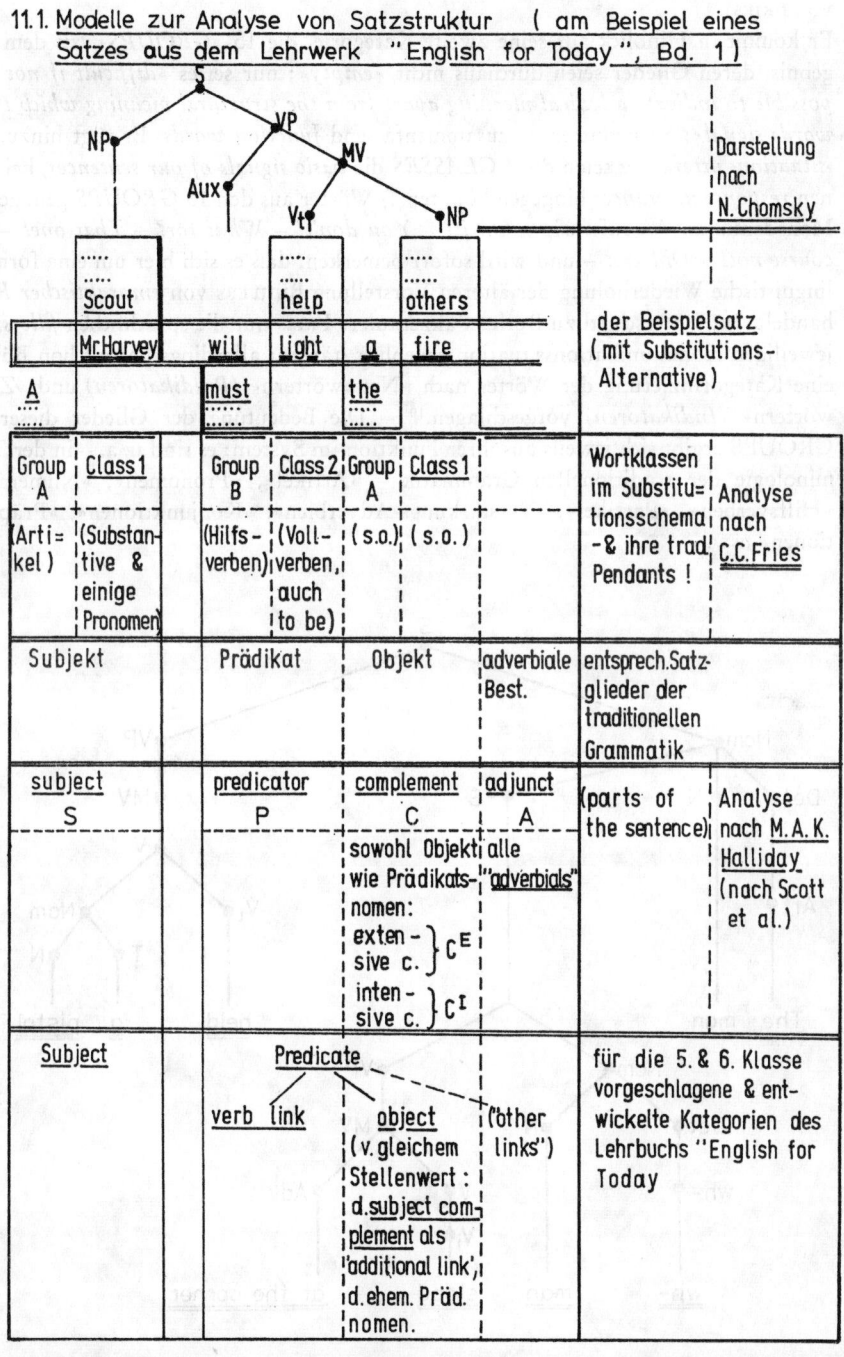

S — NP — VP — MV — Aux — Vt — NP

Scout		help		others		Darstellung nach N. Chomsky
Mr.Harvey	will	light	a	fire		
A	must		the			*der Beispielsatz* (mit Substitutions-Alternative)

Group A	Class 1	Group B	Class 2	Group A	Class 1	Wortklassen im Substitutionsschema -& ihre trad. Pendants!	Analyse nach C.C.Fries
(Arti= kel)	(Substantive & einige Pronomen)	(Hilfsverben)	(Vollverben, auch to be)	(s.o.)	(s.o.)		
Subjekt		Prädikat		Objekt	adverbiale Best.	entsprech.Satzglieder der traditionellen Grammatik	
subject S		predicator P		complement C	adjunct A	(parts of the sentence)	Analyse nach M.A.K. Halliday (nach Scott et al.)
				sowohl Objekt wie Prädikatsnomen: exten-sive c. }C^E inten-sive c. }C^I	alle "adverbials"		
Subject		Predicate — verb link | object (v. gleichem Stellenwert: d.subject complement als 'additional link', d. ehem. Präd. nomen.) | ('other links')				für die 5.& 6. Klasse vorgeschlagene & entwickelte Kategorien des Lehrbuchs "English for Today"	

unterschlägt die syntaktisch-funktionale Komponente der verwickelten Herleitungen von FRIES).

2. Er kommt in Hinblick auf seine zweite Kategorie, die 15 »*GROUPS*«, zu dem Ergebnis, deren Glieder seien durchaus nicht »*empty*«; nur sei es »*difficult if not impossible to indicate a lexical meaning apart from the structural meaning which these words signal*«: So nennt er sie zusammenfassend *function words.* Er fügt hinzu, bei ›*situation*‹ *utterances* seien die 4 *CLASSES* die *basic signals of our sentences,* bei reinen *response utterances* hingegen könnten(!) Wörter aus den 15 *GROUPS* genügen:[18] Man denke an Ausrufe wie – *On it? – You don't! – What for? – That one! – Of course not! – Did we?* – und wird sofort bemerken, daß es sich hier um eine formal-linguistische Wiederholung der älteren Vorstellung BÜHLERs von *empraktischer Rede* handelt. Im Unterschied zu BÜHLER akzentuiert FRIES nur die sprachlichen *fillers* der jeweiligen Kommunikationssituation erheblich stärker; allerdings hatte schon Bühler eine Kategorifizierung der Wörter nach »Nennwörtern« *(Prädikatoren)* und »Zeigwörtern« *(Indikatoren)* vorgeschlagen.[19] – Die Bedeutung der Glieder dieser 15 GROUPS ergibt sich jeweils aus ihrer Funktion im System: es sind u. a. – in der Terminologie der traditionellen Grammatik – »Artikel«, »Pronomen«, »Numerale«, »Hilfsverben«, »Partikel«, »Verstärkungs-Adverbien«, »Konjunktionen«, »Präpositionen« usw.

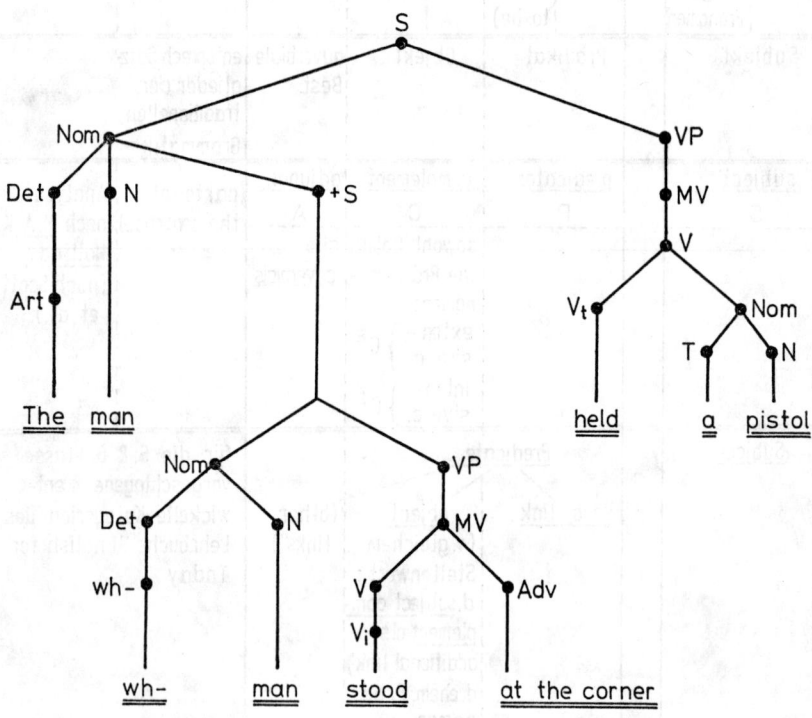

11.2. *Verzweigungsdiagramm* des Satzes »The man who stood at the corner held a pistol« nach CHOMSKY (Beispiel einer komplexen Struktur)

PIKE berichtet von einem *certain party game* aus den USA: *People start by singing a stanza which begins* Under the spreading chestnut tree ... *Then they repeat the stanza to the same tune but replace the word* spreading *with a quick gesture in which the arms are extended rapidly outward, leaving a vocal silence during the length of time which would otherwise have been filled by singing. On the next repetition the word* spreading *gives place to the gesture, as before, and in addition the syllable* chest *is omitted and the gap is filled with a gesture of thumping the chest. On the succeeding repetition the head is slapped instead of the syllable* nut *being uttered. In another round the arms may be extended upward as a gesture to replace* tree. *Finally, after further repetitions and replacements, there may be left only a few connecting words like* the, *and a sequence of gestures performed in unison to the original timing of the song.* – Dieses Spiel (das als Schlüsselbeispiel und »Aufhänger« PIKES Hauptwerk über Sprache und Verhalten einleitet[20]) bietet zunächst einmal ein perfektes Exempel der *slot-and-filler*-Vorstellung im taxonomischen Sprachverständnis und ist daher im hohen Grade geeignet, das Sprach-*Bewußtsein* des Lesenden zu schärfen. Es leistet dies in noch umfassenderer Weise durch den Schlußhinweis: Was nämlich »nachbleibt« – als nicht ersetzbar oder darstellbar –, sind die Funktionswörter (wie *the*). Ob es als Bewußtmachungsspiel für Schüler im Unterricht übernehmbar ist, ist fraglich (Aufgabe durch das Medium der Fremdsprache hindurch zu schwierig, s. z. B. die subtile Komik der *nut*-Darbietung!); dem Unterrichtenden kann es über die Erfahrung der zwei Wortkategorien hinaus das Verständnis der Sprache als eines Zeichensystems überhaupt befördern. Natürlich ist der darin vollzogene Spiel-Transfer aus einem Zeichensystem (Sprache) in ein anderes (Verhalten), bei dem verblüffenderweise Prädikatoren (autosemantica) deiktische Züge winnen (die sonst nur Indikatoren, synsemantica, zukommen), nicht leichthin zu generalisieren: da hier die Aufgabe darin besteht, jedes Wort, nach und nach, deiktisch oder mimisch zu ersetzen, ist der Transfer nur möglich, bei Konkreta oder konkret Auffaßbarem bzw. Darstellbarem. Der spielerische Kraftakt zeigt deutlich, wie sehr die oben dargelegte taxonomische Strukturvorstellung durch FRIES' Unterscheidung von *class words* und *function words* vertieft wird.

Substitution auf der paradigmatischen Achse (hier: im Zeichensystem der Sprache wie des Verhaltens!) ist offenbar das zugrunde liegende Prinzip: eine Substitution, die – wie jetzt klar sein sollte – sich ausschließlich auf die *class words* in den Füllstellen *(slots)* bezieht –. Vielleicht wird dies noch klarer, wenn der Vorgang sich innerhalb des gleichen Zeichensystems hält. Von HOCKETT stammen die Sätze:

(1) *'Twas morning, and the merry sunbeams did glitter and dance in the snow; all tinselly were the treetops, and the happy fairies frolicked.*

(2) *'Twas stormy, and the tall pines did quiver and tremble in the gale; all dark were the streets, and the weary villagers slept.*[21]

Beide Sätze sind Substitutions-Variationen über dem Grundschema der ersten Strophe des L. CAROLLschen »Jabberwocky«: Seit A. T. KITCHIN an den Nonsense-Wörtern zum erstenmal die satzfunktionale Bedeutung von Wörtern erläuterte, ist dieses Beispiel immer wieder aufgegriffen worden.[22] Nur die *»content words«* sind Nonsense; die syntaktischen Schemata sind aufgrund des »intakten« Morphem- und Funktionswörter-Arrangements klar erkennbar. Substituiert man auch die Funktionswörter durch Nonsense-Wörter, dann erst zerfällt alles und wir haben Sprachsalat ohne Sinn. Bei intakter Satzstruktur können schließlich auch Ziffern für die Füllstellen der *content words* eingesetzt werden, um die Substituiermöglichkeiten zu verdeutlichen. So ist aus der vierten Zeile des *»Jabberwocky«*

   And the mome raths outgrabe.

folgendes Spielmaterial ableitbar:

   And the 9   10   s *out* 11 .
   And the bare rocks   outcrop.
   And the style seems   outdated.
   And the rose stands outside.

In gemäßigter Form ist diese Möglichkeit die Grundlage aller fremdsprachenunterrichtlichen Substitutionsspiele und -übungen. Es findet seine fachmethodisch kühne Form in der substitutiven Kontrafaktur ganzer *Texte* mit Stiltransfer sowie in der Gesprächsform des »grammatisch gelenkten Gesprächs«, wie sie – beide! – H.-J. LECHLER entwickelt hat (vgl. unsere Darstellung im 2. Band).

Um auf gewisse Struktursignale überhaupt reagieren zu können, muß man sie kennen: Aus ihrer eminenten grammatischen Bedeutung – derentwegen sie auch Strukturwörter *(structural words)* heißen – erklärt sich die enorme Häufigkeit der Funktionswörter im System möglicher oder tatsächlicher Äußerungen. In FRIES' Zählung gibt es nur insgesamt 154 Funktionswörter (MACKEY spricht von *less than 200*) – eine im Vergleich zur potentiellen Gesamtwortmenge des Englischen verschwindend geringe Zahl! – Diese wenigen aber machen dann im Ergebnis *ein Drittel* der jeweils geäußerten Wortmenge aus, schon nach relativ kurzer Zeit fast ohne Zuwachs neuen Materials, sich von Äußerung zu Äußerung beständig wiederholend. Im Unterschied dazu ist der Zuwachs neuer »Formklassenwörter« (der alten *»content words«*) ganz regelmäßig und macht bereits bei etwa 100 *Items* 93 % der Gesamtmenge aus.[23]

3.3.2.3. Hier wurde gewiß kein überholtes Kapitel aus der Frühgeschichte der modernen Linguistik einfach nur abgestaubt und erneut angeboten. Die unmittelbare Unterrichtsbedeutung des Gesagten sollte klar sein: Zunächst ist da die Bedeutung der Funktionswörter für Lehrgangs- und Lehrwerkskalkulation – ein Thema, das uns hier nur am Rande berührt: Etwa die Hälfte aller Funktionswörter sowie die dazugehörigen Formen sollten bereits im ersten Lernjahr, der Rest mit wenigen Ausnahmen nach etwa drei Lernjahren bekannt und »eingeschliffen«, i. e. beliebig disponibel sein – spätestens aber nach fünf Lernjahren.

Entscheidend (im Zusammenhang unserer Darstellung) ist die Bedeutung, die das Gesagte für den Lehr- und Lernprozeß selbst hat: Sie vertieft und gliedert das sprachliche Strukturenbewußtsein der Unterrichtenden, legt bestimmte Formen des unterrichtlichen Gesprächs, der schriftlichen Übung und selbst des interpretierenden Umgangs mit Texten nahe, soweit diese sich aus dem für Substitutions-Möglichkeiten geschulten Blick ergeben. Das darin geschärfte Gefühl für lineare Gliederung eines Kontinuums bezieht sich vor allem auch auf die Einheit von Sprach-Produktion und Verhalten: Bei WITTGENSTEIN wurde es sinnvoll, von einer »Grammatik des Bewußtseins« zu sprechen; PIKE gelangt zur Vorstellung einer *»Grammar of Society«*[24] – was in *diesem* Zusammenhang entsteht, könnte man vielleicht mit »Prolegomena zu einer *Grammatik der fremdsprachenunterrichtlichen Einzelstunde«* bezeichnen. Und dies desto eher, als in den Funktionswörtern bzw. dem, was sie leisten, die psychologischen Wurzeln einer solchen Stunde greifbar werden. Erinnern wir uns der traditionellen »Wortarten« und Satzfunktionen, die durch sie vertreten werden: Es sind diejenigen, die Situations-Sinn und grammatische Struktur aus der durch sie »hinzugefügten« *attitudinal-perspektivischen Wendung oder Tönung* heraus verzahnen. In ihnen kommt der Verhaltens-Aspekt von Sprache, der Rollen-Charakter jeglicher Äußerung, unüberhörbar ins Spiel. – Dies gilt selbst noch für die bereits weitgehend verblaßten unter ihnen, lässig-leichte »Einsprengsel«, die eher andeuten als aussagen (und auch jenes nicht immer logisch-korrekt!), wie *of course, however, well, moreover* u. a. m.: angesichts der Neigung des Engländers zur *phatic communion* gilt es für sie vielleicht sogar in ganz besonders hohem Maße (s. o. JAKOBSONS Modell S. 89 f.).

Für eine kommunikative Didaktik des fremdsprachlichen Unterrichts wie unter dem Gesichtspunkt praktischer Unterrichtsmethodik (Vorbereitung einer Stunde, der *sustained effort* einer Kontrolle eigener Äußerungen u. a. m.) sind die *function words* sowie das, was sie bewirken und leisten, offenbar ähnlich wichtig wie die Strukturen von Sprache (in die sie integriert sind) »selbst«: Beide gehören in der Vorauskalkulation sprachlicher Äußerungen, der »Selbstprogrammierung« des Unterrichtenden vor der Stunde, zusammen. Erwerb und Einübung anzuregen, zu steuern und ans Ziel zu führen, ist dabei nicht immer bequem: Der enge Zusammenhang von Bedeutung und attitudinalem Kontext setzt im Grunde eine entwickelte »situativ-strukturelle Bewußtheit« des Lehrenden voraus. Reiner Formal-Drill, so sahen wir, genügt hier zweifellos nicht – obwohl er gerade bei vielen *function words* nahezuliegen scheint.

3.3.3 Der noch nachdrücklichere »Einbruch« Noam Chomskys

3.3.3.1. Die Tafel auf S. 107 (zusammen mit dem zweiten Diagramm *à la* CHOMSKY) ist auch geeignet, die Bedeutung und Grenzen der CHOMSKYschen Darstellungsschemata zu illustrieren.[25] Vorauszuschicken ist, daß auch im Hinblick auf diese Verzweigungs- diagramme CHOMSKY durchaus kein *innovator* von bestürzender oder erfrischender Neu- artigkeit ist; auch dieses Detail findet sich vor ihm, im oben erwähnten »Urgestein« des Strukturalismus (in diesem Falle z. B. bei BLOOMFIELD), vorgebildet. Die *explanatory power* dieser Strukturen-Bäumchen ist – schon in unseren beiden einfachen Beispielen – un- übersehbar. CHOMSKY reduziert auf immer einfachere abstrakte Zuordnungen von Elemen- ten (die im Diagramm als schichtenweise Entsprechung von Verzweigungs-»Knötchen« faßbar sind) und fügt zu den 2 Prinzipien der Sprachanalyse, die im taxonomischen Struk- turalismus dominierten (s. o. S. 102: Segmentierung und Klassifizierung) ein drittes hinzu, das der *Transformation gemäß einer* »äußerungs-transzendenten« *Regel*. Komplexe Äuße- rungsstrukturen werden durchsichtig gemacht auf wenige einfache Grund-Relationen, aus denen sie als durch Transformation abgeleitet verstanden werden. CHOMSKY gewinnt auf diese Weise zur »oberflächlich« faßbaren Zeichenanordnung sprachlicher Akte in Laut und Schrift eine Tiefendimension hinzu und unterscheidet entsprechend zwischen analy- sierbarer *deep structure* von Sprache und analysierbarer *surface structure* sprachlicher Akte: »*Generation*« (Hervorbringung) von Sprache »aus der Tiefe« erfolgt auf dem Wege immer wieder neuer, vielfältiger, zahlenmäßig endlicher Umstrukturierungen des Mate- rials, durch eben jene »Transformationen«, von denen eben die Rede war.[26] So erfüllt der *Struktur*begriff CHOMSKYs – im Unterschied zu dem der taxonomischen Strukturalisten (s. o.: das »*pattern*«) – den vollen Sinn des Wortes: Es handelt sich um Struktur von sowohl

● horizontaler (Feld: Zuordnung und lineare Progression)
   wie
● vertikaler (Tiefendimension: Schichtung in *levels*)

Gliederung. Das Insgesamt dieser so reich gegliederten regel-bezogenen Struktur ist der *Code* einer Sprache.

> Der Code ist allerdings mehr als ein informations-theoretisches Äquivalent der SAUSSUREschen *langue:* Er ist *la langue* als zugleich auch neuropsychologisches und neurophysiologisches Fak- tum. So läßt sich der *Code* definieren als die »Gesamtheit der in der Großhirnrinde gespei- cherten Phonem-, Morphem-, Lexis- und Syntax-Einheiten und -Strukturen sowie der primä- ren (grammatischen) und sekundären (z. B. soziokulturellen, situativen) Regeln für deren Ver- wendung (Selektion, Kombination)«. Ob das Auseinandertreten von »Gesamtheit«, »Regeln« und »Verwendung« in dieser durchaus anfechtbaren Definition (angesichts der noch in so vieler Hinsicht ungeklärten neuropsychologischen und neurophysiologischen Zusammenhänge) mehr ist als eine *nützliche Spekulation* über den »Charakter« von *deep structure* und die »genera- tiven« Beziehungen zwischen *deep structure* und *surface structure,* muß wohl als zur Zeit

noch völlig offen gelten. Durchaus fragwürdig ist, ob die Termini »primär« und »sekundär« mehr besagen als *»Aspekte von«*: Eine *Reihenfolge* (sei es der Wertung, sei es der Deduktion, sei es des faktischen Nacheinanders) ist in diesem Bereich angesichts der »Register«-Analysen z. B. aus kontextualistischer Schule sowie der Untersuchungen WANDRUSZKAS nicht zu konstatieren. »Unsere Sprachen sind keine Monosysteme« (WANDRUSZKA; vgl. auch unsere Ausführungen unten über J. R. FIRTH).[27]

»Beherrschung« dieses Code »in der Tiefe«, das »generative« Sprachvermögen des Muttersprachlers, nennt CHOMSKY *Kompetenz*, deren Umsetzung in konkrete Äußerung *Performanz*. Der »ideale Sprecher/Hörer« einer Sprache besäße die volle und reine Kompetenz. – Diese idealische Fiktion CHOMSKYs ist leicht als Konstruktion zu erkennen, weil es eben den »reinen« Muttersprachler ebenso nur als Abstraktion geben kann wie die »reine« Muttersprache. Das aber schränkt die Bedeutung seiner Aussagen über Struktur und Code einer Sprache nicht ein: Unzählige außerordentlich eindringliche Analysen von Sprache bestätigen Kraft und Wert seines Modells.

Auch das Prinzip der Transformation mag nicht so revolutionär erscheinen. COOK, SCOTT und andere haben gezeigt, daß man es als Möglichkeit des kontextualistischen, vor allem aber des »tagmemisch«-strukturalistischen Typs (s. u. S. 152 f.) einbauen bzw. als Implikation ansetzen kann.[28] Aber das »Erkenntnisinteresse« CHOMSKYs, welche wirklich das Hör-/Sprech-/Lese-/Schreib-Kontinuum durchaus transzendiert, macht aus dem »oberflächlich«(!) Bekannten etwas völlig anderes. Und dieses Interesse ist, so scheint es, (im Rahmen unserer obigen Unterscheidung von Strukturen und Funktionen) fast ausschließlich auf den *strukturellen* Aspekt von Sprache gerichtet, fast gar nicht auf ihren *funktionellen* Aspekt.

Auch dieser strukturelle Aspekt interessiert CHOMSKY im Grunde nur, insofern in den strukturellen Gliederungen *generative* Schichtung faßbar wird; dies wird dann von vielen psycholinguistisch interpretiert (vgl. die Darstellung bei H. HÖRMANN).

Die kognitive Kraft des CHOMSKYschen Interesses ist außerordentlich und hat bedeutende analytische Energien bei anderen ausgelöst. So unterscheidet HELBIG[29] bereits 4 *levels* von Tiefenstruktur bei dem Versuch, den *Code* »in der Tiefe« zu fassen:

(1) die *konnexive* Tiefenstruktur – Valenzbeziehungen von Satzgliedern im Anschluß an das Verb;

(2) die *syntaktische* Tiefenstruktur – Konstituentenrelationen, wie durch Baumdiagramme dargestellt;

(3) die *logische* Tiefenstruktur – prädikat-logische Verhältnisse »unterhalb« der konkreten Lexis eines Satzes;

(4) die *semantische* Tiefenstruktur – Zuordnung »außersprachlicher noematischer Komponenten, die jede Sprachstruktur aufbauen«.

Diese Art eindringlicher Dickbrettbohrung erinnert wieder unmittelbar an die obige Konzeption einer »Grammatik des Bewußtseins« bei WITTGENSTEIN. Auch hierzu finden sich Ansätze bereits bei SAUSSURE: Er war davon überzeugt, daß alle menschlichen Verhaltenskomplexe als Zeichensysteme zu verstehen seien, deren Regeln auf einen Grund-Code hin abstrahierbar seien. In Anwendung dieser Einsicht versuchen französische Strukturalisten, Konventionen primitiver Völker, Vorgänge aus dem geschäftlichen Leben, Modephänomene und öffentliche Medien als eine Art von Sprache zu interpretieren, die interkollektive Beziehungen »generiert«[30]. Dies führt schließlich bei dem britischen Soziologen P. WINCH zur Analyse grammatischer Regeln als eines möglichen Grund-Codes von Kommunikation und damit von gesellschaftlicher Praxis (– vgl. die anders, i. e. behavioristisch »grundierten« Vorstellungen PIKES zur *Grammar of Society*).[31]

Daß es sich bei sprachlichen Strukturen um *Transformations-Formen elementarer Relationen im Bewußtsein* handelt, wird besonders deutlich an einem einfachen Beispiel von J. KLOWSKI aus dem Bereich der lateinischen Grammatik: Der »Kernsatz« *Gallos vincit* (in dem das »Subjekt« 1. als Singular, 2. aus dem Kontext bestimmbar ist) erlaubt bzw. »generiert« als

Passiv *Galli vincuntur* und *Galli victi sunt,* als Abl. Absol. *Gallis victis,* als AcI *Gallos victos esse,* in denen (wenn auch das »Subjekt« ungenannt ist) alle Grund-Relationen aus gegebenen Elementen gleich sind: Das »Subjekt« des Vorganges (ob genannt / nicht genannt / erschließ-bar), dessen Ablauf und Ergebnis sowie Richtung und Ziel der Tätigkeit des Subjektes sind erhalten; das Grundgerüst der Aussage ist erhalten, geändert hat sich deren Perspektive. Auch eine Negation verändert nur das »Vorzeichen«, nicht die grundlegenden Relationen: *Ich gehe* schließt ein *ich gehe nicht* ein (als Null-Möglichkeit) – wie *Gallos vincit* ein mögliches *Gallos non vincit* einschließt, nicht aber ein *a Gallis vincitur.* Die andere Transformation über gleicher Kernsatz-Tiefenstruktur verändert »Vorzeichen« und Perspektive; die veränderte Tiefen-struktur hingegen verweist auf eine andere Zuordnung von Elementen, ein verändertes Rela-tions-System.

Wie eindeutig es CHOMSKY um den Versuch geht, *Strukturen* zu klären, nicht deren situa-tiven *Funktions*-Sinn[32], wird aus einem Vergleich mit kontextualistischem Vorgehens-Stil deutlich. Immer wieder genannte Beispiele für transformationelle Analyse bieten die Sätze *John was eager to please* und *John was easy to please.* HALLIDAY nennt in einem entspre-chenden Zusammenhang als Beispiele die Sätze *He called her a taxi* und *He called her a beauty.* CHOMSKY würde in diesem wie in jedem anderen Fall seine ganze Energie auf die Rückführung des ambigen Paradigma auf eindeutige Kernsatz-Strukturen richten, HALLI-DAY die seine auf die möglichst vollständige Zusammenstellung der möglichen eindeutigen Kontexte (in denen der eine oder der andere Satz Sinn hat). Träumt der eine von der Komputierbarkeit der Sprache (die letzten Endes auf mechanische Hervorbringbarkeit auf der Grundlage einer Kenntnis aller Regeln hinausläuft), so der andere von deren »Versteh-barkeit« (die nicht manipulierbar ist außer über die Kontexte). So ist für HALLIDAY das kommunikative Moment (mit seinem Verweis auf Situation) besonders kräftig entwickelt, bei CHOMSKY fast völlig verdorrt.

3.3.3.2. CHOMSKY selbst scheint im Hinblick auf die Nützlichkeit seiner Theorien für den Sprachunterricht ziemlich skeptisch zu sein[33]. Diese Skepsis ist nur zu berechtigt. Wir sehen die »Nützlichkeit« der generativ-transformationellen Grammatik in 3 Bereichen gegeben: bei der Entwicklung eines differenzierten Sprachbewußtseins im Unterrichtenden, bei der sprachlichen Vorkalkulation von Lehrgängen und im Bereich der fortgeschrittenen Textarbeit. Wir vermögen sie nicht zu erkennen in dem Bereich, dem das Hauptaugen-merk der gegenwärtigen Untersuchung gilt: dem der konkreten Unterrichtsführung.
Was wir mit CATFORD die *grids* der Sprache nannten, wird hier mit Nachdruck vor Augen gerückt. HÜLLEN weist darauf hin, daß der Erörterung dieser durch CHOMSKY sichtbar gewordenen Code- und Struktur-Einsichten die Funktion einer »didaktischen Bewußtseins-aufhellung« zukommen kann.[34]

Da uns die Bedeutung der GTG für die sprachliche Vorkalkulation von Lehrgängen und Lehr-werken hier nicht zu interessieren braucht, sei diesem Hinweis HÜLLENs allein noch einige Überlegung gewidmet.
Wie das obige Beispiel von KLOWSKI zeigte, kann die formale analytische Vehemenz des CHOMSKYschen Vorgehens den Blick schärfen für die Struktur von Haltung und Situation in sprachlicher Äußerung: Es wird so etwas wie die Tiefenstruktur von Situation aus deren konstitutiven Elementen und deren Zuordnung sowie – als »Oberflächenstruktur« – deren attitudinale Perspektive oder Seh-Arrangement verständlich. Abgesehen von dem Vorzug, den jede solche Verstehensdifferenzierung im Unterrichtsbereich für den Lehrer besitzt, kann dies auch konkret für Textanalysen mit Schülern auf der Sekundarstufe II bedeutsam werden: Es wird zunächst die Aufmerksamkeitsstruktur überhaupt (Selektion und Kombination von Ele-menten in einem Text), danach die Richtung dieser Aufmerksamkeit faßbar, verborgene Vor-aussetzungen also. Wir meinen allerdings, daß die kontextualistische Schule hierüber »be-

quemer« verständliche und transferierbare Vorstellungen entwickelt hat (s. u. S. 122 ff.). –
Für Textanalysen auf der Sekundarstufe II können ferner auch die Satzverzweigungsanalysen
CHOMSKYS hervorragende Dienste leisten. Natürlich schärft der Umgang mit der GTG auch
und vor allem den Blick für sprachliche Strukturierung im engeren Sinne. HÜLLEN belegt dies
durch Beispiele, insbesondere auch solche von doppeldeutiger (»ambiger«) bzw. falscher *pattern*-Analogie auf der »Oberfläche« über das obige Klischeebeispiel hinaus reich, ja, glänzend.[35] Dennoch ist nun nicht einfach *transformation practice* an die Stelle oder Seite der
pattern practice zu rücken: Beide können »keine Information im Sinne eines natürlichen
Sprechaktes vermitteln.«[36] In diesem Sinne ist CHOMSKY nicht Revolutionär, sondern Voll-
ender eines Systems: er purifiziert das strukturalistische Sprachverständnis, ohne es mit »Sinn«
zu füllen. *Could meaning be an r_m?*[37] – Diese Frage aus seiner Schule zeigt die eigentliche
Stoßrichtung seines Denkens: weg vom konkreten Sprechakt und seinen Motivationsgrund-
lagen (= dem »täglichen Brot« des fremdsprachlichen Unterrichts!).

Menschliche Rede ist »»an beiden Enden‹ semantisch dominiert«: Sie geht aus von »semantischen Konzepten« und führt zu »semantischen Resultaten«, und sie ist von diesen »beiden
Enden« her, d. h. semantisch motiviert. Sprachlehrverfahren, die im Syntaktisch-Formalen
verhaftet bleiben, erreichen die Motivationswurzeln wie die Äußerungsmechanismen alltäglicher Rede gar nicht; sie »generieren« sie nicht und differenzieren sie nicht. So meint
HÜLLEN,[38] und er spricht uns aus dem Herzen. Allerdings führen uns seine Beobachtungen
nun nicht zu einer neuen, vielleicht besseren Art von expliziter Übung, sondern zu der
Überzeugung, die strukturellen Einsichten der modernen Linguistik, d. h. auch CHOMSKYS,
seien in das motivational flexiblere, *pattern-bezogene* Unterrichten herkömmlicher Art zu
integrieren. Damit ist ausdrücklich nicht *pattern* oder *transformation* oder irgendeine andere *practice* gemeint, sondern gesteuertes situatives Sprechen von immanentem Transfer-
Drall – bei wachsender Verselbständigung der Schülerrolle im Gesprächskontext.
CHOMSKYS GTG abstrahiert vom Erfahrungsbereich des alltäglichen Sprechers (und also
auch des Schülers); kommunikativer Stimulus, situativer Kontext, die semantische Komponente werden vernachlässigt: Es ist durchaus fraglich, ob solch dimensional verkürzte
Sprachbeschreibung mit dem Ausdruck »stringenteste Hypothesenbildung« zu bedenken,
legitim ist: ACHTENHAGENs Fähnchenschwenken an offizieller Stelle,[39] sei dies nun Start-
zeichen oder nur expressives Signal, wirkt etwas voreilig. Unter dem Gesichtspunkt konkreter Unterrichtsführung ist – besonders auffällig im Bereich des elementaren Spracherwerbs – CHOMSKYS generativ transformationelle Grammatik von sehr begrenzter Bedeutung. Unbeschadet ihres heuristischen und kognitiven Wertes ist einfach die unmittelbare Stütze, die sie kommunikativem Selbst-tun, aktiver und konkreter Äußerung »leiht«,
zu schwach.

3.3.3.3. Dies letzte wird auch offenbar in dem verbreiteten Mißverständnis über die
(durch CHOMSKYS Leistung mit-initiierte) *cognitive code-learning theory:*
In grotesker Verkennung dessen, was *Code* als aus der »Tiefe« der *deep structure* her Be-
stimmtes »eigentlich meint«, wird diese für den Sprachunterricht so wesentliche Lerntheorie – ohne Unterscheidung muttersprachlichen und fremdsprachlichen Lernens – als An-
weisung zum Regel-Lernen und Regel-Anwenden *more barbarico* interpretiert. Das sind
Rückfälle ins Paukerhaft-Vorsintflutliche; sie sind auch nicht durch die Einsicht »aufzuheben«, daß es eben auch im Bereich neusprachlicher Didaktik Wellenbewegungen wieder-
kehrender Verfahrenskonventionen gibt. Die Faszination der generativ-transformationellen Grammatik liegt (um ihre eigene Terminologie zu gebrauchen) in der Reflexion auf
Kompetenz, nicht bei Fragen der *Performanz*. Der Transfer zwischen beiden (wie, allgemeiner, zwischen *deep structure* und *surface structure*) ist immer noch voller vielfältiger

ungeklärter Forschungsprobleme. Eine so *einfache* – Wuppdich! – Übertragung der Kategorien aus dem einen in den anderen »Bereich«, wie sie hier von manchen Fachdidaktikern geübt wird, ist also gerade bei Kenntnis und Schätzung der GTG von beträchtlicher Komik. Sie ist *»infradig«* – und außerdem geeignet, eine Grundtatsache zu verdunkeln, auf die wir bereits in anderem Zusammenhang hinwiesen: Der fremdsprachliche Unterricht muß durch unendlich mühereiche Arbeit im Bereich der *Performanz* (= der Saussureschen *parole*) überhaupt erst den Ansatz einer *Kompetenz* aufbauen – einer Kompetenz, die zunächst (im Unterschied zu den Vorbedingungen beim muttersprachlichen Lernen) *gänzlich fehlt!* Genau dies aber (darauf hat zuletzt F. W. Gester hingewiesen)[40] entspricht den ursprünglichen Intentionen und Aussagen der generativ-transformationellen Grammatik – entgegen allen anderslautenden Gerüchten: Sie beschreibt die Bildung eines kognitiven Code aus »bewußter Performanz« – nicht: metasprachlich *reflektierter Performanz!* – am Beispiel mutter- oder besser: eigensprachlicher (oder: grundsprachlicher) »Bildung«. Der Aufbau eines solchen Code in einer Art »Politik der kleinen Schritte« – die Chomskys muttersprachlichem Modell strukturell entspräche – ist wiederholt als das Problem der *pedagogic rule* beschrieben worden. Nichts wäre abwegiger, als aus der *äußeren* »Ähnlichkeit« der *pedagogic rule* (samt ihren Implikationen) mit der *generative rule* (samt ihren Implikationen) sogleich einen Schluß didaktisch-methodischer Art zu ziehen: den Schluß, die linguistische Mühsal im Erarbeiten der *generative rule* erlaube einen einfachen unterrichtspraktischen Transfer und man könne sich mit einer einfachen Gleichsetzung der zwei *rules* »beruhigt auf ein Faulbett legen«. Das Ergebnis wäre entweder

● eine *unkritisch* angesteuerte monolinguale Performanz im Klassenzimmer: modifikationslos wiederaufgewärmte »direkte Methode«;
oder

● ein *über-»kritisch«* und ängstlich überscharfes Bewußtsein kontrastierender Systeme, das dann zu einer neuen *»grammar-translation method«* im Unterricht führen würde.

Beide Haltungen reagieren naiv, d. h. ohne kritische Reflexion der Gründe, auf den »Mangel« der Chomskyschen Darstellungsweise: das Fehlen des kontrastiven Elements, soweit es um die Beschreibung der englischen Sprache geht (– was ganz »normal« ist: es ist seine Muttersprache!).

Gegen derlei »geschwind-darmende« Didaktik wie gegen die obige Versimpelung Chomskyscher Prämissen sei abermals (in der Terminologie Saussures) der didaktisch-methodische Imperativ des fremdsprachlichen Unterrichts aufgerichtet: Aufgabe *und Problem* des fremdsprachlichen Unterrichts liegen wesentlich im Bereich der *parole,* nicht dem der *langue* (– außer natürlich »immanent«!). Die Frage, wie *la parole* – vor dem Hintergrund der Muttersprache: *kontrastiv* also – zu provozieren, zu steuern, zu wiederholen, zu entfalten und zu sichern sei, verweist weit eher in den Bereich »situativer« (i. e. psychologischer und pragmatischer) Konditionierung als den einer (wie weit immer vordringenden) »Tiefen-Reflexion«. Es geht um kontrastiv organisierte, weitgehend (nicht »rein«) monolinguale Performanz, – »aufgeklärte Einsprachigkeit«, um Butzkamms Formel zu gebrauchen. Vorhandene Kompetenz auf seiten des Schülers würde *spontane* Äußerung als selbstverständlich implizieren. Da diese offenbar nicht möglich ist, wird eine »Konditionierung zur Freiheit« nötig (s. o. unsere Ausführungen auf den SS. 35 ff. des EINÜBENDEN TEILs). Dies verweist auf seiten des Unterrichtenden zwingend auf eine gute Kenntnis der Funktionen der Zielsprache: die liegen jenseits des erklärten Erkenntnisinteresses der GTG. Wenden wir uns also anderen »Zulieferern« aus dem Kreise zuständiger Schulen zu.

3.4. M. A. K. Halliday und der englische Kontextualismus – Sprachunterricht als Steuerung sprachlichen »Verhaltens in Situation«

3.4.1. Fremdsprachlicher Unterricht, pädagogischer Code, Halliday

Offenbar fassen wir die *grids* einer Sprache nicht in ihren Strukturen allein. Auf ihre Strukturen (viz. ihre Formalstrukturen) dimensional verkürzt, entgleitet die Sprache dem auf Performanz fixierten Blick. Performanz ist notwendig situativ bezogen: Sie leitet sich aus Situationen her; Situation »trägt« sie, sie erschließt Situation – vorgestellte (inner-textliche), implizierte (außertextliche) und unterrichtliche (»meta-textliche«) Situation. In der Wirklichkeit dieses Bezuges »verwirklichen sich« auch, artikulativ, die Strukturen der Sprache – als deren Funktionen. Was wir also zum vollen Verständnis der Zielsprache benötigen, sind ihre »immanenten« *attitudinalen Grids*: ist ein *CODE*, der den Sprach-*aufbau*, funktional integriert, als Moment möglichen Sprach*unterrichts* darstellt.

Beginnen wir *at the beginning:* bei der Definition fremdsprachlichen Unterrichtens.

Fremdsprachlicher Unterricht – wir sagten dies bereits – ist zunächst einmal eine Sequenz sprachlicher Situationen. Die *Zielsprache* des Unterrichts erscheint in diesen Situationen sinnlich-wirklich, als aktive Äußerung der *participants,* nicht als *Thema* »anderer« Äußerungen in einer »anderen« Sprache (= der »Muttersprache«). Für die Mehrheit der *participants* ist also das Ziel dieser Vorgänge ein Lernprozeß von ganz eigener Art: Zu lernen ist das, was getan wird, das Sprechen selbst, – indem man es tut. So ist auch das erwachsende »Unterrichtsgespräch« ein Unterrichtsgespräch von eigener Art: Es ist sogar noch in seiner sprachlichen Substanz, als Medium, *zielbezogen* und *konditioniert.* Die »Bedingungen« eines »natürlichen« oder spontanen Gesprächs sind »frei«; im Unterrichtsgespräch der anderen Schulfächer gibt es gewisse aus dem Stoff erwachsende Verhaltenszwänge. Der »Stoff« des fremdsprachlichen Unterrichtsgesprächs dagegen »wirkt« *konstitutiv* in der es tragenden Äußerung selbst: Die Bedingungen des fremdsprachlichen Unterrichtsgesprächs engen den Spielraum aller(!) *participants* von vornherein zugleich strenger und »in-direkter« ein.

> *Ermöglicht* wird dieser zielbezogene und konditionierte Lernprozeß durch zwei für den fremd-sprachlichen Unterricht grundlegende Tatsachen:
> (1) Die realen und vorgestellten *Situationen,* in denen hier die Sprache – als Äußerung – »eine Rolle spielt«, sind im Hinblick auf das Fernziel wie auf die Nahziele *vorbereitet:* In Auswahl und Folge entsprechen sie einer Vorkalkulation möglicher, zu erzeugender und zu wie-derholender Äußerungsformen; ihre Funktion ist es geradezu, diese nach Wortschatz und Strukturenschatz gestuften Äußerungsformen »nahezulegen« und durch variierende Wieder-holungen (in den wechselnden Kontexten) einzuüben.
> (2) Einer der Partizipanten, der Unterrichtende, ist nicht spontan und reaktiv in das Gespräch einbezogen, sondern nimmt teil als ein (wenigstens mit einem Teil seines Bewußtseins) distan-ziert Mittel Einsetzender, als einer, der »steuert«, der Reaktionen und Reaktionsformen vorausbedenkt und – *Schmerz, laß nach!* – benutzt! Ihm wird als solchem jeder »Inhalt« zum einsetzbaren Stimulans, zum Gesprächsanlaß, wird das Gespräch selbst zu einem (bestimmte Äußerungsformen entfaltenden) Mittel, jede Äußerung zur (vorstoßenden oder wiederholen-den) Übung bestimmter Äußerungsmöglichkeiten. Dabei sind sein Interesse und sein Engage-ment im Zusammenhang der realen oder vorgestellten Gesprächs-Situation dennoch ganz und gar »ehrlich«: Im Vergnügen am Äußerungsaustausch (bzw. später: an der Textarbeit) sind ihm die sprachliche und die attitudinal-»inhaltliche« Komponente dieses Prozesses untrennbar oder doch gleich bedeutend.

Die Tatsache, daß im fremdsprachlichen Unterricht – im Unterschied zu allen anderen Schulfächern – das (sprachliche) *Medium* des Unterrichts zugleich dessen »Thema« und

Leistungs*ziel* ist, hat bedeutende Folgen. Wie jedes andere Schulfach hat der fremdsprachliche Unterricht zwei Arten von Voraussetzungen auf seiten des Unterrichtenden: die kognitiven Voraussetzungen und die attitudinalen Voraussetzungen. Die kognitiven Voraussetzungen *beziehen sich* auf sein Können und seine Kenntnisse im Umgang mit dem Lehrgegenstand, der Sprache. Die attitudinalen Voraussetzungen *ergeben sich* aus einem solchen Können und Kennen (– es sind z. B. Disziplin im Ausdruck, Selbstkontrolle bis zur Selbst»programmierung« nach Niveau und Stil). Aus dem Zusammenwirken beider Voraussetzungen ergeben sich auf seiten des Lehrers u. a. die Unterrichts-*Techniken,* auf seiten des Schülers u. a. (sprachliche) *Produktivität.*

So ist wohl deutlich, welches die *im vorliegenden Darstellungs-Zusammenhang* wichtigste Folge jenes Zusammenfalls von Unterrichtsmedium und Unterrichtsziel ist: Es ergibt sich nämlich, daß über reine Sach- und Fachkentnis hinaus eine ungewöhnlich hohe attitudinale Forderung an den Unterrichtenden zu stellen ist. Halten wir uns zunächst an die kognitiven Voraussetzungen. In diesem Bereich entspringt die »Produktivität« des Lehrers wie der Schüler

(1) einer horizontalen Kenntnis resp. Beherrschung seines Lehrgegenstandes
= der Zielsprache in ihren Gliederungsmitteln und Ausdrucksmitteln (Performanz),
(2) einer vertikalen Kenntnis resp. Beherrschung seines Lehrgegenstandes.
= der Zielsprache in ihrer »psycho-linguistischen« Tiefen-Gliederung (Kompetenz, »muttersprachenähnliche Beherrschung« und deren Reflexion)[41]
sowie
(3) einer situativen Kenntnis resp. Beherrschung seines Lehrgegenstandes
= der Zielsprache im Gebrauchszusammenhang, bezogen auf Äußerungsbedürfnisse und Anwendungsbereiche, auf Partner und Wirklichkeit (Verfügung über die Register bzw. Selektionsmuster d. Spr.; Verfügungskraft im Bereich der Funktionen d. Spr. im Unterschied zu deren Strukturen),
schließlich
(4) einem situativen Verständnis seines Lehrgegenstandes *als des* (zunächst äußerst »schmalen«) *kommunikativen Mediums der Unterrichtssituation,* aus der eben dies Medium auf- und auszubauen ist.

Alle vier zusammen ergeben bei attitudinaler Integration und »Durchfeuchtung« so etwas wie den »generativen Fundus« des Unterrichtenden. Aus der Perspektive der Ausführung, Anwendung und Umsetzung sind sie als *»pädagogischer Code«* zu begreifen. Der Lehrvorgang intendiert ein kontrastiv-kognitives (nicht notwendig kontrastiv *artikuliertes!*) Verstehen dieses Code durch den Schüler *in actu* – nicht ein blindes Automatisieren präparierter starrer Modellform von Sprache.

In actu: Das verweist auf Situation. Damit wird eine gewisse Vorrangigkeit des *dritten* unter den obigen vier Aspekten[42] angedeutet: Sind (1) und (2) zulänglich gesichert, dann bezeichnet (3) sozusagen deren »wirklich gewordene« Einheit: den »*aktuellen* Aspekt« von *langue.* Damit bewegen wir uns endgültig im Verstehensbereich HALLIDAYscher Analysen.

3.4.2. Formalstruktur und Aufmerksamkeitsstruktur von Sprache

»Produktivität« des Fremdsprachenlehrers im Bereich »horizontalen« und »vertikalen« *Struktur*verständnisses ist durchaus mehr als nur Nachvollzug der Vorentscheidungen von Lehrwerksherstellern oder Lehrgangs-Entwerfern. Auch das sagten wir bereits. Man

sollte nicht hinter jeder Sorge bzw. Bemühung um die Formalstruktur der Zielsprache sogleich ein Bedürfnis nach automatisierendem, imitativ-»blindem« Arbeiten wittern. Woher aber kommt denn nun, was (auch als Ergebnis) darüber hinausweist? – Menschliche
Rede, so sagten wir, ist »an beiden Enden semantisch dominiert«: Das sollte bereits Antwort genug sein. Die spezifische Ziel-Leistung des fremdsprachlichen Unterrichts *bezieht
sich* zwar auf die Formalstrukturen der zu erlernenden Sprache, sie *entfaltet sich* aber aus
der polaren Spannung jener »beiden Enden«. Sie »lebt« und »wirkt« aus den Funktionen
menschlicher Rede, nicht aus deren Struktur. So hängt die spezifische Motivationsstruktur
des fremdsprachlichen Unterrichts geradezu intim zusammen mit der psychologischen
Struktur seines Gegenstandes: Äußerung (= das zu Übende und Auszubauende) entfaltet
sich aus den Aufmerksamkeitsmomenten des Gesprächs; Gesprächsentfaltung wird weitgehend identisch mit Aufmerksamkeitssteuerung; Aufmerksamkeitssteuerung verweist zurück auf so etwas wie die »Aufmerksamkeitsstruktur« der Sprache.
Von daher gewinnt das oben wiederholt beschworene »Dreiviertelpostulat« WEBERS einen
eindeutigen, wenn auch begrenzten Sinn: Seine Formel von der notwendigen »Sensibilisierung« der Unterrichtenden wird – angesichts der spezifischen psychologischen Struktur des
FU – stets eine größere Bedeutung im Bereich funktional gebundener Äußerung als im Bereich formaler Struktur haben. Auf *jenen* Bereich ist er sorgfältig vorzubereiten; Fertigkeiten in *diesem* sind schlichtweg vorauszusetzen.
Dabei sind natürlich »eigentlich« beide Bereiche unauflöslich ineinander verschränkt. Erst
die Einheit beider gibt den vollen Sinn des von uns oft zitierten CATFORDschen Hilfs-
begriffs »*grids*«[43] – und es ist kein Zufall, daß dieser Begriff im Verstehensbereich der Londoner Schule des Kontextualismus entwickelt wurde: Jener Schule, deren Erkenntnisinteresse auf eben diese Einheit sich richtet.[44]

Die (nur noch methodisch-künstlich »aufzubrechende«) Verbindung der beiden wesentlichen
Aspekte sprachlicher Artikulation wird besonders einleuchtend sichtbar in einem neueren Diagramm von W. A. KOCH.[45] Sein Versuch einer Zusammenschau sei hier mit geringen weiter
verdeutlichenden Veränderungen wiedergegeben: **Abb. 12** (S. 119).

KOCHs terminologische Orgien, die schon manch zierliche Heiterkeit erzeugten, überdröhnen
nicht den Wert und die Aussagekraft dieses Modells: Die *Taxa* (zugleich »Elemente« und
»Orte im System«) sind so angeordnet, daß die *alle* Formen und Funktionen von Sprache
umspannende Kraft dieses Systems erkennbar wird. –
Seine mit Terminologie wie mit Pockennarben übersäte schwergewichtige Abhandlung »Zur
Taxologie des Englischen« ist äußerst anstrengend zu lesen, auch wohl im Formalisierungs-
aufwand disproportioniert, aber herrlich beispielreich und *als Ansatz* geradezu lässig einleuchtend. Für die Erläuterung der Zeichen bzw. Termini sei auf SS. 35 ff. des Werkes verwiesen,
wo der abstrakte Apparat an dem schon von LEISINGER herangezogenen Beispiel der *Jack-and-
Jill*-Anekdote verdeutlicht wird.
Daß tatsächlich die so geschlossen wirkende *Struktureneinheit* bzw. -entsprechung durchaus
lückenhaft, offen, ja, flockig ist, wenn man sich auf den Bereich der auf der »Oberfläche«
realisierten Formen beschränkt, zeigt dies »reine« *deep-structure*-Modell nicht an. Dies tritt
erst ans Licht, wenn man den Versuch unternimmt, die Kategorien der HALLIDAYschen »*Scale
and category*«-Grammatik im Stil des KOCHschen Modells anzuordnen: **Abb. 13** (S. 120).

Der »realistischere« *outlook* HALLIDAYS ist unverkennbar: Für die »Lücken« muß die *Situation* »aufkommen« – und sie tut es auch, weil es »Sprache ohne Situation« eben nur im
Sonderfall gibt (z. B. als gewollten Nonsense, als beabsichtigte Übung, im Spiel oder im Falle
geistiger Erkrankung). Damit wird die *Funktion* von Sprache zu einem Teil umfassenderer
Struktur: Die Ahnung SAUSSURES, Sprache impliziere anthropologische Grundmuster – *patterns*
von Verhalten in Situation –, sie »ent-spreche« ihnen und verweise auf sie, wird abermals
bestätigt.

Wir hatten schon früher auf die verhängnisvollen Folgen einer vorzugsweise Formalstruktur und Systemcharakter von Sprache ins Auge fassenden Betrachtung verwiesen. Aus diesem Diagramm wird nun vollends klar, daß zumindest die *surface structure* von Sprache kein geschlossenes System ist.
Sprache ist hiernach weder
● »vollständig« systemisch
noch
● »durchgehend« systemisch:
Man erinnerte sich des FIRTHschen Terminus »*polysystemic*«![46]

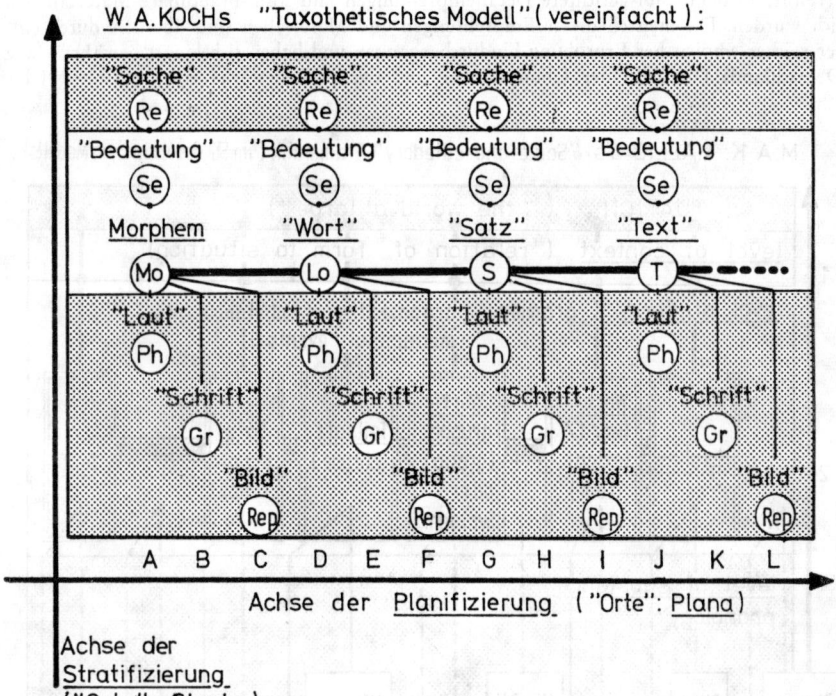

W. A. KOCHs "Taxothetisches Modell" (vereinfacht) :

Achse der Planifizierung ("Orte": Plana)

Achse der Stratifizierung ("Orte": Strata)

Abb. 12.

Außerdem klingt in der Folge von Laut–Silbe–Wort–Satz–Text wieder an, was wir von WITTGENSTEIN und BÜHLER her kennen: der *Einbettungs*charakter des sprachlichen Zeichens, wobei der Ausdruck »Text« (resp. »durchgehende Äußerung«) offenbar diejenige Stelle bezeichnet, an der *weitere Einbettung* anzusetzen wäre – Einlagerung in Bewußtseins-, Kommunikations-, kurz: Situations-Strukturen.
Die »beiden Enden« sprachlicher Artikulation (HÜLLENs »semantische Konzepte« und »semantische Resultate«) waren zeitweilig so nachdrücklich dem Blick entglitten, daß bei der drastischen und unnatürlichen Reduktion von Sprache auf die berühmten *4 skills* diese kaum noch als das empfunden wurden, was sie doch waren: »*Teil*aspekte von Sprache«, »einfache Abstraktionen«. So mußten diejenigen »Faktoren, die das Kommunikationsfeld situativ prägen, in einem solchen didaktischen Ansatz notwendigerweise zu kurz kommen«.[47]
Wie bereits oben vermerkt, kam diese Ausmagerung und Mechanisierung des didaktischen Ansatzes aus den USA, wo sich die ältere Grammatik-Übersetzungs-Methode fast ohne Umweg über Formen der »direkten Methode« zur AL-Theorie »gemausert« hatte. Die schließlich erfolgende *Reaktion* (besonders in Deutschland) war ähnlich teutonisch-gründlich wie die

Ausarbeitung jener Theorie: Es kam zur Geburt einer neuen wissenschaftlichen Disziplin, der PRAGMATIK. Während sich aber deutsche Gelehrte in diesem Bereich noch weitgehend mit axiomatischen Problemen und sehr elementaren Forschungsaufgaben herumschlugen, hatte angelsächsischer *research* den gemeinten Tatbestand bereits praktisch gewendet. Auf idealer Mitte zwischen deutscher Grundlagenforschung und britischem »Instinkt für das Machbare« steht der amerikanische Sprachpsychologe und -pädagoge JOHN OLLER, dessen Vorträge und Artikel zugleich einfach-greiflich, kenntnisreich-luzid und differenziert für die *»Pragmatics of Communication«* im fremdsprachlichen Unterricht plädieren.

Während hier aber höhere Einsicht die praktischen Möglichkeiten mühevoll erst einholt, ist im Bannkreis des britischen Kontextualismus aus einem zugegebenermaßen ursprünglich weniger differenzierten Zugriff heraus in einer Art von *Ick-bün-all-dor*-Haltung bereits der Punkt erreicht, an dem schul-gerichtete Detailempfehlungen und schul-brauchbare Materialien möglich wurden. Die meisten dieser Empfehlungen und Materialien sind überdies durch ein Filter reicher empirischer Erprobung hindurchgegangen und haben sich längst bewährt – auch in Deutschland: Die Zahl der Übungsbücher und der in Lehrwerke eingearbeiteten Übungs-

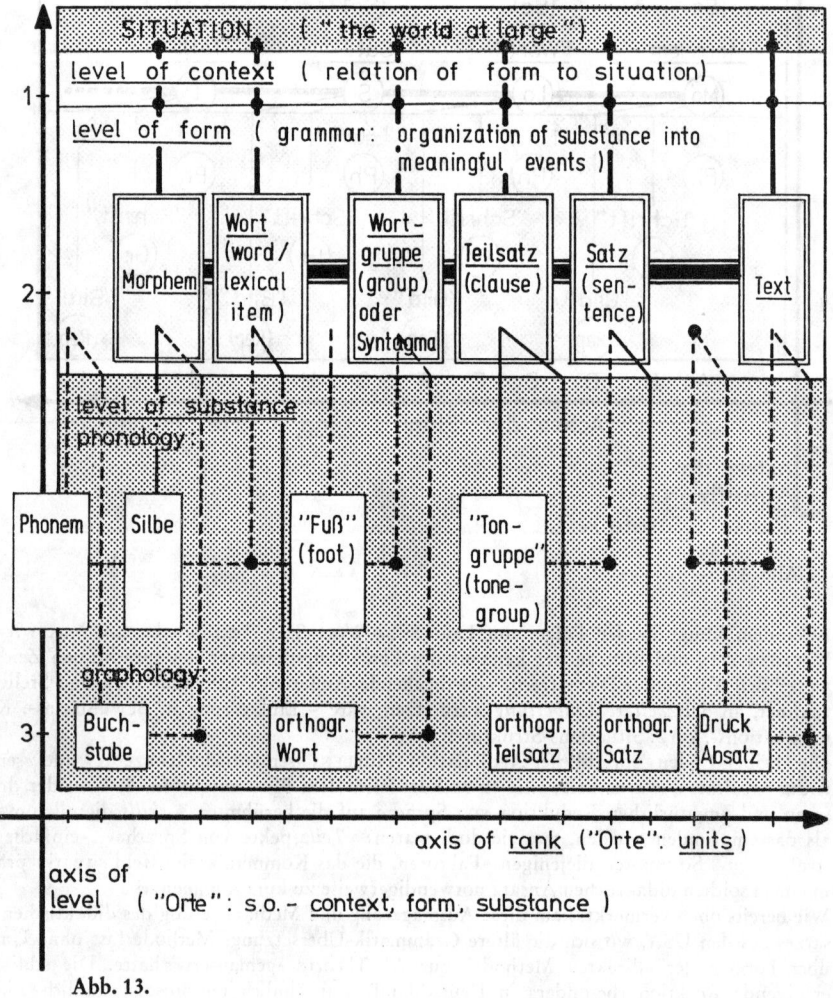

Abb. 13.

formen aus dieser Verstehenswurzel ist beträchtlich. Das *situational teaching* hat seine Feuer-
probe längst überstanden und erfährt jetzt die aus zunehmender wissenschaftlicher Differenzierung und theoretischer Durchbildung des Kontextualismus erwachsende *sophistication.* Der
gesamte Vorgang gliedert sich – aspektreich und komplex – um den führenden Geist dieser
Schule, M. A. K. HALLIDAY, der darum auch von uns als repräsentative »Bugfigur« in den
Vordergrund gerückt wurde.
Prinzip alles folgenden ist also: Da gerade die erfolgverheißenden Unterrichts-*devices* der
letzten Jahrzehnte »irgendwie« aus dieser Richtung kamen, sollten wir schleunigst die theoretische Fundierung unserer Vorgehensweisen nachholen, um aus der Sinnmitte jener Verfahren
handeln zu können. Dies ist desto wichtiger, als es sich um Verfahren handelt, die psycholo-
gisch-funktionale Strukturierung des Unterrichts geradezu fordern; es ist desto naheliegender,
als der theoretische Differenzierungsgrad wie die empirische »Aufladung« des Kontextualismus in den letzten Jahren mächtig zugenommen haben. Die theoretisch »interessanteren«
Systembildungen aus den USA brillierten in der gleichen Zeit durch eine Art von abstrakt-
unifizierenden *»Appeal«,* dem der deutsche Praktiker nur zu gern sich hingab: Ihr Wissen-
schafts-»Schick« aber brachte durch eben seine unifizierende Tendenz die Gefahr mit sich, die
einfach nicht so geschlossen, so mechanisch-systematisch reaktionsfähige Praxis zu überspielen
und – im Endeffekt – »links liegen zu lassen«; angesicht der Feiertags-Theorie, die überdies
überhöhte Anforderungen stellte, schien vielen nur die Haltung zu verbleiben, mit schlechtem
Gewissen, »wenigstens noch« momentan-erfolgsbezogen »vor sich hinzumümmeln«.
Theorie und Praxis gehören zusammen. Die Verbindung beider scheint uns durch den Kontextualismus nach langer Zeit zum ersten Mal wieder mühelos vollzogen: Wir halten sein
»Angebot« für die zur Zeit beste, weil ebenso sehr sprachwissenschaftlich »gegenstandsnächste«
wie pädagogisch »praxis-intensivste« Theorie.

HALLIDAYS »System« hat seine »Tiefen«-Dimension in diesem Bereich einer Verbindung
attitudinaler und formal-linguistischer *grids.* Es zeigt im theoretischen Unterbau eine der
CHOMSKYSchen gewachsene *sophistication,* ist aber aufgrund seiner eigenen Prämissen dar-
aufhin angelegt, sich lange und eindringlich mit den »Oberflächenstrukturen« von Sprache
zu befassen. Unter dem Gesichtspunkt des fremdsprachlichen Unterrichts war CHOMSKYS
»Apparat« nützlich im Bereich der Lern*voraussetzungen*, nützlich für das kontrastive
Vorkalkül von Strukturen und Lexis in Lehrwerken und Lehrgängen (–es war damit
SKINNER »innerlich näher«, als allgemein angenommen wurde!). HALLIDAYS Entwurf dagegen ist fruchtbar zu machen für den Lernvorgang selbst, für dessen psychologische Kon-
stitution, für

● die situativen Elemente,

● den *Sinn* formaler *exchanges* und *responses,*

● die Form des »freien« Gesprächs.

Die beiden konkurrierenden Gelehrten richten ihre Energie jeweils auf zwei ganz verschiedene Aspekte des Sinns von Sprache und der Beziehung zwischen Sprecher und Sprache. Insofern dabei das Erkenntnisinteresse HALLIDAYS sich eher dem zuwendet, was der
Betrachtungsweise CHOMSKYS als »Oberfläche« erscheinen müßte, werden die Rollenbeziehungen von Sprechern untereinander sowie die realen Beziehungen und die Implikationen
von Sprechakten zum Thema: die möglichen Bedingungen, Formen, Themen von fremdsprachlichem Unterricht!

CHOMSKY eröffnete das Verständnis einer bis dato nicht so deutlich wahrgenommenen Tiefendimension sprachlicher Struktur; HALLIDAY verweist auf die notwendige Verbindung eben
dieser Tiefendimension mit situativem Kontext. Sein »Blick« setzt »außen« an und »erreicht«
jene Tiefe von der »Oberfläche« her: *It is only by reference to the various situations, and*
situation types, in which language is used that we can understand its functioning and its ef-
fectiveness. Language is not realized in the abstract: it is realized as the activity of people in
situations.[48] Seine Theorie eröffnet die Möglichkeit einer Analyse jenes Kontextes.

Die Bedingungen, Formen, Themen von fremdsprachlichem Unterricht werden implizit reflektiert in dem, was man HALLIDAYs Begriff von »Tiefenstruktur« nennen könnte: HALLIDAY ist an (außersprachlicher) »Situation« nicht unmittelbar interessiert. Nicht sie ist Thema und Stoff sprachwissenschaftlicher Untersuchungen, sondern ihre rede-immanente Präsenz (nicht »Entsprechung«!), ihre innersprachliche Wirklichkeit, terminologisch gefaßt im Begriff des »Kontexts«: *Nicht Wirklichkeit »an sich«* (falls es das geben sollte), *sondern Wirklichkeit als artikuliertes Bewußtseinselement im Kommunikationszusammenhang ist sein Thema.* Die »Tiefenstruktur« einer *Situation* (qua sprachlicher Situation!) ist daher auf einen einfachen populären Nenner zu bringen: Sie ist nichts anderes als die Struktur der (jeweils gesprächs-komplementären) *Aufmerksamkeit* der in ihr Einbezogenen, sprachlich artikuliert. SAUSSURE würde seine helle Freude haben: Sprachliches Verhalten spiegelt – wie jedes Verhalten – Art, Richtung und Organisation von »Aufmerksamkeit in Situation« strukturell wider.[49] – »Bloßlegung dieser Aufmerksamkeitsstruktur in der ›Oberflächen‹-Organisation von Sprache«: So ließe sich das Erkenntnisinteresse HALLIDAYs verkürzend formulieren.

»Aufmerksamkeit« ist – in dieser Konzeption – offenbar HUSSERLs Begriff der »intentionalen Struktur des Bewußtseins« verwandt. Sie richtet sich entweder auf

- (»attitudinal durchteufte«) wechselnde Wirklichkeitsausschnitte als vorgestellte, interiorisierte, bewußtseins- und text-immanente Situationen = den »*Kontext*« oder auf

- den »*Co-text*«: den textlichen Zusammenhang, in dem etwas geäußert wird bzw. erscheint.

Beide Gesichtspunkte sind Aspekte ein und desselben Phänomens.

> Die vom Markt der Ideen nicht mehr wegzudenkende, geradezu prominente Stellung des *Kontext*-Begriffes erhellt aus einem kleinen, aber höchst auffälligen Detail: Der Begriff des *Kontexts* figuriert mehrfach an »Nervenzentren« der repräsentativen westdeutschen Darstellung moderner Sprachwissenschaft, – des Funkkollegs »SPRACHE« aus dem Wintersemester 1971/72. Dies ist desto auffälliger, als das Funkkolleg den allgemeinen Stand der Debatte auch insofern getreu spiegelt, als der britische Kontextualismus so gut wie gar nicht darin erscheint. Der *Kontext*-Begriff kommt – offensichtlich unabweisbar – durch die Hintertür von Pragmatik, vor allem aber Kommunikationstheorie herein (vgl. dazu unsere Darstellung weiter unten im 4. Kapitel).

3.4.3. Sprachlicher Kontext und unterrichtlicher Kontext (Zum Situationsbegriff I)

3.4.3.1. Schon unsere Situations-Diagramme zu KLEISTs Essay »Über die allmähliche Verfertigung der Gedanken beim Reden« (s. o. SS. 18 f. im EINÜBENDEN TEIL) zeigten: Alle *grids* einer sprachlichen Situation sind attitudinal und perspektivisch, person- und deutungs-bezogen. Soeben wurde aus einem anderen Zusammenhang heraus Struktur von »Aufmerksamkeit« als allgemeines Prinzip bestätigt. Der all diesem entsprechende Aspekt von Sprache waren deren *Funktionen*. In ihren Funktionen fassen wir die semantische Realität von Sprache.

Niemand erlernt eine Sprache »wirklich«, ohne ihre semantische Wirklichkeit zu *erfahren*: Geht es im Sprachunterricht auch oder vorzugsweise um den Spracherwerb, dann hängt alles an der Semantisierung. – – »*Alles?*« – *nun ja:* der Transfer.

Semantisierung von Sprache verweist immer wieder auf das Phänomen des *Kontexts*, d. h. der Beziehung von Begegnendem oder Vorliegendem zu Bewußtsein: »Dinge« haben Sinn als potentielle Themen menschlicher Rede, – potentielle Elemente menschlicher Aktivität. Diese Art von Erfahrung war in rein *struktureller* (= substituierender oder regelbezogener) Betrachtungsweise nicht zu leisten. Handelt es sich nun um den alten Mann aus PETER BICHSELs »Kindergeschichte« *Ein Tisch ist ein Tisch*[50] (der aus dem arbiträren Charakter des sprachlichen Zeichens etwa so radikale Schlüsse zog wie L. CARROLLs Humpty Dumpty[51] – und mit ähnlichem Erfolg!) oder um JOHN OLLERs *woman who says, »My girdle is killing me«*[52] – immer ist es der Rekurs auf kommunikative Erfahrung, aus dem allein Sprache Sinn gewinnt: aus dem heraus sie wechselseitig verständlich und schließlich produktiv verfügbar wird. WITTGENSTEINs Konzeption von *Vorstellungsbedeutung* als einer (vorübergehend?) fixierten und damit kommunikativ »verfügbar gemachten« Form von *Funktionsbedeutung* fügt sich nahtlos in diesen Zusammenhang.

Der Begriff des *Kontexts* bezeichnet die Einheit dieses Zusammenhangs. HALLIDAY hat – als profiliertester Vertreter des britischen Kontextualismus' – ein ganzes System von inner- und außer-»textlichen« Relationen erarbeitet[53], um die Struktur dieses Zusammenhangs zu fassen. Dabei trifft er sich im Grundansatz mit seinem italienischen Kollegen RENZO TITONE, der aus psycholinguistischer Perspektive argumentiert: Beiden ist – in der Sprache unserer Darstellung – so etwas wie attitudinal-intentionale »Aufmerksamkeit« zugleich der *point of departure* wie die Zielvorstellung ihrer Untersuchungen.

> TITONE hatte in den sechziger Jahren immer wieder für ein *psycholinguistic model of grammar* plädiert und in Verbindung damit auch die Prämissen eines modernen *Foreign Language Teaching* formuliert; so heißt es z. B. in einem Vortrag auf dem 10. Kongreß des FIPLV:
> *A psychological grammar must immediately respond to the essential functions of grammar, namely expression and communication. The structures are taught with a view to making self-expression and social communication as effective as possible. Therefore, a psychological grammar tries to discover which patterns are essential for such basic functions and how they are perceived in given contexts. The label ›functional grammar‹ applies most pertinently to the psychological analysis of grammatical processes, inasmuch as they are viewed with reference both to internal language functions (syntactic relationships) and to the external functions of expression and communication in actual situations. Thus grammatical structures and functions are explained in terms of linguistic mediation between the speaker's intention and the communication situation.*[54]

3.4.3.2. HALLIDAY explizierte diesen Zusammenhang als Dreiheit von *Situation, Kontext* (= Situation *in Sprache,* »artikulierte Situation«) und *Co-text.* Er begreift und beschreibt ihn formal-linguistisch auf dreifache Weise[55]:

(1)   in seinen »materiell-konstitutiven« Struktur-Elementen –
      in der aufsteigenden Linie aus dem *Morphem* (als der kleinsten linguistischen Einheit, die *Sinn* anzeigt) über den *Satz* bis hin zum *Text*:
      als *Organisation überhaupt*[56];

> – In diesem Bereich ist besonders deutlich, daß mittlerweile HALLIDAYS Grammatiktheorie zu einem Gemeinplatz der kontextualistischen Schule geworden ist. K. LORENZEN weist darauf hin,[57] daß das kontextualistische Satzbeschreibungsschema S–P–C–A (s. o. S. 106) besonders eindrucksvoll von QUIRK expliziert wurde. Außerdem betont sie die »Handlichkeit« dieses Schemas und empfiehlt nachdrücklich seine Einführung an deutschen Schulen (– seine Brauchbarkeit für die Beschreibung zumindest des *englischen* Satzes belegt auch die von ihr zitierte Arbeit von Glinz). Insbesondere die Einführung des Begriffs *adjunct* als eines *»envelope term for what is left«* (B. Strang) erleichtert offenbar manches. – Ob allerdings die Auf-

hebung des alten Attribut-Begriffes (das vorangestellte A. wird zum *Modifier*, das nach-
gestellte zum *Qualifier*) etwas »bringt«, vor allem aber, ob die Beibehaltung des Begriffs
»*adverbial*« (z. B. in »*adverbial groups*«) angesichts dieser Entwicklung noch so nützlich ist,
wäre wohl eine zweite Überlegung wert. –

(2) in seinen »innerstrukturellen« satzsemantischen und textfunktionalen Elementen –
in Hinsicht auf »*ideationale*« und *interpersonale* (den Kommunikationsprozeß betreffend), auf *thematische* (die Thema-Rhema-Perspektive!) und auf *Informations-*
Struktur (die Unterscheidung von *given* und *new*):
als *Aufmerksamkeitsstruktur im engeren Sinne*[58];

– In diesem Bereich scheint die Führungsrolle HALLIDAYs innerhalb der kontextualistischen
Schule trotz gewisser Vor- und Parallelarbeiten bzw. Weiterführungen anderer immer noch
eindeutig, ja, im Hinblick auf Zähigkeit, Produktivität, Differenzierungsgrad und Zielenergie
geradezu erdrückend. Für den fremdsprachlichen Unterricht allerdings ergibt sich (außer
einem erheblich gesteigerten Verständnis für sprachliche Funktion) *unmittelbar* nichts, – für
die Phase des Sprach*ausbaus* *können* sich sehr wertvolle Anregungen ergeben. –

(3) in seinen »situativen« stilistisch-funktionalen Formen (seinen »*varieties*«) –
dreifach gegliedert in
  (a) *dialects* (auch *accents*): *varieties according to user, i. e. regional* (resp. *geographi-*
      cal) *dialects* und *social dialects* sowie die Zwischenform der *socio-regional dialects*;
  (b) *registers: varieties according to use* bzw. *varieties according to situational context*;
  (c) *idiolects*: weitgehend individualisierende *varieties*.
In den *varieties* geht es offenbar um
Aufmerksamkeitsstruktur im weiteren Sinne[59]. –
Dabei sind die *Register* weiter zu untergliedern nach
– wechselnden Momentanverdichtungen sprachlicher Feld-Ordnung gemäß der Vielfalt konkreter einzelner »*contexts of situation*«;
– »situativen« Großformen sprachlicher Feld-Ordnung.
Kommunikativ handelt es sich in beiden um En- bzw. Dekodierungsprozesse nach bestimmten »*Selektionsmustern*«[60]. Diese Selektionsmuster betreffen – je verschieden
(nach ihren je verschiedenen individuellen, soziokulturellen und/oder historischen
Determinanten) – die *gesamte* sprachliche Form von Text oder Äußerung, d. h. nicht
nur deren Strukturen, sondern auch deren Lexis: beide unterliegen – register-bezogen
»gebündelt« – je verschiedenen Feld-Gesetzen.

– In diesem Bereich vertritt HALLIDAY wieder lediglich eine allgemein-kontextualistische
These, die von anderen britischen Sprachwissenschaftlern dieser Schule (wie z. B. R. QUIRK,
J. C. CATFORD, G. N. LEECH, P. STREVENS, J. McH. SINCLAIR, R. FOWLER, D. CRYSTAL, S. P.
CORDER, J. WARBURG) aspektreich und unter Durchforstung bedeutender Materialfülle wieder-
holt behandelt wurde. – Die schreckliche Vernachlässigung der *Lexis* wie der *semantischen*
Aspekte von Sprache überhaupt, die in den meisten amerikanischen sprachwissenschaftlichen
Schulen »gepflegt« wird, ergibt sich aus dem »*view that the only formal linguistics is gram-*
mar«. HALLIDAY charakterisierte diese Obsession mit den *nicht-funktionalen* Aspekten von
Sprache schon 1961 in den »*Categories* . . .« höhnisch als »*a colourless green idea that sleeps*
furiously between the sheets of linguistic theory, preventing the bed from being made.«[61]
Daß ein derartiges Instrumentarium unmittelbare Folgen für den Sprachunterricht hat, leuch-
tet ein. Schüler HALLIDAYs haben bereits wesentliches Material für den muttersprachlichen
Englischunterricht bereitgestellt[62]; Kollegen und Mitstreiter legten die Grundlagen zu diffe-
renziertem *situational teaching* im fremdsprachlichen Englischunterricht[63]. Abgesehen von den
Formen des elementaren Sprach*erwerbs*, die hiervon unmittelbar betroffen sind, ergeben sich
ganz neue Aspekte für den Sprach*ausbau*, d. h. für Textarbeit auf dem *advanced level* des FU:

Die Register-Analysen aus der Londoner Schule[64] stellen eine Fülle von Gesichtspunkten, Fragestellungen und Material bereit; Zeitungen, Reklametexte, wissenschaftlich-technisches, religiöses, offizielles etc. Englisch, sogar (im Ansatz) *dialects* und *social codes* werden »besprechbar« und geben Gelegenheit zu intensiver immanenter Übung durch Rekurrenz von Schlüsselvokabular. Dabei *kann* das bei HALLIDAY/McINTOSH/STREVENS SS. 87 ff. mitgeteilte kategoriale Schema zur *Discourse Analysis* mit seiner Unterscheidung von *field, mode* und *style of discourse* sich als nützlich erweisen.[65]

Nützlich können auch Beispiele sein, die sich in der Literatur immer wieder finden. Amüsant z. B. ist die Anwendung der Prinzipien jener *Discourse Analysis* im Bereich des *style of discourse* (wo es um die *participant relations* geht) von STREVENS auf die sog. *Five Clocks* des Amerikaners Joos[66]:

FROZEN STYLE: *Visitors should make their way at once to the upper floor by way of the staircase.*
FORMAL: *Visitors should go up the stairs at once.*
CONSULTATIVE: *Would you mind going upstairs, right away, please.*
CASUAL: *Time you all went upstairs, now.*
INTIMATE: *Up you go, chaps!*
(VULGAR wäre: *Get up them stairs!*) –

Entsprechungen im Bereich der Anrede wären *Johnny* (CASUAL), *John* (CONSULTATIVE) und *John David Smith* (DELIBERATE). Bei WARBURG finden sich die Beispiele *Would you please be good enough to send the money?* (CIVIL) – *Send the money, quick* (BRUSQUE) – *We should be obliged for a prompt remittance* (COMMERCIAL).

Unter diesen drei Aspekten oder *branches* der HALLIDAYschen »Theorie« trifft offenbar auf den ersten am ehesten das zu, was wir oben über CHOMSKY vermerkten. Nur der in dem Ausdruck *Text* enthaltene Hinweis sowie die schon früher erwähnte überaus differenzierte Interrelation von *Lexis* und Grammatik reichen darüber hinaus. Zusammen mit diesem Hinweis auf Text verweisen dann die HALLIDAYschen Untersuchungen und Bemühungen im Bereich der Aspekte (2) und (3) in jenen Bereich, der heute allgemein unter dem Namen *Textlinguistik* und *Kommunikationsforschung* läuft. Es gibt Stimmen, die seine Theorie für *einen der umfassendsten Entwürfe* halten, *die zur Analyse von Sprache und Aufmerksamkeit* (»aktiver Perspektive«) *in gedeuteter Situation bisher vorgelegt wurden*[67]. HALLIDAY faßt die antizipatorisch-intentionale Struktur menschlichen Sprachverhaltens in Situation als ein System von »*Optionen*«: Indem dergestalt grammatische *Struktur* aus ihrer (jeweiligen) *Funktion* heraus psycholinguistisch als *Option* verstehbar wird, scheinen die oben zitierten TITONEschen Postulate erfüllt:

> *The system of available options is the ›grammar‹ of the langue, and the speaker, or writer, selects within this system: not in vacuo, but in the context of speech situations. Speech acts thus involve the creative and repetitive exercise of options in social and personal situations and settings.*[68]

HALLIDAYs Darstellung von »Grammatik« als eines Systems von Optionen ermöglicht nachprüfbare Aussagen über die Einbettung von Sprache und Aufmerksamkeit in ein definables artikulatives Gesamt-Erwartungs- und Verhaltensmuster –

> der Ausdruck »*-muster*« besagt oder impliziert dabei nicht, daß es sich um ein für alle Fälle gleiches, sozusagen »objektiv-allgemeines«, gesetzliches oder ahistorisches *pattern* handeln muß; vgl. die Darstellung weiter unten! –

der »Traum WITTGENSTEINS«, so meinen wir: endlich (im Ansatz) fachsprachlich »umgesetzt« und realisiert!

3.4.3.3. Wir bewegen uns noch im inneren Kreis linguistischer bzw. psycholinguistischer Erörterung; aber schon im engeren linguistischen Verstande bietet sich mehr als jene obigen beiläufig »abfallenden« Einzelausblicke: Es bieten sich einige für den fremdsprachlichen Unterricht höchst bedeutsame Nebenergebnisse allgemeinen Charakters:

● In der neusprachigen Didaktik wird verschiedentlich auf die in diesem Bereich soviel stärker als bei anderen Lernfächern zu beachtende *psychologische* Komponente hingewiesen[69]: Nach HALLIDAY ist dies nun zu fassen als Struktur von »Aufmerksamkeits«-Einbindung von Äußerung in Situation (– die »Optionen«!), als »Rolle« in deut- und lenkbaren Situationszusammenhängen.

● Der von POLLAK vorgetragenen Forderung, es müsse bei aller Strukturanalyse der »sinnliche Geschmack von Sprache *in actu*« erhalten bleiben, ist hier Genüge getan: Ziel des Ganzen ist zwar System-Analyse – aber nicht um ihrer selbst willen; angestrebt ist eine System-Analyse *als Verdeutlichung des sinnlich-wirklichen Sprechaktes bzw. konkret-gegenwärtigen Textes mit seinen Intentionen und Implikationen:* Verdeutlichung funktional bezogener und »bedeutender« Sprache!

● Gebrauch geht vor Regel: Der Primat der *usage* (der ja – wiewohl immer wieder gegen CHOMSKY vorgebracht – sich durchaus mit der Analyse systemhafter Zusammenhänge in dieser wechselnden *usage* verträgt) ist unangetastet. Es geht um *wirkliche* Sprache, nicht um Derivat-Konstrukte von Regeln.

● Zu diesem Primat sinnlich-wirklicher Rede gehört auch, daß Sprache eben nicht als isolierbares Strukturen-System mit isolierbaren Einzelelementen oder Subsystemen existiert; Sprache ist nicht ein Arsenal von Formen und Verbindungen (auch nicht ein »Repertoire«, um den *nom de guerre* in die Schlacht zu werfen!), sondern Artikulation kommunikativer Bedeutung: Sie ist *meaningful* (aus dem Bezug auf Situation) oder sie ist nicht. Strukturelle und semantische Aspekte sind (durch eben diesen Bezug auf Situation) eins.

Die Bedeutung dieser »Nebenergebnisse« für den fremdsprachlichen Unterricht liegt natürlich einmal wieder im Bereich der Selektion von Material: das Material muß *meaningful* sein. Zum anderen liegt sie im Bereich der Präsentation: alle sprachliche Vorbereitung und Präsentation muß auf Aufmerksamkeitsbindung und Aufmerksamkeitssteuerung hin angelegt sein. Auch der Unterrichtende muß sich – in seinen »spontanen« Unterrichtsäußerungen! – einer rigiden stufen- und stunden-bezogenen Selektionsbeschränkung unterwerfen. Wie dies zu leisten sei, darüber unten mehr (das Ganze sieht akrobatischer aus, als es ist).

Damit unterliegen Selektion (HALLIDAYs *»limitation«* und *»grading«*[70]) und Präsentation »im Grunde« dem gleichen Prinzip. –

Schließlich und endlich liegt die Bedeutung jener »Nebenergebnisse« auch im Bereich von Textarbeit und Interpretation im freien Unterrichtsgespräch auf der Sekundarstufe II und früher. Hierbei wird dann das, was vorher in aktiver Äußerung prozeß-immanent *geschah,* an einem anderen Fall von Kommunikation zum *Thema* aktiver Äußerung. Das Unterrichtsgespräch selbst ist freilich nach wie vor »vermittelte« Kommunikation: Als durchaus nicht »natürliche« Gesprächs-Situation verwirklicht sich der Unterricht im Medium einer sprachlichen Kompetenz, die sich im Äußerungsakt zugleich immer wieder ihrer selbst vergewissert. So gelten für den Lehrer – auf höherer Niveaustufe – die gleichen Selektionsbeschränkungen und Steuerfunktionen wie zuvor; viel Ärger und Verzweiflung wären vermeidbar, würde dies Prinzip nur allgemein beachtet. – In der *thematischen*

Arbeit gilt das oben Vorgebrachte: Situatives Verstehen transzendiert dabei die *unmittelbaren* Gegebenheiten und Teilnehmer einer Kommunikationssituation (als welche der jeweils vorliegende Text aufzufassen ist); es führt über progressive Kontextualisierung schließlich zum *total intratextual context.* Dieser schlösse den *total extratextual context* ein.

Die Vorstellung einer »progressiven Kontextualisierung« stammt nicht von HALLIDAY, ist aber ein genuines Produkt neo-FIRTHscher Schulreflexion.[71] Sie hat – trotz des anspruchsvoll klingenden fachwortlichen Ansatzes – in ihrer Frühform bei FIRTH und (abgeleitet) B. STRANG zunächst eine ganz bescheidene Bedeutung:

»*Context ... must not be thought of as nothing more than environment in the utterance. It includes the immediate social setting of the utterance, the function of the total relevant linguistic structure in its social setting, and even the entire cultural matrix in which the language functions. As a simple example, consider how you would explain the meaning or function of such linguistic structures as* ›Good morning‹ *or* ›Your worship‹ *without reference to social and cultural institutions.*«[72]

Um die *entire cultural matrix* bloßzulegen, ist natürlich mehr vonnöten als eine so einfach und bescheiden aussehende(!) *consideration,* und in der Schule gar kann es sich nur um beträchtliche Vereinfachungen handeln (deren didaktischer Sinn dann im Aufbau einer Verstehenstechnik mit attitudinalen Implikationen läge). Wir haben die schrittweise zu veranstaltende Bloßlegung einer solchen »Matrix« oben SS. 14 ff. im »EINÜBENDEN« ersten formalen Ansatz am Beispiel der Rede des Mirabeau modellhaft vorgezeichnet: Es ergab sich die Möglichkeit, eine attitudinal-ideologisch-prozessuarische »Matrix« des einbettenden Gesamtkontextes der Französischen Revolution *ins Auge zu fassen* (mehr nicht!). – Die durch die Quelle gegebene perspektivische »Brechung« (KLEIST!) blieb dabei zunächst unerörtert.

Wie schon oben vermerkt, besagen in diesem Zusammenhang die Ausdrücke *»pattern«,* »Erwartungsmuster« bzw. »Matrix« nicht notwendig, daß wir hier eine im altväterlich »naturwissenschaftlichen« Sinne ahistorische oder übergeschichtliche Gesetzlichkeit oder Kategorie vor uns hätten – als sei etwa das (immer unzulänglich wahrgenommene) »pattern« der Französischen Revolution »dem« z. B. der Russischen Revolution »gleich«: Dergleichen Vorstellungen, die die Positivismus-Phobie HABERMAS' bestätigten, stehen der oben zitierten PIKE-schen Idee einer »oberflächen-strukturellen« *grammar of society* nahe (– sie erfahren eine Aufgipfelung in der rational-schematisch alle Bereiche sozialer Aktivität umgreifenden *kinesischen* Theorie von E. T. HALL).[73] Auch die strukturalistisch-anthropologischen Analysen in der Folge SAUSSUREs, die sich offenbar zu Recht auf ihn berufen[74], scheinen solcher *pattern*-Topik nicht allzu fern. – Die hier von uns bevorzugt dargestellte Schule zeigt in dieser Frage größere erkenntnistheoretische Behutsamkeit: Da es sich nämlich in allem, was jene »Muster« – *patterns* – betrifft, um Bewußtseinsgrößen handelt (jedenfalls in unserem begrenzten Bereich der Textanalyse), kann sich die Analyse auch hier nur auf attitudinale »Faktoren« und deren Zuordnung richten. »Weitertragende« Vermutungen sind erkenntnistheoretisch nicht legitim: Im Rahmen der neo-FIRTHschen *procedural models* (wenn dieser Ausdruck denn erlaubt sein soll[75]) ist überhaupt nicht sinnvoll nach Konstanten oder Variablen zu fragen. Zu fragen ist lediglich – wie oben im Beispiel des historischen Vorganges »französische Revolution« – nach zu konstatierender oder zu konstituierender Einheit des »Zuschnitts«, soweit eruierbar, nach so etwas wie einem jeweiligen »Strickmuster überhaupt«. Innerhalb eines solchen »Strickmusters« kann es dann formale Entsprechungen oder Wiederholungen geben: Es zeigen vielleicht (auf komplexe Art) z. B. »Teilnehmer« oder »Einbezogene« dieses Prozesses in ähnlicher Lage strukturell verwandte Reaktionen oder verhalten sich komplementär. Auch dies wäre ja eine Form *pattern*-konstitutiven, wenn nicht *pattern*-integrativen Verhaltens. Dabei ist es für die begrenzten Zwecke unseres Vorgehens im FU von Vorteil, daß wir es mit *Texten* zu tun haben: Die Selektion von Elementen und Aspekten, die einem Vorgang oder Tatbestand Einheit und Perspektive, damit *Sinn* verleiht, ist hier bereits geleistet; eine Reihe erkenntnistheoretischer Skrupel, die für geschichtlich-gesellschaftliche Faktizität sich aufdrängten, entfallen; Ein- und Abgrenzung des »Objekts« sind überschaubar. – Zwischen Auffassung und Vorgehen der »Londoner« und der Haltung K. L. PIKEs gibt es einen tiefgreifenden Unterschied: Er teilt die wissenschaftskritische Enthaltsamkeit seiner britischen Kollegen nicht. PIKE deutet alles Beobachtete behavioristisch-außerhistorisch, als eine Reihe wechselnder

Konstellationen behavioraler »Daten« ohne (attitudinale) »Tiefe«. Es geht ihm um die Erfassung einer endlichen Zahl beobachtbarer und verknüpfbarer Elemente mit dem Anspruch, *Erkenntnis* durch diese Erfassung geleistet zu haben.

Die »kontextualistische Vorgehensweise« hält die Problematik dieser »Tiefen«-Dimension offen. Sie gestattet daher den Anschluß an eine auf dem Kontinent in Verbindung mit dem Begriff der *Totalisation* lange geübte philosophische Praxis und ist z. B. dem Verdikt der letzten Vertreter der »Frankfurter Schule« (J. HABERMAS und andere) gegen mancherlei westliche Wissenschaftstradition durchaus enthoben: »Situation« ist nicht umfangslogisch in der Aufzählung ahistorischer »Fertigteile« erschöpfend zu beschreiben; sie ist – als immer schon *gedeutete* – nur *als* Äußerung und *in der* Äußerung der *participants* »wirklich«. Bei einer Unterscheidung zwischen dem *Inhaltsaspekt* und dem *Beziehungsaspekt* einer Äußerung bzw. eines Textes (wie sie mittlerweile in der Kommunikationsforschung üblich geworden ist) hätte dann letzterer den Vorrang: Bezeichnet er doch – als Implikation – diejenigen personalen Relationen, die dem in der Situation und als Situation Gegebenen zugrunde liegen, und verweist – als weitere Implikation – auf allgemeinere Vor-Einstellungen, die über den unmittelbaren Rahmen dieser Situation hinausgreifen. Auch hierbei handelt es sich um *Bewußtseins*-Phänomene: Wir fassen im Begriff des *context* – auch in seiner »weitesten« Form, der des *Kontexthorizontes*[76] – den konstitutiven *complex of attitudes,* nichts sonst. Durch den Wandverputz BÜHLERS hindurch werden die von WITTGENSTEIN installierten erkenntnistheoretischen Alarmanlagen ahnbar: »Alles, was uns bewußt wird, ist durch und durch erst zurechtgemacht, vereinfacht, schematisiert, ausgelegt, – ... wir stoßen nie auf Tatsachen« (NIETZSCHE).

Ist dies nur einmal zugestanden, dann sollte es allerdings erlaubt sein, aus den erkenntnistheoretisch etwas engeren Ansätzen von SAUSSURE, PIKE und E. T. HALL dennoch »Honig« zu ziehen. In Zusammenhänge »höherer« Einsichts- und Verhaltensorganisation integriert, hat der daraus erwachsende *technische* Vorteil durchaus nichts Sündhaftes. Dies gilt desto eher, als die strenge begriffliche Klärung und Fassung des Gesamtzusammenhanges doch wohl erst durch Weiterführung der Theorie des »kommunikativen Handlungsspiels« von SIEGFRIED J. SCHMIDT erfolgen kann; das gleiche gilt für die Aufarbeitung der theoretisch-linguistischen »Hilfen« zur Textarbeit von J. IHWE.

Ein gesichertes Ergebnis für den fremdsprachlichen Unterricht läßt sich festhalten: Von seinen frühesten Formen an ist alles Gespräch über oder aus Anlaß von Texte(n) – da rollen-identifikatorisch oder rollen-kritisch begründet – aus der psychologischen Beziehung von *attitudes* (des Schülers) zu *attitudes* (im »Text«) zu entwickeln. Hier liegen auch die Wurzeln eines Großteils der Motivation für den fremdsprachlichen Unterricht, besonders in der Phase des elementaren Spracherwerbs. Alles ist aus der *»Perspektive«* des Schülers zu entwickeln; Impulse haben an dieser Perspektive anzusetzen; der Text ist auf innertextliche Perspektive zu spielen, zu besprechen, oder zu analysieren: Noch im Unterrichtsgespräch der Sekundarstufe II ist im Grunde die – nur eben radikal verstandene – Text-Perspektive Thema und Motor aller Lehr- und Lernprozesse. – Deren Material oder Treibstoff (um im Bild zu bleiben) sind Selektionsmuster aus feldmäßig bezogener Lexis: Auch darüber kommen die für unser Fachgebiet wesentlichen Aussagen von HALLIDAY (vgl. die Darstellung unten unter 3.4.5.2.).

Auf diese Weise erarbeiten sowohl Spracherwerb wie Sprachausbau im fremdsprachlichen Unterricht das gleiche: die unter dem Begriff *Kontext* gefaßte dialektische Einheit von »Situation« und »Co-text« (wobei Sprach*ausbau* in aktiver Artikulation des Verstehens dieser Einheit stattfindet und das *Verstehen* sich in eben diesem Prozeß wiederum situativ vertieft). Sowohl Spracherwerb wie Sprachausbau gründen sich auf die Tatsache, daß ein zwingender psychologischer (attitudinaler) Zusammenhang zwischen der als Prozeß verstandenen Situation und der als (soziales) Verhalten begriffenen Sprache besteht. Wir versuchten diesen Zusammenhang im EINÜBENDEN TEIL (s. o. S. 18 f.) am einfacheren Fall jener prälinguistischen schicken Feuilleton-Idee aus dem frühen 19. Jahrhundert diagrammatisch darzustellen: Die vier graphischen Verdeutlichungen der KLEISTschen Ausführungen zu Mirabeaus Rede vor den Ständen am 23. 6. 1789 scheinen uns immer noch ein besonders gelungenes Beispiel zu sein für den Zusammenhang, den wir jetzt aus der

HALLIDAYschen Analyse sprachlicher Funktionen präziser verstehen. Man denke sich die vier Diagramme und deren Erläuterung an dieser Stelle wiederholt.

3.4.4. Sprache als social activity
(Zum Situationsbegriff II)

3.4.4.1. Unter dem leitenden Gesichtspunkt der vorliegenden Darstellung interessiert an diesem Zusammenhang (i. e. der im Begriff *Kontext* gefaßten dialektischen Einheit von »Situation« und »Co-text«) natürlich ganz besonders die strukturelle Verschränkung solcher »akademischen« Erkenntnis-Formeln mit handfester *praktischer* Bedeutung. Die praktische Bedeutung aller bisher erstellten Aussagen über Sprachstruktur und Sprachfunktion erscheint im zusammenschließenden Begriff der *social activity.* So liegt eine distanznehmende, zugleich unterrichtsgerichtete Überschau dieses Zusammenhanges unter der Leitvorstellung von Sprache als einer *social activity* nahe; eine derartige Überschau hat zugleich die für ein praktisches Verstehen entscheidenden Züge verdeutlichend hervorzuheben.

Es handelt sich offenbar um den »Kontext von Kontext«: Dieser erkenntnistheoretische Meta-Kontext oder Superkontext findet sich in einer schematischen Darstellung bei SCOTT *et al.* (der mehrfach erwähnten einzigen wirklich leicht verständlichen Umsetzung der grammatischen Kategorien HALLIDAYs für die Praxis)[77]; sie ist abstrakter als unsere 4 KLEIST-Diagramme, zeigt aber die zunächst geradezu bescheiden-einfachen Intentionen kontextualistischer Wissenschaftstheorie sehr klar und sei darum hier abgedruckt:

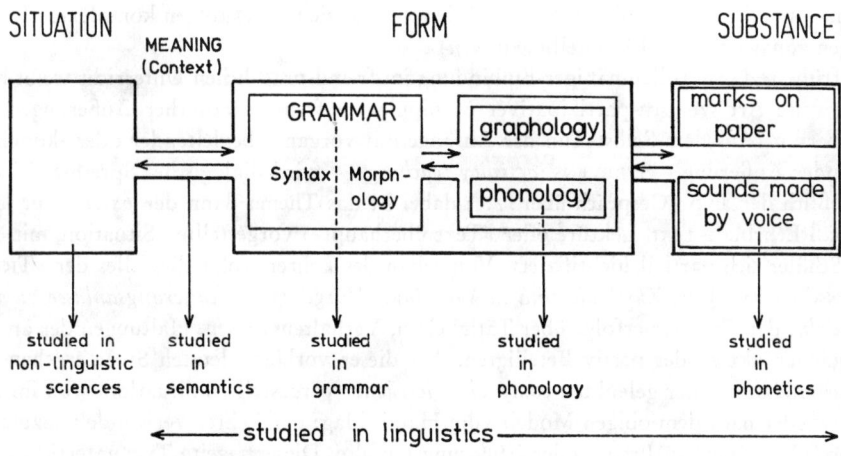

Abb. 14.

Die konkrete Bedeutung dieses Diagramms für das Verständnis und (im Zusammenhang des FU bedeutsamer!) für den Aufbau und die Möglichkeiten von SITUATION (*qua* sprachbezogener Situation) hat HALLIDAY selbst in ein einfaches, klares Beispiel gefaßt:
A handshake, for example, could be described in substance: as a physical and physiological activity. Precisely the same event can be described from the point of view of its form (its place in the total framework of meaningful gestures and actions – both what it might have been but was not, say a salute or a kiss, and what went before and after it) and of its context

(who were the participants, what was their relation to each other, under what conditions did
they meet?). Both form and context are aspects of the meaning of the activity.
Und er fährt fort:
So with language. The same event has substance and also form and context; both the sub-
stance (the medium of the activity) and the form and context (its internal and external mean-
ing) have their patterns.[78]
HALLIDAYS Beispiel kontrastiert erheiternd mit dem ironisch gemeinten Versuch STANDOPS,
am Beispiel der Verkehrsampel eine »Ampelgrammatik« im Stil CHOMSKYscher Chiffren-
und Symbolbildung zu schreiben. STANDOP bricht bereits kurz nach dem Ansatz ab, weil
klar ist,

> »daß die ›Ampelgrammatik‹ in jedem Fall ein Hemmnis darstellt, wenn es darum geht, dem
> Normalverkehrsteilnehmer Sinn und Funktion einer Ampel für die Praxis nahezubringen,
> und zwar deswegen, weil, psychologisch gesehen, das ›Durchschauen‹ der Ampelsprache etwas
> total anderes als das Verstehen ihrer Grammatik ist.«[79]

Aus der Verbindung von Situation und Äußerungsform im Diagramm sowie aus dem
Kontrast der zitierten Äußerungen von HALLIDAY und STANDOP wird deutlich, was das
HALLIDAYsche Beispiel des Handschlags impliziert: Es verweist auf Kommunikation im
Sinne von Interaktion. Und weil dabei sprachliche Äußerung und nicht-sprachliche Vorgänge parallel laufen, sind z. B. auch sprachlich zu steuernde oder auszuwertende *ac-*
tivities im Klassenzimmer konzipierbar. Es lassen sich nach diesem Modell Situationen
konstruieren, die – aktiv-tätig oder imaginativ teilnehmend – reale Vorgänge dieser oder
komplexerer Art simulieren, in denen also die *participants* durch gelenkte Auswahl und
Folge der Äußerungsanlässe zur Hervorbringung einfacher fremdsprachlicher Sequenzen
»verführt« werden ...: das übliche Schema bereits der »Vorkurse« im ersten Halbjahr
des Englischunterrichts, in jedem Lehrwerk im ersten Band mit einigen Lektionen vertreten (– Schüler stehen auf, setzen sich, gehen zur Tür, um den eigenen Tisch herum etc. und
sagen – im allgemeinen mit strahlender Miene –, was sie tun; es folgen komplexere Kopp-
lungen von *activity* und Vorstellung usw.).
Die früheste Form rollenmäßiger Einbindung im fremdsprachlichen Unterricht treibt bald
die zweite Art szenisch-partizipativer Manipulation fremdsprachlicher Äußerungen aus
sich hervor: Aus dem Selbst-Tun der Anfänge mit vorgangs-begleitender oder -kommen-
tierender Äußerung – STREVENS' *activity teaching*[80] – wird dialogisches Sprech-Spiel und
schließlich der Typ »Gespräch über ...«; dabei ist das Thema dann der *participant* jener
(gemäß Lehrbuch-Text, Lektüre oder »Text überhaupt«) vorgestellten Situation, mit der
der Schüler sich partiell identifiziert. Von seiten des Lehrers folgt dies alles der »TIGGE-
MANNschen Regel«[81]: *Zustände sind in Vorgänge, Vorgänge in Äußerungsanlässe zu ver-*
wandeln; der Transfer erfolgt über Tätigkeiten, Verhaltensweisen, Haltungen der an den
Vorgängen aktiv oder passiv Beteiligten. Auf dieser vorläufig letzten Stufe ergeben sich
Sprechanlässe aus der gelenkten *comprehension* jener vorgestellten Situation »von innen«,
d. h. wieder nach dem obigen Modell vom Handschlag: der Lehrer verwandelt sozusagen
dessen »Vektoren« in Frage- oder Äußerungsimpulse. Dieser zweite Typ unterrichtlichen
Gesprächs bleibt – in gleitend-progressiver Differenzierung der »Situation« in ihren attitudinalen Relationen und sprachlich-strukturellen Aspekten – für lange Zeit im fremdsprachlichen Unterricht dominant oder sollte es doch; »Stützen« und Ansätze – vor der
»freien« Formulierung durch den Lehrer – bieten die *comprehension questions* in den
Lehrbüchern oder im Anhang vieler Lektüre-Texte (in den Frühphasen auch die *»exer-*
cises«, die man getrost »gegen den Strich bürsten« und in das Gespräch über den Text hineinziehen sollte).
Ihre höchste Form treibt dann die *comprehension* weiter voran nach dem Modell unserer

Mirabeau-Analyse; wir haben ja das Schema wiederholt bezeichnet: Progressive Kontextualisierung auf dem Wege über die »mittelbaren Kommunikationsteilnehmer« erhellt attitudinale Implikationen, erhellt die »stillschweigend gemachten« = unreflektierten Voraussetzungen der *un*mittelbaren *participants*: den »Rahmen« und endlich vielleicht auch den ideologischen »Horizont« dieser Situation. TIGGEMANNs Regel ist auch hier – in anderen Differenzierungszusammenhängen – der Zauberschlüssel, der vieles eröffnet: es wird Zeit, daß das endlich erkannt wird (und die Einheit kommunikativer Lernvorgänge auf den verschiedenen Stufen des fremdsprachlichen Unterrichts sichtbar wird!). Damit wird aus *comprehension – analysis* (oder, weniger streng: *interpretation*). Dies ist dann die Gesprächsform der Sekundarstufe II.

3.4.4.2. Rückblickend und zusammenfassend richtet sich das durch Begriffe wie *Kontext, Situation* und *Co-text* bezeichnete Interesse auf vier sehr verschiedene Dinge:

(1) einen konkreten Akt in einer konkreten Situation;
vgl. die Aussagen von FIRTH und LEECH (zum kommunikativen Aspekt, s. auch weiter unten) sowie HALLIDAY (zum linguistischen Aspekt);

(2) den Bewußtseinshintergrund bzw. den attitudinal-ideologischen Kontext:
vgl. die Aussagen von FIRTH sowie von ENKVIST, SPENCER und GREGORY (zu Begriff und Praxis der progressiven Kontextualisierung);

(3) ein abstraktes System von Bedingungen von Rede überhaupt sowie von Rede in Situation – die neue Wissenschaft der *Pragmatik* (mit ihren konkreten Fallkalkulationen):
vgl. vor allem die Aussagen von J. OLLER und D. WUNDERLICH;

(4) das Insgesamt und System der non-verbalen konkreten Formen von Äußerung und Kommunikation – die neue Wissenschaft der *Kinesik*:
vgl. die Aussagen von E. T. HALL, auch J. FAST.

Eine Zusammenfassung, die zugleich die Aussagen des britischen Kontextualismus weiterführt, findet sich im westdeutschen Funkkolleg »SPRACHE« vom Winter 1971/72 sowie bei H. SCHNELLE. Unsere Darstellung – oben – der *progressiven Kontextualisierung* empfing bereits zusätzliche Gliederung und Ordnung vor dem Hintergrund jener Einteilungen; nur konnten wir uns nicht entschließen, z. B. in allem auch SCHNELLES terminologische Fixierungen zu übernehmen. – Unter der Voraussetzung, der Kontext-Begriff bezeichne ausschließlich, was unmittelbar oder mittelbar in sprachlicher Artikulation inhärent, aus ihr zu erschließen, an ihr zu fassen sei, ist folgende eklektische Schichteneinteilung möglich:

1. **»Kommunikative Basis«,**
bestehend aus
1.1. dem »Ursprung der kommunikativen Basis«
(jeweilige Sprecher/Hörer – als Bewußtsein von jeweiligem »Ich-jetzt-hier« – sowie Zeit und Ort der Kommunikationsbeziehung);
1.2. der jeweiligen »Orientierung«
(jeweils intendierter Hörer bzw. intendierter kommunikativer Effekt);

2. **»Situations-Kontext«,**
bestehend aus
2.1. dem unmittelbaren Situations-Kontext,
greifbar in zwei gleichzeitig zum Kommunikationsakt anzusetzenden wahrnehmbaren »Konfigurationen«:

2.1.1. der »Situationsgestalt«, dem Wahrnehmungsmuster
(aus der Szenerie, den Umständen, dem gegenständlich Gegebenen);

2.1.2. dem Handlungs- und Verhaltensmuster;

2.2. dem unmittelbaren *einbettenden* (= »weiteren«) Rede- und Situations-Kontext;

3. »Kontext-Horizont«:

»Horizont« scheint in der Literatur immer wieder etwas anderes zu bedeuten. Ursprünglich wohl nur der über momentanen Situations-Kontext hinausgehende Redezusammenhang, erscheint er erweitert als »Vorstellungshorizont«, schließlich als so etwas wie »kognitives und artikulatives Repertoire«; d. h. es erscheinen alle Zwischenstufen des Vorganges, für den wir nach Auseinandersetzung mit SPENCER und GREGORY den Ausdruck »progressive Kontextualisierung« gebrauchten.

Als nicht mehr artikulativ falsifizierbar scheint uns die SCHNELLEsche Kategorie der »Vorstellungskraft« als ein Kontexttyp fragwürdig; Hinweise auf »normativen Kontext« bzw. »eingeschränkten Kontext« (als Thema- oder Fragenkreis, der, da vorausgesetzt, »von den Kommunikationspartnern nicht selbst zum Gegenstand der Rede gemacht wird«) scheinen uns zulänglich in der Kategorie des »Kontext-Horizontes« ausgedrückt. – Wesentlich scheint uns dagegen der Anklang an HUSSERLs Begriff des *Horizonts* von Bewußtsein.

3.4.4.3. In der Rolle des zugleich kommunikativ Teilnehmenden und Steuernden kann dem Unterrichtenden die Auseinandersetzung mit den vielfältigen Aspekten dieses Problembereiches eine sehr bedeutende Verstehenshilfe sein; *im Prozeß* der Teilnahme und Lenkung dagegen wird es ihm wieder zu den einfachen Grundwahrheiten gerinnen, von denen der britische Kontextualismus ausgegangen war (und welche durchaus zulänglichen Anlaß zu sehr ertragreichen wissenschaftlichen Unternehmen bot).

Eine überraschende Bestätigung aus dem »anderen« Lager erfährt diese These durch den für den muttersprachlichen (Deutsch-)Unterricht verfaßten Aufsatz »›Code‹ oder ›Horizont‹?« von M. SCHERNER. Im Strahlkreis der deutschen Weiterführung westlicher kommunikationstheoretischer Ansätze reduziert SCHERNER am Ende dennoch – mit glänzender Beispiel- und Gedankenklarheit – alles auf die Begriffs-Dreiheit von »Situation«, »Redefolge« (vgl. »Cotext«) und »Horizont«. Er entspricht damit vollständig dem von uns skizzierten kontextualistischen Modell; der Aufsatz, der überdies einige sehr einleuchtend gelungene Struktur-Diagramme aufweist, ist in unserem Zusammenhang empfehlenswert.

Unter dem in der vorliegenden Darstellung verfolgten Gesichtspunkt ist also davon auszugehen, daß trotz einiger weiterführender Differenzierungen insbesondere im Bereich der deutschen Forschung das Modell des britischen Kontextualismus als leitend anzusetzen ist: Es stützt den kommunikativen »Kern« des Unterrichts, das fremdsprachliche Unterrichtsgespräch, *auf allen Stufen*. Die besondere Art von Stütze, die er dem fremdsprachlichen Unterrichtsgespräch »leiht«, bezieht sich auf die »Rolle« und Möglichkeiten des Lehrers darin und ist also für die von uns verfolgten Ziele von zentraler Bedeutung: Auseinandersetzung mit Werken aus kontextualistischer Schule ermöglicht und fördert das Verständnis, die Bereitstellung, die Auslösung und die Verknüpfung spezifisch situations-, später feldbezogener sprachlicher Äußerungselemente (Strukturen und Lexis); es hilft ihm also bereits bei der Vorbereitung des Gesprächs, vor allem dann aber im Gespräch selbst.

Der Lernende allerdings bleibt bis zuletzt rollenmäßig in partieller (wenn auch zuletzt kritischer) Identifikation auf die »Situation« bzw. den Text bezogen: Dies nicht nur oder etwa vor allem auf Grund »natürlicher« Motivation, sondern darum, weil seine Äußerungsmöglichkeiten selbst durch Situation und Text »getragen« und »gebunden«, d. h. begrenzt sind.

Dies ist ja gerade die Grundlage möglicher lerneffizienter *Steuerung* aller dieser Gesprächsvorgänge: textuelle und linguistische »Potenz« lassen sich sequentiell bis zu einer gewissen Grenze vorkalkulieren.

Treten also Motivation und Ausdrucksmöglichkeiten in Widerstreit oder will sich überhaupt keine Motivation einstellen, dann ist dies kaum durch Einsatz anderer Mittel (Sprachlabor, schriftliche Arbeiten, Strafen) auf die Dauer zu kompensieren: Mit dem »freien« Unterrichtsgespräch ist – im fremdsprachlichen Unterricht – die Basis des Lernvorganges bedroht. Auch für derartige negative Erfahrungen finden sich Erklärung und Hinweise auf Möglichkeiten der Abhilfe in den Schriften der »Londoner«.

3.4.4.4. HALLIDAYs obiges Beispiel vom Handschlag erinnert in seiner drastischen »Konkretheit« an das amüsante und vielgerühmte *»gastronomic supplement«*[82], den Paragraphen 9.1., seines Grundsatz-Aufsatzes über die *»Categories of the Theory of Grammar«*. Dabei wird wieder noch an der Wahl des Beispiels klar, wie sehr konkreter Vorgang und soziales Verhalten den Sinn und die Funktion von Sprache bestimmen: »Code« und »Horizont«, *social activity* im Vordergrund und *complex communicative patterns* im Bewußtsein, funktionale Analyse und fremdsprachlicher Unterricht gehören zusammen.

In dem erwähnten Anhang wird die *Theory of Grammar* am Beispiel des Essens demonstriert: *Eating, like talking, is patterned activity, and the daily menu may be made to yield an analogy with linguistic form.* In welcher Weise am obigen Schema situativen Sprechens *alle* *»ranks«* linguistischer Form aus dem W. A. KOCHschen Darstellungsbild oben auf S. 119 teilhaben, zeigt sich z. B., wenn in Analogie zu Text, Satz, Teilsatz, Wortgruppe, Wort und Morphem die *»Units«* Daily menu, Meal, Course, Helping und Mouthful konstituiert werden. Komplexität und Implikationsreichtum situativen Sprachverstehens werden – nach streng formaler Symbol-Ausfaltung – humoristisch deutlich in der Schlußwendung: *»Like the morpheme the mouthful is the smallest unit, and all eating activity can be broken down into mouthfuls. Like the morpheme, it is neither more nor less fundamental than any other unit. But how little it reveals, if description proceeds in one direction from it, of the complexity of the whole activity!«*[83]

Es ist dieses Verstehen von Sprache als *social activity* (mit ihren attitudinalen Implikationen), das HALLIDAYs »System« so eminent anwendbar macht im Bereich des fremdsprachlichen Unterrichts – der ja eben eine Form sprachlicher *social activity* ist. Der so *consistently* attitudinale Ansatz des Kontextualismus hilft, einen Lernprozeß aus situativ bezogenen Äußerungs*formen* und -*sequenzen* zu entwerfen und durchzuführen. BÜHLERs Organon-Modell scheint in Linguistik und – potentiell – Fremdsprachen-Methodik »eingeholt»; fremdsprachliche *Elemente* sind durchgehend als *Momente* fremdsprachenunterrichtlicher Kommunikation verstehbar geworden. Es bleibt nun, die Elemente dieses Modells im einzelnen zu nennen, ihre Zuordnung und Sequenzierung im einzelnen zu diskutieren.

3.4.5. Formale Elemente dieser social activity (Zum Situationsbegriff III)

3.4.5.0. Elemente der Fremdsprache werden zu Momenten fremdsprachlicher Kommunikation, indem sie Aufmerksamkeit bündeln. Welche Arten von Elementen kennen wir also – und wie »bündeln sie«?

Wir unterscheiden methodisch
- strukturelle Elemente,
- lexikalische Elemente und
- situative Elemente.

Die drei Arten von Elementen entsprechen jeweils Aspekten der Fremdsprache als *social activity*.

3.4.5.1. In Hinblick auf die Leistungen »der Linguistik« wäre der *strukturelle Aspekt* weitgehend abgedeckt durch die obigen Hinweise (SS. 101 ff.) sowie den Hinweis auf die Grammatik von SCOTT *et al.*; im übrigen folgt hier offenbar jedes Lehrwerk einem eigenen Kompromiß[84], so daß vorläufig noch HALLIDAYs Kategorien – wie denen CHOMSKYS – vorzugsweise die Funktion zukommt, produktives Bewußtsein zu wetzen und zu schärfen (und dies gilt dann noch auf der Sekundarstufe II für die feldmäßig-situativen *qua* attitudinalen qua *ideologischen* Vorentscheidungen eines Textes). Offenbar hängt es auch sehr von der Konzentration des Unterrichtenden *als eines Sprechenden* ab, wieweit er sich die außerordentlich tief prägende Kraft rekurrierender Strukturform in sinnvollen Äußerungskontexten zunutze macht: eine elementare Selbstprägung nach Auswahl und Anspruchshöhe pro Klassenstufe und Klassenstand sollte hier selbstverständlich sein.

> Es wurde wohl zulänglich deutlich, daß im Hinblick auf eine sprachpädagogisch optimale linguistische Beschreibung wie im Hinblick auf die Möglichkeiten solcher kontrollierten und variablen Selbstprägung des Unterrichtenden als Sprechenden die *Forschung* noch als durchaus unabgeschlossen gelten muß. Das hat uns nicht gehindert, hier Stellung zu beziehen (ohne welchen – immer wieder neu zu prüfenden – Akt wohl Praxis unmöglich wäre). Es gibt hier keinen breiteren Konsens, allenfalls ähnliche Meinungen. Wohl hingegen gibt es einen solchen Konsens, wenn Auswahl und Anspruchshöhe struktureller Lehr-Elemente zur Debatte stehen. Es scheint erprobt, geprüft und demnach geboten, auf einer *ersten Stufe* die einfachen Grundstrukturen der Fremdsprache (Aussage-Hauptsatz, Frage, Befehl) zu erwerben; auf der *zweiten Stufe* kristallisieren die erweiterten Grundstrukturen (mit *enlargements* und *extensions*) an[85], desgleichen die einfachen Formen von Subordination (Relativsätze), danach auch die komplexeren Formen (Adverbialsätze, spez. *if*-Konstruktionen). Erst auf einer anzusetzenden *dritten Stufe* kämen dann Feinanalysen nach HALLIDAY, QUIRK oder anderen zum Zuge. – Die drei Stufen entsprechen allenfalls sehr grob den traditionellen Stufen des Gymnasiums, Unter-, Mittel- und Oberstufe.

3.4.5.2. Der *lexikalische Aspekt* hat lange Zeit die Phantasie moderner Grammatiker weniger stark bewegt (– wir unterschlagen hier die revisionsbedürftigen Leistungen der deutschen Wortfeld-Forschung!). Wir wissen durch FIRTH und die Gruppe um HALLIDAY, welche Folgen diese Haltung hatte. Neben und außerhalb der quasi »offiziellen« Sehweise hatten allerdings – mit schlechtem »Didaktiker-*Gewissen*« und gutem Praktiker-*Bewußtsein* – Fremdsprachenlehrer *in actu* immer schon *Vokabeln* sehr ernst genommen. Es ist müßig zu fragen, ob hier nicht mit richtigem »Instinkt« die richtige »Sache« falsch angefaßt und dadurch zu etwas Falschem gemacht wurde. Wichtiger ist, daß doch wohl einem solchen »Instinkt« *irgendeine* richtige Beobachtung oder Erfahrung zugrunde liegt. Auf der Suche nach dieser »richtigen Beobachtung« stoßen wir wieder auf Mitstreiter von größerer Erfahrung, die britischen Kontextualisten, allen voran HALLIDAY.

Es ist leicht einzusehen, warum der lexikalische Aspekt für die praktische Durchführung z. B. des Unterrichtsgesprächs im Bewußtsein der Lehrenden diese Bedeutung erlangte:

Er ist offenbar auf »bequeme« und »natürliche« Weise stärker in seine »freie« Verfügung gestellt als grammatische Phänomene und provoziert daher seine sprachliche Phantasie unmittelbar. Im Gefolge kontextualistischer Überlegungen wird deutlich, daß dabei aber keinesfalls »Vokabeln«, Einzel-*Items*, eine Rolle spielen, sondern »Felder« lexikalischer Art – als sprachliches Äquivalent situativer Äußerungsbindung. Produktivität (auf die es hier ankommt) scheint in besonderer Weise an sie gebunden.

Wir zitierten bereits HALLIDAYS grimmiges »*sneer-word*« gegen die weitgehende Vernachlässigung der lexikalischen Aspekte von Sprache im besonderen wie der semantischen allgemein. Charakteristisch für den HALLIDAYSchen *approach* in dieser Frage ist wieder dessen umfassende und systematische Eigenschaft. Nachdem von vornherein die Kategorie »Wort« zugunsten von »*lexical item*« zurückgedrängt wurde, erscheint jenes in vielfältiger Feld-Einlagerung; und hier schießt dann zusammen, was wir bereits einleitend in unserer Auseinandersetzung mit BÜHLER und WITTGENSTEIN entwickelten: Nicht nur nämlich erscheint jedes *lexical item* als Teil eines lexikalisch-begrifflichen Feldes bzw. Wortfeldes im Sinne der deutschen Feld-Forschung; es ist zugleich Teil eines vielfältigen Geflechts möglicher Kollokationen.

Über die konkrete Seite dieses Zusammenhanges gibt es bereits weiterführende Arbeiten in relativ großer Zahl. Z. B. notieren E. MILLAR und E. KOBERSKY darüber hinaus Einlagerungen in minimale Äußerungseinheiten, *semantic units*. Letzte einfache und schöne »Rundung«, geschlossen und applikabel, erhalten diese Überlegungen in der Darstellung bei E. WERLICH[86]: Das für Lernprozeß und Sprachreflexion gleichermaßen grundlegende lexikalische *field system* von Sprache ist nach WERLICH dreifach gegliedert,

(1) als System von *Wortfeldern*

(Gliederungsprinzip: *Sinn*-Ordnung; – Glieder gleicher Wortklassen in wechselseitiger semantischer Abgrenzung: Beispiel: *slender/slim/(thin)/meagre/lean/gaunt/skinny/ scraggy/emaciated;* – Schlüsselwort: *thin*; – dabei hat neuere Forschung gezeigt, daß der Ausdruck »wechselseitige Abgrenzung« hier eher pragmatisch-unscharf, Überlappungen einschließend, zu gebrauchen ist: auch eine der Korrekturen deutscher Feld-Dogmatik durch kontextualistische Empirie-Freudigkeit; präzis abgrenzende, vollständig ein Feld aufschließende Zuordnungen sind offenbar nicht die Regel, sondern die Ausnahme!),
auch *semantic fields* oder *lexical sets* (s. u.!) genannt;

(2) als System von *Kollokationsfeldern*

(Gliederungsprinzip: *Gebrauchs*-Ordnung; – Bündelung von Gliedern verschiedener Wortklassen im konkreten Gebrauch, welcher semantische Verknüpfung – durch Assoziation? – impliziert; Bauform: Verbindung eines Substantivs aus dem Wortfeld *body, physique* mit einem Adjektiv aus dem Wortfeld *vigour/feebleness, thickness/thinness, tallness/shortness, health/sickness, dexterity/clumsiness* oder entsprechend nominal und verbal *gait* mit *to walk/step/stride/pace/stalk* etc.; konkretes Beispiel[87]: *a(n) new/ brandnew/modern/old-fashioned/old/second-hand car goes/drives/speeds/races/rattles along/up/down the road* etc., vgl. die Zusammenstellung zum Schlüsselwort *hot drinks* bei LEISINGER[88] sowie natürlich das gesamte überreiche Material in WERLICHS »Wörterbuch der Textinterpretation«; bekannt wurden auch die Beispiele *strong tea – powerful engine* von CARSTENSEN[89]),
auch *Bezugsfelder* genannt;

(3) als System von *Sachfeldern*
(Gliederungsprinzip: *faktische* Ordnung der in der Sprache erscheinenden oder möglicherweise(!) erscheinenden Wirklichkeitsausschnitte nach Gegenständen, Tätigkeiten,
Vorgängen und Eigenschaften[90]; eine ursprünglich nicht-sprachliche Einteilung, die
u. E. ausschließlich heuristischen Wert hat, da sie, strenggenommen, sprachwissenschaftlich in den beiden anderen Feldern »aufgeht«[91]: sie ist deren »wirklicher
Aspekt« und mit ihnen durch den Begriff des *situativen Kontexts* verbunden),
auch *fields of subject-matter* genannt.

WERLICH macht mit seiner Dreiteilung[92] auf wohltuende Weise deutlich, daß es im Sprachlernprozeß wie in Sprachreflexion nicht auf kontextbedingte Feldzugehörigkeit im engeren
Sinne von Kontext (vgl. die ältere deutsche Feldforschung) allein ankommt: es geht um
den umfassenden Sinn von *situativem* Kontext mit seinen Bewußtseins-Implikationen. Restriktion auf je eine Wortklasse (im engeren, strengeren Sinne von »Wortfeld«) implizierte
eine groteske Verkürzung des reich gegliederten Systems von Bewußtseins-Relationen,
das der Sprache »parallel« läuft: Sprach-Ordnungen verweisen immer auf das Ganze eines
sprachlichen und attitudinalen Systems.

Zurück zum *»head of the department«!* – Der Zusammenhang der »Felder lexikalischer
Art« *mit dem grammatischen System der Sprache im ganzen* kommt wieder in einer Formel
HALLIDAYs besonders deutlich zum Ausdruck. Wie schon unsere grundlegenden Diagramme
zur Mirabeau-Anekdote oben S. 18 f. im EINÜBENDEN TEIL zeigen, ist zwischen
Zuordnungsstruktur und sequentieller Struktur von Situation bzw. Vorgang zu unterscheiden; entsprechend geht HALLIDAY aus von

> *»the two fundamental dimensions of any patterned activity, chain (one thing after another)
> and choice (one thing as opposed to another). The chain relations are ›structure‹, in grammar,
> and ›collocation‹, in lexis; the choice relations are ›system‹, in grammar, and ›set‹ in lexis.«*[93]

An anderer Stelle setzt er dann, terminologisch konventionell, *chain relations* Verbänden
auf der *syntagmatischen* Achse, *choice relations* Alternativen auf der *paradigmatischen*
Achse gleich[94]: Damit ist der Zusammenhang mit der sprachwissenschaftlichen Tradition,
wie ihn z. B. das JAKOBSONsche Koordinatenschema oben S. 103 bezeichnet, klar. Wir können uns auf die HÜLLENsche Kurzdefinition von Lexik im Rahmen sprachwissenschaftlicher
Reflexion zurückbeziehen; sie sei hier abermals zitiert:

> »Die Lexik einer Sprache beschreibt jene Segmente, die syntagmatisch in okkasioneller Distri
> bution und paradigmatisch als offene Felder mit einander überschneidenden Möglichkeiten
> auftreten, und jene Distribution und Feldordnung selbst.«[95]

HÜLLENs Formel rückt die oben zitierten kategorialen Schemata von WERLICH und LEI
SINGER in den richtigen Zusammenhang: sie stellt sie an die Seite HALLIDAYscher Analysen
und erinnert an den gemeinsamen Ursprung aller drei in der allgemeinen strukturalistischen bzw. kontextualistischen Tradition. *Collocation* (vgl. HÜLLENs »Selbstauslegungen«
SS. 68, 136, 171 f.) ist danach *the syntagmatic association of lexical items, quantifiable, textually*, als die *probability* ihres wiederholten Zusammentretens. *Set* (HÜLLENs
»offene Felder mit einander überschneidenden Möglichkeiten«) ist entsprechend ein *open
grouping of items*, deren Funktion oder Position im Rahmen bestimmter Kollokationen
gleich ist: *chair, seat, settee – comfortable, high – to sit* etc. (eher miteinander verbunden
als z. B. mit *haddock* oder *reap*). Beide sind Funktionen der *Use*, Formen von Performanz, daher als Kategorien eher probabilistisch als gesetzlich-geschlossen zu verstehen. So
ergibt sich als einfache Formel *to distinguish grammar from lexis:*

»Grammar deals with closed system choices, which may be between items (›this/that‹, ›I/ you/he/she/we/they‹) or between categories (singular/plural, past/present/future); lexis with open set choices, which are always between items (›chair/settee/bench/stool‹ etc.)[96]

Nach dieser Vorklärung ist verständlich, warum in der *deutschen* sprachwissenschaftlichen Literatur oft andere terminologische Bezeichnungen für diese Felder zu finden sind:

- Systematischer Ausbau bedeutungsähnlicher Reihen gleicher Wortart (wie *building / edifice /house / hut / cottage / palace / castle*) vom Typus *»Set«* erscheinen dort als *»paradigmatische Felder«;*
- sprachübliche Kombinationen (wie *fertile grounds / close friends*) vom Typus *»Collocation«* erscheinen dort als *»syntagmatische Felder«.*

Die deutschen terminologischen Bezeichnungen bezeichnen die systematische Qualität dieser Unterscheidung schärfer.

Außerdem ergibt sich aus dieser Vorklärung ein zweites: *Lexical sets* fügen sich jeweils wieder in Kollokationszusammenhänge, so daß es nützlich erscheint, den von LEISINGER für Kollokationsfelder geprägten Begriff des *»Bezugsbündels«* (der über das engere *»Bezugsfeld«* hinausgeht) in seiner weitesten Bedeutung zu verstehen und zu benutzen.[97] Der Begriff des *»Bezugsbündels«* faßte dann unter dem Gesichtspunkt des Gebrauchs feld-bezogen paradigmatische und *»syntagmatische«* Ausdrucksmöglichkeiten zusammen – ein schönes Beispiel reiner *»linguistique de la parole«* (SAUSSURE)! Diese von LEISINGER schon sehr früh (1949!) *»erahnte«* Einheit vor dem Hintergrund situativen Sprachverstehens artikuliert HALLIDAY (1960) folgendermaßen:

> *The relation of collocation enables us to group items into* lexical sets. *The lexical set is formally defined as a grouping of words having approximately the same collocations.* Train, car, taxi *and so on frequently collocate with* take, drive, passenger, engine *and others. Contextually, the set is a grouping of words having the same contextual range, functioning in the same situation types.*[98]

Situatives Sprachverstehen, so sahen wir, reflektiert Sprache auf attitudinale Elemente und deutet sie als Bewußtseinsphänomen. Unsere obige Vorklärung mündet damit in ein drittes wesentliches Resultat: Die im Begriff des *»Bezugsbündels«* zusammengefaßten Ausdrucksmöglichkeiten sind die eigentlichen linguistischen Grundlagen des auf wechselnde situative Kontexte gerichteten Unterrichtsgesprächs des fremdsprachlichen Unterrichts im lexikalischen Bereich; sie werden uns – als Grundlagen für Schüler- wie für Lehrer-Produktivität(!) – noch wiederholt beschäftigen müssen. Wie tief Lernprozeß und Lernziel von diesen Feld-Ordnungen betroffen sind, geht u. a. aus dem Satz hervor, mit dem HALLIDAY das o. a. Zitat fortführt: *... the criterion of* disponibilité, *or ›availability‹, has a formal and contextual aspect: ›having a wide range of collocations‹ and ›operating in a wide range of situations‹.* Dies entspricht genau dem Vorgehen HÜLLENs, der auf seine Kurzdefinitionen von Grammatik und Lexik eine solche der Semantik folgen läßt: Er bestimmt sie als *»das Zusammenwirken von Grammatik und Lexik mit seinem auf Außersprachliches weisenden Zeicheninhalt«.* In beiden Formulierungen wird die attitudinale Einheit von Sprache und Bewußtsein (als situativer Kontext) unmittelbar faßbar, – jene Einheit, aus deren *»Mobilisierung«* im Unterrichtsgespräch der fremdsprachliche Unterricht *»lebt«.*

3.4.5.3. KONTEXT, unser Schlüsselbegriff, erscheint abermals in beherrschender Position im Aufmerksamkeitsfeld der Darstellung:

In seiner strengen Bedeutung bezeichnet KONTEXT die Zusammengehörigkeit von außersprachlich Existierendem und sprachlichem Zeichen; dies gilt für außersprachlich Existierendes, soweit und insofern es sich im Bewußtsein möglicher Sprecher zusammenschließt (als Anlaß und mögliche Form von Rede), und für sprachliche Zeichen, insofern sie sich als Form und Spur von Bewußtseins-»Vorgaben« auf außersprachliche »Realität« beziehen. Der Begriff KONTEXT bezeichnet die Zusammengehörigkeit beider *und* die artikulative Gliederung, in der diese Zusammengehörigkeit »sich ausspricht«: In dieser Bedeutung wurde KONTEXT darstellbar im Diagramm Scotts oben auf S. 129.

In dieser Bedeutung wurde das Verständnis des Begriffs vorbereitet durch die Diagramme zur strukturellen Äquivalenz von Bewußtsein und Rede im EINÜBENDEN TEIL (oben S. 18 f.).

Und es ist diese besondere Bedeutung von KONTEXT, die die Hineinnahme von SITUA-TION (= eben jener Bewußtseins-Form außersprachlicher »Realität«) in eine auf den Sprachunterricht gerichtete Darstellung erfordert.

War unser (bzw. das kontextualistische) Verstehen von Sprache »zutreffend« oder wenigstens »sinnvoll«, dann verbürgt allein SITUATION (durch KONTEXT) so etwas wie semantische Bedeutung von Rede und ist daher der einzige zuverlässige Ansatz für *Motivation* im fremdsprachlichen Unterricht. Angesichts der immer wieder angesprochenen Bedeutung *psychologischer* Momente im fremdsprachlichen Unter-richt aber ist Motivation hier wichtiger als in vielen anderen Schulfächern. (*Prinzip:* Bevor Arbeit an – schriftlichen oder mündlichen – Äußerungen möglich oder reflek-tierbar wird, muß man sich wohl Gedanken darüber machen, wie man Schüler dazu stimuliert, Äußerungen überhaupt hervorzubringen, d. h. sich aktiv und produktiv statt reaktiv oder reproduktiv zu verhalten.)

»Bedeutung« *qua* KONTEXT wurde oben unter 3.4.5.1. (Strukturen) und 3.4.5.2. (Lexis) in ihrem *sprachlichen* Aspekt (Gliederung sprachlicher Ordnungen bzw. Felder) greifbar; im Begriff der SITUATION erscheint deren außersprachlicher Aspekt – als Aspekt *von Sprache* (i. e. möglicher Äußerungen).

Wie im Falle der im engeren Sinne sprachlichen Ordnungen geht es uns dabei um praktische und bewußtseinsmäßige Hilfe für den Unterrichtenden. Unter diesem Gesichtspunkt ist KON-TEXT allgemein und also auch SITUATION wesentlich
1. als Erarbeitungsprinzip
   1.1. bei der *Vorbereitung* des Unterrichtsgesprächs
        (Frage: Wie macht man das? – *Was* legt man *wie* bereit, und *wie* bringt man es ein?)
   1.2. bei der *Gliederung* und *Führung* des Unterrichtsgesprächs
2. als *Wiederholungs-* und Überprüfungsprinzip, z. B. bei schriftlichen Arbeiten
   (die Reihenfolge ist wichtig: Um der Priorität primärer Motivation willen ist es ferner wichtig, kein *Kontroll*-Prinzip eigener Art zu konstituieren!)

Erarbeitung wie Wiederholung können natürlich nur dann sinnvoll gelingen, wenn dem Unter-richtenden die Elemente von Situation vollständig und mühelos jederzeit zur Hand sind. Um eine solche strukturale Situationsanalyse zu ermöglichen, ist es wohl nötig,
1. die isolierbaren Elemente möglicher SITUATION überhaupt als solche zu bezeichnen,
2. die möglichen Verbindungen solcher Elemente anzudeuten, um
3. *Umstrukturierung*, Transfer in andere denkbare Verbindungen bzw. Zuordnungs-Systeme (= andere Haltungen: Einübung in Möglichkeiten von Stellungnahme!) zu ermöglichen.
In allen drei Akten wären jeweils »rein« sprachliche oder »rein« inhaltliche »Realität« nicht mehr zu trennen: beide wären aufgehoben in der Einheit möglicher Äußerungsformen und -ordnungen.

Und damit wären wir dann endgültig beim dritten Aspekt des von uns beschriebenen Vor-ganges, der die Aufmerksamkeit des Lernenden betrifft, bindet und lenkt: dem situativen.

Verständnis und Aufbau von Situation *im Frühstadium* des Spracherwerbs entsprechen strukturell dem inner-kommunikativen Aufbau von Feld-Ordnungen in der Textarbeit auf dem *advanced level* des FU. Ort, Zeit, Umstände, Sprecher-Perspektiven und Teilnehmer-Relationen wurden bereits oben S. 131 f. übersichtlich greifbar als Bedingungen und Komponenten kommunikativer Interaktion. Derlei späte, tastende Ansätze aus der deutschen Forschung erscheinen uns allerdings als nicht ganz so »schul-nah« wie die derbere, vielfältig erprobte »Oberflächen«-Nützlichkeit kontextualistischer Provenienz.

Wir greifen auf Erläuterungen und Beispiele aus dem *weiteren* Kreis der kontextualistischen Schule zurück. HALLIDAY selbst ist hier nur der *primus inter pares*, umgeben von z. T. hochbedeutenden Forschern aus eigenem Recht. Die auch von HALLIDAY oft zitierte Zielangabe für das Studium der Sprache – herauszufinden und zu verstehen *how we use language to live* – stammt nicht von diesem selbst, sondern vom »Begründer« und »Vorvater« der ganzen Schule, J. R. FIRTH[99]. Entsprechend findet sich die »glücklichste« schematische Kurzdarstellung von SITUATION bei G. N. LEECH (in einem Werk über die Analyse von Reklametexten[100]); seine – wie er es nennt – *gross description of any situation of linguistic communication* wiederum ist nur die modifizierte Form eines ursprünglicheren Entwurfs von J. R. FIRTH.[101]

Zunächst das Schema selbst! – LEECH faßt es in *4 konstitutiven Momenten:*

1. *Who are the participants?*
2. *What objects are relevant to the communication?*
3. *What is the medium of communication?*
4. *What is the purpose or effect of communication?*

Er selbst gibt ein Beispiel aus dem Bereich des *popular humour:*

THE SITUATION OF THE ›BACK-SEAT DRIVER‹

1. Participants: A. *Wife (first person).*
   B. *Husband (second person).*
2. Relevant object: *a car.*
3. Medium: *speech.*
4. Purpose: *to control B's driving of 2.*

If there are other passengers in the car, they might be considered third person participants. They would be relevant to the situation if they affected A's manner of speaking to B.

Von FIRTH stammt das Beispiel:

›*Ahng gunna gi' wun fer Ber'.‹*
(I'm going to get one for Bert.)

What is the minimum number of participants?
Three? Four? Where might it happen? In a pub?
Where is Bert? Outside? Or playing darts? What are the relevant objects? What is the effect
of the sentence? ›Obvious!‹ you say. So is the convenience of the schematic construct called
›context of situation‹.

Hier wird der Ursprung fremdsprachenunterrichtlicher *comprehension questions* (auf dem *intermediate level*) als Gesprächsimpuls unmittelbar greifbar.

Berühmt wurde auch FIRTHS Erläuterung von *Say when* als ein Beispiel dessen, was BÜHLER *empraktische Rede* nennen würde.[102] HÜLLEN zitiert den Ausdruck unter Hinzufügung des – bei FIRTH *nicht mehr ausgeführten* – »natürlichen«, »komplettierenden« Zusatzes *»(I should stop pouring soda water into your whisky)«*: Er scheint vorauszusetzen, daß sein – deutscher – Leser diese Kontext-Ergänzung und also den Sinn des Wortes nicht kennt. Dadurch wiederum beweist er (ungewollt?), wie tief dieser Ausdruck in seinen »ursprünglichen« Kontext eingelagert ist.[103]

Recht betrachtet, beweist dieses Beispiel noch etwas mehr: Auch »progressive Kontextualisierung« (um den Ausdruck von SPENCER und GREGORY aufzugreifen) zielt lediglich auf eine Explikation des gesamtkulturellen (und/oder soziologischen) Kontextes, *wie er sich im Bewußtsein* (= den Äußerungen) *des einzelnen Sprechers spiegelt:* des »sekundären« Kontexts, der unreflektiert durch Haltung und Ausdruck immer wieder reproduziert wird. Der *»context of culture«* ist nur der weitere, unausgeführt-präsente Innenraum des *»context of situation«* (s. o. S. 127 f., spez. Anm. 71). Es handelt sich hier um die gleiche Vorstellung, die im französischen Strukturalismus schließlich zu L. GOLDMANNS Idee der impliziten *vision du monde* geführt hat.[104]

»Progressive contextualization« ist das natürliche Endziel des Arbeitens mit *comprehension questions* in der letzten Phase des sich situativ-kontextuell verstehenden fremdsprachlichen Unterrichts. Zwei besonders verblüffende Hinweise auf die geradezu großartigen analytischen Durchblicke, die dieses – von SPENCER und GREGORY nur thematisierte und weiterentwickelte – Verfahren gewähren kann, finden sich ausgerechnet bei H. MARCUSE. In seiner grimmig-höhnischen Zurückweisung dieser »ganzen Richtung« im 7. Kapitel seines *»One-Dimensional Man«* verweist er auf *»*SARTRES *analysis of a group of people waiting for a bus, or* KARL KRAUS' *analysis of daily newspapers«*. Seine Begründung entspricht genau dem, was wir hier als die unmittelbare Verwendbarkeit dieses (mit den Namen WITTGENSTEIN, AUSTIN, FIRTH verbundenen) Verfahrens für das fremdsprachliche Unterrichtsgespräch auf dem *advanced level* vertreten und erläutern wollten:

> *Such analyses elucidate because they transcend the immediate concreteness of the situation and its expression. They transcend it toward the factors which* make *the situation and the behaviour of the people who speak (or are silent) in that situation. (In the examples just cited, these transcendent factors are traced to the social division of labour.)*[105]

Hinweis:

Wir legen Wert auf die Feststellung, daß unser an KLEIST anschließendes Mirabeau-Beispiel aus dem EINÜBENDEN TEIL (s. o. S. 18 f.) unabhängig von dem zwischen den Parteiungen herrschenden ideologischen Meinungsstreit rein nur als analytisches Unterrichtsmittel entwickelt wurde, das geeignet sein sollte, auf dem *advanced level* des FU ein kritisch-aspektreiches Gespräch auszulösen und voranzutreiben. Auch glauben wir gezeigt zu haben, daß bei allem »Transzendieren *of the situation and its expression«* die aufgedeckten Strukturen und *factors* als durchaus text-inhärent (in einem umfassenden Sinne), als Teil der situativ-kontextuellen Gesamtstruktur des/eines Textes, zu verstehen und zu entwickeln sind.

Unmittelbare und sehr viel einfachere Verstehenshilfe leistet natürlich zunächst die Analyse, die sich auf die *surface structure* der obigen LEECHschen Kommunikationsformel beschränkt. Glänzende und amüsante Einsichten verspricht z. B. die Anwendung auf die Kurzgeschichte *»Interesting Things«* von KINGSLEY AMIS. Weitere wundervolle, unterrichtsnahe Beispiele einer Anwendung der kontextualistischen Theorie auf Texte finden sich – außer in dem oben schon erwähnten Buch von GEOFFREY N. LEECH über Reklamesprache – in *Book V* des englischen Schulbuches *»Discovering Language«*, das vorzugsweise mit Texten vom Typ der Gebrauchs- und Wirkungsprosa arbeitet.

3.4.6. Halliday und das Saussuresche System sprachlicher Zeichenrelationen

3.4.6.1. »Im groben und ganzen« ist unser verkürzender Überblick über *linguistische Modelle und deren Bedeutung für den FU* abgeschlossen. Es sind lediglich noch einige Einzel- und Sonderwürstchen zu braten, gewisse Hinweise und Ausblicke zu geben.

> Dies gilt vor allem für K. L. PIKE und den Begriff des *Behaviorems*: Zwar erbringt dieser bedeutungsvolle Terminus für das VERSTÄNDNIS des FU nur etwa das, was z. B. das *Additum* im Curriculum der Gesamtschulen dem *Fundamentum* hinzufügt. Für Aufbau und SEQUENTIELLE GLIEDERUNG insbesondere der Einzelstunde aber hat er fundamentale Bedeutung.

Ansonsten – »im groben und ganzen« – meinen wir: Das VERSTÄNDNIS fremdsprachenunterrichtlicher Prozesse hat sein (linguistisches) Sprungbrett, linguistische PRODUKTIVITÄT des Lehrenden ihren Ansatz und Grund.

Was Methodiken vortragen, ist entweder in Handhabung »übersetzbar« – oder es ist überflüssig. Entsprechend dieser Maxime wurde oben die dritte Art von Beobachtung, Überlegung oder Einsicht, die moderne Linguistik vermitteln kann – die Erkenntnis des »metasprachlichen Bezugs« (CHOMSKY und andere) – durchgehend mit einem »guten schlechten Gewissen« zurückgedrängt, wenn nicht gar vernachlässigt.

3.4.6.2. Auswahl und Akzentuierung linguistischer Schul-Aussagen waren parteiisch: der Partei jener verpflichtet, die an die Interdependenz, wechselseitige Steigerung, dialektische Einheit von *(didaktischem) Bewußtsein* und *(methodischem)* »*praktischem Instinkt*« glauben. Dabei ergibt sich rückblickend ein (vielleicht) überraschendes Fazit: *Aus der Perspektive fremdsprachenunterrichtlicher Bedürfnisse und Erwartungen sind* – trotz der bekannten kritischen Einwände und Innovationen – *die »alten Wahrheiten« strukturalistischer Sprachbetrachtung unerschüttert.*

> Die Bestätigung oder Bekräftigung dieser alten Wahrheiten beginnt mit den »Wurzeln« des Ganzen, bei DE SAUSSURE also, und geht bis in die Verästelungen bei den Amerikanern BLOOMFIELD, HOCKETT, FRIES hinein sowie in den mächtigen britischen Seitentrieb (MALINOWSKI)/ FIRTH/HALLIDAY. Dabei geht es »zuunterst« erstens um den Strukturbegriff überhaupt, sodann zweitens um das System der 2 *sprachlichen Zeichenrelationen* (die beide bei SAUSSURE vorgeprägt sind; s. o. S. 78 ff.).
> *(Ad 1:)* Im Strukturbegriff überhaupt geht es um die Erkenntnis, daß nicht mehr Elemente-Summen »zählen«, sondern Elemente-Relationen. Angreifbar, aber immerhin noch nützlich – »tendenziell« – ist dabei: die Scheidung von Diachronie und Synchronie: Neusprachlicher Unterricht hat es – *quasi* »asymptotisch« – fast ausschließlich mit Synchronie zu tun. Fragwürdig, aber ebenfalls noch nützlich, ja, im Praktiker-Jargon zu Praktiker-Zwecken vorläufig wohl *indispensible,* ist auch der Begriff des *Satzes:* auf die Dauer überlebens-fähig (und wohl auch überlebenswert) vielleicht nur in der kontextualistischen Doppelung von *major sentences* und *minor sentences.*
> *(Ad 2:)* Die 2 sprachlichen Zeichenrelationen wurden bereits oben S. 78 f. (unter Punkt 4) einleitend genannt, zeigten aber ihre grundlegende Bedeutung erst in der diagrammatischen Exemplifizierung nach JAKOBSON (s. o. S. 103), auch am Beispiel des Diagramms auf S. 107: Es handelte sich hierbei um die formale Aufschlüsselung des Redekontinuums auf 2 Achsen; die vertikale Achse indizierte die *paradigmatischen* Relationen sprachlicher Zeichen, die horizontale deren *syntagmatische* Relationen. Das Schema läßt sich – in anderer Sehweise und Notation – formal explizieren als das Zueinander zweier grundlegender sprachlicher Ordnungen: der FELD-Ordnung sprachlicher Zeichen und der SEQUENZ-Ordnung sprachlicher Zeichen. Beide sind offenbar für ein *produktives* Verständnis der jeweiligen Zielsprache im neusprachlichen Unterricht konstitutiv. In der Tradition des amerikanischen Strukturalismus spreizte sich die Vorstellung eines linearen Nacheinanders sprachlicher Segmente vorübergehend

zu reiner Dominanz. Die SAUSSUREsche »andere Komponente« – Problem und System paradigmatischer Zeichenrelationen – lag brach, blieb unbeachtet und unbearbeitet. Zwar deutete
sich schon in den Anfängen im Phänomen der *substitution table* (– und aus wesentlich britischen Impulsen![106]) eine Möglichkeit zu weiterführender Betrachtung an. Dennoch schien dieses
Arbeitsmittel bis vor kurzem lediglich in seiner früh erstarrten Kümmerform zu wirken. *Die
»paradigmatische Potenz« der Substitution Table blieb seltsamerweise weitgehend unentfaltet
und ungenutzt.* Die so vielseitig explizierbare Verstehensform dieses handlichen Schemas
wurde fast ausschließlich als *sentence switchboard* verwandt. Ihre Hauptfunktion schien sie als
Instrument syntagmatischen Drills, d. h. bei außerordentlich restringiertem Einsatz, zu gewinnen. Dabei kam ihr doch wohl bedeutenderer Aspekt nicht zum Zuge: Substituierender Auf-
und Ausbau alternativer sprachlicher Möglichkeiten in variablen Feldzusammenhängen – Feld-
verweis und Feldbezug überhaupt – wurden erst in den späten 60er Jahren zu Themen fachdidaktischer und -methodischer Erörterung. Heute wissen wir, daß es sich bei ihnen um grundlegend wichtige Themen handelt.

3.4.6.3. Erst und nur vor diesem Hintergrund ist die Leistung HALLIDAYs bzw. der »neo-
FIRTHschen« Schule voll zu würdigen: *Der Kontextualismus holt nach und baut aus, was
seit* BLOOMFIELD *– mit guten wissenschaftstheoretischen Gründen, aber ohne Instinkt für
ein fremdsprachenunterrichtliches Elementarbedürfnis – zunächst »ausgeklammert« war,*

● *den semantischen Aspekt von Sprache, soweit dieser in den paradigmatischen Zeichenrelationen von Sprache,* d. h. vorzugsweise im Bereich der Lexis, *greifbar ist,
und*

● *den Verweis auf Außersprachliches, der in diesen Relationen* stets und unabweislich
*präsent ist und eben jenen semantischen Aspekt, sprachliche Bedeutung, begründet und
verbürgt.*

Er faßt diesen Aspekt und jenen Verweis terminologisch als KONTEXT, das außersprachlich »Gemeinte« als SITUATION. Sprache wird zwar als *Struktur* verstanden, aber im
Hinblick auf jenseitige *Funktion* von Struktur untersucht. Bezugsziel von Funktion ist
also die jeweilige SITUATION (im Bewußtsein); der artikulative Bezug selbst erscheint
als KONTEXT; das Ineinander beider ist der »artikulative Ort« von BEDEUTUNG.

Die Leistung der kontextualistischen Schule wird in der Tat besonders anschaulich deutlich
vor dem Hintergrund der ausgesparten Chancen und verpaßten Gelegenheiten des distributionalistischen Strukturalismus, dem Segmentierung und Klassifizierung alles war. Die völlige
Unzulänglichkeit einer immerhin vorstellbaren »rein« distributionalistisch-strukturalistischen
Position ist schon im Ansatz bei BLOOMFIELD sichtbar. BLOOMFIELD spart den ganzen Komplex
des Semantischen aus wissenschaftsmethodischen Gründen vorerst aus und versucht sich an
einer »rein«, d. h. vorzugsweise *formalen* Analyse des Redekontinuums im Sinne unserer obigen
Darstellung; er ist sich der nur methodischen Vertretbarkeit seines Vorgehens noch bewußt,
teilt also nicht die erkenntnistheoretische »Naivität« mancher seiner *followers.* Wie sehr aber
Bedeutung selbst in den am strengsten formalisierten Analysen BLOOMFIELDS – sozusagen
gegen den Willen ihres Autors – immer präsent ist, zeigt z. B. schon das Problem des *first break*
bei dichotomischer Analyse geschlossener Textsegmente: Diese besonders einleuchtend einfache
Operation spaltet sprachliche Einheit (– schon bei deren *Abgrenzung* z. B. als »Satz« wirkt
offenbar ein uneingestandenes Bewußtsein außersprachlicher Bedeutung und Bedingung mit! –)
in *zwei* Grundeinheiten, i. e. *binär* – wie aus unserem Diagramm oben auf S. 107 deutlich ablesbar (– textematische, d. h. interpretatorische Folgerungen erschienen bereits in dem Diagramm auf S. 78 in den Bezeichnungen *topic* und *comment*): Wo aber setzen wir nun den
first break an? – Die Antwort ist wiederum in jedem Falle nachweislich kontext-, d. h.
bedeutungs-bezogen; sie weist über die rein formale Distributions-Analyse hinaus in den Bereich vorgestellter rollen-bezogener Erwartungs-*patterns.*
Dies wird schlagend sichtbar in einem scheinbaren »Extremfall«: Wir wählen einen Beispielsatz aus derjenigen Sprache, die – wie ein Gerücht sagt – besonders stark formal durchstruk-
turiert ist und also wohl einer so formal pointierten Methode entgegenkommen müßte. Wir

wählen den lateinischen Beispielsatz *Consultus iuris obliviscitur*[107]: 3 Wörter – 2 mögliche *breaks*! – Erste »Version«: *First break* zwischen *iuris* und *obliviscitur* (= »Der Rechtsanwalt hat es vergessen.«); der Sinn des deutschen »es« ist – als Kontext-Referenz – »in Gedanken« aus dem vorhergehenden Satz ergänzt. – Zweite »Version«: Einschnitt zwischen *consultus* und *juris* (= »Der« bzw. »Mein Anwalt hat die rechtliche Lage nicht bedacht.«); wir beziehen uns »insgesamt« auf einen über den vorhergehenden Satz hinausgreifenden Sinnzusammenhang. – Im zweiten Fall wäre die *Noun Phrase* die Reduktion eines *consultus iuris* (= *consultus Ø*) – das im ersteren (als Expansion von *consultus*) »voll« dastünde. Das Ganze wäre unzweideutig, wenn z. B. durch ein nachgestelltes *eius* klargestellt wäre, wohin (nämlich in die *Verb Phrase*) das *iuris* gehört; ohne eine solche Expansion ist seine positionale = grammatische und seine semantische »Bedeutung« nur aus dem *context of situation* bzw. dem *co-text* zu erschließen.

Satzbau ist semantisch-funktional strukturiert und »rein« formal gar nicht explizierbar: Sogar ein syntaktisch, d. h. durch Interpunktion oder Redepausen isoliertes, scheinbar sinnvollgeschlossenes *»Migravit«* empfinge tatsächlich seinen Sinn (d. h. z. B. Klarheit über das implizierte »Subjekt«) aus einem vor-bekannten Kontext, aus vorher Gesagtem oder Geschehenem, das bewußtseinsmäßig präsent ist und ohne welches es (trotz formal richtiger »Bildung«) sinn-los, ohne Sinn, wäre: Klangsalat oder Gestammel.

Wir hatten in den voraufgehenden Kapiteln die grammatische und lexikalische Bedeutung von KONTEXT (3.4.5.1. + 2.) sowie die personale Bedeutung von Situation (als Partizipanden-Zuordnung; – 3.4.5.3.) beispielsreich dargelegt. Wir können jetzt abschließend sagen: Da KONTEXT auf SITUATION verweist, SITUATION aber – als sprachliche – immer sprecher- bzw. empfänger-bezogene, *personale* SITUATION ist, verweist selbst dichotomische Satzanalyse auf »antizipierte« semantische BEDEUTUNG. HALLIDAY hat, wie wir sahen, diesen Komplex in verschiedenen Aufsätzen zur »thematischen« und informationellen Struktur des Satzes überaus gründlich entfaltet.

Thematische und informationelle (d. h. *topic-comment-*)Strukturierung à la HALLIDAY reicht bis in die einzelnen Zellen einer Äußerung – und der durch sie »inkorporierten« perspektivausgelegten außersprachlichen Bedingung: Diese Bedingung ist eben nicht durch alle BLOOMFIELDschen Reduktionen und Expansionen hindurch gleich, sondern – als je gedeutete – jeweils »anders« je nach sprachlicher Operation. So ist ohne weiteres ersichtlich, daß entsprechend den Unterschieden in der *Noun Phrase* die 4 Äußerungen
1. Meine Großmutter Wilhelmine Nissen war eine sehr energische Frau.
2. Meine Großmutter war eine sehr energische Frau.
3. Großmutter Nissen war eine sehr energische Frau.
4. Großmutter war eine sehr energische Frau.
auf jeweils ganz andere Sprecher, andere Empfänger und andere Sprecher-Empfänger-Relationen, d. h. auf eine jeweils ganz andere PERSPEKTIVE verweisen. Sie sind durchaus nicht nur formal different! – Damit aber ist BLOOMFIELDS Ansatz aus seinen eigenen Voraussetzungen heraus »aufgehoben« – in einer umfassenden Deutung, die ihm einen begrenzten Ort zuweist und seinen Stellen-Wert sichtbar macht.

3.4.6.4. Die kontextualistische Schule, allen voran HALLIDAY, hat Interesse und Verständnis für die paradigmatischen Zeichenrelationen in der Sprache »revitalisiert«: Die seit BLOOMFIELD daniederliegende *strukturalistische Semantik* erscheint neubegründet – ohne Sturz in die metasprachlichen »Exzesse und Extremitäten« der sog. *generativen Semantik* im Gefolge CHOMSKYscher Analysetechniken.[108] Das *System paradigmatischer* (bzw. lexikalischer) *Relationen,* das dann in der deutschen Fremdsprachendidaktik beispielreich in vereinfachender Überschau expliziert wurde (s. o. 3.4.5.2.; s. insbesondere die Hinweise von LEISINGER und WERLICH), ist allerdings auf *funktionalen Bezug* gegründet – als sei es von einem »Außerhalb« der Sprache her konzipiert: Tatsächlich sind hier »außen« und »innen« nur in methodischer Betrachtung, i. e. methodisch vereinfachend zu methodischen

Zwecken, zu trennen. Sprache »an sich« gibt es gar nicht; sie ist *a patterned social activity* oder ein Hirngespinst, alles andere sind *aspectual abstractions.* – Grundpfeiler dieses Systems (– sowie natürlich auch der auf dieser Basis neu gedeuteten *syntagmatischen Relationen)* sind: Situation – Sprecher-Relationen – Perspektive – Intention . . .

Und dies definiert dann auch das Fundament von Sprachunterricht: Unterricht ist sprachliche SITUATION, sprachlicher Unterricht sprachliche SITUATION im ausgezeichneten Sinne; im fremdsprachlichen Unterricht schließlich wird sprachliche SITUATION sich selbst zum *telos,* Problem und Thema. Untersuchungsverfahren und -ergebnisse des britischen Kontextualismus, die sich auf Sprache *in Hinsicht auf SITUATION* beziehen, sind also *per se* im höchsten Grade *pertinent:* ANWENDUNG ist im Bereich des Kontextualismus (im Unterschied zu anderen linguistischen Schulrichtungen) nichts sekundär oder subsidiär Hinzugefügtes, nichts Abgeleitetes; ANWENDUNG ist hier primäres Forschungs-Interesse, der »andere Aspekt« von »Forschung«, deren Legitimation! – Zum produktiven Verständnis fremdsprachenunterrichtlicher Vorgänge (in unserer Terminologie: des *linguo-didaktischen Feldes)* fehlt also im formal-sprachlichen Bereich nach Erkenntnis der FELD-Ordnungen von Sprache jetzt nur noch eine etwas sorgsamere Auseinandersetzung mit dem Phänomen sprachlicher SEQUENZ-Ordnung.

> Fremdsprachlicher Unterricht – als kontrollierte *FOLGE sprachlicher SITUATIONEN* – sollte daraus bedeutende Impulse empfangen können. *Segmentierung* des Unterrichts als eines Systems aktionaler, attitudinal gesteuerter Abläufe bzw. – einfacher gefaßt – als eines *Vorganges* hat in der Geschichte der Pädagogik eine große Tradition (Stichwort: HERBART und die Folgen). KÄTE LORENZEN wendet, KRAMP folgend, Ergebnisse dieser Tradition auf den fremdsprachlichen Unterricht an[109]: mit eindrucksvollem Erfolg, aber unter völliger Verkennung der Hilfe, die ihr aus dem Werk K. L. PIKES hätte zuwachsen können. Segmentierung des Unterrichts als eines sequentiellen Systems *sprachlicher Zeichenrelationen* (das entsprechend in der Art paradigmatischer, vor allem aber syntagmatischer Koordinaten-Notation beschreibbar wäre) liegt außerhalb ihres Darstellungshorizontes. Dies aber, die Segmentierung des fremdsprachlichen Unterrichts als Folge fremdsprachlicher Äußerungs- (und Verhaltens-) Einheiten auf einer gedachten »syntagmatischen« Achse, wäre die sinnvolle und notwendige Weiterführung ihres Ansatzes.

K. L. PIKE untersucht und beschreibt SEQUENZ als struktur-inhärente Qualität sprachlicher Zeichen-Ordnungen: Kein Wunder, daß Beschäftigung mit seinem Werk in dieser Frage weiterhilft.

Dies zu zeigen, halten wir einen erneuten Anlauf für nützlich. Üben wir uns also erneut in der Kunst des kalkulierten »Um-die-Ecke-Denkens«.

3.5. Noch einmal der Feld-Begriff: Halliday, deutsche Feldforschung, K. L. Pike

3.5.1. Kontextualismus und fremdsprachlicher Unterricht in Deutschland

Das sprachliche Zeichen, von manchen in ein abstraktes »An-und-für-sich« entrückt, empfängt und hat Sinn aus seiner Bedeutung »für mich«. Diese grundlegende Beobachtung macht es transferierbar; durch sie gewinnt es fremdsprachenunterrichtliche Relevanz.

HALLIDAY wendet die prätendierte *cognitio exacta* CHOMSKYs in applikable *cognitio ex actu.* Im sinnlichen Verstehen der Sprache gewinnt er die Wirklichkeit des Sprechenden, – für den und durch welchen sie Bedeutung hat.

Gegen alle nur formale Analyse setzt er sein Verdikt:[110]

> *To describe language using such models is like describing the game of bridge by observing the sequence in which each card is played, and nothing else, in a large number of games and calculating the sequential probabilities. Bridge could be described in this way ... But it would not be of much help to a psychologist interested in bridge as material for the study of human behaviour; nor would it be effective as the only data on which to programme a computer to play the game.*

Der Primat der *usage* besagt eben nicht, daß – sozusagen blind – Empirie gesammelt, aufgetürmt und schließlich gezählt wird; er besagt auch mehr als die Aufhebung des künstlichen *»idealen* Hörers/Sprechers« als Grundlage abstrakt-formaler Sprachbeschreibung: Er verweist auf den *konkreten* Hörer/Sprecher *»in Situation«*; und mit diesem erscheint die Frage nach der *stimulus situation* und der *previous experience.* CHOMSKYs GTG erklärt immer nur, was dieser konkrete Hörer/Sprecher sagen *kann,* nicht: was aus der kommunikativen Gesamt-Situation zu sagen naheliegt; oder: was er sagen soll. HALLIDAYs Funktionsbeschreibung dagegen hat ausdrücklich dies zum Thema; sie ist ausdrücklich und nachdrücklich auf kommunikativen Kontext als Thema gerichtet. – Fremdsprachlicher Unterricht vollzieht sich als gesteuertes Sprechen *in* und *über* Situationen (situativ gebundene Textarrangements) und ist selbst eine Sequenz sprachlicher Situationen. Es nimmt also nicht wunder, *daß der Situationsbegriff seit langem Schlüsselbegriff fremdsprachenunterrichtlicher Didaktik und Methodik ist.*

> Dabei ist vom Unterricht als einer sprachlichen Situation, die nach *participants* sowie in Redezuordnung und -sequenz definabel ist, ist von Unterricht als einem Spezialfall von SITUATION die Rede: Wir sprechen von der »Verhaltens-Ordnung« des Vorganges »Unterricht«, nicht vom *Thema* des Verhaltens, das diesen Vorgang aufbaut!

Verwunderlich ist vielmehr, daß die überreiche Literatur zu Aspekten des situativen Unterrichtens den Rückbezug auf die kontextualistische »Londoner Schule« bis vor kurzem kaum je systematisch artikuliert hat und damit dem Unterrichtenden die natürliche Stütze produktiver Gesprächsgestaltung im Unterricht vorenthielt. Ausdrücklicher Rückbezug erfolgte dagegen immer wieder auf die »Väter« der *pattern*-Arbeit: CHARLES CARPENTER FRIES und den taxonomischen Strukturalismus sowie die englische Schule der *»English-in-Tables«*-Tradition, H. E. PALMER, A. S. HORNBY und F. G. FRENCH.

Wie für den späten WITTGENSTEIN, so gilt für den Kontextualismus: Bei enormer »subterraner« Wirkung ist die sozusagen »oberirdische Debatte bzw. Erörterung bis 1972 geradezu dürftig gewesen: H. GUTSCHOW war ihr einziger Champion (in zwei grundlegenden Artikeln). Auffälligere Darstellung in größerem Rahmen findet sich zum ersten Mal bei W. LUTHER; und erst bei W. HÜLLEN erscheint HALLIDAY in der Position, die ihm zukommt: als der »dritte Weg« neben dem des taxonomisch-distributionalistischen Strukturalismus und dem der generativ- transformationellen Grammatik.

> HÜLLENs Darstellung stützt sich vor allem auf die linguistischen, sprachdidaktischen und methodischen Erörterungen in *»The Linguistic Sciences and Language Teaching«.*
> In dieser bis an die Grenze der Versimpelung verständlich geschriebenen Einführung wird der Grund gelegt für
> - situatives Unterrichten überhaupt
>   (WITTGENSTEINS Vorstellung von der strukturellen Verschränkung von Sprachform und Situation ist selbstverständliche Grundlage);
> - Gesprächsführung auf dem *elementary* und dem *intermediate level* des fremdsprachlichen Unterrichts

(lexikalische Felder als »innere« Gesprächsgliederung; situativ durchgespielte Vorstellung in Dialogsequenzen; Aufschlüsselung vorgestellter Situation in *guided composition, guided comprehension,* freieren *comprehension questions*);

● Textarbeit auf dem *advanced level*
(syntaktische »Optionen«[111]; Register-Analyse nach Artikulations-Feld, Artikulations-Modus und Artikulations-Stil; Analyse von *co-text, intratextual context* und *extratextual context;* funktionale Stilarten; Begriff der restringierten Sprachvarietät: z. B. anwendbar auf WERLICHs »Wörterbuch der Textinterpretation« u. v. a. m.).

3.5.2. Der Beitrag der deutschen »Feld-Forschung« (Kürzest-Abriß)

3.5.2.1. Wir haben über all dem den Beitrag aus der deutschen Sprachwissenschaft übergangen. Wichtig ist hier vor allem die »Feld«-Forschung – deren Ergebnisse allerdings, soweit transferierbar, in dem, was bisher berichtet wurde, voll integriert wurden; ein Kürzest-Abriß sollte darum genügen.

Wir unterscheiden fünf Stufen oder Positionen:

1. Die Wortfeld-Forschung nach J. TRIER (mittlerweile umstritten und modifiziert: Wort-, Begriffs- und Sachfelder, d. h. Felder, deren Glieder wesentlich je einer Wortart bzw. -klasse entsprechen; z. B. Substantiva oder Adjektiva);[112]
2. PORZIGs Ausbau des TRIERschen Begriffs von »Wortfeld«: »PORZIG geht aus von den wesentlichen semantischen Beziehungen zwischen Verben und Substantiven bzw. zwischen Adjektiven und Substantiven. ›Gehen‹ setzt Beine oder Füße voraus, es ist also ein Prädikat, in welchem das Subjekt schon mitgegeben ist. ›Greifen‹ setzt Hand voraus, ›blond‹ Haar; ›bellen‹ impliziert Hund.«[113]
3. LEISINGER, obwohl sich ausdrücklich auf deutsche Feldforschung beziehend, versteht solche Zusammenhänge ganz anders, als in dieser bis dahin durchgehend üblich war (s. o. 1 + 2): Er versteht solche Zusammenhänge nicht logisch-noematisch, als gegliederten »Sinnbezirk«, sondern unter dem Gesichtspunkt des *Gebrauchs.* Gebrauch *kann* noematische Ordnung implizieren oder impliziert sie tatsächlich, tut dies aber nicht notwendig und durchaus nicht immer: tatsächlich verweist er ebenso oft auf eine durchaus nicht noematisch gegliederte Ordnung, sondern auf rein äußerlichen (eben Gebrauchs-)Zusammenhang. – So ist LEISINGERS Begriff des *»Bezugsbündels«* geistesgeschichtlich wohl ein »produktives Mißverständnis« von Vorstellungen aus einer ganz anderen Tradition, konnte aber eben darum ohne Bruch in die aus dem Kontextualismus stammende Vorstellung einer »Gebrauchs-Ordnung« aus *lexical set* und *collocation* transferiert werden. In Weiterführung dieses Ansatzes gelangt LEISINGER schließlich zur Vorstellung von *»Feldbündeln«:* Es ist faszinierend zu sehen, wie hier aus didaktischer und methodischer Erwägung eine ursprünglich »rein« akademische Fragestellung vorangetragen und entfaltet wurde – in Richtung auf die »akademischen« Forschungstraditionen eines anderen Landes!
4. Bei E. LEISI (– »Der Wort*inhalt*« = aus dem Wort*gebrauch* verstanden!), B. CARSTENSEN (Detailuntersuchungen zur Kollokation im Englischen) und G. NICKEL (Untersuchungen zu Begriff und Tatsache des Kontexts im Englischen; großangelegte kontrastive Forschungsvorhaben im Bereich der englischen und der deutschen Sprache) ist bereits der Bezug auf das angelsächsische Forschungsmodell thematisch selbstverständlich geworden.
5. Am Anfang der 70er Jahre zeigt die Sprachwissenschaft in Deutschland endgültig zentrifugale Tendenzen; verschiedene Traditionen und Einflüsse wirken gegen- und nebeneinander: (a) In der »Feld-Debatte« ist eine Art von Konsens erreicht. Etwas davon wurde bereits sichtbar in den Formulierungen der Umfragen des Instituts für Bildungsforschung in der Max-Planck-Gesellschaft, Berlin, aus dem Winter 1969/70 (»Fragen zur Didaktik und Unterrichtsmethode/Englisch«). Der an westdeutsche Gymnasien verschickte Fragebogen nennt unter Nr. V. D. 33 ff. (auf Bogen 10) als mögliche Unterrichtskategorien:
   ● *semantische Felder*
   (= in denen der »semantische Hof« eines Gegenstandsbereiches, einer Situation, eines Ereignisses wie z. B. *»The Big Farmyard«* oder *»Teatime«* ausgebaut wird),

● *paradigmatische Felder*
(= aus bedeutungsähnlichen Ausdrücken gleicher Wortart; s. o. S. 137)
und
● *syntagmatische Felder*
(= Kollokationen in Feld-Anordnung; s. o. S. 137).

Die seit TRIER die Debatte lange Zeit beherrschende Kategorie des »Wortfeldes« im engeren Sinne entspricht in diesem Schema offenbar am ehesten der des paradigmatischen Feldes. Den oben auf S. 135 f. genannten WERLICHschen Feld-Kategorien entsprechen diese drei Arten von Feldern nur sehr grob. Entgegen internationaler Gewohnheit meint z. B. »semantisches Feld« offenbar nicht – etwa als »schiefe Rückübersetzung« von *»semantic field«* – das »Wortfeld« im Sinne von TRIER: Es scheint eher dem PORZIGschen Feld-Begriff zu entsprechen, meint aber wahrscheinlich nicht einmal das »Sachfeld« WERLICHs, sondern vielmehr so etwas wie »Bedeutungsfeld« *als »Gebrauchs-Feld«.* Warum aber dann nicht gleich »Bezugsbündel«?? Es bestätigt sich hier abermals, was VERMEER über die notwendige »Flüssigkeit« gerade der neueren linguistischen Fachterminologie sagt. Das einzige, was sicher scheint, ist ein nicht zu übersehendes Bedürfnis: Es gibt unter Wissenschaftlern, vor allem aber unter Didaktikern in diesem Bereich offenbar einen *irresistible urge,* nicht nur sprachlich-zeichenmäßige Relationen, sondern auch eine darüber hinausgehende non-verbale »situative«, »bedeutungs-bezogene« Ordnung thematisch in den Blick zu nehmen. Dies ist – bei thematischer Isolierung – ein »prae-kontextualistisches« Bedürfnis, dem wir nicht nachzugehen brauchen; das Phänomen beschäftigte uns bereits oben auf S. 136 (aus Anlaß der WERLICHschen Kategorie des »Sachfeldes«).

(b) Zu den genannten Vorstellungen von Feld gesellt sich in der deutschen Feld-Debatte eine weitere: L. WEISGERBER schlägt die Sprachbetrachtung nach

● *syntaktischen Feldern*
(= Satzbauplänen wie Befehl, Bitte, Aussageformen etc., die in einem Text in feldmäßiger Anordnung dominieren)

vor. Dieser Vorschlag wird von W. A. KOCH energisch weiterentwickelt und weist auf eine praktikable Größe der fremdsprachenunterrichtlichen Textarbeit auf der Sekundarstufe II.
(c) Im übrigen sind von der auf dem Gebiet der Sprachinhaltsforschung seit langem besonders produktiven deutschen Linguistik gewiß auch noch weitere ungewollt für den Fremdsprachenunterricht »verwertbare« Beiträge zu erwarten. – In jüngster Zeit weitet sich der Fokus beträchtlich. Hinzuweisen ist auf die noch unabgeschlossene Auseinandersetzung mit der *strukturellen Semantik* E. COSERIUS sowie auf die »Nebenergebnisse« der Forschungsgruppe LIMAS um A. HOPPE, desgleichen auf die ebenfalls noch unabgeschlossenen Arbeiten um M. BIERWISCH zur Wortsemantik. Zu sehr interessanten, mitunter verblüffenden Ergebnissen führen auch die Bemühungen um ein Computerlexikon der englischen Sprache aus dem Kreise um TH. FINKENSTAEDT.
(d) Abgesehen von solchen Untersuchungen zum materiellen und strukturellen Aspekt von Sprache sind natürlich die anlaufenden Untersuchungen zum funktionellen Aspekt von Sprache als Kommunikation von überhaupt nicht zu überschätzender Bedeutung: Was in den letzten Jahren unter den Namen »Pragmatik« und »Textlinguistik« in Deutschland entwickelt wurde, betrifft den Sprachunterricht unmittelbar und wird uns im folgenden Kapitel (4.) weiter beschäftigen müssen.

3.5.2.2. Eine bequeme Übersicht und Zurichtung für die Zwecke des fremdsprachlichen Unterrichts finden viele der Ergebnisse deutscher (und westlicher) Feld-Debatte in PETER DOYÉS kurzer Darstellung zur »Systematische(n) Wortschatzvermittlung im Englischunterricht«.[114] In Anlehnung an DOYÉS Zusammenfassung lassen sich jetzt 5 FELD-Kategorien unterscheiden (– in denen zugleich die oben S. 135 f. genannten WERLICHschen Kategorien sowie die oben S. 146 f. genannten Kategorien des Fragebogens des Max-Planck-Instituts für Bildungsforschung »aufgehoben« sind):

1. *WORTFELDER*, – auch:

semantische oder Bedeutungsfelder (»semantic fields«) –

im allgemeinen zusammengesetzt aus Gliedern je einer Wortart oder -klasse (z. B. Substantive oder Verben oder Adjektive); DOYÉ unterscheidet 3 »Unter-Arten«:

1.1. Felder in Reihengliederung:

»Überall dort, wo Begriffe in eine Skala oder Rangfolge zu bringen sind, gibt es Felder mit Reihengliederung«[115]: Einzelausdrücke werden durch Hinweise auf ihre Position auf einer Skala semantisiert (– wobei die Anregung zur Formulierung eines verbindenden *Prinzips* erwünschter Gesprächsanlaß ist). An der Tafel können solche »Reihen« entweder in Nebenordnung linear oder als Kolumne neben der Grobskizze eines *word thermometer* (mit Skalen-Einteilung) erscheinen.

Beispiele: (1) *Exceedingly, extremely, very, considerably, quite, rather, fairly, somewhat* (= von höchster Bedeutung als Gesprächsformeln!); (2) *exhilarated, joyful, happy cheerful, CONTENTED* (= *basic word*??), *sad, melancholy, depressed* (Aufgabe: wo hätte *satisfied* zu erscheinen? – (1) und (2) sind offensichtlich verbindbar: dadurch würde daraus ein Kollokationsfeld, – dessen Hauptglied »*profoundly satisfied*« oben fehlt: das perfekte = vollständige Feld-System ist eben nur asymptotisch erreichbar!). (3) *breeze, wind, storm, gale, tempest, hurricane* (– Kollokation und neues Lexem: *gale force*).

1.2. Felder mit Flächengliederung:

Wo wäre in der »Reihe« *river, stream, brook, brooklet, rill* z. B. »*channel*« einzufügen? – Offenbar überhaupt nicht »innerhalb der Linie«, sondern »seitwärts« (vgl. auch *harbour* und *bay*). Flächengliederung ergibt sich, wenn »Feldnachbarn« nach zwei Prinzipien (statt nach einem) einander zuzuordnen sind; das bekannteste Beispiel ist wohl DOYÉS Anordnung von Größenangaben (4):

		grand		
		great		
thick	*fat*	*big*	*large*	*vast*
		tall		
		high		

Abb. 15

1.3. Mehrschichtige Felder:

Mit *harbour* und *bay* ist oben im Beispiel (3) offenbar zum Prinzip »*waterways*« (in welches *channel* durch Flächengliederung noch zu integrieren wäre) eine weitere Bedeutungs-Dimension hinzugetreten; das gleiche gilt, wenn zu dem Feld, das sich um *big* gruppiert, das offensichtlich dazugehörige Feld um *small* hinzugefügt wird (das selbst wieder mehrschichtig ist: oder will man *short – long* nur unter »Kollokations-Elementen« führen?). Treten also bei der Anordnung von Feldnachbarn mehrere Bedeutungs-Dimensionen zusammen, dann handelt es sich um »mehrschichtige Felder«. *Beispiel:* die Synonyme von *speak:*

speak	– (normally)	: *talk*
	– (loudly)	: *shout*
	– (too quickly)	: *jabber*
	– (softly and sweetly)	: *murmur*
	– (softly)	: *whisper*
	– (indistinctly)	: *mumble*

Komplizierte Schichtung ergibt sich durch »Auszweigen« bei: *shout: cry, scream* etc. – Und wo erschiene *squeak* u. ä.? –

Insbesondere die »mehrschichtigen Felder« entsprechen der TRIERschen »Entdeckung«, daß Worte einander wechselseitig semantisch »de-finieren«, i. e. bestimmen durch Abgrenzung. Auch DOYÉ aber wiederholt, was mittlerweile Gemeinplatz der kritischen Auseinandersetzung ist, daß derlei Arrangements nützlich, anschaulich, lehrreich, aber gewiß nicht zwingend sind: daß Bedeutungen (da aus wechselndem Situationsbezug und also variablem GEBRAUCH »generiert«) einander überlappen – außer im Grenzfall ausdrücklicher *terminologischer Bedeutungsfixierung* in einem besonderen sprachlichen Register (i. e. dem wissenschaftlichen). – K. LORENZEN »führt« diese Felder – in erweiterter Bedeutung – als »paradigmatische Felder«; R. QUIRK würde wohl den Fall hinzufügen wollen, in dem ein Wort mehrere Bedeutungen haben kann[116]; diese wären dann, situativ gegliedert, das »Bedeutungsfeld« dieses Ausdrucks (vgl. das englische *to charge* an der Bar und im Supermarkt – oder auf dem Schlachtfeld: *pretty much the same thing*?? – Dies wäre *at least a neat little topic for a conversation in the classroom!*).

Wichtig und nützlich sind diese Feld-Ordnungen im konkreten Unterricht (außer für Vorbereitung und Gesprächssteuerung) vor allem in der Form vervielfachender Reihengliederung in *columns* als optische Stütze des Gesprächs: *als Tafelbild*, das die Erklärungs- und Rekurrenz-Ordnung des Gesprächs geordnet widerspiegelt und festhält, d. h. für das Gedächtnis leichter verfügbar macht.[117]

Nachschlagewerke: die üblichen Synonymenlexika und Thesauri; darunter zunächst und vor allem

(1) Webster's New Dictionary of Synonyms. Springfield, Mass. (USA) 1968: Merriam. (Verkürzt auch: The Merriam-Webster Pocket Dictionary of Synonyms. New York 1972: *Pocket Books 78 160*).

(2) S. I. Hayakawa (Hrsg.): Modern Guide to Synonyms. Darmstadt 1969: Verlag Darmstädter Blätter. (Vgl. d. Rezension v. G. H. Blanke in NSpr. 10/1972/614–616).

Wir verweisen nicht auf zweisprachige Synonymenlexika, da uns unterrichtliche Arbeit mit dergleichen Handbüchern *nur aus dem Kontext* von Text und Gespräch (bzw. in Richtung auf diesen Kontext) sinnvoll erscheint; es geht um fremdsprachliche Feld-Ordnung, nicht muttersprachliche. – Dazu:

(3) R. A. Dutch (Hrsg.): Roget's Thesaurus of English Words and Phrases. London 1962: Longmans. (Vgl. auch: *Penguin 051 0079!*)

Außerdem sind natürlich COD (= The Concise Oxford Dictionary of Current English) und ALD (= The Advanced Learner's Dictionary of Current English), beide Oxf. Univ. Press. sowie die unter 2. zu nennenden Kollokationshandbücher »fruchtbar zu machen«: auch dies übrigens ein interessantes Unterrichtsunternehmen mit Schülern.

2. KOLLOKATIONSFELDER, – auch:

Gebrauchs-Felder (»fields of collocation«) –

im allgemeinen zusammengesetzt aus Gliedern *verschiedener* Wortarten oder -klassen

(z. B. Substantiv plus Adjektiv oder Verb plus Adverb bzw. Adjektiv plus Adverb).[118] Anregend-verblüffend für deutsche Schüler z. B. »*nicely(!) non-committal*« oder »*he must have a pretty(!) low opinion of himself*«.

DOYÉ weist auf »Ausschließungsfälle«[119] hin: *fair* kollokiere mit *man, woman, girl, hair* etc., nie dagegen mit *chair, table* oder *door;* das umgekehrte gelte für *yellow.* Er erwähnt ferner die Gruppenbezeichnungen *(a gaggle of geese, a pack of wolves, a pride of lions),* stellt kontrastiv die Kollokationen von *to make* und *to do* zusammen (–grundlegend wichtig für den FU!) und präsentiert ein Beispiel eines reich ausgebauten und gegliederten Kollokationsfeldes um das Grundwort *»car«* (in der von WERLICH »kanonisierten« Form der Anordnung; vgl. bereits unsere Hinweise oben Kap. 3.4.5.2.; desgl. LEISINGERS Beispiel *(Hot Drinks,* 1949/137). Man erinnere hierzu die »Vorarbeiten« PORZIGS (s. o. S. 146), die Überlegungen und Formulierungen LEISINGERS (– die *»Bezugsfelder«*!); K. LORENZEN spricht – in Anlehnung an eine Linie der Forschung – von *»syntagmatischen Feldern«*[120]; dies entspricht unseren Hinweisen oben auf den Seiten 137, 147, 102 und 78. Man erinnere ferner die beispielreichen Untersuchungen von B. CARSTENSEN.

Ein (für den Unterricht dringend benötigtes) *Nachschlagewerk* fehlt noch. Hinweise finden sich in der (allerdings noematisch-begrifflichen statt kollokationell-usuellen) Zusammenstellung bei ROGET, s. o. (3); nur mit großen Vorbehalten noch benutzbar erscheint

(4) Albrecht Reum: A Dictionary of English Style. München 1961: Hueber. 3. Auflage. – Seit der 1. Auflage von 1931 nicht überarbeitet, sondern unverändert abgedruckt!

Wirklich *up to date,* aber in Auswahl oder Anlage begrenzt sind lediglich

(5) Egon Werlich: Wörterbuch der Textinterpretation. Dortmund 1969: Lensing; und:

(6) Arnold Leonhardi: The Learner's Dictionary of Style. Dortmund 1955: Lensing.

3. *WORTFAMILIEN,* – auch:
morphologische oder Formfelder –
zusammengesetzt aus Gliedern verschiedener Wortarten aus gleicher formaler Wurzel
(= *consociated words*):
feeling – (to) feel – (the) feel – (a) feeler – (a) feeling (remark); oder: *care – careful – careless – carefully – carefulness – carelessness – carefree – care-worn.* Auch: *head-master – heading – headline – forehead – headstrong – headlong – pig-headed – cross-headed – headache – (a) head-on (confrontation).*[121] Wir hatten diese von WERLICH auch (aber eben nur als Nachtrag) erwähnte Feldeinteilung oben S. 135 f. übergangen: Wortfamilien spielen weder in Gesprächsführung und -auswertung noch in Texterarbeitung und -diskussion eine bedeutende Rolle, da sie weniger kommunikative als grammatisch-formale Relevanz haben. Anregend und nützlich ist die Beschäftigung mit ihnen – außer in aufschlußreichen Momentan-Erläuterungen – bei ausdrücklicher Wortschatzarbeit *mit der Tafel.* Im übrigen sollten Ableitungsverhältnisse »ganz mechanisch« bei den vielen kleinen Tafel»anschrieben« einer normalen Englischstunde immer wieder mit-vermerkt werden:

spontan	*eous*	*(un-)*	*friend*	*ly*	*debat*	*e*	*(dis)*	*appear*	
	eity			*liness*		*able*			*ance*
	eousness			*ship*					

4. *GRAMMATISCHE FELDER,* – auch:
syntaktische oder Gefügefelder –

eine für den FU auf der Sekundarstufe II wichtige Kategorie; sie wurde bereits oben im Kap. 3.5.2.1. in einem anderen Zusammenhang eingeführt: Ihre Beschreibung gehört danach weitgehend in den Arbeitsbereich der Textematik und der Stillehre. Ihre Bedeutung für den FU untersuchte – *vor* den ausgreifenden texttheoretischen Darstellungen unserer Tage – im ersten Anlauf GERT MÜLLER in zwei Aufsätzen in den »Neueren Sprachen« aus dem Jahre 1965.

Die grammatischen Felder bezeichnen diejenige Stelle, an der der Feld-Begriff nicht Lexis, sondern Strukturen bündelt – aus Nötigung von oder in Entsprechung zu Kontext! – Darin allerdings sind sie (wie jedes Lehrbuch lehrt) mehr als nur Spezialthema der Sekundarstufe II: In ihnen drückt sich auch die Einheit attitudinal-perspektivischer und grammatisch-formaler Struktur in fremdsprachlicher Artikulation aus. Sie wird uns entsprechend noch an anderer Stelle (bei der Beschäftigung mit Lehrbuchtexten, mit Bildern im Unterricht; im Zusammenhang des sog. »grammatisch gelenkten Gesprächs« usw.) wiederholt beschäftigen.

5. *FIELD SYSTEMs,* –
nichts weiter als WERLICHs Name für den (auch unterrichtlich fruchtbar zu machenden) Zusammenhang insbesondere von *Sachfeld* (= nichtlinguistische Kategorie, s. o. S. 136), *Wortfeld* (oben Nr. 1) und *Kollokationsfeld* (oben Nr. 2), auch der dazugehörigen Wortfamilien (oben Nr. 3), in geschlossenen oder variablen *Kontexten;* vgl. bereits oben Kap. 3.5.2.1.(3): LEISINGERs Begriff des *»Bezugsbündels«*. Etwas von der umfassenden Qualität der durch LEISINGER und WERLICH intendierten »Gebrauchsordnung« wird sichtbar in der andeutungs- und perspektivenreichen Feld-Darstellung »THE WORLD OF WHITE« von W. NASH (Abb. 16 auf S. 152).[122]

Dies alles ist geeignet, unsere bisherigen Überlegungen zu unterstützen und mit reicherem Material – abzurunden. »Immanente« Steuerung des fremdsprachenunterrichtlichen »Lern-Gesprächs« hat sich in seinem strukturellen und lexikalischen Teil als eminent »vorbereitbar« erwiesen; und *dies gilt für alle seine Stufen und Phasen.* –
Was für den strukturellen Aspekt die Aussagen und Befunde des britischen Kontextualismus sowie einiger Vertreter amerikanischer und deutscher Forschung waren, das ist für den *sequentiellen* Aspekt die Schule KENNETH L. PIKEs. Und wie die Begriffe SITUATION und FELD im Hinblick auf das Lern*arrangement* konstitutive Bedeutung erlangten, so muß und wird der Begriff des BEHAVIOREMs konstitutive Bedeutung erlangen für den Aufbau des Lern*prozesses*.

3.5.3. Kenneth L. Pike und das Behaviorem

3.5.3.0. KENNETH L. PIKE erscheint Seite an Seite mit M. A. K. HALLIDAY in dem kritischen Überblick der Sondernummer »Linguistics: Present Frontiers« des *Times Literary Supplement* vom 23. 7. 1970[123]: Sie werden zusammen genannt als diejenigen Vertreter moderner Linguistik, die in den späten 50er Jahren als erste und einzige den Abgrund zwischen formaler und funktionaler Sprachanalyse überbrückten. Sehen wir von gewissen Entwicklungstendenzen der deutschen Forschung ab, so kommt ihnen dieser Vorzug noch heute zu.

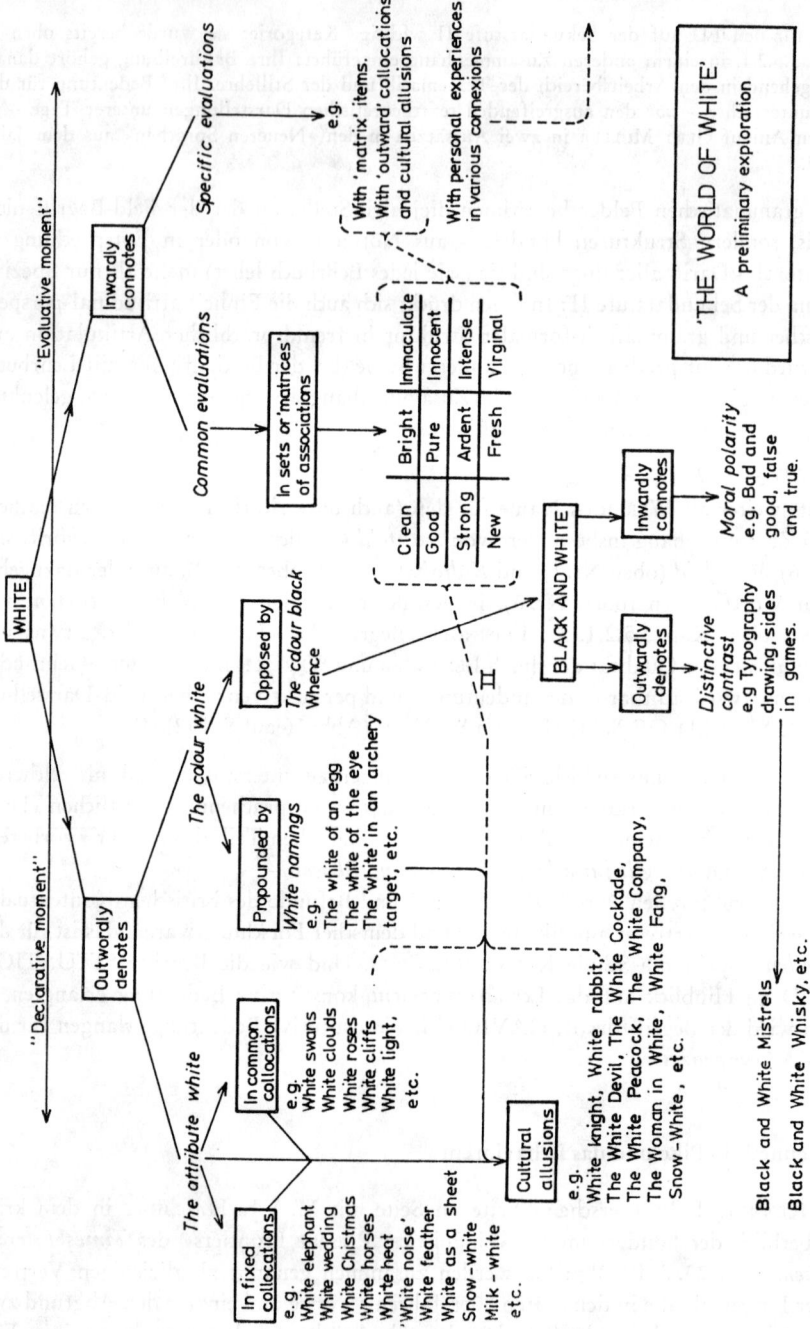

Abb. 16.

Den Ähnlichkeiten in Überzeugung und Vorgehen entspricht die Hochschätzung des einen durch den anderen. HALLIDAY nennt PIKES Beschreibung der *patterns of grammar* und seine Theorie des Zusammenhanges von *language* und *human behaviour* »*extremely illuminating*«. R. M. W. DIXON, ein »*dyed-in-the-wool* Kontextualist«, geht so weit, unter Bezug auf die Bedeutung der PIKEschen *Summer School* für das überseeische Missionarswesen zu sagen: »*Only one current linguistic approach has been adequately tested by extensive field application: that of Kenneth L. Pike.*«[124]

3.5.3.1. Unter dem *forbidding name of* »*TAGMEMICS*«[125] entwickelt PIKE eine Grammatik, die das Redekontinuum statt in *formale* Konstituenten in »*funktionale* Segmente« gliedert.

Dabei hat der *forbidding name* des Ganzen eine sehr einfache Auflösung: Grund-Einheit seiner Lehre ist das »*tagmeme*«, deutsch »Tagmem«, das in Wortstamm und Bedeutung den entsprechenden deutschen Begriffen »Taxem« bzw. »Taxum« verwandt ist; es bezeichnet das »*taxonomische*« Bezugs-Minimum seines Vorgehens.

Rein äußerlich stimmen diese »funktionalen Segmente« zunächst mit den üblichen taxonomisch-distributionalistischen Segmenten des frühen amerikanischen Strukturalismus überein (s. o. S. 102 ff. der vorliegenden Darstellung). Auch die Bezeichnung *slots* für die Segmente auf der syntagmatischen Achse und *fillers* für die möglichen alternativen »Füllungen« dieser Segment-Stellen auf der paradigmatischen Achse entspricht durchaus dem taxonomisch-distributionalistischen Schema. So scheint zu stimmen, was W. G. MOULTON (im Hinblick auf Grammatik-Verständnis und *pattern practice exercises*) über tagmemische Theorie sagt:

Up to now teachers have been applying tagmemics more or less intuitively; ...
Dahinter aber steht der theoretische Anspruch PIKES, eben nicht bloße formale, sondern funktionale Analyse zu bieten. Daraus empfängt dann MOULTONS Fortsetzung

... we need a better theoretical understanding of it so that we can exploit it to the full.
einen geradezu dramatischen Sinn: Die *slots* und *fillers* haben nämlich – nach PIKE – genaue Entsprechungen in Möglichkeiten menschlichen Verhaltens (wobei auch hier natürlich alternative und sequentielle Verhaltensformen bzw. -einheiten zu scheiden wären!). Einem sprachlichen *pattern* entsprechen (auf komplexe und komplizierte Weise) behaviorale *patterns;* Ausdrucks- oder Äußerungs*möglichkeiten* entsprechen (auf komplexe und komplizierte Art) attitudinalen[126] Erwartungsmustern. So werden sprachliche Situationen und die »dazugehörigen« Prozesse (Abläufe, Vorgänge) strukturell, alternativ und sequentiell beschreibbar.

PIKES Untersuchungen laufen in dieser Frage offenbar parallel zu den Forschungen HALLIDAYS bzw. der ganzen kontextualistischen Schule (s. o. Kap. 3.4.). Sein Anspruch wirkt auf den ersten Blick wie eine Erfüllung der kühnsten Träume der kontextualistischen Schule und wird in ihren »quasi-offiziellen« Klein-Veröffentlichungen entsprechend gefeiert.
PIKES Anspruch äußert sich besonders deutlich im Titel seines monumentalen Hauptwerks »*Language in Relation to a Unified Theory of the Structure of Human Behaviour*« (Preliminary Ed. 1959; endgültige Ausgabe 1967); er zielt auf eine Beschreibung,
which will not be discontinuous, and which will not cause a severe jar as one passes from nonverbal to verbal activity: ... a unified theory, a unified set of terms, and a unified methodology which can start from any kind of complex human activity ...
PIKES Darstellung, unter anderem auch ein wahrhaft erdrückender kritischer Forschungsbericht, ist auch materiell wohlgegliedert, anschaulich, reich und überaus klar. Nach anfänglichen Ausfällen gegen ältere Wissenschaftler, *whose »X-ray eyes« could find cells but no faces,* beginnt er sogleich mit einem Beispiel und fährt danach beispielreich fort. Seine prächtigsten und ausgearbeitetsten »Fälle« sind das einleitende Beispiel eines Gesellschaftsspiels, später eines *Church*

Service und eines *Football Game.* Er unterscheidet dabei methodisch einen *etic approach* von einem *emic approach* dem jeweiligen Situationszusammenhang gegenüber[127]: Im obigen Beispiel bezöge sich der *etic approach* auf die bloßen *cells,* der *emic approach* hingegen auf die *features,* die das Zueinander von *cells* in und als *face* bzw. *faces* verständlich machen.

PIKES Entwurf ist umfassend; er zielt – über den Einzelfall hinaus – auf den Gesamt-Anblick von etwas: Wie WITTGENSTEINS immer neue Ansätze letzten Endes auf eine »Grammatik des Bewußtseins« zielten, so nähert sich PIKES Vision asymptotisch dem Komplementärbegriff einer ›*Grammar*‹ *of Society* – als des äußersten *context of behavior* (zur Problematik dieses Begriffs zwischen behavioristischer und hermeneutisch-kritischer Sicht s. o. S. 127).

3.5.3.2. Für fremdsprachenunterrichtliche Didaktik mag die Gesamt-Vision PIKES als Fundierung oder kontroverse Reflexions-Stütze interessant sein. Für fremdsprachenunterrichtliche Methodik indessen wurde – nach grund-legenden Hinweisen H. HEUERS[128] – lediglich ein, wenn auch zentrales Detail dieser Vision bedeutsam: es handelt sich um den Schlüsselbegriff für die »taxonomische« Grund-Einheit der Beschreibung, den Begriff des *Behaviorems.* Die spezifische Leistung dieses Begriffs läßt sich recht gut mit einem Ausdruck WATZLAWICKS fassen: er bezeichnet die (sequentielle) »*Interpunktion*« *von Kommunikation*[129], – wobei Kommunikation als *patterned behaviour* verstanden wird.

Fassen wir die Leistung dieses Begriffs als Interpunktion strukturierter Kommunikation, dann ergibt sich »von selbst«, warum so entscheidende Impulse für den fremdsprachlichen Unterricht von diesem methodischen Konstrukt ausgehen können.

Mit Hilfe des *Behaviorem*-Begriffs wird es möglich, *Situation* in einer so disponiblen Weise beschreibbar zu machen, daß der Transfer von »*Situation überhaupt*« zu »*künstliche Kommunikationssituation des fremdsprachlichen Unterrichts*« möglich wird.

> Für das Behaviorem gilt in diesem Zusammenhang die gleiche Überlegung wie oben für Situation und sprachliche Feld-Arrangements: Die ohnehin *künstliche* »Kommunikationssituation« jedes Unterrichts ist im fremdsprachlichen Unterricht »um einiges künstlicher« als in anderen vergleichbaren Schulfächern, weil die sprachliche *Kompetenz*-Grundlage dieser seltsamen und besonderen Art von Kommunikation zunächst und lange gänzlich fehlt. Das Lern-Gespräch muß sich sozusagen wie einstmals Münchhausen an den eigenen Haaren aus dem Sumpf einer elementaren Sprach-losigkeit herausziehen. Eine in ihren Anregungs-, Motivations- und Steuerungsbedingungen besonders klar umrissene »*prägnante Lernsituation*« (wie sie gestaltpsychologische Lerntheorien ohnehin nahelegen) ist also in dieser Art von Unterricht offenbar notwendig.
>
> K. LORENZEN empfindet die mit dem Typ »prägnante Lernsituation« verbundenen Transfer-Probleme – so scheint es – außerordentlich stark. Sie versteht überdies den Begriff des Behaviorems[131] – so meinen wir – ganz unnötig eng und streng. Was ihrer Auffassung dergestalt an Flexibilität abgeht, das sucht sie – der Eindruck ist unabweisbar – wieder einzuholen durch die Empfehlung eines *trial-and-error*-Verfahrens (das sie nicht weiter spezifiziert!). Ihre Schwierigkeiten rühren u. E. daher, daß sie W. RIVERS (auf die sie sich beruft) ebenso einseitig umdeutet wie H. HEUER (gegen den sie sich wendet): Die vielgliedrig-bewegliche Anlage, die das fremdsprachliche Unterrichtsgespräch für den unerläßlichen »immanenten« Transfer benötigt (in diesem Punkte beruft sie sich zu Recht auf W. RIVERS), ist mit dem Begriff des Behaviorems nicht nur vereinbar; sie wird durch ihn geradezu befördert und erleichtert. Allerdings ist es dazu wohl unerläßlich, diesen Begriff etwas »großzügiger« und »lockerer« zu interpretieren, als K. LORENZEN es offenbar tut.

PIKE segmentiert einen Vorgang, d. h. vorgangskonstitutives Verhalten sprachlicher und nichtsprachlicher Art, nach Erwartungs- und Verhaltensmustern, die diesen sequentiell kennzeichnen. Verhalten findet nicht einfach statt bzw. läuft ab:

- Es »antwortet« auslösenden und weitertragenden Anstößen, die als Erwartungs-Impulse zu deuten sind;
- es gliedert sich in bekräftigende, wiederholende oder entgegensetzende *responses,* die in angebbarer Weise miteinander verbunden sind bzw. aufeinander folgen.

Fremdsprachenunterrichtliche Folgen ergeben sich unmittelbar. Wir fragen z. B.: Inwiefern ist, was ein Schüler sagt, strukturell und lexikalisch *naheliegend* aufgrund des »Themas« dieser Stunde, i. e. der vorgestellten oder rollenmäßig hergestellten Situation und der durch sie und in ihr vorgegebenen »nahe-legenden« sprachlichen Mittel bzw. Materialien? – Warum spricht der Schüler *in welchen Äußerungsformen* zuerst von diesem, dann von jenem? – Wie weit läßt sich von seiten des Unterrichtenden strukturelle und lexikalische Engführung vorantreiben *ohne Aufhebung der Fiktion,* es handle sich um ein (wenn auch unterrichtlich ausgelöstes und begrenztes) Gespräch? – Wie also läßt sich einerseits das wiederholte Vorkommen gewisser *Momente* dieses »Gesprächs« (= unter linguistischem Gesichtspunkt: »*Elemente*«, s. o. S. 80 ff.), darüber hinaus eine auf ein Ziel gerichtete *Sequenz* von Äußerungen *nahelegen?* – Entscheidend hierfür ist offenbar das richtige Verständnis der im Begriff des Impulses implizierten »Erwartungen«.

Damit erscheinen hinter Vordergrund und Applikation wieder die großen Linien der Tradition, die hier weiterwirkt. Pike segmentiert und klassifiziert die »Elemente« einer Kommunikationssituation in der Manier des taxonomischen Strukturalismus: Die »syntagmatischen« Segmente des Vorganges *(sic!)* werden als *slots* verstanden, die in Hinsicht auf klassifizierbare mögliche »Paradigmen« von Äußerung und Verhalten *funktional* beschreibbar sind: Derlei »paradigmatische Elemente« erscheinen in typischen Entsprechungen, Ähnlichkeiten, Unterschieden, Wiederholungskonstellationen. So ist der »*Modus*« eines Behaviorems bestimmt durch dies »Zueinander« der »paradigmatischen Elemente« auf der »syntagmatischen Achse«. Unterrichtsvorbereitung – die den Stundengang als Folge möglicher Behavioreme konzipiert – richtete sich auf Folge und Zuordnung denkbarer oder möglicher (= *erwartbarer!*) »paradigmatischer Elemente« auf der »syntagmatischen Achse«.

Eine »Grammatik« dieser behavioralen *fillers* bezöge sich auf die möglichen *Modi* dieser Zuordnung (Struktur) und Folge (Sequenz): Sie wäre konkret und detailliert das System möglicher Arten von *responses* im Zusammenhang möglicher kommunikativer *slots* – i. e. der »offenen« Erwartungs-»Stellen« auf der syntagmatischen Achse des Gesprächs.

> Ein ganz herrliches Beispiel für kommunikative *Slots* und deren Kraft, Äußerung auszulösen und zu gliedern, ist natürlich die von uns an den Ansatz unserer Darstellung gerückte anekdotische Situation, aus der heraus der »Donnerkeil« des Mirabeau sich so folgenreich entlädt (– das Kleist-Feuilleton aus unserem EINÜBENDEN TEIL oben SS. 18 f.). Ein weiteres Beispiel ist der Aufbau der vorliegenden Darstellung selbst, in welcher in den immer neuen Rückgriffen auf diesen einen anekdotischen Einführungs-*Slot* immer neue Anregung erhofft und betrieben wird, – Einsicht auslösende, wiederholende (bekräftigende) und weitertragende Anregung: daher das Nacheinander des EINÜBENDEN und des DARSTELLENDEN TEILs. In diesem Zusammenhang sind natürlich auch die Diagramme der SS. 18 f. weitertragende *Slots.* – Beispiele für textimmanente (= literarische) *Slots* mit text-transzendentem Pointen-Effekt enthalten die oben auf S. 56 (u. Anm. 35) erwähnten Texte von P. Handke (»Abbrechen mitten im Satz«) und Anthony Carson (*»A Rose By Any Other Name«*).

Welche Arten von strukturell-sequentiellen *Modi* von Behavioremen gibt es also? – Pike unterscheidet deren drei: Sprachliches und nichtsprachliches Verhalten ist beschreibbar nach
- *Kontrast*
  (Grad der Unterscheidung; Sich-Absetzen des einen gegen das andere),

● *Variation*
(Art der Unterscheidung; Wechsel überhaupt),
● *Distribution*
(Verteilung des Gleichen oder Ungleichen; Abstände; Wiederholungsspannen; Ferne oder Nähe der Entsprechung)
der entsprechenden »Elemente«:

Alle drei zusammen bezeichnen dann »Dichte« bzw. »Geschlossenheit« von Vorgang, Äußerungsfolge – oder Text(!).

Die »Elemente« selbst, die hier im Behaviorem zusammentreten, entsprechen unterhalb der Satzgrenze sehr stark HALLIDAYschen Formeln und sind den seinen oberhalb der Satzgrenze zumindest sehr ähnlich (*word – phrase – clause – sentence – utterance – discourse:* letzteres nur noch in nichtsprachliche Verhaltenskomplexe eingebettet).
Beschreibungen von Situationen mit Hilfe des Behaviorem-Begriffs können also sehr detailliert und streng sein. WEINRICH zählt eine ganze Serie »behavioral« streng beschreibbarer sprachlicher Situationen auf[131]
– »eine Bitte um Auskunft und die Auskunft selber; ein Selbstgespräch; das Erzählen einer Geschichte; die Beschreibung eines Gegenstandes oder eine Szene; ein Brief (es gibt natürlich auch geschriebene Sprechsituationen); ein Kommentar; eine Predigt, ein Streitgespräch; die politische Information in einer Zeitung; ein Rechenschaftsbericht; ein lyrisches Gedicht; ein Botenbericht; eine Bühnenanweisung; ein wissenschaftliches Referat; ein dramatischer Dialog; eine Biographie – oder etwa dieses Buch, das ein sprachwissenschaftliches Problem bespricht« –
und gelangt auf diese Weise zur Vorstellung einer möglichen Typologie von Texten *qua* Sprechsituationen, zu der – wie er selbst meint – die *Tagmemic Theory* bereits bedeutende Ansätze erstellt habe »durch die Einbeziehung der hierarchisch höheren Sprachebenen in die syntaktische Beschreibung. Man erfährt also nicht nur, wie ein Satz gebaut ist, sondern auch, wie ein Zwiegespräch beginnt und endet, wie eine Rede von Gesprächen umrahmt ist und in welche Verhaltenssituation eine Erzählung eingelagert ist.«
Daß es sich hierbei auch um eine Weiterführung BÜHLERscher Ansätze, z. B. auch seiner Unterscheidung von *empraktischer* und *synsemantischer Rede* (s. o. S. 82 ff.), handelt, erhellt aus einem Beispiel von E. D. HIRSCH[132]: Ein Fall von außerordentlich reduziertem Behaviorem wäre demnach die »Grußgebärde« – ital. *pronto,* amer. *hallo* – am Telephon: »Inner-« und »außertextliche« Elemente verweisen auf einen Verhaltenskontext, der im Grunde der einer ganzen *society* oder *culture* ist (Deutsche z. B. würden sich mit Namensnennung melden!) – wenn man die »Elemente« dieses »Behaviorems« als solche analytisch ernst nimmt. – Während es sich hier um einen reinen Fall »empraktischer« Rede handelt, zielen WEINRICHS Bemerkungen oben offenbar eher auf ein entsprechendes Verständnis »synsemantischer Äußerungsformen« (z. B. aus der Sprecher-Empfänger-Relation).

3.5.3.3. Es ist ohne weiteres ersichtlich, wie »organisch« sich das technische Instrumentarium, das hier entwickelt wurde, sowie sein kognitiver Rahmen dem einfügt, was wir bis an diese Stelle hin vortrugen. Der Begriff des *»Erwartungsmusters«* bezeichnet dabei eher den potentiell *attitudinalen* Aspekt des anthropologisch-soziologisch-linguistischen Gesamtkomplexes, der Begriff des »Verhaltensmusters« eher dessen *behaviorale* Aspekte. Die überwiegende behavioristische Komponente im Entwurf PIKES wurde nicht verschleiert, aber auch nicht unnötig hochgespielt: Mit *John Doe* als »Zentralfigur« seiner *grammar of society*[133] scheint PIKE die schwärzesten Verdächtigungen H. MARCUSES geradezu herbeizubeschwören; tatsächlich ist der Abstand zu WITTGENSTEINs »Tiefengrammatik« des Bewußtseins immer klar. PIKES behavioristische Analyse ist sozusagen die äußerst präzisierte *surface structure* dessen, was – »tiefer lagernd« im »Sprachspiel« WITTGENSTEINs die »Grammatik des Bewußtseins«, was entsprechend bei BÜHLER und HALLIDAY die *attitudinale* Struktur der Kommunikationssituation ausmachte. Struktur von Kommunikation

wird durch ihn greifbar als in Zahl und Art beschreibbare Struktur und Sequenz angebbarer Äußerungs-»Elemente« – *als perspektivischer Komplex sprachlichen Verhaltens.*
»Beschreibung« impliziert »Erfindung« und »Vorausplanung«. Ansatzpunkt möglicher Steuerung sind die *Slots,* Mittel der Verknüpfung, die *Modi* der geplanten Gesprächs- (i. e. Unterrichts-)Einheit. – Bevor wir jedoch Details und konkrete Bedeutung dieser Hinweise weiter ausloten, scheint uns eine Atempause angebracht. Alle guten Geister unseres Entwurfs waren im letzten Absatz beisammen – *blithe spirits – lithe spirits,* so hoffen wir: Die Gelegenheit sollte man nützen. Zu einer »Geisterkomödie«? – *Well.*
Wirkungsweise und Deutungsfigur wesentlicher Schlüsselbegriffe unseres Entwurfs – *Feld, Situation, Behaviorem, Perspektive* – sind an einem humoristischen *Casus* vorläufig exemplifizierbar, der uns Kinder bundesbürgerlicher »*wanderlust*« besonders ansprechen sollte: dem Fall einer Reisenden in Spanien. *The Case of the Vomiting Woman,* wenn Sie wollen – aber nicht von ELLERY QUEENS oder CONAN DOYLES, sondern von St. Limericks Gnaden[134]:

> There was a young Lady of Spain
> Who was terribly sick in the train
> And again and again and again,
> And again and again and again.

Offenbar ein *dotty limerick,* aber gerade als solcher *most useful; and a lovely case of, if not linguo-didactics, at least linguo-digestives, I should say.*

I. FELD: Basis einer Unterhaltung wären in jedem Falle die *Bezugsfelder* (1) »Reise und Eisenbahn«, »Essen – Verdauung – *to be sick*« (zusammenzufassen unter »Spanien / Tourismus / the *difficulties, worries, troubles of travelling*«) sowie (2) »Form des Limerick«, »Abweichung / Veränderung«; beide *pretty elementary,* schon auf der frühen Mittelstufe sinnvoll.

II. SITUATION: Mögliche *Anknüpfungspunkte* (wenn nicht die »in Würgestößen« wiederholte Pointe sofort Sprechanlaß bietet; s. u. unter »Behaviorem«) sind die *participants,* die *relevant objects* und *circumstances* und die Vorgänge selbst unter dem Gesichtspunkt der Kommunikation. In diesem Fall ergibt sich die komische »Tragik« unseres doch offenbar mitteilenswerten *Casus*
   – warum, wenn er nicht mitteilenswert wäre, dürfte er es sonst wohl wagen, durch pure Existenz *Aufmerksamkeit* für sich zu beanspruchen? –
bereits aus einer Reihe schrecklicher inhaltlicher Reduktionen *(sehr modern!)*: Aus der Fülle denkbarer und möglicher *participants* erscheint eine einzige Person, kommunikationslos allein mit sich selbst – und mit ihrem Reise-»Schicksal«! Aus der Fülle denkbarer und möglicher *relevant objects* und *circumstances* verbleibt – »*the train*«: die Bedingung jenes Schicksals! – Die »reine«, gräßliche Abwesenheit mitmenschlicher Bezüge, die fast völlige Abwesenheit von Welt (selbst die Abwesenheit eines so relevanten Objekts, wie es – in dieser Situation – ein Spei-Becken wäre!) in diesem Text *münden* dann (im Wortsinne) in die Redundanz leerer(?) Wiederholungen – .. *again and again and again / And again and again and again,* – vergleichbar den Windmühlenflügeln, gegen die schon Don Quixote scheiternd ritt: in sich und um nichts als die eigene Nabe kreisend. Ein Mensch ohne Gegenüber, unterwegs, geworfen. *Na, – wenn das nichts ist!*

III. BEHAVIOREM: Der Text als *Sprachgebärde* verweist zurück auf einen Sprechenden und voraus auf mich, den »Empfänger« seiner *message*. Aus der Perspektive des *Sprechenden* wird die Form des Textes interessant:

- das gleichzeitige Schrumpfen der Ausdrucksform
  (= radikale Reduktion eines ohnehin äußerst begrenzten Vokabulars bis zum Leerlauf)
- und deren Expandieren, ja Explodieren
  (= Veränderung und schließliche Sprengung, Aufhebung der als Typus vorgegebenen Form des Limerick aus »expressiven« Gegenkräften).

Das Gegeneinander »typologischer« und »expressiver Formkräfte«, in modellhafter Simplizität am simplen Modell ablesbar, scheint auf einen Transfer innertextlicher Elemente auf deren außertextliche Bedingung, i. e. den Sprechenden, hinzudeuten *(Hear! Hear!)*: als hätten sich die Eruptionen der so verzweifelt sich übergebenden *Lady* auf ihn als den Sprechenden übertragen; als resultiere die Zwitterform dieses »von innen her gestörten« Limericks aus einer Störung seines eigenen respirativen (wenn schon nicht digestiven) Systems. Das Nacheinander sprachlicher Akte (»Sub-Behavioreme«!) spiegelt in Ordnung, Ausdrucksform und Längenproportionen

> (Zeilen 1 + 2: rhythmisch ausklingende Subordinationsfigur;
> Zeilen 3 + 4: zweifach gebündelte, sechsfach wiederholte einfachste sprachliche »Ausstöße« ohne syntaktische Ummantelung)

die vorgestellten bzw. dargestellten Vorgänge und Erfahrungen: Mögliche Fülle der Assoziation und Anspielungen des generalisierten Ansatzes reduzieren sich schnell auf potentiell endlos-uferlose Wiederholungen, syntaktisch ausgezehrt, des immer Gleichen, in welche(n) die vorgegebene Form aufbricht, sich öffnet: ... denn »*alle Lust will Ewigkeit*« (so jedenfalls NIETZSCHE).

Der *Empfänger* dieser »*message*« hat einen »zweiten«, nun wohl meta-sprachlich zu nennenden Transfer-Effekt nicht zu befürchten, da der Spaß des Ganzen auf einer nur partiellen Identifikation beruht, auf einem distanzierten und sich absetzenden, gegen-über-setzenden Vergnügen des Lesers. Unterrichtliche Möglichkeit bestünde demgemäß geradezu in der spielerischen Steigerung dieser Identifikation, im übernehmenden Rollenspiel: im sinngemäß-ausdrucksvollen Sprechen, das in diesem Fall – sofern nur Elementarkenntnis der Form des Limerick vorhanden und präsent ist – besonderes Vergnügen bereiten dürfte.

IV. PERSPEKTIVE: Die textimmanente Sehrichtung und das damit verbundene Engagement des Sprechenden (= die Kommunikations-Ordnung) ergeben sich zum einen aus der Behaviorem-Ordnung, zum anderen aus »redundanten« Ausdrucksmitteln, die den zu ergänzenden *Sprecher* des Textes weiter verdeutlichen. Wir wissen bereits einiges über die Perspektive des vorliegenden Textes aufgrund der obigen Beobachtung, daß der Sprechende sich weitgehend mit seinem bedauernswerten Vorstellungs-Opfer identifiziert (– Sprachform bzw. »expressive« aesthetische Gesamtgliederung als Behaviorem-Ordnung!). Ein weiteres Indiz für Sprecher-Teilhabe bzw. -Engagement liegt in dem Wort »*terribly*« (von dem indessen undeutlich bleibt, wieweit es lediglich »phatische Formel« ist) und in den sozusagen kopfnickenden Wiederholungen der sprachlichen Gebärde des Schlußteils.

Nicht weiter herausgehoben – weil in diesem Stadium unserem Vorgehens noch ohne Belang und ohne Untergrund – wurde ein Nebenergebnis: Durch unsere Beobachtungen zur Behaviorem-Ordnung und Perspektive des Textes scheint uns dieser als ein geradezu klassischer Fall einer einfachen Entsprechung von *form* und *content* erwiesen zu sein. Abgesehen von dem aesthetischen Vergnügen im kleinsten Rahmen, das diese Beobachtung vermitteln kann, ist sie wichtig bei unserer Auffassung von fremdsprachlichem Unterricht: Texte dieser Art zeigen – insbesondere im nicht ganz so leichtgewichtigen Ernstfall – die *Funktionen* und *Möglichkeiten* der Ausdrucksformen der Zielsprache besonders rein; ein Unterricht, dem es darum zu tun ist, die pragmatische Bemeisterung der Zielsprache immer wieder auf affektiv-kognitive Aufhellung und Durchdringung zu beziehen oder gar zu begründen, muß solchen Texten einen bedeutenden Platz einräumen.

V. Das fremdsprachliche UNTERRICHTSGESPRÄCH ÜBER DIESEN TEXT ALS BEHAVIOREM-ORDNUNG bzw. -SEQUENZ ist etwas ganz anderes als die soeben (in I–IV) explizitierte Behaviorem-Ordnung und Perspektive des Textes *als Text!* – Was hier als einigermaßen elaborierter anschaulicher Spaß ausgebaut wurde, wurde natürlich vorzugsweise der immanenten Intentionen des vorliegenden Bandes wegen an dieser Stelle eingeworfen. Als Sprach-, Form- und Vorstellungs-Vorwurf einer möglichen fremdsprachlichen Unterrichts-Einheit wären die oben unter I angedeuteten FELD-Hinweise je nach Ansatz und Absicht sehr verschieden weit auszubauen. Zur inneren Ordnung und Folge des »Interpretationsgesprächs« ist weiter unten (vgl. auch den 2. Hauptteil im 2. Band unserer Darstellung) noch allerhand anzumerken; die oben in Aussicht gestellten konkreten Details zur Arbeit mit Behavioremen im Unterricht sollen uns jetzt – nach unserer kleinen »Abschweifung zur Sache« – zunächst weiter beschäftigen. Es geht um *den Unterricht als Situation:* Explikation dessen, was H. GUTSCHOW den *»echten«* Kontext genannt hat.[135]

3.5.3.4. Erst seit in einer so *comprehensive manner* die »Elemente« sprachlicher Kommunikation in Zuordnung und Folge überschaubar, verstehbar und – im Ansatz – beschreibbar sind

- in den anthropologischen Verstehens-Kategorien WITTGENSTEINS und BÜHLERS (vertieft durch die Kategorien nach-SAUSSUREscher strukturalistisch-anthropologischer Analytik in Frankreich),
- im sprachwissenschaftlichen Verstehens-Raum des britischen Kontextualismus (mit dem durch seine Feinanalyse möglicher sprachlicher »Elemente« *im Kontext* geschärften Blick für deren *funktionalen* Charakter),
- mit dem an Analysetechnik und Instrumentarium PIKES entwickelten Verständnis für Zuordnung, Folge und Typik sprachlicher »Elemente« in einer »Situation«,

ist in vollem Umfang klar, mit welch dilettantischen Mitteln der fremdsprachliche Unterricht auf dem *intermediate,* vor allem aber auf dem *advanced level* bisher gearbeitet hat. Auf der Unterstufe ist der Transfer laufender Reflexion bereits in vielfältiger Form vollzogen, wenn dies auch oft eher impressionistisch als systematisch und nur zu einem Teil forschungsbewußt geschah. Angesichts des seit HALLIDAY und PIKE möglichen *vertieften* und *verschärften* Verständnisses von Sprachsituation und sprachlich elementen-typischer Struktur von Texten ist aber besonders auf dem *intermediate* und *advanced level* z. B. »naiv« drauflos interpretierende Textarbeit oder einfach *irgendwelche* »comprehension questions« reihende Lektüre-»Besprechung« vollends und endgültig absurd.

1. Lösung anstehender Probleme könnte z. B. ein *Raster möglicher sinnvoller Äußerungen und Äußerungssequenzen für variable Gesprächsführung* im fremdsprachlichen Unterricht bieten. Ein solcher Raster wäre – da fremdsprachlicher Unterricht seine artikulative Siche-

rung aus textlichen Modellen bezieht – aus den Möglichkeiten, sich über Texte zu äußern,
zu entwickeln; wichtig wäre dabei, daß die in diesem Raster als Repertoire bereitgestellten
artikulativen Formeln die Texte

● nicht arbiträr-»inhaltlich«
   (als Vorwegnahme von Stellungnahme!),

● auch nicht grammatisch-formalistisch
   (als nur zu durchsichtiger Vorwand sprachlicher Formal-Übung),

● sondern *funktional*

be- und umschreiben: dabei wären die für die Motivation des Schülers so grundwichtigen
inhaltlichen Alternativen selbstverständlicher Bestandteil funktionaler Textaufschließung.
Arbeit mit einem solchen Raster wäre (von seiten des Lehrers!) von der 7. Klassenstufe an
möglich. Planung des Unterrichts wäre gleichbedeutend mit auf Alternativen-Vielfalt »ein-
gestellter« selektiver und sequentieller, gestufter (bzw. stufen-bewußter), immer aber kommunikativ motivierter Anwendung dieses Rasters; alles wäre auf die feldmäßig, situativ,
behavioral-sequentiell gesteuerte Auslösung, Entfaltung und Benutzung kommunikativer
Impulse zu stellen – wobei das schlechthin umfassende FELD eben jener Raster wäre. –
Bis dahin ist es natürlich noch weit!

2. Bis zu einfacher Anwendbarkeit »aus-entwickelt« ist hingegen bereits ein anderer
Aspekt des Behaviorem-Begriffs: seine Kraft, Unterrichts-Gesprächs-Vorgänge selbst überhaupt beschreibbar und damit planbar zu machen. Solche Beschreibung faßt diese Vorgänge
dann sowohl

● *psychologisch*
   wie – um einen Ausdruck FLECHSIGS zu verwenden –

● *»technologisch«.*

Psychologische Faktoren im Sinne durchhaltender oder immer wieder erneuerter Motivation

– d. h. sowohl der Erstmotivation wie der wiederholten Motivation, die den *sustained effect*
der Stunde trägt, –

fassen diese als *Erwartungsmuster* (= *pattern* aus *functional slots*). Dieses »Erwartungsmuster« fügt sich zugleich

(1) aus im Verlauf der Stunde fallenden *Äußerungen* (deren potentielle Sprachform und
   lexikalische »Füllung« sind vorzuplanen!): Es versteht unter diesen sowohl die
   Äußerungen des Lehrers wie die der Schüler und Mitschüler als – vorhersehbare und
   einsetzbare – *Impulse.* Dabei ist zwischen Eröffnungsimpulsen, weitertragenden Impulsen und abschließenden Impulsen zu unterscheiden: Letztere erscheinen im allgemeinen in der Form einer Zusammenfassung (d. h. bewirken »immanente« strukturelle
   und lexikalische Wiederholung!) mit nachfolgendem Neuansatz.

Das Erwartungsmuster erwächst »im gleichen Akt«

(2) aus den *Vorgängen* oder *Vorstellungen*, die als *Gesprächsanlässe* im Laufe der Stunde
   Herz und Mund bzw. Zunge des Schülers »anrühren«, bewegen und lockern sollen.
   Die vielen kleinen oft beschriebenen Aktivitäten im Anfangsunterricht

– Hinweise finden sich in den Anfänger-Bänden fast aller Lehrwerke sowie den dazugehörigen
Lehrerheften; sie gehen im allgemeinen zurück auf die Anregungen von A. S. HORNBY sowie
F. L. BILLOWS, vor allem von H. E. PIEPHO, dem »Großmeister situativer Fremdsprachenmetho-
dik« in Deutschland; vgl. auch den etwas vagen, darin auffälligen Hinweis von P. STREVENS
in *»The Linguistic Sciences and Language Teaching«*[136] –

Behaviorem(e) und Äußerungs-Raster   161

sowie die in Lehrbuch- und Lektüretexten textimmanent vorliegenden Situations-Einheiten entsprechen dann bestimmten begleitenden, rollen-bezogen darstellenden oder kommentierenden Ausdrucksformen und -elementen: Diese definieren dann den begrenzten »Schatz« disponibler oder im Sprechen aufzubauender Strukturen und Lexis, der in der oben angedeuteten Weise durch Impulsverknüpfung im Unterrichtsgespräch »*umgewälzt*« wird.

Kein Zweifel sei erlaubt: Dies gilt – da natürlich von »tragender« »*Kompetenz*« auch dort nicht die Rede sein kann – durchaus auch für die Sekundarstufe II. Behaviorale Planung erstreckt sich auch dort sowohl auf mögliche Äußerungen wie auf mögliche Vorgänge. Nach voraufgegangenem FELD-Arrangement bezieht sich dies z. B.
a) auf Vorlage oder Verlesung eines Textes auf Matrizenabzug oder im Druck (wann, wie, durch wen, mit welchen Hinweisen?), auf mögliche Einlage eines Tonbandes, Prozeduren bei der Besprechung des Textes, sogar die Sitz-Ordnung;
b) auf die Art der Fragestellung und Ermunterung, (geplante?) »Abschweifungen« und Ablenkungen, auf die Einschnitte (Zusammenfassungen, Stillarbeit, Abschreiben von der Tafel), Neuansätze, Art der Aufnahme und Verarbeitung von Schüleräußerungen, d. h. auf die Gliederung und Art der Progression des Gespräches selbst;
c) auf Stundenbeginn, Stundenschluß, Art der Aufgabenstellung, Einbau der Aufgabe in den Gang des Gesprächs.

»Technologische« Faktoren (im Sinne K.-H. FLECHSIGS) fassen diese Vorgänge – von seiten des Lehrers – als ein System vorauszubedenkender möglicher *Einteilung* und *Gliederung* unter lern-psychologischem Gesichtspunkt: Die zu planende Einteilung bzw. Gliederung bezieht sich dabei sowohl auf das potentielle (linguistische und »verhaltensmäßige«) »*Material*« dieser Stunde wie auf ihren vermuteten (erhofften) *Gang* oder Lauf. Die Stunde wird also verstanden als eine Sequenz von Schritten zur Erreichung gestufter oder wiederholender Teilziele »oberhalb« eines vorbereiteten Feld-Systems möglicher Äußerungsformen: »Schritte« wie »Teilziele« sind definiert als *linguistische Verhaltens-Einheiten;* bestimmte Tätigkeiten *und bestimmte ihnen zugeordnete Äußerungsformen* erscheinen jeweils in Alternativen »gebündelt« und folgen schrittweise aufeinander. – Dem Lehrer gibt ein solches Verständnis nicht nur Mittel zur Durchführung, sondern vor allem auch zur *Vorbereitung* der Stunde an die Hand.

Das oben über die Oberstufe Eingefügte ließe sich hier Punkt für Punkt wiederholen: Ging es allerdings dort um die aus dem sprachlichen Arrangement erwachsende Steuerung, so hier um die aus Vorgangs-Arrangement kommenden Impulse. In beiden Fällen geht es um die *Vorstellungen* der Schüler, deren Auslösung, Entfaltung und Strukturierung durch Äußerungen und Vorgänge.

Die »Einteilung« des *Stunden-Potentials* richtet sich

(1) zunächst auf die *main slots* = die möglichen Erwartungen, die Bereitschaft und (sprachliche) Fähigkeit der Schüler und die entsprechenden *Impulse* (s. o.): der Lehrer stimuliert, bekräftigt oder variiert, was durch das Erwartungsmuster bereitliegt; er versucht die »Erwartungen« der Schüler anzusprechen, zu »treffen« oder zu »richten«. »Erwartung« ist hier immer im obigen Sinne als mögliches/»bereitliegendes« Verhalten, latente Vorstellung und/oder potentielle Äußerungsform zu verstehen.

(2) sodann auf die »*filler*«-Elemente selbst = die vorherzubedenkenden Verhaltens-, Vorstellungs- und Äußerungsformen im Unterrichtsgespräch in Wiederholung oder Wechsel (= möglicher Progression): ihre »Bündelung« im Gesamtverlauf der Stunde nach den *Modi* von Kontrast, Variation und Distribution. Dabei findet dann von

Behaviorem-Einheit zu Behaviorem-Einheit eine Art von beständigem Mini-*Transfer* statt, Übungsübertragung in jeweils um ein Winziges verschiedene Gesprächsstrukturen.

3. Nach alledem ist klar, daß es sich hierbei nicht um ein naives Ablaufen-Lassen von komplementären Äußerungen handelt. Das verbietet schon der *fremd*sprachenunterrichtliche Charakter des ganzen Vorganges: Einem gänzlich »natürlichen« = »freien« = ungesteuerten Gespräch wären Schüler bis in den Ansatz der Sekundarstufe II hinein nicht gewachsen; der notwendig fortlaufende Lernprozeß macht danach weitere Steuerung bis ans Ende der Sekundarstufe II erforderlich. Das Ergebnis einer vorzeitigen Entlassung in die trügerische »Freiheit« eines »natürlichen« Äußerungsaustausches wäre Verunsicherung oder Selbstbetrug; das Unfeste der ach so übungs-bedürftigen »Fundamente« würde verstörend bewußt werden müssen. Verstörung oder Absterben der »Motivation zur Fremdsprache« wären zu befürchten (und wären auch wohl sinnvolle Reaktionen). Hierfür ließen sich ganze Legionen von Beispielen anführen. Ein herrlich-deutliches *exemplum* findet sich in der Literatur: H. HEUER berichtet vom Auftreten eines *native-speaker*-Gastes in einer deutschen 7. Klasse, bei dem zuletzt alle beteiligten Schüler »in mein geliebtes Deutsch« verfielen.[137] Dies lag einfach daran, daß die englische Schülerin, die hier zu Gaste war, die Stunde sprachlich nicht mitgeplant hatte: Sie hatte nicht sich selbst, ihre Haltung und ihre Äußerungen *sozusagen auf Slots und Äußerungsmöglichkeiten dieser Klasse und dieser Stunde* für diese Stunde »*vor-programmiert*«. Was man von jedem Fremdsprachenlehrer als selbstverständlich erwarten muß, kann man eben von einem 14jährigen Mädchen oder überhaupt einer didaktisch und methodisch untrainierten Person billigerweise nicht erwarten. Die sogenannte »natürliche Sprechsituation« ist doch wohl nur dann fremdsprachenförderlich, wenn der KONTEXT und der daraus erwachsende Druck total sind, – im Ausland selbst. Dort nämlich wird die Sprechleistung nicht nur ausschließlich »nach ihrer funktionellen Wirksamkeit« bewertet – wie HEUER meint – und entsprechend »verstärkt«; dort wird auch, darüber hinaus, der *Transfer*-Effekt durch steten Kontext-Wechsel in einer Weise multipliziert, wie dies keine Schule der Welt zu leisten vermöchte.

> Entsprechendes gilt natürlich für jede Form von *closed environment* und wäre zutreffend bei Sprachkursen, wären diese »wasserdicht«, interferenz-isoliert, – was man wohl nur von Intensiv-Kursen für Erwachsene sagen kann: dort gelten andere Vorbedingungen. Sowohl die Konzentrationsfähigkeit wie die Motivation sind offenbar im Vergleich zum jugendlichen Lerner in der Schule unerhört gesteigert. So sind diese Kurse in unserem Zusammenhang ohne Interesse und Belang.

Im Bereich institutionalisierten Fremdsprachenlernens für jugendliche Lerner, der Schule also, kann es sich immer nur um »artifizielle Lebenssituationen« von überdies höchst ungewisser Konsistenz handeln. Interferenz-bedroht und auf unsteter motivationaler Basis, in bewußter Bemühung in ein stütz-bedürftiges »Leben« gerufen, in sehr bewußter Bemühung in möglichst »lebendiger« Bewegung gehalten, sind sie eher ein *mock-up of real situations*[138] als »Natur« (– kein »*whip-up*«, *though*: Nicht *whipped cream*, sondern ein *good honest steak* ist das Ziel unserer Bemühungen!).

> Es ist nicht zu übersehen: Applikation der PIKEschen Erkenntnisformeln im FU bedeutet – *well*: Manipulation. – Erhöhte *Bewußtheit* des Unterrichtenden enthüllt auch die weniger populäre Kehrseite solchen Bewußtseins. Da hilft kein hamletisches Zögern und Zaudern: *we are back at the old problem*. Zwar haben wir bereits eine Basis-Erörterung allgemeiner Art hinter uns – in unserer Auseinandersetzung mit den Thesen von FLÜGGE und BALLAUF oben im EIN-ÜBENDEN TEIL (SS. 35/36). Jene *lofty words* aber zeigen jetzt Widerhaken und Borsten.

Es wird praktisch; es »*dulc'et-deco-rumm'st* in den Klüsen«, – und da wir niemanden zu den traurigen Konsequenzen *(pro schola mori?)* eines mißwüchsigen Idealismus verführen wollen, ist wohl eine erneute, etwas konkretere Argumentation angebracht:

I. JÜRGEN HENNINGSEN hat sich mit dem Prozeß unterrichtlicher Übermittlung oder Vermittlung wiederholt befaßt und führt in seiner Schrift über »Kinder, Kommunikation und Vokabeln«[139] drei Hinweise auf, die uns spezifisch fremdsprachenunterrichtlich anwendbar scheinen und geeignet sind, unsere Position aus dem EINÜBENDEN TEIL fachbezogen zu konkretisieren. Leider wählt er im allgemeinen für seine ganz und gar glänzenden Einfälle und methodischen Einsichten eine für unsere Zwecke wenig nützliche Form: Er verstreut über Pamphlete, splittert feuilletonistisch-aphoristisch auf, spielt hin und »schlenkert aus«, was wir in kontrahierender Überschau, gegliedert und verdichtet, brauchen. Wir müssen also seine flockige, oft kabarettistische Manier, die schillernd-anschauliche »Verpackung« hier vereinfachen.

II. Nach HENNINGSEN ist die in den ausgehenden 60er Jahren aufgekommene Manipulations-Phobie so vieler junger Unterrichtender schlichtweg abwegig. HENNINGSEN geht davon aus, daß jeder Lernprozeß *Bedingungen* bzw. *Voraussetzungen* hat: diese sieht er im Bereich
– der *Präsentation,*
– der *Integration*
und
– der *Motivation.*
Seine Überlegungen laufen im einzelnen folgendermaßen:
Ad 1 – Probleme der Präsentation: HENNINGSEN weist darauf hin, daß das zu Lernende *(vulgo:* der »Lernstoff«), bevor es gelernt wird, überhaupt erst einmal *als solches* existieren muß – umgrenzt, geordnet, spezifiziert. Das heißt, es muß zunächst einmal als *Information* förmlich »hergestellt« werden, ehe es mitteilbar und dann *transfer*-fähig wird. Jede Mitteilung schließt einen Akt selektierender Zubereitung und Verpackung ein. Dieser Akt sollte – da er ohnehin stattfindet – verantwortlich, d. h. *bewußt,* d. h. kritisch kontrolliert vollzogen werden.
Ad 2 – Probleme der Integration: Die solcherart »hergestellte« und »dargebotene« Information allein ist aus sich heraus und für sich selbst belanglos – solange sie nicht »angeeignet« wird. Dies geschieht durch *Integration* in jeweils andere Verhaltens- und Verstehens-Systeme. Bewußtsein und Vorbereitung des Unterrichtenden verfehlen den *Sinn* von »Präsentation«, wenn diese nicht von vornherein unter dem Gesichtspunkt jener »zweiten Phase« konzipiert war: Integration des Dargebotenen »ins eigene System« der Schüler ist bei der Planung von vornherein als deren *telos* in »Zubereitung« und »Verpackung« einzubeziehen.
Ad 3 – Probleme der Motivation: Sowohl Präsentation wie Integration sind darauf angewiesen, daß der Schüler bestimmte Aspekte des intendierten »Informations«-Zuwachses überhaupt erst einmal *annimmt* und Lust verspürt, diese wiederholt selbst zu produzieren bzw. weiterzuführen. *Motivation des Schülers als Steuerung seiner Aufmerksamkeit* – ist es nur dies??
Wir fühlen uns an eine früher oft diskutierte Maximal-Vorstellung von Motivation erinnert: F. COPEIS Idee vom »fruchtbaren Moment im Bildungsprozeß«. Es gibt gewiß Leser, die sich durch PIKES Idee der *functional slots* als eines quasi »didaktischen Juckpulvers« im Stundengang an COPEIS großes Modell erinnert fühlen. Wie weit ist das sinnvoll? –
HENNINGSEN weist ernüchternd darauf hin, daß der »fruchtbare Moment« nicht »zuverlässig« eintritt. *Man kann nicht mit ihm »rechnen«,* – und also sollte man es nicht. Er ist und bleibt (so HENNINGSEN) die Ausnahme. Zugleich aber ist doch die – so scheint es – einzige Alternative zum »fruchtbaren Moment«, imitative Anwendung und blinder Drill, auch keine Lösung (da lernpsychologisch wenig ertragreich, wenn in die Mitte des Lernprozesses gerückt). Das Phänomen eines Zusammenschießens von Motivation und Einsicht im intensivierenden »fruchtbaren Moment« bleibt eine Herausforderung für die didaktisch-methodische Phantasie; – ist es methodisch zu stimulieren: Ist das Fragen – erlernbar?
Sollte die Vorstellung eines über die Stunde hingestreuten »didaktischen Juckpulvers« doch nicht so wunderlich sein, wie das Bild es nahelegt?

III. HENNINGSENS Hinweise scheinen uns so sagten wir oben, vor allem auch für den fremdsprachlichen Unterricht anwendbar und als Erinnerung wichtig. Übertragen wir also seine

Kategorien auf den FU! – Es zeigt sich, daß die entsprechenden Desiderate in unserer Darstellung zum großen Teil bereits vorkamen (oder doch angekündigt wurden).

Ad 1: »Zubereitung« und »Verpackung« unseres »Stoffes«, i. e. der Sprache, erfolgt durch die mancherlei Formen bzw. Techniken *umgrenzenden und variablen sprachlich-kognitiven FELD-Arrangements.*

Ad 2: »Integration« des jeweils neuen »Stoffes« steht im fremdsprachlichen Unterricht vor dem Problem,

(1) daß nicht eine »ursprüngliche«, sondern nur eine »abgeleitete« *Kompetenz* (die im Lernprozeß selbst erst mit entstehen soll) vorliegt – auf die jeweils neuer »Lernstoff« zu beziehen wäre;

(2) daß statt dessen aber ein konkurrierendes »ursprüngliches« sprachliches *Spuren-System,* das muttersprachliche, höchst wirksam und lebendig ist – das entsprechend immer wieder bei laufendem Aufbau des »zweiten« Systems interferiert.

Spezifische Lösung dieses spezifischen Fachproblems bietet das *situative und behaviorale Kalkül fremdsprachenunterrichtlicher Prozesse,* dessen wissenschaftliche Grundlagen uns in dieser Darstellung nun schon geraume Zeit beschäftigen.

Ad 3: Zu den obigen 2 Problemen tritt unter dem Gesichtspunkt der Motivation ein drittes,

(3) daß nämlich SPRACHE als Lernziel sich – »reiner« als fast *alle* anderen *»Lernstoffe«* – zunächst und vor allem als VERHALTEN manifestiert. Der Frage, *wie dies Ziel-Verhalten auszulösen und aufrechtzuerhalten sei,* kommt damit ganz besonders hohe Bedeutung zu: In kaum einem Schulfach hat Motivation so *»grund-legende« Bedeutung* wie in den neueren Fremdsprachen. Wenn also »Manipulation« unter anderem bedeutet, daß besonders sorgfältig vorauszubedenken ist, wie Schüler (1) überhaupt und (2) immer wieder zum Sprechen zu bringen sind, – dann ist sie schlichtweg selbstverständlich: Fremdsprachlicher Unterricht ohne »Manipulation« (in dieser Bedeutung des Wortes) ist nicht denkbar.

Dazu kommen die besonderen Probleme im Zusammenhang mit dem Problem des »fruchtbaren Moments« im fremdsprachlichen Unterricht. Einerseits ist angesichts der Konkurrenz des muttersprachlichen Systems jenes Zusammenschießen von Motivation und Einsicht, das im »fruchtbaren Moment« *gemeint* ist, besonders wichtig (– als immer wieder neue, besonders intensive Motivation!). Anderseits aber reißt gerade der »fruchtbare Moment« – insofern ein solches »Zusammenschießen« im allgemeinen und »natürlicherweise« sprachbezogen ist – im allgemeinen und »natürlicherweise« zurück ins das Spuren-System der Muttersprache. Dies ist jedem Fremdsprachenlehrer bekannt als ein Problem, das einsetzt, sowie überhaupt irgendeine Art der Gesprächsführung aus Schüler-Impulsen wenigstens teilweise herleitbar ist; es setzt also schon auf der späten »Untertufe« ein (etwa auf der 7. Klassenstufe) und betrifft den Sprach*ausbau* stärker als den elementaren Sprach*erwerb.* Tatsächlich geht es im Problem des »fruchtbaren Moments« im FU um nicht mehr und nicht weniger als um KREATIVITÄT im Medium des fremdsprachlichen Unterrichts, i. e. *in der fremden Sprache,* auf der Stufe des Sprachausbaus. Das Problem ist also nicht leichthin abzutun.

Ein einfacher, unmittelbarer »Durchbruch« zur »kreativ motivierten Äußerung« ist im Medium der fremden Sprache offensichtlich nicht zu leisten. Durchaus möglich ist hingegen, was nun schon wiederholt in das Blickfeld unserer Untersuchung trat: *mittelbare* »Auslösung« kreativ motivierter Äußerungen in der Fremdsprache. Dies bedeutete eine *Vorbereitung* des Unterrichts, die feld-bezogen, situativ und behavioral eine Reihe fremdsprachlicher *Slots* bereitstellte, welche alternativ auf mögliche Aussage-Perspektiven bezogen wären. Die *Slots* sind die »Bedingung der Möglichkeit« – nicht etwa des großen »fruchtbaren Moments«, sondern vieler kleiner, *bescheidener* konzipierter »Momente fruchtbaren Anstoßes«. Das System solcher *Slots* wäre der oben auf S. 165 f. postulierte, in Umrissen skizzierte und noch auszubauende fremdsprachliche Arbeits-RASTER: Die *grids* sind vorbereitet, »Füllung« und Substanz werden »erwartet« (= erhofft: Erwartungsmuster als »gestreute Herausforderung«!).

Wie unsere Darlegungen zur konkreten Arbeit mit diesem Raster im 2. Hauptteil unseres 2. Bandes zeigen werden, ist dies die Grundlage aller effizienten *freien* Textarbeit *qua* Textdiskussion *in der Fremdsprache* auf der Sekundarstufe II: Diese ist ohne »fruchtbare Momente« (im Sinne jenes obigen Zusammenschießens von Motivation und Einsicht in einem Impuls) nicht denkbar. Der fruchtbare Moment aber kommt nicht »aus dem Nichts« (insbesondere in der Fremdsprache!). Er ist, wie menschliches Verhalten überhaupt, zu einem gewissen Grade »konditioniert«. Solche »Konditionierung« erfolgt im fremdsprachlichen Unterricht, so mei-

nen wir, besonders sinnvoll durch bereitgelegte fremdsprachliche Dispositions-Felder: Es kann
sich im fremdsprachlichen Unterricht nie um den »rein« *spontanen,* sondern immer nur um
den *manipulierten* »fruchtbaren Moment« handeln.

In holzschnittartiger Vereinfachung der grundlegenden Linien scheint uns dies etwa der
Idee des Arbeitsunterrichtes von H. GAUDIG zum entsprechen, – soweit die fremdsprachlichen
Fächer betroffen sind. Jedenfalls ist dies der Eindruck, den man durch alles verständnislose
Entsetzen T. RÜLCKERS hindurch in seiner Darstellung einiger GAUDIGscher Englisch-, vor
allem Französisch-Stunden gewinnt. RÜLCKERS Abscheu ist erkennbar dem seine Meisters
GEORG GEISSLER nachempfunden[140]: Er scheint uns (in diesem Falle) unrealistisch, weil er an
den spezifischen Bedingungen fremdsprachenunterrichtlicher Gesprächs-Möglichkeit vorbei-
geht. – Dies berührt nicht die vielleicht wirklich etwas schematische *Applikation* des Prinzips
bei GAUDIG: Uns geht es um das Prinzip selbst. Schon der unübersehbare (wenn auch wohl
scharf umgrenzte und nicht sonderlich transfer-fähige) *Erfolg* GAUDIGS will hier einiges besagen.

Die *simulierte* Kommunikationssituation im Klassenzimmer ist also zugleich Grenze und
Effizienzbedingung fremdsprachlichen Lernens. Sie erlaubt es, sich den Unterrichtenden
(als den »privilegierten« bzw. »bevorzugten« Partizipanten) auf dem *intermediate level*
in der Rolle der technischen Simulatoren aus der Pilotenausbildung vorzustellen[141]: Sie ist
von vornherein, bereits auf dem *most elementary level,* steuerbar. Sie ist dies nicht etwa in
der Weise mechanischer Vorstrukturierung, vielmehr durch vielfältige, lockere Vorkalkulation »inhaltlicher« Impulse und der entsprechenden feldmäßig vorgeordneten sprachlichen
Möglichkeiten nach Kontrast, Variation und Distribution – über eingeengtem einfachen
Regel- und Vokabelgrund. Dabei sichert

● die Vermeidung mechanischen Drills den Charakter des Rollenspiels,

● die Beziehung auf »inhaltliche« *Slots* (Vorstellungsimpulse) die Relevanz dieser Äußerungssequenzen für die einzelnen Schüler (als rollenmäßig Betroffene und/oder Be-
  teiligte)
  und

● die Begrenzung des Ausdrucksfeldes in Strukturen und Lexis die Äußerungsbereitschaft der Lernenden überhaupt.

3.5.3.5. *Great minds think alike ...:* Die technisch-manipulativen Applikationsformen
der PIKEschen Theorie, da nun überschaubar, evozieren auf verblüffende und faszinierende
Manier Lehrmeinungen und Vorstellungen aus unserem EINLEITENDEN TEIL. Die aus
ganz anderer Wissenschaftswurzel erwachsenen Analysen FRANK ACHTENHAGENS bzw. der
Berliner Didaktiker (s. o. S. 39 ff.) scheinen sich zu wiederholen. Dort wie hier gab es
Bedingungsfelder, die vor Beginn der Arbeit zu kennen waren. Allerdings richtet sich PIKES
Interesse eher auf die *unmittelbaren* Kommunikationsfaktoren und scheint damit dem tatsächlichen Unterrichtsgang – insbesondere in den fremdsprachlichen Fächern – näher als
das Interesse ACHTENHAGENS. Tatsächlich wird dabei ein einseitiger Eindruck erzeugt. PIKE
interessieren vor allem die psychologischen und technologischen Auslöse- und Anknüpfungs-
bedingungen des Unterrichts, die *Slots.* Zwar ist er damit dem nahe, worauf der fremdsprachliche Unterricht aus ist (– insofern ist seine Untersuchung im vorliegenden Zusammenhang von fundamentaler Bedeutung); zugleich aber fördert Beschäftigung mit ihm
leicht den falschen Eindruck, hier sei alles *Entwurf* und *Anwendung;* es gehe hier lediglich
darum, Feld-Komponenten immer wieder neu »in Bewegung zu bringen«. Die Erinnerung
an ACHTENHAGEN zeigt, daß es sich hier – wie im anthropologischen Verstehens-System
PIKES ganz allgemein – um eine lediglich sehr intrikate, facettenreiche und verständnis-

volle *»Surface Structure«* handelt. Es ist nicht alles Manipulation, was glänzt: ACHTEN-HAGEN zeigt, daß der Bezug zwischen Lehrer und Schüler über alle Planung der Ober-flächen-Stimulanzien von Gespräch hinausgeht; er weist auf die Notwendigkeit, die »anthropogenen« Voraussetzungen dieses Bezuges (sowie natürlich der daraus resultieren-den »Oberflächen«-Vorgänge im Unterricht) erheblich schärfer ins Auge zu fassen . . . – des-gleichen die durch sie hindurch wirkenden gesamtgesellschaftlichen (»sozialkulturellen«) Faktoren. Bei ACHTENHAGEN stehen die *mittelbaren* Kommunikationselemente im Vorder-grund der Betrachtung; bei PIKE drohen sie dem Gedächtnis zu entgleiten: Kein Englisch-lehrer aber wird eine so fragwürdige manipulative »Überlegenheit« auf die Dauer ausüben können – und wollen! Die Einseitigkeiten beider Autoren ergänzen einander.
Schließlich gibt es auch bei beiden Autoren die Vorstellung von *Entscheidungsfeldern*. Auch hier bleibt die Beschreibung PIKES dicht *am Unterrichtsgespräch* selbst; sie
- beschneidet die Fülle des bei ACHTENHAGEN Entfalteten drastisch,
  aber
- erhöht zugleich die Sicherheit der »immanenten« Steuerung bedeutend.
Technische Details dieser Steuerung werden uns weiter unten noch wiederholt beschäftigen. Hier genüge vorerst die Bemerkung, daß innerhalb der behavioristisch auf *surface structure* gerichteten Vision PIKES sich Instrument, Arrangement und Formverständnis ausgebildet haben, die als Konkretion der weiter reichenden Intentionen WITTGENSTEINS, BÜHLERS und HALLIDAYS fungieren können: Das je einer »Lebensform« entsprechende »Sprachspiel«, strukturell, lexikalisch und situativ gegliedert nach seiner jeweiligen kommunikativen Funktion, ist vordergründig beschreibbar, ist handhabbar geworden. Instrument dieser »Handhabung« ist das analytische (und »präparative«) Verständnis von Behaviorem, d. h. die Möglichkeit, *Aufmerksamkeit* – im oben entwickelten Sinne des Wortes – zu *wecken*, zu *binden* und zu *steuern*, und zwar
(1) *strukturell:* in Hinsicht auf Ausdrucksmöglichkeiten überhaupt (*Slots* gemäß Feld-Kalkül);
(2) *sequentiell:* in Hinsicht auf die Folgen von Vorstellungen und Äußerungen (*Slots* ge-mäß Motivations- und Ziel-Kalkül).
Das Wissen »um« ausgesparte und nur unzulängliche planbare attitudinale *deep structure* verhindert bzw. verbietet ein mechanisches Verständnis dieses Zusammenhanges.

3.6. Resümee und Anwendung: Linguistik und fremdsprachlicher Unterricht

3.6.1. Der Unterrichtende als Medium

3.6.1.1. *The Linguistic Sciences and Language Teaching* – es scheint fast, als könnte der Titel jenes berühmten kontextualistischen *»Primers* für Unterrichtende« die Überschrift dieses ganzen dritten Kapitels abgeben. Nicht ganz, *though*: Es handelt sich hier um *FOREIGN language teaching!*
Dennoch: Am Ende unseres kleinen Überblicks erhebt sich erneut die Frage nach dessen Sinn. – Wir begannen (im EINÜBENDEN TEIL) mit WEBERS Formel, eine »Sensibilisie-rung« des Fremdsprachenlehrers sei nötig. Fernziel war, ihn instand zu setzen, curriculare Innovationen permanent selbst verantwortlich hervorbringen, sie vertreten und im Verein mit Kollegen durchführen zu können. Es ging um seine »didaktische Emanzipation«, *be-scheidener:* seine curriculare PRODUKTIVITÄT.

Diese, so sagten wir, bezieht sich zunächst einmal auf sein engeres fachliches Lernziel, die Sprache. Reduzieren wir unseren Anspruch demgemäß, dann besagt WEBERs Formel vorerst: Der Fremdsprachenlehrer ist zu sensibilisieren in Hinsicht auf Struktur und Funktionen der englischen Sprache, insbesondere im Kontext des fremdsprachlichen Unterrichts.
Die beiden »Hinsichten« bezeichnen etwas durchaus Verschiedenes. Der Unterricht ist ein Register *in its own right.* Sensibilisierung des Unterrichtenden meint also in diesem Zusammenhang zweierlei:

(1) Linguistische Sensibilisierung,
(2) linguodidaktische Sensibilisierung.

Dabei verweist das eine auf das andere.

Die aus solcher Sensibilisierung sich bildende *Produktivität* des Unterrichtenden äußerte sich dann zu einem bedeutenden Teil

- in der Sicherheit,
- in der Wendigkeit und
- im Einfallsreichtum

— seiner fremdsprachlichen —

— Stimuli *(slots)* und
responses
im Unterrichtsgespräch.

> Dabei ist nicht zu vergessen, daß natürlich »curriculare Produktivität« insgesamt tiefer greift und erheblich mehr meint als nur dies. (Fremd-)Sprachliche Kompetenz und fremdsprachlich-kommunikative Produktivität sind nur zwei, allerdings zentrale Aspekte. Entsprechend ist ja auch die Linguistik nur *eine* der Grundlagen-Wissenschaften des fremdsprachlichen Unterrichts; ihre Rolle ist bedeutend, vielleicht zentral, aber begrenzt, und besteht vielleicht gerade eher darin, den Unterrichtenden zu sensibilisieren bzw. sprachliche Unterrichtsvorgänge durchsichtig zu machen, als unterrichts-unmittelbare neue *Techniken* nahezulegen (s. auch unten den Hinweis unter 3.6.1.3.).

3.6.1.2. War das *Ziel* dieses Kapitels »Sensibilierung« im Bereich der englischen Sprache, dann fragt sich natürlich, wieweit das Mitgeteilte geeignet war, solche Sensibilisierung zu leisten.

> Dabei ist uns wohl bewußt, daß der Begriff »Sensibilisierung« selbst von sehr allgemeiner, viele Fragen ungelöst lassender Aussagekraft ist. Dies wird sogar zugegeben in einer der wenigen modernen deutschen Darstellungen, die ihn in den Mittelpunkt ihrer Überlegungen rücken, der Sammlung »Sprache und Politik« der »Bundeszentrale für politische Bildung« (Bonn) aus dem Jahre 1971.[142] *Vor* ihrer detaillierten Explikation des Begriffs der »Sprachsensibilität« für die Zwecke eines emanzipatorischen Sprachunterrichts setzen sich die Autoren (das »Bremer Kollektiv«) ausdrücklich und energisch mit seiner Problematik auseinander; danach heißt es dann unter 1.3.: »›Erziehung zu Sprachsensibilität‹ (...) hat sowohl die Erzeugung bzw. Erweiterung der *kritischen Sprachkompetenz* (...) zum Ziel wie auch die Anleitung zum *Erkennen* pragmatischer Sprech- und Schreibmotivationen anderer.« – Das galt dort für den Schüler. Wir beziehen, mutatis mutandis, auf den Lehrer.

Wir meinen, daß aus dem Mitgeteilten z. B. die »vitale« Bedeutung einiger grundlegender Unterscheidungen für den Fremdsprachenlehrer zu entnehmen war. Fassen wir nämlich den Unterricht im Sinne und nach Art der oben mit entwickelten Terminologie

- als Realisation eines SITUATIONS-Entwurfs
- auf einer FELD-mäßigen Basis
- mit einer BEHAVIORALEN Verlaufs-Struktur

auf, dann sind *vier* Unterscheidungen als vorgangs-konstitutive Bewußtseins-Momente des Unterrichtenden selbstverständlich:

1. Der Unterschied zwischen *Muttersprache* (»*Grund*sprache«) und *Fremdsprache* sowie die sich aus diesem Unterschied ergebenden Konsequenzen:
Schon die Hinweise der Sammlung »Sprache und Politik« könnten sich (in der Sprache des Schachspiels) als *poisoned pawn* erweisen: Sie galten durchweg, *alas*, der Muttersprache! – Auf den vorstehenden Seiten wurde immer wieder deutlich, daß der Unterschied zwischen fremdsprachlichem und »grund«-sprachlichem Unterricht *abysmal* ist. »Sensibilisierung für die Fremdsprache« – in sehr viel engeren Grenzen natürlich auch ein Lernziel für den Schüler – kann nur bedeuten: »Sensibilisierung« vor dem Hintergrund des unaufhebbaren (und offenbar auch durchgehend bewußtseinsimmanent *präsentem*) Kontrast zwischen Muttersprache und Fremdsprache.

Eine zusammenfassende Wiederholung der oben mehrfach verdeutlichten Folgen für den FU erübrigt sich: der Unterschied wird weiter unten in einem größeren Zusammenhang eine noch größere Rolle spielen.

2. Der Unterschied zwischen einer *wissenschaftlichen* und einer *pädagogischen Grammatik* sowie die sich aus diesem Unterschied ergebenden Konsequenzen:

Um uns nicht wörtlich zu wiederholen, wählen wir zu Abschluß und Zusammenfassung zwei, wie uns scheint, besonders präzis und gedrängt »zupackende« Zitate von HARALD HELLMICH. In einer offenbar gegen voreilige »CHOMSKYsierung« gerichteten Passage stellt er fest:
»Das Ziel und der Inhalt des Fremdsprachenunterrichts bestehen nicht in der Übermittlung einer linguistischen Beschreibung, die der intuitiven Fähigkeit zugrunde liegt, eine beliebige Anzahl vorher nicht gehörter und gesprochener Sätze zu rezipieren und zu produzieren, sondern in der Entwicklung einer brauchbaren und ausbaufähigen Sprachbeherrschung.«
Voraussetzung dieses Satzes ist jener obige Unterschied:
»Demzufolge haben wir es im Fremdsprachenunterricht nie mit dem gesamten linguistischen System und der Gesamtgültigkeit der entsprechenden Erkenntnisse, sondern nur mit ihrer Applikation auf den tatsächlichen Sprachbesitz der Schüler zu tun, der sich von dem des Lehrers und erst recht dem des Muttersprachlers quantitativ und qualitativ unterscheidet. ... Damit weist das sprachliche und linguistische System des Fremdsprachenunterrichts andere Proportionen und Akzente auf und wird anders aufbereitet sein, als dies in einer wissenschaftlichen Grammatik der Fall ist.«
Wir haben auf die wiederholte Auseinandersetzung H. ARNDTs mit diesem Unterschied (in welchem erkennbar die grundlegende Unterscheidung muttersprachlicher und fremdsprachlicher Kompetenz weiterwirkt) schon oben im Kapitel 3.3.3., i. e. in unserer Auseinandersetzung mit CHOMSKY, hingewiesen.

Die Konsequenzen und Implikationen für den Lehrer – stufenweise Selbstbeschränkung des eigenen Ausdrucksvermögens im Sinne einer »Modell-Vorgabe«, »immanenten« Steuerung und Korrektur – sind hier nach unserer wiederholten Verdeutlichung nur noch abschließend zu erwähnen.

3. Der Unterschied zwischen dem *Regelwissen des Lehrers* und der *Regelbeherrschung des Schülers* sowie die sich aus diesem Unterschied ergebenden Konsequenzen:

Auch hier folgen wir behaglich den zusammenschließenden Formulierungen HELLMICHS: Wie auch oben des langen und breiten erörtert, unterscheidet sich das Sprachwissen im Sprachunterricht vom Ziel-Wissen anderer Unterrichtsfächer *grundsätzlich*, da es »nicht inhaltliche, sondern lediglich methodische Funktion innehat, d. h. es normiert und effektiviert den Sprachgebrauch«. Somit ist das theoretische Wissen des Lernenden »*durchaus nicht als* verbale oder formalisierte *Widerspiegelung des Regelmechanismus begreifbar*, sondern es hat die sprachliche Produktion und Rezeption zu steuern *und geht in ihr auf*.« (Meine Hervorhebung – R. N.) Abermals wird klar, daß die vom Lehrer (nach erfolgter »Sensibilisierung«) immer wieder neu, d. h. produktiv zu vertretende *pädagogische Grammatik* abzusetzen ist gegen die

»dahinter« stehende *wissenschaftliche Grammatik.* Andererseits ist unübersehbar, daß seine Modell-Vorgabe und immanente (oder explizite) Steuerung des Lernprozesses durchgehend auf den »Regelmechanismus insgesamt« bezogen ist bzw. zurückverweist.

Das Modell, das der Unterrichtende in die schrittweise expandierenden fremdsprachlichen En- und Dekodierungsakte der Schüler »hineinstrahlt«, ist janus-gesichtig auf Regelstruktur zurück und auf Regelapplikation voraus gerichtet. *Seine* produktive Einwirkung auf *ihre* »sprachliche Produktion und Rezeption« aber hat ähnlich janusgesichtige Züge: Sie verweist zurück auf einen Prozeß erfolgter »Sensibilisierung« seines »linguodidaktischen Potentials« und blickt voraus auf dessen weitere Differenzierung und Sensibilisierung.

Auf dieser Grundlage stellt und beantwortet er – im Dienste permanenten Unterrichtstransfers – selbständig die Frage
»nach dem Umfang und der Art der Sprachbeschreibung als linguistischer Vorgabe für einen rezeptiven und produktiven Lösungsalgorithmus, der aber nicht absolut, sondern nur in Verbindung mit dem tatsächlichen Sprachbesitz der Lernenden fungieren kann« (HELLMICH).

Eine Hauptschwierigkeit besteht dabei für ihn in der Aufgabe und Notwendigkeit, *Regeln durchgehend als Slots zu begreifen* (und darbieten zu können):

»Regeln ... müssen sowohl inhaltlich als auch funktionell durch die Verwendung selbst spezifiziert werden. Aus Kompetenzregeln müssen Verwendungsregeln werden, sie können demnach nicht mehr allein formal sprachlich, sondern sie müssen daher auch inhaltlich gefaßt werden, weil ihr Gegenstand sowohl die Kommunikationsabsicht als auch ihre sprachliche Gestaltung sein muß.«

4. Der Unterschied zwischen dem *System zielsprachlicher Register insgesamt,* der »Sprache *at large*«, und dem relativ begrenzten *Unterrichtsregister* bzw. den streng selektiven Sprach-Lernzielen des Unterrichts:
Dieser Unterschied ist nur die Pointe der drei vorgenannten Unterschiede. Er bezeichnet die »Bewußtseins-Spitze« der vom Fremdsprachenlehrer zu erreichenden linguodidaktischen »Sensibilisierung«. – Obwohl natürlich die genauere Spezifizierung der Lernziele des FU einer gesonderten Behandlung (als »Kopf« des 2. Bandes) vorbehalten bleiben muß, ist doch der Ausgangspunkt des folgenden bereits an dieser Stelle völlig klar:

Der Unterricht hat es immer nur mit einem (schrittweise expandierenden) Ausschnitt zu tun. Es genügt freilich nicht, daß der Unterrichtende diesen (jeweils stufen-bezogenen) Ausschnitt »in den eigenen Grenzen hält«, d. h. ihn sauber gegen andere, im Augenblick *nicht* zu artikulierende Ausschnitte abgrenzt; er hat ihn in jeweils *musterhafter* Form und Fassung zu vertreten: Um wiederholende Anwendung, Analogiebildung und Erweiterung auf seiten der Schüler zu ermöglichen und zu stimulieren, muß er ihn »pointiert«, »verdichtet«, sozusagen »gereinigt« (– als *Information* »hergestellt«; s. o. S. 163) präsentieren können.
Sein spezifisches variables *Selektionsmuster* ist als Modell zugleich zielbezogen und partnerbezogen: Es definiert und intendiert zugleich die objektiven Ziel-Elemente der Sprache und die subjektiven Motivations-Möglichkeiten der jeweiligen Lerngruppe auf der entsprechenden Stufe. Sein Problem – das in dieser radikalen Form nur der Fremdsprachen-Lehrer kennt – ist daher das einer selbst auferlegten und kontrollierten

- Selektionsbeschränkung (Stichwort: FELD)
  und
- Selektionspointierung (Stichwort: SLOTS)

gemäß jeweiligem Ziel-KONTEXT des Unterrichts.

Der unmittelbare Nutzen einer Auseinandersetzung mit linguistischen Verstehens-Systemen von SAUSSURE bis PIKE für diese schwierige Aufgabe dürfte wohl nach unseren obigen Ausführungen unzweifelhaft sein.

> HELLMICH faßt diese Problematik als ein spezifisch fremdsprachenunterrichtliches Verhältnis von Kompetenz und Gebrauch.[143] Im Fremdsprachenunterricht ist einfach
> »die Kompetenz ein Ergebnis, nicht die Grundlage des Gebrauchs. Für die Sprachaneignung bedeutet dies, daß nur der Gebrauch, der allerdings bewußt zu machen ist, die sprachliche Erfahrung entwickelt, weil die Aufmerksamkeit von der inhaltlich-kommunikativen Seite vorwiegend in Anspruch genommen wird.«

3.6.1.3. »Sensibilisierung« des Fremdsprachenlehrers bedeutet zunächst einmal die Aufhebung einer elementaren prae- bzw. para-methodischen »Naivität« erkenntnistheoretischer und/oder attitudinaler Art: Ein erster Schritt dazu wäre ein Unterrichten aus dem Bewußtsein jener vier soeben rekapitulierten grundlegenden Unterscheidungen.

Ein zweiter Schritt wäre vollzogen, wenn wir diesen vieren einen fünften Unterschied hinzufügen, der dem konkreten Unterrichtsvollzug – äußerlich – näher scheint. Wie die ersten vier (wenn nicht gründlicher!) wurde er zulänglich im obigen Darstellungszusammenhang ausgebreitet und wird hier nur im Zusammenhang der Zusammenfassung noch einmal ausdrücklich aufgeführt:

5. Der Unterschied zwischen tendenziell »rein« *strukturellen* und vorzugsweise *funktional* »interessiertem« Sprach-Verständnis sowie die aus diesem Unterschied sich ergebenden Konsequenzen:
   Der hochgradig komplexe Charakter aller sprachlichen Aktivität findet sich natürlich auch in allen fremdsprachen*unterrichtlichen* Vorgängen wieder. Darum ist kontext-isolierte Betrachtung schon bei der ausschließlichen Zuordnung von *Sprachwissenschaft* und Sprachunterricht irreführend und gefährlich.

> HEUER betont zu Recht, es sei durchaus nicht ausgemacht, welches eigentlich die dem FU zuzuordnende Wissenschaft sei. HELLMICH spricht nach einer außerordentlich hinweis-reichen Darlegung etwas unscharf von »Sprachunterricht als eigenständige(r) Disziplin« (– *welcher Art?*). Auch WILKINS sieht die Sprachwissenschaft als nur eine aus der *number of relevant disciplines,* auf die der Sprachunterricht immer wieder kritisch zu beziehen sei. Allerdings weist er ihr – wie wir oben – unter diesen einen *special place* zu.[144]

Schon die kontextisolierte Betrachtung der Sprache »allein« (i. e. eine der Intention nach »reine« Struktur-Analyse) wäre ja ohne außersprachlichen Bezug einseitig und insgesamt unzulänglich: Wir sahen, daß damit »der Regelmechanismus unberechtigt verselbständigt« wurde, als handle es sich um »ein Phänomen ..., das außerhalb des Bewußtseins der Sprecher und Hörer funktioniert.«

> Unsere die unvertretbaren Einseitigkeiten HELLMICHS an dieser Stelle »ausbügelnde« Zitiertechnik sei um des höheren Zwecks willen verziehen. Präzisere Unterscheidungen und großzügigere, weiter reichende Übersicht bietet der 2. Paragraph in dem Aufsatz »*Language in a Social Perspective*« von HALLIDAY (einem seiner grundlegenden, wenn auch weniger bekannten Aufsätze[145]): In unserer anschließenden Zusammenfassung folgen wir seiner Darstellung; angesichts unserer wiederholt erklärten Parteilichkeit scheint uns dies nur natürlich und sinnvoll.

Beim Studium verschiedener linguistischer Schulrichtungen oben wurde, so hoffen wir, jenseits allen Zweifels klar: Sprache weist immer und notwendig über sich selbst hinaus: Terminologisches Kürzel für den anzusetzenden extratextlichen Umraum ist die *Situation*, deren innertextliche Entsprechung der *Kontext*. Deshalb verweist Linguistik immer und notwendig auf gleich-ursprüngliche Nachbardisziplinen. Unsere Frage ist aber nicht einfach nur, welche dieser Disziplinen für die Linguistik ein Hebammenrecht beanspruchen darf.

Unser Interesse gilt dem fremdsprachlichen Unterricht: Um der »Sensibilisierung« des Unterrichtenden willen fragen wir, welcher Disziplin (oder welchen Disziplinen) jene *»special function«* für unseren Bereich, den fremdsprachlichen Unterricht, zukommt. Die Antworten auf beide Fragen könnten zusammenfallen *and, in fact, do so.*

Das Verständnis von Sprache entfaltet sich auf einer »Cline« zwischen idealisierendem und empirischem *point of departure*. Der rein nur idealisierende *approach* ist philosophischer Art und bezieht Sprache auf *LOGIK*. Graduell weniger »rein« idealisierend ist CHOMSKYS Zugangsweise, die die Linguistik zu einem Zweig der theoretischen *PSYCHOLOGIE* machen möchte. Jede noch so autonom sich gebärdende sprachwissenschaftlich-strenge Betrachtungsweise muß in dieser Art auf nicht-linguistische Phänomene und Disziplinen rekurrieren.

> Aus empirischem Sprachverständnis ist gegen die stark idealisierenden Verstehenssysteme einzuwenden, daß sie zu viele faktisch existierende, Funktion und Bedeutung tragende und übermittelnde Formen von Sprache »exkommunizieren«: Die vorgebliche »Reinheit« des Systems *ätzt aus*, was das Leben der Sprache ausmacht – den tatsächlichen (zugegebenermaßen oft wenig kohärenten) *Gebrauch! – Many behaviourally significant variations in language are simply ironed out, and reduced to the same level as stutterings, false starts, clearings of the throat and the like (to quote* HALLIDAY).

Empirischer *approach* schließt jene system-perspektivischen Auffassungen nicht aus, sondern ergänzt sie als zusätzliches »Erkenntnisinteresse« mit höherem Anspruch. Er verweist auf die *SOZIOLOGIE* als Hintergrunds- und Partner-Wissenschaft der Linguistik.

> In diesem Hinweis schießt dann alles zusammen, was wir auch als den außersprachlichen KONTEXT des fremdsprachlichen Unterrichts als einer Ordnung und Sequenz sprachlicher Verhaltensformen und -einheiten gesagt haben:
> Sprache (und also auch Sprache im fremdsprachlichen Unterricht) ist ein sozialer Akt. Sprecher und Empfänger, i. e. Partizipanten, sind definiert durch ihre spezifischen kommunikativen Rollen (– die »Rolle« des Unterrichtenden im fremdsprachlichen Unterricht ist eins der zentralen *topics* der gegenwärtigen Darstellung). Aus dem Erwartungs- und Verhaltens-Kontext ihrer kommunikativen Rollen heraus wählen und verwirklichen sie aus ihrem Gesamt-*Bedeutungspotential* die ihnen momentan wesentlichen und rollen-bezogen notwendigen *Optionen* (–im fremdsprachlichen Unterricht diejenigen des spezifischen »Unterrichtsregisters« nach Lernziel, -stufe und -gruppe).

> HALLIDAYS Schlüsselbegriffe *social act, communication rôles, meaning potential* und *options* werden im oben erwähnten Aufsatz weiter erläutert und angewandt. Abrundend folge die Definition von *Bedeutungspotential*:
> *The meaning potential is the range of* significant *variation that is at the disposal of the* speaker. ... *This potential can then be represented as systematic options in meaning which may be varied in the degree of their specificity – in what has been called ›delicacy‹. That is to say the range of variation that is being treated as* significant *will itself be variable.* ...

3.6.1.4. Die fünfte und letzte unserer Unterscheidungen für den Unterrichtenden in den neueren Sprachen führte zu einer vollen »Wiedereinholung« unserer »Ziel-Ordnungen«: der Vorstellungs-Systeme von M. A. K. HALLIDAY und K. L. PIKE. Unter dem Gesichtspunkt der »Sensibilisierung« leisten sie ein Dreifaches:

1. Sie »sensibilisieren« für das eigentliche Ziel-Objekt des Unterrichts überhaupt: die zu lehrende Fremdsprache (deren Beherrschung und Kenntnis einfach vorauszusetzen ist).
2. Sie »sensibilisieren« für *produktive* Möglichkeiten des Unterrichts in der Fremdsprache, und zwar sowohl
   2.1. in Hinsicht auf das eigene »Selektionsmuster« (pro Stufe und Gruppe);
   2.2. in Hinsicht auf produktiv stimulierende fremdsprachenunterrichtliche *Slots* – die »Selektionspointierung« (pro Stufe und Gruppe).
3. Sie »sensibilisieren« für variable und eindringliche fremdsprachenunterrichtliche *Text*-arbeit auf dem *advanced level* (– weil *Texte* den gleichen situativen *halo* haben wie die Stunde selbst und, natürlich, die Sprache allgemein: So bieten sich Möglichkeiten der *interpretation* aus dem *context*).

Die Notwendigkeit einer so weitgehenden »Sensibilisierung« des Unterrichtenden ergab sich, wie wir sahen (und wie diese Zusammenstellung zeigt) nicht einfach daraus, daß er wohl oder übel »kennen« muß, was er lehrt. Sie ergibt sich vielmehr aus dem besonderen Charakter des Faches bzw. des darin intendierten Lernprozesses. Nur eine so weitgehende Sensibilisierung nämlich kann den Unterrichtenden in den Stand setzen, seiner besonderen Rolle als jeweils modell-gebendes Leitmedium des Unterrichts gerecht zu werden. Stufen- und gruppen-bezogen variable Selektionsbeschränkung und Ausdruckssteuerung erfordert mehr als ein »Wissen«: Es erfordert eine *artikulative und* (korrespondierend) *attitudinale Differenzierung des Bewußtseins.* –

Implizit (und oft auch ausdrücklich) waren in unserer Darstellung immer schon bedeutende Konsequenzen für den konkreten Unterrichtsgang und -aufbau mit enthalten. Mit diesen bewegen wir uns jetzt auch auf der Oberfläche der Darstellung aus dem *prae-* oder *para-methodischen Raum* heraus und hinein in den *methodischer Entscheidungen* (– dem allerdings »in der Tiefe« alles bisher Gesagte insofern angehörte, als es die besondere Funktion des Unterrichtenden und damit sein »Entscheidungs-Soll« verdeutlichte!). Dem sind dann die Zusammenfassungen der beiden folgenden Kapitel gewidmet, i. e. der Kap. 3.6.2. und 3.6.3.

In Konsequenz unserer bisherigen Ausführungen wird dabei die Stunde selbst zum linguistisch-anthropologischen (i. e. *kommunikativen*) »Feld«.

3.6.2. Die fremdsprachliche Unterrichtsstunde als »Feld«

3.6.2.0. Das »linguodidaktische Feld«, das oben auf S. 85 als *telos* unserer Überlegungen anvisiert wurde, liegt jetzt klar vor Augen: Es ist in einigen wesentlichen psychologischen Aspekten, in seiner »Material«-Struktur und im Hinblick auf einzusetzende Mittel grob überschaubar.

> Unser Verfahren folgte einem einfachen Prinzip: Der beweglichen und vielseitigen Motivation wegen wählten wir personalistische Theoreme als Anlaß und Ansatzpunkt. So entstand auf der Oberfläche die *disguise*-Form einer historisch-kritischen Erörterung oder Auseinandersetzung. Die *grids* »darunter«, um die es uns eigentlich ging, waren so etwas wie die *deep structure* der Darstellung: Diese ist schlichtweg die des französischen Strukturalismus in der Form, die R. BARTHES modellhaft einfach und einleuchtend im »Kursbuch 5« beschrieben hat; er schreibt:

»Der strukturale Mensch nimmt das Gegebene, zerlegt es, setzt es wieder zusammen; ... zwischen den beiden Momenten strukturalistischer Tätigkeit ... bildet sich *etwas Neues*, und dieses Neue ist nichts Geringeres als das allgemein Intelligible: das Simulacrum« (= die Rekonstitution des Objekts, die zeigt, »nach welchen Regeln es funktioniert«, »welches seine ›Funktionen‹ sind«).[146] Indem wir uns jener obigen »personalistischen Theoreme« bedienten, gewann die Darstellung zugleich sequentielle Gliederung, eine durch progressive »Feld-Vertiefung« hindurchgehende Schritt-für-Schritt-Qualität, die sie eher verfolgbar, auch kontrollierbar macht.

Zugleich ist dies unsere Idee fremdsprachenunterrichtlichen Lehrens und Lernens »im Rohbau«: Modell-gebende Struktur war die des Situations-Begriffes. Was uns als Modell-*grid* oben bei Anlage unserer Darstellung leitete, wurde als Merkmal dieses Begriffs bzw. dieser Struktur-Vorstellung zum ersten Male am Beispiel des KLEISTschen Essays oben auf S. 14 ff. verdeutlicht: Die 4 Diagramme auf S. 18 f. (die sowohl für den »Stoff« des fremdsprachlichen Unterrichts wie für die konkret ablaufende Stunde zur *produktiven Folie* werden konnten) hatten *zugleich Parabel- und Pfeilform*. Dies besagt, daß der durch sie dargestellte Sachverhalt auf einen mehrfachen Richtungs-Sinn hin angelegt ist: Zuordnung der implizierten Elemente ist zu unterscheiden von Phasen möglicher Abfolge: FELD (»Struktur«) von SEQUENZ; Vorstellung und Haltung von Darstellung und Verhalten. Alle konkrete Stunden-Planung hat von dieser fundamentalen Beobachtung auszugehen.

Unsere Zusammenfassung widmet sich den wesentlichen Aspekten der fremdsprachlichen Unterrichtsstunde »schluck-zessiv«; sie gilt in einem Dreischritt nacheinander

●   der Vorbereitung,
      darauf
●   der (FELD-bezogen gegliederten) sprach-psychologischen Struktur
      und schließlich abermals
●   der (aus derart vertieftem Verständnis neu zu formulierenden) Vorbereitung
der konkreten Einzelstunde.

3.6.2.1. Zur Stundenvorbereitung. Das fremdsprachenunterrichtliche FELD umgreift – als »artikulatives Feld« – die Lerngruppe, das Lernarrangement und die Lernschritte. Das Lernarrangement ist strukturell vorzubereiten; die Lernschritte sind sequentiell vorzubereiten; das Verhalten und die Äußerungen der Lerngruppe sind sowohl strukturell wie sequentiell vorzukalkulieren. Da *mechanische* Sequenz ausgeschlossen werden sollte, sind jeweils alternative Verknüpfungswege zu erwägen (von denen einer als zweckmäßigster Weg anzuvisieren ist – ohne Blick*zwang* zu üben!). Eine Stundenvorbereitung bestünde »materiell« also aus mindestens 4 Teilen:

1. dem *placing of the lesson*[147]: Fixierung des Bereichs von Vorstellungen und Lernverhalten, der angestrebt wird
    (= Feld-Kalkulation im weiteren Sinne);

2. dem *aggregate of the contextual possibilities* gewisser *linguistic items*: Fixierung der zur allgemeinen Feld-Bestimmung nötigen oder nützlichen *slots* nebst ihren erwünschten oder möglichen sprachlichen *fillers*, die wiederum feld-mäßig vorgeordnet sind
    (= Impulse, Vokabeln, Tafelbild, strukturierte Anwendungsmöglichkeiten: Feld-Kalkulation im engeren Sinne);

3. einigen alternativen Verknüpfungswegen, um die – durch *slots* und »wartende« *fillers* – vorgegebene *Gesprächsanlässe* sequentiell zu entfalten
    (= immanente Umwälzung, Übung und Anwendung des Vorbereiteten);

4. sequentiellen Teilzielen, die der Entfaltung früher oder später Richtung und Ziel vorgeben
    (= »Akzente«, Engführung, Gliederung, Ergebnissicherung).

3.6.2.2. Zur sprach-psychologischen Struktur

Regel:

Das artikulative Feld der fremdsprachenunterrichtlichen Schulstunde unterliegt der Gliederung durch den »pädagogischen Code« (s. o. S. 116 f.) – bezogen auf den jeweiligen »Stand« der Lerngruppe: Es »inkorporiert« Sprache unter dem Gesichtspunkt (1) der Aufmerksamkeitsweckung, (2) der Aufmerksamkeitsbindung und (3) der Aufmerksamkeitssteuerung. »Aufmerksamkeit« – als der »intentionale Aspekt« von Sprache – erscheint gebunden

- durch die »Optionen« der Sprecher in den Strukturen des Satzbaus (= das symbolisch-syntaktische Feld),
- durch die Optionen im Bereich des lexikalisch-begrifflichen Feldes (vom *Wortfeld* über *Bezugsbündel* bis hin zum elaborierten *field system* im Sinne WERLICHS) sowie
- durch die attitudinal-situativen Bezüge (vom BÜHLERschen »Zeigfeld« bis hin zum »intentionalen Feld«, das Assoziationen von »Totalität« impliziert).

Metasprachlich-kognitive Schemata sind sinnvoll bei der Vorbereitung und der kritischen Auswertung der Stunde sowie als deren begleitende Stütze (Buch, Tafelbild) oder Pointe – nicht als deren Thema, »Stoff« oder Ausgangspunkt:

- Alle sprachlichen Elemente (vom kleinsten *Item* bis hin zum Text) erscheinen in Einbettungszusammenhängen.
- Die Mehrzahl aller sprachlichen Übungen erscheint in Vorstellungs- und Umwälzungszusammenhängen (= verläuft »immanent«).

Alle drei Aspekte von (Aufmerksamkeits-)Feld-Gliederung sind beziehbar auf unsere 4 Basisdiagramme zum Begriff der Situation (im EINÜBENDEN TEIL, s. o. S. 18 f.): Als solche ergeben sie das oben unter 3.6.2.1.–2. genannte *aggregate* und bestimmen den »Ort« der Stunde im Zusammenhang der umgreifenden größeren Unterrichtseinheit (s. auch oben 3.6.2.1.–2.: das *placing of the lesson*).

Da es sich bei der inneren Differenzierung der drei Aspekte um eine Differenzierung des Grades, nicht der Art handelt, gilt dieser Satz für alle Stufen des Sprachlernprozesses, ja, *repräsentiert geradezu dessen Einheit durch alle Stufen hindurch.*

3.6.2.3. Nochmals zur Vorbereitung. Aus dem Vorstehenden ist eine Definition der fremdsprachenunterrichtlichen Einzelstunde herleitbar: Ihre Definition wäre eine *limitierende* Applikation des »pädagogischen Code« nach dem Stand der vorauszusetzenden (= erreichten) Stufe des Spracherwerbs. Der *sprachliche Aspekt der Stundenvorbereitung* ist hiernach erheblich genauer zu bestimmen: Der sich vorbereitende Lehrer hat

(1) die zur Verfügung stehenden Ausdrucksmittel vorzubedenken
   – gefächert nach obigen 3 Aspekten (i. e. Satzpläne, Vokabel-Felder bzw. Wortschatz, artikulativ verfügbare »Verhaltens- und Verstehensmuster«) –, darauf

(2) sein Stundenziel ins Auge zu fassen
   – abermals wie oben sprachlich-aspektuell aufgegliedert –, sodann

(3) situative Gesprächsanlässe entweder zu ergreifen (Fall »Lehrbuch« oder »Lektüre«)
oder zu erdenken,
– und zwar solche, die Gelegenheit geben, bereits Erworbenes anzuwenden und Neues
»anzugehen«, zu erarbeiten und gesprächsimmanent zu wiederholen,
dies dann wiederum im Hinblick auf alle drei oben genannten »Aspekte« fremdsprachlichen Lernens –,
schließlich
(4) mögliche alternative Sequenzen der Entfaltung von *Slots* zu erfinden.

Und damit wären wir dann wieder bei dem obigen Entwurf einer Stundenvorbereitung.
Das *placing* der Stunde und die gesamte Kalkulation des linguodidaktischen »Aggregats«
sind – als Leitvorstellungen – etwas konkreter, praktikabler, geworden.

3.6.3. Gespräch und Gesprächsführung

3.6.3.1. Ein »kritischer« Punkt im geistigen Verdauungsgang unserer Darstellung ist erreicht. Es scheint nachgerade angebracht, die (–immer wieder angedeutete, umschriebene,
durch verwandte Vorstellungskomplexe hindurch zunehmend schärfer konturierte –) einfache Zentralvorstellung und Pointe alles Vorgenannten thematisch-ausdrücklich zu
nennen.
Alles bisher Entwickelte bestätigt, so meinen wir, Vorverweise unseres EINÜBENDEN
TEILs: Eigentlicher »Träger« *resp.* »Vollzugsort« der wesentlichen fremdsprachlichen
Lernvorgänge ist das viel-polige, sorgfältig vor-geplante und flexibel geführte *fremdsprachliche GESPRÄCH*. Fremdsprachliches Lehren und Lernen sind nicht etwa – wie die
entsprechenden Abläufe in anderen Schulfächern – »erfreulicherweise«, »zusätzlich« oder
»akzidentiell«, sondern *wesentlich und notwendig ein Zusammenhang KOMMUNIKA-
TIVER Vorgänge*: Alle Reflexion der Praxis, alle Planung, alle bewußte Verhaltens- und
Vorgehens-Kontrolle muß sich auf die Ermöglichung fremdsprachlicher kommunikativer
Vorgänge richten, *otherwise it's doomed* bevor es richtig los geht.

In der fremdsprachenunterrichtlich-methodischen Literatur wurde bis auf den heutigen Tag sehr bedeutende Energie auf die Erfindung immer neuer, zunehmend besse-
rer Formen der Leistungs*kontrolle* verwandt. Dies geschieht weithin unter dem Mantel
intensiver Bemühungen um neue Formen der Leistungs*messung*. So verdienstlich und
wichtig dies *nach Anlaufen des Lernprozesses(!)* sein mag, so wenig eindrucksvoll ist
es, wenn die notwendigen Voraussetzungen solcher »Objektivation« nicht zuvor erstellt oder gesichert wurden, – wenn es da nichts (oder zu wenig) zu »objektivieren«
gibt! Ist aber das Gespräch erst einmal »in Gang« und äußern sich die Schüler erst
einmal, dann gelten abermals andere Überlegungen. Ist nämlich der Lernprozeß selbst
erst einmal »sachgerecht« angelaufen, dann trägt er – wurde er nur wirklich »sachgerecht« aufgebaut – schon ein bedeutendes Maß an immanenter Kontrolle und
Steuerung in sich. Leistungskontrolle kann auch nicht derlei grundlegende Arbeit am
und im Gespräch gar *»ersetzen«* wollen – etwa als bös-sekundäre, extrinsische Form
von »Motivation«. Der fremdsprachliche Unterricht hat kein (zu erzwingendes) *»ge-
genständlich-kognitives«* Ziel, sondern ein (stimulans-abhängiges) *behavioral*-kogni-
tives; er lehrt keine »Sache« (oder Erkenntnis), sondern eine Tätigkeit (bzw. Haltung und Vollzug). Darum ist akommunikatives, kontextisoliertes Pauken auf eine

(»Punkte« zumessende) Test-Kontrolle hin wenig langzeit-effizient. Es gibt keinen Ersatz für Gesprächsführung im fremdsprachlichen Unterricht; und man kann nicht nachträglich – durch den Druck hart und eng sequentierter Klassenarbeiten oder Tests – durch die Hintertür einholen wollen, was man beim Vordereingang übersehen oder versäumt hat.

D. A. WILKINS empfindet die psychologischen Aspekte dieses besonderen Lernprozesses besonders stark; er schreibt:
Both modern and traditional approaches to language teaching may have been excessively concerned to eliminate error – modern teaching by restricting the freedom of choice that the pupil can exercise, traditional teaching by permitting more freedom but penalizing linguistic error severely. Both tend to breed an undesirable caution in language performance through the attempt to avoid mistakes. Yet inhibition is probably a far greater handicap to effective communication, through speech at least, than the recurrence of linguistic errors in the individual's language. We ought to find it more acceptable that our pupils use language spontaneously with error, than hesitantly without errors.[148]

Was wir viel dringender als Kontrollmöglichkeiten und Meß-Kriterien benötigen, sind ERARBEITUNGS-Prinzipien und ERARBEITUNGS-Kriterien: Man erinnere unseren Vorschlag eines *Arbeits-Rasters* oben Kap. 3.5.3.4.

3.6.3.2. Wie jede textuelle Äußerung sind Gesprächsäußerungen deutbar und darstellbar als System sprachlicher Zeichen. Damit wird abermals anwendbar, was wir oben auf S. 103 in unserem Diagramm zum strukturalistischen Verständnis sprachlicher Zeichen auf zwei Achsen darstellen (= dem Diagramm zum sog. Jakobsonschen Theorem). Gesprächs-Äußerungen sind deutbar und darstellbar als Optionen auf einer paradigmatischen und einer syntagmatischen Achse. Das Studium möglicher Zeichenrelationen – als das Studium zu erwartender oder auszulösender Alternativen – ist dann die Vorbereitung des in der aktuellen Unterrichtsstunde zu führenden fremdsprachlichen Gesprächs. Es ermöglicht dem Unterrichtenden, das Gespräch zu organisieren und zu segmentieren.

Damit gilt für das Gespräch zunächst einmal das, was wir bereits für die Einzeläußerung erarbeiteten – erweitert um die textliche Längendimension und deren Implikationen: Diese Längendimension aber ist der Raum, in dem sich die besonderen zusätzlichen *psychologischen* Aspekte des Lerngesprächs entfalten.

Bei den psychologischen Aspekten des Lerngesprächs im FU handelt es sich
(a) um dessen *motivationale* Züge bzw. die affektiv-kognitiven Beziehungen zwischen Lernendem und Lehr-»Information« (Zuwendung, Identifikation, Kritik, Abwendung, Zurückweisung),
(b) um dessen im engeren Sinne *lernpsychologische* Züge (sachstrukturelle Vorbereitung, Lernphasen, Transfer).
Die affektiv-kognitiven Aspekte sprachlicher Äußerung führten zu dem Modell kontext- oder situations-bezogenen Unterrichtens, welches – aus dem sorgsamen Feld- und Behaviorem-Kalkül – schließlich sehr weitgehend sich auf das stützt, was WILKINS *behavioural prediction* nennt.[149] – Lernpsychologisch geht es darum, die situative Grundlage dieser *behavioural prediction* so zu gestalten, daß häufige immanente *Wiederholung* der einzuübenden sprachlichen Formen und Mittel sich zwanglos ergibt.
Die affektiv-kognitiven Aspekte des ja insgesamt auch gruppendynamisch zu verstehenden Gesprächsvorganges sind in dieser Überlegung noch nicht enthalten.

Unter Einbezug der gen. psychologischen Komponenten wollen wir abermals kurz zusammenfassen, was der Unterrichtende *für die sprachliche Vorbereitung und Steuerung des Lerngesprächs* ins Auge zu fassen hat:

(1) Wortfelder
(Bezugs- und Ausdrucksbündel aus *paradigmatischen Alternativen*),

(2) Kollokationsfelder
(Bezugs- und Ausdrucksbündel aus *syntagmatischen Alternativen* der *lexikalischen Art*),

(3) Grammatische Felder
(Feldbündel aus *syntagmatischen Alternativen der grammatischen Art:* Korrespondenz der Satzbaupläne),

(4) *lineare* Rekurrenzen
(immanente Wiederholung oder Entsprechung in Ausdruck oder Satzbau durch wechselnde Feld-Arrangements vom Typus 1–3 hindurch; daher z. T. mit 1–3 identisch: »Umwälzung«, – Grundlage alles Transfer- und Lerneffekts im fremdsprachenunterrichtlichen Gespräch).

Selbst im Rahmen unserer ja noch beschränkten psychologischen Hinweise wurde bereits deutlich, daß unsere Beschreibung des »Zeichensystems Lerngespräch im FU« weiterer Ausführung bedarf. Vor allem wird hier *ein* Unterschied zu anderen Text-Ordnungen wichtig: Es handelt sich im Fall des fremdsprachlichen Unterrichtsgesprächs um durchgehend und bis in die Oberflächenstruktur hinein *rollen-bezogene* Zeichen-Arrangements. Entsprechend sind auch die obigen vier Elemente sprachlicher Strukturierung des Gesprächs in dessen spezifische rollen-perspektivische (»äußerungs-komplementäre«) Gesamtgliederung einzubetten: Die sprachliche Zeichen-Ordnung des Gesprächs ist *aus dem System komplementärer Vorstellungs- und Verhaltensperspektiven her zu verstehen,* das sich in ihm »äußert«. Dieses System ist offenbar *viel-polig* und *impuls-orientiert, nicht notwendig linear-progressiv und ziel-orientiert:* seine SLOTS beziehen sich nicht notwendig auf die bzw. auf eine *»Sache«,* sondern auf je eine oder mehrere der beteiligten *Personen,* auf deren Vorstellungs-Präferenzen, -Refusionen, -Abstinenzen.

Das träfe natürlich erst recht für ein »natürliches« oder spontanes Gespräch zu. Das sprachunterrichtliche und insbesondere *das fremdsprachenunterrichtliche Gespräch* unterscheidet sich vom »natürlichen« oder spontanen Gespräch in einem entscheidenden Punkt: Es enthält notwendig strukturierende Elemente ziel-orientierter Steuerung durch einen Partizipanten. *Diese Ziel-Orientierung,* die sich (wie wir immer wieder sahen) sogar auf gering scheinende Details der sprachlichen Formulierung erstreckt, *darf aber nicht die Impuls-Orientierung der spontanen Elemente des Gesprächs aufheben:* Eine auch nur vorübergehende Aufhebung der zugrunde liegenden Motivation würde die weitere Hervorbringung von Äußerungen *in der Fremdsprache* beträchtlich einschränken, wenn nicht überhaupt abblocken; – man erinnere nur die oben im anderen Zusammenhang zitierte Bemerkung von D. A. Wilkins.

Einstieg und Verknüpfung dieses so besonderen Gesprächs sind also flexibel zu halten.

Alle Formen des »grammatisch gelenkten Gesprächs« wie der textorientierten *Inquiry* (die im 2. Band der vorliegenden Darstellung auszuführen sind) haben sich diesem Imperativ zu unterwerfen. Die linear-sequentiellen Schemata z. B. von E. Hombitzer sind nur sinnvoll anzuwenden nach einem Total-Transfer in die Verbindung von 1. beliebigem Einstieg und 2. flexibler Verknüpfung mit durchgehendem Feld-Bezug nach Art der obigen 4 Hinweise: Dann allerdings könnten sie sich – in Verbindung mit den methodischen »Rastern« von E. Werlich als das Rückgrat fortgeschrittener Gesprächsarbeit erweisen.

Dies geschieht durch Beziehung aller vier oben genannten sprachlichen Ordnungs-Schemata.

auf kommunikative *Slots* der jeweiligen Stufe und Gruppe vor dem Hintergrund des zu erstellenden, bereits mehrfach erwähnten »Gesprächs- und Arbeits-RASTERs«.

3.6.3.3. Unter dem zentralen Gesichtspunkt des Gesprächsaufbaus und der Gesprächsführung zeichnen sich schon jetzt einige Stufen fremdsprachenunterrichtlicher Arbeit ab:

1. Die 2 Stufen des mehr oder weniger *elementaren Spracherwerbs*, besonders prägnant zu fassen in den 3 BÜHLERschen Aspekten des sprachlichen Zeichens:

   1.1. Spracherwerb auf der frühesten Stufe:
   Der *Symbol*-Aspekt der im Unterricht eingespielten und zu wiederholenden Zeichen ergibt sich (in zunehmender Klarheit) aus deren *Signal*-Charakter (greifbar im Verhalten des Lehrers, z. T. auch dieses oder jenes Mitschülers, als des »Senders«) und deren *Appell*-Effekt (in Hinsicht auf den Schüler als den »Empfänger«).

   Es handelt sich um die in allen Lehrbüchern im 1. Band vorgeschalteten *Introductory Courses,* deren psychologische und sprachliche Vorplanung sowie Durchführung an drei Bedingungen gebunden sind:
   (1) die Motivation, die sich darauf gründet, daß fremdsprachlich-fremdartige Laute und Äußerungen überhaupt verstanden, auch nachgeahmt und schließlich gar im gleichen Zusammenhang *sinnvoll* verwandt werden können;
   (2) den durchgehend *empraktischen Bezug* von Rede, der dieses Verstehen und jenes (vorläufig noch imitative) Können »trägt«;
   (3) Auswahl und Zuordnung einfachster Äußerungsformen zu *self-explanatory forms of behaviour.*
   Zugleich handelt es sich damit um die erste Stufe *situativen* Unterrichtens, die z. B. W. TIGGEMANN (als die einzige?) so eindrucksvoll und anschaulich wie übersichtlich unter dem Begriff der (primären oder sekundären) *Realsituation* beschrieben hat; seine wie der meisten Lehrbücher Anregungen gehen offenbar auf die bereits klassischen Empfehlungen von A. S. HORNBY und F. L. BILLOWS zurück.[150]

   1.2. Fortschreitender Spracherwerb im Elementarunterricht
   (frühestens bis zum Ende der 6. Klassenstufe, spätestens bis ans Ende der 8. Klassenstufe):
   Signal-Charakter und *Appell*-Effekt fremdsprachlicher Zeichen ergeben sich jeweils nicht aus dem unmittelbaren Partizipanten-Bezug zwischen Lehrer und Schüler (GUTSCHOWs »echtem Kontext«), sondern mittelbar – in bezug auf ein Feld sprachlicher Zeichen, das bereits zu einem großen Teil in seinem Signal- Appell- *und Symbol-Sinn* erschlossen ist (und lediglich immer neuer Revitalisierung bedarf): einem sprachlichen »SITUATIONSFELD«. Die jeweils »offenen« Segmente dieses Feldes sind jeweils der Ansatz zusätzlichen Spracherwerbs.

   Auf dieser, der eigentlichen *»Lehrbuch-Stufe«,* sind alle 3 oben gültigen Merkmale zu modifizieren: *Motivation* richtet sich nicht nur auf das Verstehen und (Mit-)Reden- Können überhaupt, sondern bedarf stofflicher Vorstellungs-Elemente, die affektiv »interessant« sind. In Verbindung damit ergibt sich ein Bedürfnis und die Fähigkeit, über den *empraktischen Bezug* von Rede hinaus Aufmerksamkeit und Äußerungsbereitschaft auf *synsemantische Bezüge* zu richten. Thema der Stunde werden – statt sprachlich »begleiteter« *Handlungs*vollzüge – situativ geschlossene *Vorstellungen;* das »endgültige Thema« des FU erscheint: »*Text«.*
   Das hat zunächst einmal zur Folge, daß Lehrbuchtexte nicht mehr ausschließlich oder vorzugsweise Dialog-Aufbau haben (der zur Partizipation einlädt), sondern geschlossene Darstellung von etwas werden, mögliche *stories* (die zu etwas distanzierterer Identifikation einladen, zugleich eine größere Zahl stofflicher Äußerungsanlässe implizieren: der Schüler *can get his teeth into it!*).

Das hat dann fernerhin zur Folge, daß auch der unterrichtliche Umgang mit Texten als besondere Kategorie beschreibbar wird: Es wird nicht nur »einfach« etwas durch konkrete Akte realisiert, sondern es werden Vorstellungen in Sprache aufgebaut – auf den Lektionstext hin und (danach) von ihm her; dieser wird zunächst als »Ergebnistext« (statt als »Erschließungstext«)[151] in das Gespräch eingeführt. Dabei gilt dann die oben auf S. 130 f. formulierte »TIGGEMANNsche Regel« (Zustände sind in Vorgänge, Vorgänge in Sprechanlässe zu verwandeln) – jenseits der von TIGGEMANN selbst mit so ausschließlichem Interesse bedachten »Realsituationen«: Zur psychologischen und unterrichtsmethodischen Analyse der Situationstechnik jenseits der »Realsituationen« der Elementarstufe ist noch mancherlei zu leisten; wir werden uns mit ihren Phasen und Formen (der *simulativen*, der *visuell vermittelten*, der *fiktiven* und der *»kritischen«*)[152] im 2. Band unserer Darstellung ausführlich beschäftigen müssen

2. Die Übergangsstufe zwischen elementarem Sprach*erwerb* und vorwiegendem Sprach-*ausbau*:

2.1. rein vorstellungs- bzw. rollen-bezogene Transfer-Übungen (frühestens ab 7. Kl.; einzelne Ansätze früher):

Sprachliche Zeichen, die in allen 3 Aspekten – als Signal, als Appell und als Symbol – bereits vertraut sind (i. e. erarbeitet wurden), werden befestigt und reaktiviert. »Hebel« unterrichtlicher Übung ist dabei die *Manipulation oder Veränderung der intentionalen Perspektive* des Textes (der also in seinen personalen Zuordnungen leicht überschaubar sein muß). Dies ist nur sinnvoll unter Beibehaltung aller materiell-vorstellungsmäßigen und sprachlichen Bestände: *characters*, *circumstances* und *motives* bleiben unverändert die gleichen.

Voraussetzung des Verfahrens ist also, daß der Unterrichtende sich dieser oder entsprechender Grundelemente zugleich vorstellungsmäßiger und (sprachlich-)darstellungsmäßiger Art überhaupt bewußt ist: Alles läuft auch hier schon auf das Vorhandensein des oben »eingeführten« Seh- und Arbeits-Rasters hinaus. Allererste Gruppierung (die auf der 3. Stufe der thematischen Textarbeit dann auch als elementare Erinnerungs- und Lernstütze *für Schüler* brauchbar sein kann) ist die in

(1) *outward action*:
     die *characters* oder *main figures* (= *who they are, what they do and how they do it*) und die *situation*, in der sie sich befinden (*the locality resp. conditions, and their relations to each other*);

(2) *inward action*:
     die *presuppositions of the outward actions* (= *the conditions of, the intentions behind, and the preparation of, what happens*) sowie die *considerations and/or emotions accompanying it*.

(3) *perspective of the text*:
     seine inneren *proportions* (wer/was ist »am interessantesten«; über wen/was erfahren wir am meisten; durch wessen Augen sehen wir; was interessiert den Autor?).

Auf der frühesten Stufe erweist sich dies bei Lektionstexten als besonders nützlich in Verbindung mit dem von LECHLER beobachteten und beschriebenen *»M-M-C-Schema«*[153]. Bei etwas komplexeren Lehrwerktexten hängt dann alles von der Erfindung alternativer Situationen ab (i. e. von einem strukturellen Umbau der obigen Elemente in »neuen« Kommunikationssituationen), etwa Typ

● »schmerzhafte Erfahrung« (Unglück, Arztbesuch): Präsens;
● Journalist: Past Tense;
● Versicherungsagent: *if*-Konstruktionen;
● Planung (Theaterspiel, Verbrechen, Reise): Futurum.

Bei *Lektüretexten* in oder nach der Lehrbuchphase entfaltet das obige Schema seine Brauchbarkeit vor allem bei derjenigen Gattung, die wie dafür, ja, geradezu wie für die Bedürfnisse des FU überhaupt geschaffen ist: der Kriminal-, speziell der Detektivgeschichte. Äußerung ist hier besonders selten (im Sinne JAKOBSONs) »poetisch« oder »phatisch«; die konativ oder appellativ *intentionalen* Funktionen von Sprache überwiegen. Dies macht sie »greifbarer« – auch für den Unterricht. Vor allem aber ist in diesem Zusammenhang *Perspektive* – »ausprobierte« (= vorgestellte = formulierte!) und »wirkliche« (= abermals vorgestellte und formulierte) Perspektive – alles.

Es wird also lediglich die Geschichte aus der Perspektive einer anderen (als der bisherigen) Erzählfigur oder Mittelpunkts- bzw. Vordergrundsfigur neu gefaßt. Ist nur erst der *Anlaß* (Vorausplanung der *Slots!*) dazu gefunden, dann ergibt sich reiche Ausdrucks-Rekurrenz und sicherer Transfer – insbesondere bei mehrfacher Perspektiven-»Brechung« durch Rollen-Zuweisung und Fixierung einer Spiel-Situation.[154]

Unser Hinweis auf Detektivgeschichten weist auf die Vorbedingungen dieses Vorgehens: das *Ausgehen von kognitiv geschlossenen Gebilden,* – von *Vorstellungen,* die zugleich und nur als *Text* erscheinen; von *Texten,* die sich ganz und gar auf bestimmte (!) *Vorstellungen* richten. Unter dem Gesichtspunkt des *rollen-perspektivisch bezogenen Sprechens* fallen für den Schüler (bei richtiger Planung) Motivation, empraktisches und synsemantisches Sprechen zusammen. Durch den Bezug auf kognitiv geschlossene Gebilde (die als solche, d. h. »Existenzen eigener Art«, eigenen »Lebens«, *fühlbar* sind) hebt sich diese 2. Stufe von den einfachen situativ-empraktischen Übungen der Elementarstufe ab. Dabei aber wird – entgegen dem Eindruck, der bei der Lektüre TIGGEMANNs entstehen kann – das situative Prinzip nicht aufgegeben, auch nicht »verdünnt«, sondern *weiterentwickelt,* und zwar
– kognitiv-affektiv in Hinsicht auf Textperspektive und »erschließbaren« Perspektivenkomplex aus Alternativen,
– kognitiv-pragmatisch in Hinsicht auf die sprachlichen Felder, in denen sich diese »Alternativenbündel« artikulieren.
Dabei handelt es sich durchaus noch nicht um »reine« Textarbeit (wie auf der 3. Stufe); von einer quasi *gegenständlich* geschlossenen und autonomen Text-Intention, die dem Leser als eigene *persona* gegenübersteht, kann durchaus noch nicht die Rede sein (– »reine« Textarbeit realisiert in diesem Gegenüber eine zweite Dimension *mittelbarer Adressatbeziehung:* kommunikatives Widerspiel und methodischer Respons auf das, was W. ISER die »Appellstruktur« von Texten nannte). – Auf dieser, der 2. Stufe sind Texte noch pluraler Komplex möglicher und wirklicher Perspektiven; alle Beziehung ist unvermittelt. Rollen-Übernahme erfolgt naiv = identifikatorisch, ohne Abstand, – weshalb auch aller lernpsychologisch relevante Sprachausbau noch gänzlich gesprächs-immanent erfolgt: auf der Grundlage rekurrierender Feld- oder Bündel-Zuordnungen.
Kritische Distanz, die mehrfache oder alternative Rollen-Perspektivik im einen gleichen Akt umfaßt, wird erst sehr viel später möglich.

2.2. früheste Formen von Sprachausbau:
Signal- und *Appell-*Wert sprachlicher Zeichen manifestieren sich jetzt vorzugsweise im metasprachlichen und technologischen Teil des Unterrichtsgesprächs (Einzelausdruck, Klärung komplexer Phrasen, Unterrichtsanweisungen, Prozedurfragen); im *thematischen* Teil des Unterrichtsgesprächs geht es fast ausschließlich um den *Symbol-*Aspekt sprachlicher Zeichen. Die unterrichtliche Arbeit richtet sich *auf Merkmale des Textes* (= sprachliche Elemente!) *als auf mögliche »Slots« des Gesprächs:* Das Gespräch ist text-*bezogen,* aber vorstellungs-*motiviert;* es ist daher relativ frei für Einfälle und Vorstellungs-Schnörkel, die den Text nur mittelbar betreffen: Kognitiv *geschlossene* Gebilde (Texte; s. o.) werden als der Möglichkeit nach *offen* (Vorstellungen) behandelt – im Rahmen der Möglichkeiten oder zugrunde liegenden sprachlichen Feld-Ordnungen und -Bestände. Das Gespräch setzt an *Beobachtungen* oder *Eindrücken* an.

Dies ist dann die »Antwort« auf die spezifischen Nöte der *Mittelstufe*. Da das Lehrbuch
– aus entwicklungspsychologischen und aus sachhaft-lerntheoretischen Gründen – »aus-
läuft«, hat der Lehrer zu leisten, was vorher das Lehrbuch immer schon für ihn geleistet
hatte: sprachliche ziel-orientierte Vorstrukturierung des Unterrichts. Zum unterrichtsmethodischen Handikap, ohne Stütze und Netz arbeiten zu müssen, kommt ein weiteres
rein entwicklungspsychologisches: Immer wieder erweist sich auf dieser Stufe der Anspruch der Schüler (auch der Anspruch gegen sich selbst) als weit höher und entwickelter
als ihr formales und kommunikatives Sprachvermögen. Und dies alles ist durchaus zu
höherem Lerneffekt steuerbar, hat der Unterrichtende nur drei Dinge im Auge, während
er unterrichtet:
– den Feld-Raster in seinem eigenen Kopf,
– die *key words* des Textes,
– das zu entfaltende motivationale Interesse des Schülers.
Dabei kommt dann voll zum Tragen, was wir oben über *Detektivgeschichten* sagten. Für
den Lehrer, der sich vergnüglich-spielerisch mit den Fragen von progressiver Kontextualisierung, Situations-Implikationen, Perspektive beschäftigen will, wie später(!) für
den Schüler, der vergnüglich-spielerisch vielleicht sogar zur Selbst-Reflexion unterrichtlicher Methoden gelangen will – wobei er dann eben diese Methoden *lesend* »vertiefend«
lernt –, sei hier H. KEMELMANS »*The Nine Mile Walk*« nachdrücklich empfohlen. Ist nur
auf beiden Seiten genügend Spieltrieb mit dem Arbeits- und Lerninteresse gepaart, dann
könnte sich diese *very peculiar detective story* auf der dritten Stufe der freien Textarbeit als ungewöhnliche Quelle kritisch-reflektorischer Unterrichtsarbeit erweisen. Selbst
noch im Falle der Ablehnung wäre ganz bedeutende immanente Übung des spezifischen
Unterrichtsregisters bewirkt: es ist das stilistische Register dieser *story*!

3. Die Stufe der thematischen Textarbeit:
Fortführung der wesentlichen Tendenzen von 2.2. bis in die (unter 2.1. genannte)
»mittelbare Adressatbeziehung« dem Text gegenüber. Wesentliches Unterrichtsmittel:
das Gespräch. Dieses ist bis in die Sekundarstufe II hinein kein echtes »freies« Gespräch: z. B. ist erst sehr spät text-abgelöster »reiner« Thema-Bezug möglich. Steter
Text-Bezug sichert das sprachliche Modell und legt sprachliche Umwälzung nahe;
*Impuls-Anreihung ohne tragendes sprachliches Modell ist als Basis des fremdsprach-
lichen Unterrichtsgesprächs abwegig.*
Das fremdsprachliche Unterrichtsgespräch hat eine methodisch-behaviorale Oberflächenstruktur und eine psychologische und linguistische Tiefenstruktur:
Seine »Oberflächenstruktur« ist zu fassen als dreifacher *thematischer Bezug* des Ge-
sprächs auf

(1) sprachlich-kognitive Einzel-Beobachtungen zum/am Text, seinen »Vorstellungs-
     Reiz« (– mehr oder weniger »impressionistische« Fixierung);

(2) Abstraktion und Systematisierung der solcherart »gewonnenen« Vorstellungen;
     Integration der Eigenschaften und Perspektiven eines Textes zu einem Perspek-
     tiven-Komplex; mögliche »Totalisierung« dessen, was aus den *characters* oder
     concepts eines Textes »spricht«, zu einer intentionalen Gesamtperspektive (– der
     Text als »*persona*«);

(3) Arbeit an der sprachlichen Form (»Feld« als Pendanz zu »Perspektive« und »In-
     tention«: »Totalisierung« durch Zuordnung einzelner Beobachtungen).

Die »*Tiefenstruktur*« des Gesprächs ist zu fassen als dessen *athematischer* (unaus-
drücklich-»immanenter«) *Bezug* auf

(1) sequentiell vor-arrangierte Slots und »Akzente«,

(2) sprachliche Feldordnungen und -bestände (die als Elemente eines *Feldes* erkenn-
     bar sind durch ihre Gruppierung um *key words* herum).

3.6.3.4. Unser Resümee nebst Überlegungen zur Applikation des Gesagten hat uns weit über die Grenzen fachlich-sprachwissenschaftlicher Reflexion (= das Thema des 3. Kapitels) hinausgetragen. Erneuter sichernder Rückbezug auf laufende wissenschaftliche Debatte – offenbar im Bereich einer anderen Nachbarwissenschaft – wird notwendig.

Um die obigen ersten Andeutungen verantwortlich weiterzuführen, bedarf es einer weiteren thematischen Beschäftigung mit dem, was eben diesen Beschreibungsdaten zugrunde liegt: mit der *kommunikativen Struktur* des fremdsprachlichen Unterrichts.

UB 8: Eine 8. Klasse arbeitet an der 10. Lektion / *Learning English* A 2 neu; es geht um die *Houses of Parliament*. Die *strukturelle* Basis und immanente Übungslinie ist klar: Die Niveauhöhe ist bekannt; darüber hinaus sollte das Sprechmodell des Lehrers (gemäß Zielangabe des Buches) wiederholt -*ing*-Formen und -Konstruktionen enthalten, sollte seine Fragestellung Antworten, die solche Formen und Konstruktionen enthalten, nahelegen. Das lexikalische Ausdrucksfeld aber ist nicht einfach durch das Vokabelverzeichnis hinten im Buch gegeben, sondern folgt aus dem Arrangement von Vorstellungen (= aus Reizfragen), »Slots« also, die der Lehrer (im fortgeschrittenen Stadium auch ein Schüler!) anregt bzw. vorgibt. Das allerdings ist im vorliegenden Fall (wie übrigens sehr oft) ein heikles Unterfangen; der Text ist multiperspektiv: Das Mehrzweck-Arrangement legt die historische Perspektive nahe, enthält aber erfreulicherweise relativ wenige Vokabeln von minimalem Gebrauchswert (wie *throne, parchment, to unroll*) und ist also als politischer Vorgang, einem geschäftlichen verwandt, im Bezugsfeld »Auseinandersetzung« und »Bedeutung von Dokumenten« verbal aufzubauen und zu entfalten. Näher liegt es indessen wohl, von der gegenwärtigen Bedeutung des Parlaments auszugehen, allenfalls sogar von seiner Lage oder seinem Aussehen: Was Schüler gehört, aus Zeitungen und Fernsehen aufgeschnappt haben, auch Widersprüchliches, läßt sich verbal sammeln, ordnen (Tafel!), an mitgebrachten Bildern besprechen, mit dem Historienschinken oder dem Photo im Buch kontrastieren. Photos von London, sogar die Etymologie von »Parlament« (– warum, worüber, wozu wird dort *»geredet«*?) können Gesprächsanlässe bilden, sofern nur die 3 Aspekte linguodidaktischer Gliederung streng in Erinnerung bleiben, – sofern ein gegliedertes Ausdrucksfeld *und ein* dieses Feld optisch verdeutlichendes *Erinnerungsbild* (Tafel!) entsteht, dessen Elemente im Gespräch stetig *rekurrieren*: Gleiche oder ähnliche Strukturen, zu Bezugsbündeln sich schließender Wortschatz, thematische Begrenzung der Gesprächsimpulse! – Eine schlechte Stunde würde, möglicherweise in bester Absicht, alles unter einen Hut bringen wollen: Am Anfang fesselt ein vom Lehrer hochgehaltenes Großphoto die Aufmerksamkeit, die verbal zu entfalten jedoch nicht mehr möglich wäre, weil die darauf folgende Frage nach dem *origin* des Wortes(!) »Parlament« plötzlich auf ganz andere Vorstellungs-Bahnen lenkte – die wiederum nicht ausgefahren werden könnten, da eine unmittelbar anschließende längere historische Exkursion alles überlagert. Am Ende wird dann ein Geschenkumschlag voll herrlich zu beschnackender Englandphotos (vom *British Council* gestiftet) verteilt: noch ein *slot* mehr – Gott sei Dank nicht auch noch in die Schlacht geworfen (– aber wozu dann eigentlich ausgegeben?). An der Tafel erscheinen *Namen* von Einrichtungen *(House of Lords)* mit *Bezeichnungen* für Einrichtungen und deren Mitglieder *(council, a member, peers)*, historische Dokumente *(Great Charter)* und moderne Parteien *(Labour P.)* in fröhlichem Durcheinander; nur die Verben »halten die Stellung und sich« geschämig links in einer Spalte (allerdings frz. *parler* in einer *column* zusammen mit *to elect, to consist of, to be composed of*).

Wenn dann noch der Text B dieser Lektion zu einer *Question Hour* mit Vertretern der großen *newspapers(!)* umgemünzt werden soll, dabei dann immenser Fleiß diese nicht darauf hin gebauten Sätze als Lückentexte auf Matrize abtippt, dann ist klar, woran diese Stunde krankt: Falsch eingesetzter Fleiß, ein Übereifer, der so vieles auf einmal will, bewirkt, daß am Ende gar nichts haftet!

Das groteske Beispiel macht *ex negativo* deutlich, daß Lerneffekt sich u. a. aus der Geschlossenheit jeweils *eines* Feldes ergibt: Wo Aufmerksamkeit so »innig« dem Lernvorgang verflochten ist, sollte deren Grundbedingung beachtet werden: Jeweils *wenige* Satzmuster, jeweils *ein* (allerdings gegliedertes und als gegliedert erfahrbares!) Ausdrucksfeld, jeweils *eine* Ziel-»Situation«, auf die sich attitudinal gefächerte Aufmerksamkeit richten kann, zur Zeit!

UB 9: Auf derselben Klassenstufe wagt ein Kollege die Lektüre einer von ihm auf 1³/₄ Tippseiten kontrahierten, vereinfachten Version der Kurzgeschichte »*The Interlopers*« von SAKI. Die Klärung unbekannter Vokabeln ordnet diese sofort (auch an der Tafel) dem Wortfeld zu, das die *Situation* des Ausgangs definiert, den Reihen *friend, neighbour, enemy, guest – owner, poacher – to own, to fight, to dispute, to quarrel, to overwhelm – land, forest – incident, accident, violence, curse, death* usw.; diese Reihen bezeichnen die Kristallisationspunkte der das Gespräch tragenden (teils zu reaktivierenden, teils erst zu produzierenden) Bezugsbündel: sie »bauen« zugleich die Pointen des Textes, so daß ein geschicktes Arrangement der Vokabelerarbeitung zugleich *key word systems* der Unterhaltung, des Verstehens *und des Textes* aufbaut. Fragen nach Inhalt *(What happens?)* und Charakteren *(Who does what?)* münden in die Schlüsselfrage: *»What is the most exciting / important thing in the text?«* Das menschliche Problem des Textes ist zugleich dessen sprachliche »Material-Struktur«, zugleich der Schlüssel zur Aufmerksamkeitsbindung und zur Steuerung des Lerneffekts. Der gräßliche Doppelsinn des Schlusses der *Story* (formulierbar!) sowie die hintergründige Bedeutung der Bemerkung *I can scarcely see anything; there is so much blood round my eyes* »fallen« wie reife Früchte solchen Vorgehens; – von einer Stellungnahme zur Haltung des Autors, von dessen ästhetisierender *»wickedness«*, dem *puckish element* darin (= Äußerungsanlässen, die sich einer 10. oder 11. Klasse geradezu aufdrängen würden) ist natürlich auf dieser Stufe noch nicht die Rede.

UB 10 – Beispiel einer zunehmend »engen« Führung: Kl. 8 (wie in UB 8 und 9) / *English for Today* (Lensing) 4, Ch. II B *»The man at the throttle was Casey Jones«* / Einführung des 3. Teils der Lektion / *Verlauf der Stunde:* (I.) Wiederholung der ersten 2 Lektionsteile; L. fragt, dicht am Text (*... What was his real name? What sort of job did he have? What do you know about Sim? ...*). – (II.) Überleitung (Voraussetzung): *The three trains.* L.: *What sort of trains were they? ...* – (III.) Visueller *Slot:* S. zeichnet die Skizze aus dem Buch (S. 19) an die Tafel (rechts) und erläutert sie. Er macht Fehler; andere S. greifen ein; Erklärungen werden notwendig. Erste Vokabel-Einführung des L. an der Tafel (links) aus sich als nützlich erweisenden (neuen) Vokabeln. Tafelmitte bleibt frei. – (IV.) Fiktive Situation und Ausdrucks-Rekurrenz (immanente Wiederholung): L.: *Imagine, you are sitting in a helicopter. You are the co-pilot: What do you think – is the situation dangerous or not?* – Anschließend: S. entwickeln, was man tun kann (*... give him a signal / warning: a flag ...*). Vermutungen. L. verweist auf das Buch, erklärt nach Buch, dabei entsteht an der Tafel (Mitte, auch links) ein Tafelbild, das schließlich alle neuen Vokabeln (21!) enthält; reine Situationsherleitung also, der großen Zahl wegen übereilt.

Auszug aus dem Mittelteil des Tafelbildes:

cause of the accident: an air hose burst
                   the brakes were blocked

    noises: air brakes hiss   (to hiss)
          hissing steam
          live steam = very hot steam

          screaming wheels   (to scream)
          deafening crash
    train: splintered wood
          shattered walls
          twisted rails

    persons: to stagger to one's feet (to stagger)
          dazed = confused

(V.) L. liest den Text vor, S. lesen (bei geöffneten Büchern) leise mit; anschließend wird kurz das Bremssystem erläutert. Die S. lesen den Text nicht laut nach (wohl um Zeit zu sparen). – (VI.) Neuer Situations-*Slot:* L.: *Imagine, you are a radio reporter ...* (unmittelbar nach dem Unfall aus dem nächsten Ort eingetroffen) *... – try to make use of these words* (zeigt auf die Tafel): Darstellung der Lage *im Präsens.* – (VII.) Der Reporter interviewt Überlebende: Ein Passagier erzählt – im *past tense;* L. fragt nach (gemäß Tafel-Vokabular und Text-Detail). – (VIII.) L.: *Some time later there was a man from the insurance company ...* – aus seinem Nachfragen (die Versicherung will Geld sparen) ergibt sich eine letzte, abermalige immanente Wiederholung erworbener sprachlicher Mittel plus immanenter Wiederholungs-Übung eines *if-pattern* (– *If ... had ..., ... would not have ...*), das in wesentlichen Teilen an der Tafel erscheint. – Modell: *If the air hose had not burst, there would not have been an accident.* – Danach »folgt«:

If Casey had jumped, ...
If Sim had not jumped, ...
If the four cars had not overlapped on the main track, ...
If the siding had been longer, ...
If the other enginer had not been sick, ...

(IX.) Schluß-*gambit:* L. verweist auf den im Buch abgedruckten *song,* präsentiert eine Schallplatte, auf der sich auch *the original(?) whistle of Casey Jones* befindet. Musikalischer »Ausklang«. / *Beurteilung:* Der Unterrichtende hat sich durch die zu große Zahl neuer Vokabeln verführen lassen, zu stark voranzutreiben. Ab *(IV.) Mitte* findet kaum noch Rollenidentifikation und kaum noch psychologischer Situations-Nachvollzug statt, da zu schnell eng kanalisierende Fragen aufeinander folgen. In (VII.) wäre ein Ausspielen oder Ausbreiten nach Szene und Rolle durch die Fiktion mehrerer Sprecher und Hineinziehen mehrerer Schüler ohne enge Fragenlenkung des Lesers gewiß sinnvoller gewesen (– warum fragt nicht ein S. als Interviewer?). Die *if*-Sätze in (VIII.) entsprächen wohl eher dem erregten Hin-und-her-Reden der unmittelbar Betroffenen als dem des (»an sich« glänzend ausgedachten) Versicherungsvertreters. So zeigt die Stunde Züge der älteren autoritätsbezogenen imitativen Lehrweise durch das Temperament des Unterrichtenden (*Gefahr:* S. sprechen nicht *aus und in Situation bzw. geschlossener Vorstellung,* sondern folgen einer Vorschrift; sie wenden eine Regel an). Zugleich aber zeigt sie eine überreiche situative Phantasie am Werke: Eine Fülle prächtiger didaktischer Ansätze, die nur der Filterung durch ein anderes methodisches Temperament bedürften.

Darüber hinaus ist die Stunde ein schönes Beispiel für *klare Behaviorem-Gliederung* (in ihren »Teilen« I–IX); ähnlich klare Fälle liegen in den von uns entsprechend bezifferten UB 6 und 7 vor, auch die (unbezifferten) UB 4 und 5 zeigen eine vergleichbare Deutlichkeit der behavioral-artikulativen Einteilung und Sequentierung. Das klassische Beispiel bleibt natürlich die von Heuer modellhaft analysierte Stunde.

UB 11: Kl. 9 / *Learning English* (Klett) A 3 neu, *Lesson 5 A:* »*The Negro Revolt*«, S. 31 bis S. 32 Z. 21 / Verlauf der Stunde: (I.) Anhand einer Wandkarte regt L. ein Gespräch über den Süden der USA an, Ausdrücke wie *Blacks* und *Whites* werden an der Tafel (leider ohne jede Ordnung) festgehalten, dabei einige der Vokabeln der kommenden Lektion (*nightmare, demand, boycott, department store*) erarbeitet. (II.) L. versucht danach die auf der Tafel nicht erkennbare Feldordnung durch zusammenstellendes gezieltes Fragen nach Wortbedeutungen der dort fixierten Ausdrücke dennoch zu verdeutlichen. (III.) Zuwendung zum Text. Hinweis auf die Bedeutung des dort geschilderten Vorfalles. Einführung letzter Vokabeln. Lesen des Textes. Dabei nach jedem Absatz L.: »*Were there any unknown words?*« Unbekannt ist z. B. *to obey,* das irgendwo(!) an der Tafel noch Platz findet. (IV.) Kontrollfragen zum Text: *Who was ...? What happened ...? What did she/he do when ...?* – Darunter: *How did the bus-driver address her? – How could we characterize Mrs. Parks' behaviour? – Which consequences did her behaviour have?* – (V.) Es folgt eine längere freie Unterhaltung, als deren Kernfrage sich herausschält: »*What do you think of the idea of a bus boycott?*« – Danach wird der Versuch eingeschoben, die *troubles* und die *aims* der Neger zu klären; die Unterhaltung wird flockig und endet mit einem Hinweis auf die nächste Stunde. / *Beurteilung:* Hier hat der Gong alle Beteiligten »über die Runden gerettet«. Angesichts der Bedeutung *strukturierter* Darstellung und *visueller* Abstützung ist es unverzeihlich, daß (I.) nicht sofort auf kognitive Schemata zusteuerte, auf die alles weitere hätte zurückbezogen werden können. *Akustisch* läßt sich solche Gliederung nicht (wie in II.) »nachholen«. Auch fehlte jede Möglichkeit einer *nucleation* um *key words,* von denen gewiß *to obey* (vgl. III.; s. auch *section, regulation, incident* o. ä.) eines hätte sein können. Auch die drei letzten Fragen in (IV.) wurden nicht zum *systematischen* Aufbau eines Wort- = Verstehens-Feldes benutzt: sie waren erkennbar punktuell gemeint und wurden punktuell beantwortet. Angesichts so enger Steuerung in (I.) ist nicht erstaunlich, daß die Unterhaltung in (V.) aus Mangel an visueller, verbaler und gedanklicher struktureller Stütze konturenlos blieb. Bei sorgfältiger *behavioraler* Führung blieb die *attitudinale* Herausforderung wort-, gestalt- und strukturlos, daher die Frage in (V.) fremdsprachenunterrichtlich funktionslos und im Grunde unbeantwortet. Wie sprach- und wort-»unbewußt« die Stunde war, zeigt sich u. a. auch darin, daß der Text nur Absprungort, nicht sichernde Gelegenheit zum Rückbezug war: es wurde kaum (auch »immanent« nicht) zitiert! (– Daß die Anspielung auf das »Kommunistische Manifest« im 1. Satz übersehen wurde, ist angesichts der Klassenstufe verständlich.)

UB 12: Kl. 11 / *Stoff:* »*My First Trip*« in: *Modern Life, – Learning English* A 4 / B 3, Nr. 74, S. 163 f. / *Übungsziele:* Umgang mit Register-Varianten und deren attitudinale Bedeutung / Hinweise für eine 3-Stunden-Einheit: In einem unkonventionell-antibourgeoisen *Slang* artikuliert sich eine unkonventionell-antikonventionelle Haltung; erste Pointe des 1. Absatzes: »*trip*« das Schlüsselwort verweist darauf, daß der Sprecher noch hier, unter uns »Bürgern« ist; zweite Pointe des 1. Absatzes: *wir* wissen, daß man für die Fahrkarte zu dieser »Reise« in ganz bürgerlich-kapitalistischer Weise *bezahlen* muß. Pointe des 2. Absatzes: Die »Reise« selbst wird plötzlich in reinstem *Standard English* ohne jede Beimischung von *Slang* dargestellt, sollte etwa die sprachliche *sophistication* des 1. Absatzes falsch sein? Seltsam auch: Die Erfahrung wird mit den Mitteln bürgerlicher Poesie, Verneinung und (vor allem) starker Bildlichkeit, ausgedrückt; auch die Vergleiche sind vom *Slang*-Ton des Eingangs abgehoben! – 3. Absatz: Rückfall in den Ton des 1. Absatzes als in das »Normale«, das jetzt als genauso heuchlerisch wie die verachtete bürgerlich-erwachsene Umwelt (»*statusy*«!) entlarvt wird. Schlußhinweise auf das britische Fremdwort »*ersatz*« aus dem letzten Krieg geben dem »*substitute for love*« einen bitterbösen Geschmack vom Wort her; andererseits öffnen sich Perspektiven in Erwachsenenproblematik. – Die ganze Unterrichtseinheit *kann* ein grimmig-nachdenklicher Unterrichtsspaß aus intensivem Textbezug werden; HALLIDAYS Begriff des »*register*« kommt voll zum Tragen.

4. Zu Begriff und Wirklichkeit von Kommunikation im fremdsprachlichen Unterricht: Kommunikationssituation, Rollenverhalten, Text

> Kommt, reden wir zusammen
> wer redet, ist nicht tot, ...
> G. Benn
>
> Wir graben den Schacht zu Babel.
> F. Kafka
>
> Fremdsprachen im Unterricht ... –
> *Vom Reden in die Traufe?*
>
> Tote reden nicht.

4.1. Zum Begriff »Fremdsprachenunterrichtliche Kommunikation« (Zusammenfassung und Vorverweis)

4.1.1. WITTGENSTEINS »Imperativ der Einbettung« bezieht sich, so sahen wir, auf alle linguistischen Zeichengrößen und -bedingungen.

- *Laut* ist in *Wort,* in *Satz* und schließlich in *Text* oder *Äußerung* eingebettet;
- Texte bzw. Äußerungen verweisen auf ihren jeweiligen *situativen Kontext;*
- »Situationen« sind *kommunikativ* zu verstehen.

Nach WITTGENSTEIN mochte es zunächst so scheinen, als gehe es hier um *das* »Bewußtsein« oder um *ein* Bewußtsein. Nach Auseinandersetzung mit BÜHLER, JAKOBSON und (vor allem) HALLIDAY war dieser Eindruck zu korrigieren: Der volle Einbettungskontext sprachlicher Äußerungen konstituiert sich aus dem Zueinander mehrerer »Bewußtseine«.
Damit ist dann auch ein zweiter Fehlzug endgültig aus unseren Überlegungen verbannt: Die Versuchung, in »reine« Diskussion von Zeichenarrangements abzuleiten (wie dies »die Linguistik« weithin tut), ist angesichts dieses letzten, schlechthin umgreifenden Einbettungskontextes gebannt. Elemente der Sprache bzw. »Stoff« verweisen zwingend auf deren »Inkorporationen« kommunikativer Art: Wechselbeziehungen *in actu,* Momente artikulierter Interdependenz.

Sprachliche Zeichen verweisen auf sprachliche Kommunikation. A-kommunikative (»formale«) Linguistik hatte und hat ihre kurzfristigen Triumphe – im theoretischen und im praktischen Bereich. Langfristig mußte sie scheitern. Die positive und produktive Wendung dieser Erkenntnis (bei HALLIDAY) war Thema des 3. Kapitels: Sie führte an wesentliche Vorgänge des fremdsprachlichen Unterrichts heran. Wir wenden uns jetzt dem Kontext von Kommunikation zu. Wesentliche Vorgänge des fremdsprachlichen Unterrichts werden zum Thema.
Sprachunterricht ist Kommunikation, die sich selbst will: als Verhalten, als Thema, als Problem und als Leistung. Was aber ist »Kommunikation«? – Es scheint angebracht, diesen geheimen Mittelpunkt aller bisherigen Aussagen kurz zu thematisieren und zu problematisieren. – Und was könnte »fremdsprachenunterrichtliche Kommunikation« meinen? – Alle Unterrichts*methode* im FU ist offenbar mit der Antwort auf diese Frage(n) verknüpft.

Der Begriff der Kommunikation erhellt *und kompliziert* das Verständnis fremdsprachenunterrichtlicher Vorgänge. Darum scheinen vorwegnehmend eine *Erinnerung* und ein *Hinweis* angebracht:

Erinnerung:

(1) Es handelt sich nicht um »natürliche«, i. e. spontane muttersprachliche Kommunikation aus einem »freien« situativen Anlaß, sondern um die künstliche Kommunikation der Unterrichtssituation.

(2) Es handelt sich überhaupt nicht um muttersprachliche Kommunikation: Fremdsprachenunterrichtliche Kommunikation *simuliert* vielmehr die Formen muttersprachlicher Kommunikation; der fremdsprachenunterrichtliche kommunikative Bezug vollzieht sich in einem erst aufzubauenden, »zweiten« System sprachlicher Zeichen, hat allerdings, *for the time being*, alle Funktionen natürlicher Kommunikation zu ersetzen oder zu übernehmen.

Hinweis:

Folgende Implikationen im Bereich von Schülerbewußtsein, Lernvorgang und Lehrerverhalten sind zu bedenken:

(1) Der »Lern*gegenstand*« des fremdsprachlichen Unterrichts *ist kein »Gegenstand«*. Wenn also heute allgemein »gilt«, Lernen sei Verhaltensänderung[1], dann ist fremdsprachenunterrichtliches Lernen *Veränderung von Verhalten »hoch zwei«*. Das lernende »Subjekt« ist mit dem »zu Erlernenden« nicht einfach – wie in anderen Fällen oder Fächern – durch Verhalten bzw. Tätigkeit »verbunden«. Der Lernerfolg betrifft vielmehr eben diese Verbindung selbst und nichts sonst in einem weit über muttersprachliche Übungsziele hinausgehenden Maße. Ein detachiertes *»Wissen über«* müßte diese Tätigkeit bzw. dieses Verhalten sozusagen künstlich »von sich selbst abstrahieren«. Was entstünde, der abstrakte Apparat »Sprache«, wäre wiederum zunächst nur interessant, insofern es rückübersetzbar ist in seinen behavioralen bzw. (wie wir inzwischen besser wissen:) attitudinalen »Ursprung«, – i. e. auxiliar, subsidiär, sekundär: nachträglich und zusätzlich. Erst auf einer höheren Stufe des Spracherwerbs wird hier ein primäres Interesse Raum greifen dürfen – *und, natürlich(?), müssen*.

(2) Die genannte »Verbindung« (i. e. von »Subjekt« und »Gegenstand«) ist überdies von geradezu *intimer* Art, weil das darin gemeinte Verhalten – als attitudinal statt behavioral verstanden – zugleich SINN verbürgt. Strenggenommen, ist sie – im Kontext der Muttersprache – eine der ganz wenigen zentralen Quellen von Sinn, die das lernende Subjekt hat (oft die einzige): Wir wissen, daß von einem gewissen Alter an ERFAHRUNG *in terms of language* organisiert wird. Bei aller Vorläufigkeit und relativen Unentwickeltheit fremdsprachenpsychologischer Forschung ist doch wohl auch eine »entsprechende« Verbindung sprachlicher und attitudinaler »Organisation« im Bereich des Fremdsprachen-Erwerbs anzusetzen.

(3) Die pikante Pointe aller dieser Beobachtungen, allgemein wenig realisiert, lautet: Alle denkbare und mögliche Lern-Erfahrung verweist auf den »kommunizierenden« anderen, d. h. aber *idealiter* nicht vor allem den Lehrer, sondern ebenso sehr die anderen *participants* der Lerngruppe. Damit ist der Lern-Zuwachs in einer noch genauer und konkreter zu fassenden Weise verbunden mit dem Rollenverhalten des Schülers (bzw. der Schüler!) in der Lerngruppe. Zwar gilt auch dies *mehr oder weniger* für alle Schulfächer, hat aber für den fremdsprachlichen Unterricht eine zugespitzte Bedeutung: Spracherwerb ist (in einem hervorragenden und schwierigen Sinne) ein sozialer Vorgang; sozialpsychologische Kategorien sind bei seiner Beschreibung unabweisbar.

(4) Und schließlich ist an die pikante Basis dieser pikanten Pointe zu erinnern: Im fremdsprachlichen Unterricht ist das Kompetenz-Gefälle zwischen Lehrer und Schüler mit wenigen Ausnahmen unaufhebbar. Sein methodisches Grundproblem ist also das einer Verbindung kommunikativer Unterrichts*form* mit einzugebenden Steuerungsmechanismen, die eben diese Form immer wieder aufzuheben drohen: wahrhaftig, *a most delicate balance!*

Fremdsprachlicher Unterricht ist einfach effizienter, wenn darin die – fremde(!) – Sprache in den Funktionen *erscheint*, die sie außerhalb allen Unterrichts, »normalerweise«, hat.[2] Diese Funktionen lassen sich zusammenfassen als »kommunikative Übermittlung von Sinn«. Fremdsprachlicher Unterricht – als sprachlicher Vorgang – ist »auch« ein System komplexer kommunikativer Vorgänge. In allen kommunikativen Vorgängen sind die auftretenden Zeichengrößen jeweils auf »antwortende Gegenüber« gerichtet (– es sollte dem-

nach auch Texterarbeitung partner- bzw. gruppenbezogen erfolgen). Wie alle »andere«
Kommunikation erfolgt unterrichtliche Kommunikation mündlich und/oder schriftlich,
personal und/oder medien-bezogen (d. h. wiederum *ver-mittelt*). Sie ist jedoch – anders als
»andere« – in ihren Voraussetzungen »grund-los«: Sie hat (statt eines natürlichen Anlas-
ses) einen Zweck. Der durch sie übermittelte »Sinn« ist nicht notwendig identisch mit diesem Zweck. Da aber eine aus situativen Anlässen und Anstößen erwachsende Motivation
die Basis aller natürlichen, i. e. spontanen sprachlichen Äußerung ist (die wiederum Basis
und Ziel allen Sprachunterrichts ist), ist auch der fremdsprachliche Unterricht potentiell
desto besser, je ähnlicher er jener (Äußerungen »generierenden«) natürlichen Form von
Kommunikation wird – *auf der »Oberfläche«*. Auch in dieser Hinsicht gilt der WITTGEN-
STEINsche »Imperativ der Einbettung«: Die *deep structure* dieser sonderbaren »Simulation
von Kommunikation« sieht natürlich ganz anders aus (vgl. bereits oben Kap. 3, spez. zum
Begriff des Behaviorems).

4.1.2. Vokabeln und grammatische Regeln sind *Elemente* sprachlicher Zeichenarrangements.
Als solche sind sie legitime Elemente des fremdsprachlichen Unterrichts. Selbst schon unsere
thematische Beschäftigung mit sprachlichen Zeichenordnungen (oben in Kap. 3) zeigte allerdings, was der vorliegende Zusammenhang vollends unübersehbar macht: Als notwendige
Elemente jeglichen Lerngesprächs werden sie dennoch im strengen Wortsinn »sinn-los« *bei
Ablösung aus jenem Kontext* – den sie als *Momente* konstituieren.
Dies ist offenbar der tiefere lernpsychologische Grund dafür, daß a-kommunikativem Ein-
pauken und Abtesten kontextisolierter Vokabeln und Regeln so geringe Langzeit-Wirkung
innewohnt: Als punktuelle Performanz-Stütze vielleicht zweckmäßig, leisten sie – wenn
sonst kein Transfer erfolgt – für Auf- und Ausbau von *Kompetenz* wenig. Unterrichtlich-
methodische Folgerungen für den FU müßten in jedem Falle auf die sprachliche Momenten-
Ordnung und Momentan-Ordnung insgesamt des Lehrgesprächs rekurrieren:

(1) Als *Lern*gespräch bedarf es einer Steuerung durch den Unterrichtenden, die jedoch den
     Oberflächen-Charakter eines spontan-verknüpfenden Gesprächs niemals völlig auf-
     heben soll (s. o. 4.1.1.).
(2) Als Lerngespräch ohne sicheren »Kompetenz-Boden« bedarf es eines *Modells,* auf das
     sich alle Artikulation gesprächs-immanent beziehen kann. Dieses Modell gibt ebenfalls
     der Unterrichtende vor. Es bezieht sich auf alle sprachlichen Zeichengrößen (Laut –
     Wort – Satz – Text) und ist also die Basis der unter (1) genannten Gesprächs-Steue-
     rung; es unterliegt den gleichen Bedingungen wie jene: Sowie es den Lehrer endgültig,
     nachdrücklich und unübersehbar aus seiner Rolle als »Auch-Partizipanten« enthebt,
     sowie es ihn statt zu einem Steuernden zu einem Diktierenden und Kontrollierenden
     »steigert«, hat es seinen Sinn verfehlt und seine Transfer-Wirkung weitgehend ver-
     loren. Nur weitgehende Immanenz kann verhindern, daß das Modell aus der Tiefen-
     struktur »aufsteigt« und explizit wird (als ein Analogon regelhafter Vorschrift): kann
     verhindern, daß es »auf der Oberfläche« Aufmerksamkeit bindet und also vom Ge-
     sprächsgang abzieht.
(3) Als Lern-*Gespräch* »lebt« es von Schüler-Äußerungen – in denen dann das angebotene
     Modell rekurriert: Soll es Gespräch bleiben, dann ist der Lern-Effekt nicht auf *Imita-
     tion* zu gründen, sondern auf *Partizipation.* Was immer dies bedeuten mag, es ver-
     weist auf ein bestimmtes (allerdings ziel-orientiertes) *Rollenverhalten* des Schülers.
(4) Als Gespräch überhaupt kann es nur Bestand haben, wenn das Rollenverhalten der

Schüler nicht zu »schüler-haft«, d. h. lediglich aus dem Bezug auf den Lehrer gedeutet und verstanden wird: Ohne Bezug einer größeren Zahl von Partizipanten aufeinander müßte es immer wieder in den unter (2) zurückgewiesenen Zustand zurückfallen. Wie dies mit der in (1) und (2) beschriebenen Stellung des Unterrichtenden als des (sprachlichen) *primus inter* (kommunikativ) *pares* zu vereinbaren sei, ist zu untersuchen.

Im »Puppenstand« fand sich dies alles bereits in unseren Ausführungen über mögliche Zeichenarrangements und deren Deutung für den fremdsprachlichen Unterricht in den voraufgehenden Kapiteln. Da wir nun im Begriff der Kommunikation unseren »Deutungsmittelpunkt« erreicht haben, wird auch die Perspektive jener Kapitel »durchsichtig«. Kommunikation als der umfassendste *situative Kontext* sprachlicher Äußerungen ist nämlich zugleich der Zielbegriff einer in Deutschland bislang wenig bekannten Institution, die in England in den späten 60er Jahren den ganzen Sprachunterricht »umzukrempeln« sich anschickte (und bereits sehr beträchtliche Anfangserfolge zeitigte): des *Communication Research Centre* am *University College London* – dessen jahrelanger Leiter M. A. K. HALLIDAY war! Es schien uns nur natürlich, diese Verbindung englischer Kommunikationsforschung mit den linguistischen Traditionen des Kontextualismus (die in Deutschland ohnehin bereits tiefe fachdidaktische und -methodische Wirkung gezeigt hatte) in den Mittelpunkt unserer Ausführungen zu stellen.

Wie sehr dabei der eher in Deutschland als in England wirklich eingebürgerte Name »Kontextualismus«, wie sehr selbst die angelsächsische Bezeichnung *»neo-Firthians«* eine nur sehr lockere Gruppenkohärenz meint, ist heute deutlicher denn je: Die »Gruppe« ist längst in alle Winde zerstreut (auch HALLIDAY lehrt nicht mehr am *University College London*); alle (auch HALLIDAY, wenngleich schwächer) zeigen Einwirkungen aus dem Bereich der GTG; in der »repräsentativ« aus diesem Kreis entwickelten Groß-Grammatik (QUIRK *et al.*; 1972) ist der *approach* durchaus »vermittelnd« und HALLIDAYS Theorie spielt eine untergeordnete Rolle.

Tatsächlich sagt der Name »Kontextualismus« eher etwas über eine Sehweise als über eine Schule: »Situatives« und »Kontext« als Leitmotive forschenden Verhaltens erscheinen bei allen. Keine andere »Schule« hat diese Thematik mit solch einseitiger Obsession, solcher Zielenergie, Bewußtheit und empirisch-analytischer Produktivität verfolgt (– bevor eben diese Thematik dann als Dogma der »Pragmatik« bzw. »Pragmalinguistik« eine phönix-gleiche Wiedergeburt in den USA und in Deutschland erfuhr[3]. Dies beginnt mit FIRTHS Formel von der *»inter-related prehensiveness«* von Äußerungen und deren sprachlichen Formen[4] und wird in seine radikalen Verästelungen in Textlinguistik und Soziolinguistik weitergetragen von dem immer noch die spezifische kontextualistische theoretische Unruhe produktiv weiterbildenden HALLIDAY. Die besondere Affinität der HALLIDAYschen »Systems« zu soziolinguistischen Fragestellungen – zum erstenmal deutlich in dem berühmt gewordenen Kapitel 1.4. *»The users and uses of language«* aus *The Linguistic Sciences and Language Teaching* – fand besonders reinen Ausdruck im Vortrag über *Sociolinguistics and Linguistic Change* auf dem *XI. International Congress of Linguists* in Bologna (1972); im *Abstract* (ungedr.) seines Vortrags faßt HALLIDAY folgendermaßen zusammen:

(1) *The sociolinguistic process, or text-in-situation, is* (2) *a form of social interaction, realizing the social order, including* (3) *the status and role relationships within it; it is also* (4) *a product of the features of the speech situation. These can be seen as* (5) *activating the components of the semantic system, and thus as* (6) *specifying the semantic (hence also the lexico-grammatical) properties of the text, in the form of* (7) *sets of semantic norms or principles of meaning choice (registers). On the basis of* (8) *the aggregate of relevant situational features (domain) the text is* (9) *encoded in a particular variety (language/dialect); the distribution of varieties among individuals, in the form of social dialects,* (10) *expresses hierarchy in the social structure. The social structure also acts as a determinant of speech through* (11) *principles of semiotic organization (Bernstein's ›codes‹), which* (12) *regulate the pattern of semantic choice; the codes* (13) *derive from systems of role relationships within the family. –*

Graphisch läßt sich dies wie folgt verdeutlichen:

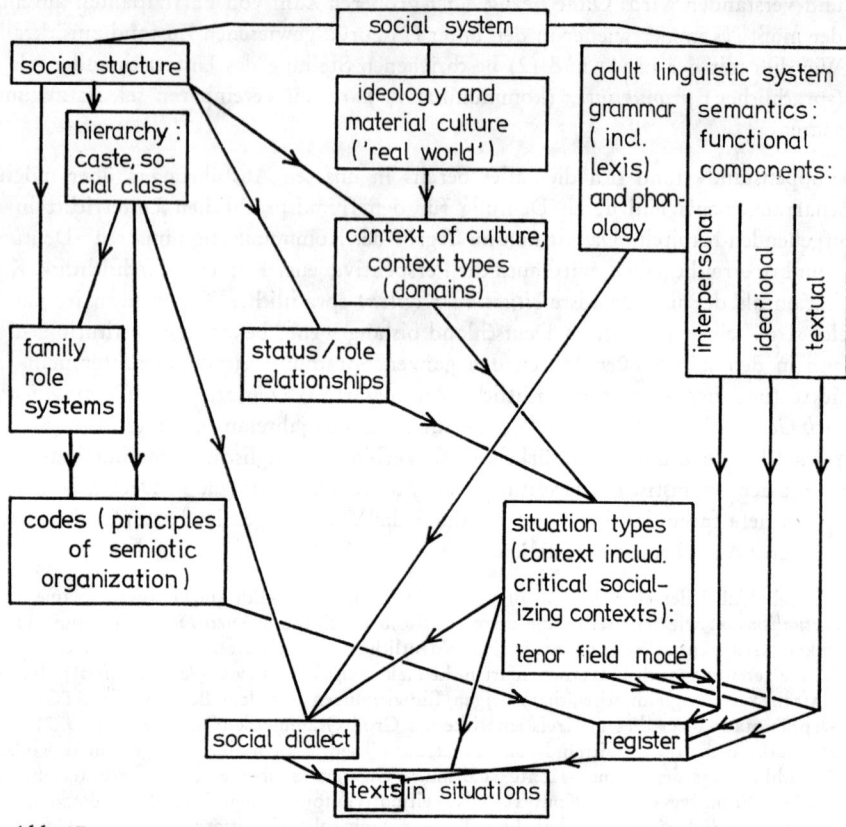

Abb. 17.

Der volle psychologische Kontext des im FU intendierten Sprachlernprozesses ist jetzt in wesentlichen Komponenten überschaubar:

- Seine sachlich-stoffliche Komponente war Thema des letzten Kapitels (»Sprachstruktur etc.«); dies führte aus »innerer Nötigung« zur zweiten Komponente:
- Seine bewußtseinsmäßig-attitudinale Komponente wurde in einer Reihe konstitutiver *Elemente* greifbar: Aufmerksamkeitsstruktur von Bewußtsein in Sprache, Bedeutung von Perspektive, Rollen-Partizipation und -Identifikation in Situation, sprachlicher Kontext, behaviorale Sequenzierung, Feld-Struktur von Artikulation. Die grundlegend sozialpsychologische gruppendynamisch-lernpsychologische *Qualität* dieser Elemente ist noch erheblich deutlicher herauszuarbeiten (= Ziel und Thema des gegenwärtigen 4. Kap.).
Dazu fehlt noch
- die *fremdsprachen-lernpsychologische* Komponente (= im 5. Kap.).

4.1.3. Der vierte der oben genannten 4 Aspekte des Unterrichtsgesprächs im FU ist unter kommunikativem Gesichtspunkt besonders interessant: Er bezeichnet eine Art Traum-Norm des Englischunterrichts (auf der Stufe des Sprachausbaus) und sollte nicht schnellfertige Phrase werden oder bleiben. Wir nähern uns den damit verbundenen Problemen (die uns noch gegen Ende des 2. Bandes beschäftigen werden) auf einem Umweg. – Im Sprachunterricht ist das »Ergebnis« einer Stunde immer mehr, als die Sprechleistung eines einzelnen sein kann. Daraus ergibt sich ein schwieriges Verhältnis von *Lerneffekt* zu *Stunden-»Ergebnis«.* In kommunikativen oder quasi-kommunikativen Beziehungen ist die Kommunikations-»Leistung« eines einzelnen nicht isolierbar, – obwohl der darin sich vollziehende Lernprozeß und Lernerfolg ihn als einzelnen betreffen.

Unser einziges Kriterium sich vollziehender sprachunterrichtlicher Lernleistung ist der *meaningful use.* Diesen zu bewirken wie zu kontrollieren, gibt es kein anderes sicheres Verfahren als das, eine stete »immanente« *meaningful recurrence* sprachlicher Ziel-Elemente im Gespräch zu veranlassen, deren »Umwälzung« bzw. wiederholte Anwendung also. Lernvoraussetzung, Lernvorgang und Lernkontrolle sind somit am gleichen Detail zu entwickeln: Alles hängt am richtigen Einsatz motivierender *Slots* und gliedernder *Summaries* **im Gespräch selbst.** Jeglicher *Transfer* ist im FU untrennbar verbunden mit mehr oder weniger scharf umgrenzter (i. e. strukturell und lexikalisch *feld*-bezogen *gesteuerter*) *aktiver* Kommunikation.

Damit gibt der fremdsprachige Unterricht ein hervorragendes Beispiel dafür, wie eine alte didaktische »Weisheit« außer Kraft gesetzt wurde: Der ältere unterrichtliche Vermittlungs- und Übungsbetrieb wurde im sogenannten »Didaktischen Dreieck« dargestellt.

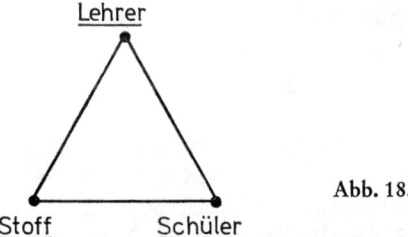

Abb. 18.

In ihm kommt die ältere Vorstellung von der Mittelpunktstellung des Lehrers und der weitgehend unidirektionalen Konfrontation des »Schülers« mit der »Sache« klar zum Ausdruck.

Abgesehen davon, daß es im recht verstandenen FU Sache/Stoff/Gegenstand *als person-abgelöste(n)* gar nicht gibt (oder geben sollte), ist dazu folgendes zu vermerken:

1. Der fremdsprachliche Unterricht zeigt uns überdeutlich, was sich mittlerweile über den Unterricht in allen Fällen und Fächern herumgesprochen hat[5]: Niemals ist im normalen Lernarrangement unserer Schulen ein einzelner Schüler mit einer einzelnen Sache allein konfrontiert, – einer Sache überdies, die er dann etwa durch sich und sie selbst anregend findet (= aus »primärer Motivation«) oder über die Person des Lehrers (= aus »sekundärer Motivation«). Wie stark immer Neigung oder Interesse zur Sache oder Person sein mögen, die wesentliche Anregung für den tatsächlichen Lernvollzug in der Unterrichts-stunde folgt aus der ziel-orientierten *sozialen Interaktion* in der Lerngruppe[6]: Auch das »Interesse«, soweit es sich aktualisiert(!), ist sozial bezogen und kann sich – innerhalb eines individuellen Spielraums – aus und in dieser Interaktion ändern (»Rollenmotivation«).

Der Einzelschüler ist nicht mit einer »Sache« und dem Lehrer allein: So richtet sich auch die Bewertung (wie die Anregung) nicht vorzugsweise vag-verallgemeinernd auf ihn als hypostasiertes Individuum, sondern auf seine Verhaltens-Impulse im Kontext des Gesprächs: Sie erfaßt punktuell-additiv Kraft, Sequenz und Summe seiner Äußerungsleistungen und *beurteilt ihn als spontan oder reaktiv auf Rolle und Gruppe* (sowie, natürlich, den Lehrer) *Bezogenen.*

Responsiveness wird zu einer zentralen Beurteilungskategorie des mündlichen Unterrichts.

CORRELL hat diese neue Vorstellung von den Motivations-, Anregungs- und Bewertungs-Möglichkeiten im Unterricht (die »neue Wahrheit«) in zwei einfache Formeln gefaßt. Lernen ist zunächst einmal eine »Funktion der Motivation«:

$$L = f(M)$$

Dem ist aber hinzuzufügen, daß »das Lernen ganz besonders eine Funktion der Antizipation der *Gruppenreaktionen* durch den einzelnen ist«:

$$L = f(Agr)$$

Dabei »hängt die Antizipation der Gruppenreaktion wieder ab von der Summe der vorausgegangenen sozialen Erfahrungen des Betreffenden in der Schulklasse und auch in der Familie.« – Auch hier ist offenbar eine Art von »progressiver Kontextualisierung« die geheime Leitvorstellung: Der einzelne Schüler ist in seiner personalen Eigenart (– nur »Reife und Begabung«???[7]) durchgehend auf soziale Kontexte bezogen, ist durch sie mitdefiniert.

Deuten wir nun diese rein behavioristische Formel gestaltpsychologisch und kognitivistisch um, dann sind vor allem die mancherlei »Summen«-Vorstellungen durch die Ordnungsschemata von Selektion und Strukturierung (»Gestalt«) zu ersetzen. Entscheidend aber ist, daß die im Begriff der GRUPPE liegende Verführung zu voreiliger Generalisierung erkannt wird: Die CORRELLsche Formel verweist durchaus nicht notwendig – wie man vielerorts interpretiert[8] – nur auf »Gruppenarbeit« als optimale Form modernen Unterrichtsarrangements, sondern auf eine *Arbeit in, mit und aus Gruppenreaktionen und deren wechselseitiger Antizipation durch die Mitglieder eben dieser Gruppe;* dies wiederum schließt »Gruppenarbeit« natürlich auch nicht aus. Abgesehen aber von den besonderen Schwierigkeiten gerade »gruppenunterrichtlicher« Arbeit im *fremd*sprachlichen Unterricht (s. u. unter 2.) verweist CORRELs Formel und deren ausführliche Erläuterung (auf S. 116 f.; vgl. auch das Beispiel auf S. 118!) auf etwas ganz anderes: Sie enthält ein Postulat gesteigerter Interaktion *innerhalb* von Kurs oder Klasse als der jeweiligen Lerngruppe, einer Interaktion also, die aus dem gesteigerten wechselseitigen Antizipations-Verweis der rollenmäßig aufeinander eingespielten Mitglieder der Gruppe »lebt« (– wobei sich die Gruppe in eben diesem »gebündelten« Rollenverhalten als Gruppe immer wieder aufbaut, erfährt und bestätigt).

Antizipation wird damit in einem doppelten Sinn zur psychologischen Basis von Unterricht unter den besonderen Bedingungen des Unterrichtsgesprächs:
Unterricht als *gerichteter Vorgangskomplex* wurde bereits in den Kapiteln 1–3 verständlich als der Versuch, eine ziel-orientierte Perspektive aus allgemein-gesellschaftlichem Vorentwurf der »Intentionalität« des Schülers einzuformen. Die »Aufmerksamkeitsstruktur« des Schülers

sollte *antizipatorisch* auf das Lernziel gerichtet sein. – Im Zusammenhang der CORRELLschen Lernformel wird deutlich, daß dieser »klassische« pädagogische Antizipations-Begriff (vgl. z. B. die Darstellung bei MAIER/PFISTNER[9]) zu erweitern ist. *Lernziel-orientierte Antizipation ist im konkreten Gespräch eine Funktion der partner- und gruppen-bezogenen Antizipation.* Der Unterrichtende tut gut daran, in Erwartungshaltung, Slot-Vorgabe und verknüpfend-gliederndem Eingriff diese *psychologische Basis des Gesprächs* zu erinnern.

Sie enthält, kurz und schlicht, die Aufforderung, endlich mit der Vorstellung eines impuls- und aspektreichen Unterrichtsgesprächs als einer optimalen Form »immanenten« Lernens ernst zu machen.

2. Der fremdsprachliche Unterricht steigert – aufgrund seiner besonderen Struktur – diese vielleicht doch noch nicht so allgemein akzeptierte »neue Wahrheit« über ihren ursprünglichen Ansatz hinaus. Für manch andere Schulfächer (besonders offenbar die Gemeinschaftskunde) hat sich der Unterricht in Arbeitsgruppen als optimal erwiesen; dennoch wäre eine allzu eilfertige Übernahme dieses Arrangements für den FU didaktisch-erkenntnistheoretisch »naiv«: Die in solchen Arbeitsgruppen stillschweigend vorausgesetzte sprach-kommunikative Kompetenz (Möglichkeit der Erarbeitung = Möglichkeit *der Verständigung* über etwas) ist im FU gerade erst aufzubauen. Da das Kompetenzgefälle zwischen Lehrer und Schüler unaufhebbar ist, trägt der Lehrer erhöhte Verantwortung: ihn aus dem Lernprozeß herauszunehmen, wäre unvertretbar, weil das »Modell« ausfiele; so käme die artikulative Sicherheit bald ins Wanken. Thematisch-explizite Arbeit an Fehlformulierungen und Formalien würde nötig werden, und diese aus sich selbst schon weniger effizienten Lernarrangements wären gewiß auch der Motivation nicht zuträglich.

Dies alles tangiert die Wahrheit der CORRELLschen Formel nur insofern, als es sie bekräftigt: Weitgehender Rollen-Verweis oder -Bezug auf »die anderen« als gegliederte Gruppe muß sich artikulieren und wird *in der Artikulation und als bestimmte Form von Artikulation* ein didaktisches Zentralthema des FU. Die »zweite Dimension« der Fremdsprache, von der bereits im EINÜBENDEN TEIL die Rede war, macht eine energische Neubesinnung auf die motivationalen und artikulativen Bedingungen solcher Rede nötig. Das Problem der spezifisch *fremd*sprachenunterrichtlichen Gesprächsform ist sowohl linguistisch wie gruppendynamisch neu zu durchdenken. Erste Ansätze zur linguistischen Fundierung liegen vor in unserer Auseinandersetzung der voraufgegangenen Kapitel; der sozialpsychologische »Rahmen«, Motor und Boden (wenn denn dies »wirr-einfache« Bild erlaubt sein soll) ist offenbar weiter auszubauen. – Schon jetzt ist klar, was die durch recht verstandene Rollen-Kalkulation ausgelöste und gesteuerte Unterhaltung für den intendierten Lernprozeß zu leisten hat: sie hat die notwendige »Umwälzung« oder »immanente Rekurrenz« sprachlicher Elemente zu ermöglichen.

Damit hat sie dann auch die Funktion, die Zahl der Schüler-Äußerungen pro Zeiteinheit (i. e. pro Schul-Stunde) zu erhöhen, – dies aber gewiß nicht in dem Sinne, in dem LADO das Verfahren der *pattern practice* als der Weisheit letzten Schluß anpreist[10]: Der »Lernzuwachs« im sprachunterrichtlichen Bereich vergrößert sich eben nicht einfach »mit der Zahl der sprachlichen Äußerungen«, sondern mit deren

(1) Konvergenz in gewissen Ausdrucks- und Form-Feldern,

(2) Rekurrenz in wechselnden Kontexten (Transfer) und dann erst deren

(3) Häufigkeit (– wenn Sie wollen: »Frequenz«),
    wobei auch dazu noch die Klausel »im Äußerungsfeld wechselnder Kommunikanten« hinzuzufügen wäre.

Das »ideale« Unterrichtsgespräch erhöht eben nicht einfach die Zahl der Äußerungen überhaupt, sondern die Zahl der durch wechselseitigen Rollen-Verweis *sinnvollen* (d. h. motivierenden = weitertragenden) Äußerungen. Dabei ist das, was dem Gespräch seine »simulierte Natürlichkeit« gibt, i. e. jeweils ein »SITUATIVER KONTEXT, zugleich die Grundlage zu dessen (feld-bezogen artikulativer) »Steuerung« durch den Lehrer: Er steht zugleich »innen« und »außen«.

> Mit der neuen Definition des fremdsprachenunterrichtlichen Lernvorgangs geht ein bestimmtes Konzept der Rolle des Lehrers und der Rolle des Schülers einher. Solange der Lernvorgang wesentlich imitativ-reproduktiv verstanden wurde, war die Funktion des Lehrers, vorzutragen, zu erklären und zu kontrollieren, die des Schülers, zuzuhören, aufzunehmen und wiederzugeben. Bei sozialem und produktivem Lernen regt der Lehrer an und veranlaßt *activities:* Damit sind zunächst die mancherlei kleinen Spielhandlungen gemeint, die auf der Unterstufe Anlaß zu begleitenden Äußerungen abgeben; ferner sind darunter alle gruppendynamisch interessanten Äußerungs-Spielarrangements in der Klasse (an, hinter, neben der Tafel, zwischen Tafel und Klasse, in Fragespielen etc.), bei sehr weiter Auslegung auch der Gesprächsaufbau selbst zu verstehen. Das beste Lehrbuch wäre demnach dasjenige, das am stärksten Gelegenheit zu allen Arten von *activities* gibt. Die Zahl von Lektüre-Texten, die diesem Anspruch genügen, ist natürlich sehr gering[11]; – außerdem sind natürlich Lektüre-Texte nach einer Reihe weiterer Gesichtspunkte zu beurteilen.

So wäre für den Fall eines solchen »›idealen‹ Unterrichtsgesprächs« im FU das klassische Schaubild des Didaktischen Dreiecks (s. o. S. 191) zu ersetzen durch die modifizierte »Vollstruktur« einer experimentellen Gruppenkommunikation (nach Koszyk/Pruys)[12]:

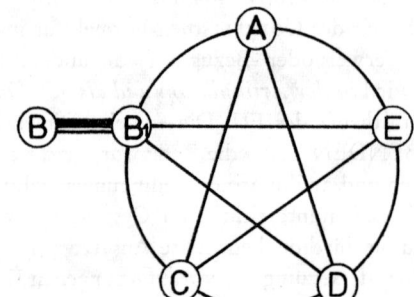

Abb. 19.

Dabei bezeichnet die Abweichung vom gewohnten Bild in B–B$_1$ die gedoppelten Bewußtseins- bzw. Rollen- und Verhaltens-Funktionen des herausragenden *participant* dieser besonderen Art von Gruppenkommunikation: des Unterrichtenden. Der besondere Vorzug aber dieses Schaubildes im Vergleich zum obigen, des Didaktischen Dreiecks, besteht in etwas anderem: *Der »Stoff« oder die »Sache« kommen in dieser Darstellung gar nicht mehr vor.*[13] Sie bezeichnet damit das Lernziel und die Lernproblematik des FU sehr präzis. Der »Stoff« bzw. die »Sache«, um die es geht, ist die graduierte und selektive artikulative *Aktivierung dieses Rollen- und Beziehungs-Systems selbst;* einen »Stoff an sich« (wie z. B. in der Chemie) gibt es nicht – oder nur sekundär. Die darin angestrebte immanente Rekurrenz sprachlicher Elemente bedeutet zwar eine Erschwerung für den Lehrer, da eine hohe Konzentrationsleistung von ihm erwartet wird (allerdings gibt es eine Reihe entlastender Techniken, von denen noch zu reden sein wird). Sie bedeutet zugleich für den Schüler eine Erleichterung, da weniger formale Paukerei von ihm erwartet wird.

Der Schüler braucht sich nur unters Joch des einen Prinzips zu beugen, um solcher Freuden teilhaftig zu sein – nach dem Prinzip: Aktive Teilnahme am Gespräch ist selbst schon Aufbau und Festigung von Ausdrucksstrukturen in der Zielsprache. –

> *To speak, or not to speak, that is the question:*
> *Whether 'tis nobler, in the mud, to guffaw,*
> *Or to feel qualms about one's FL troubles,*
> *And, by conversing, end them . . .*

Ay, there's the rub. There's nothing more to say. Bei allem Respekt aber vor Englands größtem Sprachgeist, der hier *o'erthrown* wurde(??), können wir mit dieser SHAKESPEARE-Collage nicht schließen. (Schließlich erlaubte ja schon das produktive Mittel, dessen wir uns bedienten, – Substitution – eine ganze Reihe weiterer Formen: . . . *or to take arms against . . . and through some method / by contending* etc.)

Das Spaßes und der weiteren Verdeutlichung halber ließe sich das ideale, nie zu verwirklichende, aber auch nie als Traumziel aus den Augen zu verlierende fremdsprachenunterrichtliche Lehr- und Lerngespräch aus dem Geist – oder doch wenigstens mit einigen der Mittel – der Mathematik darstellen.[14]

Begreifen wir zunächst alle *participants* als »Elemente in Beziehung«:

Wir hätten da als ein Element L, den Lehrer, dann weiter die n Schüler $S_1, S_2, S_3, \ldots, S_n$ der Klasse K, d. h. in verknappender Auflistung die

- *Elemente* – $L, S_1, S_2, S_3, \ldots, S_n$;
- *Mengen* – $\{L, S_1, S_2, S_3, \ldots, S_n\} = M$ = Menge der Teilnehmer insgesamt;
  $-\{S_1, S_2, S_3, \ldots, S_n\} = K$ = Klasse oder Lerngruppe;
  $-\{L\}$ = Menge der Lehrer
  (= im Falle von *Team-Teaching*-Projekten mehrere »Elemente« enthaltend; im Durchschnitts- und Normal-Fall des Gesprächs, der uns hier vorläufig stärker beschäftigt, *ein*elementig),

Idealiter bestehen nun 3 Beziehungen:

(1) die Beziehung von L zu K überhaupt und insgesamt:
$$L \longleftrightarrow K;$$
Partner dieser Beziehung: die 2 Mengen $\{L\}$ und K, die wiederum Teilmengen von M sind; K hier = »Klasse (bzw. Lerngruppe) als Ganzes«.

(2) die Beziehungen aller S_n je einzeln auf L (damit treten sie – als Elemente von K – einzeln auf) und die von L auf sich (der damit als reflektierendes Bewußtsein besonderer Art symbolisch doppelsinnig bezeichnet ist: als ein in diesem Prozeß im gleichen Akt immer auch *»zu sich selbst« in Beziehung Tretender«*!):

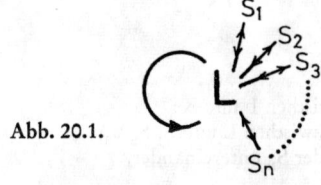

Abb. 20.1.

Partner dieser Beziehung: die Elemente von M.

(3) die Beziehungen aller S_n untereinander:

Partner dieser Beziehung: die Elemente von K.

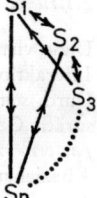

Abb. 20.2.

Die S_1, S_2, S_3, ..., S_n beziehen sich also *idealiter* im gleichen Akt:
– als selbständige Elemente zugleich aufeinander und auf L;
– als Elemente von K mit der Menge K auf die Menge {L}.
Alle diese Beziehungen sind »auf der Oberfläche« *reziprok*, zugleich aber *in der Tiefenstruktur unidirektional:* Alle nämlich sind von L her bestimmt oder sogar – im Doppelsinne – »organisiert«.
Das Prinzip dieser »Organisation« ist offenbar für das Verständnis des Gesamtkontextes notwendig. Zugleich verweist es »system-transzendent« über das bisher beschriebene Beziehungssystem hinaus in eine andere Beschreibungs-Dimension: Es kommt von »außen«. Dennoch ist es natürlich als (vierte) »Beziehung« formulierbar – als Beziehung »anderer Art«:

(4) L wie K wie S_1, S_2, S_3, ..., S_n beziehen sich auf ein *Programm P:* S_1, S_2, S_3, ..., S_n werden sowohl als selbständige Elemente wie als Elemente von K »über L« durch das Programm P beeinflußt. – P wäre verbal beschreibbar als gestufte, schrittweise sich entwickelnde Distribution von Sprache in »Füllstellen« *(slots)* und feldmäßigen »Bündelungen« alternativer »Stellenfüller« *(fillers)*: Als solche wäre es wiederum *mathematisch* darzustellen in den Begriffen von Element und Menge, wahrscheinlich auch durch Graphen. Wir wollen uns die Mühe sparen.

Wir sagten, diese letzte Beziehung aller *participants* auf P verweise in einen anderen Zusammenhang: So ist sie in der folgenden zusammenfassenden Darstellung aller oben genannten Gesprächsbeziehungen – wie bereits oben (S. 194) in unserem Schaubild einer kommunikationstheoretischen Vollstruktur dieses Vorganges – nicht mit darzustellen. Sehr wohl darstellbar ist hingegen die Unidirektionalität jener Beziehungen in der Tiefenstruktur des Gesamtkontextes: Sie erscheint in einer verstärkten Pfeilmarkierung von L aus, welche die Wechselseitigkeit der Beziehungen zwischen L und K bzw. S_1, S_2, S_3, ..., S_n graphisch zugleich beläßt und aufhebt.

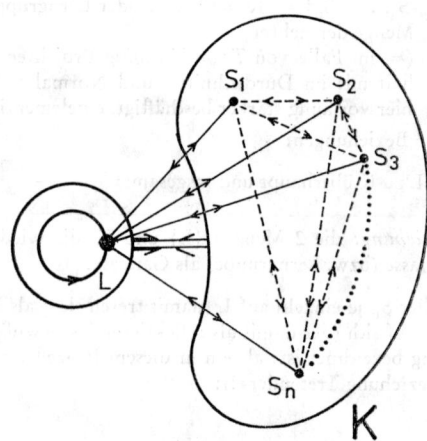

Abb. 20.3.

Doppelt durchgezogene Linie:	die Beziehung zwischen L und K;
einfach durchgezogene Linie:	die Beziehungen zwischen L und S_1 S_2 S_3, ..., S_n;
gestrichelte Linie:	die Beziehungen der S_n untereinander.

Diese vier, in der mathematischen Darstellung sozusagen »ruhenden« Beziehungen bilden im Interaktions-Zusammenhang des Unterrichts ein komplexes »Erwartungs-*pattern*«:
Durch seine *special relationship* zu P hat der Unterrichtende L eine Sonderstellung im Gespräch. Gemäß dieser Sonderstellung ist es seine Funktion *und Aufgabe(!)*, jenes »Erwartungspattern« *zu aktivieren.* Als Anregender, Auslösender und Steuernder ist er dabei mit allen 4 Beziehungspolen in je verschiedener Weise verbunden. Entsprechend ist seine »Aktivierungs-Aufgabe« vierfach aufzufächern; sie lautet

(1) in Hinsicht auf das zugrunde liegende Programm P:
Zubereitung und Arrangement des Lern-»Stoffs«, sequentiell und situativ;
dabei »kommen ihm« die Hersteller der jeweiligen Lehrgänge oder Lehrwerke »entgegen«:
sie »nehmen ihm« auf der Stufe des Spracherwerbs die Zubereitung weitgehend, das Arrangement teilweise »ab«;

(2) in Hinsicht auf sich selbst, den Unterrichtenden:
Stufen- und gruppenbezogene Selektionsrestriktion im Ausdruck nach entsprechender Vorbereitung; streng kalkulierte limitierende Selbstprägung und -kontrolle des Unterrichtenden *als eines der Sprecher* im Gesprächskontext;

(3) in Hinblick auf die Lerngruppe K als psychologische Einheit:
Herstellung einer positiven gesprächs-förderlichen Ausgangslage durch ein überschaubares *feed-in*
a) in Hinsicht auf sich selbst als Gegenüber und möglichen Partner,
b) in Hinsicht auf das »anzugehende« Material,
c) in Hinsicht auf die zu leistenden Aktivitäten (= unterrichtlichen Operationen).
Klare Vorstellung (im Doppelsinn des Wortes) und klarer Vorverweis sollten eindeutige und einfache Erwartungshaltungen schaffen.

(4) in Hinblick auf die einzelnen Mitglieder S_1, S_2, S_3, ..., S_n der Lerngruppe K:
Motivation zu (steuer- und kontrollierbarem) Äußerungs-Verhalten, nicht so sehr zur Wiedergabe irgendwelchen *Wissens*, sondern zu »Äußerung überhaupt« (besonders natürlich zu solchen Äußerungen, die man aufgreifen, besprechen, weiterführen und wiederholen lassen kann!).

Jenseits dieses ersten Schritts zur Aktivierung des oben genannten komplexen »Erwartungs-*patterns*« ergibt sich dann eine weitere Funktion und also Aufgabe des Unterrichtenden L:
Er hat die angelaufenen Aktivitäten voran- und weiterzutragen und dadurch ein ziel-orientiertes bi- und multilaterales Gespräch zu ermöglichen. Dies wiederum ist nur möglich, wenn dessen tragende Äußerungen *zugleich kommunikativ und programm-bezogen* sind.
Hiernach lassen sich die Funktion und die Aufgabe des Unterrichtenden L im »idealen« fremdsprachenunterrichtlichen Gespräch neu und etwas *konkreter* fassen; es sind

(1) Auslösung von Reaktionen bei möglichst vielen Elementen: S_1, S_2, S_3, ..., S_n der Gesamtmenge K im Rahmen des Programms P
(= Motivation und Kontrolle);

(2) Steuerung dieser (i. e. Initial-) und weiterer (i. e. Repetitiv- und Reaktiv-)Reaktionen im Rahmen des Programms P
(= Aufrechterhaltung und Vertiefung von Motivation und Kontrolle);

(3) Steuerung der Reaktionen des Steuernden L in Reaktion auf die Reaktionen von S_1, S_2, S_3, ..., S_n
(= Nutzung des *feedback*).

Insgesamt handelt es sich um die Auslösung und Steuerung von zugleich L-bezogenen wie S-bezogenen Äußerungen im Rahmen des Programms P (das sich in diesen und durch diese Äußerungen sequentiell entfaltet).
Die Einheit aller von uns postulierten Beziehungen und Aktivitäten (in Verbindung mit den hier nicht weiter ausgeführten Formen der Ergebnissicherung) ist dann beinahe schon so etwas wie das *Curriculum* des Faches – wiederum *idealiter*.

4.1.4. Zusammenfassend läßt sich der Zusammenhang von fremdsprachlichem Unterricht und Kommunikation vorläufig folgendermaßen fassen:

1. *Unterricht* ist eine spezifische Form menschlicher Kommunikation. Ihre auszeichnenden Merkmale sind Ziel-Orientierung und Steuerung.

2. *Sprachunterricht* ist eine spezifische Form unterrichtlicher Kommunikation:
diejenige, bei der das Medium unterrichtlicher Kommunikation zugleich deren Thema und Lernziel ist.
Ziel-Orientierung und Steuerung sind durch diesen Tatbestand gebunden und eingeengt.

3. *Fremdsprachlicher Unterricht* ist eine spezifische Form sprachunterrichtlicher Kommunikation:

diejenige, bei der das Medium unterrichtlicher Kommunikation im Prozeß eben dieser Kommunikation (als deren Lernziel und Thema) überhaupt erst als solches entsteht, d. h. zunächst aufgebaut, eingeübt, erweitert, transferfähig gemacht und schließlich auch reflektiert wird.

Ziel-Orientierung und Steuerung sind des komplexen Vorganges wegen zugleich enger zu fassen, zu steigern und mit Vordergrunds-Impulsen motivierender Art zu verbinden. Diese Verbindung leistet der jeweilige situative Kontext der jeweils angestrebten Äußerungsformen in der Zielsprache.

Weiter eindringende Überlegungen werden zeigen, welche konkreten Details diesem vorwegnehmenden Vorausentwurf zuwachsen müssen.

4.2. Kommunikationsforschung und fremdsprachlicher Unterricht

4.2.1. Die drei Aspekte des Kommunikationsbegriffs

4.2.1.1. Kommunikation ist – wie das vor-caesarische Gallien – »omnis divisa in partes tres«. Anders als jenes harrt es keiner Eroberung, sondern ist »omnis«, ungeschieden in der Dreizahl seiner *Aspekte,* immer schon Element unseres wirklichen Lebens: ist *geleistet,* – wenn auch dies weder selbstverständlich noch mühelos.

> Was für Kommunikation allgemein gilt, trifft, so sahen wir, auf fremdsprachenunterrichtliche Kommunikation erst recht zu: Sie ist durchaus »Leistung«, nicht »Natur«, und »kommt« weder selbstverständlich noch ohne besondere Mühen.
> Unter didaktischem Gesichtspunkt ist natürlich nicht vor anderem interessant, wie diese »Leistung« zu *verstehen* sei. Uns interessiert vielmehr die Antwort auf die Frage, wie diese Leistung innerhalb bestimmter ziel-orientierter gruppendynamischer Prozeß-Ordnungen zu *bewirken,* wie sie zu bewerkstelligen ist. Viele, die voll guten Willens und Wissens in bester Überzeugung unter ihre Schüler traten, rufen sonderbar eilig nach Tusch und Degen, stoßen ein überflüssiges *Toro, Toro* aus, – und enden mit Ohropax.
> Was also ist zu tun?
> Zunächst sollte man vielleicht doch versuchen, aller Resignation zuvor (auch deren aktionistischer Flucht- und Vorwärtsreaktion voraus) die Ansatzpunkte solcher Wirkung in »Kommunikation überhaupt« zu nennen und zu verstehen.

Drei »Aspekte« von Kommunikation waren erwähnt: Damit sind nun nicht drei Bedeutungs- oder Gebrauchs-Varianten gemeint. Gemeint ist vielmehr das, was *die ursprüngliche Bedeutung von Kommunikation in ihren »partes«* (um noch einmal CAESAR zu zitieren) konstituiert:

● ihre äußere Form,
● ihre spezifische Leistung,
● ihre personale Basis.

Die Reihenfolge unserer Nennung bezeichnet dabei (in unserer Überzeugung) zugleich eine *Cline* im Sinne M. A. K. HALLIDAYs: Über diesen Dreischritt von äußerer Form, spezifischer Leistung und personaler Basis nämlich gelangen wir von der *surface structure* von Kommunikation – eher gleitend als stufenweise abgrenzend – zu deren *deep structure.* Das Verhältnis und die Beziehung der *levels* auf dieser *Cline* zueinander ist ein grundlegendes fachwissenschaftliches Problem. Insofern es den spezifisch fremdsprachenunterrichtlichen

Lernprozeß mitdefiniert, ist es zugleich ein wahrhaft »grund-legendes« fachdidaktisches Problem: Es ist – in terminologischer Zuspitzung – zu fassen als das Problem des strukturellen Ineinanders der drei wesentlichen *Aspekte von Kommunikation,*

● des *zeichentheoretischen* Aspekts,
● des *informationstheoretischen* Aspekts
und
● des *sozialpsychologischen* Aspekts.

Die Aspekte wie die Problematik dieses besonderen Zusammenhanges können wir hier nur äußerst verkürzt darstellen: Es wäre anmaßend und absurd, »in Kürze« ein auch nur annähernd vollständiges und »abgerundetes« Bild »der« Kommunikationsforschung geben zu wollen. Wie in den voraufgehenden Kapiteln müssen wir hier so parteiisch auftreten, wie wir tatsächlich sind. Überdies ist das erklärte Interesse unserer Darstellung auf die *methodischen* Aspekte des fremdsprachenunterrichtlichen Lehr- und Lernvorganges gerichtet – und findet darin seine Grenze.
Andererseits leiten sich wesentliche unterrichtsmethodische Gesichtspunkte unmittelbar aus den Qualitäten dieses Zusammenhanges her.

4.2.1.2. Der *zeichentheoretische* Aspekt von Kommunikation betrifft jeglichen Sprachunterricht *thematisch* und insofern unmittelbar; Lehrgänge und Lehrwerke hatten lange vorzugsweise ihn im Auge.

Unser thematisches Interesse, der FU, setzt uns sehr enge Grenzen. Vom »Wesen« der Zeichen[15], ihrer »Funktion« oder spezifischen »Leistung«, von »Superzeichen«-Bildung oder -Erörterung im »Netzwerk« des Unterrichts als eines kommunikativen »Systems« sei zunächst nicht die Rede (– einiges davon wird uns im Zusammenhang des *Information*sbegriffs beschäftigen, anderes im 2. Band). Hier sei zunächst nur angesprochen, was bei HALLIDAY die *levels* von *substance* und *form* umgreifen: das Verständnis von Zeichengröße und Zeichen-Ordnungen selbst; – von *context* (dem dritten HALLIDAYschen *level*) ist nur insofern auch zu sprechen, als sich in der »Funktion« von Zeichen deren zweiter Aspekt, der informationstheoretische (s. 4.2.1.3.), ankündigt.
Wir unterscheiden in diesem Zusammenhang z. B. nach
1. Arten von Zeichen: non-verbal oder verbal.
2. Bedingung, System und Funktion von Zeichen, i. e.
   ● dem Kontext non-verbaler Zeichen
   (= Forschungsbereich der *Kinesik*)[16],
   ● dem Kontext verbaler Zeichen
   (= außersprachlich und innersprachlich: Forschungsbereich der *Pragmatik*),
   ● dem System verbaler Zeichen;
   Sonderfall: *das zu erlernende Zeichensystem einer unterrichtlichen Ziel-Sprache,* hier: des Englischen
   (= Forschungsgebiet der *Linguistik*);
   unter diesem Stichwort geht es um die oben in Kap. 3 immer wieder angesprochenen und umschriebenen Zeichengrößen (Laut–Wort–Satz–Text) und Zeichen-Ordnungen (»Felder«).
3. Zuordnung von Zeichen im System, wie sie der Begriff des *Code* faßt.
   Wie die Begriffsbildungen »pädagogischer Code« oder »kommunikativer Code« zeigen, weist dieser Terminus über seinen engeren zeichentheoretischen Wort-Sinn[17] hinaus; auch die informations-theoretische Gleichsetzung von Code und SAUSSUREscher *langue*[18] ist nur sinnvoll unter Aufhebung der erkenntnistheoretischen Einschränkungen, welche sich Informationstheoretiker mit Vorliebe (und ohne Not) selbst aufzuerlegen pflegen: d. h. bei Einbettung in den sozialpsychologischen KONTEXT von »Information«. Aus diesem Kontext heraus gewinnt die JAKOBSONsche Auffassung von *la langue* als einem »Ensemble von vorgesehenen und bereitstehenden Möglichkeiten«[19] Bedeutung: Als dieses »Ensemble« wird der *Code* verstehbar als ein durchaus nicht »leeres«, etwa nur formales, sondern ein mit attitudinalem Sinn »aufgeladenes« System von *Optionen* (= »Regel«-Apparat!).

Unter dem Begriff des *Codes* ist *sprachliches Verhalten* zu verstehen als
– komplex ineinandergreifendes *Enkodieren* und *Dekodieren*
  unter jeweiliger
– kontext-bezogener *Selektionsbeschränkung*
  (Beispiele wären: eine »natürliche« Sprache überhaupt, ein Dialekt, ein Register, ein Stil).
Die Einheit dieses Prozesses wird anschaulich deutlich in A. E. DARBYSHIRES diagrammatischer Vereinfachung[20]:

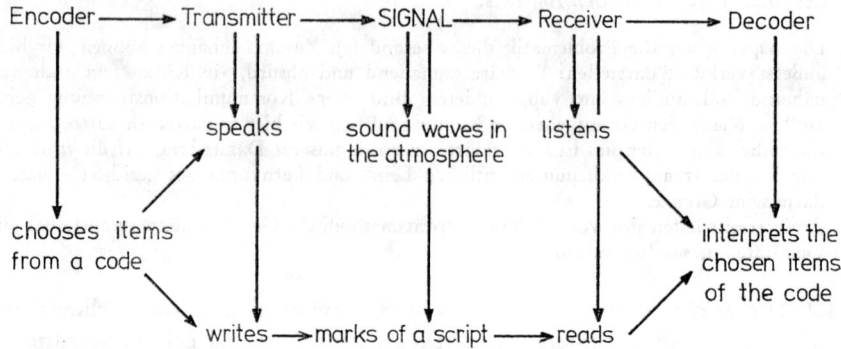

Abb. 21.

Kontext-bezogene (i. e. »feld«mäßig gegliederte) *Selektionsbeschränkungen* sind uns im
vorliegenden Zusammenhang besonders interessant: Unterricht im allgemeinen, Sprachunterricht im besonderen und fremdsprachlicher Unterricht vor allem anderen sind, zeichentheo-
retisch gesprochen, als Fälle spezifischer Selektionsbeschränkung zu deuten – und *stellen an
den Lehrer entsprechende Anforderungen!*

4. Funktion von Zeichen *in Relation auf deren »zeichen-transzendente« Aspekte,* – den im
engeren Sinne *kommunikativen* (= sozialpsychologischen) und den *informationstheoretischen:* Im einen Falle *ver*mittelt das Zeichen etwas, im anderen *über*mittelt es etwas; in
beiden Fällen »unterliegt« der verbalen »Performanz« eine noch näher zu bestimmende
Kompetenz des jeweiligen »Zeichenbenutzers«.
Fachdidaktisch besagt dies, daß eine solche noch näher zu bestimmende *sekundäre »Kompetenz«* das eigentliche Lernziel aller auf das fremdsprachliche *Zeichen*system doch nur
»oberflächlich«(!) zielenden Lernvorgänge sein muß.
Dieses Lernziel (das sich also auf die »Tiefenstruktur« sprachlichen Verhaltens bezieht)
verbietet es, einer verbreiteten Übung zu folgen: Es ist danach nicht mehr möglich, die Begriffe »Semantik« bzw. »Kompetenz« nur-noch-zeichen-(bzw. informations-)theoretisch zu
verstehen. Solche Reduktion wurde bereits in der oben (S. 136) zitierten »Semantik«-Defi-
nition HÜLLENs zurückgewiesen durch den Zusatz »mit seinem auf Außersprachliches weisenden Zeicheninhalt«. Leider bleibt dabei dies »Außersprachliche« unscharf bestimmt. Es
wird nicht deutlich, daß damit nicht vorzugsweise Gegenstände der wirklichen Welt gemeint sind, sondern zugleich und vor allem die Rede-Intentionen der jeweiligen Sprecher.
(Werden diese überdies zum Thema, dann bieten sich z. B. die »Substitutions-Gedichte« des
bekannten Psychoanalytikers R. D. LAING als willkommene Textgrundlage für unterrichtliche Erörterungen: Wechselnde Textanordnung und Strukturbeispiele stellen psychologische Pattern-Konfiguration unmittelbar – *»besprechbar«! –* dar.)[21]
Das gleiche gilt für »Kompetenz« selbst: Die Regeln, die zu erlernen, zu üben und schließlich zu »beherrschen« sind, beziehen sich zwar »oberflächlich« auf das Zeichensystem der
Zielsprache. »Unterhalb« dieses Systems aber befindet sich die eigentliche Ziel-Region dieses Prozesses; in diesem Bereich verwirklichen sie sich: als die Regeln rollen-bezogener
sozialer Interaktion (– nicht als solche statistisch-apersonaler Distribution).

Unser ganzes 3. Kapitel war der Diskussion dieses besonderen, des zeichentheoretischen
Aspekts von Kommunikation (angewandt auf Fragen und Bedingungen des fremdsprachlichen Unterrichts) gewidmet.

4.2.1.3. Ging es im zeichentheoretischen Bereich um das *Thema* des fremdsprachlichen Unterrichts, dann nennt der *informationstheoretische* Aspekt von Kommunikation (= der strenge Sinn des HALLIDAYschen Begriffs von *context!*) dessen *Problem:*

Als unablösbar mit dem Ziel-Medium verbunden, drängt sich durch Sprachzeichen ver- und übermittelte Information in alle Lernvorgänge des FU – »leider« und »Gott sei Dank«! Sie verbürgt Sinn, motiviert den Schüler (oder läßt ihn kalt) und setzt vor allem den Lehrer unter einen unablässigen Entscheidungszwang, dem er außer durch Unterwerfung unter fertige Lehrgänge bzw. Lehrwerk-Arrangements nicht *entwischen* kann: Wo das unmöglich wird, gibt es *trouble*. Viele der Verlegenheiten und Frustrationen beim natürlichen Ausebben wirklich aller dergestalt vorverdauten Curricula irgendwann auf der Mittelstufe haben hier ihren Ursprung.

Dies führt uns zurück zum WEBERschen Postulat einer Sensibilisierung des Unterrichtenden, welches wir so oft zitierten: Es impliziert alle durch den Unterricht zu ver- und übermittelnde Information.

Entgegen manch versimpelnder Auffassung von Information ist allerdings zu betonen, daß dieser Begriff ein Doppeltes meint:

(1) das »inhaltlich« Übermittelte,
(2) die Vermittlung selbst in Vorgang und Wirkung (Resultat), welche die Beziehung von »Sender« und »Empfänger« der »Nachricht« impliziert.

Ad (1): »Inhaltlich« unterscheiden wir Information über den »situativen Kontext« der Ziel-Sprache von solcher über den »formalen Kontext« – als tatsächlich nicht von einander zu trennende *Aspekte* von »Kontext überhaupt«. Wir unterscheiden, wenngleich didaktisch-erkenntniskritisch nicht so naiv wie jener, mit DOYÉ »eine Sache und die diese Sache bezeichnende Sprache«.[22] Es soll uns bei dieser pragmatisch nützlichen Versimpelung nicht stören, daß schon nach den Ausführungen unseres WITTGENSTEIN-Kapitels eine »Sache« *außerhalb von Sprache und Bewußtsein* kein ernstgemeintes Thema sein kann: Jene prätendierten »Sachzusammenhänge inhaltlicher Art«, die immer wieder den Vordergrund unterrichtlichen Interesses im Lerngespräch abgeben, sind *als sprachliche* eben doch auch der Motor des Gesprächs.

So geht es uns (als um den Unterrichts»gegenstand« des FU) darum,

● *was* dargeboten wird
(= reine »Inhalte«; landes-, kulturkundliche oder entsprechende »Information«),

– bei der *Lernziel*-Formulierung darf dies legitim nur als System lexikalischer oder struktureller Bündel erscheinen (*Frage:* Welche Ausdrucks*möglichkeiten* für welchen – wie gegliederten – Ausdrucks*bereich* will ich gesprächs-immanent erarbeiten, üben und für andere Kontexte abrufbereit transferierbar machen?); –

● *wie* dargeboten wird
(= die »Form«: in welchen Zeichen-Arrangements = *implizierter Information über die Sprache;* – zugleich: der sprachliche Aufbau des Unterrichts als Spiegel der dem Unterricht zugrunde liegenden Auffassung von Sprache)

– situative oder feldmäßige Bündelung, in welcher der obige sprachliche Aspekt thematisiert wird (für die *Mittel* vgl. die Ausführungen oben unter 3.4. und 3.5., bes. 3.5.2.2.); –

● *wieviel* dargeboten wird
(= die Zeichen-»Menge« pro Zeit- bzw. Arbeits-Einheit)

– auch dies selbstverständlich nur zu beurteilen *nach* situativer oder feldmäßiger Ausdrucks-
bündelung: Die relativ hohe Zahl von Vokabeln zu manchem Lektionstext ist unter diesem
Gesichtspunkt »geringer« aufgrund seiner strengen Bezugsfeld-Kalkulation (*Beispiel:* Lektion
15 A in »Learning English« A 1 neu enthält *zahlenmäßig* recht viele Vokabeln, so scheint es;
tatsächlich handelt es sich dabei nur um 3 rekurrierende Ausdrucksfelder: *beach and holidays,
photography* und *emotional implications of a competition*).

So ist unter den beiden Aspekten von Kontext der »formale«, »die diese Sache bezeichnende Sprache«, etwas gewichtiger (– man erinnere den strengen Sinn des Kontext-Begrif-
fes bei HALLIDAY!). Fassen wir den Begriff der »Information« entsprechend streng, dann
ergibt sich ein »nachrichtentechnisches Paradoxon«:

Im kybernetischen System des FU (– im »Netzwerk« des Unterrichts[23]) ist der »Kanal«
wichtiger als die »Nachricht«, ja, *wird* geradezu der »Kanal« zur »Nachricht« bzw. »Information«, um die es eigentlich geht.[24] Entsprechend erfolgt methodische Reduzierung des
»Rauschens« (= möglicher Schülerfehler) zugleich zum Zweck der »Informationsverdichtung« *und* »um seiner selbst willen«. Überwiegt allerdings das letztere Interesse, dann
droht das erstere abzusterben – aus »Mangel an Masse«: Reduktion des »Rauschens« kann
kein *ablösbarer* Selbstzweck werden, da es die Aufmerksamkeit von dem abzieht, was die
Grundlage aller »nachrichtentechnischen Vorgänge« bildet: das Interesse an der zu über-
tragenden »Nachricht« = an *kommunikativem Austausch.*

> Im übrigen läuft alles, wie von H. FRANK und F. VON CUBE immer wieder dargestellt[25]; wir
> brauchen nur in Kategorien des FU zu übertragen:
> Sprache (als Ziel-»Information«) wird zunächst »verdichtend« optimal dargestellt, d. h. redu-
> zierend in ihren Elementen und Strukturen (Zeichen-Größen und -Ordnungen) durchsichtig
> gemacht. Dies bezieht sich sowohl auf die Sprache im ganzen und allgemein wie auf Enkodie-
> rung bei thematischer Selektionsbeschränkung (= die oben erwähnten Bezugsbündel pro Zeit-
> einheit bzw. Stunde).
> Es werden sodann redundanz-erzeugende Verfahren entwickelt (z. B. *Gesprächsformen mit
> reicher immanenter Rekurrenz*),[26] um die pro Zeiteinheit zu verarbeitende subjektive Infor-
> mation zu minimalisieren: *Praised be* PARKINSON.
> In alledem werden, wie leicht erkennbar, zugleich die Lernvariablen des Lernsystems selbst
> entwickelt. Es wird eine Reihe von »Superzeichen« aufgebaut: die immer wieder genannten
> Text-, Darstellungs-, *Raster*-Einheiten und Feld-Ordnungen der Ziel-Sprache. An den zu
> konstruierenden (und zu internalisierenden) Superzeichen werden die Lernenden in der »re-
> versiblen Superzeichenbildung« geschult. Flexibilität, Lücken-Distribution (–der ZEIGARNIK-
> Effekt im neuen Gewand?) der Superzeichen-Arrangements haben dabei eine doppelte Funk-
> tion:
> – Sie beschleunigen diejenigen Prozesse, welche die Information abbauen.
> – Sie befördern – im gleichen Akt – diejenigen Prozesse, welche die *Strukturierung* von In-
>   formation für kognitive Einsicht und (vor allem) das Gedächtnis aufbauen.
> Die Einheit dieses Doppel-Effekts ist dann die Grundlage allen produktiven Lernens im
> FU. –
> Schließlich lassen sich dergleichen Superzeichen (als Text- und Aussage-Ordnungen) auch
> thematisieren: Damit sind dann die spezifischen *stofflichen* Möglichkeiten der Gesprächs-
> Arbeit auf der Sekundarstufe II bezeichnet.

(Ad 2): PARKINSON's *Law* als Prinzip einer *Didactica Magna* des fremdsprachlichen Unterrichts? – Der Code als »Zeichenrepertoire« und sonst gar nichts?? –
Well. – Auch in stengster kybernetisch-informationstheoretischer Sicht (und wohl gerade
durch sie) ist inzwischen einiges mehr deutlich geworden: Kommunikation ist zwar als
»Zeichenverkehr« deutbar; dieser Prozeß ist dann aber – wenn schon – als ein Ineinander
informationsverarbeitender *und* »*energieverarbeitender*« *Systeme* aufzufassen. Entgegen

der polemischen Zurückweisung durch MAAS und WUNDERLICH umschließt ja der Begriff der Information im weiteren Sinne nicht nur die »Inhalte«, sondern auch die *Intentionen* von Rede.[27] Über die oben zitierte Doppel-Aussage von DOYÉ hinaus haben wir uns also auch mit den in Rede immer schon implizierten *Beziehungs-Aspekten* von Kommunikation zu beschäftigen. Dabei handelt es sich um den reziproken Bewußtseins-Kontext aller menschlichen Rede, gemäß welchem alle personellen Elemente von Kommunikation bifunktionalen Charakters sind. So erscheinen (in der Sprache der Informationstheorie) Lehrer wie Schüler als *geregelte und regelnde Systeme, die miteinander »symmetrisch (hoffen wir's!) rückgekoppelt« sind.*[28]

> *It is in this way that one of the most important functions of language, that of its use as a means of sharing experience, rather than its use as a soi-disant means of making statements about the world, is transmitted* (E. A. DARBYSHIRE).[29] – In einer guten Gesprächs-Stunde sind eben nicht einfach alle Schüler je einzeln in mehr oder weniger herzlichem Kontakt durch Äußerungen sachhaft-»inhaltlich« auf den Lehrer bezogen: die eigentlich das Gespräch belebende und den Unterricht tragende »Information«, die »ausgetauscht« wird, ist *die aktivierte Wechselbeziehung der Schüler untereinander* und deren *gruppendynamisch*-vielgliedriger Kontakt mit dem Lehrer – im Stil der oben unter 4.1.3.1. zitierten CORRELLschen Formel.
>
> Im *Beziehungs-Aspekt* von Kommunikation erfahren die *participants* des Lerngesprächs sich als artikulierende selbst: Unterrichtstechniken, die in dieser Weise »Information« zur Wechselmünze des Gesprächs machen, sind zu entwickeln; Weitergabe und Wiederholung von Äußerungen im Unterricht dienen nicht nur der Einübung, sondern haben grundlegenden fremdsprachenlernpsychologischen Sinn.

So verweisen informationstheoretische auf sozialpsychologische Daten; wir befinden uns wieder auf der HALLIDAYschen *Cline* zwischen Zeichen und dialektisch-*multiperspektivischem* Bewußtsein. Jeder Schüler fühlt diesen Zusammenhang, wenn er sich als »Beteiligten« in das Sprachspiel des Unterrichts »eingibt« oder »eingeben *soll*«(!); – und er fühlt ihn, wenn im gleichen Zusammenhang der Lehrer sich zu entziehen scheint. Er verlangt (und »es verlangt ihn«) nach Stellungnahme: Daher die mancherlei Empörungen und Frustrationen z. B. auf der Mittelstufe (zu deren »anderer« Quelle vgl. oben S. 181); der Schüler beginnt »die Sprache zu fühlen«, und so will er sie voreilig *ganz* (– *What thou wouldst highly, that wouldst thou wholly,* um einmal wieder SHAKESPEARE substitutiv zu variieren . . .[30]), will sie in allen, ganz besonders in ihren kommunikativen Aspekten. Und gar zu leicht läßt er sie fallen, wenn der Versuch mißlingt oder sein Gegenüber versagt. Die *slots* von Gesprächsführung bedürfen besonders sorgfältiger Vorbereitung.

4.2.1.4. Der *sozialpsychologische* Aspekt von Kommunikation führt uns endgültig in deren *deep structure* aus personalen Intentionen, Relationen und Anstößen, aus Bewußtseinsbeziehung und Interaktion; in ihm fassen wir die eigentliche *Basis* von Sprachunterricht. – *Language converts us insensibly to the view that the world is not ›the ball I own‹, but rather ›the orange I share‹*[31]: Fremdsprachlicher Unterricht sollte von dieser so trivialen wie profunden Beobachtung seinen Ausgang nehmen.

> Das Interesse für die psychologische Bedeutung von Lernvorgängen, für gruppendynamische Chancen und Schübe hat im FU eine gesteigerte Bedeutung. Dem fremdsprachlichen Unterricht geht es in erster Linie um die »unterrichtlichen Operationen« selbst, nicht um ein Ziel, das diese Operationen transzendierte. Organisierte sprachliche Verständigung zwischen Lehrer und Schülern (s. o. S. 202: der »Kanal«!), sonst überall die *Grundlage* von Lernprozessen, ist hier das *learning objective*.
>
> Der Unterricht als sprachliche »*Situation*«, die sich selbst will: Wir erinnern uns der höheren *explanatory power* und (also) Applikabilität *kontextualistischer* Verstehens-Modelle gegen-

über *taxonomisch-distributionalischen* und *generativ-transformationellen* Analysen. Es geht uns um fremdsprachenunterrichtliche Möglichkeiten der Anwendung: Wir werden alle folgenden Funde und Kriterien in die Sprache kontextualistischer Optik »rückübersetzen« müssen. Es war diese Optik, die die modernen Möglichkeiten des FU seit nun bereits über 20 Jahren (wenngleich unendlich langsam) einleitete, – die Optik der interessanteren unter den laufenden fachdidaktischen Debatten und der zukunftsträchtigeren unter den laufenden methodischen Ansätzen.

Seit langem produktiv »führend« in der Debatte um ein sozialpsychologisches Verständnis verbaler Kommunikation ist DIETER WUNDERLICH, derzeit die *propelling force* bei der systematischen Begründung und Entfaltung der *Pragmatik* als Wissenschaft in Deutschland. WUNDERLICH ist damit im deutschen Sprachraum das genuine Pendant zu HALLIDAY und OLLER im angelsächsischen Bereich, übertrifft aber beide durch eine »Witterung« für Grundlagen-Fragen, einen formalistischen Elan *à la* CHOMSKY und eine Art von zentralistisch-systematischem *spirit*.

WUNDERLICH wendet sich zunächst einmal gegen den *leeren* Zeichenbegriff der Nachrichtentechnik, der in der älteren Auffassung von Kommunikation (vgl. die »repräsentative« Darstellung von C. CHERRY) eine so große Rolle spielte.

> In der Sprache des BÜHLERschen Organon-Modells erklärt sich diese »Leere« des älteren Zeichenbegriffs daraus, daß zu seiner Definition aus falscher wissenschaftsmethodischer Begründung die *Ausdrucks-* und die *Inhalts*-Seite der Sprache »ausgeklammert« wurden. Auslösung, Referenz und überhaupt alle psychologisch-situativen Momente von Sprache entfallen damit: eine Analyse ihrer »generativen« Kräfte wird unmöglich.

Ein dergestalt »purgierter« Sprachbegriff verhindert geradezu, was er leisten sollte: ein Verständnis realer und konkreter Kommunikation, des schwierigen Verhältnisses von Kompetenz und Performanz, der Bedingungen des Sprachgebrauchs überhaupt. Antizipation von Partner-Äußerungen, Reziprozität alles Geäußerten, situativ-kontextuelle Einlagerung, die sozialpsychologische Realität sprachlicher Register treten nicht einmal ins Blickfeld des Interesses.

Außerdem wendet sich WUNDERLICH gegen den »rein« informationstheoretischen Gesichtspunkt – dessen modisch meistzitierte Form er allerdings nicht als verfälschende Verengung eines ursprünglich radikaler durchdachten und weiteren Begriffs von Information erkennt. So rennt er offene Türen ein mit dem Hinweis, Kommunikation vermittle eben durchaus nicht immer oder vorzugsweise »Information*en*«, sondern reziproke und komplementäre Sprecher-Intention (= auch eine Art von »Information«, s. o. S. 203/204).[32]

> Kontextisolierte Darstellung ist im eigentlichen Wortsinne »sinn-los«, leer. Kontext-Isolation ist als Wissenschaftsprinzip im Bereich sprachlicher Kommunikation unhaltbar. CHOMSKYS homogener und denotativer Begriff von Sprache verdinglicht diese und macht jegliches Verständnis natürlicher Sprache unmöglich: Ihres eigentlich »generativen«, nämlich menschlich-konkreten und sozialen Grundes »beraubt«, wird ihr zugemutet, sich am Zopf eines falschen Begriffes von »Generativem« immer wieder aus dem Sumpf selbstbereiteter Praxisferne zu ziehen. Die Sprache als sprecher-abgelösten, unabhängigen »Gegenstand« gibt es gar nicht.[33] (Damit ist natürlich auch die Grenze jeder mengentheoretischen Betrachtung wie der obigen auf S. 195 ff. bezeichnet.)

WUNDERLICHS auf konkrete Partner- und Rollen-Beziehung statt auf linguistische Formal-Entsprechungen gegründeter Kommunikationsbegriff schließt soziologische und pädagogische Grundsituationen nicht aus, sondern ein. Seine Reflexion der pragmatischen Bedingungen und Formen sprachlicher Kommunikation führt damit natürlicherweise auch zur unterrichtlichen Kommunikation als einem ausgezeichneten Exemplum.[34]

Er fragt nach »den kommunikativen Kontakten zwischen Lehrsystem und Adressat« und nach den »internen Kontakten innerhalb der Adressatgruppe« (s. bereits oben 4.1.3.): »Die Frage ist, welche Formen von Sprechakten dabei eine Rolle spielen.« Weiter heißt es dann: »Diese Frage (kann) nicht unabhängig von den Motivationen, Zielen und Strategien der Kommunikationspartner beantwortet werden . . ., und diese Motivationen, Ziele und Strategien lassen sich nur erklären aus der Gesamtstruktur des Unterrichtsprozesses. Aus diesem Grunde wird eine soziologische (oder allgemeiner gesprochen: pragmatische) Erweiterung der linguistischen Theorie . . . erforderlich.«

Im FU spielt die »Sachlogik« der »Formen von Sprechakten« eine größere Rolle als in allen anderen schulischen Lernarrangements. Das besagt aber, daß Vorkalkulation des vollen kommunikativen Kontextes von Unterricht (mit den konstitutiven »Motivationen, Zielen und Strategien« der Schüler) schwieriger ist als in anderen Schulfächern – *und wichtiger*, meint man es wirklich ernst mit der Erfahrung der »zweiten Dimension« der Fremdsprache als einer aktualen und psychologischen Realität!

WUNDERLICHS Forderungen und Hinweise werden von einer großen Zahl von Untersuchungen aus dem Bereich der angewandten Linguistik und der Fremdsprachenlernpsychologie bekräftigt und – im Ansatz – ausgeführt. Hervorzuheben sind in diesem Zusammenhang die Experimente und Darstellungen J. W. OLLERS sowie die Aufsätze, Abrisse und Einführungen PAUL HERRIOTS. Auffällig war bereits der breite Konsensus auf dem 2. Internationalen Kongreß für Angewandte Linguistik in Cambridge 1969. Der älteren Auffassung von *pattern practice* lag die Vorstellung zugrunde, eine saubere Trennung(!) von *meaning* und *structure* verhelfe über den Drill der *structure* zum *»meaning«ful use*, d. h. zum Transfer: diese Vorstellung darf jetzt als endgültig überholt zu den Akten gelegt werden.[35]

Das *attitudinal-partizipatorische Prinzip*, um es (abermals) beim Namen zu nennen, hebt die zeichen- und informationstheoretischen Aspekte von Kommunikation nicht auf; es integriert sie: Beide Verfahrens- und Verstehenspole sind ohne einander nichts. Ist das eine »Interesse« auf behavioristisch zu begreifende *surface structure* restringiert, dann verfällt das andere der Gefahr, »falsche Tiefe« vorzuspiegeln. Isoliert und auf sich gestellt, verdorren beide und bedürfen der Korrektur durch das jeweils andere Prinzip. Ihr Verhältnis zueinander ähnelt in gewisser Weise dem von *langue* und *parole*.

Die lange Zeit »nicht geklärte Brauchbarkeit der Linguistik für die Schule«[36] ist hiernach als Problem nicht mehr zu fürchten. Über folgendes herrscht Einigkeit:
– Nur-formale Rede ist sinn-los und also nicht transferfähig.
– Grammatiken mit einem »restringierten Erfahrungsbereich« (wie die Transformationsgrammatik, die Dependenzgrammatik o. ä.) sind lediglich nützlich, »sinnvolle Lernschrittabfolgen« entwickeln zu helfen, d. h. bei der Entwicklung gewisser struktureller Aspekte von Lehrgang und Lehrwerk; – innerhalb ihrer Grenzen sind sie also sachlogisch und lernpsychologisch außerordentlich nützlich.
– Für die Aktivierung kommunikativer Relationen im Klassenzimmer aber kann nur eine Linguistik von Nutzen sein, die »Antworten auf die Frage geben kann: Was geschieht, wenn Menschen miteinander kommunizieren?«[37]

Beide sind nötig: *parole* und *langue*, Performanz und Kompetenz, Sprache im konkreten kommunikativen Bezug (Sprechakte) und »Grammatik« (das Sprachsystem).

4.2.1.5. *Einschub I:* WUNDERLICH teilt die moderne Wendung vom Deskriptiven zum Explanativen[38] und repräsentiert einen weiteren Reflexionszusammenhang. Spätestens seit den 30er Jahren beanspruchen eine Reihe z. T. ganz neuer Disziplinen die Stelle der älteren individualpsychologischen Forschung, Disziplinen, denen gemeinsam ist, daß sie den einzelnen als durch den sozialen Kontext mit*definiert* auffassen und untersuchen.

Seine *philosophische Deutung* findet dieser Zusammenhang im Konzept des »*kommunikativen Handlungsspiels*« von SIEGFRIED J. SCHMIDT[39], – das (unter Einbezug der Ergebnisse moderner Kommunikationsforschung) in Auseinandersetzung mit WITTGENSTEINS Begriff der »Sprachspiele« entwickelt wurde! SCHMIDTS Begriff bezeichnet *Text (bzw. Äußerung) und Situation als dialektische*

Einheit aus verbalen und aktionalen Elementen, die einander wechselseitig durchdringen und ver-
deutlichen. In seinem Rückbezug auf WITTGENSTEIN (in der GEBAUERschen Auslegung!) signalisiert
er exemplarisch die Einheit der von uns vertretenen »Vision« der Grundlagen des FU (– soweit das
Bewußtsein des Unterrichtenden in Rede und Frage steht).
Im Bereich der Fachwissenschaft findet dieser Zusammenhang Ausdruck in dem ausgreifenden Ent-
wurfsmodell einer zukünftigen Linguistik von PETER HARTMANN.[40] Er spricht von einer »im Entstehen begriffenen Generalwissenschaft, die sich auf die Form und die Basis der zwischenmensch-
lichen Kommunikation beziehungsweise der verbalen Interaktion richtet« und weist der Linguistik
einen ausgezeichneten Ort im System dieser Generalwissenschaft zu. »Linguistik« wird entsprechend erweitert verstanden: Offenbar ohne Kenntnis des britischen Kontextualismus nennt HART-
MANN alles das als dazugehörig, was wir oben im 3. Kapitel umständlich entwickelten. In unaus-
drücklichem, aber unübersehbarem Rückbezug auf SAUSSURES *linguistique de la parole* spricht er von
einer zu schaffenden »Sprachverwendungslinguistik« sowie von einer darüber hinaus zu schaffenden »Interaktionslinguistik«. Dabei wird Unterricht als eine Form sprachlicher Interaktion ausdrücklich ins Auge gefaßt.

4.2.1.6. *Einschub II:* HARTMANNS »Generalwissenschaft« ist ein ernst zu nehmender, durchaus prag-
matisch-ausführbar gemeinter Entwurf. Reiche Ergebnisfülle hat sich offenbar bereits ergeben in dem
parallelen »Versuch, eine formulierbare Performanz-Grammatik (allerdings des Deutschen! – d.
Verf.) zu schreiben und Verstehensprozesse auf Faktorenformeln abzubilden«, von ALFRED HOPPE.[41]
Und diese »Semantik der grammatischen Kategorien«, »Konzeption einer semantischen Syntax«,
»Netzwerksymbolik«, oder wie immer man sie nennen will, ist nur ein besonders mächtiger Impuls
unter anderen geringeren: HARTMANNS »Generalwissenschaft« braucht sich nur noch als ausdrücklicher Konsensus vom Zentrum her zu konstituieren; unausdrücklich, von der Peripherie her, »existiert« sie längst in mancherlei Form.
Zugrunde liegt ein neues Verständnis personaler Identität: »Individualität« wird nicht mehr ein-
dimensional-linear oder gestalthaft-geschlossen aufgefaßt, sondern partizipatorisch (wenn nicht gar
konditioniert) und dialektisch-vieldimensional.[42] Natürlich ist dies *auch* eine Quelle psychologisie-
renden Kulturgeschwätzes. Darüber hinaus aber bezeichnen z. B. die Begriffe »Interaktion«, »Interrelation«, »Rollen-Partizipation« und »Kommunikation« kognitive Reizpunkte sehr verschiedener
Disziplinen. Ihre Bedeutung für Analyse und Führung von Unterricht ist außerordentlich: Deswegen fügen wir noch einige Hinweise an. Dabei notwendig werdende grobe, gelegentlich wohl
nahezu groteske Verkürzungen nehmen wir in Kauf.
Die PIAGET-Schule in der Kinder-Psychologie hat gezeigt, wie sehr bei sprachpsychologischen Prozessen so etwas wie »Bildung des Selbst« zusammenhängt mit Rollen-Übernahme, Aufbau von
Rollenbeziehungen, Verständnis von Rolle. Entsprechendes wurde (aus ganz anderer Richtung)
bei G. H. MEAD als Thema der Sozialpsychologie entwickelt. Dazu kommt die aus der individualpsychologisch orientierten Forschung bekannte intime Einheit von »Selbst« und »Welt« in der symbolisch gefaßten und gedeuteten(!) Erfahrung durch Sprache, – wobei »Welt« wiederum als Konstrukt sozialer Erfahrungen zu deuten ist.
Der Mensch als soziales Wesen ist Forschungs-»Objekt« der neueren Sprachpsychologie (P. HER-
RIOT) und Sprachsoziologie (B. BERNSTEIN und die Folgen). In seiner individualpsychologischen
Komponente ist dies zu fassen in dem, was oben als »Option« (bei HALLIDAY), Feld-Verständnis
und Feld-Organisation von Erfahrung, Denken und Sprachvermögen entwickelt wurde. In seiner
sozialpsychologischen Komponente geht das über das elementare situative Verstehen hinaus und
zielt auf das sinnvolle Agieren und Artikulieren in sozialen Kontexten. Die »Fähigkeit« zu solch
sinnvollem Agieren und Artikulieren in sozialen Kontexten definiert dann – in kontextualistischer
Auffassung – seine *Kompetenz.*[43] In der entsprechenden deutschen Begriffs-Klammer – z. B. bei
H.-J. HERINGER – hieße das, daß *der sprachlichen Kompetenz* eines Menschen eine *soziale Kompe-*
tenz zugrunde liegt (i. e. eine bestimmte in seiner Verfügung stehende »Menge von Verhaltensmustern und Handlungsstrategien«).[44] *Auch diese Vorstellung wird übrigens im ausdrücklichen*
Rückbezug auf WITTGENSTEIN *entwickelt! –*
It is an enormous achievement..., to have learned to manipulate experience symbolically[45]: HART-
MANNS »Interaktionslinguistik« befaßt sich mit den *sozialen* Formen, Bedingungen und Möglichkeiten dieses *enormous achievement.* Unterricht wäre eine gesteuerte, ziel-orientierte Form dergleichen
verbaler Interaktion. Die intime funktionale oder strukturelle Verschränkung individual- wie
sozialpsychologischer Vektoren von Interaktion mit Momenten *sprachlicher* Symbolbildung macht

ein Verständnis von Unterricht, gar *Sprach*unterricht aus den gruppendynamisch-sozialpsychologischen Aspekten verbaler Kommunikation unumgänglich, ja *self-evident*. Die Verschränkung bezieht sich zum einen auf das Ineinander individueller bzw. sozialer Selbst- und Weltdeutung, zum anderen auf die Bedingungen dieses Ineinanders; konkret gewendet: sie bezieht sich zum einen auf *(kommunikative) »Rolle«* bzw. *»partizipative Perspektive«*, zum anderen auf *»Situation«*, – *beides durchaus auch im Unterricht.*

4.2.1.7. *Zwischenbilanz.* Der sozialpsychologische Aspekt »inkorporiert« sozusagen den sprachlichen KONTEXT *aus den personalen Vektoren von SITUATION.* Dem entspricht – vereinfachend – eine »vertikale Schichtung« des Gesprächs in 3 *Ebenen (levels* oder *layers),*

(1)   der situativ-kontextuellen,

(2)   der attitudinal-partizipatorischen,

(3)   der ideologisch-kontextuellen.

Obgleich (1) und (3), strenggenommen, in (2) »mitgemeint« sind, lassen sich Abgrenzungen formulieren:

–   Ebene (1) umgreift die unmittelbaren nicht-sprachlichen Bewußtseins-Bedingungen sprachlicher Form (dies hat uns fürs erste zureichend beschäftigt in Kapitel 3).

–   Ebene (2) enthält die *participants* der sprachlichen Situation und ihre *Rollen* in der sprachlichen Situation (sie sind zugleich Produzenten und Rezipienten; ihre Äußerungen beziehen sich zugleich auf übermittelte Information und stattfindende Handlung bzw. der Handlung zugrunde liegende Beziehung).

–   Ebene (3) definiert das *generalisierte* System multilateral-wechselseitiger Rollenerwartungen *und deren Bewußtseins-Hintergrund* (dies sind zugleich die »mittelbaren« Kommunikationsteilnehmer aus unseren KLEIST-Diagrammen oben S. 18 f. bzw. deren individuelle und/oder kollektive Erfahrung und »Welt«-Deutung: MALINOWSKI/ FIRTHS *»context of culture«*, s. o. S. 127 f., Anm. 71).

So werden die unmittelbar im Gespräch und durch das Gespräch gegebenen (= definierten) Rollen »durchsichtig« auf ein Bedingungsfeld, das alle Entscheidungsmöglichkeiten des Unterrichtenden wie einzelner *participants* übersteigt.[46] Eine »vollständige« Beschreibung dieses Zusammenhanges, die »alle« Ebenen des Gesprächs auf der *Cline* zwischen *surface structure* und *deep structure* berücksichtigen wollte, müßte unweigerlich auf ACHTENHAGENs Unterscheidung von Entscheidungsfeldern und Bedingungsfeldern des Unterrichts rekurrieren.

4.2.2. Zum Begriff unterrichtlicher Interaktion und Kommunikation

4.2.2.0. Interaktion und Kommunikation im Unterricht zeigen die *Beteiligten* in *Beziehungen* unter gewissen *Bedingungen.*

Analyse unterrichtlicher Interaktion und Kommunikation kann sich richten auf: die *Beteiligten,* das *Medium* des Vorganges, mögliche *»Inhalte«* der genannten Beziehungen, die *Beziehungen* selbst, die *Bedingungen* des gesamten Zusammenhanges. Dabei erscheinen die »Beteiligten« in zweierlei Funktion:

–   als Impuls-»Grund« und -Ziel der genannten Vorgänge,

–   als Beziehungs-Pole im System der Abläufe.

Die sozialpsychologischen Elemente von Unterricht sind dessen eigentlicher »Motor«. Gemäß unserem leitenden Gesichtspunkt verbleiben aus der Fülle der Aspekte deren *drei,* die kurz auszuführen nützlich sein sollte:

- der Rollen-Charakter und die Rollen-Beziehung der *participants;*
- die Situation, die diese Beziehung »trägt« – und darstellt;
- die zugrunde liegenden personalen Einstellungen und Impuls-Energien.

4.2.2.1. Rollenbegriff I. Die Erörterung von interaktionalen und kommunikativen Rollen-Beziehungen wird einigermaßen erschwert durch die Nähe zum *soziologischen* Rollen-Begriff (die »trotz HABERMAS und U. GERHARDT« ganz offensichtlich nicht ausdiskutiert ist).

> Tatsächlich ist *bei starker Formalisierung* zunächst kein so großer Unterschied zwischen einigen der Aussagen »der« Soziologie auf der einen und »der« Kommunikationstheorie auf der anderen Seite zu entdecken. *Rolle* ist beiden dadurch charakterisiert, daß eine Person sich in zusammenhängenden Verhaltenssequenzen auf die Verhaltenssequenzen anderer Personen »abstimmt«. Dabei steht dann – je nach Schulzugehörigkeit – entweder das Bündel von wechselseitigen Verhaltenserwartungen im Vordergrund oder aber die Verhaltenssequenz selbst. In beiden Fällen ist menschliches Handeln mitdefiniert durch einen »Horizont mehr oder minder spezifischer *Erwartungen*«, ist menschliche »Einstellung« oder Haltung mitdefiniert durch deren *Antizipation* bzw. durch *Teilhabe* an verschiedenen Verhaltens-Erwartungen. –
> Die Rollen-Kategorie zeigt den Menschen innerhalb eines »Feldes sozialer Beziehungen«. Für den vorliegenden Zusammenhang ist nicht sosehr der quasi »objektive« Aspekt dieser Kategorie wichtig als vielmehr dessen »Innenansicht«: *»Rolle«* als *»psychologische Realität«*, Prägung von Bewußtsein. Und auch dies betrifft uns lediglich unter einem Gesichtspunkt: Von den z. B. bei U. GERHARDT systematisierend aufgeführten 3 Typen von Rollen geht es hier weder um die »Status-Rolle« noch um die »Positions-Rolle« (die beide durch größere oder geringere Dauer gekennzeichnet sind); hier kann es nur um den Typus *»Situations-Rolle«* gehen (die – als Aggregat »molekularer sozialer Formen« – höchst *konkret* bezogen und daher potentiell eher *»flüssig«* ist).
> Auch im *Unterricht* gibt es »positionale« Rollen (aus den »funktionellen Erfordernissen des Systems«: Lehrer-Schüler; »Ämter« u. ä.); auch die Struktur der *Schulklasse* läßt sich als »Feld sozialer Beziehungen« fassen (in den »Motivationen, Zielen und Strategien« der Schüler im Kontext habitueller Gruppen-Interaktion); auch das Verhalten der am *Lernprozeß* aktiv oder passiv Beteiligten gerinnt in wiederkehrende »Verhaltenstypen« »Gruppenfiguren« aus mehr oder weniger festen psychologischen Rollen-Schematismen.[47] Erst dies letzte entspräche dem Typ gleitender »Situations-Rolle« innerhalb des jeweiligen Arbeits-Arrangements oder der jeweiligen Redekonstellation einer Unterrichtseinheit.
> Dies trifft auf alle Schulfächer zu. Für Sprachunterricht, insbesondere fremdsprachlichen Unterricht, aber werden genauere, zusätzliche Bestimmungen nötig. Anders als in, *say,* Chemie oder Gemeinschaftskunde handelt es sich hier nicht um aufgabenbezogene, sondern um äußerungsbezogene Gruppenprozesse[48]; – *Äußerungen* sind die Aufgabe. Im Idealfall treten Merkmale aufgaben-orientierter und »sub-institutioneller« (sozial-emotionaler) Gruppenbildung zusammen; Momente eines solchen Zusammenschließens sollte jede fremdsprachenunterrichtliche Stunde enthalten.
> Die spezielle »Rollen-Funktion« des Lehrers (stete – »aufgabenorientierte« – Modell-Vorgabe und -Sicherung) in diesem Zusammenhang wurde bereits angesprochen. Die spezifische Rollen-Konfiguration des Unterrichtsgesprächs selbst steht noch aus.

Seit einiger Zeit ist es üblich, auch in Veröffentlichungen aus dem Bereich der Kommunikationsforschung von »Rollen« zu sprechen. Dieser »Rollen-Begriff der Kommunikationstheorie« bezieht sich ausschließlich auf die im Kommunikationsprozeß selbst implizierten »Rollen« der *participants.*

Es gelten folgende terminologische und sachliche Bestimmungen:

Die Kommunikationsteilnehmer sind »Hörer« und/oder »Sprecher« (– im informationstheoretischen Jargon: »Sender« bzw. *sender* und/oder »Empfänger« bzw. *receiver*). In einer konkreten Kommunikations-Situation sind alle implizierten Redepartner jeweils im

gleichen Akt beides in einem: »Sender« *und* »Empfänger«. Dieser Tatbestand ist terminologisch gefaßt im Begriff der *Reziprozität.* »Reziprok« sind nicht nur die faktischen Verhaltensweisen der Redepartner oder die formal-responsive Struktur ihrer Äußerungen,
sondern vor allem auch die in jeder Äußerung jeweils implizierten Intentionen und Perspektiven; Reziprozität bezeichnet nicht nur eine Vorgangsform, sondern auch deren
psychologischen Ursprung. Das Insgesamt der in konkreter Kommunikation aktualisierten
Perspektiven, ihrer Zuordnungen und ihrer Bedingungen ist die *Redekonstellation; der*
über diesen unmittelbaren Kontext von Rede hinausgehende mittelbare Kontext ist der
Kontexthorizont.[49] – KLEIST-Diagramme, britischer Kontextualismus, amerikanische Pragmatik, HARTMANNS »Generalwissenschaft« . . .: *Welch ein Wiedersehen! –*
Der Begriff der kommunikativen Rolle wurde im deutschen Sprachraum vor allem von
D. WUNDERLICH expliziert.
Habemus HÜLLEN – *Vivat* WUNDERLICH: WUNDERLICH bringt in die von HÜLLEN so eindrucksvoll aufgearbeitete Debatte die Kommunikationsmodelle von K. BÜHLER und R. JA-
KOBSON ein![50]
Nach JAKOBSON und WUNDERLICH begreifen wir Kommunikation wesentlich in
1. *Elementen,*
2. *Momenten,*
3. *Dimensionen.*
JAKOBSON interessierte sich vor allem für das Medium und die Partizipanten (= die
Elemente) sowie für die Beziehungen der Partizipanten aufeinander durch das Medium,
die Beziehungen der Partizipanten zum Medium (= **Momente** von Kommunikation). In
diesem Bereich hat WUNDERLICH lediglich umakzentuiert.

> *Aktualisierte Rede-Intention* (i. e. verbale Kommunikation) ist nach WUNDERLICH charakteri-
> siert durch 3 Momente:
> ● Die Rollen-*Erwartungen*
>   (W. unterscheidet z. B. »mögliche, erwartete und geforderte Kommunikationssequenzen«),
> ● die Rollen-*Strategien*
>   (– den *»Code«!* – W. erwähnt »bestimmte Rhetoriken, Manipulationstechniken, Argumen-
>   tations- und Verschleierungsstrategien«),
> ● den Rollen-*Kontext*
>   (– die »Bedingungen« gegenständlicher, i. e. institutionaler oder sozialer Art).

Der bei JAKOBSON unausgeführt zugrunde liegenden Unterscheidung in *Elemente* von
Kommunikation und deren *Momente* fügt WUNDERLICH eine weitere hinzu: Alle nach
JAKOBSON entwickelten *Momente* lassen sich auf zwei sehr verschiedenen Bedeutungs-
ebenen (= in 2 **Dimensionen**) verfolgen, – auf der »*Inhalts«*-Ebene und auf der »*Beziehungs«*-Ebene:
● Auf der »Inhalts«-Ebene wird »die *Intention* des Sprechers vom Hörer richtig rekonstruiert, und das heißt: verstanden«.
● Auf der »Beziehungs«-Ebene wird vom Hörer »die *Beziehung,* die der Sprecher ihm
  gegenüber durch seine Äußerung herstellen oder stilisieren will, auch« rekonstruiert,
  d. h. verstanden.[51]

> An dieser Stelle sollte man u. E. einen Sonderaspekt von »*Beziehung*« wenigstens erwähnen,
> der bei WUNDERLICH in einem anderen Zusammenhang erscheint: die »hinter« momentaner
> *Intention* stehende *Beziehung des Sprechers/Hörers zu sich selbst* und die damit verbundene
> »Welt«-Deutung wie potentielle Freiheit »von sich selbst«.
> Die jeweiligen selektiven Strategien verbaler (i. e. attitudinaler!) »Planung« sind zwar nicht
> im Sinne einer durchreflektierten oder bewußten Entscheidungs-»*Wahl*« zu begreifen, durchaus

aber auch nicht im Sinne einer bloßen »*blinden*« Übereinstimmung mit sich selbst. Zwar ist in »Erfahrung, Erinnerung, Annahme, Antizipation« der Sprecher perspektivisch-rollenmäßig eins mit seinem verbalen und aktionalen Verhalten bei laufender Kommunikation; zugleich aber ist ihm ein kritisch sich ablösendes Verhältnis zur Rolle bzw. zum »Bündel aus Erwartungen und Strategien« immer möglich – *und kann zum Bedürfnis werden!*
Es ist insbesondere im Kontext scheinbar »eingefahrener« unterrichtlicher Kommunikation angebracht, dieses Bedürfnis (beim Schüler) in Rechnung zu stellen.

Die aus dem Beziehungs-Aspekt verbaler Kommunikation erwachsende *zusätzliche Information* kann Charakter, Tempo und »Impuls-Energie« einer komplexen Dialog-Situation entscheidend prägen: *Sie ist sicherlich grundlegend für die motivationale Steuerung des Unterrichtsgesprächs durch den Unterrichtenden.* Insbesondere für den fremdsprachlichen Unterricht kommt der Frage, welche verbalen oder non-verbalen Ausdrucksformen zur Dosierung und Steuerung (d. h. zur Vermittlung überhaupt) dieser »zusätzlichen Information« zur Verfügung stehen, besondere Bedeutung zu. Wir erinnern nur an unsere bereits im Zusammenhang mit dem JAKOBSONschen Schema gemachten Hinweise auf die Formen »phatischer Kommunion« (»*well*«; suprasegmentale Gliederung usw.); grundsätzlichere Reflexion des relationalen und interaktionalen Aspekts verbaler Kommunikation wird nötig: Rede als Gefüge und Folge »illokutiver Handlungen«, dies sowohl in *eigener Äußerung* wie bei der Deutung »verfestigter Fremdäußerung«, in *Texten*, im Unterricht (s. u. S. 253 ff.).

Die Unterscheidung in den *Inhalts-* und den *Beziehungs-Aspekt* konkreter Kommunikation verweist zurück auf das grundlegende Werk über die »*Pragmatics of Human Communication*« von P. WATZLAWICK, J. H. BEAVIN und D. D. JACKSON, durch welches in der Übertragung von P. WATZLAWICK der hier verwandte Begriff von Pragmatik in die deutsche Debatte gelangte.[52] Die Unterscheidung in Inhalts- und Beziehungs-Aspekte gehört darin zu den »*pragmatischen Axiomen*«. Die für das Rollen-Verständnis entscheidenden sind die Beziehungs-Aspekte; diese erlauben eine weitere Untergliederung in

- *symmetrische*

und

- *asymmetrische Beziehungen.*

> WATZLAWICK/BEAVIN/JACKSON sprechen – unter Rückbezug auf BATESON – von »symmetrischer« und »*komplementärer*« Beziehung. Wir ziehen den aus der Mathematik stammenden Ausdruck »asymmetrisch« (als zulängliche und genaue Unterschied-Bezeichnung zu »symmetrisch«) vor: Es schien uns wichtig, den Terminus »komplementär« (ebenfalls in seinem mathematischen Sinn) freizubehalten als allgemeinere Bezeichnung von Beziehungen, die nicht einfach über- oder unterordnen, sondern Verschiedenes einander ergänzend zuordnen. In diesem Sinne sind Äußerungen bzw. Verhaltensweisen *komplementär*, wenn die zugrunde liegenden »Einstellungen«, Erwartungs-Haltungen oder Perspektiven *reziprok* sind.
> Zwar gehen auch WATZLAWICK/BEAVIN/JACKSON von diesem Grundsinn von »komplementär« aus, engen ihn aber alsbald durch weitere Definition ein: »In der komplementären Beziehung gibt es zwei verschiedene Positionen: Ein Partner nimmt die sogenannte superiore, primäre Stellung ein, der andere die entsprechende inferiore, sekundäre«. – Nach unseren obigen Ausführungen dürfte eines klar sein: Eine derartige Dichotomie, die alle einander überlappenden Formen der Mehrfach-Teilhabe, alle »Bündel« von »Erwartungen« *ausschließt*, ist doch wohl als wesentliches Erkenntnismittel zu wenig differenziert.

Im Sinne der Rollen-Theorie ist zu betonen, daß insbesondere die asymmetrische Beziehung nicht vor allem ein äußeres Verhalten, sondern dessen psychologischen »Grund« bezeichnet: Die Interaktionspartner »verhalten sich beide in einer Weise, die das bestimmte Verhalten des anderen voraussetzt, es gleichzeitig aber auch bedingt.«[53]

Überwiegt in unterrichtlicher Kommunikation (im »Lerngespräch« der Inhalts-Aspekt, dann besteht die Gefahr eines zu engen Rasters bei echoarmem, sachhaft-apersonalem Stil. Überwiegt im Gespräch der Beziehungs-Aspekt, dann besteht die Gefahr eines zu weiten Rasters bei gefällig-ergebnislosem, wenig sachstrengem Stil. Das gleiche gilt übrigens auch in der Politik (man erinnere den Wahlkampf zu den Bundestagswahlen 1969 und 1972).

4.2.2.2. Rollenbegriff II. Unterricht im Klassen- oder Lerngruppen-Verband ist ein besonderer Fall kommunikativer Interaktion. Weitere Erörterung richtet sich auf
- die Rollen-Beziehungen innerhalb der Lerngruppe,
- die Rollen-Beziehungen zwischen Lehrer und Lerngruppe,
- die Bedeutung und Funktion solcher Rollenbeziehungen in Hinsicht auf die (schulische) Lernleistung,
- die Problematik der *fremdsprachlichen* »Kommunikations-Leistung«.

1. Die *Rollen-Beziehungen innerhalb der Lerngruppe* sind, so sahen wir, wesentlich gekennzeichnet durch »Antizipation der Gruppenreaktion durch den einzelnen« im aktuellen Lerngespräch; diese beständige multiperspektivische Antizipations-Haltung ist von affektiven bzw. emotionalen Elementen durchsäuert und durchsetzt. Solche affektiven Elemente verweisen zu einem Teil auf innerkommunikative Beziehungen »sub-institutioneller« oder »institutioneller« Art (U. GERHARDTs »Situations-Rolle« und »Positions-Rolle«: »symmetrische« und/oder »asymmetrische« Beziehungen), zu einem anderen Teil auf deren bedingenden Kontext (U. GERHARDTs »Positions-Rolle«, vor allem aber »Status-Rollen«), – die *mittelbaren* Kommunikations-»Elemente« des Unterrichts: Eltern, Freunde, Vorbilder, Gegner, prägende positive oder negative Vorstellungsgehalte und Verhaltensklischees aus öffentlichen Medien.

> Eine volle Beschreibung sprachlicher Interaktion im FU müßte alle diese »Vektoren« des Unterrichtsgesprächs auf mehreren Ebenen darstellen: auf der *Cline* zwischen der *Sprach*figur des Unterrichtsgesprächs und den *Bezugs*figuren des anthropogenen und sozialkulturellen Bedingungskontexts. Kenntnis dieser Zusammenhänge ist selbstverständliche Voraussetzung ihrer unterrichtlichen »Manipulation«; wieweit eine solche Kenntnis erwerbbar ist, steht auf einem anderen Blatt.

2. Die *Rollen-Beziehungen zwischen Lehrer und Lerngruppe* sind ein zentraler Teil dieses Gesamtzusammenhanges. Sie sind aus der doppelten Perspektive »vom Schüler her« und »auf den Schüler zu« herzuleiten.
Zunächst einmal ist der Lehrer ein herausragendes affektives *target* aller anderen Kommunikationsteilnehmer im Unterricht (= der Schüler):
- Er »repräsentiert« »die Gesellschaft« in ihren Erwartungen bzw. Zwängen (= Forderungen); und er tut dies »offiziell« und – der Idee nach – *modellhaft.*
- Er »repräsentiert« »die Gesellschaft« als »Fertiger«, d. h. »Erwachsener«, »Normalmitglied«; er repräsentiert *eine* »Antwort« auf Fragestellungen, die sich aus den Bedingungen des für alle gleichen allgemeinen *»context of culture«* ergeben können – als einer »unter anderen«, »einzelner«, so daß Kontakt, »bildende Begegnung« möglich *scheint.*

In beiderlei Funktion – als sozialkulturelles Modell wie als psychologische Komplementärfigur – repräsentiert er in gewisser Weise die *Zukunft* des Schülers: Hierauf beruht letzten Endes alle über das nur Instruktive hinausgehende edukative Wirkung, – auf dem also, was den Lehrer *»noch«* als Individualität – in »Situations-Rollen« –, vor allem aber und

212   Kommunikationsforschung und FU   4.2.

»schon« als Träger einer »Positions-Rolle« (im Sinne U. GERHARDTS) erkennbar und verstehbar macht. Der »Rollen-Kontakt« zwischen dem Lehrer und dem Schüler ist darum
entscheidend geprägt durch Eigenart, Flexibilität, Niveauhöhe *und Art des Einsatzes*
seiner *Fachkompetenz.*
Im fremdsprachlichen Unterricht ist die Art, wie der Unterrichtende seine Fachkompetenz
einsetzt, identisch mit der *Art, in der er sich äußert.* Die *kommunikative Form* des fremdsprachlichen Unterrichtsgesprächs aber (als die eigentliche »Leistung« des FU) ist zugleich
ein Element möglicher »Rollen«-Zukunft im obigen Sinne. Die Beziehung des Schülers zu
sich selbst, zu begegnenden anderen und zur »Welt« seiner Erfahrung ist in komplexer
Weise zugleich seine Beziehung zu möglicher Zukunft. Niemals darf der Lehrer endgültig
und völlig in den Bereich *neben* oder *außerhalb* dieser *Beziehung des Schülers zu seiner
eigenen Zukunft* »abgleiten«. Die *kommunikative Form* des Unterrichtsgesprächs im FU ist
daher von allergrößter Bedeutung für Aufbau und Erfolg des intendierten Lernprozesses.
Das besagt aber, daß das fremdsprachliche *Modell* im Unterricht (– s. o.: »die Art, wie er
sich äußert«) zugleich *weitgehend unantastbar, herausfordernd* und *attraktiv* sein sollte.
Keine dieser Qualitäten bedeutete dabei viel ohne die jeweils anderen zwei: Arbeits-Ziel,
Arbeits-Möglichkeiten und Arbeits-Reiz werden durch sie gleichermaßen und im gleichen
Akt klar. –
Damit ist zugleich der andere Aspekt der Rollen-Beziehungen zwischen Lehrer und Schü-
lern »angerissen«:
Im kommunikativen Handlungsfeld des Unterrichts ist der Lehrer vor allem der *»Grup-
penleiter«.* Er ist sozusagen »ein Gruppenmitglied, das durch eine *Koordinationsfunktion*
ausgezeichnet ist, die ihn von allen anderen Gruppenmitgliedern unterscheidet.«

> Manch »lieber« alter Mythos geht da baden: Ein *teacher* ist weder *torturer* (im Dienste »der
> Pflicht«) noch *torch-bearer* (etwa einer »großen Zukunft«), sondern schlicht privilegierter Mit-
> arbeiter mit Zielkenntnis. Sprachunterricht ist *auf die Dauer* nur in »freier« oder »manipu-
> liert spontaner«, nicht aber in dirigierter Kommunikation möglich. So entfällt jede Möglich-
> keit eines ausschließlichen Lernens »auf Kommando« (– wozu auch die schon in vollem Ernst
> erörterte abenteuerliche Vorstellung eines Lernens unter Hypnose gehörte[54]); es entfällt aber
> auch ein indoktrinierendes Lehren in generations-bedingten Ideologie-Schüben. Auch der Leh-
> rer als »Alleinunterhalter« (etwa vom Typ *»Thou marvell'st at my words: but hold thee
> still!«*[55]) entfällt, – gewogen und zu leicht befunden. Man wird einander sinnvollerweise weder
> ein grimmig TOLKIENsches *»Naur an endraith ammen!«* noch ein abwimmelndes Hamletisches
> *»Well said, old mole!«* entgegenwerfen, es sei denn zum Spaß. Und schließlich fällt der ganze
> schöne Unsinn, den eine große Tradition um den »pädagogischen Bezug« zwischen dem Lehrer
> (als »Menschen«) und dem je einzelnen Schüler (»als Menschen«) aufgerichtet hat, dahin.[56]
> Das »dialogische« Ich-Du-Verhältnis ist gewiß in der großstädtischen Industriegesellschaft
> nicht die »schöne Naturform« menschlicher Beziehung (wie so viele Geister von Rang und
> Namen bis vor kurzem meinten), sondern deren rare, schwierige *Sonderform;* so auch im Un-
> terricht: Nicht ein krypto-individuelles oder individualisiertes Verhältnis, sondern ein plura-
> lisch-rollenpsychologisches soziales Beziehungs-System, nicht ein »Zustand«, sondern *Vorgänge*
> kennzeichnen die Erziehungswirklichkeit. Und weil es gerade im FU um die artikulierte Wirk-
> lichkeit dieser Beziehungen geht, tut der Fremdsprachenlehrer gut daran, sich derlei modernen
> Einsichten nicht zu verschließen: Die *»personelle Vermittlung«* wird dabei in ihrer Wirkung
> paradoxer- und sinnvollerweise nicht reduziert, sondern gesteigert.[57]

Seine Koordinationsfunktion bezieht sich also nicht nur auf Lernbereitschaft und Lernleistung in der Gruppe, sondern im gleichen Akt auf die vielerlei sozial-emotionalen Beziehungen, die den Kommunikatonsvorgang »tragen« (– man erinnere unsere mengentheoretische Verdeutlichung dieses Beziehungsgeflechts oben auf SS. 195 ff.). Damit hängt dann
auch die endliche Lernleistung in der Gruppe zusammen.

3. *Die Bedeutung solcher Rollenbeziehungen für die Lernleistung des einzelnen* ist schwer zu überschätzen. Das gilt zunächst einmal für Unterricht allgemein, und in besonders zugespitztem Maße natürlich für Unterricht, der die artikulative »Außenform« dieser Beziehungen thematisiert: den sprachlichen, speziell den fremdsprachlichen Unterricht.

Der stärkste Einfluß in der Lerngruppe geht von der Wechselwirkung zwischen dem einzelnen und seinen Mitschülern aus.[58] Lernerfolge sind im Rahmen der Lerngruppe vor allem durch soziale und emotionale Bedürfnisse (und deren Befriedigung) bestimmt. Sie sind nicht vorzugsweise von der Unterrichtsmethode abhängig.[59] Auch der Intelligenz-Quotient ist für die aktuelle *Leistung* des Schülers offenbar nicht so grundlegend bedeutend wie die Beziehung seiner sozialen Rolle auf die Erwartungen und Intentionen der anderen Kommunikationsteilnehmer.

Die affektive Beziehung zwischen Lehrer und Schüler hat hier eine Schlüsselfunktion: Zum einen fungiert der Lehrer als Katalysator gruppendynamischer Prozesse, zum anderen »wirkt« er durch die von ihm selbst ausgehenden Erwartungen und Intentionen; beides ist – wie u. a. die wieder aufgebrochene Debatte um den sog. »Pygmalion-Effekt« gezeigt hat – sogar die Grundlage gesteigerter rationaler Lernleistungen.[60]

> Hauptproblem des Unterrichtenden (außer sachhafter Vorbereitung) wäre demnach, vielpolig-vielfältig »den richtigen Ton zu treffen«: Der gegliederten, rollenmäßig *auch* aufgefächert »individualisierten« *Antizipation* der Lerngruppe (die von ihm selbst mit-ausgelöst wurde) muß er sich in einer glaubwürdigen und leistungsfähigeren eigenen »Rolle« aus- und entgegensetzen können. Dazu gehört auch – im Unterschied zu den Annahmen des Ehepaares TAUSCH – das Derb-Gesunde gelegentlicher Oberflächen-Aggressivität.[61]
>
> SCHÄFER/SCHALLER fordern eine Annäherung des unaufhebbar »asymmetrischen« Grundgefüges der Beziehungen zwischen Lehrer und Schülern an ein symmetrisches Beziehungs-System.[62] Dies wiederum ist nur von seiten des Lehrers zu bewirken. Das B_1 in unserem obigen Diagramm einer kommunikativen Vollstruktur des Unterrichtsgesprächs kann dies nur leisten, wenn es, lebhaft und kontrolliert zugleich, in Einvernehmen und Konflikt *fühlbarer Gesprächspartner bleibt:* Eine sich nach B hin *entziehende* »Neutralität« (wie sie TAUSCH/TAUSCH empfehlen) kann u. U. das Gegenteil von dem bewirken, was es erzeugen soll, – eine Unlust oder Aggressionen weckende äußerste Steigerung des *asymmetrischen* Beziehungs-Charakters des Ganzen.

4. *Die fremdsprachliche »Kommunikations-Leistung«* ist zutiefst attitudinalen Bewußtseins-*patterns* verbunden; sie ist tiefer als die entsprechende Leistung in anderen Schulfächern *affektiv* gegründet: Der Sprecher artikuliert immer auch sich selbst und erfährt in der Artikulation sich als auf andere bezogen, – und dies dann durch das Gitter der Fremdsprache, die alle *immediacy* solcher Artikulation (und der darin mitgemeinten Beziehungen) aufzuheben droht. *Immediacy* ist deren Motivations-Grund. Intensivierung alles dessen, was einer »Dennoch-*immediacy*« Nahrung gibt, ist also notwendig.

Die oben für Unterricht allgemein dargelegten Prinzipien gelten demnach für den FU in gesteigerter Form. Überschaubare positive Bedingungen sozial-emotionaler Art, die über nur momentane oder zufällige Gruppenkonstellationen hinausgehen, sind dessen produktive Vorbedingung.

> Die Schlüssel-Bedeutung attitudinaler Bewußtseins-*patterns* (s. bereits oben 3.4.2. über die Aufmerksamkeitsstruktur von Sprache) erhellt ebenfalls aus der ungeklärten Rolle des Intelligenz-Quotienten (IQ) im Zusammenhang des Fremdsprachen-Lernens. Sprachbildung ist funktionell (z. T. auch strukturell) so innig mit Bewußtseinsbildung, Bildung *fremd*sprachlicher »Spuren« im Bewußtsein ist so innig mit dem Aufbau einer »zweiten (attitudinalen) Dimension« verschränkt, daß vorläufig nur eine einzige Aussage mit Sicherheit möglich ist:

> *In der Regel ist für das Erlernen einer Fremdsprache die Höhe des IQ von relativ geringer Bedeutung, in den meisten Fällen sogar bedeutungslos.*[63] Entscheidend für den Aufbau des Lernprozesses im FU ist vielmehr der Lern*kontext*, d. h.
> - die sachstrukturelle Vorbereitung und Führung (wie in Kap. 3 »angesetzt«) und
> - die motivationale und gruppendynamische Steuerung (Aufmerksamkeitsweckung und -bindung; Erzeugung eines positiven kommunikativen »Klimas«; Entfaltung und Steuerung gruppendynamischer Prozesse) des Vorgangs »von außen«.

Angesichts der begrenzten Bedeutung des IQ für den spezifisch fremdsprachenunterrichtlichen Lernprozeß gewinnen die umstrittenen ROSENTHAL/JACOBSON-»Funde« zum *Pygmalion-Effekt* im Klassenzimmer für diesen Bereich erneutes Interesse[64]: *Motivation* (aus der »bekräftigenden« Wechselwirkung von *Erwartungen* und *Intentionen*) wird zur *propelling force* des Unterrichts. »Lehrererwartungen« in möglichst enger Verbindung mit den »Slots« des Gesprächs intensivieren die Wechsel-Beziehung aller und dienen zugleich dazu, dem Kommunikationszusammenhang etwas von seiner harten Asymmetrie zu nehmen (– wodurch weitere Motivation geweckt wird). Intensivierung der motivierenden »Fast-Symmetrie« in der *surface structure* und die in Slot-Vorbereitung, Selektionsbeschränkung und Behaviorem-Sequentierung[65] sich manifestierende Asymmetrie in der *deep structure* werden zu Basis und Anlaß aller wesentlichen Lernvorgänge im Gespräch.

> Die symmetrische Rollenbeziehung ist auch außerhalb der Schule der Sonderfall kommunikativer Interaktion. Symmetrische Beziehungen bilden in »natürlicher« Interaktion allenfalls ein Ferment in wesentlich *komplexen* Vorgängen. In der institutionalisierten, ziel-bedingten Asymmetrie der Lehrer-Schüler-Beziehung ist die Ermöglichung und Gestaltung symmetrischer Beziehungsformen »oberhalb« dieses Grundgefüges zugleich *edukativer* wie *instruktionaler* Vektor gelungener unterrichtlicher Interaktion: Sofern sich in der Verbindung affektiver und kognitiver, personaler und sachhafter Bezüge die unendlich differenziertere zukünftige Erwachsenen-»Rolle« des Schülers »bildet«, hat diese Verbindung edukativen Wert. Sofern sie zielgerichtete Gesprächs-Aktivität auslöst und trägt, sichert sie das »instruktionale« Interesse von Unterricht, in diesem Falle: des FU.

4.2.2.3. Rolle und Unterrichts-Situation im fremdsprachlichen Unterricht.

»Gute Sprechsituationen sind die Grundlagen für einen guten Englischunterricht«, schreibt HEUER[66] – und entwickelt in schönem Kontrast zu dieser einleuchtenden These die *»Problematik der natürlichen Sprechsituation im Unterricht.* Das von HEUER gegebene Stundenbeispiel illustriert (in schematischer Vereinfachung) die ganz unschuldige »Naivität« vieler junger Englischlehrer: eine »Naivität«, die im allgemeinen beim *native speaker* eher noch gesteigert auftritt. Quelle dieser Naivität ist die natürliche Strukturen-Blindheit, mit der man in einer Sprache sich ausdrückt, die man (mehr oder weniger) beherrscht: die Blindheit des beim Sprechen in der Sprache »mit sich selbst *(sic!)* Identischen«. Dieser Effekt ist verständlicherweise beim muttersprachlichen Sprecher erhöht.

> Welcher Deutsche wußte wohl »bewußt«, daß seine Sprache (d. h. seine alltägliche Ausdrucksweise) im Unterschied zu fast allen, auch europäischen Sprachen[67] nicht nur zwei verbale Kürzest-Erwiderungen auf Fragen und Anfragen enthält – eine positive (»Ja«) und eine negative (»Nein«) –, sonderen deren *drei*? – Und wer, wenn er die Regel wüßte, gemäß welcher diese Kürzest-Antwort folgt, *konstruierte* wohl seine Antworten nach dieser Regel? – ... oder wäre sich in jedem Falle dieses Regel-Mechanismus' *bewußt*, setzte ihn bewußt ein, überwachte seinen Sprachgebrauch??
> Die Regel lautet: Drückt der Fragende durch seine Frageformulierung die Erwartung aus, es werde eine verneinende Antwort folgen, und will der Antwortende eine aus dem Kontrast zur Erwartung verstärkt wirkende bejahte Antwort geben, dann antwortet er mit – *»Doch«.*

Das Beispiel zeigt nicht nur, bis zu welch alltäglichen Formeln der »automatische« Gebrauch der Muttersprache einer Bewußtmachung Widerstand entgegensetzt; es läßt auch die Schwierigkeiten ahnen, die sich einstellen, wenn es um komplexere Sprachordnungen geht: Selektionsbeschränkungen im Bereich des Vokabulars bei feldmäßiger Anordnung, der Strukturen bei sequentieller Anordnung.

Das Beispiel zeigt zugleich, wie tief Äußerungen in einen Kontext von *Erwartungen* (i. e. attitudinaler = linguistischer *Antizipation*) eingebettet sind, der als Impuls-Muster zugleich die Möglichkeiten attitudinaler (= linguistischer) Motivation vorgibt.

Die genannte Strukturen-Blindheit zu überwinden, bedarf es der Einsicht in eine »unterhalb« der Lehrer- und Schüler-Rollen anzusetzende Dimension von »Rolle«, die mit der ganz und gar artifiziellen Sprechsituation des FU zusammenhängt:

»Unterhalb« der Rollen-Beziehungen des Gesprächs gibt es die durch Planung, Aufmerksamkeit und – größeres oder geringeres – Geschick immer wieder überspielte oder überquälte Distanz-Relation zum (*fremd*)sprachlichen Ausdrucks-Medium selbst. Die kommunikativen Rollen-*Beziehungen* verweisen im fremdsprachlichen Unterricht auf eine alle diese Beziehungen »von unten her erst begründende« Rollen-*Dimension*: auf die Dimension der »fremden« oder wenigstens doch »anderen« Sprache, die sich als hemmendes *screening* zwischen Impuls und Ausführung schiebt und erst einmal – vor allem anderen – als solche(s) überhaupt *anzunehmen* ist (da sie ja nicht wie die Muttersprache aus natürlich wachsender Kompetenz-»Generation«, sondern aus streng einzuhaltenden Performanz-Riten sich bildet). Vorgängiges Sich-einlassen auf diese »Rolle« des Sprechens in einem fremden bzw. »anderen« Medium – sei es in Spiel, sei es in Ernst – ist die Basis aller anderen pädagogischen »*Moves*« im FU. Und es spielt dabei so gut wie gar keine »Rolle«, welche besonderen Inhalte oder Vorstellungen gerade in Rede oder Frage stehen: Diese »Basis-Rolle« des Schülers *wie des Lehrers* im FU bezieht sich zunächst nicht auf einen besonderen »Inhalt«, als vielmehr auf so etwas wie fühlbare und erfahrbare *»Relation zu …«* überhaupt. Sie weist voraus auf das letzte, fernste Lernziel attitudinaler Art, – die Haltung des Lernenden in die des Erwachsenen »hinüberzuretten«, der bereit ist, sich in Neigung (oder Abneigung) mit »anderem« zu befassen; *Stichwort:* Bereitschaft, sich auf »Fremdes« einzulassen; *Zuwendung* als Kulturidee.

Die Erfahrung der »anderen« Sprache als die Erzeugung einer »wesentlichen« Wahrheit im Bewußtsein: der Wahrheit des möglicherweise längst Bekannten, aber nie *Gesehenen* … »Perspektive überhaupt« …: so erscheint dieser Aspekt des Fremdsprachenlernens bei IONESCO (dem das Erlernen des Englischen in die tiefsinnig-komische Lehrbuchwirklichkeit der *»Cantatrice Chauve«* gerann: durch alles »Lehrbuch-Englische« hindurch absurde Strukturen wirklicher menschlicher Prozesse überhaupt spiegelnd).[68] Es ist der Aspekt, der am stärksten an der naiven Identität des Lernenden *und des Lehrenden* rüttelt, daher nach vollzogener »Annahme« stärkste beiläufige(!) motivationale Wirkung entfalten kann – als eine Art imitativer *»Sog in die Sprache hinein«* oder selektiver *»habit*-Immersion«. Lehrer sollten daher ohne ein anderes Aufheben als allenfalls ein spielerisches diese Seite der Zielsprache von vornherein stark betonen: Deutlich-korrekte Klanggestalt ihres sprachlichen »Modells«, sauberes *linking* (Vermeiden des *glottal stop*), überdeutliche Sprechintonation von erkennbarem Ausdrucks- und Spiel-Sinn, habitueller Gebrauch »phatischer« Formeln usw.; – ausweichende Scheu in diesem Bereich ist für den gesamten Lernprozeß gefährlich, da sie weittragende Folgen haben kann. Eventueller Scheu des Schülers (oder dessen Kompensationsform: verbaler Abneigung, Zurückweisung) ist nur attitudinal-spielerisch zu begegnen; »Druck« ist hier fast machtlos, da die Wurzeln der Beziehung zwischen Sprache und Verhalten betroffen sind.

Die Problematik der quasi-natürlichen »Sprechsituation im Unterricht«, die den Schüler rollen-mäßig integrieren und stimulieren soll, zeigt sich im FU schon sehr früh. Volle Rollen-Integration und nahezu »reines« Sprechen aus als wirklich erfahrener Rollen-Identität kann es nur in Formen des *activity teaching* geben. Niemals aber kann sich das volle situative Sprechen der Frühstufe wiederholen: Reiner als in der Muttersprache ist der Lernende in Ausdrucks-Kontexte, die ihn beengen, eingesperrt. Angesichts dessen wird selbst die so arg beschnittene Fähigkeit, *Meinungen* vorzubringen, oft noch im Gebrauch als frustrierend empfunden, und der Dranz zu »performativem Sprechen« entlädt sich in der einzigen Art von »Meinung«, die zugleich als »Tathandlung« vorgetragen werden kann: dem Widerspruch gegen Lehrer oder Unterrichtsaufbau.

Wer dem vorbeugen will, sollte zunächst einmal das zugrunde liegende Bedürfnis respektieren (um es *trotz allem* erfüllen zu können). Wo möglich, sollten Sprechakte (*»illocution«*) als Akte *fühlbar* werden. Die *»illokutive* Erfahrung« der Fremdsprache ist nur zu vermitteln aus einer gesteigerten Bewußtheit des Unterrichtenden gegenüber

- den psychologischen Grundbedingungen fremdsprachlichen Lernens und deren linguistischen Pendants
  (struktureller Aufbau sprachlicher Äußerungen im SITUATIONEN und FELDERN; sequentieller Aufbau sprachlicher Äußerungen in REKURRENZ-FIGUREN),
  vor allem aber
- den möglichen kommunikativen Formen fremdsprachenunterrichtlicher Äußerungen, i. e.
  - möglichen *activities*
    (situatives Selbst-tun auf der Frühstufe; szenische Spiel-*activities;* ausdrückliche Lernspiele wie wechselseitiges Abfragen mit oder ohne Tafelanschrieb durch »dritte« Schüler, nachträgliche Kontrolle des verdeckt Angeschriebenen o. ä.; »Weitergabe-Spiele«; Formen von Gruppen-Arbeit oder der *formal debate*)
  - Formen möglichen Gesprächs-Aufbaus und möglicher Gesprächs-Steuerung.

Zur konkreten Anwendung solch gesteigerten fremdsprachenunterrichtlichen Bewußtseins vgl. die Ausführungen des folgenden 2. Bandes unserer Darstellung. Im Hinblick auf die Stufen fremdsprachenunterrichtlicher Arbeit sei auf die Hinweise oben unter 3.6.3.3. (zur Situationstechnik besonders unter 1.2.) verwiesen. Zu den konkreten *sprachlichen* Formen unterrichtlicher Sprechakte vgl. auch weiter unten unter 4.3.

Da von irgendeinem Augenblick an fremdsprachenunterrichtliche Kommunikation die Ziel-Sprache nicht nur in ihren denotativen Möglichkeiten, sondern aus ihren Konnotationen (= in ihren multiplen Kontext-Verweisen) realisieren soll, ist vielleicht eine kurze Übersicht über Arten *pragmatisch-attitudinaler BEDEUTUNG* nützlich: Das sprachliche Zeichen löst aus, vermittelt, »begleitet« oder ermöglicht (nach OsGOOD)[69]

(1) Sach-Vorstellungen und -Assoziationen
   (= die *representing relation*: Lexikon-Bedeutungen; auch Konnotationen; Kollokationen; Sachfelder),

(2) Verhaltens-Reaktionen
   (= die *mediating relation*: Gewohnheitsverbindungen gewisser Phrasen und Bewegungen)

(3) Gefühls-Reaktionen und -Assoziationen
   (= die *empathic relation*: ganz und gar kontextbezogen)

(4) Formen (verbaler) kommunikativer Interaktion
   (= die *communicating relation*: Verbindung der obigen 3 *mediation processes* mit *particular classes of instrumental skill sequences, such as linguistic skills*).

Diese vier Arten von *mediation processes* verteilen sich in je verschiedener Zusammensetzung auf die oben unter 3.6.3.3. genannten Stufen wesentlicher fremdsprachenunterrichtlicher Arbeit (z. B. des *situational teaching*, des *activity teaching* und der Gesprächsführung im FU). Im Durchgang durch sie wird die für den FU so wichtige **»andere Dimension«** der Zielsprache im Bewußtsein des Lernenden aufgebaut; im Durchgang durch sie erwirbt der Lernende jene »muttersprachenähnliche« Beherrschung der Fremdsprache, auf die der fremdsprachliche Unterricht aus ist. –

Damit verweist dann das Studium der kommunikativen Rolle zurück in den oben unter 4.2.1. dargelegten Kontext: die sozialpsychologische Komponente ist unlösbar verbunden mit der zeichentheoretischen und der informationstheoretischen; sprachliche *»Rolle«* ist nur der andere Aspekt sprachlicher *Zeichenwahl* und sprachlicher *»Information«;* alle drei sind im FU in gleicher Weise nur aus dem Kontext des »anderen« Systems zu entwickeln.

4.2.2.4. »Attitüden« im FU. Planung und Vorbereitung des Unterrichts, Äußerungsaufbau und Äußerungswechsel in der Stunde, Sprachform und Lernziel sind im fremdsprachlichen Unterricht strukturell eins – unter dem einen Gesichtspunkt, der ihrer aller semantische Relevanz verbürgt: dem der (sozialen) *»Einstellungen«* oder *»Attitüden«* der Beteiligten. Unsere Suche nach den sozialpsychologischen *markers* von »Unterrichts-Situation im FU« hat uns tief in den (fruchtbaren) Grundschlamm moderner Lernpsychologie geführt. – Aus der linguistischen Erörterung des 3. Kapitels gewannen wir die Schlüssel-Begriffe *Pattern, Struktur, Feld, Situation, Kontext* und *Behaviorem.* Unter Rückgriff auf die Kapitel 1 und 2 traten dazu im vorstehenden Zusammenhang zwei weitere,

- der Begriff der *Antizipation,*
  i. e. der einer zugleich entwurfsbezogenen (zukunfts-orientiertes Erwartungs-*pattern*) und kommunikationsbezogenen (partner-orientiertes Erwartungs-*pattern*) Antizipation
  und
- der Begriff der *kommunikativen Rolle.*

Beide verbindet, wovon alle drei Kapitel hindurch immer wieder an wesentlicher Stelle die Rede war: gerichtete *Aufmerksamkeit* und personale *Perspektive.* – Dies alles spiegelte natürlich eine ganze Reihe mittlerweile »klassisch« gewordener Theoreme zum Komplex Denken–Lernen–Erziehung (man denke etwa an Tolmans Konzept einer *»cognitive map«* von *Erwartungen* in unserem Inneren, an seinen Begriff der *»Zeichengestalt«,* an Mowrers Untersuchungen zum *»Zeichenlernen«,* die Vorstellung des *»Lernens in semantischen Bezugs-systemen«*).[70] Unser Vorgehen war insofern nicht besonders originell – außer in der Anwendung auf Probleme des FU; es zeigte aber eines doch mit wünschenswerter Deutlichkeit: Die alle Teile der Darstellung strukturell prägende durchgehende Unterscheidung von *attitudinalen* und *behavioralen* Momenten, von *Erwartungsmustern* und *Verhaltensmustern,* von *Tiefenstruktur* und *Oberflächenstruktur* kam nicht von ungefähr. Sie »entstand« nicht einfach nur in Übernahme einiger opportuner Begriffe von Chomsky, Correll oder anderen für ein nützliches oder notwendiges Beschreibungsschema. Sie rückt vielmehr die Untersuchung und Darstellung fremdsprachenunterrichtlicher Lernprozesse in den ihr zukommenden Zusammenhang: den der Erforschung und Darstellung menschlichen Lernens überhaupt. Wir *schienen* die *GRIDs* institutionalisierten fremdsprachlichen Lernens zu entwickeln. Wir sahen, daß Sprachvorgänge und Sprachlernvorgänge nicht zu begreifen sind, betrachtet man sich bloß im Sinne kontextisoliert mechanischer Sequenz bzw. als Verhaltensänderung »ohne Untergrund«. Zugleich aber erfuhren wir etwas über die sozial-emotionalen und kognitiven *grids* von symbolischen Prozessen (*i. d. F.:* Vorgängen verbalen und symbolischen Lernens) überhaupt.
Der Begriff der *»Attitüde«* bzw. *»Einstellung«* begründet alle jene oben entwickelten Schlüsselkonzepte zur Beschreibung fremdsprachenunterrichtlicher Vorgänge. Er erscheint in den Kapiteln 1–3 vorzugsweise in einer abgeleiteten Form: *»attitudinal«.* Der Leser wird (so hoffen wir) in der auffälligen »darstellungs-immanenten« Rekurrenz dieses Begriffs diesen zunehmend *zugleich verstehen und erwerben, d. h. »lernen«:* So nähern wir

uns zugleich dem Erörterungs-Ziel der vorliegenden Darstellung *und exemplifizieren die darin empfohlene Lehrmethode für Aufbau und Steuerung des fremdsprachlichen Lerngesprächs.* – Ob diese Form, der wir auch sonst huldigten, allerdings auch im muttersprachlichen Kontext sinnvoll ist, wird sich erweisen müssen.

»Attitüde« wurde erstmals 1925 (von dem polnisch-amerikanischen Soziologen FLORIAN W. ZNANIECKI) als ein Zentralbegriff der Soziologie definiert.[71] Seitdem ist seine Bedeutung in der Debatte zunehmend gewachsen. Er bezeichnet *Erwartungsmuster* und *Verhaltensdispositionen* im kommunikativen (bzw. sozialen) Bezug in Hinsicht auf mögliche oder tatsächlich begegnende *Situationen.* – »Einstellung« und »Situation« gehören also zusammen und verweisen aufeinander. »Situationen« sind immer sozial definiert. Im Begriff der *»attitude«* tritt der als geschichtlich-konkret und sich-verändernd verstandenen »Situation« etwas als durchhaltend gleich Gedachtes entgegen – im Unterschied zu den *»habits«* (Verhaltensmustern), die zwar das »Rohmaterial« einer *»attitude«* abgeben mögen, aber als veränderbar definiert sind: So lassen sich – der Idee nach – die *Elemente* einer *attitude* im Lernvorgang beeinflussen (verstärken, abschwächen, löschen) oder substituieren, kaum aber deren Zuordnungs-Plan, das »dahinter« stehende Wertsystem (das aber auch ja *erworben* ist). Die enorme Bedeutung des Begriffs der *attitude* für die pädagogische Psychologie rührt aus eben dieser Verbindung des Lernbaren, Erwerbbaren, Beeinflußbaren mit etwas relativ Überdauerndem her. Grundsätzlich sind auch *attitudes* lernbar.

> Die komplexe Verschränkung von »dauerhaft«, »erworben«, »themenbezogen-momentan« und »langfristig« wird recht plastisch in der Definition von R. BERGIUS[72]:
> »Attitüde wird als eine erworbene Disposition und dauerhafte Organisation von motivationalen, emotionalen, Wahrnehmungs- und Erkenntnisprozessen hinsichtlich eines Inhaltes im Lebensraum eines Menschen definiert. Wie man zu politischen Ideen, Menschengruppen, zu Wirtschaftsformen oder auch zu einem Gebrauchsgegenstand (z. B. mit Prestige-Wert) ›steht‹, was man den Dingen, Ideen und Menschen gegenüber fühlt, denkt, zu tun beabsichtigt und – manchmal – auch wirklich tut, das sind miteinander verwobene Prozesse, die zusammen die Attitüden ausmachen.«

Im Gefüge fremdsprachenunterrichtlicher Wechselrede sind Attitüden sowohl der Ausgangspunkt wie das Ziel didaktischer Arrangements, da sie die Basis aller möglichen Äußerungen sind: die kommunikativen Rollen sind weitgehend durch ihren Wechselbezug präformiert und *im Wechselbezug beeinflußbar.* Rede-Intentionen und konkrete Gesprächsäußerungen im Unterricht sind durch Strukturierung, Gerichtetheit und Selektivität gekennzeichnet[73]; sie haben (im Sinne K. LEWINs) *Feld*-Qualität: Das jeweils durch sie bezeichnete »Feld« aber ist in keinem Falle individualpsychologisch – als sozusagen »privat« – zu verstehen; der zugrunde liegende Rollenbezug macht es »sozial verbindlich«.[74] Insofern nun »Attitüden« durch das Hin-und-her konkreter unterrichtlicher Rede rein in verbale Zeichenarrangements übersetzt werden, finden sich deren Merkmale in diesen Arrangements wieder: *Attitüden, Rede-Intentionen, tatsächliche Äußerungen in der Stunde, die sprachliche Form dieser Äußerungen und das Lernziel haben die gleiche formale Struktur.* Sie enthalten die gleichen formalen Komponenten in entsprechender Zuordnung; was oben zur Definition von Attitüde gesagt wurde, ist in entsprechender Weise als Definition der Struktur von Sprache und Lernziel zu entfalten.

> Dieser Tatbestand wird im Englischen durch einen Zufall drastisch verdeutlicht; ausgerechnet im terminologischen Kernbereich unserer Fragestellung findet sich ein überraschendes Zusammenschließen lexikalischer Bedeutung(en): »Set« bezeichnet »relativ kurzzeitige Phänomene der Gerichtetheit oder Ausrichtung eines Organismus auf bestimmte Umweltreize oder -gegebenheiten« und ist damit ein Parallelbegriff zu *attitude.*[75] Er wird von LEWIN feldmäßig ge-

deutet, als strukturierte und gerichtete Bewußtseins-Spannung. JAKOBSON scheint einen Schritt weiter zu gehen; er schreibt geradezu – im englischsprachigen Original – *»set* (Einstellung)«! Er verwendet diesen heikel schwebenden Zwischenbegriff im Zusammenhang mit der Kommunikations-Struktur von Äußerungen oder Texten. Nach beiden also, LEWIN und JAKOBSON, ließe sich *»set«* definieren als die »rollen-inhärente Strukturierung oder Gerichtetheit von Bewußtsein oder Text« *(sic.).*
Der gleiche Begriff aber, *»set«*, wird von CHOMSKY im mathematischen Sinne gebraucht, d. h. in der Bedeutung »Menge« (– *»set theory«* = »Mengenlehre«); er spricht von einer *Menge* von »Auffindungsprozeduren« sowie von der Sprache als eine *Menge* von Sätzen: Der Begriff des *»set«* erscheint also im Zusammenhang mit dem Zeichenbenutzer wie mit Eigenschaften der Zeichen selbst.
Im linguistischen Modell HALLIDAYS erscheint der gleiche Begriff *»set«* dann ausschließlich im Bereich des Zeichen-Arrangements: als *lexical set oder open set;* – dies aber »ent-spricht« (nach der kontextualistischen Grundthese) »außertextlichen« attitudinalen »Ordnungen«. Die Übersetzer HALLIDAYS haben offenbar diese Ambivalenz von Zeichencharakter und »Charakter-Zeichen« gespürt: STEFFENS zieht sich auf die mathematische Bedeutung zurück und übersetzt mit »Menge«; HÜLLEN hält alles offen und übersetzt mit »offenes Feld«.[76]
Ein Begriff umfaßt hier also – in je verschiedenen Kontexten – das generative Vermögen des strukturierten und gerichteten Bewußtseins in einer »Einstellung« sowie die aus dieser »Einstellung« produzierten verbalen Zeichen-Arrangements. Beide Bedeutungen sind sowohl von den Elementen her (als »Menge«) wie von deren Zuordnung her (als strukturiertes »Feld«) zu verstehen. Sollte das Zufall sein?

Der Lernprozeß bezieht sich also auf Attitüden oder mögliche Attitüden des Lernenden; er benutzt Einstellungen oder will sie erzeugen: Vorbedingung, Aufbau und Ziel des Lernvorganges sind unter diesem Gesichtspunkt eins. Es geht darum, *durch Attitüden bzw. Einstellungen und in ihnen diejenigen Erwartungs- und Dispositions-Systeme von »Habits« aufzubauen, die der Lernziel-Definition entsprechen;* diese Definition muß also selbst wiederum attitudinalen Strukturformeln entsprechen.
Der Lernprozeß wird desto effektiver sein, je *umfassender* er an den *Elementen* wirklicher oder möglicher *attitudes* anpackt, d. h. je konsequenter der pädagogische *approach* auf der »Oberfläche« des Vorganges den vielfältigen *appeal* von *real-life experiences* in *real-life situations* simuliert. Vielfältig gefächerter *approach* aber, will er auch von der »Oberfläche« des Vorganges zu dessen »Tiefe« vordringen, müßte nicht nur die verfügbaren unterrichtlichen *Medien* und deren Verwendbarkeit (die *participants* selbst, die Tafel, das Lehrbuch oder »freie« Texte, apparative Medien, die Sitzordnung) kennen, sondern auch die *Elemente*, mögliche *attitudes* selbst. Es ist also wohl nützlich, hier einmal die in der obigen Definition gebündelt zusammengefaßten Merkmale bzw. Komponenten sozialer Einstellungen bzw. Attitüden in säuberlicher Trennung vorzuführen. Wir unterscheiden

● die *kognitive* Komponente
   (– bezieht sich auf intellektuelles Verstehen; auf das Wissen, auf Meinungen oder Vorstellungen über das Objekt einer Einstellung; – *»Kognition«* = *strukturierte* und als strukturiert erfahrene *Einsicht*),
● die *affektive* Komponente
   (– bezieht sich auf begleitende, mit hervorbringende oder sich ergebende emotionale Zu-/Abwendung; auf bei der Begegnung und Beschäftigung mit dem »Einstellungs«-Objekt auftretende positive oder negative Gefühle)
   und
● die *aktionale* Komponente
   (– bezieht sich auf die Neigung, Bereitschaft oder Tendenz, sich in Verbindung mit dem »Einstellungs«-Objekt aktiv zu verhalten, etwas zu tun).

Und jetzt zum *feedback*: Was wir gewonnen haben, ist mehr als Kategorien fremdsprachlichen oder allgemein unterrichtlichen *Lernens;* es betrifft Unterrichtsvorbereitung, Unterrichtsaufbau und -führung sowie Lernziel-Diskussion in gleicher Weise. Hier wurden allgemeine Kategorien zur Beschreibung von »Unterricht überhaupt« im Ansatz sichtbar. Und also wenden wir uns zurück zu den didaktischen Grundlagen-Erwägungen unseres EINÜBENDEN TEILs, in dem von all diesen Dingen schon einmal die Rede war.

In der Tat: Die sog. *Berliner Schule* (P. HEIMANN, vor allem W. SCHULZ) hatte ein ähnliches Schema zur Planung und Führung von Unterricht entwickelt. Auch sie gingen davon aus, daß Unterricht ein »im Wesen« sozialer Prozeß ist und daß infolgedessen z. B. auch die *Intentionen* von Unterricht aus den obigen grundlegenden Komponenten sozialer Einstellungen, i. e. »Attitüden« aufzubauen sind. So kommt es zu dem bekannten Schema der *drei Dimensionen von Intentionalität im Unterricht* bei W. SCHULZ:

(1) der *kognitiven Dimension*
   (Kenntnisse, Erkenntnisse, Überzeugungen),
(2) der *emotionalen Dimension*
   (»Anmutungen«, Erlebnisse, Gesinnungen),
(3) der *pragmatischen* Dimension
   (Fähigkeiten, Fertigkeiten, Gewohnheiten).

Was für Unterricht allgemein gilt, gilt für Sprachunterricht (der seine eigene *»forma«* zum Thema erhebt und kein echtes »stoffliches« Thema hat) in erhöhtem Maße: Die Struktur fremdsprachenunterrichtlicher Vorgänge wird aufgehellt; fremdsprachlicher Unterricht – *als eine Form* (allerdings ziel-orientierter) *verbaler Kommunikation* – wird durch diese jeder Äußerung zugrunde liegenden sozialpsychologischen Kategorien definabel. Die Sprache selbst, Unterrichtsthema und Unterrichtsvehikel, wird in dieser dreifachen Weise erfahren – *und erworben!* Nirgends außer im FU schließt das Attitüden-Schema so rein alle Aspekte des Unterrichts zusammen; es bezieht sich in gleicher Weise auf die drei Grund-Aspekte

- der Organisation und kommunikativen Erfahrung von Unterricht,
- der Unterrichts- und Zielsprache
  und
- des Lernziels.

Das läßt sich in folgendem Schema darstellen:

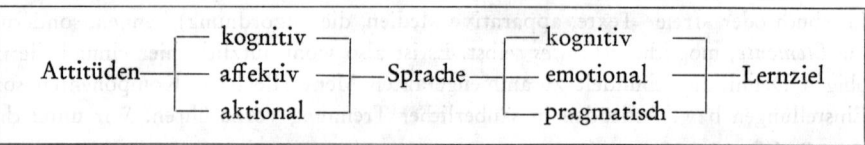

Alle hier zusammengefaßten Aspekte oder Komponenten sind für einen geordneten, effektiven und sinnvollen fremdsprachlichen Unterricht unabdingbar. Die *barbarische Reduktion des Begriffs der Kommunikationsfähigkeit* (als einer Lernziel-Angabe) *auf seinen »pragmatischen« Aspekt* in der neueren westdeutschen »Kulturpolitik« gefährdet Grundanliegen des FU: Die darin implizierte, kaum noch verhüllte Verführung der bedrängten Lehrkräfte zur Aufgabe kommunikativer didaktischer Leitvorstellungen überhaupt, zum bloßen kontextisolierten Pauken, verurteilt den Unterricht zur lebenspraktischen Unbrauchbarkeit in eben dem Augenblick, in dem er die »Sache« jener sog. Lebenspraxis zu betreiben vorgibt.

Die *spezifische »Information« des FU* wäre nach alledem aus der dreifachen Brechung von Attitüden, Sprache und Lernziel didaktisch zu definieren. Die *Ziel-Arbeitsform* dieses Unterrichts entspräche dem, was H. WEBER in seinem Aufsatz über »didaktische Interpretation« und Unterrichtsentwurf angedeutet hat. »Didaktische Interpretation« bedeutete dann: *Didaktische Zubereitung* eines Vorstellungszusammenhanges von der Art »Text« oder »Thema« *als Herstellung einer sprachlichen Zeichen-Ordnung für* **attitudinal** *moti-vierte und gesteuerte unterrichtliche Operationen.* Alles Übungsmaterial sei *kommunikativ kontextualisiert* oder an die Peripherie des Lern-Arrangements verwiesen; eindeutig »peri-phere Formen« fremdsprachenunterrichtlicher Unterweisung stehen zurück hinter deren Hauptform: dem fremdsprachenunterrichtlichen Gespräch als »Mitte« allen Erwerbs, aller Übung und Anwendung.

Dabei ist eine Unterscheidung wichtig: Der eigentliche Lernprozeß findet nicht notwendig schon bei der *Einführung* sprachlicher Formen statt, als vielmehr bei der wiederholenden *Übung* und *Anwendung* des bereits Eingeführten. Auf diese Weise wäre die Schwierigkeit, neue syntaktische Strukturen einzuführen, theoretisch »abzuwimmeln«; das ist nicht beabsichtigt (vgl. die Darstellung im 2. Band).

Darüber hinaus mag man fragen, wieso unverkürzte syntaktische Strukturen bei so weit-gehend kommunikativer Zielbestimmung noch »natürlich« zu simulieren sind. Wir wissen
– daß nur-lexische und nur-deiktische, d. h. doch syntaktisch stark verknappte Kommunika-tion in vielen Situationen durchaus möglich und üblich ist
   (WITTGENSTEINs Reisender im fremden Land[77] würde unter bestimmten Bedingungen nicht den *anderen Code,* sondern einfach einige Schlüsselvokabeln lernen!)
   und
– daß in Anzeigen, Schlagzeilen und Telegrammen auch eine auf Lexis verkürzte Kommuni-kation vorliegt(?).[78]
Der zweite Teil dieses Einwandes ist wenig gewichtig. Die sozusagen informationstheoretisch »verdichtete« Form von Anzeigen, Schlagzeilen und Telegrammen verweist durch konven-tionell fixierte Kodierungs-Vorschriften zurück auf die allgemeinen Code-Regeln und wird vom Lesenden prompt in die volle »Redundanzform« »zurückübersetzt«. Das zeigt sich z. B. bei komisch doppelsinnig scheinenden (!) *headlines*[79] wie

BLOODHOUND IN CHILD HUNT
FOUND, PICKING BLACKBERRIES

oder Anzeigentexten wie

Wanted:
EDIBLE OIL
TECHNOLOGIST

besonders bei mißverständlichen »Kürzeln« wie:

SERVICE HAND. Mon–Fri. 10.30–3.30.
£ 7 to serve waitresses from the hot
plate. Tel.: Min 9999.

Jeder muttersprachliche Leser wird sie (wenngleich mit Schmunzeln) völlig richtig konstruieren, d. h. verstehen. Für den fremdsprachlichen Unterricht im Stadium des Sprachausbaus können sie als Gesprächsanlaß, vergnügliches Einsprengsel, dienen. –
Der *erste* Teil des obigen Einwandes verfehlt den allgemein attitudinalen und den speziell pädagogischen Charakter bzw. Sinn des FU:
● Der sozialpsychologische Sinn sprachlicher Äußerungen erwächst aus Form- und Kontext-Regeln. Solange ich die Sprache noch erlerne, sind diese Regeln aus designativen und deik-tischen Einzelzeichen nicht zu entnehmen.
● Ziel des Unterrichts ist nicht vor allem eine momentan und punktuell-additiv »funktionie-rende« Art von Kommunikationsfähigkeit, sondern eine strukturelle und attitudinale Basis für mögliche eigene, produktive Weiterbildung eines erlernten Code:
   eine *transferfähige* (d. h. »echte«) *sekundäre Kompetenz.*
Das schließt nicht aus, daß auf dem *intermediate* und dem *advanced level* die Formen emprak-tischer Rede (um der Sache den »ihr zustehenden« Namen zu geben) »eingeschliffen« oder zum »stofflichen« Thema erhoben werden.

4.2.3. Obelix in Ägypten: Illustration und Applikation gewonnener Einsichten

4.2.3.0. Es dürfte klar geworden sein, daß fremdsprachlicher Unterricht einen besonders hohen Grad von *Bewußtheit* nicht nur der Zielsprache gegenüber, sondern auch den gemeinhin unreflektiert »ablaufenden« Formen zielsprachiger Kommunikation gegenüber erfordert: Der »verbale Schlagabtausch« des Paukers von anno dunnemals ist tot; es lebe der »distanzierte Clinch« trainierter Experten!

Für diese Art von *Clinch* bedarf es, wie bedeutet, eines trainierten Bewußtseins: Die *Grids* allein können das nicht schaffen; weitere Beispiele müssen her – nach Zahl und Art anregende Beispiele.

> Wie im Falle unseres *dotty limerick* oben S. 157 ff. scheint es uns zunächst einmal nützlich, überhaupt zu veranschaulichen. Der Wert solcher Veranschaulichung wächst, so meinen wir, wenn es gelingt, als Nebeneffekt in den Beispielen mögliche Unterrichtsgegenstände anzubieten, Hilfen zu deren Verwendung im Unterricht zu nennen und diese Hilfen wiederum als Veranschaulichung des theoretisch Entwickelten darzustellen. War vorher von Situation die Rede, so geht es jetzt um die Problematik des Zeichens selbst, i. e. des »*fremden*« Zeichens, und um die psychologischen Rollenbeziehungen, die zwingend mit Auswahl und Anordnung von Zeichen verbunden sind.
>
> Der gedanklich-»stofflichen« Problematik wegen sind alle folgenden Nennungen als Unterrichtsgegenstände auf der Stufe des mehr oder weniger fortgeschrittenen Sprachausbaus »angesiedelt«.

4.2.3.1. *Unter dem Gesichtspunkt informationstheoretischer Analyse* ist sowohl die Überflüssigkeit (»Redundanz«, mangelnde »Dichte«) wie die Ersetzbarkeit (»Substituierbarkeit«) vieler Äußerungen zugleich Unterrichtseigenschaft wie Unterrichtsthema.

Das folgende Beispiel von Stuart Chase[80] zeigt zugleich, wie tief *menschliche* (bzw. politische) *Beziehungen* durch »Redundantes« bezeichnet und wie wenig *faktischer* »Inhalt« (»Information« *im engeren Sinne*) dabei eine Rolle spielt.

> *The text is:*
>
> *We must face the facts. We must not be misguided in our present situation by false alarms, excursions, lies, rumours, and any information which does not fit in with the approved policy of the party. For the party is never wrong. I appeal to you in the name of civilisation to stand by us. There are certain aspects which no one understands. This, however, is a minor point. We must not let any doubt influence us in this grave matter. The facts are clear. But we must be careful not to lose our way in the fog, we must, in short, breathe gently on the rocks of circumstance.*

Chase ersetzt einfach alle »*semantic blank(s)*« dieses Auszugs aus einer politischen Rede, alle »*word(s) lacking a referent or clear definition*« durch das Zeichen *blab*. Dabei kommt folgendes heraus:

> *We must face the blab. We must not be misguided in our present blab by blab blabs, blabs, blabs, and any blab which does not fit in with the blabbed blab of the party. For the party is never blab. I blab to you in the name of blab to blab. There are certain blabs which no one blabs. This, however, is a blab. We must not let any blab influence us in this blab matter. The blabs are clear. But we must be careful not to lose our blab in the blab; we must, in short, blab gently on blabs of blab.*

Welch herrliches Unterrichtsspiel auf dem *advanced level*, Umgang mit Zeitungen und Reklametexten mit böse ironischen Begründungs-Diskussionen (und neue Substitutions-Versionen *à la* Lechler) ermöglichend oder auslösend! Derartige »komische Informationsverdichtung« ist das Gegenteil des von Pike geschilderten Gesellschaftsspiels zum Lied *Under the spreading chestnut tree* (s. o. S. 109 f.), wo substantielle *content words* hinwegsubstituiert wurden – durch mehrdeutig-andeutende mimische Signale: dort wie hier bleibt das gleiche übrig – die Strukturwörter; hier auch einiges mehr.

»Inhaltliche« Bedeutung im Bereich des Beziehungsaspektes von Sprache werden in den mancherlei Substitutions-Spielen greifbar, die bereits durch angelsächsische Zeitungen und populäre Magazine gehen. Vertauschbarkeit z. B. als erotische Kategorie (– man erinnere die Wurzel der traumatisch-zwielichtigen modernen Faszination durch das Roboter-Thema z. B. in RAY BRADBURYS »*Marionettes Inc.*«) erscheint als Grundlage der »*some hundred trillion different tales of amorous intrigue*« in der gigantischen *185 multiple choice substitution table* der Weihnachtsnummer 1969 des *Playboy*. Administrativ verfremdete abstrakte Wirklichkeit modernen Lebens erscheint eingefangen im *automatic quick-formulation system* des amerikanischen *top civil servant* PHILIP BROUGHTON, über das im Frühjahr 1969 verschiedene Zeitschriften berichteten. Es enthält 30 *carefully selected key words*, wurde *designed to turn frustration into satisfaction (formulation-wise)* und sollte ebenfalls prächtige Äußerungsanlässe bieten; BROUGHTONS Liste sieht folgendermaßen aus:

0. *concerted*	0. *management*	0. *structure*
1. *integrated*	1. *organization*	1. *flexibility*
2. *permanent*	2. *identification*	2. *level*
3. *systematized*	3. *third-generation*	3. *tendency*
4. *progressive*	4. *coalition*	4. *programming*
5. *functional*	5. *fluctuation*	5. *concept*
6. *oriented*	6. *transition*	6. *phase*
7. *synchronic*	7. *growth*	7. *potential*
8. *qualified*	8. *action*	8. *problems*
9. *ambivalent*	9. *interpretation*	9. *contingency*

»*Spielregel*« dazu: Man erfinde eine beliebige dreistellige Zahl und konstruiere den dazugehörigen Ausdruck (z. B. Nr. 257 = *permanent fluctuation potential*), mit dem dann auch im Unterricht allerlei Spaß anzustellen ist. – Wo z. B. könnte er vorkommen? – Schon die einfache Vorlage in der Klasse (auf einem Matrizenabzug – mit fragendem Gesicht – oder mit der Frage »*What d'you think is that?*«) hat auslösende Kraft. Alle Unterrichtsunternehmungen dieser Art münden letzten Endes in das ein, was H.-J. LECHLER in seinen Vorschlägen zur Arbeit mit *Substitution Tables* und zum »grammatisch gelenkten Gespräch« so facettenreich beschrieben hat.
Andere Aspekte des Informationsbegriffes zeigen sich angesichts der Empfehlung eines amerikanischen Linguisten (– die sich unmittelbar in unterrichtliche Stilübungen umsetzen läßt!), alle Formen von *to be* zu ersetzen durch semantisch »deutlichere« Pendants, etwa folgendermaßen:

s. th. is ... = s. th. looks like / looks ... to me / ... we take it for ...
s. o. is ... = s. o. works as ... (–does he???) .../... functions as ...

In alledem geht es um Information, die innerhalb eines Zeichensystems ausgetauscht, ersetzt oder (wie im ersten und im letzten Beispiel) verdichtet wird: der Lerngruppe vorzulegen als *challenge* oder *slot*. Information kann verdichtet oder verdünnt werden; Beispiele können erfunden oder (z. B. aus Zeitungen) beigebracht und kritisiert werden: Nahezu unerschöpfliche Quellen »unterrichtlicher *Redundanz*« = immanenter Ausdrucksrekurrenz über einem scharf umrissenen »Feld«! Und das Ganze ist vorzubereiten in der oben im 3. Kapitel wiederholt beschriebenen Art: durch Bereitstellung der verschiedenen Arten von Wortfeldern, Bestimmung der Zielfertigkeiten und angestrebten Struktur-Einsichten, – ein struktural und alternativ aufgedröseltes, sorgsam umgrenztes Artikulationsangebot.

4.2.3.2. *Unter dem Gesichtspunkt zeichentheoretischer Analyse* ist zunächst die lustige Seite oder der Doppelsinn des »reinen« Zeichen-Aspekts auffällig, dann aber auch dessen unaufhebbare Kraft des Verweises, dessen nur bei humoristischer Kontext-Isolation (und auch dann nicht immer) zu übersehende »menschliche« *Bedeutung*.[81]

Die lustige, zum Spiel-Gespräch stimulierende Seite dieses Aspekts rührt direkt von der Verbindung eines so zwingenden Verweisens mit jeweils so wenig »festen« Verweisungs-Gegenständen (den »Referenten« bzw. der »Information«). Sie ist besonders deutlich bei den in angelsächsischen Magazinen beliebten graphischen Spielen.

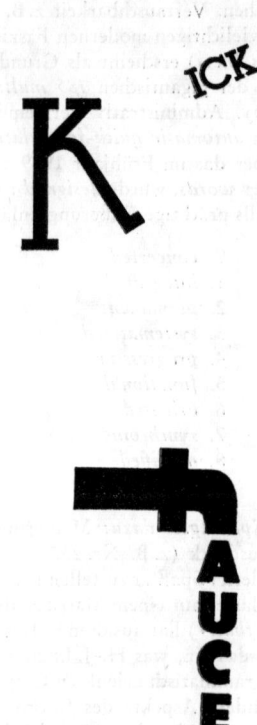

SEGREGAT**ION**

CONCE**I**TED

INSOMNIAC

indecisive

NONCON**T**ORMIST

ALON   E

lift   DE**T**ON**A**T**E**

IMPERFEC**T**   dr**i**p

e**at**   ba**oo**n

HER◉

sleepy

INTEGRATION

QUICKSAND

1. Das beginnt mit Buchstaben- und Wortfiguren aus Schreibmaschinen-Tipparrangements wie z. B.[82]

- »*Watch your posture, Susan!*« . . . .   `1111)11111`
- »*Well, some people just like being different.*« . . . .   `ttttTtt`
- »*He's just not our kind of people.*« . . . .   `OOOOXOOO`
  (– man beachte den Unterschied in der Perspektive!)
- »*Get down here and help us hunt,*
  Joe – *they're* your *contact lenses!*« . . . .   `nnnnlnnn`

Entsprechende Lettern-Spielarrangements haben bereits in Lehrbücher Eingang gefunden. Im Band A 2, »*The Woodpecker*«, des Lehrwerks *How do you do* (SCHÖNINGH 42 423) finden sich auf S. 23 graphische *Slots* wie

- *THETR IC KYTY PEWR ITER*
  (= *The Tricky Typewriter*).

Angesichts der besonderen Sensibilität LECHLERS für Sprachform nimmt es nicht wunder, daß in dem von ihm (mit) herausgegebenen Band »*Modern Life*« (*Learning English* A 4 / B 3, Klett 5084) reiches Material zur Reflexion von Sprache geboten wird (Texte 25–39, SS. 73–98); darunter befinden sich – außer einem etwas schwierigen *slot-and-filler frame* (auf S. 83) – auch einige der sog. »*Alpha-Bits*« des amerikanischen Werbefachmannes JACK WOHL (– die Arbeitsanweisungen, *sehr* geschickt angelegt als Verständnishilfe, d. h. in der ersten Phase des Gesprächs, regen leider weniger dazu an, den Zeichencharakter der Darstellungen oder das Spaßige daran thematisch zu »beschnak-ken«, – *schade!*). Entsprechendes findet sich natürlich in faktischer Werbung immer wieder und bietet – auch aus dem Vergleich (zweckfrei–zweckhaft) – reichen Gesprächsanlaß; vgl. das Beispiel der *Squires-Gin*-Reklame, Abb. 22. Eindrucksvolle Exempla gänzlich zweckfreien Spiels mit der Wortfigur stammen von ROBERT CAROLA, vgl. Abb. 23 (S. 224 f.).[85] –

Natürlich verliert all dies seinen Charme, behandelt man es pedantisch-kleinlich: Zwar ist auch hier eine veritable »abendländische« Tradition impliziert, aber das Ganze bleibt ohne Effekt im Lerngespräch, wenn man ihm den Charakter des »westlich-unseriösen«, satyr-füßig und bedeutungsvoll leichten *Nonsense* nimmt, wenn man ihm falschen Tiefsinn dekretiert statt es (Schüler-Zweifel und -Zurückweisungen »einbauend«) hinzustreuen. Die Palindrome in den Leserbriefen der *Times* und ihre Entsprechungen in der *poésie concrète* (»*dogma I am god*« u. ä.) bis hin zu den *pun*-Versionen klassischer oder sprichwörtlicher Sentenzen in den *LOOK*-Spalten der *Sunday Times* (*Narcissism:* / *Beauty* / *is in the* / *I* / *of the beholder.* – Viktorianische Väter: *Children should be seen, not heard.* – *Carnaby-Street*-Scherz 1971 f.: *Women should be obscene, not heard.* – Werbe-Slogan der Fa. Chrysler 1972 für den *Mid-size Plymouth Satellite*-Wagen: *Built to be seen. Not heard.* – *LOOK* 1972: *Would aural sex* / *Be heard but not* / *Obscene?*) zeugen von diesem *spirit*.[84] Und wem der/ die harmlos-lustige *Mouse's Tale* aus *Alice in Wonderland* Schwierigkeiten bereitet, der wird auch die großartigen fremdsprachenunterrichtlichen Möglichkeiten der typographischen und grammatischen Formspiele in den Gedichten von E. E. CUMMINGS wohl wenig ergiebig finden, – außer vielleicht das trickreich-vielsinnige

> applaws)
> »fell
> ow
> sit
> isn'ts«
>
> (a paw s

weil's dazu den Ansatz einer schul-bezogenen Interpretation gibt (ausgehend von dem Formkontrast des – *u. v. a.* – durchscheinenden *Applause.* »*Fellow citizens.*« *A pause.*).[85]

2. Eine Verbindung zweier Zeichensysteme liegt von in *cartoons* mit *captions:* einladend zur Verbalisierung des optischen Eindrucks (auf der Grundlage eines aufzubauenden Transportvokabulars) und zur Analyse der *captions* selbst, – besonders wenn das Thema wiederum ein Zeichen ist. Dies trifft zu auf die Darstellung eines Indianerhäuptlings, der in der Zeichnung (– *1. Medium!*) folgende Wolldecken-Rauchzeichen-Botschaft (*2. Medium!*) diktiert (*3. Medium!!*): ›*Dear Sir ... with reference to your letter of January 30th ...*‹ (= *the caption:* das 4. Medium; – auch ein prächtiger

stilistischer Kontrast). Weitere Beispiele einer möglichen wechselseitigen »Selbstreflexion« verschiedener Zeichensysteme »durch einander« gibt es in vielen *cartoon*-Sammlungen: Ein zu einfachsten Äußerungen provozierendes köstliches Beispiel einer Bildserie für die Unterstufe findet sich im »*Sesame Street Book of Puzzlers*« (Signet Q 4501; die Passage »*Can you guess what's going to happen next, before Ernie does?*«). Für ein höheres Lernniveau gibt es Beispiele *galore* z. B. in »*Have a nice time at the REVOLUTION*«: Hier wird die moderne Manie »demonstrierender« *Button*- oder *Poster*-Deixis kräftig verulkt, außerdem die »Emanzipation« der Sprache als Zeichensystem von ihrer ursprünglichen einfachen Kontext-Bedeutung wie auf einem politischen Phrasen-Zirkus »vorgeführt« (– »*Our talks were exceedingly cordial and fruitful. In other words, we are at war.*« – Oder: »*For the record, Senator, it would be helpful if you would agree to use the terminology ›bilateral reduction of ballistic-missile systems‹ rather than ›catching Uncle Sam with his pants down.*«). Eine mögliche Steigerung des Elementes von »Selbst-Reflexion« der Zeichensysteme ergibt sich, wenn man *Cartoons* zusammenstellt, die den Effekt von Massenmedien zum Thema haben, z. B. der SS. 20, 47, 26, 35, 6, 62 (in dieser Reihenfolge) der obigen »Indianerhäuptlings-Sammlung«.[86]

Eine andere Art des Zusammentretens verschiedener Zeichensysteme ist gekennzeichnet durch einen gelegentlich das Abenteuerliche streifenden Wechselverweis zwischen graphischen, phonetischen und semantischen Elementen. Ein besonders überzeugendes Beispiel ergeben die Buchstaben- und Zahlenkombinationen von WILLIAM STEIG.[87] Zu seinem Verfahren schreibt er selbst (in schaurig-schöner schiefer Phonetik): *It's EC (= »easy«) when you try. N-E-1 (= »Anyone«) can do it – and it's good 4 U 2 (= »for you, too«)!* – In seinem humoristischen Kinderbuch sagt z. B. der kleine John zu seiner kleineren Schwester Jayne: *I M N N–D–N.* Antwortet sie: *O, I C.* Oder einfach: *H–U!* Und damit ist dann auch das Verfahren sanktioniert = ein unschuldig Kind hat es beniest. – Auch das Prinzip (das im Fall STEIG in Verbindung mit seinen *cartoons* lustiger wirkt, als hier gezeigt werden könnte) hat natürlich Eingang in angelsächsische Reklamesprache gefunden, und das nicht erst heute. Angebote, eine Arbeit auszuführen, *while U wait*, wirken phantasiearm im Vergleich zu den schon vor dem 2. Weltkrieg kursierenden Slogans der Firma Bovril. Man denke an *It is a crime 4 1 2 4-get 1's Bovril (= »for one to forget ones Bovril«*). Auch *Drink Bovril for Miss T. Knights and other chilly Eves (= »for misty nights … eves.«*). gehört wohl irgendwie hierher. Und mochte man oben als äußerste Spielform in großer Literatur an NABOKOVS Wort- und Sprachverhexungen denken, etwa seine Obsession für »*word golf*« (*Get from »live« to »dead« in five steps! – – Live-line-lene-lend-lead-dead!!*), so wird in diesem Zusammenhang die Erinnerung an JOYCES *Finnegan's Wake (Only a leaf, just a leaf and then leaves.)* sich aufdrängen, vielleicht noch an den späten A. SCHMIDT; – dies ist dann offenbar jenseits der Normal-Möglichkeiten des FU und wurde hier nur zur Anregung überschüssiger Intellektual-Peristaltik angefügt (Produktivität ergibt sich nicht aus dem Haben, sondern aus dem Mögen).

3. Damit ist dann endgültig die Grenzzone erreicht, in welcher zeichentheoretische Thematik immer wieder in psychologische, speziell sozialpsychologische Fragestellung umschlägt. Hierher gehört z. B. die *remoteness* und *abstraction* so vieler moderner Abkürzungen, die die *remoteness* und *abstraction* administrativ-anonymer Großstadt- und Industriewirklichkeit spiegeln: *SHAEF, S.I.F., O.S.S., MOB, H.Q., C.O.* auf 2 Seiten Prosa von IAN FLEMING[87], wobei C.O. hier nur durch den Kontext als »*Commanding Officer*« ausgewiesen ist (es könnte auch »*Conscientious Objector*« heißen!). Als komische Seitenform wären hier Fälle von sog. *skid-talk* aufzuführen.[89] Die Technik des *skid-talk* ist manipulierbar und also in Elementaransätzen auch im FU anwendbar; sie ist den obigen Substitutionsspielen verwandt. Es handelt sich um *skid-zophrenic phrases* oder *sentences* wie »*Too many cooks in the soup*« (aus »*Too many cooks spoil the broth*« und »*a hair in the soup*«) oder »*It was so dark you couldn't see your face* (statt: *hand!*) *in front of you*«: Nach dem Modell »Wer andern eine Grube gräbt, hat Gold im Munde« wären einfachste Substitutionsspiele (besprechbar!) am Beispiel der in den gängigen Lehrwerken abgedruckten *proverbs* durchaus möglich. Einfache Casus sind z. B. die 8 Sprichwörter unter der Lektion 20 in *Learning English* A 2 neu S. 97. Auf höherem Lernniveau wird die motivierende Wirkung anlaysierbarer aphoristischer Kontraktionen eine größere Rolle spielen. Die Kraft solcher Reizformulierungen wird wieder besonders anschaulich deutlich in Anwendungsformen, in kontrafaktorischen Slogans aus religiöser oder geschäftlicher Werbung: »*One never gets, what one deserves. Thank God.*« Oder – als Nachhall der *Declaration of Independence*: »*In a war all men are cremated equal*« bzw. »*No Woman is equal*«.[90] Analyse WILDEscher *aphorisms* – in denen die Künstlichkeit der Form (Transportvokabular: *mechanical parallels and antitheses, parallel and substitutionary constructions, expecta-*

tional patterns plus points, semantic ambivalence etc.) ein großstädtisch-naturfernes Verständnis von Selbst und Welt spiegelt – befände sich dann in den höheren Rängen unseres Theatrum Didacticum. – Einfacher faßlich, weil unmittelbar »ins Gesicht springend« erscheint der Umschlag von Zeichen-Form in sozialpsychologische Bedeutung in *Taboo Words* und Euphemismen. Man erinnere nur die Witze über das *good old Anglo-Saxon four-letter-word W-O-R-K;* auch *life* u. ä. m. Bei Euphemismen ergibt sich der Gesprächsanlaß aus der Verselbständigung des Zeichens, wenn z. B. »*pacification of the enemy infrastructure*« an die Stelle von »*bringing peace to him by destroying him*« tritt (– Nachklang des »*give him the full treatment*« aus ehem. *underworld slang?*). Ähnlich liegen die Dinge bei »*substandard housing*«, »*underachiever*«, sogar »*hip-bone steak*«, schließlich auch der deutschen »*Endlösung*« gräßlichen Angedenkens. Die Frage *(if) a man who calls a spade a spade is fit only to use one* (aus einem Essay in TIME) eignet sich als *Slot* für ein Gespräch, das allerdings ohne Textvorlage wohl vage und unsicher bliebe.[91]

4. Schon unter vorwiegend informationstheoretischem Gesichtspunkt kam der (sozial-)psychologische »Drall« verbaler Zeichen zur Sprache. Dieser Drall ist umfassender wahrnehmbar, thematisiert man den zeichentheoretischen Aspekt von Kommunikation. Was dort im Umgang mit Substitutionspatterns unübersehbar wurde, ist unter diesem Gesichtspunkt als System zu studieren: Es erscheint zum Prinzip erhoben im Aufbau von Lehrwerken für den Anfangsunterricht.

Dieses Prinzip ist uns bekannt: Es trat uns in reiner Form entgegen als Entsprechungs-Einheit von »Sprachspiel« (Zeichensystem) und »Lebensform« (Struktur von *attitudes* und *behaviour* in Relation und Situation) bei WITTGENSTEIN. Als »weites und über größere Mengen von Sprachgewohnheiten ausgedehntes Feld«[92], pädagogisch »zubereitet«, danach künstlerisch »aufbereitet«, begegnete es uns in L. HARIGS »Sprechstunden«. Die Einführungsbände fremdsprachlicher Lehrwerke betreiben genau dies: Sie konfrontieren den »Leser« bzw. Lernenden mit einer sequentierten »Feldausbreitung von Sprache«, in welcher und durch welche eine Gruppe von Personen (i. allg. Freunde und Familienmitglieder) als ein »Netz von Bezügen aus Sprachspielen« *entsteht;* die Mitglieder der Gruppe »existieren« aus diesem Netz und in ihm. Die enorme psychologische *presence* solcher »Zeichenexistenz« mitsamt ihren komischen Aspekten ist z. B. im 4. Kapitel von NABOKOVS Erinnerungsband *»Speak, Memory«* dargestellt.[93]

> *I learned to read English before I could read Russian. My first English friends were four simple souls in my grammar – Ben, Dan, Sam and Ned. There used to be a great deal of fuss about their identities and whereabouts – ›Who is Ben?‹ ›He is Dan,‹ ›Sam is in bed‹ and so on. Although it all remained rather stiff and patchy (the compiler was handicapped by having to employ – for the initial lessons, at least – words of not more than three letters), my imagination somehow managed to obtain the necessary data. Wan-faced, big-limbed, silent nitwits, proud in the possession of certain tools (›Ben has an axe‹), they now drift with a slow-motioned slouch across the remotest backdrop of memory; and, akin to the mad alphabet of an optician's chart, the grammar-book lettering looms again before me.*
>
> . . . .
>
> *Ned lumbered past the windows in a fair impersonation of the gardener's mate Ivan (who was to become in 1918 a member of the local Soviet). On later pages longer words appeared; and at the very end of the brown, inkstained volume, a real, sensible story unfolded its adult sentences (›One day Ted said to Ann: Let us –‹), the little reader's ultimate triumph and reward.*

Wahrhaftig, ein eindrucksvolles Beispiel für eine fremdsprachliche Unterweisung, die das »Langzeitgedächtnis« erreicht hat. – HARIG führt diese Ansätze weiter, komplexer und (bei aller Komik und Behutsamkeit im Detail) wohl auch etwas humorloser aus: Rollen-Haltungen und Rollen-Erwartungen sind hier ganz sprach-eingebunden, zurückgenommen, verpuppt wie die Sprache selbst, deren Kokon aufzubrechen dann ein Ziel des Unterrichts ist.

Sprache ist hier Artikulation und Grenze(!) von Bewußtsein *qua* Existenz. Als solche ist sie – wie bereits bemerkt – auch Thema und (sprachliche) Gestalt bei IONESCOS *»La Cantatrice Chauve«.* Das Stück, einer Lehrbuch-Erfahrung entwachsen, wurde unter dem Titel *»The Bald Primadonna«* sozusagen in seine Lehrbuch-Ursprache zurückübersetzt[94]: Damit ist es nun in der Fülle sprachlicher, stilistischer, »landeskundlicher«, zeichentheoretischer und attitudinaler Aspekte, Assoziationen und Anknüpfungspunkte für Unterrichtsdiskussionen auf dem *advanced level* geradezu ein »gefundenes Fressen«. Lehrbuch-Existenz als Bühnen-Existenz auf der »Bühne des Bewußtseins«

eines Lernenden, d. h. eines *Englisch als Fremdsprache Lernenden,* – das ist das eine. Und wie hier
Wesen sich als Menschen in Lehrbuch-Logik selbst definieren (z. B. auf S. 10/11 der engl. Ausg.),
wie das ganze Stück hindurch »Wahrheit« über menschliche Beziehungen aus feldmäßig geordneter
Sprachstruktur definiert wird (so daß »im Grunde« alles nur noch *phatisch* zu verstehen ist), – das
ist das beunruhigende und/oder komische zweite. Ein solches Stück sollte wohl geeignet sein, bei
geschickter Auswahl der »Stellen« Schüler über den Text, »die Engländer«, sich selbst, ihre Lage
oder Welt sprechen(!) zu lassen.
Zeichen-Arrangements gewinnen schicksalhafte Bedeutung über Menschen in den Fällen des Ama-
teur-Detektivs Nicky Welt, – eine Professors für Textanalyse und Aufsatzkunde (i. e. *Advanced
Composition*)! Drei der unter dem Titel *»A Nine Mile Walk and other stories«* gesammelten Kurz-
Krimis von H. KEMELMAN sind unter diesem Gesichtspunkt interessant. In der Titel-*story* wird
ein Verbrechen durch Kontext-Analyse eines einzigen Satzes aufgedeckt, in zwei anderen führen
der Bewußtseins-Kontext eines Mannes (Identifikations-Strukturen aus *cheap literature, public
media* etc.) bzw. eine eigentümliche Sequenz von *conversational gambits and moves* zur Aufdek-
kung. Der Wort- und Sprachschatzgewinn reicht also potentiell bis in den Bereich unmittelbar
transferfähigen Transportvokabulars. Da die Texte auch erheblich einfacher strukturiert sind als
z. B. IONESCOS *»Bald Primadonna«,* sollte man sich dies pädagogische Vergnügen nicht entgehen
lassen.

Zeichenarrangements als Unterrichtsthema können Reflexion nahelegen oder gar »generieren« durch *slot*-gesteuerte immanente Rekurrenz eben jener Arrangements im Gespräch,
in der Erarbeitung an der Tafel und der Wiederholung im (vorgetragenen und »besprochenen«) Protokoll –: durch Transfer in den metasprachlichen Kontext unterrichtlicher Erörterung.

4.2.3.3. Unter dem Gesichtspunkt einer »nur noch« sozialpsychologischen Analyse ist zunächst einmal das von Bedeutung, was derlei Analysen »inhaltlich« zutage fördern können:
die aus ihnen abzuleitenden unterrichtlichen Gesprächs-*Slots*, Steuerungs-, Gliederungs-
und Ziel-Vorstellungen sind vor allem für die Arbeit auf der Sekundarstufe II bedeutsam.
Dies gilt überall dort, wo die Textstruktur wesentlich *dialogisch* ist, d. h. zunächst einmal
für dramatische Texte, aber auch für einen ganz bestimmten Typ Prosatexte.

In dieser Frage können wir »an der Quelle schöpfen«: WATZLAWICK/BEAVIN/JACKSON, denen wir
oben manche unserer grundlegenden Distinktionen verdankten, bieten mit der kommunikationstheoretischen Analyse des Dramas *»Who Is Afraid Of Virginia Woolf«* von E. ALBEE selbst ein Modell. – Stärker auf die Kraft des rein Zeichenhaften gegründet und (entsprechend analysierbar)
scheinen uns die Sozialbeziehungen in G. B. SHAWS *»Pygmalion«,* das als Musical unter dem Titel
»My Fair Lady« Furore machte; hier wären Schallplatten als Slot und Support wohl unerläßlich.
J. HENNINGSEN zitiert Elizas erste Bemerkung nach der »Wandlung«, *How kind of you to let me
come,* – eine nach den toten Klangübungen über den *rain in Spain* geradezu explosiv mit sozialpsychologischen Bezügen aufgeladene Äußerung (BERNSTEIN-*Vorklang??*)!¹⁹⁵
Um einen Grad weiter zugespitzt ist das Verhältnis der zeichentheoretischen zu den sozialpsychologischen Aspekten in ALBEES *»The Death of Bessie Smith«*: Die Atmosphäre des Stückes ist gänzlich auf so etwas wie Human-Zeichen (statt Human-Existenz) gegründet; das gilt im Positiven wie
im Negativen und ist durch besonders einfach motivierende Unterrichts-Operationen leicht zu ver-
balisieren. Zum Beispiel wird die Titelfigur immer nur erwähnt (und *gehört*!), prägt aber jede
Szene aus ihrer alles überschattenden Andeutungs- und Zeichenexistenz *hinter* der Bühne: so genügt es, die Schüler berichten zu lassen, was der Zuschauer bei der Aufführung sieht – und was er
nicht sieht (aber erwartet und hört!). Aus der bloßen Beschreibung des Bühnenaufbaus und der loka-
len Zuordnung der *characters* kann das Gespräch unvermittelt ins Zentrum des Ganzen vorstoßen –
aus dem ständigen Verweis »nach hinten«, in ein Jenseits des Bühnenraums!
Ein Beispiel leerer Artikulationsexistenz wäre das oben genannte Stück IONESCOS. Lädt man es mit
alltäglicher Normal-Beziehung auf, dann erhält man die hochkonzentrierten Exempel »phatischer
Kommunion« bei PINTER: Zeichen und *message* ... – ganz eins mit einem *set of attitudes* –
und gleich wichtig: oder unwichtig (– bei ALBEE war die *message* alles). Weitere »Auffüllung« mit

alltäglicher Konkretion brächte den solcherart »entleerten« Dialog in die Gegend mancher HEMING-
WAYscher Zeichenarrangements: Man denke nur an die Elemente wechselseitiger Verfehlung und Zurückweisung, die Ausweich- und Drohgebärden im Dialog seiner wohl berühmtesten *Short Story*
»The Killers«, – an die Sätze, in denen paradoxer- und bezeichnenderweise in ganzen Serienkom-
binationen wörtlicher Rede gerade *nicht* kommuniziert wird! – Dabei ist im Unterschied zu ALBEE
die Bedrohung auch konkret vorhanden. – Wie bei PINTER wird hier *der Inhaltsaspekt vollständig
vom Beziehungsaspekt aufgesogen.* –

Es geht in diesen Fällen um Sozialbeziehungen *als* Zeichenbeziehungen (sprachliche Schemata, Formen des Dialogs, Verweis durch Anordnung etc.): um kommunikative, nicht um
»soziale« Beziehungen (etwa zwischen »Gästen«, »Bedienung« und »Küchenpersonal« in
HEMINGWAYS *Killers;* ein anderes Beispiel wären die mancherlei Über/Unterordnungsver-
hältnisse in SALINGERS *»The Catcher in the Rye«* oder – um es überdeutlich zu machen – in
SILLITOES *»The Loneliness of the Long-Distance Runner«*) auch nicht um solche Abstraktionen wie prätendierte Sozialbeziehungen »an sich«. Nur von daher hat der Vorschlag,
Sozialbeziehungen in amerikanischen Dramen aus den jeweiligen Anredeformen zu entwickeln[96], Sinn: Was wir packen, packen wir »als Sprache« und in der Sprache; Sprache ist
Existenzform und Perspektive; alle »inhaltlichen« Arten von Motivation müssen daher in
feld-bezogene und perspektivische Arbeit an der Sprache umgedeutet und umgeleitet werden. Dies dient dann zugleich der Erkenntnis der (sprachlichen) »Sache« und dem Lern-
ziel-Interesse des FU. –

> *Reiz des non-verbalen Zeichenarrangements:* Gibt es eine andere Sprache als die der Worte? –
> Wofür steht *»Bessie Smith«* (in ALBEES o. gen. Kurz-Drama)??

4.2.3.4. Unsere drei Beispiel-Kollektionen zeigten immer wieder Überlappungen der drei
Aspekte. Gelegentlich mochte der Eindruck einer fast schon willkürlichen Zuweisung aufkommen. Tatsächlich gehören die drei Aspekte zusammen. Hier zwei anschauliche Beispiele[97]:

1. Eine *3rd-person-singular*-Oberflächenstruktur verbindet sich mit einem *sudden break in
the perspective* der Tiefenstruktur (= zunächst identifikatorisch durch das »*daring*« und
die wörtliche Rede; die Identifikation wendet sich in der Pointe in plötzliche kollektive
detachedness: Individualität integriert sich in die singende »Gemeinde«) in dem folgenden
Limerick:

> *A daring young lady of Guam*
> *Observed, »The Pacific's so calm*
> *I'll swim out for a lark.«*
> *She met a large shark. . . .*
> *Let us now sing the 90th Psalm.*

Dabei wird das faktische Gefressenwerden dieser leicht-sinnigen Dame durch ihr syntak-
tisches Verschwinden (– sie war immerhin in faktischer wie grammatischer wie poetischer
Bedeutung das *Subjekt* des bedeutsamen Vers-Ansatzes!) pikant gespiegelt.

> *Kleine Nachfrage:* Sollte die Gemeinde aus dem 90. Psalm wohl vor allem an den 7. Vers
> denken? Das wäre: *For we are consumed by thine anger, and by thy wrath are we troubled.* –
> Oder sollte sie »auf Distanz gehen« – mit dem 9. Vers (– *we spend our years as a tale that
> is told.*)?

2. Die Namengebung, der Doppelsinn des »*(last) line*« und der Umschlag vom Psychologischen ins »nur noch« Sprachliche = das Verschwinden von hochgemutem Wagegeist in
beliebiger formaler Zitierbarkeit kennzeichnen den folgenden Limerick:

> *There was a young fellow named Weir*
> *Who hadn't an atom of fear;*
> *He indulged a desire*
> *To touch a live wire –*
> *'Most any last line will do here.*

Whatever happened to the »*d*«? – Wir fragen uns, ob das nicht mehr wahrnehmbare »d« (für »*death*«?) am Ende des so unheimlich ulkigen, ulkig-unheimlichen Namens dieses *young fellow* in Vorahnung oder in gräßlicher Zufallslogik gekappt (= *detache d*, um einmal R. CAROLAs Wortspiel anzubringen) wurde?? – Und abermals haben wir einen Umschlag in der Perspektive: Narratives Sprechen »von innerhalb« des Zeichen- und Verstehens-Systems »Erzähl- und Versform« wendet sich *partiell* (– das Reim- und Versschema der »Oberfläche« bleibt erhalten!) in ein sozusagen meta-poetisches Sprechen »von außerhalb«.

> Daß sich dabei zugleich ein *live wire* (= ein menschliches »Energiebündel«) in einen *dead Weir* (= Anagramm von *wire*!) verwandelt hat, sei nur am Rande vermerkt.

4.2.3.5. Manche der oben entwickelten Beispiele liegen im fremdsprachen*unterrichtlichen* Niveau (insbesondere in der Wortfeld-»Grundierung«) relativ hoch. Das gilt nicht für eine Reihe vergnüglicher Aspekte unseres eigentlichen Haupt-Beispiels. Alles bisher über den fremdsprachlichen Unterricht Vorgebrachte findet sich wieder am Fall einer höchst bedeutsamen Erfahrung des Obelix in Ägypten. – Ja, richtig: des *Obelix*.
Zu schlechthin umfassender Veranschaulichung dient uns ein Ausschnitt aus der englischen Version der Abenteuer des Asterix und des Obelix im Lande der Pyramiden:
> GOSCINNY / UDERZO: *Asterix and Cleopatra. Transl.* A. BELL / D. HOCKRIDGE. Leicester 1969: Brockhampton Press.
Die ausgezogene Bildfolge entstammt der S. 19 unten; vgl. unsere Abb. 24, S. 232.[98]

1. Der dicke Obelix möchte etwas aus einem betrügerischen ägyptischen Kapitän »herausholen« – die Wahrheit nämlich –; er versteht und spricht aber kein ägyptisch: Die klassische fremd-sprachliche Problem-Situation!!! –
Und er begreift sofort:
»Die gemeinsame menschliche Handlungsweise ist das Bezugssystem, mittels welches wir uns eine fremde Sprache deuten.« –
Er kommt, wenngleich nicht »als Forscher« – in diesem Augenblick allerdings doch wohl etwas Ähnliches –, »in ein unbekanntes Land mit einer (ihm) gänzlich unbekannten Sprache« und deutet sofort die »Umstände . . ., (unter denen) die Leute dort Befehle geben, Befehle verstehen, befolgen, sich gegen Befehle auflehnen usw.« richtig.[99] Wer Ohren hat zu hören, der höre; und wer die Zitate erkannt hat, weiß Bescheid: Es ist, kein Zweifel, – WITTGENSTEIN! – WITTGENSTEIN in Ägypten, – im Gewande des Obelix! – Wer hätte das gedacht.
Halten wir uns an die Darstellung im Bild: Es geht um fremdsprachliche Kommunikation und – *indeed* – Inter*aktion*. Es geht um
(1) *mittelbare* Verständigung durch einen Dolmetscher, – der aber hier auch als eine Art Elementar-Sprachlehrer fungiert (in der Art von MICHAEL WESTS »*Teaching English in Difficult Circumstances*«),

(2) unmittelbare Verständigung, d. h. eine Art von »Sprach«-Erwerb (im Sinne von: etwas »kommt« »zur Sprache«): Tatsächlich läßt – innerhalb des gewählten Zeichensystems – die vorgeführte Performanz auf eine wohlgegründete _kommunikative_ (d. h. _soziale_) _KOMPETENZ_ schließen.

Es handelt sich dabei um eine multiple Zeichen-Leistung, um Informations-Austausch auf 2 oder mehr Ebenen, wobei der Transfer aus einem Zeichensystem in das andere die oben wiederholt erwähnte entsprechende Leistung des Gesellschaftsspiels zu _Unter the spreading chestnut tree_ (vgl. unsere Darlegungen über K. L. PIKE) durchaus übertrifft. »Unterhalb« des zeichentheoretisch-abstrakten Relationsgefüges aus wechselnden Zeichensystemen »gestaltet sich« dabei eine affektive Sozialbeziehung von einiger Wucht: Die Zeichenserie vermittelt nicht nur sachliche Bedeutung (= die »kognitive« Pointe), sondern – zu aller »Leser« vitalem Vergnügen – menschlich-attitudinale Bedeutung.

Und das alles bietet dann zugleich das Modell eines fremdsprachlichen Lernvorganges, in dem »Kontext« alles ist: Der Kontext-Druck ist angesichts des wirbelnden Zeichensignalements von Obelix' Armen so total, wie man es von einem Auslandsaufenthalt nur wünschen kann – mit vertauschten Rollen allerdings. Das Pikante an dieser so höchst kommunikativen Lern-Situation ist nämlich, daß sich der Lernvorgang selbst in einer Art von überraschendem Akzent-Umschwung vom _foreigner_ (i. e. _learner_) auf den _native speaker_ verlagert: Unverkennbar eine _limit-situation,_ die wir im institutionalisierten Unterricht weder simulieren können noch wollen, – dennoch (wie könnte dies angesichts unserer Lernbegier anders sein) als Modell aufschlußreich. ›_The matter is a perfectly trivial one_‹, würde etwa Sherlock Helmes sagen _(and jerk his thumb in the direction of the old hat), ›but there are points in connection with it which are not entirely devoid of interest, and even of instruction._[100]

Wir fassen also diesen Ausschnitt einer Bildgeschichte als Verwirklichung der (oben S. 71 eingeführten) WITTGENSTEINschen Vorstellung eines Reisenden in einem fremden Land (»mit einer gänzlich unbekannten Sprache«, s. o.!) auf und wenden uns damit auf den Ausgangspunkt unserer Betrachtungen zurück. Inzwischen wissen wir etwas mehr und können den Fall unter kommunikationstheoretischen Gesichtspunkten analysieren.

Zunächst einmal wird aus dem Verhalten beider Haupt-_participants_ klar, daß es sich bei dem dargestellten »Lernprozeß« nicht um Einfügung und Anpassung handelt, sondern um aktives Mittun, daß es nicht um Beobachtung und regelbeziehende Abstraktion, sondern um tätig-lustvolle oder erleidend-schmerzhafte Erfahrung geht. Die »Motivationen, Ziele und Strategien« jedes einzelnen _participant_ gehen in die Situation voll ein.

> Was in der älteren Denk- und Lernforschung oft etwas zu kurz kam, ist in dieser Geschichte modellhaft und unverkrampft einfach da: der attitudinale Untergrund von Lernabläufen ist unverkürzt, insbesondere die affektive Komponente unmittelbar zu greifen:
>
> (1) Es liegt eine »echte«, d. h. weitgehend intrinsische Motivation vor.
> (2) Der Situations-Reiz ist zugleich völlig eindeutig (»feld-mäßig geschlossen«) und überaus vielfältig (»stimulierend«).
> (3) Die Zahl kräftiger _Slots_ ist entsprechend hoch.
> (4) Eine kognitive und affektive Ziel-Orientierung ist ohne Zweifel gegeben (das impliziert »Ergebnissicherung«).

»Perspektive« ist als artikulative immer zugleich _aktive_ Perspektive, – der Traum- und Grenzfall fremdsprachlichen Lernens (s. o. 4.2.2.3.).

Im übrigen zeigt die kleine optische Leckerei alle von uns oben für Kommunikationssituationen allgemein erarbeiteten Merkmale, einige davon potenziert:

(1) Reziprozität der Perspektiven:
Die implizierten kommunikativen Rollen ergänzen einander durch alle Zeichendimensionen hindurch.

(2) Kontextuelle Einbettung aller Zeichen und Zeichen-Aussagen:
Die »angewandten« Zeichen verweisen nicht nur auf den kommunikativen Partner, sondern über sich hinaus auf das Ganze der Situation, in die sie eingelagert sind; dieser Kontext erst definiert ihren präzisen Sinn.

(3) Verbindung (und Wechsel) verbaler und non-verbaler Zeichensysteme:
Die zunächst unzulängliche »Schlagkraft« verbaler Äußerung wird in typischem Reiz-Reaktions-Arrangement SKINNERscher Prägung »verstärkt« durch die Schlagkraft non-verbaler Ausdrucksmittel.

Damit wird zugleich die Funktion und Grenze SKINNERscher S-R-Sequenzen im Lernprozeß (– das Thema des 5. Kapitels vorwegnehmend) »schlag«-artig klar: Durchaus sinnvoll *und als solche kalkulabel* (= vorbereitbar!) im Einbettungskontext *attitudinaler* Situations-Deutung und -Bestimmung, verlieren solch konzentrierte und kontrahierende Übungs-Schübe jeden Sinn *und also auch Effekt* außerhalb dieser Zusammenhänge. Dabei ist das übergeordnete Prinzip natürlich auch nicht etwa in den ähnlich abstrakt-situationsfernen metasprachlichen Exzessen und Obsessionen CHOMSKYS zu suchen:

> Alles was den *affektiven* (= motivationalen!) Aspekt des attitudinalen Gesamt-Erfahrens- (und also: Lern-)Gefüges verkürzt, verkürzt eben dadurch Sinn *und Wirkung* des eigenen Vorgehens. –

Auf sorgfältig *in ihrem Stellenwert kalkulierte* Drill-*Einschübe* à la SKINNER sollte man bei der Planung (und Durchführung) einer Unterrichtseinheit nicht verzichten.

(4) Verbindung von Inhaltsaspekt und Beziehungsaspekt:
Obelix will wissen = glaubt also, dazu berechtigt zu sein und stellt sich damit auf eine Stufe mit dem (betrügerischen) Kapitän. Aus der solcherart *symmetrischen* Ausgangs-Beziehung wird allerdings sehr bald eine *asymmetrische*, – als Obelix' Anspruch und Forderung auf den eigenen (höheren) Anspruch des »Partners« treffen. Die folgenden kommunikativen *exchanges* führen zu einer Aufhebung dieser ersten Redekonstellation und zur Aufrichtung einer (»stabileren«) zweiten. Dabei sind die Einstellungen (Attitüden) beider in jeder Phase kommunikativen »Vollzuges« nach ihren kognitiven, affektiven und pragmatischen Komponenten bzw. Elementen bestimmbar.

(5) Wie in jedem anderen Falle auch, ist hier der Beziehungsaspekt nicht abstrakt und leer, sondern die Basis und Ermöglichung, der »produktive Quell« des Inhaltsaspekts; beide gehören zusammen = sind Aspekte eines Phänomens, nichts sonst. Kaum macht Obelix die tatsächlichen Macht- und Kraft-Verhältnisse deutlich, ist auch »inhaltlich« alles klar: Unwissenheit (in Hinsicht auf kommunikative Relationen) tut konkret- »inhaltlich« weh!

(6) Die Darstellung vermittelt nicht nur verschiedene Aspekte von Zeichensystemen überhaupt, sondern auch eine ganze Reihe von untergeordneten System-Aspekten. Wir finden darin

(a) verschiedene »geschlossene« Kodierungs-Systeme:
Muttersprache und Fremdsprache;

(b) verschiedene Arten von Zeichen-Systemen:
Bild (*comic*-Zeichnungen und deren spezifische darstellerische Mittel), Schrift (Druck - alphabetische Schrift, Bilderschrift), Gestik und Mimik, Aktion; – als der Kapitän das gestische Zeichen an die Stelle des sprachlichen setzt, »ergreift« Obe-

lix sofort die Gelegenheit (und den Hals seines Gegenüber): In dieser »Sprache ist ER *native speaker* und bedarf keines Dolmetschers;

(c) verschiedene Arten von Partizipanten *(darunter ein Hund!)* und entsprechend verschiedene Rollen-Beziehungen und -Erwartungen, ein reich gefächertes *»Anti-zipations*-Feld«;

(d) verschiedene Register (schriftlich – mündlich); das zeichnerische »Rahmen-Regi-ster« verweist überdies auf die

(e) Partizipanten-Beziehung zwischen »Text« (in diesem Fall: Bildserie) überhaupt und »Rezipient« (Leser, Betrachter):

Ein Sonderfall dieser Partizipanten-Beziehung wäre der verbale Informations-Austausch *mehrerer* Rezipienten zum Text; der Sonderfall dieses Sonderfalls wie-derum wäre die *gelenkte* Form dieser Vielfach-Beziehung: und findet dies dann wiederum in einer Fremdsprache statt (d. h. bezieht sich die Lenkung auf das Me-dium dieser Beziehung), dann haben wir das fremdsprachliche Unterrichtsgespräch über diesen »Text«.

2. Abschließend wollen wir auch den damit angedeuteten umfassenden Unterrichtsrahmen eines solchen möglichen fremdsprachlichen Gaudiums kurz skizzieren. Eine Unterrichtsein-heit, deren Thema diese Bildfolge wäre, hätte wie jede andere Unterrichtseinheit

– eine Vorbereitung,
– eine Gesprächs-»Wirklichkeit«
und
– ein Ziel.

Die *Vorbereitung* hätte sich auf einen zu erstellenden Feld-Raster zu beziehen. Das im um-fassendsten Sinne »Transportvokabular« des Gesprächs hätte Formuliergrundlagen und -hilfen bereitzustellen

(1) zur Zeichnung überhaupt, den zeichnerischen Mitteln und Dimensionen (*lines, fore-ground – background* u. ä. m.), zu so etwas wie dem zeichnerischen Inhalt etc. (– in Obelix' fremdsprachlichem Äußerungs-Versuch, hieroglyphisch zitternd, – was zittert denn da eigentlich? – *It's not his voice that trembles, it's the symbol itself, i. e. the medium he tries to apply: He still doesn't master the language!*);

(2) zu den in den Zeichnungen dargestellten konkreten Gegenständen, Inhalten, Personen (*»characters«*, bitte! – nicht *»persons«*);

(3) zum *topic* der ganzen Sequenz, i. e.
– den Intentionen der implizierten Partizipanten im Bild,
– den Intentionen des Bildes,
– dem Problem der Verständigung (nicht nur fremdsprachlich, sondern sozusagen »human-überhaupt«);

(4) für eine Erörterung des zeichentheoretischen oder kommunikations-theoretischen The-mas oder Kontextes überhaupt (falls das noch unterrichtlich intendiert wird).

Das Gespräch hätte – von seiten des Lehrers – *»Slots«* und Ausdrucks-Steuerung zu be-denken. Als *Slots* wären Fragen nach »Mögen und Nicht-Mögen«, nach Inhalt, Kontext, Aufbau oder Sinn denkbar,

– Was gefällt, warum – und warum gerade dies und nicht jenes; was ist so lustig daran oder so albern, unsinnig o. ä.; was geschieht da eigentlich: Erfassung des simplen »Sach- und Vor-gangsbestandes« ist bereits Sicherung eines elementaren Wort- und Sprachfeld-Ansatzes, vor allem auch für die Schwächeren! – Welche Details sind bedeutend, – wofür; was geschah vorher, und worauf scheint sich alles hinzubewegen; welcher Art ist die Progression von Bild zu Bild? –

desgleichen Deutungseinfälle, Vergleiche, Stellungnahmen. Auch schweigendes Abwarten nach Vorlage der Bildserie kann sich als potenter *Slot* erweisen: Sehen, was kommt. – Steuerung des Ausdrucks hätte sich auf dessen ausdrückliche Erarbeitung, Fixierung und – vor allem – »Umwälzung« (gesprächs-immanente Rekurrenz) gemäß Raster zu richten. Dabei ist auch in der Gesprächsführung überhaupt nicht sosehr die strenge sequentielle Vorplanung wichtig, als vielmehr das Festhalten, Wiederholen-lassen, Verknüpfen des von Schülern Geäußerten (das sich dann in der Verknüpfung zum System zusammenschließt): Variable *Slots,* Rückgriffe auf die letzte Stunde, Schüler-Impulse und -Initiativen sind vorzubedenken, nicht »einzuplanen« und sequentiell zu erzwingen.

Das Ziel solcher Gesprächs-Arbeit auf höherer Niveaustufe könnte sein: ein fremdsprachliches Sprechen-können (= Verstehen!) über Zeichensysteme überhaupt und deren menschliche Bedeutung (– *Was ist eigentlich »Unterhaltung«?*), über den Zusammenhang von Zeichensystemen und »Attitüden«, ja, von Bewußtsein im Falle von *cartoons* und *comics* sowie über all dies als spezifische Zeiterscheinung. Gerede und vage Meinung werden zur Stellungnahme, die geordnet, differenziert und gezielt formulierbar wird: Artikulation kritischer Welterfahrung. Bezugsfeld und Einsicht gruppieren sich wie »von selbst« um die komplexe Aussageform dieser Bildsequenz: Zeichensystem versus Zeichensystem *(verbal: verbal* und *non-verbal: verbal),* dargestellt *durch* ein Zeichensystem *(»comic« cartoons)* = Bewußtseinssystem, – das naiv und *sophisticated* zugleich daherkommt; und das ist dann ein weiterer Anlaß zu möglicher Reflexion über Traumbilder und deren ironische Brechung in unserem Jahrhundert (– ein KRULL im *century of violence???*).

Wie nicht anders zu erwarten, – thematisch oder »immanent«: Reflexion des fremdsprachlichen Unterrichts durch sich selbst.

Höher geht's nimmer! – Darum genug der Aufschneiderei: Zurück zu den Bedingungen unterrichtlich gesteuerter fremdsprachlicher Kommunikation.

> Und nun auch jedes mögliche Mißverständnis auszuräumen, sei schleunigst versichert, daß die einseitig humoristische Beispielwahl ausschließlich des Pläsiers (und der damit verbundenen Beschleunigung des Verstehens) wegen erfolgte: Je gelöster der Leser, desto eingängiger die These. Der *unterrichtliche* Beispiel-Effekt ergab sich beiläufig und, wie wir meinen, erfreulicherweise. Es ist nicht beabsichtigt nahezulegen, Englischunterricht müsse in seiner Beispielwahl derart einseitig verfahren oder dieses Element müsse überhaupt eine wesentliche Rolle darin spielen. Schwarzbrot wird auch hier Normalkost bleiben müssen.

4.3. Kommunikative Rollen und kommunikative Arbeitsform im FU

4.3.1. Nochmals: Der Primat des Lerngesprächs im FU

Es gibt keinen Ersatz für Gesprächsführung im FU. Sie ist das Zentrum fremdsprachenunterrichtlicher Lernbewegung. Alles andere ist Komplementärform, Zutat, Randphänomen, *technical aid* … – oder *»ersatz«* im angelsächsischen Sinne: mit gequältem Lippenkräuseln zu artikulieren; Pejorativ.

> Das gilt selbstverständlich auch für *Tests,* wenn diese als Druckmittel in pädagogischer Atemnot herhalten sollen. Als Autoritätskorsett formschwacher oder einfällearmer Stundenführung

zerstören sie mehr als sie »retten«: Keinerlei äußere Lerndisziplin kann die Funktion von Äußerungsimpulsen übernehmen.

Dies gilt noch deutlicher für solche Vorschläge wie, die Mittelstufe hindurch »im Sprachlabor zu überwintern«. Ignoranz gegenüber den Grenzen und Möglichkeiten des Sprachlabors ist hier, zum schlimmen Ende, auch noch heuchlerisch: Was da befürwortet wird, ist nicht *Ersatz* (im Sinne einer »Dennoch-*Lösung*«), sondern *Kapitulation* – vor den laufenden Stundenstreichungen auf der Mittelstufe, die das Fach der Plattform berauben, welche zur Entfaltung gesteuerter fremdsprachlicher Kommunikation nötig ist.

Wenn die Fremdsprache nur noch *als Gegenstand* »durchgenommen« werden kann, haben sich unter der Hand die Lernziele dieses Faches geändert. – *Or have they?* –

In diesem Fall sollte man das wohl zugeben.

Wir sagten dies bereits. – Was folgt daraus?

4.3.2. Lernbedingungen und Lernstruktur des Unterrichtsgesprächs im FU

Das Lerngespräch im FU ist (weitgehend) in der Sprache zu führen, die erlernt werden soll. Äußerungshemmungen und ein Kompetenzgefälle (vom Lehrer her) gehören also zu seinen Grundbedingungen. Die Sprache »als Wille und Vorstellung« ist nicht genug: Äußerungsmotivation und Steuerung müssen »von außen« hinzutreten.

Der Widerspruch zwischen den notwendigen Bedingungen von Äußerung überhaupt und der strukturell fremden Dimension, aus der heraus die Äußerung zu entwickeln ist, verhindert, was in anderen Fächern normal ist. Der Mythos von »wirklich« *freiem* Gespräch ist hier nicht aufrechtzuerhalten; diese Einsicht ist besonders quälend angesichts des Schüler *und* Lehrer so gefährlich leicht täuschenden Scheins von »Verfügungskraft« (H. PETERSEN) von einer bestimmten Stufe ab. Auch kooperative Unterrichtsformen, deren motivationale Schubkraft bekannt ist, stoßen immer wieder an die Grenzen verfügbarer Kompetenz. Und sich auf S-R-Sequenzen einzulassen ohne kritisch transfer-bezogene »Rückversicherung«, ist vollends *tricky*: Da sie im allgemeinen jegliche kommunikative Rollen-Perspektive aufheben (insofern sie alles auf ein »Verstehen und Ausführen ... in vorgängig fixierten Herrschaftssituation(en)« anlegen[101]), applizieren sie zwar wunderschöne Nasenringe; die Ketten aber, die daran befestigt sind, verhindern jede weitere spontane Bewegung. – Soweit ich sehe, ist auch das Problem einer durchgehend »toleranten« Antwortdetermination in den Programmsequenzen vom S-R-Typ noch nicht gelöst.

Alle anderen Schulfächer haben dieses Problem nicht: Sie führen ihr Lerngespräch (wenn es eins ist) in der Muttersprache. Das fremdsprachenunterrichtliche Lerngespräch unterscheidet sich von allen muttersprachlichen Formen kommunikativen Lernens tiefgreifend.

Die »*Oberfläche*« des Lernprozesses hängt – wie in allen vergleichbaren Fächern – von der Äußerungsmotivation der Lernenden ab. Anders als in allen vergleichbaren Fächern ist aber eine erheblich höhere Motivation nötig, um die elementaren Äußerungsgrenzen und -hemmungen zu überspielen (oder zu überwinden). Da allerdings kein *set book*, kein verpflichtender »*Stoff*« – als spezifischer »Inhalt des Faches« – uns bindet, *scheint* dies leicht möglich. Es liest sich harmlos und selbstverständlich, wenn W. RIVERS die nötigen Konsequenzen zieht:[102]

> *In order to provide the best possible setting for the development of spontaneous communication in the language, the teacher must realize that the student cannot converse in the foreign language if he has nothing to communicate. He must want to communicate and must have some idea to express. Attention should be given to the structuring of situations in the classroom which reproduce as closely as possible the features of a real-life communication situation in the native language.*

In der Tat: Von »verbindlichem« *Stoff* ist nicht die Rede. Dafür sind die in dieser Passage nicht mitgenannten engen Grenzen der »Verfügungskraft« (um diesen absurden PETERSEN-schen Ausdruck nochmals zu gebrauchen) desto unbequemer. Ihretwegen ist stete Kalkula-tion des jeweiligen *levels* und sorgsamste Sequentierung und rückgreifende Ergebnissiche-rung nötig. Und dabei erscheint dann der Bockfuß ihrer Formulierung: Ein *nur* strukturel-les und sequentielles Verständnis der Sprache (als »Dennoch-Stoff«) besagt offenbar gar nichts. Der Unterrichtende hat diese von vornherein und ständig als *Impuls-Ordnung* zu deuten, hat sie auf *Äußerungsanlässe* zu trimmen, hat überprüfbaren perspektivischen *Rollen-Reiz* zu überprüfbarer *Rollen-Forderung* zu gesellen. Die aus anderen Fächern be-kannte einfache Kopplung von Sach-Reiz und Leistungs-Forderung (im Sinne von intrin-sischer und extrinsischer Motivation) hat hier zusätzliche, auxiliare Bedeutung, wäre aber als »Ersatz« – nun: *ersatz* (siehe oben!).

Die Sprache als Impuls-Ordnung und attitudinales System: dies setzt zwar an der »Ober-fläche« an, schlägt aber zur »Tiefe« des Lernprozesses durch. Gelingt die didaktische Um-setzung von Sprachpotential in aktuales Sprachverhalten wirklich, dann wird im allgemei-nen der größere Teil des Lernprozesses »immanent« bleiben, – eben weil die Äußerung affektiv eingebunden ist. Dennoch unterscheidet sich (von der Steuer-Intention des Unter-richtenden her) in der »Tiefe« dies affektive Betroffensein erheblich von dem, was moti-vierte Rede in anderen kommunikativen Zusammenhängen auszeichnet. Im FU geht – wenn der *teacher okay* und die Tiefenstruktur intakt ist – alle Äußerung, alles Sprachverhalten, alle »*Aufmerksamkeit*« (im strengen, oben unter 3.4.2. fixierten Sinne) *vom Wort aus und auf das Wort zu*. Darin drückt sich natürlich zum einen einfach die »tiefenstrukturelle« Ziel-Orientierung des Prozesses aus (– es handelt sich schließlich um *Sprach*-Unterricht!), zum anderen aber die *Modell*funktion des präsenten fremdsprachlichen »Worts«: notwen-dige *Stütze* jeglicher Äußerung, solange keine volle Kompetenz erreicht ist.

Das unterscheidet also auch die *Slots* des fremdsprachlichen Unterrichts von denen des mut-tersprachlichen Unterrichts: Wenn alles mit rechten Dingen zugeht, zielt hier alles auf er-fahrbare, wiederholbare und wiederholte Präsenz der Ziel-Sprache, ihrer Elemente und Strukturen. Der muttersprachliche Unterricht kann in »Inhalte« und Assoziationen auswei-chen; im FU ist die Grenze des Sagbaren zugleich die Grenze möglicher bzw. sinnvoller Unterrichts-Auseinandersetzungen. »Umwälzung« ist alles.

Im muttersprachlichen Unterricht kann ein Vorgehen, das sich auf Themen ohne sprachliche Modell-»Präsenz« bezieht, durchaus sinnvoll sein; im fremdsprachlichen Unterricht ist nicht nur das Vorliegen eines textlichen (oder textuellen) Modells unabdingbar, sondern auch dessen Form und Perspektive für den größten Teil aller Unterrichtsäußerungen verbindliches Bezug-Thema. Selbst aber die »Perspektive« (oder der *world view*) eines Textes ist nicht etwa als Erkenntnis-*Ziel* Selbstzweck: Die Erarbeitung der Perspektive *dient* der »immanenten« Erarbeitung feldmäßig gegliederter, geschlossener und übertragbarer Ausdrucksordnungen. Ist das, *was* »zum Ausdruck kommt«, oberflächenstrukturell entscheidend, dann ist es tiefen-strukturell der Gebrauch und die Ordnung der Ausdrucks*mittel*: Wird das eine festgehalten, weil es »interessant« ist, so das andere, weil es notwendig – und weil es das *Ziel* des Vor-ganges ist.

Dies betrifft dann auch die Funktion der *Tafel* als eines hervorragenden Mittels, festzuhalten, zu ordnen, wiederholbar zu machen: Was da festgehalten, geordnet, wiederholbar gemacht wird, geht über den Strukturierungs- und Erinnerungswert optisch hervorgehobener Arbeits-Ergebnisse hinaus: so sind die Ausdrucksmöglichkeiten, Feldordnungen und sprachlichen Ver-knüpfungen »unterhalb« des inhaltlich Fixierten, – ist überhaupt nicht Denk-»Inhalt«, son-dern Denk-»Form« (als »andere Form« dieses »Inhalts«).

Jede Behandlung text*abgelöst*-allgemeiner Verstehens- und Argumentations-Universalien un-terminiert die aufzubauende Kompetenz: Nicht nur geht wertvolle Zeit für »Arbeit am Modell« verloren; darüber hinaus verfällt die dem Modell (z. B. Text) ferne Artikulation mit großer Geschwindigkeit dem Sog der interferierenden Muttersprache. Außer bei ungewöhnlichem Steuerungs-Geschick von seiten des Lehrers würden bestehende Kompetenzschwächen bekräftigt und aufkommende neue Unsicherheiten vorerst eingegraben werden.

Bei einer solchen Bedeutung des tatsächlich vorliegenden *Textes* und der tatsächlich gemachten *Äußerung* wird erst vollends klar, wie sehr sich hier die Sachlogik des Lern-»objekts« und -ziels »Fremd-Sprache« eine Unterrichtsform erzwingt. Ist nämlich Äußerungsmotivation auf der »Oberfläche« des Gesprächs so wichtig, dann verweist dies auf nichts anderes als die immer wieder betonte Erfahrung der »anderen Dimension« der Fremdsprache, d. h. auf den *affektiven* Aspekt des attitudinalen Gesamtgefüges des FU. Eine der ersten Fragen zu einer Gesprächsstunde sollte darum immer sein: *Warum nicht dies alles in der Muttersprache?* – Die Schüler sollen den Eindruck haben oder »fühlen«, daß es *sinnvoll* ist, *englisch (statt deutsch) zu sprechen*. Und in diesen unreflektiert erfahrenen Sinn (– »Spaß« z. B. ist eine ausgezeichnete Art von Sinn!) ist dann alles andere einzubetten.

Eingangs unterschieden wir die *Dominanzform* des FU von dessen *Komplementärformen:* Dominanzform des FU ist das Lerngespräch; Komplementärformen sind z. B. alle Arten von schriftlichen Arbeiten, Klassenarbeiten, Tests u. a. m. Was vorher negativ erläutert wurde, zeigt jetzt seine positiven Aspekte: Klassenarbeiten, Tests etc. empfangen ihren *Sinn* aus ihrer Zuordnung zur Dominanzform des Unterrichts; je klarer die Zuordnung, desto sicherer der kognitive Effekt (i. e. Einsicht und Erinnern!). »Zuordnung« bedeutet in diesem Fall: Sie schließen Gesprächsphasen ab oder gliedern sie, führen auf sie zu oder kommen von ihnen her, sammeln Ergebnisse, kommentieren, wiederholen sie. – Das gleiche gilt übrigens für das Sprachlabor: Einer der Haupt-Einwände dagegen ist geradezu, daß es in seiner heute üblichen starr eingebauten Form sich für eine Zeit zwangsläufig zur Dominanzform des Lernens macht, – daß es das Lernarrangement vorschreibt, statt sich ihm (kurzfristig, kurzzeitig und flexibel) einzufügen wie etwa das sog. »elektronische Klassenzimmer«.

4.3.3. Zur »Rolle« des Lehrers

Die Rolle des Lehrers in den ziel-orientierten Kommunikationsformen des FU ist zu einem bedeutenden Teil dadurch bestimmt, daß er nicht nur Partizipant dieser Vorgänge, sondern auch ein ausgezeichnetes *Medium* des zu erarbeitenden »Gegenstandes« ist, Medium in einem gedoppelten Sinne: er *vermittelt* diesen »Gegenstand« nicht nur; er *stellt ihn dar.*

Normalerweise hat ein Lehrer im Zusammenhang mit Gesprächsstunden 5 Aufgaben: Vorbereitung, Motivation, kommunikativ-gruppendynamische Steuerung, Ergebnissicherung, Transfer. Im vorliegenden Zusammenhang interessieren uns seine Steuerungsfunktionen (in welche die verbleibenden 4 ohnehin »eingehen«); und es ist wohl klar, daß hiermit mehr gemeint ist als ein gelegentliches »*Well roared, lion!*«[103]

Allgemein gilt für das schulische Unterrichtsgespräch *aller Fächer,* daß der Lehrer

(1)   die »Information« der Stunde oder Unterrichtseinheit selbst *kennt* (= irgendwann einmal vorher erarbeitet hat) und für das Gespräch *vorstrukturiert* hat;

(2)   zuhören kann und *abrufbar* erinnert, was von einzelnen Schülern gesagt wurde;

(3)   im Gespräch Erarbeitetes *ordnen* kann (– Einbau des im Gespräch Geäußerten in das vorstrukturierte Erwartungs*pattern,*

das Lernziel der Stunde; gegebenenfalls – *hoffentlich!* – Umstrukturierung dieses Lernziel-*patterns* gemäß Gruppen-Impuls);

(4) wesentliche Äußerungen oder Äußerungselemente *heraushebt:* an der Tafel fixiert, wiederholen läßt, notieren läßt

(– »wesentlich« ist, was in das präparierte Strukturgitter paßt oder zur Bildung eines neuen Gitters anregt oder beiträgt);

(5) zusätzliche schriftliche Formen der Fixierung und/oder Wiederholung

(– Protokoll, Modell-Arbeit, Matrizenschemata, Klassenarbeiten, Tests)

zum Arbeitsgang der Unterrichtseinheit erfinden, diese in den weiteren Gang des Gesprächs einbauen und, *last not least,* kontrollieren kann.

Und immer schon gab es zu diesen 5 Grundfunktionen die notwendigen Modifikationen und Ergänzungen im Bereich der einzelnen Fächer. So galt und gilt *für den fremdsprachlichen Unterricht* außerdem, daß der Lehrer

(6) ein gutes fremdsprachliches *Modell* vorgibt

und

(7) Anregungen und Fragen *der Formulierung nach* vorbereitet.

Nach den Ausführungen unseres 4. Kapitels bisher ist wohl klar, daß dies Schema nicht mehr zulangt. *(It) was a way of putting it – not very satisfactory*[104]: Zumindest sind erst einmal 2 weitere Punkte hinzuzufügen. Im fremdsprachlichen Unterrichtsgespräch muß der Lehrer außerdem

(8) seine eigenen Formulierungen gemäß (von der Gruppe) erreichtem *level* und (im Lehrgang) gesetztem *Ziel* auswählen und vorordnen, sich selbst sozusagen *vor-pro-grammieren,*

dann ferner

(9) diese eigene Äußerungs-Programmierung nach den Gesprächs-Äußerungen der Schüler in der Stunde modifizieren können: er soll nicht nur »inhaltlich«, sondern vor allem auch sprachlich *fühlbar* »auf sie eingehen können«.

Erst diese beiden letzten Funktionen zeigen den Fremdsprachenlehrer in seiner spezifischen *Rolle.* Und kaum ist dies erkannt, da strukturiert sich das ganze »Feld« um: Die beiden letztgenannten nehmen, durch pure Existenz, den ersten 7 *items* etwas von ihrem Eigen-Sinn, ja, ihrer »Harmlosigkeit«. Die Punkte (1) und (7) werden zu einer anderen Form von (8); die Punkte (2), (3), (4) und (5) verbinden sich in schwieriger Weise mit (9); Punkt (6), die intendierte »Selektionsrestriktion« des Gesprächs, durchdringt auf ebenso komplizierte Art alle anderen (s. bereits oben unter 3.5.3.4.–3.II.1., S. 163, desgl. unter 3.6.1.2.–3, S. 169 f.). –

Eine »Rolle« ist niemals nur vom Betroffenen her zu definieren; das aber ist hier geschehen: darin lag die Einseitigkeit des obigen Schemas. Mit den genanten 9 »Funktionen« reichen kognitive und pragmatische »Manipulationen« tief in den affektiven Beziehungs-Raum hinein und sollten von ihm her, *aus der kommunikativen Bewegung* bzw. vom Vorgang aus (und auf ihn zu) neu definiert werden. Aus der Doppelung bzw. Vervielfältigung des Rollensbezuges zwischen L und K (– man erinnere unsere mengentheoretische Darstellung des Relations-Systems oben unter 4.1.3., S. 195 ff.) ergibt sich ein weit schärferer Umriß der spezifischen Funktionen und Leistungen des Lehrers im Kontext des fremdsprachenunterrichtlichen Lerngesprächs. Seine Aufgabe bzw. sein Problem ist demnach,

(1) ein beständiges *soliciting* aufrechtzuerhalten, das mehr als nur stoffliche »Information«, – das kommunikative Bewegung erbringt;

(2) *der Formulierung nach* zu erinnern und »wiederanzubieten« (und schließlich in ein Ziel-Ausdrucksfeld einbauen zu lassen), was an Wesentlichem von diesem oder jenem einzelnen Schüler in bezug auf Äußerungen anderer *participants* vorgebracht wurde, – um die »kommunikative Bewegung« aufrechtzuerhalten und zu steuern;

(3) sich selbst der eigenen Formulierung nach im Zielfeld zu halten, – um die kommunikative Bewegung in Grenzen zu halten und fremdsprachlich zu sichern;

(4) sich die Dialektik von Planung einerseits und jener Deviation, die für spontane muttersprachliche Kommunikation so charakteristisch ist, andererseits zunutze zu machen: auch in Ablenkungen und Anekdotischem (wohin die Lerngruppe mit Vergnügen folgt) das Ziel-Ausdrucksfeld zu erinnern und rekurrieren zu lassen.

Einen (allerdings etwas vagen) Hinweis zum Problem der geplanten, kalkulierten oder einfach nur integrierten Abschweifung im (fortgeschrittenen) fremdsprachlichen Lerngespräch gibt wiederum W. RIVERS (an der bereits oben zitierten Stelle):
Ability to communicate freely in the foreign language will be developed more quickly in a classroom where the students, at ease with the teacher and their classmates, are always actively involved and feel free to divert the conversational line of the lesson from time to time to areas of interest to them, provided that the interchange is consistently carried on in the foreign language.
Der Hinweis ist methodisch vage, aber psychologisch aufschlußreich. RIVERS begreift den Vorgang nicht *in terms of* Selektionsrestriktion und Gesprächssteuerung, – als fiele die »Fremdheits-Dimension« der Fremdsprache aus: So kann das Problem des Wiedereintretens in den Normal-*orbit* der Unterhaltung, des Rück-Transfers von *deviation* in ziel-orientiertes Lerngespräch bei ihr nicht auftauchen.

Dies ist ein ganz und gar nicht *supernatural soliciting;* und es *cannot be ill, can but be good*[105], wenn es durch die beständig zugleich (auf gefallene Schüler-Äußerungen) *rückwärts-bezogene* und (auf das spezielle Lernziel) *vorwärtsgerichtete linguistisch-kontextuelle »Rollen-Aufmerksamkeit«* des Lehrers gefiltert und gebündelt ist. Dies ist zwar ganz gewiß nicht *supernatural,* aber es verlangt doch mehr vom Lehrer als der *alte* Kontakt-Unterricht. Diese *neue Vorstellung von Kontakt-Unterricht,* die WINNEFELDs Intentionen (»über ihn hinaus«) weiterentwickelt, zeigt den Unterrichtenden im kommunikativem, d. h. *wechselseitigem* Kontakt – paradoxerweise ohne Aufhebung seiner Frontalposition.

Das Ganze ist nicht *supernatural* und also wenigstens partiell lehrbar. Es ist nur partiell lehrbar, weil die personale Komponente dieser Rollen-Beziehung (in *und »unterhalb«* der GERHARDTschen »Situations-Rolle«) sehr intim mit der Individualität des Unterrichtenden verbunden ist: so intim, daß oft schon blinde Übernahme aus anderen Persönlichkeits-Komplexen ihre »Balance« stört. Im affektiven Bereich sollte jeder zunächst einmal das einsetzen, was er »aus eigenem« mitbringt. – Im kognitiven und pragmatischen Bereich allerdings gibt es bedeutende Stützen. Zwar wurden einige hier bereits angedeutet, – wozu aber haben wir eigentlich einen 2. Band! – Dort werden Techniken der »Selbst-Programmierung«, der Fragestellung, des Argumentations-Aufbaus, der Manipulation von Äußerungen (– der ziel-orientierten Äußerungsverknüpfung), desgleichen natürlich der »choreographische« und behaviorale Aufbau des Lerngesprächs im methodischen Detail zu erörtern sein.

Ein letzter Hinweis für den, der schema-*happy* das Gesprächs-Instrumentarium des Fremdsprachenlehrers gern noch einmal in gröbstem Aufriß beisammen hätte:
Wir unterscheiden
– *motivierende Slots*
und
– *strukturierende Moves.*[106]

Die *Slots* liegen vor dem Gespräch bereit; die *Moves* bezeichnen das tatsächliche Verhalten des Lehrers in der Stunde, i. e.
(1) den Einsatz der *Slots,*
(2) das Arbeiten mit und Verknüpfen(*-lassen*) von Schüleräußerungen und
(3) das »Akzente-Setzen« und gliedernde Zusammenfassen.
Seine *Slots* beziehen sich auf das Ziel-Ausdrucksfeld in sequentiellen Alternativen zurück; seine *Moves* (sozusagen die 3 »*Hebel des Fremdsprachenlehrers*«) fangen Schüleräußerungen im Netz dieses Ausdrucksfeldes auf und steuern »immanent« voraus, darauf zu.

4.3.4. GRIDs kommunikativen Unterrichtens im FU

4.3.4.0. Rahmenkategorien des konkreten Lernvorganges. »Attitüden« sind komplexe Haltungs-Regulativa aus kognitiven, affektiven und pragmatischen Komponenten. Sprache und Verhalten, »Außenformen« attitudinaler Prägung von Bewußtsein, sind entsprechend gegliedert. Wollen wir also den konkreten Lernvorgang (= eine Art von Verhalten!) im Bereich der Sprache analysieren, dann empfiehlt sich ein Rekurs auf dessen kognitiven, dessen affektiven und dessen pragmatischen Aspekt.
Der kognitive Aspekt fremdsprachenunterrichtlichen Lernens meint dessen quasi *gegen-ständliche Voraussetzung* und *Strukturierung,* meint die Sprache als potentiell artikula-tions-immanentes attitudinales System, – als »gefrorenen Prozeß«, um das Paradoxe dieser pompösen Formel auffälliger zu machen. Der kognitive Aspekt des FU bezeichnet das, was auch *vor* dem konkreten Lernvorgang und jenseits seiner Möglichkeiten und Intentionen schon da war.
Der affektive Aspekt fremdsprachenunterrichtlichen Lernens »faßt« dies selbe Phänomen *im* (attitudinal gegründeten) *Vollzug:* als sich in der sprachlichen Artikulation verwirk-lichende oder darstellende Beziehung zu etwas; als System sprachlich artikulierter Haltun-gen und Einstellungen sich selbst, anderen, der Welt gegenüber. Er betrifft also den Spre-cher persönlich, insofern sein Verhalten andere einschließt (in Rollen-Perspektive und kommunikativer Antizipation), betrifft ihn als soziales Wesen. Der affektive Aspekt des FU bezeichnet das, was *im* konkreten Vorgang *selbst* dessen Sinn und Ordnung be-gründet.
Der pragmatische Aspekt fremdsprachenunterrichtlichen Lernens versteht die gemeinten Abläufe operational, *als* (gesteuerten) *Vollzug.* Er bezeichnet die Elemente und die Ord-nung des konkreten Vorganges und ist also gekennzeichnet durch eine (beeinflußbare, im Lerngespräch steuerbare) Ziel-Spannung *in actu:* durch Antizipation der kognitiven Ziel-Möglichkeiten von Sprache im Augenblick affektiven Umganges im äußerungspraktischen Gewand. Das »Gewand« also *is the thing:* Aufbau eines konkreten kognitiv und affektiv relevanten Artikulationspotentials sowie der »grundierenden« artikulativen Transport-Formen von Sprache ist in diesem Bereich die Ziel-Vorstellung. Es geht um die Selektion relevanter Sprachformen in Bezugsbündeln und Struktur-Minima als Raster, i. e. als pro-duktive Folie konkreter unterrichtlicher Operationen (– damit ist die in anderem Zusam-menhang entwickelte Forderung nach einem Arbeits- und Gesprächs-Raster für den fremd-sprachlichen Unterricht erneut begründet); besonders die *Zielfelder von Lexis* dürften un-ter diesem Gesichtspunkt interessant sein.

Wir gehen wohl nicht fehl in der Annahme, daß der pragmatische Aspekt dem unter Leistungs-zwängen und -schematismen ächzenden Praktiker vordringlich wichtig erscheinen wird. Tat-sächlich aber ist alle Freude über die »unmittelbare Nützlichkeit« eines solchen Angebots nichtig und *erhöht eher den Streß des Alltags,* wenn derlei Materialien kontextisoliert (= ohne Rücksicht auf die kognitive und affektive Komponente von Unterricht) verwandt werden. Der Lernprozeß ist eins in seinen drei Komponenten: Vernachlässigt der Unterrichtende auch nur eine der drei, dann kommt sie nur zu bald (und, *in all probability,* ganz gegen seine Entwürfe und Intentionen) verstörend durch die Hintertür hinein; s. bereits oben unter 4.2.1.1.: Gallia est *omnis* divisa . . .!

Lernvorgang und Lernziel lassen sich in jedem Falle in diesen drei Rahmenkategorien analysieren und fassen: Immer geht es zugleich

(1) um den »Gegenstand«,
(2) um Haltungen und »Verhältnis zu . . .«
    sowie
(3) um konkrete Handlungen und Verhaltensweisen.

Da der Unterrichtsaufbau Strukturen möglicher Lernvorgänge spiegeln soll, ist hiermit auch das Verfahren, die Haltung und die Einstellung des Unterrichtenden andeutungsweise bezeichnet. – Den Andeutungen ist jetzt im einzelnen weiter nachzugehen.

4.3.4.1. Der kognitive Aspekt: Problematik des kommunikativen Sprachbegriffs. Der kognitive Aufbau der Ziel-Sprache ist greifbar im System der durch sie artikulierten Einzel-Kontexte. Hebt man aus dieser zusammenschließenden Definition das *artikulative* Element heraus, dann »hat« man ihn in seinen strukturellen und lexikalischen Feld-Ordnungen. Thematisiert man die *Einzel-Kontexte,* dann hält man die Fülle der »Inhalte« bzw. Vorstellungen in Händen, um die es in dieser Artikulation geht; in diesem Sinne wäre z. B. »Landeskunde« ein Kontext oder Komplex von Kontexten. Geht es aber um das *Ganze* dieses Systems, dann stellt sich – vor dem Hintergrund eines schon vorhandenen primären, i. e. muttersprachlichen Zeichen-Systems – sofort die kontrastive Einheit, die spezifische, wenngleich schwer zu bezeichnende System-Figur dieses »Ganzen« vor Augen: eine Art »kontextueller Perspektive« dieser Sprache, die wir im Begriff der »anderen Dimension« einer Fremdsprache zu fassen suchten. – Feld-Ordnungen, »Inhalte« (Einzel-Kontexte) und Gesamt-Kontext also bezeichnen die kognitive Struktur der Sprache. Dieses *System* aber hat *Prozeß*-Charakter: Als *kommunikatives System* schließt es formale und »inhaltlich«-attitudinale (»semantische«) Strukturen zu einer geschlossenen Strukturform zusammen. Dies ist dann der strenge (HALLIDAYsche) Sinn des Begriffs *context.*

Die affektive Komponente des spezifisch fremdsprachenunterrichtlichen Lernprozesses ist (so hoffen wir gezeigt zu haben) im Vergleich zu den Verhältnissen in vielen anderen Schulfächern besonders stark ausgebildet. Gerade eine sozial-emotional »bewegte« Englischstunde könnte durchaus einen Mangel an ordnend-bindenden Elementen aufweisen und damit einen nur begrenzten Langzeit-Effekt haben. Andererseits verführt eine Fremdsprache dazu, intensive Aufmerksamkeit der Korrektheit der äußeren Form zuzuwenden und darüber die kontextualisierende Kraft kommunikativer Elemente verpuffen zu lassen; auch in solchem Fall wäre der Langzeit-Effekt im Sinne kommunikativer Kompetenz recht gering. – Hier kommt die ordnende und bindende Bedeutung des Kognitiven ins Spiel: Was beide verbindet, ist der strukturierte artikulative Kontext. Artikulative Einbindung erfolgt durch den *Feld*-Aspekt von Kontext, vorstellungsmäßige Einbindung durch dessen *Slot*-Aspekt; die Korrektheit der Form wird im produktiven Umgang mit dem textuellen *Modell* entwickelt. Die resultierende Erhöhung der Zahl der Schüleräußerungen sichert (bei »sauberer« Führung) die *Rekurrenz* des Lern»stoffes«. Kognitive Vorbereitung ist also – als »*Feld-und-Slot-Planung*« einer Stunde – in Verbindung mit der affektiven und pragmatischen Vorbereitung äußerst wichtig.

Abermals ist die Dominanz »immanenter« Lehr- und Lernverfahren bestätigt. Stoff-Pauk-Zurüstungen zum Erwerb kontextisolierter, akommunikativer sprachlicher Elemente oder Einheiten können einen hohen Lerneffekt haben; aber was dann behalten wurde, sind eben – kontextisolierte, akommunikative Elemente. Nichts sonst. Und gewiß nicht »kommunikative Kompetenz«. –

Wir haben: alternativen-reiche Feld-Vorstrukturierung und »immanente« Verdeutlichung sprachlicher Ziel-Ordnungen. – Was haben wir sonst noch?

Punktuelle grammatische Verdeutlichung und punktueller Drill-Einschub können nicht schaden, solange die Kraft des übergeordneten einsprachigen und attitudinal geschlossenen Kontexts ungebrochen ist. Aus dieser Einsicht hat H.-J. LECHLER eine didaktisch höchst bedeutende Sonderform des Lerngesprächs entwickelt, das **»grammatisch gelenkte Gespräch«**. Der Lehrer arrangiert – als Spielform oder Übungsform – Kontexte unter grammatischem Gesichtspunkt. Danach müssen dann *Textform* und *Slot-Ordnung* das leisten, was »reine« Grammatik und Übersetzung früher kaum wirklich zuwege brachten: sozusagen »ruhende« Sprachstruktur in *situations- und rollen-bezogene Äußerungsstruktur* zu transferieren.

> Durch dieses Lern-Arrangement, das auf allen Stufen möglich ist (obwohl LECHLER selbst offenbar eine ganz bestimmte Stufe bevorzugt darstellt), wird auch die unselige Dichotomie von »angenehmen« Gesprächsstunden und »unangenehmen« Grammatik- und Übungsstunden wenigstens teilweise aufgehoben. Natürlich ist damit aber eine volle Simulation spontaner Kommunikation nicht einmal im Ansatz geleistet; und so ist es wohl nützlich, den LECHLERschen Begriff nicht ganz so eng und streng zu verstehen, wie er von seinem Erfinder gelegentlich dargestellt wird: Auch LECHLER selbst würde wohl nicht aus einem ingeniös erdachten System regulierter Äußerungs-Motivation wieder eine motivationsarme Regelvorschrift für Äußerungen machen wollen.
>
> Wir belassen es hier mit diesem Hinweis; breitere Darstellung der praktischen Möglichkeiten erfolgt an gehöriger Stelle.

4.3.4.2. Der affektive Aspekt: Kommunikativer Spracherwerb.

»Kontext« ist auch hier das Schlüsselwort. Jene immer wieder zitierte Einheit von Sprachstruktur und Vorstellungsgliederung ist zugleich das, was Sprache nicht nur Feld-Ordnung, sondern zugleich und vor allem *Impuls-Ordnung* sein läßt. Der FU empfängt seine »affektive Grundierung« aus zwei Quellen:

– aus dem *Reiz* des kognitiven Arrangements, – dem Reiz gegliedert »bewältigter«, d. h. artikulierter und in der Artikulation präsenter Vorstellung (= in ihrer Gliederung überschaubar und verfügbar gewordene »Situation«),

– aus der *Dynamik* des Sich-einlassens auf Rede und Gegenrede (= »Rollen«-Einsatz).

Das eine ist die Grundlage allen situations- oder text-bezogenen Unterrichtens im FU, das zweite sozusagen dessen Rückenmark. Ohne das Zweite müßte das Erste auf allen Stufen des FU schwersten Schaden nehmen, auf seinen frühen Stufen wahrscheinlich ausdörren.

Schon oben (unter 4.3.4.1.) kam der einseitige und gefährliche Umgang mit affektiven Elementen des FU zur Sprache. An dieser Stelle ist wohl ein noch deutlicheres Wort am Platze: Ein affektives Verständnis des FU meint nicht ziel-lose Motivation, die sich im »Glück der Hervorbringung« erschöpft. Auch die affektiven Elemente des FU sind *lernziel-orientiert;* sie zielen auf eine klar umrissene *Leistung,* die man wegen eben jener Klarheit des Umrisses *beschreiben, beurteilen* und *bewerten* kann. So läßt sich möglicherweise die Bedeutung affektiver Elemente selbst für den praktischen Betrieb (schon gar die Strukturierung) einer Stunde am besten am spröden Thema der Leistungsbewertung im FU exemplifizieren.

Es gibt noch immer Kollegen, die Wert darauf legen, den Schüler »zeigen« zu lassen, »was er kann»; in punktuellen Prüfungen soll er – in einem Verfahren kontextisolierten Abfragens oder »Abtestens«(!) – »Farbe bekennen«. – Warum eigentlich? – Das Ziel ist doch, die Fremdsprache in Situation und Rolle, d. h. in sinnvoller und zusammenhängender Rede zu meistern. Konsequenterweise müßte eine Überprüfung eine *control of utterances*, nicht *of elements* im Auge haben. – Und warum dann nicht gleich im Kontext? – Leistungsbeurteilung und Leistungsbewertung sollten nicht mehr ein punktuelles Vorweisen von etwas zugrunde legen, sondern sich auf die *readiness and ability* des Schülers *to answer questions, to repeat what was said, to follow suggestions* etc. richten: ihr Ziel sei seine *responsiveness* bzw. (im höchsten Fall) seine *spontaneity*. – Natürlich gibt es

(1)　formale Beurteilungskriterien
　　　(wie: grammatische Richtigkeit, Ausdruck, Aussprache und Intonation) und

(2)　»inhaltliche« Beurteilungkriterien
　　　(wie: Wiedergabe oder Zusammenfassung inhaltlicher Zusammenhänge, Beantwortung vom Lehrer gestellter Fragen, Selbständigkeit und fördernder Wert von Beiträgen), die unabdingbar sind. »Oberhalb« dieser Kriterien aber, sie voraussetzend, erscheinen als eigentliche »Sinn-Pointe« die

(3)　»Kriterien zur Beurteilung der Kommunikationsfähigkeit (wie:)
　　　– Inhaltliche Verarbeitung der Beiträge anderer Gesprächsteilnehmer in eigenen Äußerungen,
　　　– Anwendung des im Gespräch entwickelten Vokabulars in eigenen Äußerungen und die
　　　– Fähigkeit, Gesprächsanstöße zu geben.«[107]

Sogar die »offizielle Existenz« eines solchen Kriterienkatalogs kann noch der Gesprächs-Arbeit bedeutende Stütze bieten (– wenn dies nicht schon durch ein diesem Katalog entsprechendes Lernarrangement im Unterricht geleistet wurde). Da nämlich solche Kriterien-Raster von der Mittelstufe an – wenn sie nur konsequent angewandt werden – von Schülern aufmerksam zur Kenntnis genommen, vielleicht diskutiert, auf jeden Fall aber »in Rechnung gestellt« werden, können sie ihren eigentlichen Sinn entfalten: Verhaltensweisen zu beeinflussen.

Ein dynamisches und sensibles Verständnis für die affektiven Aspekte des fremdsprachen-unterrichtlichen Lernprozesses sichert einen höheren Lernerfolg. Dies ist der Grund für die gerade im FU so besonders hohe Bedeutung personaler Faktoren wie Beliebtheit, Aussehen, Alter u. ä. m. Bereits ein konsequent »situatives« Unterrichten erlaubte eine gewisse *»behavioural prediction«*.[108] Ein konsequent kommunikativer Unterricht holt weiter aus: Im Aufbau artikulativer Rollen-Beziehungen geht es um den Aufbau oder die Beeinflussung von Haltungen. Statt der vielen formalen Übungen und überhaupt vorzugsweise *»item-centered arrangements«* von früher sucht man heute nach Übungs-Arrangements »immanenter« Art: Stehen nicht mehr Elemente, sondern Verhaltensformen im Vordergrund des Interesses, dann besteht mehr Hoffnung, produktive Einstellungen zu erzeugen.

Was ist dabei zu erinnern? – Worauf gründet sich normalerweise das positive affektive »Interesse« eines Schülers im FU? – Es gibt da
(1)　die Vorgänge im Unterricht:
　　　– die vitale Gliederung und Bewegung der Stunde (z. B. den rhythmischen Wechsel von Konzentration und Expression; die Sitzordnung etc.);
　　　– die artikulatorisch-gruppendynamische Gliederung der Stunde (Reflexions- und Äußerungs-Schübe, -Stöße und -Rückstöße; *activities* und »Beziehungen«);

246 Kommunikationsforschung und FU 4.3.

      – das »Partizipanten- und Rollen-Gefühl«;
      – das »produktiv-expressive Gefühl«
         (Freude, etwas als wichtig Erfahrenes vorzubringen);
  (2) das »Objekt« des Unterrichts:
      – die »Inhalte«;
      – die Fremdsprache
         (als Äußerung und als »Inhalt«);
  (3) den Lehrer;
  (4) das Gefühl der (mehr oder minder großen) Ausdrucks-Sicherheit in der Fremdsprache;
  (5) das sozusagen »nackte« Leistungs-Bewußtsein.

Nach alledem muß es heutzutage die ausgezeichnete Aufgabe einer Methodik des Englisch-unterrichts sein, *Möglichkeiten der Verbindung kommunikativer Funktionen mit fremd-sprachlichen Lernvorgängen* zu erkunden, zu sammeln und darzustellen. Dies bedeutet sehr weitgehend: Sie hat Formen der Gesprächsführung zu beschreiben, die zugleich For-men fremdsprachlichen Lernens sind. – LECHLERS Vorschlag eines »grammatisch gelenkten Gesprächs« nennt eine dieser Formen: Dies leitet zugleich über zur Frage nach den pragma-tischen Aspekten solcher Vorgänge. – Wie *macht* man *was womit?* – Welches sind die konkreten sprachlichen *Elemente* und *Operationen* solcher Arbeitsarrangements? –

4.3.4.3. Der pragmatische Aspekt: Möglichkeiten operationalen Sprachverstehens.

Mo-mente fremdsprachlicher *Kommunikation* statt der *Elemente* der *Fremdsprache:* Das soll nicht heißen, daß Lexis und Strukturen der Fremdsprache (ihre »Elemente«) aus dem Un-terricht zu verschwinden hätten, *natürlich nicht,* sondern daß sie in Kontexten und durch diese Kontexte zu lernen seien. Die Antwort auf die Frage *»Welche Elemente in welchen Kontexten?«* gibt zugleich unseren Darlegungen über Kommunikationsforschung und FU ihre pragmatische Pointe, – ähnlich wie dies im 3. Kapitel über Linguistik und FU durch die Theoreme des Kontextualismus und der *tagmemic grammar* geleistet wurde.

1. Wesentliches Merkmal fremdsprachenunterrichtlicher *Operationen* im Lerngespräch, sozusagen dessen kommunikative Stil- und Spiel-Figur, ist die didaktische Simulation spon-taner (bzw. »natürlicher«) Kommunikationsformen. Es handelt sich um *didaktische* Simu-lation, insofern sie unter einem Lernziel und auf dieses Lernziel zu *gesteuert* verläuft; sie simuliert *spontane* Formen von Kommunikation, insofern die motivationalen Grundlagen spontaner Äußerung soweit irgend möglich erhalten bleiben, – nur eben vorgeplant durch ein System von *Slots.* Der formal-sprachliche Aspekt solcher Steuerung beantwortet zu-gleich die gestellte Frage nach der Auswahl sprachlicher *Elemente* unter dem Gesichtspunkt einer *pragmatischen Optimierung* des fremdsprachenunterrichtlichen Lerngesprächs. Dieser Gesichtspunkt verhindert von vornherein die Fixierung einer normativ für alle Lernenden gleichen Auswahl (etwa zu lernender Vokabeln); entscheidend ist vielmehr zunächst der Gewinn von Rahmenkategorien für die Grunderfordernisse des Gesprächs. Aus den Rah-menkategorien sind artikulative Bezugsbündel in Feld-Ordnung abzuleiten und die so ge-wonnenen grundlegenden *Felder* in Form eines umfassenden *Rasters* anzuordnen: Auf diese Weise ist dann sein (beliebig zu »verdichtendes« oder zu »verdünnendes«) artikula-tives Rahmenrepertoire bzw. Potential fremdsprachlicher Äußerungen für das Lern-gespräch definiert.

Es geht also um Arrangements von *items* in kognitiven Strukturbildern von affektiver Bedeutung: Arrangements zu pragmatischer Verwendung und Verwirklichung. Wir unter-scheiden pragmatische Arrangements von sequentieller Art und von struktureller Art. Die sequentiellen *item*-Koordinationen spiegeln die mancherlei Rekurrenzfiguren des Gesprächs, die strukturellen deren kontextuelle und konzeptuelle Feld-Konfigurationen.

2. Es ist kein Geheimnis, daß natürlich-spontane Kommunikation nicht die ziel-orientiert strenge Skelettform artifizieller Lehrbuch-Rede hat (welche ja notwendigerweise formal restringiert und normativ reguliert ist). – Welche Form aber hat sie? – Diese Frage beschäftigt seit einiger Zeit Linguisten wie Kommunikationsforscher. Im vorliegenden Zusammenhang interessiert daran zunächst nur ein Aspekt: Wodurch ist sie *linguistisch-sequentiell* gekennzeichnet, und wie lassen sich die gefundenen Merkmale unterrichts-methodisch operationalisieren?

Spontane Konversation ist zu einem hohen Grade *redundant;* sie ist zu einem hohen Grade *assoziativ (statt topikal);* und sie ist zu einem hohen Grade *»phatisch«.* Alle diese drei Merkmale sind Indiz eines grundlegenden Tatbestandes: Außer in den raren Fällen ausdrücklich ziel-orientierter Kommunikation zeigen spontane Gespräche eine Tendenz zur Herabsetzung des Informationsgehaltes; der Beziehungsaspekt ist im allgemeinen stärker ausgebildet als der Inhaltsaspekt. Beträchtliche Ökonomie »in der Tiefe« verbindet sich mit ebenso beträchtlichem (und durchaus unökonomischem) »Einsatz« kommunikativer Dynamik auf der »Oberfläche«.

Ziel eines didaktischen Kommunikations-Arrangements wäre, möglichst viele der – einer affektiven Dynamik so förderlichen – pragmatischen Züge aus spontaner Konversation in das fremdsprachenunterrichtliche Lerngespräch »hinüberzuretten«. Dies scheint leicht möglich, weil auch das fremdsprachenunterrichtliche Lerngespräch nicht auf »inhaltliche« Verdichtung in der *deep structure* aus ist. Mit der Erwartungshaltung der Schüler, welche strukturierte Ergebnisspannung »inhaltlicher« Art in jeder Form von Unterricht voraussetzen, sollte man wohl ein Bündnis schließen können. Wirklich ernst und bedenkenswert ist nur die unabdingbare *Notwendigkeit einer artikulativen Steuerung.* Die Leerstelle, die im spontanen Gespräch die »inhaltliche« Information »füllt«, ist im didaktischen Kommunikations-Arrangement des FU der Ort, an dem die lernpsychologisch entscheidenden Vorgänge stattfinden: Die *deep structure* des fremdsprachlichen Lerngesprächs enthält den *Wirkungszusammenhang von Steuerung, wiederholend-anwendendem Gebrauch und Behaltens-Effekt.* Und hier erweisen sich die Oberflächen-Eigenschaften des natürlichen Gesprächs als eminent »einsetzbar« und nützlich.

Daraus ergeben sich 2 didaktisch-pragmatische Schlüsselfragen:

(1) Was besagt das konkret für die *items* und *structures* der Ziel-Sprache?

(2) Was besagt das konkret für die Formen und Entsprechungen von *utterances* (– *conversational gambits, communicative moves in general, didactic moves* etc.)?

Das zweite würde wohl »in höchster Reinheit« eine Phänomenologie des fremdsprachenunterrichtlichen Lerngesprächs erfordern: Es geht darum, die Phasen und Formen des Gesprächs zu beschreiben und in ihren Elementen methodisch verfügbar zu machen, möglichst wiederum vor der Folie des »natürlichen« Gesprächs. Dies ist ein genuines Thema unseres im engeren Wortsinne »methodischen« 2. Bandes und wird dort praxis-bezogene Darstellung finden. – Die erste Frage (i. e. nach den *items* und *structures*) gehört in den vorliegenden Zusammenhang und ist hier abzuhandeln.

Unter dem Gesichtspunkt didaktischer Umdeutung haben alle drei oben genannten Merkmale »natürlicher« Unterhaltung (i. e. Redundanz, assoziativer statt topikaler Aufbau, Bedeutung phatischer Formeln) eins gemeinsam: Sie bewirken fast ohne Zutun der Sprechenden auffällige Wiederholungsschübe sprachlicher Art; *items* und *structures* werden in unregelmäßigen Abständen wiederholt, werden bündelweise »umgewälzt«. In assoziativen Sprüngen, in Abschweifungen, reiner Plappermäuligkeit, in Beispielen, Widerspruch und Zustimmung wird lustvoll wiederholt und abermals wiederholt. Wir können daraus für den *Slot*-Aufbau des Unterrichts viel lernen. Offenbar ist Bereitstellen von Redundanz ebenso wichtig wie das Bereitstellen von Beispielen, Parallel- und Kontrast-Texten und -Kontexten, ist das ruhevolle Wiederholen-lassen im Bereich der »biederen Mitte« einer Klasse ebenso wichtig wie Aufbau und Integration von Widerspruchsfiguren unter den flexibleren Köpfen. Strenge Dauer-Ökonomie des Denkens ist für den Schüler genauso eine Überforderung wie für den Lehrer; und Erfindung von Spiel-Alternativen kann ebenso sehr zur blödelnden Erholung wie zu einem kreativen Training werden (= eine Art »Mini-brainstorning«). Das reine *Sammeln* in der ersten Hälfte der Unterrichtseinheit, das viel »Überflüssiges« bringt, gibt dennoch Gelegenheit,

● später umfassende Strukturierungs- und Ergebnis-Debatten zu führen (um etwas »in die Scheuer zu bringen«),

● die ganze lange Zeit viele schöne Äußerungen in der Fremdsprache zu machen (deren Qualität vom »*Chairman Teacher*« überwacht, dessen Differenzierung durch langsam zu verdeutlichende Ziel-Orientierung durch eben diesen *teacher* gesteigert wird).

Und damit sind wir beim Thema: Im Bauch des trojanischen Pferdes dieser Unterhaltungen hocken in jedem Falle die Krieger von *grammar* und *lexis;* – aber herauslassen und zum Angriff führen muß sie der listenreiche Gesprächslenker. Zwar gibt die Blickfixierung auf Sprache die »Inhalte« frei und erlaubt großzügige Handhabung von Schüler-Impulsen und -Interessen; zwar ist die Unregelmäßigkeit der sprachlichen Rekurrenz potentiell ein Anwendungsfall der effektivsten aller Lern-Verstärkungen, der intermittierenden Bekräftigung; zwar sichern die Elemente von freiem Vorstellungssprung und von Widerspruch die persönliche Relevanz und der Wechsel der Kontexte den Transfer des fremdsprachlich Geäußerten. Aber alles dies ist nicht *notwendig* das Koagulat lernpsychologischer Imperative, das es zu sein scheint. Wechsel der Perspektive, Abschweifung und Wechsel des Kontexts bewirken diesen Lerneffekt nur dann, wenn zu ihrer ohne Zweifel motivierenden Qualität die bindende und strukturierende Kraft eines von jedem Schüler zu jedem Zeitpunkt *erfahrbaren umfassenden Kontexts* tritt, »oberhalb« dessen die thematischen linguistischen *items* »intermittierend« rekurrieren und in welche, die Aufmerksamkeit »ballend«, alle Deviation wieder einmündet. Die geschlossene Thema-Vorstellung, der zugleich konzeptuell und artikulativ deutliche »Kontext des Gesprächs«, ist damit auch die Grenze jener oben (unter 4.3.3.) zitierten Empfehlung von W. RIVERS. – *Dein Lied* (sei) *drehend wie das Sterngewölbe, / Anfang und Ende immerfort dasselbe.*[109]

So »lebt« das fremdsprachenunterrichtliche Lerngespräch aus der Dialektik von Redundanz und Steuerung. Sein »Grund« ist die durchgehende *(»fühlbare«!)* Präsenz des artikulativen Ziel-Feldes, – »fühlbar« in der intermittierenden Wiederkehr der Schlüssel-Wendungen und vor allem im Erlebnis der plötzlichen thematischen Erarbeitung bei der »Rückwendung« zum ursprünglichen, umgreifenden Gesprächs-Kontext; – bewußt erfahrbar bei Zusammenfassungen und Wiederholungen.

Hat nun also wieder die *»Priorität von Bewußtsein«* eine einfache *Operationalisierung* dieses Phänomens verhindert? –

Gemach: Zumindest der Rahmen und der »Stoff« dieses Bewußtseins, d. h. wesentliche Ziel-Feldbündel, sind genau bezeichenbar. Ist die sequentielle Ordnung »frei« und nur dem steuernden Lehrerbewußtsein untertan (mit der einzigen Maßgabe, *daß* – intermittierend-kontextualisierend – gesteuert werde), dann liegen die *strukturellen* Ordnungen fest.

3. Beginnen wir mit den unmittelbaren Erfordernissen des Unterrichts: *Welche Feld-Kontexte brauchen wir?* – Ein umfassender Arbeits-Raster für den fremdsprachlichen Unterricht müßte enthalten:

(1) basale Unterrichts-Ausdrucksformen für jede Stufe
(= ein Transportvokabular für »alles und jedes«);

(2) Formen des Selbstausdrucks und der Erwiderung
(= Ausdrucksmittel für »primäre Sprechakte«);

(3) Ausdrucks-Formen des intellektuellen Zugriffs
(= Behauptung, Feststellung, Fragestellung, Zusammenfassungen in verschiedenen Differenzierungsgraden);

(4) Ausdrucksformen text-bezogenen Arbeitens
und

(5) die speziellen Ausdrucksformen moderner Selbst- und Weltbefragung, modernen Selbstverständnisses, kritischer Deutung unserer Lebens- und Arbeitswelt.

Diester Raster wäre für alle Stufen verbindlich und anwendbar. Bis in die 8. Klasse wären elementare Formen von (1) und Segmente von (2) und (3) zu erarbeiten; die Mittelstufe baut (1) weiter aus und erarbeitet elementare Formen von (2), (3) und (4). Die Sekundarstufe II »geht aufs Ganze« und erwirbt *the lot* (– oh, schöne Hoffnung, könnt' ich dir doch trauen . . .). Dabei »schrumpfen« dann die 5 Feld-Kategorien auf deren 3, die als Ziel-Artikulationsfelder z. B. in den Hamburger »*Rahmenrichtlinien Englisch im Vorsemester und in der Studienstufe*« von 1973 (allg. Ziffer 54.3.10; spez. unter II.A.2.2.1.) genannt werden:
»– *Lexis der Textbetrachtung* . . .
– *Lexis der Meinungsäußerung,* die es dem Schüler erlaubt, aktiv an Diskussionen teilzunehmen . . . und sich schriftlich zu äußern . . .
– *Kernwortschatz des politisch-gesellschaftlichen Lebens*«. – (*kursiv* vom Verf.)
Hier scheinen nun wirklich die Bedürfnisse der Praxis, Grunderfordernisse psycho- und pragmalinguistischer Art sowie lernpsychologische Postulate (Strukturierung!) in gleicher Weise beachtet. Dies ist so lange eine Augentäuschung, wie die hier vergegenständlicht-akommunikativen sprachlichen Repertoires nicht *aus konkreten Unterrichts-Operationen* bzw. *auf sie zu entwickelt werden.* Nicht reifizierte Äußerungs-Substanz, sondern »generative Begründung« von Sprechakten helfen der Praxis; was wir brauchen, ist nicht ein »Bezugsfeld ohne Bezug«; es sind »Bezugsfelder dividiert durch *Slots* und *Moves*«.
Angesichts dieses neuen Ansatzes ist es wohl gleichgültig, ob im Ergebnis die obigen »Namen« der genannten Felder aufrechtzuerhalten sind.

4. Die Praxis des FU benötigt ein *Artikulations-MODELL;* sie hat ein *Artikulations-ZIEL;* und sie erstrebt ein aktives *artikulatives ENGAGEMENT* – in der Fremdsprache, versteht sich.
Das *MODELL,* welches als Bezugs- und Fixpunkt die schwankende Kompetenz des Schülers abstützt, ist der jeweils vorliegende (!) *Text.* Ohne »Text« (in des Wortes weitester Bedeutung) kein sinnvoller FU! – Angesichts dieses Grunderfordernisses sind die möglichen »Inhalte« des FU tatsächlich nichts als Text-Variablen, artikulative Motivations-Systeme und reifizierte *Kontexte.* Arbeit am Text gestattet besonders enge Steuerung beim Ausbau der sekundären Kompetenz, aber sie gibt auch Freiheit: Sie erlaubt beliebige Diversionen »ins (Meinungs- und Urteils-)Blaue« und ermöglicht zugleich jederzeitigen Rückzug und Rückbezug wankender *skill* auf das Modell. Dazu kommt, daß der »Inhalts«-Vielfalt wegen dieses Bezugsfeld echte Vielfalt des Ausdruckspotentials entfalten kann. Es ist also ein idealer Tummelplatz für die Entfesselung (und Wieder-Einbindung) produktiver fremdsprachenunterrichtlicher Aktivität. – Besondere Einzelaspekte sind

- die Textbesprechung selbst in Erarbeitung und Erörterung;
- die Besprechung relevanter Kontexte (i. e. »Inhalte«); dabei kann es um gegenständlich-vorgangsmäßige (narrativ-deskriptive) Kontexte gehen wie um Argumentationsmodelle (aus Essays oder Gebrauchsprosa);
- die Untersuchung und Erörterung des Aufbaus oder der intentionalen Perspektive von Texten (– »progressive Kontextualisierung«);
- die Erarbeitung der äußeren Textform, gegebenenfalls der ästhetischen Funktion. –

Zur Einbindung und Stütze wirklicher und möglicher Schüler-Äußerungen *im tatsächlichen Gespräch* ist natürlich dieses MODELL aus dem Text nicht »so einfach« und »von selbst« da. Auch ist dem Schüler die zur Herauslösung eines *field system of key words* nötige Kraft der (fremdsprachlichen!) Reduktion bzw. Abstraktion nicht ohne strenge Ein-Übung zuzumuten oder auch nur zuzutrauen. Zur Modell-*Wirklichkeit* (im Gespräch) kommt es ausschließlich durch die steuernde Aktivität des Unterrichtenden. Insofern ist die eigentliche Quelle modellhafter Wirkung nicht der Text, sondern der Lehrer: Er verdeutlicht und legt nahe; er transferiert, was der Text an ruhenden Möglichkeiten bietet (s. o. 4.3.3.).

Soviel zur *Sicherung* des intendierten fremdsprachlichen Ausdrucksvermögens. »Oberhalb« dieser Grundlage gibt es dann die vielerlei Formulierungs- und Differenzierungsgrade fremdsprachlicher Äußerung mit dem Blick auf das *ZIEL* des Lernprozesses.

Das *ZIEL* fremdsprachenunterrichtlicher Versuche und Bemühungen ist übertragbare und differenzierte, mitteilende und urteilende, d. h. im wesentlichen *diskursive* Rede. Der FU vermittelt – in seiner attitudinalen Substanz – demnach nicht nur Techniken und Inhalte (= ein sozusagen »materielles« Modell), sondern vor allem Formen von Reflexion und Urteil.

Ein noch näher zu bestimmendes Minimum an gedanklichem Anspruchsniveau, an Bewältigungs-, Durchdringungs- und Erfahrungs-Potential, an »Horizont« (um das viel-strapazierte Wort auch hier unterzubringen), *in und durch Sprache* ist offenbar das attitudinale Ziel aller Erziehung. Konkret-»äußerlich« würde sich das in zunehmend durchstrukturierten und differenzierten Formen des Verhaltens und des Äußerungsvermögens zeigen. Im Bereich des fremdsprachlichen Unterrichts ist diese allgemeine pragmatisch-äußerliche Bestimmung natürlich durch entsprechende Formen fremdsprachlicher Artikulation zu konkretisieren. Operationalisierbare Entsprechungen im Unterricht wären z. B.

- das Streitgespräch,
- zusammenhängende und gegliederte gedankliche Exposition,
- Formen gedanklicher Unterscheidung (= zugleich: sprachlicher Differenzierung),
- Feld-Äquivalente bestimmter Inhalte, die innerhalb der kommunikativen Zielgruppe als gedanklich (und also sprachlich) relevant empfunden werden; z. B. kann es dabei um Gruppierungen und Strukturen innerhalb der großstädtischen Industriegesellschaft gehen.

Dies letztere träfe z. B. auf die Ausdrucksformen des »politisch-gesellschaftlichen Lebens« aus den oben zitierten Hamburger »Rahmenrichtlinien für das Fach Englisch auf der Studienstufe« zu; es schlösse alle Arten von »relevanter« analytischer, insbesondere ideologisch-kritischer Rede ein.

Das unterrichtlich-operational Entscheidende wurde dabei zuerst genannt (– wobei der abermalige, wenngleich formal »unsichtbare« Verweis auf Konkretionen des 2. Bandes abermals wohl »unübersehbar« war). –
Bezieht sich die analytisch aufdröselnde be-sprechende Arbeit dann auf *key words* eines Verstehensfeldes oder auf semantische Verschiebungen als politisch-ideologisches Indiz, dann ist

die *Einheit* des fremdsprachlichen Unterrichts *qua* sprachlichen Unterrichts in Sicherung, Ziel und Engagement potentiell manifest. So könnte z. B. der *shift* im Gebrauch des Ausdrucks *participatory democracy* im Zusammenhang der *Youth Revolution* und der *general political unrest* der späten 60er und frühen 70er Jahre höchst bedenkens- und beschnackenswert werden – *aus der Grundbedeutung des Wortes selbst*, i. e. als System »*perspektivisch*« *möglicher* Konnotationen: Ursprünglich Sprengsatz und Beschwörungsformel auf der Linie MARIO SAVIO (Berkeley/Cal.) – RUDI DUTSCHKE – JÜRGEN HABERMAS, *counter-concept* zum Begriff der *representative democracy* (und als solcher in Deutschland noch über längere Zeit weiterschmorgelnd), wurde er vom postrevolutionären Establishment jüngerer amerikanischer *Citizens* zu einem dehnbar-nützlichen Rahmenausdruck für alle (z. T. sehr verschiedenen) Formen von *Mitbestimmung* (B.E. und Frz.: *participation*) umfunktioniert. –

Der praktische Gebrauchswert der in den genannten Übungen aufgebauten sprachlichen Formen ist von zweierlei Art: Zum einen ermöglichen sie die Teilnahme an intelligenter Unterhaltung – »oberhalb« des alltäglichen Krimskrams, der in dem, was über die Ausdrucksformen der Klassen 6–8/9 hinausgeht (– etwa: »*Gurken*« beim Essen oder Einkaufen im Ausland), leicht »vor Ort« zu integrieren ist. Aber dies allein wäre zu wenig. Zum anderen und vor allem haben die darin vermittelten Äußerungsgewohnheiten und artikulativen Formen eine weiterreichende Funktion – *aus ihrem Transfer-Wert!* – Sie sollten im gehobenen Anspruchsbereich alternativer Erwachsenen-Interessen in vielfältige »Fachlichkeit« transferierbar sein. Versteht man Lebenspraxis als weitgehend bedingt durch Formen und Möglichkeiten kommunikativer Bewältigung, dann haben sie damit zugleich – unbeschadet aller »allgemein« artikulativen (i. e. erziehungspsychologischen) Bedeutung – einen eminent praktischen Lebens-Nutzen.

Und wieder ist natürlich dies alles auch als MODELL-Vorgabe interpretierbar und insofern Lehrer-Vorleistung, die auf seine Vorbereitung, Selbst-Programmierung und Steuerung verweist (s. o. 4.3.3.). – Nützlich ist vielleicht auch der Hinweis, daß der bezeichnete Transfer-Effekt natürlich erhöht wird, wenn es gelingt, die oben erwähnte Arbeit mit Reduktionsformen (und -formeln) eines Verstehensfeldes den Schülern systematisch »beyzubringen«: durch modellhafte gemeinsame Erarbeitung solcher Felder, Anleitung zum selektiven Mitschreiben, Protokolle, neue Formen schriftlicher Arbeiten, bei denen einmal Gehörtes in seinen wesentlichen Elementen, Verknüpfungen und Zügen, selektiv zuspitzend, wiederzugeben ist. Solche Nebenformen von *listening comprehension* (die gewiß erheblich mehr als das sind) wären zugleich ohne jeden Zweifel äußerst nützlich unter dem Gesichtspunkt zukünftiger Lebenspraxis. –

Aktives fremdsprachliches *ENGAGEMENT* des Schülers ist im FU unabdingbar. Auch dies aber bedarf natürlich artikulativer Vorbereitung und Stütze: Auch sprachliches ENGAGEMENT ist in seinen strukturellen und lexikalischen »Entsprechungen« deutlich zu bezeichnen.

Die Notwendigkeit, ein stets präsentes MODELL »dabeizuhaben«, machte *Texte* zu einem unabweislichen Unterrichtsmittel. Das ZIEL des fortgeschrittenen FU machte bestimmte *Gesprächs- und Äußerungsformen* des Unterrichts verbindlich. Im Hinweis auf das unerläßliche ENGAGEMENT des Schülers geht es um die *motivationale Basis* des FU: Die kommunikative Dimension des Ausdrucksvermögens, dessen Adressatenrelation, der Schüler in Zuwendung und Abwendung, wird zum Problem. Damit überhaupt eine »Zielspannung (des Unterrichts) *in actu*« aufkommt, ist zuvor eine Fülle von *actus* selbst nötig – und also deren Voraussetzung zu bedenken. *Pragmatisch*-artikulative Voraussetzung in diesem Bereich ist das zu Stellungnahme und Meinungsäußerung (Willens- und Frage-Äußerung) nötige Repertoire sprachlicher Formeln, – das zweite der in den Hamburger »Rahmenrichtlinien . . .« genannten Ausdrucksfelder.

5. Für den fortgeschrittenen Spracherwerb sind damit Ziel-Ausdrucksfelder gewonnen. Oben unter 3. wurde allgemein nach Feld-Kontexten für den FU gefragt. Für den speziell vorliegenden Bereich sind diese Feld-Kontexte – in Modifikation der zitierten Einteilung der Hamburger Rahmenrichtlinien – nunmehr zu bestimmen als

(1) die *Lexis der Texterarbeitung und -erörterung*,

(2) die *Lexis gedanklicher* (»diskursiver«) *Rede* und

(3) die *Lexis persönlicher Äußerung* (= unmittelbar kommunikativer Rede).

Im Gange unserer Darstellung waren die sprachlich-»materielle« Vorbereitung sowie die artikulative Steuerung des Unterrichtsgesprächs im FU von vornherein ein bevorzugtes Thema. Wesentlich war dabei zunächst, daß etwas so »frei« und ungreiflich *scheinendes* wie das fremdsprachenunterrichtliche Gespräch überhaupt hart und handfest artikulativ vorzubereiten und zu steuern war. In den Kapiteln 3.4.5.1. und 3.5.2.2. (oben S. 134 ff. und 148 ff.) wurden dann die das Gespräch »tragenden« artikulativen Ordnungen – vorerst nur *formal* – konkret benannt. Eine weitergehende *inhaltliche* Bestimmung wurde in den folgenden Kapiteln als System von *Selektionsrestriktionen* bzw. »Ziel-Feldbündeln« in Ansätzen erkennbar. Auch diese Bestimmung aber trug vorerst weitgehend formale Züge. Endliche genauere inhaltliche Bestimmung ist erst an dieser Stelle möglich: Unsere pragmatische Bestimmung der Äußerungsformen und -möglichkeiten des FU nach *Modell, Ziel* und *Engagement* hat endlich auch die Kriterien vorgegeben, nach denen die vorzunehmenden Selektionsrestriktionen inhaltlich zu umreißen sind, – und das Ergebnis sind eben jene obigen drei Zielfelder des Unterrichts auf der Stufe des fortgeschrittenen Spracherwerbs: *Kompetenz* wird sich in Zukunft daran messen lassen müssen, *wie weit* und *wie sicher* sie sich *innerhalb jener Zielfelder* habituell verwirklicht.

Der solcherart weitergesponnene Faden, verfolgt man ihn an seinen Anfang zurück, führt natürlich auch zu den Hilfsmitteln, die für die materielle Vorbereitung solcher Selbstprogrammierung nützlich oder nötig sind: die oben unter 3.5.2.2. genannten *reference books* sind lediglich aus der Perspektive jener drei »Ziel-Feldbündel« erneut zu sichten; dabei ergeben sich (z. T. unangenehme) Überraschungen.

● Die Lexis der Texterarbeitung und -erörterung ist, nach *field systems* geordnet, in einer für die Bedürfnisse der Schule mehr als zulänglichen Weise durch WERLICH aufgezeichnet, aufbereitet und verfügbar gemacht.

● Die Lexis gedanklicher Rede ist zum einen bei ROGET, in den gängigen Synonymenlexika sowie in den entsprechenden Kapiteln bei WERLICH nachzuschlagen (– eigene Vorarbeit bei der Zusammenstellung ist also nötig); zum anderen ist sie je nach thematischer Zielsetzung selbständig aufzubauen und zu vertreten – nach Maßgabe der gewählten Texte also, die zugleich das »Modell« abgeben.

● Die Lexis persönlicher Äußerung ist vorläufig nur unter großer persönlicher Bemühung zusammenzustellen, da bislang kein auf die spezifischen Bedürfnisse dieses Gebrauchsfeldes abgestelltes Handbuch existiert.

»Erste Hilfe«, wenn auch nicht mehr, bietet (– stellvertretend für eine Reihe ähnlich konzipierter Handbücher) für alle drei A. BLASS/W. FRIEDERICH: Englischer Wortschatz in Sachgruppen. München 1956 u. ö.: Hueber 2077 (bes. Teil III.2.–6., SS. 27–31).

6. Unter kommunikativem Gesichtspunkt sind natürlich die erste und die zweite dieser drei Feld-Ordnungen nicht viel mehr als »in die Möglichkeiten der 3. Person entfremdete« differenzierte und spezialisiertere Formen der dritten: Jene dritte ist zugleich dem motivationalen »Ursprung« von Äußerung am nächsten.

Die Lexis persönlicher Äußerung ist also – quasi »aus dem Stand« (da ohne Stütze eines Handbuchs) – besonders sorgfältig auszubilden. Gesteigerte Kompetenz in diesem Bereich wird aufgrund des Bewußtseins von gesteigerter Sicherheit den »anfallenden« Äußerungsimpulsen einen äußerst wünschenswerten Extra-Drall verleihen. Die solcherart intensivierte Äußerungs*rekurrenz* hat zugleich einen erhöhten sprachlichen Lerneffekt. So ergibt sich eine Art fremdsprachen-lernpsychologisches perpetuum mobile, – wenn's gelingt, diesen Prozeß auszulösen und diesen Effekt aufrechtzuerhalten.

Ein spezielles Interesse für die Formen persönlicher Äußerung thematisierte den Äußerungsakt unter Zurückstellung der Äußerungsinhalte: Es thematisierte den *Beziehungsapsekt* verbaler Kommunikation. Für den fremdsprachlichen Unterricht ist ein solches Interesse offenbar höchst angebracht; dabei interessieren pragmatisch wiederum vor allem die charakteristischen (= zu lernenden!) *artikulativen Mittel* in diesem Bereich, – die Wortfelder aus wortartgleichen Schlüsselausdrücken (z. B. Verben), die Kollokationsfelder, die sich um diese Ausdrücke wie um Kristallisationskerne »anlagern«, sowie die jeweiligen spezifischen syntaktischen Formfelder. Und all dies *»aus dem Stand«* . . .? – Nicht völlig. Es ist das Verdienst HÜLLENS, darauf hingewiesen zu haben, daß in diesem so arg vernachlässigten Gebiet ein produktiver Transfer der Formen und Mittel *sprachanalytischer Reflexion* möglich ist.[110] Die neuere britische Schule sprachanalytischen Philosophierens ist allgemein gerichtet, nicht didaktisch; sie ist muttersprachlich bezogen, nicht fremdsprachlich. Dennoch ist offenbar vieles für den FU transferierbar und im Transfer auszubauen; auf jeden Fall kann es als Anregung fungieren und erste Stütze gewähren.

HÜLLEN expliziert in gelungener Vereinfachung die für eine solche artikulative Feld-Grundierung fremdsprachenunterrichtlicher Gesprächsleistung wesentlichen Thesen von JOHN R. SEARLE:

> »Jede Sprechhandlung (besteht) aus einem phonetischen, einem propositionalen und einem illokutiven Akt. . . . Der propositionale Akt enthält die semantische Information eines Satzes, der illokutive Akt dagegen das Kommunikationsziel und den Kommunikationseffekt, mit denen die semantische Information verbalisiert wird. Der illokutive Akt ist somit sein pragmatischer Bestandteil.«

Soweit sich hierin – in »verfremdender« Terminologie – die oben entwickelte Unterscheidung in den Inhaltsaspekt und den Beziehungsaspekt verbaler Kommunikation spiegelt, kann uns natürlich diese ganze Überlegung kalt lassen. Tatsächlich aber wäre eine solche Betrachtungsweise (wie sich weiter unten zeigen wird) nicht ganz korrekt. Vor allem auch übersähe sie die Tatsache, daß hier der Instinkt HÜLLENS für die »pragmatischen« Bedürfnisse des FU in den sprachlich-faktischen, den »behavioralen« Äquivalenten dieser Unterscheidung auf eine Goldader gestoßen ist: In z. T. einfach übersetzender Übernahme entsprechender Beispielbündel von J. HABERMAS hat er die allgemein sprachphilosophischen Kategorien artikulativ »gefüllt« und damit – im Ansatz – methodisch verfügbar gemacht. – Es lohnt, so scheint es, dieser Frage weitere Aufmerksamkeit zu widmen.

In Weiterführung SEARLES unterscheidet HABERMAS[111] zwischen

● *dialog-konstituierenden,*
● *institutionellen*
und
● *operativen*

Sprechakten im Bereich verbaler Kommunikation. Den drei Arten von Sprechakten entsprechen (sprachunterrichtlich »verwertbar«) drei Arten von artikulativen Feld-Ordnungen, deren eingeschränkter »Wortfeld«-Aspekt (z. B. *Verben* in Feld-Ordnung) offenbar am leichtesten zu fassen ist.

> Bei institutionellen und operativen Sprechakten geht es um *Anwendung* von *vorausgesetzten* »Institutionen« oder Regeln, bei dialog-konstituierenden Sprechakten um *Hervorbringung* allgemeiner Strukturen einer Sprechsituation. Beides kann für den FU interessant bzw. relevant sein; problematisch (im positiven wie im negativen Sinne) sind nur die letzteren. So seien die ersten zwei kurz vorweggenommen.

Institutionelle Sprechakte sagen, was sie tun – sofern der Sprecher in der Äußerung erscheint: *I baptize you. I congratulate you.* Erscheint der Sprecher nicht – als 1. Ps.Sg./Pl. – innerhalb der Äußerung (= als deren »Subjekt« also), dann sind sie nicht-»performativ« zu nennen und einem Sprecher in einem *implizierten Obersatz* zuzuordnen, welcher seinerseits performative Eigenschaft hätte, = sie wären einem dialog-konstituierenden Sprechakt untergeordnet.

Operative Sprechakte drücken aus, was grundsätzlich immer auch monologisch gesagt und verstanden werden kann. HABERMAS nennt die Verben: schließen, ableiten, begründen, zählen, identifizieren, bezeichnen. Auch diese sind (»tiefenstrukturell«) einem »1. Ps.Sg./Pl.-Sprecher« in einem implizierten Obersatz in dialog-konstituierender Rede zuzuordnen (– *jede Äußerung hat geheimen Adressatenbezug!*); – mögliche Formen solcher Obersätze wären *I say . . . / I can only tell you . . . / I assure you . . . / I doubt it / I'd like to (have to) add . . . / I call this . . . / Let me explain you . . .*

Für den fremdsprachlichen Unterricht sind die hier sichtbar gewordenen Wortfelder – soweit es sich um die Verben handelt – mit Hilfe des »ROGET« oder ähnlicher Handbücher (s. o. unter 3.5.2.2.) leicht zu mobilisieren.

Zugleich ist unübersehbar, daß die zumindest ebenso wichtigen (wenn nicht gar »kommunikativ« entscheidenden) Kollokations-»Rahmen« dieser reinen Verb-Zusammenstellungen noch völlig unaufgearbeitet sind. –

Daß ganz beiläufig auch eine höhere Bewußtheit kommunikativer Textstruktur gegenüber bei Lehrenden und Lernenden stimuliert wird, sei nur ebenso beiläufig vermerkt: Die in textimmanenten artikulativen 3. Ps.Sg.-Beziehungen (wie in der Struktur eines Textes insgesamt) implizierten *Rollen*-Beziehungen sind als verhüllte Subjekt-Beziehungen (jeweils 1. Ps.Sg.!) deutbar, in eben jenen obigen sprachlichen Feld-Ordnungen ausdrückbar und damit unterrichtlich handhabbar. So kann die Beschäftigung mit der Lexis persönlicher Rede indirekt auch sehr erfreuliche Nebenergebnisse für das Hauptgeschäft des fortgeschrittenen Spracherwerbs zeitigen; es nützt für den gesprächsweisen Umgang mit *Texten.* –

Nicht nur in der »Ontologie des Sprechakts«, sondern auch unter unserem speziellen, dem fremdsprachenunterrichtlichen Aspekt (i. e. für den Aufbau einer disponiblen Lexis persönlicher Äußerung in der Fremdsprache) sind zweifellos die *dialog-konstituierenden Aspekte und Formen* entscheidend: die Formen, in denen sich eine 1. Ps.Sg./Pl. agierend und reagierend auf eine 2. Ps.Sg./Pl. richtet. Von den drei oben wiederholten Arten von Feld-Ordnungen sind sie in zweien eindeutig faßbar:

(1) *Syntaktisch* sind sie durch die Art, wie sie (explizit oder implizit) jede Äußerung *mitprägen*, genau bestimmt als *Überordnungsfigur.* HÜLLENs Beispiel:

Das einfache *Don't cross the street* impliziert in der Regel performative Obersätze, etwa von folgender Art:

> *I request[112] you, not to cross the street.*
>
> *I advise you not to cross the street.*
>
> *I warn you not to cross the street.*

Die jeweilige (im Obersatz) ausgeführte Form des illokutiven Akts macht die jeweils gemeinte attitudinale »Beziehungs-Bedeutung« der Äußerung sichtbar, – darin einer Interpretation im Falle satzübergreifend zusamenhängender Texte ähnelnd: Wie hier der Obersatz, so hebt dort die Interpretation bzw. die Analyse die jeweilige Adressatenrelation (= die Appellstruktur der Texte) »ans Licht«.

Texte wären also (in Fortführung unseres obigen Hinweises) u. a. dadurch gekennzeichnet, daß die in der Oberflächenstruktur nicht mehr ohne weiteres greifbare Einbeziehung des Lesers in die jeweilige intentionale Sprachgebärde dennoch in deren »Tiefe« unverkürzt »da ist«: Auch Texte sind – »eigentlich« oder »uneigentlich« – immer Äußerung von jemandem; und dies ist jederzeit explizierbar. Die *message* eines Textes ist mitkonstituiert durch die in ihm (und durch ihn) realisierte Beziehung zwischen einem *addresser* und einem *addressee*. Beispiele für die konkrete Gesprächs-Arbeit mit Texten folgen im 2. Band der vorliegenden Darstellung.

Als konkrete Komplemente solcher grammatischen Überordnungsfiguren (= das geheime oder offenbare grammatische *Feld*) nennt HÜLLEN

- den Objekt-Satz (mit *that*),
- den Hauptsatz nach (impliziertem) Doppelpunkt
  sowie
- den indirekten Fragesatz (mit *if* oder *whether*).

Beispiele ergeben sich im lexikalischen Feldzusammenhang – i. e. unter (2) – »am Wege«.

(2) *Lexikalisch* kann es sich um Wortfelder (im engeren Sinne, s. o.) und um Kollokationsfelder handeln. Beschäftigen wir uns zunächst mit den *Wortfeldern*, die dialog-konstituierenden Sprechakten zugrunde liegen. Sie sind – insbesondere soweit sie sich aus *Verben* aufbauen – genau und vollständig zu fassen.

Eine erste Quelle solcher Verb-Listen wären die bereits bei J. L. AUSTIN in großer Fülle aufgeführten Beispiele. Innerhalb seiner kategorialen Einteilung von Äußerungsformen gilt dies besonders für die »verdiktiven« und die »kommissiven« Äußerungen. Zugleich aber ist unübersehbar, daß seine *classification of illocutionary acts into five categories seems somewhat ad hoc* (wie SEARLE bemerkt). In dieser ganzen Frage empfiehlt es sich, abermals der weiter ausgreifenden Darstellung von HABERMAS zu folgen (was nach der nicht nur sprachlichen Transfer-Leistung HÜLLENS leichtfällt).

HABERMAS unterscheidet folgende reine *Verb*-Felder im Obersatz:

- die *Kommunikativa*
  (in denen Äußerung sich selbst nennt: »Ich äußere mich fragend, widersprechend ... etc.«).
  HÜLLEN empfindet diese als besonders auffällig vernachlässigt im bisherigen FU. Gemeint sind die sogenannten Verben »des Sagens und Denkens« (*to ask, to answer, to promise, to suggest, to admit* etc.) aus der traditionellen Grammatik. Hierzu gehört *I guess, I mean, I suppose, I should say, I don't really think, I must object/contradict, I'm of the opinion (that), I'd like to add* oder *I wonder (if)*, auch noch *I sincerely doubt (if)*, – nicht aber *I honestly hope (that)* oder *I wish (you were ...)*, da die letzteren auf ein übergeordnetes *I say* (oder ähnliches »Kommunikativum«) verweisen, anderenfalls sie monologische Qualität hätten. In verhüllter Form erscheint Entsprechendes in Partizipaleinleitungen wie *Considering that ...* oder *Supposing*, noch stärker verhüllt in *Provided that ...*, nur noch als psychologischer Impuls in *If only ..., Unless ..., Even though ...* (– im Grunde auch auf ein übergeordnetes *I say* verweisend!). –
  Für weitere Beispiele vgl. etliche der Wendungen unter (3)
- die *Konstativa*
  (in denen der »Sinn« bzw. die »kognitive Verwendung« von Äußerungen artikuliert ist: »Ich sage aus, indem ich erkläre, logisch deduziere, erzähle ... etc.«).
  HÜLLEN zitiert *to describe, report, convey, communicate, tell, remark, explain, prophesy, interprete, assure, maintain, protest, conform, dispute, challenge, conclude, argue, advocate* und deren Verneinungen. Hierher gehören dann auch *to assert (state that), question, point out, disagree*.[183] Ohne Zweifel Ausdrucksmittel lebhafter, leidenschaftlicher oder auch formaler Debatte, ist dies in mancherlei Hinsicht zugleich *main vehicle* biblischen Tons und Stils (*Verily, verily, I say unto you ...*). Von ferne grüßt – aus einem Transfer in die 3. Ps., der am Ende alles Subjekthafte aufhebt – der Stil offizieller Verlautbarungen (= das deutsche *Es ist*

richtig, daß ... – Es stimmt/trifft zu, daß ...) oder gehobenen Gossips (*Es kann unmöglich wahr sein, daß ... – It's simply inconceivable ...*). Ist das Subjekt solcher 3. Ps.-Konstruktion als Person genannt und gegenwärtig, dann handelt es sich nicht um die dialog-konstituierende, sondern um dialog-referierende oder -weiterführende und insofern operative Sprechakte. Vgl. im übrigen das oben über die Obersätze zu operativen Sprechakten Gesagte.

● die *Repräsentativa*

(durch welche die »Intentionen, Einstellungen, Expressionen des Sprechers« zum Ausdruck kommen: Ich sage aus, indem ich mich – als Fühlender, Hoffender, Fürchtender – zeige, »repräsentiere«, oder verhülle ...[114]).

Beispiele bei HABERMAS wären: *offenbaren, enthüllen, vorspiegeln, verbergen;* dabei sind die Negativa i. allg. mit Verneinung zu denken: *Ich verschweige dir nicht, daß ...* o.ä. Sekundär mit dieser Kategorie verknüpft findet sich dann ein *wissen* oder *denken*, ein *meinen, hoffen, fürchten, wünschen, wollen, entscheiden* usw., das im abhängigen Satz propositionalen Gehaltes erscheint: Ausdrucksformen, die grundsätzlich auch isoliert auftreten können – in »monologischer« Funktion. HÜLLEN läßt diese Form (wohl wegen des höheren Komplexitätsgrades) aus.

● die *Regulativa*

(die den Sprecher/Hörer in einem praktischen Verhältnis zu Regeln zeigen, die er befolgen oder ablehnen kann: »Ich reguliere die Kommunikation, indem ich verbiete, auffordere ... etc.«).

Bei HÜLLEN erscheinen – innerhalb der von SEARLE übernommenen *»types of illocutionary act«* – *to request, to advise, to warn*. Sie würden einen »bekleideten« Infinitiv anschließen lassen (s. obiges Beispiel), – nicht die für die drei anderen Typen charakteristischen syntaktischen Formen (i. e. des Objektsatzes, des angefügten Hauptsatzes und/oder des indirekten Fragesatzes. – Auch aus der AUSTINschen Kategorie der »exerzitiven Äußerungen« gehört ohne Zweifel etliches hierher.

(3) *Kollokationsfelder,* die (wie im Falle »institutioneller« und »operativer« Sprechakte) dringend benötigt werden, sind u.W. bisher noch nicht zusammengestellt worden. Einige Ansätze auch WERLICHs »Lexikon der Textinterpretation« (z.B. unter I.2.) wirken hier eher wie der berühmte Tropfen ohne den heißen Stein.

HÜLLENs Hinweis auf traditionelle Sammlungen von Idioms erscheint nützlich. Auch stellt er selbst eine Serie von Obersätzen mit Verben vom Typ der *Kommunikativa* zusammen. Er nennt
I should think ... / I want to say ... / Let me tell you ... / What I'm trying to express is ... / Let me put it that way ... / What I mean is ... / I'm telling you ... / Guess what happened ... Let me ask you ... / My question is ... / My reply is ... / Do you really think ... / I'm convinced / positive / confident / almost sure / inclined to believe ... / I think it's correct to say ...[115] */ I emphasize ... / Let us suppose ... / I suscribe to the view ... / I presume ... / I dare say ... / I am of the opinion ... / I imagine ... / I'm sceptical / uncertain / doubtful ... / I'm sorry, I must contradict ... / I can't / don't agree ... / I admit you're right in saying ... I mentioned already ... / I want to quote ... / I repeat ... / I said before ... / I must say again ... / My comment is ...* Eine umfassende feldmäßige Kompilation solchen Materials (etwa in dem Sinne, wie WERLICH das Material zur Textarbeit kompilierte) für den fremdsprachlichen Unterricht ist dringend erforderlich. Einer *Feld-Gliederung nach behavioralen und argumentativen Strategien* sollte dabei nichts im Wege stehen.

7. Wir sagten, die Lexis der Texterarbeitung und -erörterung sowie die Lexis der gedanklichen Rede seien in die Möglichkeiten der 3. Person entfremdete »differenzierte und spezialisierte Formen« der Lexis persönlicher Äußerung. Dies wird besonders deutlich in der

Gruppe der »Konstativa«, von denen (offenbar die »Kommunikativa« einschließend) HÜLLEN meint, sie hätten »etwas mit der argumentativen Qualität des Gesprächs zu tun«. Alle vier können – durch Einbezug der Gesprächsperspektive und -partizipation *Dritter* – zugleich die attitudinal-*perspektivische* Gesamtstruktur von Kommunikation verdeutlichen. – Wesentliches Ergebnis aller dieser Beobachtungen ist, daß auf diese Weise lexikalische Ordnungen als Korrelate kommunikativer Rollen greifbar und manipulierbar werden: Die Fremdsprache wird unter dem Gesichtspunkt kommunikativer Funktion *(auch unterrichtlich!)* einsetzbar.

Das wiederum entspricht durchaus den grund-legenden Überlegungen HABERMAS'. Die genannten »*pragmatischen Universalien*« der Sprache sind ihm ein wesentliches Element bei der Definition und *Hervorbringung* (»Generation«) möglicher Kommunikation. Als eine der Bedingungen von Sprechsituation überhaupt[116] sind sie zugleich die pragmatische Bedingung jeglicher unterrichtlichen Sprechsituation und insofern auch der unterrichtlichen Sprechsituation *par excellence: des fremdsprachenunterrichtlichen Äußerungsaufbaus und -austausches.*

WEBER hat gezeigt, wie dies auf der Unterstufe zu realisieren ist:
Auf den ersten Stufen fremdsprachlichen Lernens erwachsen *Sprechanlässe* aus *Situationen,* die die *illocutionary force* spontaner dialogischer Frage-Antwort-Handlungen psychologisch (= identifikatorisch) reproduzieren. Dazu tritt sehr bald die Notwendigkeit, solche situations-eingebundene *illocution* rollen-identifikatorisch zu simulieren (»*Were you lucky with the weather?*« – statt: »*Were they lucky with the weather?*«). Mit dem Aufbau deskriptiv-konstatierender Aussagehaltungen (in der 3. Ps.Sg./Pl.)[117] – nicht nur notwendige unterrichtliche Operationen ermöglichend, sondern selbstverständliche »Kulturfertigkeiten« aufbauend – befaßt sich WEBER nur noch andeutungsweise. So kommt es, daß die im Begriff des illokutiven Zugriffs sich abzeichnende *Einheit* der mittlerweile »klassischen« *situativen* Unterrichtstechniken für die Unterstufe (Typus »elementarer Spracherwerb«) mit den neuen *feld-bezogenen* Verfahrensformen im Bereich des »Sprachausbaus« weder bei WEBER noch bei HÜLLEN *ausdrücklich* erscheint, – obwohl beide im Ergebnis (aus ihrer je verschiedenen Perspektive) genau dies beschreiben.

Daß dabei WEBER – unter Rückbeziehung auf AUSTIN (nicht vorzugsweise SEARLE wie HÜLLEN) – *illocution* eher im Sinne von Redeintention, vordergründiger Sprechabsicht, begreift, differenziert das Spektrum, ohne es strukturell zu verändern: Wir gewinnen auf diese Weise eine *Cline* von Geäußertem (lokutiver resp. propositionaler Akt) – Äußerungsabsicht (illokutiver Akt) – kommunikativer Beziehung (»reziproke Intentionalität« im Stile HUSSERLs[118]) als den »Stufen« zwischen *surface structure* und *deep structure.*

In dem Augenblick, in dem der Text (bzw. dessen Autor – in der Rolle des *narrator* oder der ›*voice*‹ des Textes) zugleich zum Objekt und Gegenüber, indem er zur begegnenden »*persona*« wird, ist in Differenz *und Parallele* auch der Unterricht in seiner besonderen Kommunikationsstruktur, in seinen spezifischen lokutiven und illokutiven »Systemen«, seinen *activities* und Bezugsbündeln verständlich:
Auf der Frühstufe sollten – als »Stoffe« – solche Situationen dominieren, welche die lokutiven und illokutiven Ausdrucksgebärden späterer dialogischer Symbolsysteme und -strukturen im Ansatz enthalten. WEBER selbst nennt eine eindrucksvolle Zahl von Beispielen aus dem Lehrerbegleitheft zum 2. Band des Lehrbuches *English for Today* (Lensing).[119] Entsprechende Beispiele finden sich in *Learning English;* vgl. u. a. unser obiges Unterrichtsbeispiel Nr. 4 (oben S. 92 f.: Verhörsituation als natürlicher Kontext einzuübender grammatischer *Frage*formen). In dieser wichtigen Frage erweist sich also WEBERs Vorstoß als geschickte, notwendige und nützliche Revitalisierung eines alten fachdidaktischen Konzepts (das aufgrund seiner Selbstverständlichkeit an Interesse zu verlieren drohte): des Situations-Begriffes. Hierin treffen sich die

kontextualistisch-linguistischen Analysen und Empfehlungen unseres 3. Kapitels mit den kommunikationstheoretischen Erörterungen des gegenwärtigen vierten.

Auf der nächstfolgenden Stufe fremdsprachlichen Lernens geht es bereits um thematisches situationsbezogenes »Einschleifen« konkreter Dialogfiguren; vgl. unser Unterrichtsbeispiel Nr. 2 (oben S. 76). Hier müßte ein methodischer struktureller Transfer der Anregungen LECHLERS Wunder wirken. Wie sehr wir uns damit bereits einer auf freiere Verfügung (im Stil fortgeschrittenen »Sprachausbaus«) gerichteten Ausdrucksweise genähert haben, zeigt ein Hinweis G. ZIMMERMANNS.[120] Er bemerkt, daß *kreative* Äußerungsleistung im FU eng mit dem (von LECHLER geforderten und gelehrten) systematischen Transfer von Substitutionspatterns mit feld-bezogen wechselnden *fillers* zusammenhängt. In Anwendung dieser Einsicht baut er – auf einer ungewöhnlich frühen Stufe – nach dem Lehrbuch Feldbündel der Zustimmung oder Ablehnung auf, die danach – wie in unserem obigen Unterrichtsbeispiel 2 – in einen im Gespräch erfundenen anderen situativen Kontext produktiv eingebaut werden.

Die von ZIMMERMANN genannten Formeln der Ablehnung sind:

I'd rather . . . / I wouldn't like that at all! / I'm sorry / I don't feel like . . . / (You know) I don't like . . . (-ing) / How awful! / I really don't think . . .

Als Formeln der Zustimmung erscheinen:

I like . . . -ing / I simply adore . . . -ing / I think it's absolutely marvellous / There's nothing I like better than . . . -ing / I find it very pleasant / What a nice (fine, lovely) . . . / I like this . . . Don't you? / It's my favourite . . . / I'd so much like to . . . / Not a bad idea / How wonderful! / I don't mind . . . -ing / It's terrific! / I'd love to . . . / I enjoy . . . (-ing) / Isn't it lovely to . . . / How nice to . . . /I'm glad . . .

Die Erfindung eines Gesprächs »auf der Basis« dieser Wendungen ist kaum mehr als die Erfindung einiger *likes and dislikes* und deren Verteilung auf eine Personengruppe, z. B. eine Familie, zwecks Rollen-Konstitution. Bei ZIMMERMANN selbst sieht das so aus:

Mr. B.: What are we going to do to-day?

Sally: I'd so much like to go for a swim.

Mr. B.: Don't be silly. You can see that it's raining.

Sally: What a pity. A rainy Sunday again. Oh, well, I think I'll read my library-book then . . . –

Erleichternd wie erschwerend im Vergleich zu unserem Unterrichtsbeispiel 2 ist die sehr viel flockigere Verknüpfung bei ZIMMERMANN (= ohne den strengen *pattern*-Zusammenhang).

Was bei ZIMMERMANN, affektiv eingebunden in den psychologischen Zirkel der *Situation*, im wesentlichen rollen-identifikatorische Produktivität definiert, wird später zum argumentativen Feldbündel mit Textbezug. ZIMMERMANNS Schema ist auf alle Stufen übertragbar: Auch auf der Sekundarstufe II kann es sinnvoll sein, Formeln der Ablehnung bzw. Zurückweisung und Formeln der Zustimmung oder Zuwendung zu sammeln und – am Text – durchzuspielen. Die Fiktion eines situativ eingelagerten Rollen-Gesprächs ist dabei überflüssig: Der »natürliche« Kontext solcher Rede sind von einem bestimmten Punkt an die *activities* des Unterrichtsgespräches selbst (– deren differenzierende, affektive Zwischentöne müssen uns noch weiter unten in einem anderen Zusammenhang beschäftigen). Das schließt auch deren rigide Substitutions-Spielform, die sog. *formal debate*, ein.

Implizit haben wir mit diesen Hinweisen zugleich auf die *Quellen* gedeutet, aus denen für derlei Verfahren artikulatives Spiel- und Planungsmaterial zu entnehmen ist. Wir finden es

(1) in Zusammenstellungen allgemeiner *conversational patterns* und *responses* wie z. B.:
    Philip Binham: How to say it. London: Longman.

(2) in Zusammenstellungen zum Unterrichtsregister wie z. B.
    Heuer/Parry: Hands up! Classroom Phrases in English and German. Dortmund 1971: Crüwell.

(3) in Zusammenstellungen und Hinweisen zur Unterrichtsdiskussion und zur *(more or less) formal debate;* Beispiele wären
    Hans Windmann: Englische Redewendungen. Ein Beitrag zur fremdsprachlichen Diskussion im Unterricht. Münster 1959 u. ö.: Aschendorffsche Verlagsbuchhandlung.
    sowie die einleitenden und »begleitenden« Bemerkungen in
    E. Orton / P. H. Stoldt: Discussing and Debating. Stuttgart 1968 u. ö.: Klett 5076 (bes. SS. 14/15 und 56).

Wie weit systematische situative Feld-Ausarbeitung der bei SEARLE (S. 66 f.) genannten »*Types of illocutionary act«* – *request/assert, state (that), affirm / question / thank (for) / advise / warn / greet / congratulate* – von Nutzen sein könnte, bedarf noch weiter eindringender Untersuchungen, die hier nicht zu leisten sind.

Die Einheit der Unterrichtsverfahren und -strukturen im FU beruht also darauf, daß unterrichtliche Operationen auf einer begrenzten Zahl gleicher linguistischer *units* beruhen, – versteht man nur diese linguistischen als kommunikative *units*. Zur endgültigen Verdeutlichung dieses Nachsatz-Prinzips holen wir ein letztes Mal etwas weiter aus. Reine (fremdsprachliche) Material-Sammlungen reichen offenbar nicht zu, wenn es um die Praxis des fremdsprachlichen Unterrichts geht. Wortfeld-Zusammenstellungen – so sahen wir bereits oben – sind durch Kollokationsfelder zu ergänzen. Selbst die dergestalt definierten Bezugsfeld-Bündel aber können dem Fremdsprachenlehrer nur nützen, wenn ihre *Einlagerung in Äußerungsfelder* einfach verständlich und handhabbar ist.

Unter diesem Gesichtspunkt sind vier gesprächs-konstitutive Hinweise nachzutragen:

● Es gibt »natürlicherweise« keine Proposition ohne Illokution: Das ist die Grundlage aller (immer irgendwie aus der *»Persona«*-Adressaten-Relation entwickelnden) Textarbeit und Texterörterung. Es ist zugleich die gesprächspsychologische Begründung für die relative Folgenlosigkeit kontextisoliert abgeforderter Äußerungsübung, – solange das Lernziel eben nicht ein *Wissen* (wie z. B. die Kenntnis sprachlicher Elemente und Ordnungen), sondern eine *Tätigkeit* (nämlich freier und produktiver text- bzw. äußerungs-bezogener »Gesprächs-*skill*«) ist.

Dies ist dann auch die Grundlage unserer Überzeugung, daß keine Lehrer- oder Schüleräußerung sinnvoll und also denkbar ist (bzw. sein sollte), die nicht auf *personalem Kontakt* von dieser oder jener Art »aufruhte« (s. u. 4.4.). Der außerordentlich eingeschränkte *Stellenwert* thematisch akommunikativer (= kontextisolierter), quasi außer-illokutiver Formal-Übung – deren *punktueller* Wert nicht zu bestreiten ist – ist damit erneut bekräftigt. Das unterrichtsmethodische *Problem* solcher Übung – deren Einbau und Proposition im Gesamtkontext einer Stunde (seine »Behaviorem-Qualität«) – ist im 2. Band zu behandeln; dessen lernpsychologische Basis gehört unten in das 5. Kapitel: Vgl. dort die Ausführungen über Dominanzformen und Komplementärformen des FU.

● Ebenso »natürlicherweise« aber *gibt es* Formen von Illokution ohne Proposition: Die selbstverständliche Gesprächs-»»Ölung« durch vielfältigen und beiläufigen Einsatz der Formeln *phatischer* Kommunion manifestiert – als Desiderat – unübersehbar den Primat der kommunikativen vor allen anderen (etwa gegenständlichen oder gedanklichen) Gesichtspunkten. Diese Formeln, – die in vielen Fällen dem Assoziations- bzw. Kollokationsraum funktionslos gewordener *Kommunikativa* oder *Konstativa* entstammen –, verleihen dem Unterrichtsgespräch seine Natürlichkeit, seinen Pfiff und Schick, seine Gelenkigkeit.

● Illokution und Proposition werden im Unterricht als konkreter »Text« in konkreter Äußerung immer *mehr* sein müssen als abstrakte Präsenz feldmäßig geordneter Sprache: *In actu* geht es da um

(1) Rekurrenz,

(2) Differenzierung im Ausdruck selbst, – nicht nur in den Gedanken,
    und

(3) Flexibilität in Fortgang und Verknüpfung.

Das *textuelle Feld* sprachlicher Äußerungen ergibt sich in allen drei Gesichtspunkten sehr wesentlich aus dem didaktischen Aufbau des fremdsprachenunterrichtlichen Gesprächs selbst und ist somit »natürlicher« Teil des 2. Bandes. Im vorliegenden Zusammenhang allerdings ist bereits auf die *formal-artikulative Grundierung von Äußerungs-Zusammenhang* (»Text«) hinzuweisen, – die »substantiellen« Voraussetzungen von 3.: Es handelt sich bei diesen Voraussetzungen um die sog. *Connectives* sowie die verschiedenen *Satzanschluß-Figuren* des Englischen. Ausgerechnet in diesem so schwer ohne Kontakt mit *native speakers* aufzubauenden und zu sichernden Bereich gibt es solide Nachschlage-Möglichkeiten und Unterrichts-Stützen. Eine große Zahl derartiger Formen ist den (etwas überstreng anmutenden) Übungs-Sequenzen und phraseologischen Auflistungen eines ursprünglich zu ganz anderem Zweck verfaßten, äußerst nützlichen Handbuches zu entnehmen:

Heinz-Otto Hohmann: Steps to Reproduction. A New Approach to Reproduction Writing. Dortmund 1968: Lensing 12199 und 24198 (Schüler- und Lehrerausgabe).

Allein die Zusammenstellung von Satzanfängen auf S. 55 f. ist einfach *stunning.* Eine entsprechende Liste phatischer *intensifiers (indeed / in fact / not really / of course / honestly / – profoundly / perfectly / pleasantly / – most remarkable / extraordinary / fab* etc.) bzw. reinem *»stuffing« (well / I suppose. – A.E. I guess / I mean / I presume)* wäre höchst wünschenswert. – Für eine systematische Übersicht – etwa um mit Schülern ein kognitives System von *linking expressions* zu erarbeiten – ist auf die erschöpfende Behandlung in den Kapiteln 8.82–8.88 *(»Attitudinal disjuncts«*, SS. 511–520), 8.89–8.94 *(»Conjuncts«*, SS. 520–532) und 10.17–10.38 *(»Logical Connecters«*, SS. 661–677) in der Grammatik von QUIRK et al. zurückzugreifen. Ein möglicher Ansatz solcher gemeinsamen Erarbeitung eines kognitiv-linguistischen Schemas wäre die Besprechung der Stilqualitäten von Klassenarbeiten (vor allem auf der Sekundarstufe II).

● Sind auf diese Weise Illokution und Proposition zunächst einmal überhaupt, als *textuelles Feld,* konkreter und differenzierter verstanden (s. auch die Modifikationen wie *really / rather / somewhat / perhaps / probably / altogether* etc.), dann ergibt sich sogleich eine zweite Aufgabe:

Illokution und Proposition sind im Unterricht und für den Unterricht vor allem anderen als *dialogisches Response-Feld* zu begreifen (wobei dann Reziprozität auch sprachlich faßbar sein muß). Dialogische Response-Felder sind natürlich wiederum situativ begründet und daher nach Äußerungskontexten zu bündeln.

Obwohl schon HABERMAS seine 4 Kategorien dialog-konstituierender Sprechakte als Formen »kommunikativer *Performanz«* (statt: Kompetenz) zu verstehen scheint, sind doch dergleichen *conversational responses* unvergleichlich »oberflächlicher«: wieder ein schönes Beispiel für das von HALLIDAY als *Cline* apostrophierte Phänomen. – *Conversational responses* sind zumeist knapper in der Form (oft *minor sentences* oder Ellipsen, auch Ausrufe) als jene Sprechakte, von denen sie sich also zunächst einmal formal unterscheiden. Über- und Unterordnungsfiguren erscheinen so gut wie nicht. Außerdem sind sie im allgemeinen weniger kognitiv oder affektiv differenziert als jene (– daher auch zu einem Transfer in diskursive Rede von starker 3. Ps.-»Wertigkeit« im allgemeinen weniger geeignet).

Einen einleuchtenden und übersichtlich-praktikablen Vorschlag zur Anreicherung des fremdsprachlichen Unterrichtsgesprächs mit solchen dialogischen Response-Formeln macht

R. J. Wingfield: Conversational Responses to Statements. In: ELT XXVII, No 1 / Oct. 1972, SS. 24–27.

Sein »imperativer Response-Raster«, der im Stil eines Diskussions-Spiels im Unterricht anzuwenden bzw. einzugeben ist, nennt eine Reihe möglicher Reaktionen auf *statements,* die ein Element von Meinung oder Haltung spüren lassen; er paßt also nicht auf unbe-

streitbare Sachfeststellungen, wohl aber auf alles halbwegs Kontroverse, d. h. viele Unterrichtsäußerungen.

Am Beispiel *He drinks far too much* entwickelt WINGFIELD folgende Möglichkeiten:

1. *Associate yourself with the statement.*
   (*Yes, I heard he does.* / *Yes, I think so too*).
2. *Disassociate yourself.*
   (*I didn't think he did.*)
3. *Agree politely.*
   (*Yes, he does.*) – Vgl. auch: *That was a very exciting march yesterday.* – *Yes, wasn't it?*
4. *Disagree politely.*
   (*Oh, I don't think he does.* – Man beachte den Unterschied zu oben 3.!). Auch: *Don't you
   think, old boy, this is going a little too far?*
5. *Indicate strong agreement.*
   (Außerordentlicher Reichtum, je nach Gesprächs-Register; *informal but polite* wäre: *Yes,
   indeed, far too much.*)
6. *Disagree strongly.*
   (wie unter 5.: *Oh no, I'm quite sure he doesn't.*) Vgl. auch: *How dare you, sir, impute
   such monstrous intention to me?* (G. B. Shaw). – *Impossible! He is an Oxonian.* – Oder:
   The idea is grotesque and irreligious! (O. Wilde) – um einige Komödien-Überspannungen
   zu zitieren. – »Normaler«: *Now, don't (you) tell me, he/you* ... / *You are not going
   to* ..., *are you?* / *This is indeed monstrous.* – Very low: Holden Caulfields *You give me a
   royal pain in the ass.*
7. *Express doubts about the accuracy of the statement.*
   (*I wouldn't have thought he drank too much.* / *I know he drinks, but I've never known
   him any worse for it.*)
8. *Ask for a repetition.*
   (*I beg your pardon.* / *What did you say he did?*) – Hierher gehören offenbar auch die zu-
   rückweisenden rhetorischen Nachfragen vom Typ: *Did I understand you correctly?* / *Did
   you mean (want) to say* ...? / *You didn't want to suggest* ..., *did you?* / *Did you
   really* ...?
9. *Express surprise.*
   (wie unter 5.: *Really!* / *I'm surprised to hear you say that.*) – Ironisch gesteigert: *Indeed!* –
   Mit bösem Unterton: *Are you imputing, that I* ... (z. B.: *am a liar*)?
10. *Express interest.*
    (*Does he?* / *Does he really?* oder eine entsprechende *non-committal question* wie *Yes,
    aren't they?* ... *haven't you?* ... *could she?*)
11. *Express unconcern.*
    (– wie 10., aber mit fallender – statt mit steigender – Intonation).
12. *Express emotion intended*
    (z. B. *sympathy or disgust*, in diesem Fall: *I'm sorry to hear that.* / *How awful!* / *How
    disgraceful.*)

Die kommunikative Qualität aller dieser Formen wird dadurch unterstrichen, daß viele von
ihnen ihre kategoriale Bedeutung erst durch die (bei WINGFIELD mit verzeichneten) Intona-
tionspatterns erhalten. – Das Ganze läßt sich im Unterricht ebenso gut als *situativer Gesprächs-
Drill* in Weiterführung ZIMMERMANNscher Ansätze verwerten wie als Textqualität zum Ziel
analytischer Gesprächsarbeit erheben. Letzteres geschähe bei einer Argumentationsanalyse von
Parlamentsdebatten in Zeitungen oder bei einer Charakterisierung von Figuren in Dramen
(auch Prosa) aus dem Aufbau charakteristischer Responses. Ersteres nähme sich einen Text
(z. B. essayistische, vielleicht humoristische Prosa[121]) vor und spielte in einer *mock debate*
die WINGFIELDschen Reaktionsweisen durch. Auch produktive Neuformulierung situativ gebundener Rollen in Texten kann u. U. sehr amüsante Wirkung haben; so ließen sich im folgenden
Textbeispiel[122] die Responses *beider* Partizipanten nach WINGFIELD um-erfinden:
*After a lecture on the solar system, Williams James was approached by an old lady who
claimed she had a superior theory to the one described by James.*
»*We don't live on a ball rotating around the sun*«, *she said.* »*We live on a crust of earth
on the back of a giant turtle.*«

Not wishing to demolish this absurd argument with the massive scientific evidence at his command, James decided to dissuade his opponent gently.
»If your theory is correct, madam, what does this turtle stand on?«
»You're a very clever man, Mr. James, and that's a good question, but I can answer that. The first turtle stands on the back of a second, far larger, turtle.«
»But what does this second turtle stand on?« James asked patiently.
The old lady crowed triumphantly, »It's no use, Mr. James – it's turtles all the way down.«

Die Erfindung milde-ironischer Responses ist natürlich nicht nur innerhalb dieses *tortoisical argument*, sondern auch in einem Gespräch darüber möglich.

Verbinden wir WINGFIELDS Response-Kategorien mit den analytischen Gesprächs-Schemata von W. NASH (vgl. unsere Ausführungen über Gesprächsaufbau im FU im 2. Band) und den entsprechenden artikulativen Fügungen, die für die *formal debate* entworfen wurden, dann ergibt sich so etwas wie die Umrisse einer Taxonomie möglicher fremdsprachenunterrichtlicher Gesprächsformen: PIKES Traum ... – und zugleich wird deutlich, wieviel Behaviorem-Kalkulation für den konkreten Unterricht noch nötig ist. Vorläufig wird nur eine differenzierende Weiterführung gewisser von G. ZIMMERMANN zuerst entwickelter Aspekte sichtbar, anwendbar auf alle Stufen oberhalb des elementaren Spracherwerbs, d. h. frühestens ab Kl. 7 ... – und ist das etwa nichts?

ZIMMERMANNS Vorstellungen finden sich, gebrochen durch ein anderes Temperament, z. B. in G. FEUERSTEINS »Die Behandlung der Lexis der Meinungsäußerung in einer 11. Klasse. Ein Versuch zur Anwendung situativer Methoden zur Verbesserung der Sprachverwendung«.[123] FEUERSTEINS Thema sind Momentan-Responses in oberflächen-strukturell verstandenen Kontakt-Situationen. Die damit vorgegebene Reduktion des Interesses sowie sein *sprachliches* Arbeitsziel machen seine Vorschläge (gegen seine erklärte Arbeits- und Darstellungsabsicht) vor allem mittelstufen-brauchbar. In impressionistisch-flockiger Manier deutet er die Umrisse eines Äußerungsrasters für fremdsprachliche Minimalsituationen an; es erscheinen Ausdrücke der Begrüßung, des Abschiednehmens, des Mitleids, des Tadels, des Schockiertseins, des Bedauerns, des Anbietens und des Einladens (– deren Feldqualitäten und didaktische Relevanz allerdings noch zu prüfen wären). Dieser Raster verbindet sich assoziativ mit »fiktiven« szenischen Entwurfs- und Spiel-Kontexten à la LECHLER; Modell: *We have two old ladies / workers / (young) people who know each other pretty well / who are at a meeting ... They are talking ... as they suddenly hear ... / Suddenly ... interrupts them and ...* (es folgen Äußerungsreaktionen). Entsprechend lassen sich im Klassenzimmer scheinbar nicht-»fachliche«, i. e. »echte« dialogische »Kontexte« (GUTSCHOW) provozieren; L. fragt unvermittelt: *Have you already heard ...?* (es folgt eine unglaubwürdige Behauptung). In beiden Fällen werden *Slots* zur Erfindung möglicher »äquivalenter« (hier: dialogischer) Substitutions-Kontexte gegeben (s. auch weiter unten Kap. 5.1.1.2. S. 296 f.). – In einem dritten Beispiel ist die »illokutive Pointe« besonders deutlich:
(I) L.: *What do you know about China?* – S. reiht/reihen einige Phrasen.
(II) L–S-Streitgespräch über Antwort(en) ergibt als »eigentliche Antwort(en)«: *Not very much / A little / Nothing / Not much / I know that Mao lives there.*
(III) Gemeinsame Neufassung der urspr. S.-Äußerung; Ergebnis: *If you ask me what I know about China, I must say that I only know a little, for instance that ... but don't expect me to say anything about ... I really don't know what it's all about. Perhaps it's because ... That is at least what the Chinese always say ...*
FEUERSTEIN trennt sprachtheoretisch-puristisch *personale Äußerung* (wieso »Meinungsäußerung«?) von *Text* bzw. von der *textuellen* »Tiefenstruktur« *personaler Kontakt-Beziehungen;* WINGFIELDS kategoriales Schema schließt dies alles nicht aus und scheint uns entsprechend ausbaufähiger. FEUERSTEINS drittes Beispiel weist über die selbstgesetzten Grenzen hinaus, bedarf aber – solange urteilend-differenzierende Äußerungshaltungen (statt reaktiv-schnackiger) das Ziel der Sekundarstufe II sind – dringend der verbalen »Aufforstung«. –
Im Verhältnis reicher »grundiert« wirken die systematischen(!) kommunikativen Raster für **den FU**, an denen (wie wir bei Redaktionsschluß erfahren) H.-E. PIEPHO arbeitet. Reflexion dieser Raster verweist in die einleitenden Kapitel unseres 2. Bandes. – *Videant legentes!*

8. »Die (Systematisierungen) von SEARLE und HABERMAS sind ausschließlich sprachphilosophisch gemeint und müssen deshalb didaktisch fortgeführt werden.« (HÜLLEN S. 94) – Dies geschieht durch Beziehung der Kategorien beider auf die spezifischen kommunikativen Systeme des FU. Es ist also ein doppelter Transfer nötig:

(1) die Umsetzung der pragmatischen »Vordergrunds«-Schemata SEARLEs und HABERMAS' in Kategorien *systematischer*(!) kommunikativer Funktion;

(2) die Umsetzung eben dieser Kategorien in kategoriale Systeme konkreter (fremdsprachen-)unterrichtlicher Beziehungen und *activities*.

Das zweite zeigt, worum es hier eigentlich geht: Wird der *Sprachgebrauch* derart konkret in die linguistische und linguodidaktische Debatte eingebracht, dann ist endlich der über hundertjährige Widerstreit der zwei wissenschaftlichen Haupt»bewegungen« in der Fremdsprachendidaktik überwunden,
der einer Orientierung an der Sprache als einem (vergegenständlichten) *System*
und
der einer Orientierung an der Sprache als einem *Prozeß*.[124]
Dies allerdings setzt eine vorerst zu leistende Systematisierung kommunikativer Funktion voraus – wie unter (1) postuliert. Einen solchen umfassenden *approach* aber finden wir – wiederum – bislang nur in den Andeutungen jüngerer Untersuchungen von M. A. K. HALLIDAY.

Schon in der Darstellung HABERMAS' war deutlich, daß das nur-pragmatische Arrangement seiner 4 zitierten »Universalien« (i. e. Kommunikativa, Konstativa, Repräsentativa und Regulativa) seinen Sinn lediglich aus der Einlagerung in Grund-Verhaltensstrukturen kommunikativer Art empfängt. Die HABERMASschen Andeutungen zeichnen sich z. B. WILKINSschen Schemata gegenüber (deren eines HÜLLEN zitiert) durch größere Allgemeinheit aus, sind aber wie jene nicht als konkrete Gesprächs*clusters*, geschweige denn (fremdsprachen-)*unterrichtliche* Gesprächsformen expliziert. Hier könnte ein weiterer Vorschlag ZIMMERMANNs abhelfen: Es ist – über alle Sprechakt- und Response-Systeme hinweg – ein System von (»situativen«) Kommunikations-*Kontexten* (mit den entsprechenden pragmalinguistischen Verfügungs-Ordnungen) zu konzipieren, das die wesentlichen (fremdsprachen-)unterrichtlichen Bedürfnisse abdeckt. Die einzelnen Rahmen-Kontexte dieses Systems wären dann die »Slots« auf der fremdsprachenunterrichtlichen Gesprächs-Achse: innerhalb dieser Rahmen wäre auf jeder Lernstufe eine Reihe alternativer *»äquivalenter Situationen«* transfer-fördernd durchzuspielen.

ZIMMERMANN spricht davon, »den Sprachbestand ... auf eine Reihe von Situationen zurückzuführen, bestimmte Äußerungen an bestimmte Situationstypen zu binden, um zu gewährleisten, daß anläßlich eines Sprechimpulses in einer konkreten Situation mehrere sprachliche Formulierungen spontan zur Verfügung stehen (Transfer!)«. Offenbar denkt er dabei vorzugsweise an nach-arbeitende Wiederholung von schon Gelerntem. Aber was hindert uns eigentlich, dies als *Voraussetzung, Ansatz und kommunikative Struktur des Lernprozesses* selbst zu begreifen, es als solches in der Vorbereitung und bei der Anlage von Gesprächs-*Slots* zu erinnern?! –

Als »unterster« *GRID* des fremdsprachlichen Unterrichts erscheint damit abermals die von uns mehrfach anvisierte Idee eines umfassenden *kommunikativen Rasters*, der nunmehr wesentlich in zwei Aspekten auftritt,

(1) als Raster der Artikulationsformen von Äußerungen überhaupt im Gespräch oder Text,

(2) als Raster der Artikulationsformen von konkreten Äußerungsbeziehungen und -bündelungen im Gespräch oder Text.

Das zweite betrifft Textaufbau (bzw. Interpretationsweisen) und, vor allem, Gesprächsaufbau im FU; – die verschiedenen kommunikativen Auslöse- und Aufbauformen, die Phasen und Stufen fremdsprachenunterrichtlichen Lerngesprächs werden das zentrale Thema unseres 2. Bandes darstellen (wobei natürlich dann der interpretierende Umgang mit Texten einen bedeutenden Stellenwert hat). Das erste war immer wieder Thema des vorliegenden ersten Bandes und wird uns in seinen Manifestationen

  – den Topoi kommunikativer Rede, die unmittelbar äußerungs-auslösende, äußerungs-steuernde Wirkung haben (vgl. unsere Hinweise oben unter 7. auf die UB 4 und 2), z. B.

  ● dem Topos der Suche in Lechlers »M-C-C-Schema«[125] (grammatische Zielformen: Präpositionen, Adverbiale; vielleicht Frage, Ausruf, indirekte Rede und Frage);
  ● dem Topos des Verhörs (s. o. UB 4; grammatische Zielformen: Frageformen, auch die Befehlsform; alle Arten von response-Formen);
  ● dem Topos der Vorausplanung (z. B. bei simuliertem Perspektivenwechsel in Krimis; grammatische Zielformen: Futur, Konditional, if-Konstruktionen, Frageformen);
  ● dem Topos alternativer Vorstellungsentwürfe (z. B. bei Vorwürfen im Streit; Typus »was wäre, wenn . . .« bzw. »hätte er . . ., dann . . .« in Debatten über historische, alltäglich-reale oder vorgestellte Situationen; Phantasiespiele von der Art »Wenn ich/er . . . wäre/hätte, dann . . .«; – grammatische Zielformen: if-Konstruktionen);
  ● dem Topos des Streitgesprächs allgemein (s. o. UB 2; artikulative Zielformen: s. o. 6.) –

ebenfalls im 2. Band weiter beschäftigen müssen. Ein System zugleich fremdsprachendidaktisch kalkulierter »Texteme«, fremdsprachen-unterrichtlicher Behavioreme und artikulations-bezogener menschlicher Grundverhaltensweisen von einigermaßen geprägtem bewußtseins-*perspektivischem* Zuschnitt ist hier in doch schon recht kräftigen Ansätzen greifbar. Dieses System (– das anders als in derlei Ansätzen auszuführen natürlich des Verfassers Kräfte wei beitem übersteigt –) wenigstens ins Auge zu fassen, ist offenbar notwendig.

Solch volle Einlagerung in weitere Kontexte erklärt zugleich, warum die Fragestellung von Searle, aber auch von Wilkins letzten Endes so unbefriedigend scheinen mußte: Beide bleiben – aus je verschiedener Richtung kommend – auf halbem Wege stehen.

  ● Was wir hier treiben, darf niemals bloße Wortschatz-Auflistung sein: *Wortschatz ist nichts als der stoffliche Aspekt sprachlicher Funktion.* Wittgensteins funktionale Verknüpfung von *Sprachspiel* und *Lebensform* hat bisher kaum dazu geführt, sprachliche Funktion didaktisch zulänglich zu reflektieren. Sprachliche *Funktion* aber ist das psychologische Rückgrat des FU: sie ist demnach schleunigst und gründlich auszubreiten, um die nötige Internalisierung des Erkannten zu befördern. – Auf der anderen Seite ist die stoffliche *substance* (um mit Halliday zu sprechen) solcher Feld-Ausbreitung natürlich selbstverständliche Vorbedingung: Insofern betreiben wir dann *doch* bzw. *auch* Wortschatz-Auflistung.
  ● Austin begreift, daß eine Liste »explizit performativer Verben« allenfalls als integrierte Elementen-Summe in einer »Liste der *illokutionären Rollen*« sinnvoll ist. Searle tut eben diese seine Liste als »*ad-hoc*-Konstruktion« ab. Bei ihm wird eine neue Schwierigkeit sichtbar: Illokutionäre Rollen sind wesentlich und notwendig aus Grundstrukturen von Kommunikation zu begründen; diese aber sind nicht zu vereinzeln. Alle illokutiven Akte sind multiperspektivisch. Derselbe eine Äußerungsakt hat normalerweise teil an einer Reihe von Intentionen und weist insofern eine Vielzahl von Rollen-Bezügen auf.[126]
  Fremdsprachen-unterrichtlich besagt dies, daß selbst bei größtem methodischen Geschick Engführung bei reinen S-R-Sequenzen nur metasprachlich, nicht aber situativ zwingend zu sichern ist.
  ● D. Wunderlich verweist auf eine zweite, entscheidende Schwäche des klassischen Sprechakt-Modells, die sich noch bei Habermas findet. Bei Austin, Searle und Habermas mag es schei-

nen, als ergebe sich gelingende Kommunikation aus (a) Redeintention und (b) linguistischer Kompetenz. Tatsächlich aber ergibt sich gelingende Kommunikation im gleichen Akt immer auch schon aus (c) *reziprokem Vorverständnis* und (d) aktueller *Kommunikationsgeschichte*. Die einseitige *Sprecher*-Orientierung des Verständnisses von Kommunikation, die das klassische Sprechakt-Modell kennzeichnet, drängt den jeweils »verbleibenden« Hörer in eine unnatürliche und passive Rolle. Auf diese Weise befördert es autoritäre Gesprächsformen und läuft so dem notwendigen und grundlegenden Interesse des FU diametral entgegen.

Gleichzeitig erzwingt die Fremdsprache als Unterrichtsmedium eine ebenso fundamentale Einengung und Steuerung im Bereich dieses selben Interesses. Die aus solchen widersprüchlichen Überlegungen sich positiv und negativ ergebenden konkreten psychologischen und linguistisch-kommunikativen Formen fremdsprachenunterrichtlicher Gesprächstypen werden im 2. Band sorfältig zu unterscheiden und darzustellen sein.

● A. Leist möchte an die Stelle von Wunderlichs (wie er meint) taxonomisch-unzulänglichem Vorgehen ein *erklärendes, generatives Verständnis setzen*.[127] Das Ergebnis seiner Analysen ist von schöner und verblüffender Übersichtlichkeit in den großen Linien: Äußerungsakte sind geprägt durch (a) gesellschaftliche Vermittlung und (b) persönliche Begründung. Struktur-Aufdröselung wie auch Manipulation von Äußerungsakten sind daher notwendig kontextbezogen.

So wendet sich die *pragmatische* Sprach- und Äußerungsanalyse zurück in die *allgemeine* linguistische und kommunikationstheoretische Debatte: Sprechen ist (1) durchaus absichts- und adressatbezogen; das ist allerdings nur der Kontext der *unmittelbaren* Kommunikationssituation aus unseren Kleist-Diagrammen (oben im EINÜBENDEN TEIL S. 18 f.). Sprechen ist (2) eingelagert in einen Kontext *mittelbarer* Kommunikationsbezüge; es ist ohne diesen zweiten Kontext nicht sinnvoll zu verstehen und zu manipulieren. Beide Kontexte durchdringen einander im Bewußtsein der Kommunikationsteilnehmer. Unterrichtliche Anregung, Auslösung oder Steuerung muß an beiden Polen angreifen; thematische Behandlung entsprechender Phänomene an Texten muß beides ins Auge fassen (s. o. unsere Ausführungen über progressive Kontextualisierung).

Der Kreis unserer Darstellung von Wittgenstein und Husserl her über Bühler und Jakobson zu Halliday und Pike schließt sich in den Ausführungen von A. Leist. Nach Leist geht es in gelingender Kommunikation um das, was »gemeint« *wird* und was »gemeint« *ist*. Dies greift unausgesprochen, aber unübersehbar auf Wittgenstein zurück (s. o. unter 1.6. S. 73 f.): Im »Meinen« drückt sich der ganz und gar reziproke Kontext von Antizipation und »Erwartung« aus, der die motivationale Basis der Sprechakte abgibt (s. o. unter 4.1.3.–1. SS. 191 ff.). Individualität und Bewußtsein sind aus den »syntaktischen Beziehungen« zwischen situativ und gleichzeitig anwesenden Personen (E. Goffmann), sind aus der Reflexivität »interpersoneller Wahrnehmung« (R. D. Laing) zu verstehen.[128] Und um's nun auch recht überdeutlich zu machen, gestehen wir gern, daß es die von Leist programmatisch-historisch vorgestellten Entwicklungslinien waren, die uns bei der Organisation des Materials vom 1. Kapitel an geleitet haben: Der für die Generation von Äußerungen im Gespräch (auch im FU!) grund-legende Kontext von institutionellen und intentionalen Momenten wird unter dem Begriff der INTENTIONALITÄT zurückbezogen auf die Brentano-Husserlsche Denktradition. Intentionalität von Bewußtsein ist der »Grund« dessen, was wir seit oben 3.4.2. als *Aufmerksamkeitsstruktur* von Sprache und Äußerung begriffen: seine *attitudinale* Struktur. – Die Unzulänglichkeit »bloßer« Wortschatz-Zusammenstellungen und bloßer Sprecher-Orientierung ist hiernach produktiv gewendet: Zu erstellen ist ein Raster von feld-bezogenen Äußerungssystemen, *die den Bündelungen und Alternativen in Intentionalität und Äußerungsstruktur entsprechen,* ein auf den Begriff der *Perspektive* gegründeter Raster (vgl. unsere *Auflistung sprachdidaktischer Topoi* oben S. 264; Ansätze ber. o. S. 179 + UB 10).

So empfängt der Begriff des Illokutiven (der – wie wir sahen – nicht mit dem des Bezie-

hungsaspekts »glatt« gleichzusetzen ist) schärfere Konturen: Er ist einzulagern in das Ge-
samtgefüge attitudinaler »Beziehungen«, bei denen dann (im engeren Sinne) *»pragmatische«* und *affektive* und *kognitive* Elemente gesondert »einzuplanen« sind! Angesichts
der totalen Abhängigkeit fremdsprachenunterrichtlicher Äußerungen von diesen motivierenden (= »tragenden«!) »Beziehungs«-Elementen ist eine solche Einlagerung nicht nur
methodisch fruchtbar, sondern didaktisch unerläßlich. Das auch *stofflich*(!) zu erstellende
kommunikative System von »Sprechakten«, i. e. *artikulativen Rollen,* verweist in den weiteren Zusammenhang gesteuerter »Sprachspiele«, den wir aus der Auseinandersetzung mit
Wittgenstein, Bühler, Halliday und zuletzt Wunderlich kennen.

Das im strengen Sinne *sprachwissenschaftliche* Verständnis dieses Zusammenhanges ist im Begriff des KONTEXTs gefaßt (s. o. 3.4.3.–3.4.5), der ja artikulative *Rolle* und sprachlich-
grammatische *Form* in einem und als eines »meint«. Systematische Untersuchung und Darstellung findet sich im Ansatz und (relativ weit geführter) Ausführung z. B. bei Ch. J. Fillmore,[129] vor allem aber – die Fillmoreschen Analyse-Ergebnisse weitgehend integrierend –
M. A. K. Halliday. Abgesehen von den Vorformen in einigen früheren Arbeiten Hallidays[130]
gilt dies für den Aufsatz über *»Language Structure and Language Function«* von 1970, vor
allem aber die (immer noch nicht zum System ausgereiften) Hinweise in den *»Explorations in
the Functions of Language«* von 1973: In den hier zusammengestellten Arbeiten schickt er sich
an, Sprache als *meaning potential,* systematisch-geschlossen im gleichen Akt in semantischen, in
syntaktisch-strukturellen und in lexikalischen Alternativen *(»Optionen«)* zu beschreiben. Der
von uns anvisierte RASTER fremdsprachenunterrichtlicher Ausdrucksformen und -funktionen
wäre demnach als *System solcher Optionen* auszuführen.
Bedeutungsvoll ist der sozialpsychologische Ausgangspunkt Hallidays: »To mean« ist in
dieser Weise beschreibbar, *weil es »gelernt« wird!*[131] – In schöner Radikalität ersetzt er dabei
das »pragmatisch« durch *textual* (= »instrumental« in der Transformation von Sprachzeichen
zu »Text«), »kognitiv« durch *ideational* (= Erfahrung zu einer *idea* gerinnen lassend, sie
strukturierend) und, vor allem, »affektiv« bzw. »emotional« durch *interpersonal(!),* – ältere
Formeln vom »Zusammenhang von Sprache *und Denken«* ebenso wie individualpsychologische
Irrationalismen als nachgerade *primitiv* hinter sich lassend.
Die gelegentlich an Chomskysche Formel- und Bäumchen-Abstraktion gemahnende Form der
Aufzeichnung in diesen Arbeiten wird noch geraume Zeit der Abklärung simplifizierender Art
benötigen, bevor sie zum Moby Quick schneller sprachunterrichtlicher Schul-Norm werden
kann (– erscheint doch ihr gegenüber sogar die Grammatik von Quirk *et al.* als recht vorläu-
figer Kompromiß!). Selbst bei Scott *et al.* – wo man es am ehesten erwarten könnte – ist
diese Weiterführung Hallidayscher Erkenntnisimpulse noch nicht gespiegelt.

4.3.4.4. Fremdsprachenunterrichtliches Lernen ist nicht aus Elementen und deren »Aneignung« zu verstehen. »Pragmatische Bereitstellung« sprachlicher Bestände ist natürlich notwendig, aber was sagt das schon? – Bereits die pragmatische Strukturierung des Materials
gliedert die Sprachbestände nach affektiven (Halliday: »interpersonalen«) und kognitiven
(Halliday: »ideationalen«) Gesichtspunkten. Die Ordnung der Sprachbestände erfolgt
im Hinblick auf die Ordnung der intendierten (Lern-)*Prozesse* – und also auch der (Lern-)
Bedingungen.

So sind lexikalische Ordnungen in *key words* und Bezugsfeldern nicht allein im Hinblick auf
das **primäre** und **sekundäre Topikal-Vokabular,** i. e.

(1) die quasi »gegenständlichen« Feld-Bestände des *Textes* bzw.

(2) die Sprach-Bestände, die zur Artikulation eines im Text gestalteten *Problems* oder *Gehalts*
    nötig wären,

zu bestimmen. Ein solcher Unterricht könnte nur auf der Basis von Imitation, Übernahme und
Nachfolge, d. h. un-produktiv, »geführt« werden. Ebenso wichtig ist für den konkreten Gesprächsgang das **Transportvokabular** in seiner vierfachen Prägung, i. e.

(3) der artikulative Feld-Kontext *motivlich-stofflicher Art*
(= die Einbettung in einem Kontext wort- und sprachfeld-verwandter Texte, Verbindungen in einer Unterrichtseinheit) wie z. B.

● in der Sequenz aus: einer Schulklasse, die »Robin Hood« spielen will, einer Unterhaltung über einen Western-Film, in dem wohl auch ein Sheriff vorkommt, und eines Robin-Hood-Erzähltexts – in den Lektionen 16 und 17 des Lehrbuchs *Learning English* A 1 neu; auf höherer Stufe entspräche dies etwa

● der Abfolge von St. CRANE »*The Open Boat*« und E. HEMINGWAY »*The Old Man and the Sea*«; desgl.

● der Verbindung von J. D. SALINGER »*The Catcher in the Rye*«, A. SILLITOE »The *Loneliness of the Long-Distance Runner* und CH. WEBB »*The Graduate*« oder

● der Geschichte von *Jonah and the Whale* nach dem biblischen Text; nach dem dramatisierten Slang-Text von C. BURKE (*God is Beautiful, Man.* London 1970: Collins. Fontana Books. SS. 111–117), nach dem bekannten Blues-Text sowie der Parallelgeschichte eines modernen Seemannes, die als Zeitungsgeschichte bekannt wurde (DENYS PARSONS: *Funny Ha Ha And Funny Peculiar.* London 1965 seqq.: Pan Books. S. 42: 2 *cases!*);

(4) der artikulative Feld-Kontext *motivational-stufenbezogener Art*
(= was mögen *und können* Schüler auf der Stufe, auf der sie sich gerade befinden?)

(5) der artikulative Kontext *text-deskriptiver Art*
(= welche *termini technici* benötigen die Schüler, um überhaupt über einen Text *als Text* reden, ihn zitieren zu können? – *paragraph, line, to quote* etc.);
und

(6) der artikulative Kontext *gesprächs-unterrichtlicher Art*
(= was ist für *Wiederholungs-, Verweisungs-* und *Zusammenfassungsfiguren* vorauszusetzen, – was ist überhaupt, als *Ziel-Feldbündel,* immanent zu wiederholen?)

Das eigentliche *Problem* besteht in der Auswahl und Verknüpfung von Feld-Elementen nach (1)–(6). Es gibt keinen für eine Stufe *absolut* richtigen Text. Ausdrucksneigungen einer Lerngruppe, die zu Ausdrucksgewohnheiten geworden sind, spielen eine entscheidende Rolle. Andererseits ist keine fremdsprachliche Stunde denkbar, die nicht mit dem Problem kämpfte, wie immanente Übung mit dem Vorandrängen der »Guten« zu vereinbaren sei, wie das sichernde Festhalten an »guten« Formulierungen trotz der Bedürfnisse Einfallsfreudiger, Gesagtes schnell zu revidieren (= eine Ausdrucksformel zu überarbeiten, ehe der Langsame sie *wiederholbar* aufgenommen hat!) zu ermöglichen sei.

Auch auf der Frühstufe und auch bei noch so gutem Lehrbuch gibt es dies Problem der Dosierung, Gruppierung, Akzentuierung und Präsentation von Sprachmaterial im Lern-Gespräch. Der Irrglaube, dies sei durch den Lehrbuch-Autor bereits geleistet, kann den Unterricht der Unterstufe empfindlich lähmen, – und nach Wegfall des Lehrbuches, irgendwo auf der Mittelstufe, ist dann der Ofen endgültig aus.

Wir kommen nicht darum herum: Lebhafte Präsenz des Lehrers ist eine *conditio sine qua non* des FU.

Die drei Aspekte fremdsprachenunterrichtlichen Lernens sind im Lernprozeß eins. Und in dem Versuch, sie genauer zu bestimmen, bleibt uns nichts, als uns in jeweils neuer Terminologie im Kreis zu drehen: All dies stand schon in WEBERs Aufsatz »Von der didaktischen Interpretation zur Unterrichtsvorbereitung«, den wir anfänglich (ET Nachtrag 3.2., DT 3.2., 3.4.1. und 3.6.1.) erwähnten; es entspricht genau den von uns einleitend zitierten Entscheidungs- und Bedingungsfeldern der Berliner Didaktiker, wie sie von ACHTERHAGEN expliziert und von WEBER auf den FU übertragen wurden.

4.4. Ausblick: Weitere Literatur zur verbalen Interaktion im Unterricht

All dies, würde der unvergeßliche Mr. Holmes wohl sagen, ist *quite a three-pipe problem* (– »*and I beg that you won't speak to me for fifty minutes.*«),[132] insbesondere als bei der postulierten Wende des Gesichtspunkts entweder materielle Vorarbeiten oder Sehgewöhnung z. T. noch etwas knapp entwickelt scheinen[133]: Alles ist auf Rollen-Beziehungen und Lehrer-Bewußtsein gegründet, auch die Planung und »Mobilisierung« artikulativer Mittel, – nicht nur und nicht vor allem auf »Techniken«. Da ist es wohl – sachlich und bewußtseinsmäßig – nützlich, über die oben angegebenen Mittel zur spezifisch fremdsprachenunterrichtlichen Planung, Vorbereitung und Durchführung hinaus einen Ausblick auf weitere Literatur zu geben.

Vor allen anderen Titeln ist hier hinzuweisen auf die Zwischenberichte zu dem im Augenblick am weitesten ausgreifenden Projekt auf diesem Sektor, *Language in the Classroom;* vgl. LV (339 b), auch (68). An diesem in seinen Perspektiven schlechthin umfassend angelegten Forschungsunternehmen – das geeignet ist, alle folgenden Titel in ihrer »systematischen« Bedeutung zu relativieren – arbeitet seit Jahren ein Team der Universität Birmingham; Organisation, wesentliche Impulse sowie, *largely,* die Durchführung verweisen auf einen der Großen der kontextualistischen Schule: John McH. Sinclair.
Sinclair erstellt in dichtester Praxis-Nähe (!) zunächst einmal nicht mehr und nicht weniger als den Entwurf eines kategorialen Systems möglicher und wirklicher Äußerungs- und Interaktionsformen und -ordnungen *in the classroom* (am Beispiel des muttersprachlichen Englisch-Unterrichts); die *units* und *procedural systems* seiner Analyse sind dabei Anwendungsformen oder (häufiger) Weiterbildungen Hallidayscher Analyseschemata vor dem Hintergrund Wittgensteinscher Verstehensformeln. Fernziel ist schlicht und ergreifend eine *theory of spoken discourse* auf empirischer Basis.
Die Verstehensordnungen Sinclairs sind die in der vorliegenden Darstellung angewandten und »umgewälzten«; sein Verstehens*system* indessen war nicht »ohne weiteres« in die pädagogischen Absichten sowie, vor allem, die fremdsprachenunterrichtliche Perspektive unserer Darstellung einzuarbeiten. Angesichts seiner analytisch-»technischen« *sophistication* sowie des Reichtums an Hintergrund und »Stoff«, die selbst wiederum das »gelobte Land« nur anzuvisieren vorgeben, ist überdeutlich, welch bescheidener Anspruch sich in unseren – ach, so begrenzten – Einführungs-Vereinfachungen vordrängt. Die beiden (universitäts-internen) Positions- und Rechenschaftspapiere wurden uns erst gegen Abschluß eigener Untersuchungen bekannt. Wir machen daher gar nicht erst den Versuch zu klären, was hier noch aus jener Küche aufgeschnappt und einverleibt wurde und was aus der »Familienähnlichkeit« verwandter *language games* entwickelt wurde. Wer an dem bez. Problemkreis in einem strengeren, *wissenschaftlichen* Sinn interessiert ist, wird sich auf die – vorläufig noch sehr »vorläufigen« – Überlegungen, Funde und Darlegungen dieses »Subsystems« kontextualistischen Forschungseinsatzes einlassen müssen.
Solange allerdings nur Zwischenberichte vorliegen, ist u. E. *für den Praktiker* eine *allgemein* gerichtete Anregung (wie die vorliegende) wichtiger.
So wird es sich im folgenden vor allem um weitere Verdeutlichung der »großen Linien« handeln müssen; konkretisierende Detailuntersuchungen und -hinweise gehörten ohnehin in den 2. Band. Entsprechend werden aus gleicher Begründung Darstellungen der allgemein pädagogisch-psychologischen Debatte die fachspezifischen und muttersprachlich orientierten Ausführungen die fremdsprachenunterrichtlich bezogenen überwiegen.

Besonders vielseitige und allgemeine Anregung kann ausgehen von

● A. Morrison / D. McIntyre (Hrsg.): Social Psychology of Teaching. Selected Readings. Harmondsworth 1972: Penguin Books. Penguin Modern Psychology Readings.

Jeder Englischlehrer sollte von Zeit zu Zeit gewohnheitsmäßig darin schmökern. – Die ganze vertrackte Problematik einer durchaus künstlichen Kommunikationssituation, in der als in einem *closed set of transformation rules* jeder Teilnehmer sich dennoch ganz »natürlich« *at ease* fühlen kann ..., kurzum: die Problematik der *classroom communication,* wird erheblich klarer und anregend überschaubar durch Anwendung der von Goffman für eine Reihe von Spiel-Situationen entwickelten Matrix der *encounters* bzw. *focused gatherings:*

● Erving Goffman: Encounters. Harmondsworth 1972 (Orig. 1961): Penguin University Books. Spez. »Fun in Games« (SS. 15–72, vor allem SS. 17 f. und 71 f.).

GOFFMAN unterscheidet *focused interaction* von *unfocused interaction*. Er geht davon aus, daß nicht alle *action systems* zugleich *social groups* seien und schaltet alle ›*ad hoc*‹ *groups* von vornherein aus: *Focused interaction occurs when people effectively agree to sustain for a time a single focus of cognitive and visual attention, as in a conversation, a bord game, or a joint task sustained by a close face-to-face cirle of contributors (Preface SS. 7 ff.).*

Das impliziert, als relevant, für die Teilnehmer
● *a single visual and cognitive focus of attention;*
● *a mutual and preferential openness to verbal communication;*
● *a hightened mutual relevance of acts;*
● *an eye-to-eye ecological huddle that maximizes each participant's opportunity to perceive the other participants' monitoring of him* (S. 17/18). –

GOFFMANs Struktur-Auflistung wird durch empirische Forschung über die Bedeutung motivierender Vorstellungs- und sogar Sitz-Ordnung, Response- und Blick-Kontakt sowie die Gewöhnung, in festen Rollen-Relationen aufeinander einzugehen, bestätigt. Daß angesichts der besonderen Bedingungen des *fremd*sprachlichen Unterrichts in Hinsicht auf die Beziehungen zwischen »verbaler Lehreraktivität« und »Ausmaß der Gruppendiskussion« sowie auf das große *pudendum* anderer Fächer, das Lehrer-Echo, andere Regeln gelten als in jeder Form muttersprachlichen Unterrichtens, bedarf keiner weiteren Begründung. – Zur muttersprachlich orientierten Auffassung vgl. man: A. Weber / H. Trauerstein: Zur Vorhersage von Merkmalen des verbalen Schülerverhaltens im Unterrichtsgespräch. In: pl. 2/72/83–92.

Die im engeren Sinne *conversational skills* dieser wie jeder verbalen Kommunikation behandelt in überwältigender Fülle des Details

● J. Laver / S. Hutcheson (Hrsg.): Communication in Face to Face Interaction. Selected Readings, Harmondsworth 1972: Penguin Education. Penguin Modern Linguistics Readings.

Mit dieser Überschau über die Formen und Mittel *of establishing rapport* (i. e. *facial expressions, eye-contacts, gestures, postures, body orientation, proximity, physical contacts, voice quality* etc.) schließt sich abermals ein oben im EINÜBENDEN TEIL eröffneter Darstellungskreis: Ganz offenbar ist hier nicht die »Summe« jener Formen und Mittel, sondern deren »begründende Totalität«, der *im* (unterrichtlichen) *Kontakt begegnende* Lehrer als *Person* gemeint und beschrieben: Die Fülle der Aufsätze beschreibt, was wir – unreflektiert – wissen und ist dennoch voller Hinweise (für den Fall, daß etwas »schiefgeht« = daß es mit einer dieser Qualitäten »hapert«). Die volle Bedeutung des WINNEFELDschen »KONTAKTunterricht« erhellt erst aus diesen Abhandlungen zur »kommunikativen Reziprozität verbalen Verhaltens«.

Der lange Weg von KLEIST und WINNEFELD über so viele Abstraktionen hin und wieder zurück zur Wirklichkeit personalen unterrichtlichen Kontaktes führte auch über den Begriff der *Simulation* (in diesem Fall: von Gruppen-Aktivitäten in Situation, s. o. 3.5.3.4.–3.). Übertragbare Anregungen aus muttersprachlichem Bereich bietet hierzu
J. L. Taylor / R. Walford: Simulation in the Classroom. Harmondsworth 1972: Penguin Papers in Education.
Für mögliche muttersprachlich konzipierte Gruppen-Aktivitäten in der Klasse sowie für den Ziel-Begriff der *»kommunikativen Kompetenz«* vgl. man die Arbeiten der diesbezüglich besonders aktiven Gruppe von HALLIDAY-Schülern um P. DOUGHTY.

Abgesehen davon sollten die »klassischen« Darstellungen zur Unterrichtssprache bzw. zum verbalen Verhalten im Unterricht das Interesse jedes an Gesprächsformen und -figuren Laborierenden finden.

Die wesentlichen deutschsprachigen Darstellungen sind:

- Gerhard Priesemann: Zur Theorie der Unterrichtssprache. Düsseldorf 1971: Schwann. Reihe »Sprache und Lernen« 11.
- Dieter Spanhel: Die Sprache des Lehrers. Grundformen didaktischen Sprechens. Düsseldorf 1971: Schwann. Reihe »Sprache und Lernen« 12.
- Alexander Weber: Verbales Verhalten im Schulunterricht. Vergleich zweier Lehrergruppen mit unterschiedlich langer Berufserfahrung. (Ein Beitrag zur empirischen Unterrichtsforschung). Essen 1972: Neue deutsche Schule. Reihe »neue pädagogische bemühungen« 54.
- *Auch:*
  Berthold Gerner: Der Lehrer – Verhalten und Wirkung. Ergebnisse empirischer Forschung im deutschsprachigen Raum. Darmstadt 1972: Wissenschaftliche Buchgesellschaft. Reihe »Erträge der Forschung« 6. Spez. Kap. II, i. e. SS. 13–20: »Sprachliches Verhalten«.

Im englischsprachigen Bereich sind hier besonders die Arbeiten von DOUGLAS BARNES zu nennen:

- D. Barnes: Language in the Secondary Classroom. In: D. Barnes et al.: Language, the learner and the school. Harmondsworth 1969: Penguin Papers in Education. SS. 9–77.
- D. Barnes: Classroom Contexts for Language and Learning. In: Educational Review 23–3–June 1971. University of Birmingham. Sondernummer »The Context of Language«. SS. 235–247.
- D. Barnes: Language and learning in the classroom. In: A. Cashdan / E. Grugeon (Hrsg.): Language in Education. A source book. (Open University Set Book). London 1972: Routledge The Open University Press. SS. 112–118 (Nr. 16).

In alle diese Darstellungen ist natürlich eines der bedeutendsten Instrumente zur Analyse sprachlich-behavioraler Organisation von Unterricht, die sog. *Interaktionsanalyse,* als produktiver Erkenntnisraster voll integriert. Die Beschäftigung mit diesen Schemata ist ebenfalls geeignet, die Bewußtheit des Unterrichtenden beträchtlich zu erweitern. Ganz allgemein nützlich sind zur Einführung z. B. die Angaben im 7. Studienbegleitbrief zum Funkkolleg »Pädagogische Psychologie« (Weinheim 1973: Beltz), spez. auf den SS. 19–21 (Kap. 15.2.), auch 7–11. Das bekannteste unter diesen Interaktionsschemata ist das von N. A. FLANDERS, das als reines »*Erfassungs*-System« zur verbalen Kategorisierung von Lehrer- und Schülerverhalten sehr bedeutende Dienste leisten kann. Wie bedeutend der reine Durchschau-Effekt dieses Analyse-Schemas auch im Bereich des FU sein kann, zeigt der Transfer Flandersscher Kategorien auf spezifisch fremdsprachenunterrichtliche Äußerungsformen und Operationen durch O. NEARHOOF (– dabei ist natürlich sinngemäß für »*English*« jedesmal »*the mother tongue*« zu lesen!)[134]:

The categories are as follows:

1. **Teacher** use of the foreign language for *communication.*
   FL used by teacher to give directions which then elicit desired pupil action.
   FL used by teacher to discuss ideas relating to cultural contrasts, geography, history, literature, etc.
   FL used by teacher to explain problems of structure of sound system, of written system, or other pertinent concepts.
   FL used by teacher to answer pupil questions.
2. **Teacher** use of the foreign language for *reinforcement.*
   FL used by teacher to correct pupil errors (provides correct response or causes correct response to be elicited).
   FL used by teacher to let student know immediately that his response has been successful.
   FL used by teacher to shape new responses or to reshape unsuccessful responses (i. e., response is broken into smaller parts, the smaller parts are drilled, and then the full response is attempted); FL also used to give hints (i. e., paraphrase, restatement, etc.), to help pupils produce new response.

FL used by teacher to provide model for drills.
FL used by teacher to elicit rote response in pattern practice.
3. **Teacher** uses English to *clarify meaning* or provide a cue. (A few words of English used quickly and briefly by the teacher.)
4. **Teacher** uses English as the *functional classroom language*. (This includes the use of English by the teacher for the items of communication and reinforcement described in 1 and 2 above.)

5. **Student** uses foreign language for *rote response*.
FL used by student in mimicry-memorization drill and pattern practice.
FL used by one student to elicit rote response from another student.
FL used by students in any type of repetitive drill exercises (i. e. class repetition of a dialog. sentence, conjugation, etc.).
FL used by students to read from text, chalkboard, etc.
FL used by students for any type of exercise which requires only an automatic response.
6. **Student** uses foreign language *to recombine* prelearned material.
FL used by student to answer questions.
FL used by student in which he is required to recall and recombine structures (oral or written) to form an acceptable reply.
7. **Student** uses the foreign language *to ask a question* which he himself has originated.
8. **Student** (or **students**), uses the foreign language *spontaneously*.
FL used by students to discuss a topic of common interest (not rote recitation of prelearned material).
FL used by students to react freely to pictorial or other situational presentation.
9. **Students** use *English* for classroom communication.

10. *Noninteraction* activities (e. g., silence; confusion; organization; other language activities such as language laboratory, singing, silent reading etc.). For specialized language-related activities which are not easily categorized, these symbols are used to identify the time interval of the activities:
O – S – – singing
O – R – – reading (silent)
O – W – – writing
O – L – – laboratory

Das Schema ist nur noch sprachlich bezogen; es ist gewissermaßen allen Inhalts entledigt. Inhaltliche Vorstellungen wiederum sind die motivationale Auslöser-Kraft auf der »Oberfläche« des Gesprächs: Daher ist in dieser Übersicht die spezifische kommunikative Steuerungs-Struktur des Unterrichtsgesprächs im FU nicht so deutlich wie in den muttersprachlich orientierten kategorialen Schemata bei FLANDERS selbst. Dabei ist zuzugeben, daß auch jene noch – um als allgemein anwendbares kognitives Schema schnell handbabbar zu bleiben – stark reduzieren, simplifizieren und überhaupt »Inhalt« ausfiltern.

Die Tendenz auf Reduktion und Formalisierung macht dieses wie jedes derartige Schema berechtigter Kritik leicht zugänglich. So schreibt CHARLES E. SILBERMAN (Crisis in the Classroom. The Remaking of American Education. New York 1971: Vintage Books V–353. S. 457) zu einigen Kategorien:
Category 3 (teachers accepts or uses ideas of students) does not indicate the quality of the student's idea or the subtlety with which the teacher uses it.
Category 4 (teacher has asked a question) does not indicate the *kind* of question the teacher has asked.
Category 5 (lecturing) does not indicate whether the teacher is simply reciting a series of facts, reading from the textbook, or developing some concept or conceptual structure.
Category 9 (student-talk-initiative) does not indicate whether the student has raised a problem question or simply asked, »Are we responsible for that on the test?«

Da Reduktion und Formalisierung des *praktischen* Erkenntnis- wie Nutzeffektes wegen wichtig scheinen, empfehlen wir ein noch einfacheres, übersichtlicheres und also für die

Steuerung kommunikativer *exchanges* im FU nützlicheres Schema: die Analyse-Kategorien von A. A. BELLACK. In

● A. A. Bellack / H. M. Kliebard / R. T. Hymon / F. L. Smith, Jr.: The Language of the Classroom. New York 1966: Teachers College Press, Teachers College, Columbia University.

unterscheidet er 4 Haupt-Äußerungs-Kategorien und bestimmt sie gemäß der jeweiligen *pedagogical functions they perform in classroom discourse* als

● *Structuring,*
● *Soliciting,*
● *Responding,*
● *Reacting.*

Er nennt diese vier Grundkategorien pädagogischer Äußerungs-Manipulation *pedagogical moves;* und damit rundet sich unser Darstellungs-Ansatz (– zum x-ten Male...?): Es handelt sich um die *MOVES* eines *LANGUAGE GAME,* das – *in ausdrücklichem Rückbezug auf* WITTGENSTEIN – hier zur Strukturierungs-Idee des Unterrichts erhoben ist!

> Ein völliges Unverständnis der *relational* begriffenen Bewußtseins-»Rolle« als des »ontosoziologischen Grundes« von *games* zeigt die Übersetzung »pädagogische Schritte« von A. WEBER[135]; – wenn schon, dann wäre wohl »(sprachliche) Spielzüge« oder »Sprachzüge« (WUNDERLICH!) korrekter.

Rollen-*activities* wie Rollen-Bewußtsein des Unterrichtenden haben damit ihren endgültigen *point of departure* gewonnen. Die konkrete Bedeutung der genannten Schemata und *Moves* für das fremdsprachliche Unterrichtsgespräch ist natürlich noch weiter auszuführen.

> Hier vorerst nur einige *Ergebnisse empirischer Unterrichtsforschung*[136], die zeigen, wie tief dieses *language game* des fremdsprachlichen Unterrichts eingelagert ist in die affektiven und kognitiven Rollen-Beziehungen zwischen Lehrer und Schüler(n):
> Positive Lernergebnisse des Unterrichts resultieren aus
>
> ● einer *superior organisation of the material,*
> ● einer *(greater) task orientation,*
>   vor allem aber
> ● speziellen Kommunikations-Elementen,
>   nämlich
>   (a) einen *marked teacher enthusiasm* (und sogar dieser läßt sich noch »taxonomisch« operationalisieren als *animated behavior* aus *frequent movement, gesture, variation in voice* und *use of eye contact*)
>   und
>   (b) ausdrücklichem vielfältigem Rückbezug der Lehreräußerungen auf Schüleräußerungen.
>
> Die Kommunikations-Elemente spielen also eine außerordentliche Rolle: Lernwille und Lerneffekt rühren zu einem großen Teil von affektiven Beziehungen, nicht von objektiven Faktoren her. Auch die »Gefühlsbeziehungen« zwischen Lehrer und Schüler(n) dürfen nicht dem Zufallskontakt überlassen werden: die affektiven Züge des Unterrichts sind ebenso sorgfältig aufzubauen und zu entwickeln wie bisher die kognitiven. Dies gilt insbesondere, als dieser ganze Komplex leicht ins Irrationale umgedeutet oder als Thema verdrängt wird: Viele Lehrer reflektieren die Wirkung der eigenen Person nicht – oder deuten als *Methode,* was zumindest mitgetragen ist durch ihre *presence,* ihren *teacher enthusiasm,* ihre *responsiveness* und ihre *inventiveness* (gelegentlich scheint dies bei H.-E. Piepho der Fall zu sein). Genau dies aber, um es an sich selbst auszubilden, ist zunächst einmal ausdrücklich zu nennen, zu thematisieren und zu problematisieren.
> Soweit ROSENSHINE und FLANDERS! – Im 2. Band mehr.

Die Grenze unserer Darstellung deutet auf die Grenze, an der das Privileg des Kommunikativen endet. Was für Auf- und Ausbau des Unterrichtsgesprächs gut war, braucht durchaus noch nicht für die *world elsewhere* richtig zu sein: *Extra muros – extra urbem!* (Cf. *Coriolanus* III.3 und die Folgen).

Unterricht ist immer mehr als Unterricht: Er hat sein Ziel erreicht, wenn er sich selbst (als Unterricht) aufhebt. Ob dieses Ziel aber »interpersonale Kommunikation in der Fremdsprache« heißt, ist noch gar nicht ausgemacht. Sollte vielleicht die »in die 3. Ps. entfremdete Form persönlicher Äußerung« – die *andere* Bedeutung von »Text« – die Welt der Objekte – wichtiger sein als kommunikative Sprechakte?
Welche *skill* ist gemeint? – Das wäre noch zu fragen.

UB 13: Kl. 6 / *Stoff:* »*English for Today*« (Lensing) II, *Chapter Three* »*Hide-and-seek in London*«, p. 54 ff. / *Thema:* Erarbeitung des Lektionstextes. / *Basis:* Elemente und Formen aus »*Act, speak and write*«; ein Teil des Textes (in den voraufgegangenen Stunden erarbeitet). / *Hausaufgabe und Stunden-Ansatz:* Vokabelwiederholung. / *Übungsziel:* Erwerb und mehrfacher Gebrauch der neu einzuführenden Ausdrücke (Bezugsfeld: Großstadt, Verkehrsmittel, deren Benutzung) in wechselnden Kontexten; *past tense, present tense, present progressive.* / *Verlauf d. St.:* (I) 3 freiwillige S. treten nach vorn (Prozedur vertraut); je eine stellt sich hinter die beiden aufgeklappten Flügel der Tafel, die dritte »fragt« die Lerngruppe die Vokabeln »ab«: Sie nennt die engl. Vokabeln und bekommt einen Satz, in dem das jeweilige Wort richtig verwandt wurde (Modell: *»zebra-crossing«* – *»you must go over the zebra-crossing«*; Prinzip: Umwälzung statt Kontrolle), das gleichzeitig von den beiden anderen vorn auf die Rückseite der Tafel geschrieben wird, »verdeckt« also. Als die Tafel »voll« ist, wird sie um- d. h. zugeklappt, so daß jetzt die ganze Klasse sehen kann, was drauf steht. Die Sprecherin (»S.«) fordert die beiden Schreiberinnen auf, vorzulesen, was sie geschrieben haben (*»you read . . .«*), und die Klasse, sie dabei zu verbessern (». . . *and you correct* them«). Das geschieht in »aufgeräumter« Stimmung. (II) Die L. dankt (– die 3 S. gehen an ihre Plätze zurück) und fordert die Klasse auf, die Bücher zu öffnen, läßt feststellen, welche Personen in der Passage erscheinen, die in der letzten Stunde »angelesen« wurde, läßt Lese-Rollen wählen bzw. verteilen (*»I want to be/do the sound of Big Ben!«*) und dann lesen. Hierbei hilft bzw. korrigiert nur die L. (ohne jeweils andere S. wiederholen zu lassen). (III) L.: *»Now, let's take a look at the picture.«* Bildbesprechung zu S. 55. Erster Teil: L. fragt stofflich-additiv: *What do you see in the picture? . . . What else do you see . . . What else?* etc. – Zweiter Teil: L. fragt nach dem Mädchen auf dem Bild – im gleichen Stil: *What's the girl wearing? What about her hair? – What's she holding in her hand? – What's in it?* etc. (IV) L.: *»Now, let's take a look at the new text.«* S. lesen jeweils sehr kurze Textabschnitte (nur der erste S., weil überraschend gut, mehr) und erarbeiten das neue Vokabular durch Beispiele (*»bow«* – Robin Hood; *»island«* – Heligoland), kontextuell (*»Can you give me another sentence with . . .«*; *»tunnel«* – *»in a tunnel it's dark«*), situativ (*»Where do we find . . .«*; *»careful«* – *»If you cross the road, you must be careful«* = *»look around carefully«*), durch gestische Demonstration (*»suddenly«* – ein S., der verstanden hat, geht raus, stürzt *»suddenly«* rein; *»to try«* – Lehrer hält einen *pencil* hin: *Try and take my pencil!* – S. müht sich und reißt ihn weg: *He tried to take . . . I tried to keep it; at last he was stronger . . .*), durch Strichmännchen-Tafelskizze (*»doorway«*) oder durch eine Kombination dieser Verfahren (*»distance«* – S. *sits near me,* S. *sits at a distance; trees look smaller in a distance* – 2 auffällig perspektivische Bäume an einer diagonal »entfliehenden« Allee mit Strichmännchen). Obwohl Wechsel, dynamische Beteiligung, Aufmerksamkeit und Äußerungsgelegenheit gegeben sind, setzt Unruhe ein; das Gespräch franst aus. (V) Erneutes Rollen-Lesen fängt die Unruhe nicht voll auf. (VI) Hausaufgabe: Vokabeln lernen nach den »*Vocabulary Aids*« zur Vorbereitung einer Prozedur nach oben (I) in der folgenden Stunde. / *Beurteilung:* Ein gutes Beispiel dafür, daß *Techniken* allein nicht über Erfolg oder Mißerfolg entscheiden, sondern – in diesem Fall geradezu überdeutlich – die *attitudinalen* Beziehungs-Faktoren. So ist es eine Freude zu sehen, mit welchem »Reichtum an Techniken« hier Vokabeln eingeführt werden; desgleichen ist die dabei als Prinzip erkennbare Tafelordnung (obligatorisches Vokabular in die Mitte, um die Aufmerksamkeit darauf zu richten; Zusätze und Stützen rechts und links) vertretbar; auch die Gliederung der Stunde selbst nach klar gegeneinander abgesetzten Behavioremen gefällt. Wirklich positiv aber ist zunächst an dieser Wortarbeit etwas Negatives, – daß nämlich unter den Formen der Einführung die auf dieser Stufe noch nicht zuverlässig zu leistende Synonymeninduktion weder erscheint noch erwartet wird. Der Reichtum an Einfällen und Reaktionen droht zu verpuffen, da alle Semantisierungsversuche punktuell bleiben: Gute Antworten werden nicht weitergegeben, wiederholt oder wiederholt erfragt, und trotz der bewiesenen situativ kontextualisierenden Phantasie münden die *responses* niemals in die Einheit einer *zusammenschließenden* situativen Vorstellung oder kommunikativen Bewegung ein. Auch die Tafelarbeit ist nur da wirklich glänzend, wo sie (unter I) »konstitutives Element« eines gruppendynamisch bewegten Gesamtarrangements ist. Und die Behaviorem-Ordnung (voll schöner phatischer Floskeln höflichen Dankes etc.) wäre ein leeres Schema, wäre sie nicht manchmal einfach randvoll »gefüllt« mit situativen Sprechanlässen (besonders unter I und II). Sowie aber situative Slots nicht mehr aus einem Arrangement von *activities*, sondern aus der Vorstellung entwickelt werden sollen, verliert die Stunde an Kraft: Das Bild wurde nicht *situativ*, sondern *stofflich* »erschlossen«; Bildelemente wurden nicht szenisch erfragt oder verbunden, die dargestellte(n) Person(en) weder behavioral noch attitudinal besprochen (– was *tut* sie – warum? – Man erinnere TIGGEMANNS Regel! – Auf einer etwas späteren Stufe wäre persönl. Bezug von der Art *Would you . . . if* unabdingbar.) Fast alles war psychologisch »von vorn organisiert«. Es ergab sich (wie auch danach unter IV) weder zusätzliche Motivation noch immanente Übung, denn alles wurde nur *einmal* gesagt (wie sonst manchmal im *muttersprachlichen* Unterricht!) und versackte dann wieder; es bildete sich kein **imaginativer** (= **verbaler!**) **Fokus:** Aufmerksamkeits-»Spuren« wurden nicht »eingegraben«. Die Stunde war zwar kommunikativ angelegt, war aber sehr bald nur noch situativ im engeren Sinne, schließlich gar im punktuell-engsten Sinne – dies allerdings überaus einfallsreich, nahezu virtuos.

UB 14: Kl. 9 (sog. »Schnellzug« im Rahmen einer reformierten Mittelstufe) / *Stoff:* »*Current*«, MGP-Sprachzeitschrift (Klett) 4, *Series* 6, 1972/73, p. 11: M. McGough »*Blacks in Journalism*« / *Thema:* Erarbeitung des (journalistischen) Textes. / *Behaviorale Basis:* D. Klasse ist gewöhnt (= eingeübt = hat gelernt!), anhand ausgegebener Materialien wie in diesem Fall einer regelmäßig ausgehändigten bzw. abonnierten Zeitschrift sich selbst Arbeitsvorhaben zu setzen; sie ist gewöhnt, zu Beginn einer Stunde in wechselseitiger Zuwendung die Kontrolle der Hausaufgabe weitgehend selbst durchzuführen (durch gegenseitiges, weitergebendes Abfragen und – in Grenzen – Erläutern). / *Hausaufgabe und Stunden-Ansatz:* 15 neue Vokabeln lernen, einbauen in Berichte oder Angaben über den in der voraufgegangenen Stunde besprochenen Text. / *Übungsziel:* Korrektes Lesen und »freies« Sprechen im Bereich der Bezugsfelder »*journalism*« und »*racism*«; »inhaltliches« Ziel: soziale Verhältnisse in einem englisch sprechenden Land – aus Sprach- und Textaufbau zu entwickeln. / *Verlauf d. St.:* (I) L. geht umher, kontrolliert in flüchtigem Zublick die *Copy-books;* währenddessen fragt ein S. die anderen nach den Vokabeln: *Do you know another word for . . .? – Do you know what . . . is? –* Einzelwort (Synonymeninduktion) erscheint ebenso wie Kontextdefinition, da aber nur 1 S. fragt, wird nicht aufgegriffen, weitergegeben, integriert, verbal entwickelt, sondern punktuell addiert. (II) Zuwendung zum Text. L. verweist auf das Bild zum Text = eine Zeichnung, auf der 4 Weiße mit dem Spruchbandstreifen »*HEADLINES*« unter dem Arm hoch oben das Wort »*POST*« (für »*Washington POST*«) schreiben, während ganz unten, unter ihren Sohlen, 2 gebückte Schwarze klein Worte wie »*SIDE LINES*« oder »*FOOT NOTE*« dazufügen: rechts und links dräuen »geschwungene« Fäuste und Füße. L.: *What do you see? – (– the grouping) – What do they do? – How are they placed? – What does that say about their status in society? –* Das Bild wird in engführenden Fragen additiv erschlossen – statt aus Sinn-Relationen: *Why*-Fragen, Fragen nach Eindrücken, Meinungen, nach der Beziehung der Gruppen zueinander, nach der »wörtlichen«(!) Bedeutung und nach der Anspielungs-Bedeutung erscheinen nicht. (III) Der – ziemlich lange – Text wird abschnittweise gelesen; nach jedem Abschnitt »werden unbekannte Wörter erklärt, damit das Verständnis kontinuierlich gesichert ist«: Vokabeln werden entweder durch Einzelkontext, durch Sach-Hinweis oder durch Übersetzung (»*upset*« = »aufgebracht«) erklärt. *Who can explain . . .? – What do . . . (people) do? –* Leider werden Antworten nicht als neuer Sprechanlaß (Besprechungsanlaß) weitergegeben; definitive Auskunft gibt der L., der dadurch weitere Äußerungsentfaltung abschneidet. (IV) An einem Sinneinschnitt des Textes, etwa »auf halbem Wege«, wird der ganze Text, zwecks Sicherung, noch einmal gelesen. (V) Um den Sinn des Gelesenen besprechen zu lassen, fragt L., was die S. über *journalism = the press* in angelsächsischen Ländern wissen und stellt mit ihnen an der Tafel folgendes Wortfeld zusammen: *editor / journalist // headline / daily (paper) / Sunday / weekly /magazines / yellow (papers) = the gutter press / comics // leading article / advertising / jokes / news items/ comments / advertisement / newsagent.* Danach stellt er fest, das Thema des vorliegenden Artikels sei *racism / racialism,* und versucht, auch

daraus ein Wortfeld aufzubauen. Die S. sind faktisch zu wenig informiert und sprachlich in diesem Bereich noch zu wenig trainiert; der Versuch des L., über die Judenverfolgung im 3. Reich neue Vorstellungsmotivation aufzubauen, erweist sich als völlige Fehlkalkulation: L. sagt alles Wesentliche selbst, es kommt zu einer Spalte aus *race / racial // conflicts / pride / minority* an der Tafel. (VI) L. bricht ab, läßt weiterlesen, noch einige Vokabeln erarbeiten. Aufgabe zur nächsten Stunde: 15 der neuen Vokabeln in sinnvolle Sätze einformen und für entsprechende Prozedur wie oben unter (I) bereithalten. / *Beurteilung und Alternativen:* Ein so übersichtlich-deutliches Grundgerüst fester *Gewohnheiten* ist zunächst immer positiv zu werten, insbesondere auf der Mittelstufe; und daß hier die Gewohnheiten grundlegende verbale *activities* beinhalten, ist eine besondere Tugend: es bindet und entfaltet wesentliche fremdsprachenunterrichtliche Energien. Ebenso erfreulich ist, daß eine regelmäßige Beschäftigung mit der Zielsprache angeregt *und gesichert* wird durch das Abonnement einer entspr. Zeitschrift – die dann auch tatsächlich gelesen wird! – Der L. beweist einen Instinkt für die Vielheit kommunikativer Möglichkeiten (die *activities*), aber auch der zeichentheoretischen *Mittel* (Zeichnung, Text) und der unterschiedlichen *Medien* (Mitschüler, Text, Tafel). Damit aber werden dann auch die Schwächen unübersehbar. Der *kinesische Kontakt* (das konnte obige Knapptext-Darstellung nicht zeigen) war denkbar schwach ausgebildet: Blickkontakt, *responsive, deictic and/or challenging posture*, intonatorisches Geben und Nehmen in der Lehrerstimme fehlten fast völlig. Gute Anregungen wurden nie am *vorliegenden sprachlichen MODELL* (Zeichnung, Text) – das doch dauernd visuell vorlag und also ein »gutes Gefühl« geben konnte – entfaltet: der Text wurde punktuell und additiv voranschreitend geklärt, nicht aus Vor- und Rückverweisen (d. h. der Einheit der Vorstellung – *und Formulierung!*), Kontext-Vorstellungshilfen kamen *von außen.* Aus »situativ« bzw. kontextuell *aufschließenden Slots* wurde(n) immer wieder (Fragen nach) *abschließende(r) Information.* Bezeichnenderweise war die falsche Kalkulation »Juden im 3. Reich« zugleich inhaltlich und sprachlich ohne Stütze bei den Schülern (– kein Wunder: genau dies Feld sollte ja erst aufgebaut werden!). Das Wortfeld *»journalism«* blieb entsprechend unbelebt, da sowohl das *Kollokationsfeld* dazu (= mögliches **Gebrauchsfeld** des Gesprächs!) wie das *Anwendungsfeld* dazu (= das zu besprechende **Bedeutungsfeld** des Textes) fehlte. Ziel ist ja nicht das Wortfeld selbst, sondern das, was man damit macht. Dies verbindet sich mit einem weiteren Mangel: Es fand so gut wie keine Gesprächs-*Verschränkung* der vielerlei Darstellungsteile und Medien statt; kein **Wechsel-** bzw. **Vor-** und **Rückverweis** wurde angeregt oder gefordert
● zwischen Tafel (Wortfeld) – Textformulierung – Gesprächs-Äußerungen (der S.),
● zwischen Zeichnung (Figuren im Bild, das Wort *»headlines«*) – Text (den Gruppierungen; dessen *headline!*) – situativ gebundener Schüleräußerung (auch Stellungnahme),
● von Schüler-Äußerung zu Schüler-Äußerung (wechselseitige Beurteilung, Weiterführung, Zusammenfassung o. ä.),
● zwischen Textteilen.
Auch Organisation des textlichen »Formulier-Materials« unter *key words* erfolgte nicht: Z. B. wurde der Ausdruck *»(the paper's) policy«* im Kontrast zu *»politics«* ohne jede Beziehung auf die im Text geschilderten Vorfälle und deren politischen Hintergrund geklärt (s. o. Kap. 1: »Bedeutung à la Aristoteles«); dabei hätte hieran alles »aufgehängt« werden können. An einem *Texteinschnitt* (Ruhepunkt: Rückblick!) erscheint zum ersten Mal der Ausdruck *»discrimination«*: An ihm hätte Rückverweis (– zusammenfassende Aufzählung der bis dahin genannten *forms of discrimination*) und Vorverweis, vielfache Umwälzung von Sprache, ansetzen können. Das Wortfeld *»journalism«* wäre (in anderer Zusammensetzung) aus dem Text zu entwickeln; abermals rück- und überschauend aus dem letzten Absatz hätten z. B. die darin erscheinenden Ausdrücke *»disappointments«* und *»satisfaction«* zu *key words* einer auf emotionale Zusammenhänge und mögliche persönliche Äußerungen gerichteten Unterhaltung sein können (= abermalige Umwälzung!). Ein Wortfeld ohne pragmatischen Benutzungszusammenhang (aus Bezugsbündeln aufzubauen) kann nur z. T. affektiv und kaum noch kognitiv kontextualisiert werden; eine Stunde ohne verbale Vor-, Rück- und (»seitliche«) Wechselbezüge (in Hinsicht auf Textform und Schüler-Äußerung) hat einen geringen Lerneffekt – im FU: dies nämlich ist der konkrete Sinn von *Antizipationsstruktur* des Unterrichts im FU.

UB 15: Leistungskurs Englisch, 2. Semester, auf der Sekundarstufe II (Studienstufe) / *Stoff:* Ray Bradbury *»Marionettes, Inc.«* (aus *»The Illustrated Man«*, London 1955 seqq.: Corgi Books GS 7184, pp. 156–162), Text- Collage aus (1) pp. 158 1.11–14 + 159 1.25–27, (2) p. 161 1.4 bis zum Schluß der Geschichte. / *Thema und Arbeitsform:* Erarbeitung der 2 Textauszüge, Ansatz zu einer nach-erfindenden Rekonstruktion der Umrisse und/oder der Leitvorstellungen der vollen *story*

(in den folgenden Stunden) aus dem Kontext der 2 Exzerpte, Ansatz zur Diskussion der (an diesem Fall überspitzt gestalteten) Humanoiden-Problematik: in einem Gespräch, das von einer *in-group* (die alles vorbereitet hat) geleitet wird. / *Basis*, – (1) *lexikalisch:* Ein Erschließungsvokabular aus einer »Krimi-A.G.«, die entspr. Unterrichtsformen und -formulierungen vor- und ausbildete; Transportvokabular und *Responses* aus ähnlich strukturierten voraufgegangenen Diskussionen. – (2) *behavioral:* Gewöhnung der einzelnen S., auf eine *»in-group«* (verbal) zu reagieren; sich innerhalb einer solchen Gruppe einen Text zu wählen, ihn zu erarbeiten, daraus repräsentativ oder herausfordernd geprägte Auszüge zu präparieren, Fragen dazu zu formulieren und das Ganze rechtzeitig in Matrizenabzügen auszugeben. Gewöhnung der Klasse (Lerngruppe), die ausgegebenen Texte mit Hilfe des ALD vorzubereiten, die gestellten Fragen zu durchdenken. Bereitschaft aller, *nach Abschluß* der Besprechung den Diskussionsaufbau wiederum zu diskutieren (kurz, falls nötig auf deutsch), die Ergebnisse zu sammeln und in Protokollen festzuhalten (auf englisch natürlich.) / *Hausaufgabe und Stunden-Ansatz:* Vorbereitung (s. o.); der ausgegebene Fragen-Anhang lautete: *Here are some marvellous, horrible, wonderful, insane, glamorous, mad, extraordinary, most highly ingenious questions:*
1. *What are the reasons for the conflict between Braling and Braling Two?*
2. *Why had Mr. Braling »duplicated himself«?*
   What makes people invent marionettes?
3. *Do you like strawberry ice-cream?*

Zur Lerngruppe: 18 S. (4 Mädchen, 14 Jungen); Gesprächs-Vorbereitung, -Organisation und -Leitung: 1 Mädchen + 3 Jungen. / *Verlauf d. St.:* (I) Die Leitungsgruppe (LG: LGS1–4) liest »mit verteilten Rollen« und Fernseh-Effekt den neuen Text vor ($1^{1}/_{2}$ Tippseiten), erzeugt amüsierte Erwartung durch expressive Rollen-Gestaltung. (II) Die verschiedenen LGS beantworten Fragen über den Text (= eigentlich hätte alles vorbereitet sein sollen!). *Grip, to seize* und *wrist* werden deiktisch und gestisch erläutert. LGS_1 fragt ihrerseits die Klasse nach *humanoid, tool-box, mould, specimen*. (III) Darauf LGS_2: *Who is Braling . . . – and who ist Braling Two?* – Ein S. schlägt vor, über *Question 2* zu sprechen. – LGS_3: *Yes, – why indeed?* – Man spricht über *the function of the tool-box* und *line 34 (»But I've wanted that trip all my life,« said Braling quietly.)* Fragen u. a.: *Why so much money? – Are there any other women?* – LGS_4 verweist auf das *»sun on his shoulder«*-Motiv. – LGS_1 bittet um *summary* der gewonnenen Ergebnisse, die dabei geordnet werden (– außerdem Umwälzung der entspr. Ausdrucksformen). Es wird genannt: 1. *the qualities of Br. 1 and Br. 2*; – 2. *Man imprisoned in a system of conventions, wants to get away from them;* – 3. *the problem of love and marriage (what about B's wife?);* – 4. *the nature of Man – the nature of robots (feelings?).* (IV) Neuansatz: LGS_1: *What kind of danger is implied?* – zu schwere Frage: LGS_2 greift zurück: *Who is . . .?* – LGS_1 notiert einige Antworten in 2 *colums an der Tafel:*

BRALING	BRALING TWO
he bought the marionette	he is the marionette
he is the real human being	who looks like Br.
	he has to substitute Braling

Es folgt eine längere Unterhaltung über *differences*, schnell generalisiert *(human beings – robots)* und auf das Zentralproblem gewendet *(feelings?).* Abermalige *summary; – the danger: people »have no functions . . .« – »marionettes take over . . .«.* (V) Neuansatz mit *Question 2.2.;* einige Antworten aus dem Gespräch: *People felt lonely, . . . wanted s. o. to talk to . . . – . . . perfect alibi . . . – people felt that they lived a patterned life, wanted to break out of the pattern, live their own individual life (lives!) – people have(!) the wish to be in two places at a time.* – Hausaufgabe: Ordnung der Ergebnisse, gegliederter Kurzbericht (kognitive Klärung als Vehikel abermaliger Umwälzung). / *Beurteilung:* Problematik aller Gruppenarbeit im FU: Hohe Motivation (Spaß offenkundig in Formulierung des Fragen-Anhangs, s. o., wie in der selbständigen Beteiligung), die zuverlässige Gewohnheiten schafft, aber auch schneller als Routine (da ohne sofort als handhabbar erkennbare Alternative!) fühlbar wird und ein sehr schwaches MODELL *»au fond«* aufweist (Lehrer sitzt daneben; je weniger er sagt – trotz hörbarer Mängel –, desto eher kommt Bereitschaft zu selbständiger Gesprächs-Äußerung »in Fahrt«). Voraussetzung ist, (1) daß in der jeweiligen Lerngruppe immer ein sprachlich zuverlässiger Führungstyp (LGS_1) dabei ist, (2) daß elementare didaktische Grundsätze vorher diskutiert oder – besser – aus »Pannen« entwickelt werden (Sprechanlaß –: *summaries*, zitierender Textbezug, Zurückhaltung der LG, die Fragen), (3) solide Vorbereitung. Kaum möglich ist der Aufbau rekurrierender Wortfelder; selten glückt Tafelarbeit; nicht zu erwarten ist situatives Vorgehen. Bei einem ausgebildeten Lehrer wäre z. B. ein antizipierendes

Ausarbeiten erster Problem-Ausdrucksfelder am Beispiel *A metal-firm grip seized his wrists* (nach dem ja gefragt wurde, s. o.) oder der Situationsbezüge um *humanoid, tool-box* etc. bei der Vokabelarbeit zu erwarten gewesen; selbst *obvious slots* wurden von keinem (»von selbst«) wahrgenommen: die Frage, warum es denn wohl noch(!) eine *felony* sei, eine Marionette dieser Art herzustellen oder zu besitzen; oder der Sprechanlaß in den Tafelformulierungen (das Gegenüber in Verben und Substantiven; das einzige Adjektiv »*real*« – was heißt das eigentlich?). So ist die **Motivationsstruktur** dieser Unterrichtsform stark, ihre **Antizipationsstruktur** schwach: Die beschriebene Stunde war ein – in den notwendigen Grenzen – geglücktes Beispiel seiner Möglichkeiten.

UB 16: Vorkurs (vorm. 11. Kl.) im Vorsemester zur Studienstufe auf der Sekundarstufe II / *Stoff:* J. Thurber »*The Little Girl and the Wolf*« (aus den »*Fables for Our Time*«) im Matrizenabzug. / *Thema:* Einführung des Textes, Erarbeitung soweit möglich; Klärung der Schwierigkeiten in Lexis, Sprachstrukturen und kompositorischem Aufbau. / Text unvorbereitet vorgelegt. / *Verlauf d. St.:* S. lesen den unbekannten Text für sich durch. – L.: *Have you finished reading?* – . . . *any unknown words?* – S.: . . . *Calvin Coolidge* . . . – L.: *What can one do* . . .? – S.: . . . *a dictionary* . . . Entdeckung: . . . *doesn't help us in this case* . . . – L.: . . . *appears in the text,* . . . *name is not isolated: There's another chance* . . . – S.: . . . *in connection with the Metro-Goldwyn lion* . . . – L.: *Well, and what's that? Who's he?* – *What is the »Metro-Goldwyn lion«?* – S$_1$: . . . *a sign.* – S$_2$: . . . *before each film* . . . – L.: . . . *sign* – . . . *symbol* – . . . *s. th. specific about this lion?* – *What does he do?* – S$_1$: . . . *roars* . . . S$_2$: . . . *opens his mouth* . . . S$_3$: . . . *teacher is angry* . . . S$_4$: . . . *noisy* . . . *loud noise* . . . L.: S$_x$ *said* . . . »*in connection with* . . .« *(Calvin Coolidge)* . . . S.: . . . *is an American* . . . L.: *Anything else you can find out* . . .? – S.: . . . *maybe a symbol of s. th.* – L. wiederholt mit fragend-zögernder Intonation: . . . *anything else* . . .? – S$_x$ *said s. th. very useful, s. th. better than what I could think of at the time* . . . *will you repeat what you said,* S$_x$. – S$_x$ wiederholt (s. o.) – S.: . . . *looks like the contrary* . . . – L. faßt zusammen. *What would be the opposite?* – S$_1$: *A singer in the opera.* – S$_2$: *Or s. o. who's silent.* – L. gibt die volle Information *(C. C. – President of the U.S., didn't say much; nickname: »Silent Calvin«)* und erntet Unwillen: Was sollte dann das Drumrumreden, hätten Sie das nicht gleich sagen können: *It didn't help us to get the thing we wanted: You told us. We didn't find it.* – L., vorübergehend unsicher, weicht aus; der Rest der Stunde, d. h. dessen größerer Teil, ist textfern und relativ konturenlos. / *Beurteilung des ersten Teils der Stunde:* Ein sehr sicherer Ansatz (= die ersten 12 Minuten einer 7. Stunde! an einem Montag) – ohne Pointe. Ruhevolles Ausreden-lassen auch bei scheinbar unpassenden Antworten (z. B. das absurde »*. . . is an American* . . .«), mehrfacher Rückgriff auf Gesagtes, klarer Bezug auf den Text, »offener« Vorverweis, einfache Rekurrenz von Schlüsselausdrücken und unauffällige Korrektur im Gespräch *(symbol* statt *sign;* gut: *symbol* of!) . . . – und alles das in Frage gestellt durch die Einführung einer Information, bevor die *Funktion* dieser Information klar ist (die »*star-and-gossip greatness*« beider »Symbolfiguren« und der *kommunikative Sinn* ihrer Erwähnung sind für das Textverständnis und die Diskussion wichtig, nicht der – zugegebenermaßen »auch irgendwie sinnvolle« – Hinweis auf den tatsächlichen C. C.). – Schade!
Sieht man von der verunglückten Ziel-Stelle ab, dann kann das Beispiel zeigen, wie nicht nur *sprachliche* Textstruktur (s. o. UB 15), sondern sogar dessen Anspielungen *tatsächlicher* Art in Bezug gesetzt werden können zur verbalen Impuls-Ordnung der Stunde, ist nur deren Erwartungspattern dabei in das System von Vor- und Rückgriffen einbezogen. Der Stellenwert reiner Informations-Elemente wird durch die *Appellstruktur* des Textes und die *Beziehungsstruktur* des Gesprächs definiert: Alle Antizipation in der Stunde richtet sich auf aufgehellte Bedeutung (Gesprächs-Ziel) von Text-Formulierung und Formulierung von Mitschülern (Gesprächs-Basis). Der Lehrer nimmt auf, verknüpft, wiederholt, gibt weiter, beurteilt, gliedert, faßt zusammen (d. h. »bestärkt« durch dies alles) oder – wenn irgend möglich – *läßt dies alles tun: durch »die anderen S.«!* Auch durch die »Schwächeren«. – Die oft im Unterschied zum muttersprachlichen Unterricht enger MODELL-bezogene, kleinschrittige Antizipation von Vorstellungselementen ist darin gegründet, daß bei begrenzter sprachlicher Kompetenz oft auch die Impulse nicht so weit tragen wie in der Muttersprache. Das ruhevolle Zurückgehen hinter schon Erreichtes ist im FU eine überhaupt nicht zu überschätzende Lehrertugend.
Alternative: Erarbeitung aus Märchenton (raffinierte Satzbau- und Ausdrucks-Rekurrenzen) und modernen Stilkontrasten; vgl. die Darstellung im 2. Band. / *Mögliche Weiterführung:* Vergleich mit ausgewählten Passagen des klassischen Märchens von *Little Red Riding Hood* (Thema: Emanzipation); andere Fabeln von Thurber.

5. Didaktisches Modell und »Fremdsprachen-Lernpsychologie«

> Crun: *Oh – I thought you were somebody else.*
> Spike: *I am.*
> »BRECHT« MILLIGAN

> Headstone: *. . . – you might say he disappeared*
> *from under her very nose.*
> Seagoon: *What was he doing there?*
> Headstone: *It was raining, I believe.*
> aus: *The Affair Of The Lone Banana*

> In Verbo Veritas.
> Alte kroatische Bauernregel

5.0. Was braucht der Praktiker wirklich?
(Idee und Ansatz eines didaktischen Modells der Fremdsprachen-Lernpsychologie)

5.0.1. Didaktische Debatten sind immer in Gefahr, sich selbst überflüssig zu machen, – wenn und indem sie den *Praktiker* nicht mehr erreichen. Dabei ist es ganz gleichgültig, ob dem Praktiker mangelnde Bereitschaft zu differenzierendem (kognitiven, affektiven und pragmatischen) Verhalten[1] oder dem zu beachtenden Sachverhalt ein zu hoher Komplexitätsgrad[2] anzulasten wäre: Der schwarze Peter liegt allemal bei der (Fach-)Didaktik selbst, die ihn, den Praktiker, meint und will und sonst gar nichts.
Ohne ihn wäre sie Luftspiegelung, – schön, fern *and entirely superfluous*.
Der Unterrichtende aber braucht – genau wie der Schüler – Leitvorstellungen und konkrete Hilfen. Sie ihm *nicht* zu bereiten und zu vermitteln, hieße sich einverstanden erklären mit seinen Rückzügen und Rückzugsbekenntnissen: mit der Verwechslung von *Lern*arrangement und *Pauk*arrangement, dem Transfer von Unsicherheit in »Druck«, dem Ersatz von Motivation und Ziel-Orientierung durch »Disziplin«, und vielleicht auch nur Durchwursteln, Abhaken von Tests.
Effektives pragmatisches Verhalten ist nicht zu erwarten ohne überschaubar-applikable, d. h. einfach strukturierte Kognition. – Was also muß der Praktiker wissen?

Zunächst muß er die *GRIDS des Lernprozesses* kennen, dann erst (s. 2. Band) die »Rezepte«.

Die für diesen Komplex »zuständige« und also zu befragende Wissenschaft wäre die »Fremdsprachen-Lernpsychologie«. Hier aber einen »Abriß des gegenwärtigen Standes der Fremdsprachen-Lernpsychologie« auch nur versuchen zu wollen, wäre absurd. Gerade jetzt ist in diesem Bereich zu vieles im Übergang, wenn nicht gar in der Krise. Außerdem wären dafür wohl andere (z. B. H. ARNDT) befugter und berufener. Fairer- *und legitimerweise* können wir hier nur diejenigen Aspekte herausarbeiten, die uns – bei aller »Vorläufigkeit des Forschungsstandes« – vertretbar scheinen
● in Verbindung mit der hier entwickelten Theorie des fremdsprachlichen Unterrichts,
● in Hinsicht auf implizierte Konsequenzen für konkrete Unterrichtsgestaltung und -arbeit.
Stärker noch als oben in den Kapiteln 1–4 ist unser Thema nicht die »volle Wirklichkeit der Wissenschaft« (was immer das sein mag), sondern ein *didaktisches Modell: »Grids«* eben, – nicht als Analogie zu *cattle grid* (der nur die höheren Primaten hinüberließe – oder Autobesitzer!), sondern zu *Prisma*: Bewußtseins-*Grid*, der die Phänomene ziel-bezogen scheidet, gliedert und bündelt.

5.0.2. Dasjenige Lehrverfahren ist das beste, das seine Kategorien und Operationen aus der Struktur des intendierten Lernprozesses herleitet. Dabei können sich 2 Arten von Kategorien und Operationen ergeben,

(1) solche, die mit den sozusagen »sachlichen« Bedingungen dieser Art zu lernen zusammenhängen;
    Frage: Was ist nötig, damit der intendierte Lernprozeß *überhaupt stattfindet?* –

(2) solche, die mit der Einlagerung dieses Prozesses in einen übergreifenden *edukativen Kontext* zusammenhängen;
    Frage: Was ist nötig, damit der intendierte Lernprozeß *so oder so,* ziel-bezogen (»lernziel-orientiert«) *stattfindet?* –

Wir meinen zu wissen, was wir wollen: Unsere Schüler sollen »Englisch« lernen. *Als was* und *wie* sie »Englisch« lernen sollen, ist äußerst wichtig: Es wären Situationen denkbar, in denen der Erwerb sprachlicher Kompetenz in einem bestimmten Bereich wegen eines abzulehnenden *»Als was«* oder *»Wie«* nicht mehr erstrebenswert schiene. Wollen wir aber *überhaupt,* daß unsere Schüler »die englische Sprache erlernen«, dann ist das eine sekundäre Frage und kann warten. *To minor matters,* also (um einmal wieder den Geist der Aunt Augusta zu beschwören)[3]: Ist es möglich und legitim, von einem *»Lernprozeß überhaupt«* – den wir schlicht postulierten – überhaupt zu sprechen? – Ist nicht methodische Ausschaltung aller »Inhalte« wieder ein Inhalt? – Sind bestimmte »Inhalte« vielleicht durch die Sprache selbst bereits gegeben?

Zählen wir einfach auf: Als Vorbedingungen notwendig sind zunächst einmal die Sprache, die Sprecher, die Lernenden, der Lehrende, die Lehr- und Lernmittel und ein *framework* äußerer Situationsbedingungen, dazu die Beziehungen aller Teile dieses Systems untereinander. – Das ist bereits sehr viel; man erinnere nur unsere Ausführungen oben über Sprache, Sprecher/Hörer und Situationsbedingungen im Unterricht. Auch über Lernende und Lehrende wurde bereits etliches erarbeitet, das dann von »inhaltlicher« Zusatz-Lernziel-Bestimmung unabhängig allgemein *galt* (– wollte man nur die Sprache lehren). – Weitere Bestimmungen ergeben sich aus den allgemeinen Bedingungen von institutionalisierten (fremdsprachlichen) Lernprozessen.

Allgemein haben wir es mit folgendem zu tun:

(1) *Bewußtsein der Beteiligten:*
    Voraussetzung des intendierten Lernprozesses ist, daß sie sich
    ● *kontext-bezogen,*
    ● *antizipatorisch,*
    ● *reziprok*
    verhalten.

    Reziprozität ist eine Sonderform antizipatorischen Verhaltens, die den Lehrer einschließt; sie ist im Programmierten Unterricht nicht gegeben, im Sprachlabor selten.

(2) *Organ-Funktion:*
    Voraussetzungen des intendierten Lernprozesses, die sich aus den Bedingungen des sprachlichen
    ● *Wahrnehmens* (auditiv – visuell),
    ● *Verstehens* (Strukturierung, Geschlossenheit und Transfer, Phaseneinteilung),
    ● *Behaltens* (Phaseneinteilung, Kürzest-, Kurz- und Langzeitgedächtnis)
    ergeben.

(3) *Ziel* des Lernprozesses,
i. e. die
- pragmatischen,
- affektiven,
- kognitiven
Ziele des FU.

Damit sind die *Bewußtseins-Bedingungen* (1), die *psychologisch-funktionalen Bedingungen* (2) und die *Bewußtseins-Pointe* (3) *des FU* benannt. Die Bewußtseins-Bedingungen des FU darzustellen, genügt nach den Vorarbeiten der Kapitel 1–4 ein theoretisch-systematischer *abstract* der Ergebnisse jener Kapitel. Die Bewußtseins-Pointe des FU wurde dabei durchgehend mit vorbereitet und ergibt sich auch hier als – vorläufige(!) – Pointe jenes *abstract;* unsere Darstellung kann dabei nur die Vorbereitung für die systematische Behandlung auch dieses Problems (im 2. Band) sein: Dann erst wird sich auch die obige Frage nach den »Inhalten« endgültig klären lassen. Beide, Bewußtseins-Bedingungen und Bewußtseins-Pointe des FU, sind Teil eines *didaktischen Modells,* in dem auch die psychologisch-funktionalen Bedingungen und die »rezeptologischen« Konsequenzen bzw. Addita nur Stellenwert beanspruchen können. Zu den *psychologisch-funktionalen Bedingungen* des FU werden wir uns mit »den« Befunden »der« Fremdsprachen-Lernpsychologie auseinandersetzen müssen (soweit dies schon möglich oder sinnvoll scheint). Alles weitere folgt dann im 2. Band.

5.0.3. Bewußtseins-Bedingungen des FU

1. Die enorme Bedeutung von **Kontext** für den ganzen Komplex von Sprachstruktur, Sprachfunktion, Sprachverstehen und Sprachen-Lernen ist wohl zureichend deutlich geworden. Kontext verbürgt, ja: definiert *Sinn* sowohl außersprachlich *(situational, extratextual)* wie innersprachlich *(textual* bzw. *intratextual, contextual, co-textual).*

Der »Imperativ des Kontexts« hat unmittelbare unterrichtliche Folgen (nicht nur für die Struktur von Übungen; man erinnere das zentrale Fluchwort »kontextisoliert«!); er geht ein in die Definition von Unterrichtssituation und entfaltet seine volle Kraft im Zusammenhang mit der *Aufmerksamkeitsstruktur von Sprache* und der *Antizipationsstruktur von Unterricht* (natürlich speziell von fremdsprachlichem Unterricht).

2. Ein zweiter Satz von Grundkategorien in diesem Bereich ist durch den Zusammenhang von **Sprache und Bewußtsein** gegeben. Dies betrifft zunächst einmal das *Individualbewußtsein.* Was unter dieser Fragestellung im WITTGENSTEIN-Kapitel und nachfolgend zu BÜHLER erarbeitet wurde, macht natürlich nur die Spitze eines Eisberges sichtbar, der in voller Ausdehnung hier nicht zu zeigen war.

Hier wären z. B. die mancherlei älteren Untersuchungen zum Zusammenhang »Sprache und Denken« (KAINZ, PIAGET, SKOWRONNEK),[4] desgleichen die Arbeiten zur Feldstruktur dieses Zusammenhanges (BÜHLER, BRUNER, noch WEINRICH),[5] zum Zusammenhang zwischen Sprachkompetenz und sozialer Kompetenz (die bis heute mit dem Namen BERNSTEIN verbundenen Untersuchungen) oder von verbaler Intelligenz, Schulerfolg und Lebenserfolg[6] nachzutragen. Auch die besondere Rolle von Sprache und Versprachlichung im Bereich der orthodoxen Psychoanalyse[7] gehörte wohl hierher. Vor allem aber – für den FU bedeutsam – wären hier die Untersuchungen über die komplexen Bedingungen eines *zweiten* sprachlichen Systems im Bewußtsein zu nennen; alle laufen schließlich auf das hinaus, was wir bereits oben im EINÜBENDEN TEIL betonten: Die Grunderfahrung einer zweiten Sprache ist – wegen eben jener intimen funktionalen Verschränkung von sprachlicher und psychischer (hier: attitudinaler) Artikulation – durchaus nicht die eines instrumentellen Hebels von der Art eines nützlichen oder interessanten Wissens; sie ist vielmehr die Erfahrung von »Anderem überhaupt«, –

anderer Benennung als anderer Perspektive (dabei spielt »inhaltliche Fülle« dieser Perspektive *zunächst* gar keine Rolle!).[8] – Ermöglichung einer anderen, einer zweiten Dimension
attitudinaler Zuwendung und Erfahrung (zunächst als Spiel-»Rolle«; der tiefe Ernst dieses
Phänomens wird deutlich in der Literatur zum Bilingualismus; vgl. HARTIG/KURZ, bes. aber
die Untersuchungen aus dem Kreis um W. E. LAMBERT). So ist alles, was dies »*Andere*« der
Fremdsprache auffällig macht, zugleich Hemmnis und Vergnügen im fremdsprachlichen Unterricht und sollte entsprechend nachdrücklich auf frühester Stufe eingesetzt werden (= nicht
einfach nur »geübt«, sondern vor allem auch überzeugend *vor-gespielt!*). Dies gilt, abgesehen
von der Artikulationsbasis und phonologischen Details, speziell für die Intonation des British
English; eine ähnliche Funktion erfüllen phatische Formeln.

Im »inneren Kreis« solch elementarer Verbindung von Individualbewußtsein und Sprache
findet sich dessen spezifische Orientierung an Situationen. Auch zu diesem Zusammenhang
von (sich artikulierendem) **Bewußtsein und Situation** wäre natürlich manches nachzutragen,

> z. B. die Bestätigung, die unser linguistischer, fremdsprachenunterrichtlicher, kommunikations-
> theoretischer und sozial-(i. e. rollen-)psychologischer Schlüssel-Terminus – *Situation* – aus dem
> Bereich der Sprachsoziologie erfährt: Auch dort ist offenbar eine sinnvolle Beschreibung be-
> stimmter Phänomene, die unserem Thema-Interesse nahestehen, ohne diesen Begriff nicht mehr
> möglich.[9]

»*Situation*« ist die erste der drei großen psychologischen Klammern eines modernen FU[10]; die
zweite ist »*Kommunikation*«, i. e. die **Interdependenz der Elemente von »Bewußtsein im
Plural«** in (bewußt und eplizit oder nicht einmal bewußt erfahrenen) **Kommunikations-
Situationen:** Dies ist die eigentliche Bedeutung« dessen, was lange Zeit so schauerlich ver-
simpelnd als Zusammenhang von »Sprache *und Denken(!)*« verstanden und gedeutet
wurde; es ist zugleich zentrales Element von Äußerungs-Motivation und damit aller jener
Unterrichtsformen, die eine methodische Simulation spontaner Kommunikation als Ausgangspunkt wählen.

> Die Verbindung von *Situation* und *Kommunikation* ist zwar durchaus nicht der notwendige
> oder einzige Ausgangspunkt institutionalisierten Fremdsprachen-Lernens, wohl aber – mit
> weiter unten zu entwickelnden Einschränkungen – der einzig sinnvolle im Bereich der Schule,
> d. h. bei Lernenden *vor* der Schwelle zum Erwachsensein. Unsere ganze Darstellung gründet
> sich – ansetzend mit der KLEIST-Exegese unseres EINÜBENDEN TEILs sowie den für alles
> folgende richtungweisenden 4 Diagrammen auf S. 18 f. – auf diese Leit- und Ziel-Vorstellung.
> Sie erklärt zugleich die *besondere Rolle des Personalen* (in Situation und Rolle) im FU:
> Auf der Elementarstufe betrifft dies die *characters* in Lektions- und Lektüretexten, die
> *participants* des Unterrichtsgesprächs sowie alle möglichen Leute, die jene *characters* und
> diese *participants* persönlich kennen; jede Unterhaltung basiert auf attitudinalen oder
> behavioralen Faktoren. Später werden dann aus persönlich Nahestehenden Leute, die die
> Schüler »mögen« (oder »nicht mögen«): aus Bezugs-Personen werden Identifikations-»*Per-
> sonae*« oder -»*Imagines*«, über die zu reden naheliegt; dies ist von seiten des Lehrers weit
> schwieriger auch zu mobilisieren (– Warum sollte – bei dem komplizierten Verhältnis zwi-
> schen Schüler und Lehrer auf jener Stufe – das, was naheliegt, sozusagen »offiziell« werden?)
> und zu steuern. Zur Studienstufe hin werden dann »*Personae*« und »*Imagines*« selbst zum
> Thema kritischer Unterhaltungen, – sofern das Gespräch wohl-stimuliert und wohl-geführt
> wurde: Der Text wird zum *Objekt*, an dem sich Meinung und Urteilsfähigkeit reiben kön-
> nen, – sind nur die sprachlichen Mittel disponibel und wohl-kalkuliert.
> Selbst PIEPHO scheint manchmal (in der Entdeckerfreude angesichts der Sprechakt-Möglich-
> keiten im Unterricht?) den älteren situativen und den jüngeren kommunikativen *Approach*
> eher unterscheiden als verbinden zu wollen. Eine strenge Trennung situativer und kommuni-
> kativer Verfahrensweisen ist abwegig. Was z. B. »unten« als *kommunikatives Ritual* aufzu-
> bauen wäre (vgl. H. WEBER zur Sprechakt-Simulation auf der Unterstufe),[11] ist doch nur eine
> ins Kommunikative pointierte Art von *situational teaching* und als solche etwa F. L. BILLOWS

nicht fremd. Erhebt man indessen diese Pointierung zum ausschließlichen Thema, dann geht
der *Vorstellungs*-Happen »Situation« (= erzählender Prosatext) verloren, und wir haben eine
Ausschließlichkeit dialogischer Schema-Sequenzen, die über kurz oder lang erheblich *abstrakter* sind als manche der so skeptisch notierten situativ erzeugten Äußerungen (*»I'm going to
the window.«*); auf der Sekundarstufe II wäre ein solches »Ritual«, wollte es dominieren
(etwa als *formal debate?*), bald zum Schweigetod verurteilt, da eine mechanisch werdende
Form mit Vorzugs-Anspruch den Schülern Langeweile bereiten müßte.[12]
Beide gehören als die Aspekte eines einheitlichen Verständnisses von fremdsprachenunterrichtlichen Lernprozessen zusammen. Viel wichtiger als scholastisch-kleinteilige Unterscheidung des
Komplementären wäre es, Junglehrern und Referendaren endlich das phraseologische Instru-
mentarium solch kommunikativen Unterrichtens von »unten« bis »oben« zu bereiten (s. o.
Kap. 4.3.4.3.6.f., bes. auch d. Hinweis auf PIEPHOS Gießener Projekt, oben S. 262u.!)

Die dritte große psychologische Klammer eines modernen FU ist *»Text«*. »Text« ist zugleich gegenständliche Basis und Bezugs-Größe der Aufmerksamkeitsbindung im FU – in
seiner strengen linguistischen Bedeutung, d. h. als schriftliche, gedruckte oder mündliche
Äußerung, sofern diese nur über die Satzgröße hinausgeht. **»Vorstellungseinheit in Sprache«**, . . . – offenbar ist »Text« auch Schülern die sicht-, hör- und vor allem fühlbarste
Manifestation von *Kontext*: Der *»zentrale Text«* in Lehrbüchern und überhaupt allen
Lernarrangements des FU hat eine alles andere übertreffende Motivationskraft.

> BUTZKAMM vermerkt beiläufig: »Es ist . . . eine allgemeine Erfahrung – und durch HELMUT
> HEUERS empirische Untersuchungen vollauf bestätigt –, daß von diesem Text (= dem »zen-
> tralen Text«, d. V.) die stärkste Motivation für die Schüler ausgeht. Dabei spielt es zunächst
> keine Rolle, ob dieses Stück gehört, gesprochen oder sofort gelesen wird – die Bezeichnung
> Lesestück ist auch im Rahmen der konventionellen Methode irreführend! – entscheidend für
> die Schüler ist, daß redende und handelnde Personen auftreten und eine Geschichte erzählt
> wird. Sie ist ihnen mehr wert als alle sog. ›situativen‹ Übungen und *meaningful drills*. Die
> Situation existiert nur als Rahmen, die Übungen haben keine Spannungsbogen, keinen Hand-
> lungsablauf. So sagt D. C. MILLER: ›*Rightly seen, the reading-passage is the language teacher's
> supreme situation-making tool*‹.« . . . alle Strukturen (sollten) zuerst als lebendige Sprache in
> einem lebendigen Geschehen erscheinen, das Interesse weckt und Behalten fördert.«[13]
> Offenbar hat BUTZKAMM Texte im Auge, die wirklich »situativ« und wirklich *»meaningful«*
> sind. Die Motivations-Kraft von Texten, die (1) zusammenhängend und (2) *meaningful* sind, hat
> nichts so besonders Rätselhaftes: Sie schließen den ›identifikatorischen Zirkel‹ als »attitudina-
> les Gegenüber, das stillhält« – äußerlich; von der »Oberfläche« her greiflich und von dem,
> was »dahinter« und »darin« ist, stimulierend, bieten sie Kontext-Modelle jenes anderen Kon-
> textes, in dem nichts und niemand »stillhält« (wiederum äußerlich).

3. Damit ist zugleich der praktische Aspekt dessen, was wir oben aus »grundsätzlichen«
Zusammenhängen als **Aufmerksamkeitsstruktur von Sprache** entwickelten, in den Vordergrund didaktischen Fragens gerückt. »Artikulierte Intentionalität« ist eben – »näher
der Oberfläche« – **Perspektive:** sprachliche Perspektive, *to put it correctly*, weil in lexikalischer und struktureller Prägung bestimmbar. Das wiederum bedeutet, daß hier ein bedeutender Hebel der Äußerungssteuerung zu pragmatischen Zwecken vorliegt: Langfristig
umsichtige Auswahl der Texte (bzw. sorgfältiges Studium der Lehrbuch-Lektionen, das eine
entsprechende Präsentation gewährleistet) gibt zugleich das MODELL der Äußerungsform,
das GEGENÜBER positiven und negativen Engagements und das Formulierungs-ZIEL in
gewisser Weise vor (s. o. unter 4.3.4.3.4.); der Lernprozeß ruht jetzt ganz und gar in der
Hand des »gesprächsführenden« Lehrers. Wichtiger als so viele andere didaktische Streitigkeiten und Stellungnahmen ist daher seine Ausbildung in Gesprächsführung und sein
Training in einsprachiger Selektionsrestriktion in eigenen Äußerungen (– darüber mehr im
2. Band; s. bereits oben unter 4.3.2.). Aufmerksamkeitsbindung in der Stunde – eines der

konkreten Grundprobleme praktischer Unterrichtsführung – erreicht man *auf die Dauer* nicht durch formale Disziplinierung, sondern durch Aktivierung, intensive Präsenz, der Zielsprache in Situationen, in denen sprachliche Reaktion von Schülern erwartet und geleistet werden *kann:* genau bemessene, inhaltlich motivierende und rhythmisch sequentierte *challenge!*

Im gleichen Zusammenhang ist sprachliche Perspektive natürlich auch *gesamt*sprachliche Perspektive: Die, so oben, »eigene Dimension« der Fremdsprache wird zu einem lernpsychologischen Problem.

> Voraussetzung des (lange Zeit) populären Dogmas der *Einsprachigkeit* (das in seriösem Schrifttum niemals derartige *Rocher-de-bronze*-Qualität hatte)[14] ist doch die *Geschlossenheit auch der attitudinalen und situativen »Perspektive«* der Stunde – ohne welche es wohl seinen Sinn verlöre. Diese aber ist zugleich Illusion und – als Illusion – psychologische Realität: die Dinge liegen einfach komplizierter als es Dogmenstreit und Axiomatiker wahrhaben wollen. Selbst die entwickeltste Verstehens-Indolenz wird nicht übersehen können, daß *jede* Äußerung im Unterricht von einer allenfalls »sekundären Spontaneität« ist, d. h. auf vertrackte Art ganz natürlich und ganz künstlich im gleichen Akt. Die Schüler wissen das und haben es akzeptiert = sich auf dieses Rollen-»Spiel« eingelassen (sonst wären sie *drop-outs*).

Tatsächlich ist die fremdsprachliche Unterrichtssituation durch eine (gesamtsprachlich) doppelte Aufmerksamkeitsstruktur gekennzeichnet: Die Künstlichkeit der Unterrichtssituation ist im »Hintergrund des Bewußtseins« ebenso real »da« wie das artikulativ-notionale System der Muttersprache. Identifikatorisches Sich-Einlassen auf Situation ist immer nur Rollen-Identifikation mit dem wenigstens halb-deutlichen Bewußtsein der (anderssprachigen) Rolle; und dies ist – als Reiz – geradezu eine der Quellen fremdsprachenunterrichtlicher Äußerungs-Motivation (oder -Verzögerung!). Entsprechend kann auch das Ziel unterrichtlicher Arrangements niemals die »Ausschaltung« der Muttersprache sein, sondern immer nur deren psychologische »Aufhebung« für begrenzte Zeit; und vielleicht nicht einmal das, vielleicht eher so etwas wie »Eindämmung«: vorübergehende *Dominanz der Fremdsprache im Bewußtsein.* Dies gilt auch für die so besonders nachdrückliche Umstellung ganzer Unterrichtskontexte auf rollen-bezogene kommunikative Sprechakte bei WEBER, HÜLLEN und zuletzt PIEPHO.

> Es besteht – bei Über-Anspannung des Prinzips – die Gefahr, daß sich die grundlegende Naivität der ehemals »direkten Methode« (s. u. unter 5.3.1.) in diesen Sprechakt-Arrangements wiederholt. Aber so wie die Fremdsprache im Unterricht niemals *wie* die Muttersprache oder gar *als* die Muttersprache gesprochen wird (– auch nicht auf der Sekundarstufe II),[15] so kann es niemals im institutionalisierten FU unserer allgemeinen öffentlichen Schulen einen psychologisch *geschlossenen* artikulativen Kontext geben. Selbst der *Widerspruch* gegen den Lehrer, von dem sich PIEPHO einiges erhofft,[16] würde »normalerweise« in der Muttersprache geführt werden und ist bestenfalls »kommunikative *Übung*«, wird zur (nach-empfundenen!) »Rolle«...
> – *there's no way out:* Im Bereich der Schule kann im allgemeinen die »zweite Dimension« der Fremdsprache nicht die Stelle der ersten einnehmen, es sei denn *als »zweite«,* vorübergehend, »spielend« oder halb-bewußt. Selbst das grimmige PIEPHOsche *»I'm going to the window, and I'll fling myself out of that window, as you* ... (oder *if you* ...) ...« ist im Kontext des Vortrages, in dem es fällt, »dritte Dimension« des *Beispiels* innerhalb des *»dimensional blend«* aus deutsch und englisch, die den Vortrag insgesamt charakterisiert; bezeichnet doppelte »Rollen«-Brechung, da er es – *wenn überhaupt(!)* – »normalerweise« natürlich in einem ganz anderen als dem Demonstrations-Kontext (und dann auf Deutsch) ausstoßen würde.
> Der Aufbau von Situation und Rolle von seiten des Lehrers ist immer Leistung, nie Natur, da *er* – im Unterschied zu den großen *native speakers* unseres Gewerbes (BILLOWS, PALMER *and the lot*) – schon durch die Tatsache, daß er wirklich spontan seine Muttersprache verstehen und sprechen würde, alles in Frage stellt: die *contextual pressure* des einsprachigen Unterrichts wie überhaupt seine ganze »Rollen-Konsistenz«.

Fremdsprachenunterrichtliches Lernen und Lehren ist doch wohl etwas komplexer, als sich in der simplen Formel von den *direct* und *indirect methods* fassen läßt (– selbst bei DODSON spukt diese Holzhammer-Antinomie).[17] Zugleich ist die didaktische Notwendigkeit einfacher Verstehens-Formeln *ad usum Delphini* unübersehbar. Eklektische Ausweich-Schlenker wie »vermittelnde Methode« helfen hier auch nicht weiter: nach welchem Prinzip nämlich wird hier in welchem Verhältnis was womit »vermittelt«? – Alle diese Unklarheiten aber sind aufgehoben, erinnert man nur die eine Erfahrung, die wir hier zum Prinzip erhoben haben: die Erfahrung, eigentliche Basis sprachlicher oder sprach-gebundener Lernprozesse sei die »Aufmerksamkeitsstruktur« von Sprache: Es gilt also, solche Kategorien und Operationen zu beschreiben, die unter dem Gesichtspunkt **perspektivisch-attitudinaler Aufmerksamkeits-Bindung** immer und unter allen Umständen zielsprachlich bewußtseins-*dominant* zu halten sind. Punktuelle muttersprachliche Komplementär-Operationen sind immer dann möglich und erlaubt, wenn sie keinen *weiterwirkenden(!)* Einbruch in die durchhaltende Aufmerksamkeitsperspektive des Unterrichts darstellen. Da es eine ganze Reihe von Anlässen gibt, zu denen muttersprachlicher Einsatz auch *geboten* ist, kommt es im konkreten Stundenverlauf bzw. beim Aufbau einer Unterrichtseinheit nur darauf an, diese psychologische und methodische Scheidung in didaktische **Dominanzfiguren** und didaktische **Komplementärformen** streng zu beachten (darüber mehr unten unter 5.3.2. und 6. sowie im 2. Band).

> Vorläufig scheint uns diese Priorität des Aufmerksamkeits-Prinzips am ehesten gewahrt in einer Unterrichtsführung, die
> - kognitiv-kontrastiv[18] ohne allzu nachdrückliche metasprachliche Abhebung
>   (= strukturierte Situation oder Vorstellung),
> - rollenperspektivisch-kontextuell ohne »intra-situative Blindheit«
>   (= mit kritisch-distanzierter Begründung),
> - kommunikativ-aktiv ohne Beschränkung auf audio-linguale Formen von Kommunikation
>   (= Lesen und Schreiben gehören dazu!)[19]
>
> ist.

4. Das strukturelle und sequentielle Gefüge der speziellen sprachlichen Kommunikationssituation des (fremdsprachlichen!) Unterrichts ist damit unter ein lernpsychologisches Gesetz gerückt, das wir oben unter 4.1.3. als das Gesetz der Antizipation darstellten. Die **Antizipationsstruktur** des FU geht, so zeigte sich, in ihrer kommunikativen Pointe über Antizipation in manchen anderen Fächern hinaus und hat eine doppelte Bedeutung. Sie manifestiert sich im konkreten Unterricht als *System von Vor-, Rück- und Wechselbezügen;* und dies betrifft sowohl die *Planung* des Unterrichts (zeitlich: auf Monate voraus; sprachlich: in Basis-Feldern und Ziel-Feldern) wie dessen *Durchführung* (Gesprächsführung, Stundenaufbau, Aufgabenstellung). Es spiegelt sich darin die Aufmerksamkeitsstruktur von Sprache und Lernprozeß überhaupt: aufgespannt zwischen *Motivation* bzw. Ausgangs-Impuls und *Ziel* erhält jede Normalstunde ihre »untere« psychologische Sicherung aus den Verweisen innerhalb des immer wieder »auf sich selbst zeigenden« Aufmerksamkeitsfeldes, das sie dann »irgendwie laufen läßt«. Aufbau und immer neue Aktivierung dieses Antizipationsfeldes ist die Leistung (und Aufgabe) des Unterrichtenden. Daß nur er, nicht aber z. B. ein kurzfristig eingesetzter Referendar, den von ihm selbst (oder bzw. mit Schülern) initiierten »großen Kontext« des Unterrichts voll überschaut und also entsprechend mühelos *in Vor- und Rückverweis bekräftigen, in Wechselverweisen aktivieren* (lassen!) kann, ist damit auch die »Tragik« der Referendars-Existenz: Referendare verwalten meist nur Fragmente des aus dem Bezug auf Ausgangs-*Slots* und Ziel-Feld definierten Lernprozesses und »liegen« daher leicht didaktisch und psychologisch »schief«.

Die Ziel-Spannung, die den Unterricht »trägt«, ergibt sich nicht einfach aus der Existenz eines Ziel-Feldes oder Ziels: Der Kontext von *Motivation* und Ziel muß immer fühlbar bleiben. Ein rein *test-bezogener* Unterricht z. B. zerstörte seine eigene psychologische Basis und gefährdete schließlich auch das Ziel. Die gelegentlich etwas trostlose Literaturbehandlung an englischen Sixth Forms (wo man nach manchen traditionellen deutschen Prüfungs-»Lösungen« blickt wie wir nach den englischen) ist ein *symptom in point.* Die volle Problematik eines testorientierten Unterrichtens würde sich zeigen bei einer Diskussion der Formen und Möglichkeiten des FU an Haupt- und Gesamtschulen: Hier sind nicht einfach nur »Niveauunterschiede«, sondern – bei den sog. C-Schülern – andere Formen kognitiven Zuganges zu beobachten;[20] Motivation ist hier alles; und sie »erbringt« wirklich etwas, aber überrennt auf dem Wege mancherlei eng-gymnasiale Ziel-Vorstellungen formaler Art.[21]
Andererseits unterliegt eben diese Ziel-Spannung der fremdsprachlichen Unterrichtsstunde der Dialekt der 2 Aspekte fremdsprachlichen Lernens (s. unten unter 5.1.2., Schluß des Kapitels): der *entfaltenden* und der *bindenden* Momente im FU. Die psychologische Ziel-Spannung in der Lerngruppe erschlafft nicht nur beim Ausfall der entfaltenden (i. e. motivationalen) Momente, sondern auch bei deren Überwiegen ohne »Halt«. Die *bindenden* Momente haben immer wieder die Tendenz, die Motivation auf kurze Zeit zu gefährden oder zu zerstören; auf die Dauer sichern sie sie! – Ideal ist eine Verschränkung beider. *Beispiel:* E. CALD-WELLS »*Saturday Afternoon*«, 11. Kl.; vor Ausgabe der Texte (Matrizenabzug) wird über die Vorstellungen und Erwartungen, die sich an einen solchen Titel knüpfen können, gesprochen. Danach Textausgabe und Lesen; einige S. lesen die ersten Absätze laut; Besprechung der jeweils unbekannten oder schwierigen Vokabeln oder Wendungen an den Absatzeinschnitten: (1) Gelegenheit zum Rückgriff auf Formulierungen aus der Unterhaltung über den Titel; (2) beiläufiges Bereitlegen von Vokabular, das für das weitere stoffliche und atmosphärische Verständnis nützt, durch Ausspinnen des schmuddelig Kleinstädtischen; (3) Akzentuieren zukünftiger Schlüsselwendungen für die Interpretation *(ordinary – extraordinary; butcher; it was all the same to him).* Nach dem 4. Absatz erste zusammenfassende Unterhaltung über das Gelesene: Ordnung auch des artikulativen Materials, Wendung auf »Bedeutung« etc. – ein System von (verhüllten) Vorverweisen und (offenen) Rückbezügen innerhalb eines sich in drei Schüben voranbewegenden Erwartungspatterns, – *nur dann legitim,* wenn

● die Akzente deutlich gesetzt wurden,
● Wechselverweise auch sichernde *repetitions* und *short summaries* enthalten (= Vehikel von *Strukturierung und Rekurrenz*),
● Ergebnisformulierungen durch ausdrückliche Forderung *(suaviter in modo, fortiter in re:* Einschnitte, Stundenschluß, Anfang folgender Stunde; *äußerste Form:* schriftl. Arbeit) abrufbar *und anwendbar* (= abermaliger Rückgriff) geworden sind.

Die im Ausdruck »Wechsel-Bezug« bezeichnete *reziproke* Qualität kommunikativ-antizipatorischer Unterrichtsstrukturen betrifft natürlich nicht nur die Beziehung zwischen Schüler und Schüler (Gespräch, Gruppenaufgaben, Verarbeitung von Leistungen anderer etc. – Möglichkeiten der Steuerung s. 2. Band), sondern auch die zwischen Schülern und Lehrer. Und hiermit sind nicht nur Formen »kommunikativen Rituals« gemeint, sondern darüber hinaus konkrete Chancen des Schülers, etwas mit Erfolg(!) gegen den Lehrer vorzubringen oder von ihm zu fordern (= eine der Funktionen des ALD bei der Fehlerdiskussion zu schriftlichen Arbeiten!).

5. Psychologischer Vorzug aller dieser Phänomene ist, daß sie die zwingende *Einheit aller Momente des fremdsprachlichen Unterrichts* (als Bewußtseinsfunktion) sichtbar machen und so – aus der Bekräftigung durch steten Wechsel-Verweis im System – seine Effektivität potentiell ganz bedeutend erhöhen. Diese Einheit ist zunächst *kontextueller* Art (im strengen Sinn dieses Begriffs): Vorstellungskontext ist grundsätzlich im Hinblick auf seinen attitudinalen Aspekt, *Sprache,* und zwar als Impuls-Ordnung (statt einer gegenständlichen Ordnung), zu verstehen; Vorstellungskontexte sind unterrichtsmethodisch *first and foremost* als Slots zu beurteilen. So wenig wie die akontextuelle Vorstellung zählt das einzelne

Wort: Nicht *daß* es vorkommt, ist wichtig, sondern daß es zu Äußerungen (Plural!) Gelegenheit oder Anlaß gibt, d. h. daß es auf Kontext verweist. Auf diese Weise wird das (durch eine »zweite Dimension« attitudinaler Zuwendung hindurchgeleitete) *Gespräch* zur zentralen Form des Lernens im FU: was nicht zur Sprache wird, hat hier nichts zu suchen; Situation ist z. B. immer sprachliche Situation. Dies bestimmt nicht nur Planung und Durchführung des Unterrichts (s. o. unter 4.), sondern auch das Verhältnis seiner Aspekte und Elemente zueinander: Wechselverweis ist auch hier zugleich kognitive und motivationale Bekräftigung. Textwahl z. B. ist Wahl spezifischer Bezugsbündel und Zuordnungsstrukturen; es ist also wohl selbstverständlich, daß sowohl mündliche wie schriftliche Arbeit, »Unterrichtsvorhaben jetzt« und »Unterrichtsvorhaben in 2 Monaten« feldmäßig aufeinander abgestimmt, vorgeplant sind. Diese Selbstverständlichkeit (die manchen Kollegen regelmäßig mehrere Ferienwochen kostet *und wohl auch beträchtliche Zeit kosten sollte*) verbietet es einfach, z. B. irgendeinen »erprobten« Text von einem Kollegen für eine Klassenarbeit zu übernehmen, – wenn das Unterrichtsarrangement nicht von vornherein oder *a posteriori* strukturelle Parallelen aufwies. Die Sprache sollte, wie sie im Unterricht erscheint, in ihren Anwendungen (Vorstellungs- und Übungskontexte!), Aspekten und Formen als Einheit erfahrbar sein.

> Der perspektivische Charakter vieler grammatischer Kategorien legt z. B. eine Interpretation von Texten aus zugleich grammatischer und semantischer Sicht nahe. Unter diesem Gesichtspunkt ist die Appellstruktur von Texten (als Slot zugleich textanalytischer- formal-grammatischer und »gesprächs-mäßiger« Arbeit!) wichtiger als deren sozusagen »reine« Formalstruktur. Emanzipatorisch-»inhaltliches« Lernziel-Interesse, das auf den höchst bewußt zunächst wahrzunehmenden Formalia der Sprachfassung (– anderenfalls wäre deutschunterrichtliche Behandlung »natürlicher« und also zu bevorzugen!) sich entfaltete, ist nur möglich, wenn *über diese Formalia* hinaus Bewußtseins-Perspektive, die sich auf den Leser richtet (Appellstruktur), überhaupt artikulierbar und »umstreitbar« in den Blick tritt. Unter diesem Gesichtspunkt sind oft gerade die für Sprachform sensibelsten Lehrerhilfen seltsam sinn-blind, wie das Beispiel der besonders sorgfältig gearbeiteten, ganz ungewöhnlich hilfreichen *Model Interpretations of Great American Short Stories* (Klett 92300) zum entsprechenden Schüler-Textheft zeigt: Der *grammatische* (und also Bewußtseins-Struktur indizierende) *Sinn* des Wechsels der *tenses* wurde zu A. BIERCE (S. 91) nur höchst unzulänglich, zu T. CAPOTE (S. 120) überhaupt nicht genannt; so bleibt unerörtert, wie Peyton Farquhars Fluchtvision durch den Gebrauch der *past tense* als der typischen *narrative tense* täuschende Vorgangs-Qualität gewinnt (allerdings in Bilderflucht), dann aber im Augenblick des Todes die außer-narrative, keinen wirklichen Vorgang mehr, sondern ein außerzeitiges *Nunc* anzeigende *present tense* an seine Stelle tritt, abgebrochen durch das plötzlich dagegengesetzte narrativ-knappe, vorgangsmäßig erledigende *»P. F. was dead . . . etc.«* des Schlusses. Zu CAPOTES Story, in der ein *frame* aus unausweichlicher, keine (Zeit-)Veränderung duldender Präsenz im *present tense* eine Geschichte(!) einschließt(!), welche scheinhaft Vorgänge im *past tense* auf eine Lösungs-Climax zusteuert, die schließlich wieder ins gefängnishaft Geschlossene des sich erinnernden Bewußtseins (das keine Zeit und keine Zukunft im Sinne von Veränderung mehr hat) einmündet . . . – zu diesem Alptraum einer Einheit von Grammatik, Sinn-Entwurf und Kunstform heißt es dann: *A change of form indicates a change of aspect; something different is to follow.* – Ja, aber *was* folgt denn???
> Wir müssen fairerweise betonen, daß andere Lehrerhilfen einen solchen Angriff deswegen nicht auf sich ziehen, weil sie das Podium, auf dem der Angriff möglich wurde, gar nicht erst besteigen.

Trennen wir Grammatik, Textarbeit und Lerngespräch nicht nur zu punktuellen Zwecken, sondern gewohnheitsmäßig, dann wird

● die »Gesprächskompetenz« verfallen, weil bei steigender Unsicherheit im Formalen mehr explizite Übungen zur Absicherung nötig sein werden; dies wird die Redefreudigkeit nicht erhöhen;

- die (aus der Mitte des Unterrichtsgesprächs verbannte) grammatische Kompetenz verfallen, weil ihr der arglose Charakter *beiläufig* notwendig werdender Scheidekraft fehlt: so ist nur noch kontextisolierte, also motivationsarme Übung möglich;
- die Gewohnheit solider Textarbeit abnehmen, weil zu oft *lofty speculations* die Stelle textnaher Debatten werden einnehmen wollen: es könnte etwas Beliebiges in die Textarbeit hineingeraten, das gewiß manchen Schülern zu hämischen und berechtigten Kommentaren Anlaß böte.

Verbinden wir sie aber, dann ist ein höchst erwünschter Nebeneffekt die Tatsache, daß aus konzentrierter *Spracharbeit* ein so differenziertes Ergebnis zu entwickeln ist. Befreit von »Stoff«-Massen wird eine radikale Revision unserer Vorstellungen von Wortschatz und Grammatik unter dem Prinzip des oben mehrfach erwähnten zu entwickelnden Arbeitsrasters für den fremdsprachlichen Unterricht sinnvoll.

Wieviel ist durch Selektionsrestriktion und Ausdrucksrekurrenz zu leisten? – Wie viele, oder besser: wie wenige Vokabeln (und welche) brauchen wir? – Und mit wie wenig Grammatik könnten wir auskommen? – Lauter neu zu durchdenkende Fragen, die bescheiden stimmen und – vielleicht – eine Art von Trost gewähren: Daß dies für alle Stufen gilt, zeigt unter anderem der energisch vorpreschende Versuch des neuen Lehrwerks *»English«* (1972 seqq.: Cornelsen; vgl. besonders das Lehrerheft für Ausgabe G, Bd. 1, von HELLMUT SCHWARZ, spez. S. XXVII) für die ersten Lehrjahre.

5.0.4. Bewußtseins-Pointe des FU. Das Ziel des Lernprozesses ist zunächst die *andere Dimension* der Fremdsprache: diese nicht als Objekt, das zu kennen, oder als Wissen, das zu erwerben ist, sondern als geprägt-tätige *Einstellung* (Attitüde), als »zweites System« möglicher attitudinaler Zuwendung neben dem grundlegenden der Muttersprache. Mit dieser Erweiterung oder Doppelung des artikulativen Vermögens sind emanzipatorische Elemente notwendig verbunden: Emanzipation als Attitüden-Prospekt schließt natürlich inhaltliche Zielvorstellungen ein, bindet diese aber im pragmatischen Kontext zunächst an jenes spezifische Ausdrucks-System der zu erlernenden Fremdsprache. In diesem Zusammenhang ist nur das wichtig, was für den Lernprozeß Bedeutung hat.

Wichtig ist zunächst nur die »Aufmerksamkeits-Einbettung« aller im Unterricht erscheinenden *linguistic items*. Dies besagt, daß von vornherein Sprach»inhalt« und Sprach»form« eins sind: Es gibt wohl niemanden, der nach den Beobachtungen von A. RATZKI noch die inhaltliche Gliederung und Auswahl unserer Englisch-Lehrbücher ohne Skrupel betrachtet (von den historisierenden Kontortionen in manchen Mittelstufen-Bänden ganz zu schweigen). Eine »schematische Trennung zwischen einer ›reinen Kommunikationsstufe‹ (Sekundarstufe I) und einer späteren (Sekundarstufe II) mit weiterführenden, übergreifenden Zielen (R. FREUDENSTEIN)«[22] ist etwa so undenkbar, ja, gefährlich, wie die schematisch entgegengesetzte, die die alte Spaltung in Inhalt und Form zu überholen behauptet und danach im Gewande des emanzipatorischen Interesses reproduziert. Emanzipation ist (in diesem Zusammenhang) aber nicht das Ergebnis inhaltlich geprägter Bekenntnishaltung, sondern sauberer Arbeit am »ANDEREN« in Text, Äußerung, Sprache überhaupt, – sofern sich der FU kommunikativ gibt (statt apparativ).

Wichtig ist fernerhin, den in besonders hohem Maße modell- und »gegenstandsabhängigen« Charakter des FU (HÜLLEN)[23] vielfältig auf- und abzufangen – ohne aus der gesamtsprachlichen Perspektive »herauszurutschen«. Dies legt nahe,

- die *aufbauenden* gegenüber den *abfordernden* Operationen zu betonen;
- den auf der Elementarstufe situations-immanent *geführten* recht bald in einen inner-

halb gewisser Formulierungs-Rahmen (= Feld-Ordnungen) nur noch *steuernden* Gesprächsunterricht umzuwandeln;

● den »C-Schülern« die nötige kognitive oder notionale Stütze im vorhinein zu geben (statt sie durch imitative Übungen zu zerren);

● die propositionalen Gehalte, an denen und um derentwillen der Schüler sich erprobt(!), ernst zu nehmen, während man selbst – mit »frei bleibenden« propositionalen Gehalten – eher performatorisch spricht.

Ein zu häufiges und nachdrückliches Einsetzen von Tests würde allerdings jeden derartigen Ansatz wieder bedrohen: es würde die Sprache dimensional verkürzen und das übernehmend-imitative Lernen fördern. Der Sache der Emanzipation wäre das abträglich.

Modell-orientiertes Lernen und Emanzipation gehören im FU zusammen. Zugleich neigen sie dazu, gegeneinander zu wirken, einander aufzuheben. Jeder erfahrene Fremdsprachenlehrer weiß, wie oft und wie ernsthaft Schüler das eine im Namen des anderen in Frage stelle. Die paradoxe *Einheit* beider ist letzten Endes nur dann gewährleistet, wenn die besondere Dimension der Fremdsprache fühlbar »trägt«, d. h. wenn die Aufmerksamkeits- und Antizipations-Bedingungen der Stunde *eine Suche nach Ausdrücken vom muttersprachlichen Artikulations-System her nicht als Regel, sondern lediglich als Ausnahme, kurz, knapp, gegen die Norm abgesetzt, aufkommen lassen.* Wesentliches Qualitäts-Kriterium einer Fremdsprachen-Stunde ist daher, wie selten das vernichtende Gefühl im Schüler entsteht: *Warum sagen wir dies alles auf englisch, warum nicht auf deutsch?*

Es könnte allerdings geschehen, daß Schüler – unbewußt – dies Fach aus einem anderen Grund schätzen: aus dem Gefühl heraus, hier werde das, was andere Fächer mit härterer Sachdisziplin zu tun sich mühen, gewissermaßen »verdünnt« und nur eben auf englisch getrieben. Wer in dieser Weise der strengen Aussage-Disziplin z. B. der Fächer Gemeinschaftskunde oder Deutsch entrinnen möchte, ist natürlich als Argument für eine stärker »inhaltliche« Orientierung des Faches Englisch wenig nützlich. Kollegen, die mit Blick auf die Gehalte anderer Fächer das Verhältnis von Motivation und Lernziel im Englischunterricht zugunsten einer vorzugsweise »inhaltlich« verstandenen Motivation ändern wollen, übersehen meist etwas sehr Wichtiges (das die Schüler wohl fühlen): Unter dem Gesichtspunkt jener anderen Fächer ist das, womit sie sich dann von Schülerseite zufrieden geben, oft einfach *dilettantisch*, – also allenfalls durch englischsprachige Formulierkraft legitimiert: Liegt jene nicht vor, – wozu dann die Quälerei mit dem unzulänglichen Medium? – Meint aber nun jemand, er (oder ein Schüler) müsse dann eben *auf deutsch* noch einige bedeutende Wendungen über das, was nicht mehr auf englisch gesagt werden konnte, anfügen (– als »Pointe« des *Englisch*unterrichts??), dann ist das auch keine Lösung: Es bekräftigt diejenige Haltung, welche dem Englischen – »dimensional verkürzend« – nur noch *instrumentalen*, d. h. inferioren Charakter zuzuerkennen bereit ist. Und »inferior« wäre dies dann nicht etwa »aus sich«, sondern aus der Sicht und Situation des Urteilenden: In seinem Gefühl, *bei seinem fast ausschließlich »inhaltlichen« Interesse*, böte die Muttersprache einfach das bessere Instrument!

Die Legitimation dessen, was wir da im Englischunterricht treiben und vorhaben, liegt gänzlich im Bewußtsein des Schülers. Unbewußte, nicht reflektierte Entscheidungen gegen die lästigen Bedingungen des Faches haben ihre Symptome und Indizien. Eines dieser Indizien ist häufiges Ausweichen in die Muttersprache bei erkennbarem Interesse an der »Sache«, über die man sich gern äußern würde. In diesem Falle besteht der Verdacht, daß der Schüler sich mit seinem Engagement für ein Problem (z. B. *negro protest*) nur darum in einer mißlichen Lage befindet, weil »es eben bloß auf englisch geht«. – Der Lehrer sollte wissen, daß bei einer solchen Sachlage *der eigentliche Lernprozeß noch nicht einmal begonnen hat;* seine attitudinalen Vorbedingungen sind erst noch zu schaffen.

»Spaß am Englischen« – wie bringt man das zuwege? – Wir sehen keinen anderen »Weg« als den hier skizzierten.

Was »natürlicher« in der Muttersprache kommt, – sollte das nicht auch in der Muttersprache geäußert werden?

5.1. Warum es der Praktiker braucht
(Zur psychologisch-funktionalen Basis unseres didaktischen Modells der Fremdsprachen-Lernpsychologie)

5.1.0. Einführung. »*Organ-Funktion*«, so sagten wir, liegt fremdsprachlichem Lernen zugrunde: *Wahrnehmen, Verstehen* und *Behalten* sind seine Basis. Die Basis dieser Basis ist nicht gerade *quicksand,* aber doch recht *uncertain.* Wir hatten PARREREN. So schien es. Die Debatte ist wieder aufgebrochen. Unter dem Schorf bildet sich neue Haut: Wir warten auf H. HEUERS »Lernprozeß und Englischunterricht« (schon im Titel an PARRERENS »Lernprozeß und Lernerfolg« anknüpfend); das Werk ist für 1974 im Verlag Quelle & Meyer (Heidelberg) angekündigt, und wir haben Grund zur Annahme, ein neues grundlegendes, empirisch fundiertes MODELL fremdsprachenunterrichtlicher Lernvorgänge werde hier vorbereitet.

Alas! – HEUER ist noch nicht heraus und PARREREN – in unseren Augen – immer noch *convincing* (– wer sagt auch, daß die beiden Spannpole fremdsprachen-lernpsychologischer Debatte einander ausschließen oder wechselseitig in Frage stellen müssen?). Allerdings sind wir geneigt, die Akzente etwas anders zu setzen, als bislang üblich.

5.1.1. Vor und »neben« van Parreren. Es gab einmal eine Kontroverse zwischen Assoziations-Psychologie (bekanntester Vertreter: W. WUNDT) und Gestaltpsychologie (zu der auch K. BÜHLER »zählt«). Sie feiert heute – in komplizierter Überkreuz-Weiterführung älterer Positionen – fröhliche Urständ in der Kontroverse zwischen Assoziationismus und Kognitivismus. Im Grunde ist auch diese Kontroverse wohl schon überholt.

> Historisch ist der Wechsel zu verstehen als ein Methoden- und Sichtwandel: An die Stelle introspektiv (oder gar spekulativ) am menschlichen Erleben orientierter Hypothesenbildung tritt Beobachtung und Deutung notierbarer Daten.[24]
>
> Schnellhin, »ins Unreine«, formuliert, lagen die Dinge bei den beiden älteren Schulen folgendermaßen: Zentrales Prinzip der Assoziations-Psychologie war das der (»assoziativen«) Verknüpfung aufgrund von *Kontiguität* (= räumlicher oder zeitlicher Nachbarschaft);[25] für die Gestaltpsychologie leistete Entsprechendes die Vorstellung der *Organisation* innerhalb und zu einer »Gestalt«.[26] Das, *was* da verknüpft oder organisiert wurde, waren die »Glieder« des Vorganges oder der »Lernstoff«: Es (bzw. sie) »haftete(n)« im Gedächtnis, wenn die Verknüpfung bzw. Organisation unter gewissen Bedingungen erfolgte (s. darüber unten unter 5.2.). Ergebnis oder »Nachhall« des Erlebnisses im Gedächtnis waren nach der Terminologie beider Schulen »*Spuren*«[27]; dabei betonte die Gestaltpsychologie, daß es sich um »*strukturelle Spuren*«[28] handle. Andere, aus der Assoziations-Psychologie stammende Bezeichnungen für »Spur« sind »Engramm«,[29] »Residuum«, »Gedächtnisdisposition« oder »Reproduktionsgrundlage«.[30] In der Nachfolge des Gestaltpsychologen KOFFKA wurde bereits darauf hingewiesen, daß es bei *Wiederholungen von ähnlichen (nie gleichen) Prozessen* oder Prozeßfolgen (→ Spuren) zur Bildung von *Spurensystemen* kommt, »die ihrerseits viel stabilere Organisationen sind als die individuellen Spuren.«[31] Daß innerhalb solcher Spurensysteme die einzelnen individuellen Spuren weniger stabil waren, war ein zunächst offenes Problem (– eine der Grundlagen fremdsprachenunterrichtlichen *Transfers,* s. u.!).
>
> Bei der strenger auf Beobachtung und Interpretation wahrnehmbarer Daten gegründeter Hypothesenbildung aus der Frühzeit der *modernen* Lernpsychologie gibt es ein besonders wesentliches theoretisches Konstrukt: das einer *cognitive map* von E. C. TOLMAN.[32] Gemäß dieser drückt sich in einer Art vorwegnehmender Eingruppierung von Begegnendem eine (immer wieder korrigierte und umstrukturierte) »*Erwartung*« aus; es bilden sich »*Verhaltenspläne*« (*habits*) und – eine Schicht »tiefer« – *Einstellungen*[33] (! – s. bereits oben unter 4.2.2.4.).

Die Kontroverse zwischen Assoziationismus und Kognitivismus wurde für den fremdsprachlichen Unterricht relevant durch das Gegenüber eines Lernpsychologen, der sich für sprachliche Prozesse interessierte (B. F. SKINNER), und eines Linguisten, dessen intellektuelle Ausstrahlung in die Sprachpsychologie hineinreichte (N. CHOMSKY), – und durch die Faszination, die ihre Thesen in didaktischen Simplifikationsmodellen, theoretisch unzulänglich abgesichert also, auf die Fremdsprachenlehrer ausübten. Schlüsselbegriffe bei SKINNER, der aus der behavioristischen Denktradition argumentierte, waren *stimulus, response* und *reinforcement*. Schlüssel-Einwand CHOMSKYS war, Spracherwerb sei ohne Kognition (= strukturierte Einsicht) an zentraler Stelle des Beschreibungsmodells nicht darstellbar. Beide Darstellungen erfuhren ihr Pädgagogisierungs-Cannae: Wollte SKINNER ursprünglich nicht Steuerung von Lernprozessen, sondern *verbal behaviour* beschreiben(!), so richtete sich CHOMSKYS Blick nicht auf institutionalisierten oder überhaupt personal gesteuerten Zweitsprachenerwerb, sondern auf die Genese *muttersprachlicher* Kompetenz. Zutreffend wurde in SKINNERS S-R-Schematismen das automatisierende, sinn-»blinde«, imitative Prinzip, in CHOMSKYS Transformations- und Generations-Regeln die Richtung aufs Bewußte, auf Reflexion, verspürt.

Tatsächlich ist die ganze Kontroverse, wir sagten dies bereits, im Grunde schon überholt. Was wir an ihr fassen, sind Orientierungspole wissenschaftlicher Reflexion, deren wirkliche Basis nicht diese Theorien-Syndrome, sondern Einzeluntersuchungen sind: ein »disparates Kontinuum« gesicherter Einzelerkenntnisse ohne einfachen System-Rahmen. Alle diese (größtenteils empirisch hergeleiteten und verifizierbaren) Einzelerkenntnisse sind für Einzelaspekte des Unterrichts durchaus übertrag- und anwendbar – wie weiland die S-R-Prinzipien auf dem Felde der Sprachlabor-Arbeit, des Programmierten Unterrichts und des Pattern Drill. Leider war bis vor kurzem kein allgemeines Prinzip »auszumachen«.

Genau dies aber, ein allgemeines Prinzip, braucht der praktizierende Lehrer – und sei's um den Preis abermaliger (natürlich immer geringstmöglicher) Simplifizierung. Ohne ein solches vermittelndes didaktisches Modell könnten ihn wissenschaftliche Arbeit, wissenschaftliche Reflexion und deren Resultate nicht erreichen: Der Freiraum zu eigener kritischer Beschäftigung damit ist einfach nicht da. Das Gewirr kontextisolierter Einzelhinweise spiegelt sich in den so großartig informierenden Artikeln von HORST ARNDT wie z. B. in der Darstellung von JAKOBOVITS und erschwert die Lektüre trotz der übersichtlichen Organisation.

Dennoch gibt es bereits gewisse Haltepunkte – und sogar so etwas wie systematische Verstehensstütze für den Praktiker. Das beginnt mit der terminologischen Übereinstimmung beider Schulen in Hinsicht auf die grundlegende Vorstellungseinheit der »Spur«. Das setzt sich fort in dem immer neuen Scheitern der Versuche, den *habit*-Begriff zur Scheidemarke beider Schulen zu machen: offenbar ist dies nicht möglich. Die Zusammengehörigkeit beider Aspekte deutet sich bereits an – in der Begriffsprägung *»generative habit«*.[34] Der Streit setzt sich fort in der Methodendiskussion über die *audio-lingual habit theory* und die *cognitive code-learning theory* (s. u. unter 5.3.1.) – ohne Resultat!

Wir scheuen uns nicht zu meinen, daß eine *in den wesentlichen Zügen* immer noch die praktische Unterrichtsarbeit anregende und steuerfähige Modell-Position dem holländischen Lernpsychologen CAREL F. VAN PARREREN zukommt.

5.1.2. C. F. van Parreren. »Man hält Umschau unter demjenigen, was die Lernpsychologie zu bieten hat, und versucht damit, hier und da etwas auf didaktischer Ebene auszurichten.«[35] – Dieser niederschmetternde Satz PARRERENS trifft uns voll, so scheint es, – und trifft zu einem Teil auch die zwei Praxis-Aufsätze, die PARREREN selbst mit so bedeutender Wirkung in den frühen 60er Jahren auf die deutschen Fremdsprachenlehrer »losließ«. Solange aber die von PARREREN selbst geforderte empirische Ausschnittforschung »vor Ort« in nur sehr begrenztem Ausmaß vorliegt,[36] folgen wir seinem Beispiel (das er selbst offenbar inzwischen bereut hat) *in anderer Richtung gern.*

Sein Aufsatz über »Psychologie und Fremdsprachenunterricht« von 1963 wandte seine System-theorie vereinfachend auf allgemeine Probleme der fremdsprachenunterrichtlichen Praxis an – und wurde prompt genauso einseitig verstanden, wie er darin seine allgemeine lernpsycholo-gische Position präsentiert hatte: Interferenz schien die eine große Gefahr des modernen Eng-lischunterrichts, Systemtrennung dessen einzige Rettung und Sicherheit. PARREREN hatte ein »Rezept« angeboten.

Tatsächlich ist fremdsprachliches Lernen ein erheblich komplexerer Vorgang, als hiernach der Eindruck sein konnte; und PARREREN wußte dies zweifellos. Dies aber kam nur noch in gele-gentlichen Hinweisen des ersten Aufsatzes und in dem *»nicht zu viel«* des Schlußsatzes im zweiten Aufsatz heraus. Wer VAN PARREREN in den weitergehenden Aspekten der System-theorie packen will, muß schon sein Hauptwerk »Lernprozeß und Lernerfolg« lesen. In Aus-einandersetzung mit den entsprechenden Kapiteln dieses Buches werden wir im folgenden ein etwas anderes Bild entwerfen, als man es aus der Diskussion um jene 2 Aufsätze her gewohnt ist. Wir tun dies in desto ungetrübterer Sicherheit, als PARREREN selbst bei der tiefgreifenden Umarbeitung seines Hauptwerkes für dessen zentrale Passagen *keinen* Grund zur Neufassung sah[37]: Neuere Experimente hatten seine Systemtheorie durchweg bestätigt.

Bewußtsein, Gedächtnis, Spurensystem

In PARREREN laufen die oben geschilderten, auf der Oberfläche so gegensätzlichen Tradi-tionen der Lernpsychologie zusammen. Er greift zurück auf die gestaltpsychologische Vor-stellung einer »Gedächtnisspur«, schließt aber assoziationistische Momente für den Aufbau solcher Spuren nicht aus. Damit leistet er konzeptuell genau jene Verbindung schul-theore-tischer Elemente, die als das Ende einer vertrauten Dichotomie gegenwärtig der Lernpsy-chologie letztes Wort ist. Entscheidend ist dabei seine Betonung *systemhafter* Aspekte. Spu-ren sind immer Teil eines immer schon »angelaufenen« Systems. Dies ist zugleich ein Rück-griff auf das oben genannte gestaltpsychologische Konzept des *Spurensystems* wie eine be-deutsame sprachlernpsychologische Zuspitzung. In dieser Zuspitzung zeigt der Begriff des Spurensystems Ähnlichkeit mit dem, was B. V. BELJAEV in der russischen Sprachlernpsycho-logie unter dem Namen »dynamische Stereotype« auf seine didaktische »Ergiebigkeit« hin untersucht hat.[38] Zugleich schließt er eine Affinität zur behavioristischen Lerntheorie K. L. PIKEs nicht aus: PIKE versucht die entsprechenden Vorgänge im Bild einer *Nucleation* zu fassen, als ein »Ankristallisieren« also, und zieht daraus sprachdidaktische Schlüsse. PAR-REREN Modellvorstellung eines Spurensystems bezeichnet einfach die Mitte gegenwärtiger lernpsychologischer Debatte – soweit es um Rahmen- und Modell-Vorstellungen geht.

»Eine Spur ist eine durch Lernen erworbene Verhaltenspotenz«: Das ist *mehr als* eine behavioristische, zugleich *nachprüfbar wie* eine behavioristische These. – »Spuren ... (bil-den) ein psychologisches Feld, das Organisation aufweist.« – Das System baut sich im Verhalten auf und manifestiert sich als »Gerichtetheit«[39] der Person im Augenblick des Lernvorganges: Es hat attitudinalen Charakter.

Offenbar ist das, was im Lernprozeß *aktiviert* wird, das Gedächtnis; aber ebenso offenbar ist das Gedächtnis nur die ausdrückliche Form personalen Bewußtseins. *Kontext* ist auch hier alles; und wir erfahren sehr genau, wie die Pointe in der aktiven Begegnung von Be-wußtsein und gegenständlichem Kontext, PERSPEKTIVE, sich ergibt: Stets begegnet der Systemzusammenhang *als solcher* (d. h. die Person als ganze) möglichen antizipierten und also auch »hervorrufenden« kognitiven Inhalten; niemals etwa trifft ein Reiz *(Stimulus)* von außen auf ein isolierbares reaktives Verhalten (das es dann – als *Response* – »auslöst«). Darum spricht PARREREN statt von Stimuli von »Evocatoren«. Da aber Evocatoren nur »evozieren« können, was ihnen in »Suchintention« entgegenkommt, ist mit Subsystemen »etikettierter« Tätigkeiten in Situation zu rechnen. *Psychologische Etikettierung* ist also

genau das, was wir oben wiederholt als Raster fremdsprachenunterrichtlicher Sprachver-
haltens-Topoi zu beschreiben suchten (s. insbesondere unter 4.3.4.3.8.).[40] Dabei kann die
Tatsache, daß *Sinnvolles* eher behalten wird als kontextisoliertes Übungsmaterial, durchaus auch darin seinen Grund haben, daß mit »Sinnvollem« im allgemeinen »als Spuren-
system *gewohnte*« situative Kontexte gemeint sind (Alltags-Kontexte u. ä.).[41] *Einbettung*[42]
bezieht sich demnach

- auf das attitudinale Bewußtseins-System als ganzes,
- auf ein situatives System von »Etikettierungen«,
- (»angewandt«:)
  auf spezielle fremdsprachenunterrichtliche System-Phänomene:
    - pädagogische Vorgangs-Einheiten
      (die Unterrichtsmittel, Sequenzierung, Visuelles, Rekurrenz, Immanenz etc.)
    - kommunikative Vorgangs-Einheiten
      (Vorstellungs-Einheiten im Hin-und-her des Lerngesprächs)
    - »etablierte« Arbeits-(i. e. Verhaltens-)Gewohnheiten des konkreten Unterrichts.

Das Wichtigste sei als Letztes genannt: »Perspektivisch-kontextuelle« Einbettung bezieht
sich auch und erst recht auf die SPRACHE selbst, i. e. das, was wir oben deren »eigene
Dimension«, die »gesamtsprachliche Perspektive«, nannten.
Und damit erst wird alles kontrovers.

Fremdsprachen-Lernen, Bewußtseins-Vorprägung, Dominanzform des FU

Seit der eigentlichen Sprachbildungsphase der Kindheit trägt jeder Mensch ein System von
preconceptions über Sprache überhaupt (Zuordnung von Laut und Bedeutung, Wort- und
Satzeinheiten, Strukturierung überhaupt) sowie so etwas wie den motorischen Plan und
den kognitiven Plan seiner Muttersprache mit sich herum,[43] nicht bewußt, als Ziel- oder
Leitvorstellung, sondern als intentionales Erwartungs-Schema[44]: In der »Impulsfigur«
des eigenen artikulativen Verhaltens *antizipiert* er die attitudinalen *Grids* jedes möglichen
anderen Systems. So ist das, was HÖRMANN »die psychologische Realität der Grammatik«
nennt, nicht einfach an- und auszuschalten. Obwohl die Struktur attitudinaler Zuwendung
»auch« *erlernt* ist, ist sie dennoch als semantisches, als kategoriales und als perspektivisch-
»dimensionales« Bezugssystem[45] *unterhalb* jener Gedächtnis-Aktivitäten und -Experimente
anzusetzen, die PARREREN auf den SS. 310 ff. anführt. Auf S. 312 erklärt er, »das höchste
Maß von Aktivität (habe) ein System dann, wenn es vollkommen aktuell wird, (d. h.
wenn) die Person ... vollständig von diesem System absorbiert wird«. So weit – so gut.
Aber das Experiment, von dem dies hergeleitet oder durch das dies belegt wird, zeigt, daß
jedenfalls er selbst dabei keine Sekunde an das Fremdsprachen-Lernen gedacht haben kann
(auf das seine allgemeine Formel *cum grano salis* zu passen scheint): Während des ganzen
vorher beschriebenen Experiments wurde nämlich das im Bewußtsein »aktive« System
muttersprachlicher »Artikulations-Spuren« keinen Augenblick lang außer Kraft gesetzt; es
erfuhr vielmehr in (muttersprachlich gehaltenen) Arbeitsanweisungen, Pausen-Erklärungen
etc. ausdrückliche Bestätigung und »Bekräftigung«. So wollen hier die Darstellungen
PARREReNs nicht recht passen: Der Erwerb einer Fremdsprache ist eben mehr als ein
kognitiver *Umgang mit etwas* (dessen »reinstes« Ziel ein *Wissen* wäre); er greift einfach
tiefer in die Verhaltens-Organisation der Lernenden ein. Anderenfalls wäre »Einsprachigkeit« kein solches Problem.[46]

Schon oben (unter 5.0.3.3.) sprachen wir von der *doppelten* Aufmerksamkeitsstruktur aus »latenten« und dominanten Artikulationssystemen L₁–L₂ als von einer *Bewußtseinsgröße* im FU. Diese doppelte Aufmerksamkeitsstruktur, in der Vorstellungen sich in einem Prisma aus konkurrierenden verbalen Verhaltensvorschriften »brechen«, ist natürlich geeignet, die ohne Zweifel künstliche Kommunikationssituation des Unterrichts *bewußt* erleben zu lassen: Daß aber der Schüler die Situation und sein Handeln bewußt erlebt, besagt nicht, daß die Struktur dieses Handelns kognitiv *ist*, – so PARREREN selbst in seiner Erläuterung kognitiver und nicht-kognitiver Handlungsstrukturen. Weder *»Modell«* noch *Begriff* werden in diesem Fall *»angewandt«* (– das eine wäre etwa Übersetzen oder Textinterpretation gemäß erworbenem Schema, das andere metasprachlich betriebene Grammatik); es wird überhaupt nicht »etwas auf etwas angewandt«, sondern »etwas« ge-*äußert: Kompetenz!*

Im Gebrauch sprachlicher Kompetenz geht die Steuerung des Verhaltens von der Person aus, die »Aufmerksamkeit« dieser Person aber richtet sich dabei nicht etwa auf »seine Sprache« als auf ein Objekt; sie richtet sich auch nur in Ausnahmefällen auf Objekte als auf »potentielle Sprache«. Die »kognitive Struktur« des Vorganges ist vielmehr *vor* und *»unter«* allem Objektbezug von Handeln in diesem Handeln einfach »da«; als psychischer Vollzug selbst ist eben dieses Handeln objekt-los, nicht-kognitiv, – »unbewußtes« Valenzhandeln. So sind kognitive und nicht-kognitive Momente ineinander verflochten. Das ganze scheint dem TOLMANschen Verstehensschema der *cognitive map* näher als PARRERENs Begriff der kognitiven (oder nicht-kognitiven) Handlungsstruktur.

Eben dies aber, »muttersprachenähnliche« fremdsprachliche Kompetenz als jenes nicht-kognitive, »unbewußte« Valenzhandeln, ist das Basis-Lernziel des FU; auf dieser Basis baut alles weitere auf (und das ist allerhand). Ob der Erwerb solcher Kompetenz vom Typus des Valenzhandelns (in gewissen Grenzen) kognitiv »einzuleiten« sei und wie viele bzw. welche kognitiven »Stützen« dabei nötig sein werden, das sind ganz andere Fragen.⁴⁷ Entscheidend ist, daß sich dies aus dem muttersprachlichen Bereich bekannte Problematik hier wiederholt. – In einem Punkte allerdings sollte fremdsprachliches Lernen *strengste Strukturierung* aufweisen: in seinem *situativen,* d. h. auch: *sprachlichen Kontext.* Macht dies das Lernverhalten im FU zu einem kognitiven Verhalten? – Einerseits erfolgt die »Steuerung des Verhaltens von der Situation her« – jedenfalls von der im Bewußtsein aufgebauten. – Ist das noch die »Situation«, von der PARREREN spricht? – Andererseits fürchtet wohl niemand, der Schüler müsse nun zum »Spielball« jener »Tendenzen (werden), die von der Situation her direkt auf die Person einwirken«.⁴⁸

Es ist doch sehr die Frage, ob nicht gesunde Skepsis zu züchten wäre gegenüber so vielen am klassischen Modell des »Erlernens *von etwas«* entwickelten Theoremen der Lernpsychologie beim Transfer auf das Fremdsprachen-Lernen. Viele der klassischen Experimente von EBBINGHAUS bis PARREREN untersuchen nicht die Bedingungen von Kompetenz, sondern die Bedingungen gegenständlichen Wissens bzw. Behaltens (– auch und gerade dann, wenn es um »Sprache« geht!).

Dies schmälert die eigentliche Leistung PARREREN in der vorliegenden Frage um keinen Deut: Endlich wurde wissenschaftlich, d. h. empirisch und theoretisch stringent, bewiesen, daß »*völlige* Systemtrennung« im Bereich des Fremdsprachen-Lernens die Vorbedingung eines vollen Lernerfolgs wäre, – *wenn eine solche »reine« Trennung in der Schule herstellbar wäre!*

Da dem nun einmal nicht so ist, bleibt immer noch der Imperativ einer *weitgehenden System-Geschlossenheit im Bewußtsein: dominante Präsenz der Fremdsprache in der Aufmerksamkeitsstruktur bzw. Antizipationsstruktur des Lerngesprächs.* Zugleich aber sind wir nun frei in den Fällen, in denen *common sense* oder didaktische Vernunft *für begrenzte* (umrissene) *Zeit* einen Einsatz der Muttersprache nahelegen.⁴⁹ In solchen Augenblicken ist nur noch ein einziger Skrupel zu hegen, zu pflegen, ja, förmlich zu hätscheln, – die Sorge nämlich, der Einschub könnte in die Aufmerksamkeits-Perspektive des Gesprächs einbrechen und die artikulative *contextual pressure* oder *challenge* der Unterrichts- und Zielsprache aufheben (statt sie nur kurz zu unterbrechen).

System-Geschlossenheit und Transfer

Systeme von »Spuren« im Gedächtnis sind *per definitionem* gegliedert, zusammenhängend und geschlossen. Ihre Strukturierung (sie sind »gegliedert«) erhöht und befestigt den mit ihnen verbundenen Behaltenseffekt. Ihre Kohärenz (sie sind »zusammenhängend«) bedingt den sog. ZEIGARNIK-Effekt; sie hat übrigens »Rahmen«-Qualität und schließt fluktuierende Substitution ihrer Einzelglieder nicht aus, sondern ein. Ihre Geschlossenheit ist der Grund sprachpädagogischer Probleme und Möglichkeiten.

Beginnen wir mit den letzteren. Die Kraft eines Systems liegt in seiner Geschlossenheit. Darum ist auf die Dauer ein Unterricht, in dem alle Teile aufeinander abgestimmt sind (= in dem z. B. auch genau das geprüft wird, was vorher durchgenommen wurde; – *die Kraft der »alten Lateinlehrer«!*), effektiver als ein flockig-reihender, und sei jener auch punktuell motivationsreicher. Diese Spannkraft des geschlossenen Systems äußert sich auch, wenn im überschaubar-deutlichen Gesamtzusammenhang unverhofft eine »Stelle« offen ist: wenn z. B. Spielszenen plötzlich abgebrochen werden, Gesprächsansätze unabgeschlossen bleiben, Stunden-Pointen für den folgenden Tag angebahnt werden. Dann können sich jene Reproduktionsstöße ergeben, die (nach ihrer ersten Beschreiberin) den Namen ZEIGARNIK-Effekt tragen.

Die Dialektik von erkennbarer Systemstruktur und fehlendem Glied, die den psychologischen Auslöse-Reiz zum ZEIGARNIK-Effekt ausmacht, läßt sich auch bei der Arbeit an künstlerischen Texten auf der Sekundarstufe II methodisch nutzen. Stellt man z. B. nur zusammen, was der Zuschauer bei der Ausführung wahrnimmt, dann fällt die durchgehende Abwesenheit der Titelfigur in E. ALBEES »*The Death of Bessie Smith*« beunruhigend auf, – insbesondere als sie »indirekt« so intensiv präsent ist: als Geräusch, als Gesprächsthema, als Schallplatte und zuletzt (inzwischen ganz »nah«!) als Tote. Solche Zusammenstellungen sind zugleich sichernde Spracharbeit und pointierende Textanalyse, welche Fragen nach dem Sinn fast »von selbst« aus sich hervortreiben. –

Für den Sprachlernprozeß im engeren Sinne ist eher die *System-Qualität von Sprache* = deren *»grammatischer Plan«* interessant. Dieser »trägt« den Fremdsprachen-Erwerb. Linguistische Kompetenz ist nahezu durch seine Interiorisierung zu definieren. Sind syntaktische und morphologische Strukturen – in jenem oben erwähnten Basis-Bereich, der sprachliches Valenzhandeln ermöglicht, – einmal erworben, dann sind sie als Spuren ungewöhnlich fest: F. GOLDMAN-EISLER[50] konnte experimentell nachweisen, daß syntaktische und morphologische Strukturen sogar gegen bewußtseinstrübende Drogen erheblich widerstandsfähiger sind als lexikalische Feld-Ordnungen und Elemente. Nimmt die Komplexität im strukturellen Bereich zu, dann verlangsamt sich normalerweise die Sprechgeschwindigkeit nicht, – wohl aber bei entsprechenden Veränderungen im lexikalischen Bereich. Die Strukturen der Sprache bilden eine Art von artikulativen Grund-Fundus; die Lexis ist den Schwankungen und Bewegungen von Bewußtsein und Willen unterworfen: »Man sucht bisweilen bewußt nach einem Wort (auch in der Muttersprache), man sucht niemals beim geläufigen Sprechen nach einer Struktur« (O. STEIN).[51] Auch Schüler tun dies im allgemeinen nicht; der Aufbau einer elementaren Kompetenz-Basis scheint uns immer zu gelingen, Schwierigkeiten macht der Aufbau einer Basis-Kompetenz. Es wäre zu prüfen, welchen der beiden artikulativen Systeme die *Funktionswörter* (s. o. unter 3.3.2.) zugehören; – vermutlich den Strukturen.

Die Geschlossenheit eines Systems ist zugleich seine »Stärke nach innen« und seine »Starre nach außen«, d. h. ein erstes **Transfer**-Hemmnis. Was bei (weitgehend) einsprachigem Betrieb der »gesamtsprachlichen Perspektive« der Zielsprache zugute kommt, schwächt den innersprachlichen Transfer zwischen verbalen Lern-Subsystemen. Die sich in Zusammenhang damit ergebende Neigung von Lernenden, »erlernte« Subsysteme (als »erledigt«) »abzuhaken«, hebt immer wieder den kontextuellen, und das heißt schließlich: den perspektivisch-»dimensionalen« Aufmerksamkeits-Zusammenhang der Sprache auf; sie splittert das intentionale Lernverhalten des Lernenden auf und gefährdet – da hier attitudinale *Habits* zu Einheiten fragmentierten *Wissens* werden – den angestrebten Lernerfolg. – Auch dies ist natürlich wieder ein Argument gegen das formale Testen in seiner Tendenz zur attitudinalen Dominanzform des FU.

Für den Lernfortschritt *nach* Erwerb einer ausbaufähigen Basis ist dies ein schlechthin grundlegendes Problem: Wie sind kompetenz-erweiternde Übungsübertragungen innerhalb des Großsystems der Zielsprache von Subsystem zu Subsystem möglich? Wegen des (im Vergleich zum strengeren innersystemischen Verweis bei den grammatischen Strukturen) lokkereren Feld-Zusammenhanges im Bereich der Lexis ist dies offenbar das Schlüsselproblem fortgeschrittener Unterrichtsarbeit auf der Stufe des *Sprachausbaus*. Frühe Formen dieses Unterrichtstyps bzw. Lernaspekts finden sich bereits auf der Unterstufe; so deckt eine Antwort auf diese Frage ein ganzes Spektrum von Fragen von »unten« bis »oben« ab.

Nach PARREREN ist ein »innersystemischer« Transfer der Subsysteme nur zu erreichen durch *doppelte Systembindung* des zu erlernenden Verhaltens[52]: Was im *pattern drill* oder in ähnlich fixierender Übung als Subsystem erstarren würde (bestimmte grammatische Phänomene, Response-Bündel, Ausdrucks-Felder) ist *wechselnd in mehreren Situationen zu verankern*.

W. RIVERS erinnert in diesem Zusammenhang an das aus der Gestaltpsychologie stammende Transfer-Prinzip der *Transposition*[53], das sie unmittelbar auf die »*Situations*«-Arbeit des FU angewendet wissen will.

> Das Prinzip der *Analogie*, das z. B. den Transfer von Formen des *pattern drill* in wort- und phrasen-entsprechende Situationen ermöglicht, beruht auf der Idee eines Lernens mit identischen Elementen (nach THORNDIKE). *Transposition* geht darüber hinaus und basiert auf einem *Verstehen* der Konfiguration von Elementen: *the elements are changed, but the whole-qualities, the essence, the principle are preserved in recollection ... and we may apply them under changed circumstances* (G. KATONA).
> RIVERS empfiehlt dies Konzept ausdrücklich für den Fremdsprachen-Unterricht: *More attention must be given to this type of learning in the foreign-language class if the students are to develop fluency in all kinds of language situations ... What transfers to a new situation is perceived relationships. Common principles mediate learning between two situations which are otherwise quite different. These provide much better transfer than reliance on similar elements which, in the crucial situation, may not reappear or may not be perceived as reappearing.* – Entscheidend ist dabei, daß in der »neuen Situation« (dem Transfer-Ziel) die rekurrierenden Elemente *need not be facts; they may also be elements of method or attitude* (– die Einheit der Lehrerpersönlichkeit als eines *fixed participant* im Lerngespräch?).
> Und damit, so sollte man meinen, wäre die Brücke zum PARRERENschen Begriff der »*doppelten Systembindung*« geschlagen ... – Weit gefehlt.

Im Verfahren einer Situations-Transposition gewinnt der FU – nach RIVERS – *kognitive* Qualitäten. Wie anders sollte man wohl sonst das von ihr zitierte Konzept des *learning with understanding* von G. KATONA verstehen? – PARREREN dagegen unterscheidet – ohne Zwischentöne – kognitiv und nichtkognitiv sowie (in Hinblick auf »Situation«) »Steuerung durch die Person selbst« und »Steuerung des Verhaltens von der Situation her«. Dazu kommt, daß alle seine Beispiele das Lernen als »auf etwas« gerichtet beschreiben; die Relation auf ein Lern*objekt* bestimmt auch den Sinn des Wortes »*Situation*« bei ihm.[54] Situation«, wie wir es hier verwenden – als »*strukturierte* Erfahrung«, etwas, das die »Helle« des Kognitiven, aber auch das Affekt-Eingebundene des Nicht-kognitiven hat, kommt bei ihm nicht vor; er müßte es wohl zur Kategorie des »Nicht-kognitiven« schlagen.

Es ist doch wohl zu fragen, *ob nicht das Prinzip des Situativen* (besser: des situativen *Kontexts*) *ein drittes Prinzip konstituiert*, das dann eher dem der TOLMANschen *cognitive map* als PARREREN schen Kategorien entspricht. Ohne daß von einer *bewußten* »Benutzung« dieses *»Plans«* die Rede sein kann, reagiert dieses Verstehenssystem doch unabhängig, produktiv und als ganzes auf Situationen, die den Charakter von organisierten Ganzen haben.[55] – Dies bedeutete den Versuch einer Versöhnung der PARREREN schen Systemtheorie mit dem TOLMAN schen Konzept der *cognitive map* zu didaktischen Zwecken. Nach einer solchen – zugegebenermaßen gewaltsamen – *coincidentia* stünde dann wohl der Usurpation des Begriffs *»äquivalente Situation«* (in dem erwähnten Sinne) auch nichts mehr im Wege.

Die Anwendung der RIVERS schen Forderung läuft auf die *Erfindung von Situations-Bündeln* aus **äquivalenten Situationen** hinaus.

> Wir verwenden das Konzept der »äquivalenten Situationen« also *gegen* die von PARREREN in seinem Transfer-Kapitel vorgenommenen Blickverkürzungen auf ein Gegenüber von Kognitivem und Nicht-kognitivem[56]: in dem von RIVERS postulierten und von so verschiedenen Geistern wie KATONA und TOLMAN zu stützenden Sinne.
> Die Spannweite der Anwendung dieses Begriffs spiegelt sich in den Beispielen: von ZIMMERMANNS »Minimalsituationen«, den S-R-Übungen der *pattern practice* nahe, bis zur freien Äquivalenz des gesteuert-»freien« Lerngesprächs auf der Stufe fortgeschrittenen Sprachausbaus.
> In der fachdidaktischen Literatur erscheint dieser wichtige Begriff m. W. nur bei G. ZIMMERMANN.[57]
>
> (1) ZIMMERMANN verwendet den Begriff der »äquivalenten Situationen« in Verbindung mit *kommunikativen Minimal-Situationen,* die erkennbar einem – bei ihm noch nicht ausgeführten – typologischen Raster rekurrierender Vorstellungs-*patterns* entsprechen. Als Beispiel nennt er z. B. die Situation »Unannehmlichkeit, der durch einen Rat begegnet werden soll«, der als sprachlicher Schema-Kontext ein Geflecht aus *»I'd better«*- bzw. *»You'd rather«-Responses* entspricht. Der dazugehörige Beispiel-»Drill« fügt sich in folgendes Übungs-Arrangement:
> »A: *It's raining outside.*
>   B: *Then you'd better stay here.*
> Übung:
> L (oder S): *I've got a headache. I think I'm going to have flu.*
>   S: *Then we'd better call the doctor* (oder: *Then you'd better go to bed*).
> L (oder S): *Oh! The train leaves in 20 minutes.*
>   S: *Then you'd better hurry (start at once, take a taxi).*
> usw.«
>
> (2) Diese so besonders eng umrissene Minimal-Vorstellung ZIMMERMANNS befindet sich in bedenklicher Nähe zu kontextisolierten Reihenübungen, ist aber leicht in den übergeordneten Kontext einer zu erfindenden Situation zu integrieren. Ein Beispiel solch ausweitender Kontextualisierung findet sich oben in unserem Unterrichtsbeispiel UB 2 (S. 76). Ein weiteres Beispiel wäre der bereits oben zitierte weiterführende Vorschlag ZIMMERMANNS, Ausdrucksfelder in Response-Bündeln zu ordnen und entsprechende Slots in den Unterricht zu geben (s. o. unter 4.3.4.3.7. + 9.); das hieße dann, der Begriff der *»äquivalenten Situation«* wäre die Basis des von uns angeregten Rasters situativer Gesprächs-Topoi (zuletzt oben S. 264 f.): Er strukturiert sowohl die im engeren Sinne situative wie die im engeren Sinne kommunikative Unterrichtsarbeit im FU.
>
> (3) So fiele darunter auch, was GUTKNECHT/KERNER – nach Auseinandersetzung mit PARREREN – unter dem Ausdruck *»natürliche Sprechsituation«* beschreiben,[58] und H. WEBER, vor allem aber H.-J. LECHLER dann weiterführen.[59] Ein Beispiel, das oberhalb der von diesen Autoren bevorzugt behandelten Niveaustufe läge, wäre folgende gesprächs-immanente Übung von *if*-Konstruktionen: Es wird die Grundsituation der Angelsachsen beim Doppeleinfall der Wikinger im Norden und der Normannen im Süden im Jahre 1066 skizziert und die seltsame Entscheidung König Harolds, trotz der Bedrohung seines Kernlands zuerst in Gewaltmärschen »das nördliche Problem« zu erledigen, diskutiert (= Diskussion der Möglichkeiten: *if!*); danach wird als neue Information *(Slot!)* eingeführt, daß General Montgomery bei der *Anniversary* von 1966 meinte: Hätte sein Vorfahr, Roger de Montgomery, auf Seiten Harolds gekämpft,

dann wäre die Schlacht anders ausgegangen (= lauter schöne Konjunktive!). Bei einem solchen Vorstellungs-Arrangement ergeben sich – ähnlich wie bei dem entsprechenden *If you were a magican what would you do?* (o. ä.) der Unterstufe – *if*-Konstruktionen laufend von selbst. Bei Versuchen in mehreren 11. Klassen ergaben sich aus den historischen Details dieses Komplexes außerdem interessante sozialpsychologische Ausblicke und schließlich sogar thematisch der Grammatik-Kenntnis dienende Unterhaltungen über die englische *word-order* »beiläufig«.

(4) Auch bei fortgeschrittener Textarbeit läßt sich mit Hilfe **äquivalenter Parallel-Kontexte** das vorzugsweise »inhaltliche« Interesse der Schüler sprachlich »binden«. Geht es z. B. darum, den Bewußtseinsstand von in einem geschlossenen diktatorischen System Lebenden zu formulieren anhand von ORWELLS »Animal Farm«, Chapter X, dann bietet sich zunächst eine textbezogene Diskussion über die SS. 108–112 (Penguin-Ed.) – mit Vorblick auf den Schluß des Kapitels (als Kontrast-Slot). Danach bietet sich als *äquivalenter situativer Kontext* die Stellung, die Lebensweise und der Bewußtseinsstand anderer Tiere auf anderen Farmen. Dann erst sollte das Problem der geschlossenen totalitären Systeme an politischen Beispielen (unter denen das von ORWELL gemeinte nur *ein* Modell sein sollte: Ziel ist nicht Aktivierung, Aufbau oder Forderung historischer Kenntnisse, sondern gedanklich strukturierte Rede in der Fremdsprache) thematisiert werden. Möglich ist dann noch ein *weiterer äquivalenter Kontext* in einem passenden Zeitungsartikel, vielleicht einem Artikel, der die Perspektive anders aufbaut und damit zugleich äquivalenter Kontext der Schlußpassagen über Napoleon und Mr. Pilkington ist (z. B. The Observer, 3 June 1973: *How President Nyerere fell into Amin's trap*): Vier bis fünffache Umwälzung des Sprach»materials« durch »mehrfache Systembindung« bei gleichzeitiger Präzisierung gedanklicher Art. Wichtig für kommunikative »Ölung« und gesteigerten Behaltenseffekt ist es dabei, den *Kern*bestand fremdsprachlicher Phrasierung (Zahl der *key words* und Bezugsbündel-Elemente) scharf zu begrenzen, so daß eine innere Differenzierung des Lerngesprächs möglich wird: Die »Schwächeren« halten sich an den obligatorischen Rekurrenz-Kern, die Beweglicheren haben Freiheit, auszubauen und zu nuancieren. Ein musterhaften *Arbeitsmittel* für diese Unterrichtsform scheint in dem amerikanischen Textwerk
● Writing: Unit-Lessons in Composition. Ginn & Co. Boston 1965. 3 Bände (in je 3 Ausgaben A, B und C, die *parallel* zu benutzen sind!) und Teaching Guide.
vorzuliegen.[60]

(5) Die höchste Form solcher *Arbeit mit äquivalenten Kontexten* wäre die themenbezogene Bündelung von Texten. In der einfacheren Version handelt es sich um Textexzerpte über den gleichen *topic*, etwa Sport (wobei dann die Sprachfeld-Pointe, daß das englische Wort *sport* mit dem deutschen »Sport« nur sekundär etwas zu tun hat, herrliche Lexikon-, ja sogar Landeskunde-Blüten treiben kann); die radikalste Form solchen Vorgehens hält sich an Texte verschiedenen »Verdünnungsgrades« (wie die oben genannte amerikanische Compositionskunde). Eigentlicher Gipfel aber ist natürlich die Arbeit mit gerundeten Texten statt mit Exzerpten, vgl. dazu bereits unsere Hinweise unter oben 4.3.4.4. –
Ein großes Beispiel immanenter Sprachfeld-Rekurrenz und Sprachfeld-Progression – allerdings im Medium der Muttersprache und zu anderen Zwecken – ist der Darstellungs-Aufbau des vorliegenden Buches von den KLEIST-Diagrammen des EINÜBENDEN TEILS bis an diese Stelle: Er ist ebenfalls nach dem Prinzip der durch Wiederholung in äquivalenten Vorstellungs-Einheiten einzuschleifenden *Grids* geplant.

Stärke und Regsamkeit der Spuren

Die Priorität der Aufmerksamkeits-Problematik in allen didaktischen Überlegungen wird besonders deutlich an einem Hinweis, den PARREREN noch in seinem 2. Praxis-Aufsatz von 1964 wiederholt. Er unterscheidet zwischen der *Stärke* der Spuren (»dem Grad, in dem die Spuren« – durch Übung also – »eingeschliffen oder eingefahren sind«) und der »momentanen *Regsamkeit* des betreffenden Spurensystems«. Die *Aktualisierung* eines Spurensystems setzt zwar eine gewisse Stärke dieses Systems voraus, *findet* aber nur *statt, wenn es* – »in einer bestimmten Sprechsituation«(!) – *als ganzes* **evoziert** und also *regsam wird.* Zur Illustration nennt PARREREN außerdem eine Reihe von Beispielfällen aus Familie und Berufswelt, schnelle Erinnerungs-Verbindungen u. ä., die das Alltäglich-Allvertraute dieses Prinzips zeigen; – auch die Problematik eines fächerübergreifenden Transfers (z. B. zwischen Physik und Algebra) *und dessen bedeutender Wert für das Verstehensvermögen des Schülers* kommen dabei zur Sprache.[61]

Wie auch BRUNER gezeigt hat, kommt es in alledem nicht auf die *Menge* der Elemente an (das wäre im FU: auf die Menge von Vokabeln), sondern auf deren Zusammentreten im Gedächtnis-System (s. o. unseren Hinweis auf Kommunikations-Minima sowie auf die tragende Kraft der syntaktischen Grundstrukturen und der Funktionswörter im Unterschied zur »Inhalts«-Lexis, – unterstützt durch *Ausschnitt*-Strukturierung im Gedächtnis-Bild durch unterrichtliche Mittel wie Tafel, Matrizenabzug usw.): auf Selektion und Strukturierung.

Lernformen

Angesichts dieser grundlegenden Überlegungen wird vieles, das enormen Raum beanspruchte, zweitrangig. Welche der *Lernformen* z. B. wann einzusetzen sei – PARREREN unterscheidet (ganz konventionell) *intentionales* und *inzidentelles* sowie, quer durch diese beiden Lern*arten* hindurch, kognitives und imitatives Lernen –, ergibt sich aus den Aufmerksamkeits- und Antizipations-Bedingungen des Augenblicks; eins kann – und soll vielleicht sogar – ins andere umschlagen, eins das andere vorbereiten oder ablösen. Situativ-kommunikatives Lernen ist so etwas wie das Paradox eines »*guided incidental learning* auf intentionaler Basis« (wobei auf der Unterstufe der Vorrang des Imitativen durch kognitive Vor-Klärung durchbrochen werden sollte, wo nötig);[62] *notionale* Aufhellung ist dabei offenbar für bestimmte Schüler- bzw. Lerntypen (wie z. B. die sog. C-Schüler) unabdingbar – und durchbricht das Prinzip in keiner Weise. Zur Eindämmung von *Interferenz* ist es nützlich zu wissen, daß sie sich – bei »durchgehender« Einsprachigkeit – in den folgenden muttersprachlich artikulierten Operationen nicht ergibt: bei *punktuellem* Einwurf, Zuruf, Zuflüstern (szenische Anweisungen), Einzelwort-Übersetzung oder metasprachlicher Klärung (Grammatik!). Sie ergibt sich nur, wenn der in Aufmerksamkeit und Antizipation zusammenhängende »aktive Umgang mit der Sprache in mündlichen und schriftlichen Äußerungen« (H. E. PIEPHO)[63] gestört wird. Dies gilt also auch für sprachliche Korrekturen von Schüler-Äußerungen im Lerngespräch der Sekundarstufe II; das Prinzip solcher Einwürfe ist:

- nicht zu lang,
- nicht zu oft
  und
- scharf abgegrenzt gegen das durchlaufende System dominanten Sprachverhaltens.

Pluralismus und didaktisches Modell

»Man hält Umschau unter demjenigen, was die Lernpsychologie zu bieten hat, und versucht damit, hier und da etwas auf didaktischer Ebene auszurichten.« – Mit diesem Verdikt PARRERENs begannen wir. Auf der Suche nach einem didaktischen Modell ging es uns allerdings um mehr als ein »Hier-und-da in pragmatischer Absicht«. Wir wollten genau das, was PARREREN selbst im folgenden Absatz empfiehlt (und was er in seinen Praxis-Aufsätzen, wenngleich bis an die Grenze des Mißverständlichen vereinfachend, intendierte): ein »richtungweisendes« Erwartungsmodell für »direkt-pragmatische Unterrichtsmaßnahmen«, solange die Wissenschaft in fachspezifischer Hinsicht über Prolegomena und

Einzeluntersuchungen nicht hinaus ist. So ist unser didaktisches »Simplifikationsmodell« (um unseren bösen Ausdruck von oben ein zweites Mal zu gebrauchen) trotz allem eine genaue Weiterführung – wenngleich »kritisch« – PARRERENscher Ansätze.

Es ist dies auch in anderer Hinsicht: Unser so einheitlich aussehendes didaktisches Modell sieht tatsächlich für jede konkrete Unterrichtsoperation potentiell neue Überlegungen vor – sofern nur »die Attitüden« stimmen«. Es ist durchaus nicht *unitaristisch,* sondern *pluralistisch* strukturiert.

> Einfach-einheitlich ist daran nur, daß *Stärke* und (vor allem) *situativ-momentane Regsamkeit* des Spurensystems zu sichern sind. Die Stärke (die »aus sich« gar nicht existiert; sie bedarf der Aktualisierung, die eine Funktion der Regsamkeit ist) ergibt sich aus (1) sprachlicher *Wiederholung* und (2) *»Verdichtung«;* die Regsamkeit hängt zusammen mit der (3) *kinesisch-responsiven Präsenz* des Lehrers, der (4) *rhythmischen Gliederung* der Stunde und des Lehrverfahrens und der (5) *Beweglichkeit der Gesprächsführung.* Die kinesische und die rhythmische Gestaltung des Unterrichts ist schwer konkret zu beschreiben, Bewußtsein muß hier konkrete Phantasie ersetzen; über Wiederholung, über Verdichtung und über Gesprächsführung sind die entscheidenden Dinge im 2. Band nachzutragen.

Das *pluralistische* Element manifestiert sich vor allem in der stets neuen Verbindung *imitativer* und *produktiver, rollen-immanenter* und *kognitiv-metasprachlicher* Formen. Dominanzprinzip ist die psychologische Geschlossenheit des tendenziell äußerungs-*immanenten* Lernvorganges; notwendiges Korrelat ist immer wieder eingeschobener punktueller *Drill,* knapp, scharf umrissen, oder *expliziter* metasprachlicher *Verdeutlichung,* ebenso eindeutig nur funktional interessant (d. h. so schnell wie möglich rein in einsprachige Aktivitäten zu überführen). Dabei sind – unter motivationalem Gesichtspunkt – beide Elemente gleich wichtig und sollten daher in jeder einzelnen Stunde (in entsprechender Verteilung dominanter und komplementärer Formen) vorzufinden sein: Die *immanenten* Lernvorgänge haben im allgemeinen den größeren *entfaltenden,* ausbauenden, Äußerung überhaupt »generierenden« Wert, die *expliziten* eher *bindende* Kraft (da durch sie Klärung, formale Übung und Ergebnissicherung gewährleistet ist).

> Gehen wir davon aus, daß fremdsprachliches Lernen sich anfänglich rein »situativ« vollzieht und von einem gewissen Punkt an Elemente zunehmend distanzierten Sprechens (in dem Texte immer noch Anlaß sind, zugleich aber auch Objekt und Gegenüber werden) zeigt, dann lassen sich 2 grundlegende *Arten (Modi) fremdsprachlichen Lernens* abstrahierend scheiden:
> ● *Spracherwerb*
>   und
> ● *Sprachausbau.*
> *Sprachausbau* ist rein *feld*-bezogenes Lernen. Auf der *Spracherwerbs*-Stufe übernimmt das psychologische Konstrukt des *situativen Bezuges* die Funktion, die notwendige feldbezogene Einheit und Strukturierung der artikulativen Vorgänge zu bewirken. Auf der Stufe des Sprachausbaus ist – angesichts der kritischen Distanz aller – die Hauptfunktion des Lehrers, diese Einheit *ohne die* »Blindheit« dieses Bezuges herzustellen und zu sichern.
> Bis in die Anfänge der Sekundarstufe II hinein gibt es noch neuen *»Erwerb«* – in den letzten 3–4 Jahren allerdings in den Formen des Sprach*ausbaus.* Andererseits gibt es auf der Unterstufe sehr bald Gesprächsansätze, in denen ein Zuwachs an bestehenden Spuren anknüpfen kann (i. e. Formen von Sprach*ausbau*) – unter sorgfältigster Beachtung der Tatsache, daß keine zusammenhängende Ausgangsbasis vorliegt. Die konkreten methodischen Erfordernisse beider Grund*modi* von FU unterscheiden sich zutiefst (– darum gliedern sie sich im inhaltlichen Aufbau unseres 2. Bandes, in dem es um eben diese Dinge geht), aber in Hinsicht auf die obigen 2 **Formen** *fremdsprachlichen Lernens* sind sie gleich strukturiert:
> Im *Spracherwerb* ist die *Dominanzfigur* situatives Lernen, die *Komplementärfigur* punktuelle Verdeutlichung (Vokabel- oder Regel-Einwurf) oder punktueller Drill (schnelles eingeschobenes Üben, Wiederholen oder Nachfragen vom »Typ Du-Du-Du«).

Im *Sprachausbau* ist die *Dominanzfigur* das (lehrer-gesteuerte) freie Gespräch über Texte, die *Komplementärfigur* eingeschobene grammatische Klärung oder Sicherung sowie Ergebnissicherung in *Summaries,* Protokollen, gesprächs-immanenten Wiederholungen, Gliederungen, Zusammenfassungen.

Vor Beginn einer Stunde sollte der Unterrichtende in Umrissen wissen, welche *Arten* (Spracherwerb – Sprachausbau), *Formen* (Dominanzfigur und Komplementärfigur des Lernvorgangs) und *Aspekte* (entfaltend – bindend) er »vor sich hat« bzw. intendiert.

5.2. Und was er dabei zu erinnern hat
(Vorläufige Einzel-Aspekte des geschilderten didaktischen Modells)

5.2.0. Was wir bisher vorbrachten, schien uns im Sinne unserer Gesamtdarstellung vertretbar; es war uns wichtig, daß unser Grundprinzip, der Lehrer müsse sensibilisiert werden, durch PARREREN eine so kräftige Bestätigung, ja, Fundierung gewann. Die *Details* des fremdsprachen-lernpsychologischen Modells (und seiner Problematik) müssen bis zur großen Flurbereinigung durch H. HEUER als vorläufig gelten. Da sie ungesichert sind, seien sie mit Vorbehalt skizziert; und da sie – im Rahmen unseres Interesses – nur in ihrer Pointierung ins Konkrete wichtig sind, sei die Darstellung knapp. In einer späteren Auflage wird dies ganze Kapitel ohne Zweifel zu überarbeiten sein. An uns soll's nicht fehlen.

5.2.1. R. BERGIUS hat nachgewiesen, daß die Wirkung des Organisationsprinzips auch dann in Lernprozeß und Lernerfolg nachweisbar ist, wenn dieser Tatbestand vom Lernenden nicht bewußt wahrgenommen wurde.[64] Eine ausdrücklich (»metasprachlich«) gefaßte – und als solche reflektierte – Regel ist also nicht in allen Fällen nötig: Kriterium des Einsatzes ist dabei, ob die »immanente« Organisation im Ergebnis des Lernvorganges (im FU: den Äußerungen der Schüler) wiederkehrt. Dies ist die wohl für die Diskussion des situativen wie des (gesteuert-)inzidentellen Lernens entscheidende wissenschaftliche Einzelbeobachtung.

5.2.2. Es ist zwischen *Modell-Lernen* und *Bekräftigungslernen* zu unterscheiden.[65] Das eine trägt wesentlich *imitative* Züge; das andere verweist auf die *Interaktion* im Klassenzimmer: den Erfolg einer Äußerung (oder Reaktion) aus der Reaktion des oder der anderen zu erfahren, löst Bereitschaft zu weiterem Lernen aus. Auch das Bekräftigungslernen aber bedarf einer besonderen Vor-Organisation, um *produktive* Züge zu gewinnen: In Verbindung mit den Untersuchungen J. S. BRUNERS entwickelten sich in den USA für verschiedene Disziplinen Formen der sog. *Discovery Method.*[66] Wir halten dies – solange es nicht durch Formen der programmierten Unterweisung abgelöst ist – lediglich für eine hochkarätig sach-orientierte Form des Lernens aus und in wechselseitiger sozialer *Bekräftigung.*

Die sog. Instruktionspsychologie versucht allerdings nachzuweisen, daß es – unabhängig von *motivationalen* (i. e. individual- oder sozialpsychologischen) Gründen – rein *sachstrukturell* bezogene Impuls-Ordnungen gibt, die nur durch Konfrontation mit der (sorgfältig vorstrukturierten) »Sache« aktiviert zu werden brauchen. Ob nun sozialpsychologische Faktoren hineinspielen oder nicht, die Instruktionspsychologie ist nicht mehr zu übersehen.

Das sog. *Discovery Learning,* das mit seinen 3 Phasen *(expository teaching – recognition of principles – solution of the problem)* ganz und gar aus dem jeweiligen *amount of guidance* zu definieren ist, bietet für den FU die bereits sattsam bekannten Probleme: Was ist seine »Sache«? – Der nötige *Inquiry Process* wird erst sinnvoll, wenn eine »Sache« das thematische Ziel jedenfalls auf der Oberfläche des Lernprozesses ist; dies ist im FU erst dann der Fall, wenn das Medium so weit gefestigt ist, daß die ihm zuwachsenden »Gehalte« ein größeres

eigenes (und nun auch *motivationales)* Gewicht haben: *auf der Stufe des fortgeschrittenen Spracherwerbs.*
Erste Hinweise auf die Möglichkeiten eines »operationalen Suchschemas« für den FU finden sich, zaghaft und halb-deutlich, 1970 bei H. ARNDT,[67] dessen Vorschlag letzten Endes darauf hinausläuft, einen Arbeitsraster für Textinterpretation zu entwickeln (– gewissermaßen die Umkehrung des oben unter 4.3.4.3.8. bezeichneten Rasters sprachlicher Situations-Topoi); eigene Versuche mit Vorformen eines solchen Rasters haben uns in der Überzeugung bestärkt, daß hier viel Raum für zukünftige Arbeit ist.[68] Der erste, noch etwas rigide und im Ergebnis eng gefaßte, aber imponierend durchgezogene deutsche Großversuch in dieser Richtung findet sich in den Anregungen und Ausarbeitungen E. HOMBITZERs, insbesondere in ihrem Aufsatz »Ein Weg zu einer neuen Arbeitsform in der Oberstufe. Technique of Inquiry im Englischunterricht« von 1970 sowie in den – die Prämissen dieses Aufsatzes leider wieder einschränkenden – Angeboten der so glänzend für Text*form* sensibilisierenden »Sammlung Lensing 2«. –

Im Zusammenhang damit taucht immer wieder die Frage auf: Angesichts der Notwendigkeit »kognitiver Helle«, – wieviel (im strengen Sinne *bewußte*) »kognitive Handlungsstruktur« brauchen wir? – Einfache Antwort: Genau so viel, wie nötig ist, um *danach* den Lernprozeß einsprachig weiterlaufen zu lassen . . . – »*immanent*« also! Daher die »Vorlektion« in *Learning English*, und daher die jeweils ersten Lektionsteile in *English for Today*. Für das Vokabellernen bedeutet das: Wichtiger als die Frage, ob der eine oder andere Ausdruck muttersprachlich eingeführt wurde, ist, wieweit er später zielsprachig integriert wird (d. h. die Frage, ob der Kontext *danach* dominant englisch und ob die Aufmerksamkeits-Einbettung gesichert ist); – sogar W. BUTZKAMM, der die ganze leidige Frage der Einsprachigkeit wieder aufgerollt hat, läßt in diesem Punkt keinen Zweifel.[69]

5.2.3. Damit ist das Problem der **Lernphasen** angeschnitten, das zusammenhängt mit der Frage nach der *Struktur des Gedächtnisses.*
Man unterscheidet das **Ultrakurz-**, das **Kurz-** und das **Langzeitgedächtnis.**[70] In dieser Frage dürften wohl besonders deutliche Darlegungen von HEUER zu erwarten sein. Aufs äußerste vereinfacht, läßt sich sagen: Für die Organisation des Lernprozesses in der Schule ist (fast) ausschließlich das Langzeitgedächtnis von Bedeutung; die Bedingungen einer Langzeit-Speicherung, des Behaltens also, sind zu kennen. Die wissenschaftlichen Aussagen hierüber sind unzweideutig[71]: *Verteiltes Lernen,* Lernen *mit diskontinuierlicher bzw. intermittierender Verstärkung* (das also Pausen »einbaut« und in Abständen wiederholt), *beschleunigt die Aufnahme, sichert das Behalten und erhält die Motivation.* Massiertes Lernen mit kontinuierlicher Verstärkung (volkstümlich »Pauken«) kann auf kurze Zeit erfolgreich sein: Auf die Dauer aber, d. h. unter dem Gesichtspunkt des Langzeiteffekts, setzt es die Behaltensleistung herab und mindert die Motivation.

> Der größte Vorteil für die verteilte Übung – in der Phase der Erstaufnahme – »scheint bei einer Pausenzeit von etwa 24 Stunden zu liegen«: Dies ist offenbar der lernpsychologische Grund für die beobachtbare Sicherheit der Arbeit auf der gymnasialen Unterstufe und mit Einschränkungen – nach gräßlichen Überleitungsbemühungen – der Studienstufe (wo diese Bedingung wenigstens teilweise erfüllt ist); es ist sicher *eine* der Erklärungen für den Motivations- und Leistungsrückfall auf der Mittelstufe (wo diese Bedingung grob mißachtet wird).

Dies hat sehr bedeutende Folgen nicht nur für die Organisation des Lernmaterials (wie seit langem gesehen wurde), sondern für die Organisation des Lernprozesses selbst im FU: Es bestimmt nicht nur den Rhythmus der Hausaufgaben, Klassenarbeiten, Übungsfolgen, der Behavioreme in der Stunde, sondern vor allem auch die *immanente Rekurrenz* verbaler *clusters* im Lerngespräch.

In diesem Zusammenhang wird deutlich, daß sich der Lernvorgang selbst auch linear gliedern läßt: in:

● eine **erste Phase**, die vom Lehrer her als *Darbietungsphase*, vom Schüler her als Phase der *Erstaufnahme* bzw. *Einsicht* zu definieren wäre;

● eine **zweite Phase**, die Phase der *Übung* und *Anwendung*, und

● eine **dritte Phase**, die des *Transfers* (= der endgültigen »Aneignung« durch *Anwendung in wechselnden Kontexten*).

Die Schwierigkeit für den Lehrer besteht in der ersten Phase ganz in der Notwendigkeit zugleich motivierender und einsichtiger Präsentation, in der zweiten in der Forderung nach rhythmischer Übungsverteilung, in der dritten im Problem des Stoff- und Übungsarrangements. Unter streng lernpsychologischem Gesichtspunkt (so z. B. PARREREN, Lernprozeß etc. S. 297) sind die zweite und dritte kaum zu scheiden, ist aber der Unterschied zwischen der ersten und zweiten – die dennoch vielfach ineinandergreifen[72] – beträchtlich.

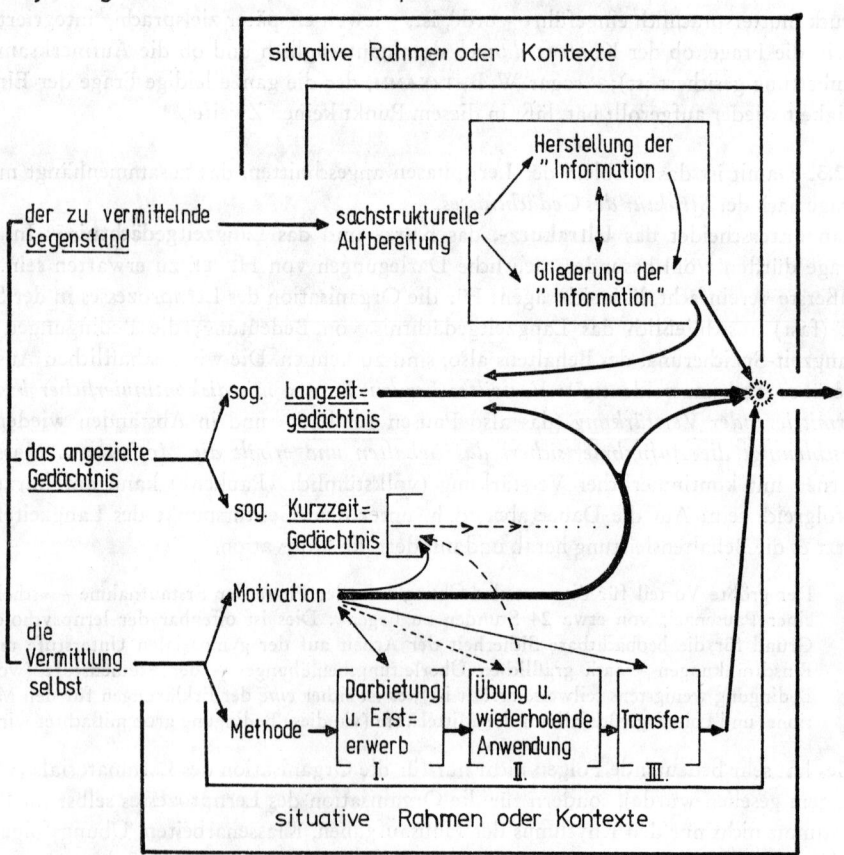

Abb. 25

Die Unterscheidung der drei Lernphasen spielt eine bedeutende Rolle für das Verständnis der großen Debatten im Raum neusprachlicher Fachdidaktik: *Fast alle Auseinandersetzungen der letzten Jahre beziehen sich auf die Vorgänge in der ersten Phase* (– man denke nur an die nicht enden wollenden Kämpfe um Probleme der Vokabeleinführung). *Die mindestens ebenso wichtige 2. Phase wurde dabei vernachlässigt.* Wir werden versuchen, das in unserem 2. Band wettzumachen.

5.2.4. War für das *Discovery Training* »die Sache«, um die es ging(?), immer ganz und gar als »Inhalt« bestimmt, so gibt es doch auch **sachstrukturelle Gegebenheiten** *des FU*, die das eigentliche Forschungsziel instruktionspsychologischer Beschäftigung mit der Sprache darstellen sollten: z. B. die *Strukturen*, die *Funktionswörter* und die (»Inhalt«-)*Lexis* der Zielsprache. Das Lerngespräch (= Basis verbaler Ziel-Kompetenz) gewinnt seine *artikulative Sicherheit* aus Strukturen, Funktionswörtern und kommunikativ-situativer Basis-Lexis (die also entsprechend früh zu sichern sind); es empfängt seine *Differenzierung* aus topikalen und terminalen Feld-Ordnungen von Lexis und seinen Multiplikationseffekt aus den Slot- und Response-Arrangements der Gesprächsführung, die auf immanente Rekurrenz angelegt sind.

Ob es seinen Mutiplikationseffekt *auch* aus den sog. »dynamischen Verben« (etwa = *phrasal verbs*) bezieht, wie H. KRONEN meint, ist zu bezweifeln, insbesondere angesichts der lernpsychologisch fragwürdigen Begründung KRONENS.[73]

Seine *kommunikative Sicherheit* – und *Differenzierung* – erwächst dem Lerngespräch aus der Feld-Vorbereitung in *key words* und Bezugsbündeln.

Key words entsprechen lernpsychologisch den grammatischen Regeln: Sie zu verdeutlichen, ist die notwendige Voraussetzung, sie in konkreten *Gebrauch* umzusetzen, die Bedingung von Sprachbeherrschung in dem betreffenden Feld.

In unserem Konzept fremdsprachenunterrichtlicher *key words* verbindet sich traditionell lernpsychologische mit *spezifisch informations-theoretischer Begriffsbildung*.[74] »*Key words*« sind einfach die Kristallisationspunkte jener oben erwähnten *nucleation*, – die »nichttrivialen Basaltextwörter« einer Stunde oder eines Behaviorems, des ganzen Lerngesprächs, des »zentralen Texts« bzw. des »Lehrstoffs« oder seiner Teile. Schon PARREREN bemerkte, daß Lehrstoff, der (in Hinsicht auf Darbietungs-Struktur wie auf Struktur der Darbietung) einen »starken Systemzusammenhang« aufweist, besser behalten wird als Material (und Präsentation) von schwacher Strukturierung. Er weist auf den gestaltpsychologischen Ursprung dieser durch die Instruktionspsychologie lediglich radikalisierten und formalisierten Vorstellung ausdrücklich hin. Bemerkenswert für unseren Zusammenhang ist aber, daß PARREREN (durch seine Beispielwahl) den für das Behalten entscheidenden »*Kern*« eines solchen starken Systemzusammenhanges *verbal* faßt: in »*Basalwörtern*«. Mit diesem Ausdruck überschreiten wir die Grenzen PARRERENscher Analytik; er transferiert Gegenstand und Konklusionen in kybernetische Beschreibungszusammenhänge. Entsprechend ist die angestrebte »*Nucleation*« im Langzeitgedächtnis der Schüler neu (und genauer) zu beschreiben mit den Mitteln der kybernetischen Pädagogik. Wir verstehen sie – in freier Verwendung der Anregungen von H. FRANK und B. S. MEDER – als Funktion zweier grundlegender fremdsprachendidaktischer Operationen; beide sind »*key-word*-bezogen«:

1. *Vorbereitung der Möglichkeit von Behalten überhaupt:*
   1.1. »Übersetzung« des Lehrstoffs (= des »Texts«) in *Informations-Einheiten;*
   1.2. »Fassung« der Informations-Einheiten als *sprachlicher* Einheiten;
   1.3. Reduktion des »Texts« auf *grundlegende* sprachliche Informations-Einheiten: Verständnis des »Texts« als *Superzeichen* und Bildung des *»Basaltexts«;*
   1.4. Kennzeichnung der »nichttrivialen Basaltextwörter« = der *»Basalwörter«*.
   Prinzip: Kontextinformation ist (bei gleicher Zeichenmenge) immer geringer als die (summativ gewonnene) Information der Einzelelemente und geht daher schneller ins vorbewußte Gedächtnis ein.

2. *Planung der Lehrstoff-Aufnahme und des tatsächlichen Behaltens:*

2.1. Variation und Kontrastbildung im Basalwörterbereich (Transfer-Vorbedingung nach RANSCHBURG): Erzeugung eines vielfältigen = stärkeren Informations-*Reizes* im Kürzestgedächtnis (UB), der dann auf die semantischen Options-Raster im Langzeitgedächtnis (LZG) trifft;

2.2. Vervielfachung des Basalwörter-Reizes durch (gesprächs-immanent gesteuerte) *Wiederholung* in S.-Äußerungen;

2.3. vorsichtige Lockerung solcher Wiederholungs-Schübe durch Aufbau von (Ausdrucks-) *Redundanz:* weitere Herabsetzung der Informationsdichte; Unterstützung der (unabhängig von diesem ganzen Vorgang zu planenden) Äußerungs-Motivation;

2.4. (strukturelle) *Verknüpfung* des Geäußerten, *Beziehung* aller Teile des Gesprächs aufeinander: Bekräftigung der anfänglichen Superzeichenbildung, welche die Verankerung der durch Rekurrenz und Redundanz »getragenen« Basalwörter im Langzeitgedächtnis leisten und sichern soll.

Prinzip: Strukturierung, intermittierende Bekräftigung und Motivation sind zu verbinden; feldmäßig geordnete, strukturierte und sequentierte »Basalwörter« sind eine Art Lerngesprächs-Reuse, – der Gedächtnisfilter für die kleinen Fische motivational so notwendiger Gesprächs-Redundanz.

FRANKS Verstehensformeln wurden ursprünglich für die Analyse und Vorbereitung von »Lernprozeß überhaupt« entwickelt. Der *sprach*didaktischen Pointe wegen erscheinen sie uns für den FU eminent bedeutsam. Daß die einleitend aufgeführten PARREREN-Passagen in ihrer personalistischen Zuspitzung beiläufig auch eine psychologische Rechtfertigung des Kontextualismus sowie der »Tiggemannschen Regel« abgeben, ist ein angenehmer Nebeneffekt. Für Exzentriker, Enthusiasten oder »ganz Genaue« sei angemerkt, daß für die Mindestzahl von *Wiederholungen* innerhalb einer unterrichtlichen Programm-Einheit FRANK/MEDER auf S. 130 eine schwierig-zierliche und »schön abstrakte« Formel bereitstellen.

Konkrete Beispiele für die unterrichtliche Arbeit mit Basalwörtern bzw. *key words* (Stundenvorbereitung, Textanalysen und -erörterungen) folgen im 2. Band.

Thematische Erarbeitung – das worauf der *Inquiry Process* sich richten würde – hat sowohl den Wert der Verdeutlichung wie mehrfacher Umwälzung in Lern-Kontexten (durch 1. Entwicklung, 2. Erklärung, 3. Wiederholung, zuletzt und 4. Tafelbild); sie hat noch *nicht den des vollen Transfers:* Der ergibt sich erst in der *immanenten* Umwälzung im *Bezugsfeld* des Gesprächs mit seinen *wechselnden Gebrauchs-Kontexten.*

Dies alles hängt damit zusammen, daß der Englischunterricht eher ein »Verhaltens-Fach« als ein »Stoff-Fach« ist.[75] Das ist seine Chance und sein überhaupt nicht zu überschätzendes Problem. Solange nicht die gesamte Lehrer-Ausbildung auf den kommunikativen, d. h. eher »psychologischen« als sach-bezogenen Charakter des Faches umgestellt ist, wird es immer wieder das (wohl allgemein bekannte) Bedürfnis von Lehrern und Schülern geben, diesem ganz und gar »*skill*-immanent« arbeitenden Betrieb (dessen motivationale *surface structure* so auffällig von dessen lern-aktiver *deep structure* unterschieden ist) durch die Hintertür wieder zu einem »Stoff« zu verhelfen, nur um »zu wissen, woran man ist«.[76]

Dies zeigt natürlich auch, daß die Problematik des Fachs eine Problematik seiner Lehrer ist. Wechselbäder schulpolitischer Lust an der Veränderung haben bewirkt, daß viele mit einer Art Eispanzer aus gefrorener Transpiration durch die Klassen gehen. Da liegt es nicht besonders nahe, zuerst ein *Kompetenzgefälle* aufzubauen (= sich zu einem überlegenen zielsprachigen Sprecher auszubilden) und sich dann in eine unbequem-engende kommunikative Rolle[77] zu »zwängen«(?). – Das Ganze wird nicht dadurch erleichtert, daß nicht Wissen (bzw. lexikalischer oder formaler Reichtum), sondern Sicherheit von ihnen erwartet wird: Selbstkontrolle und schneller, flexibler Response halten das Aufmerksamkeits- und Antizipations-Gefüge fremdsprachenunterrichtlicher Kommunikation »in Bewegung«; schon ein Zögern hebt es vorübergehend auf, isoliert Sprache als problematischen Gegenstand.

Die Sprache nicht zum *Gegenstand* erstarren zu lassen, scheint das größte Problem des Fremdsprachen-Lehrers von heute zu sein. Ist er nicht flexibel und überlegen genug, übt er Druck

aus, sucht er sein Heil in Leistungskontrollen formaler Art, oder ist er einfach nur ein »Mensch von heute« – mit dem Instinkt für *inhaltliche* Werte (gesellschaftlicher, politischer, ideologischer etc. Art) oder Notwendigkeiten – ...: In all diesen Fällen besteht Gefahr, daß er, ohne es zu wollen, an einer Revitalisierung der ehemals »gymnasialen Krankheit« mitwirkt. –
Ein Symptom: Viele Kollegen meinen, die Benutzung solcher Handbücher wie des »Lexikons der Textinterpretation« von WERLICH sei *very demanding*. Wie können aber die Fülle der Kollokationen und die ausgreifende Systematik den »bedrängen«, der jeweils nur auf die Feld-Ordnungen um wenige Stichworte herum (die er nach Index findet und, nach »oben« und »unten« *schmökernd*, »quer« liest) aus ist? – Es ist für den *spirit* und den Effekt(!) des Lern-gesprächs wichtiger, auf ein *Who knows* ein blödelndes *Whose nose* setzen zu können,[78] als die Unterhaltung, und das heißt doch: die Schüler, mit Vokabelmassen zu überfrachten.

5.2.5. *»Variations in results of students who had different teachers but the same treatment were often very large, and ... these differences in some cases completely overshadowed the differences that existed between strategies.«* Diese Beobachtung aus einem amerikanischen Groß-Experiment[79] bestätigt, was wir mehrfach sagten: Beim Fremdsprachen-Lernen sind **personale Elemente** zentral wesentlich: Sprache ist Artikulation eines Verhältnisses zu attitudinal antizipierten Sprechern; LAMBERT[80] weist darauf hin, daß es in diesem Bereich *skills* gibt, die *independent of intellectual capacity* sind. Es kommt daher nur darauf an,

- daß die *Aufmerksamkeits- und Antizipationsbedingungen* in der 2. Lernphase weit-gehend geschlossen sind,

- daß das Ziel-Verhalten klare **Strukturierung**
  (dies schließt ein kontrastives Arrangement des Materials *modo* RANSCHBURG sowie der Gesprächs- und Übungsformen ein, rhythmische Variation)
  und **Sequentierung** aufweist
  und

- daß begrenzte Ausdrucks-Ordnungen **rekurrieren**.

Vierjährige Kinder äußern im Durchschnitt 400 Wörter pro Stunde, »Spitzen-Sprecher« unter ihnen bis zu 1000! Es ist nicht ungewöhnlich, wenn ein Kind von 5 Jahren 10 000–15 000 Wörter pro Tag spricht. Angesichts des begrenzten Vokabulars dieser Altersgruppe ist das eine erstaunliche Ziffer.[81] Sie zeigt, welcher *Rekurrenz-Schub* hinter dem Erwerb der Mutter-sprache steht, – und sie zeigt (da es sich um Durchschnittswerte handelt), daß dies alles mit dem IQ. nichts zu tun hat. *»Even children severely retarded in other respects can often reach a normal level of achievement in language, though of course, slowly.«* DODSON hat gezeigt, daß diese Bemerkung von M. M. LEWIS – mit gewissen Einschränkungen – auch auf das Fremd-sprachen-Lernen zutrifft, erhöht man nur die *»number of active FL contacts«*: eine Binsen-weisheit, wenn wir an Immigranten-Kinder denken. Für den institutionalisierten Unterricht zeigen sich hier Grenzen: Zwar können C-Schüler offenbar im Sprachlabor sehr erfolgreich sein (wo ja das Problem des Transfers noch ungelöst scheint), bedürfen aber sehr beträchtlicher kognitiver Stützen im Klassengespräch. – »Die Fähigkeit, eine menschliche Sprache zu er-werben und zu verwenden, (hängt) nicht davon ab, daß der Organismus intelligent ist oder ein großes Gehirn hat, sondern davon, daß es ein menschlicher Organismus ist« (LENNEBERG, nach HÖRMANN; s. bereits oben unter 4.2.2.2.4.).[82]

Motivation ist in dieser Frage wirklich alles: Jugendliche, die ein elementares Russisch er-lernen, um Liebesbriefe Außenstehenden, z. B. Eltern, unlesbar zu machen (jüngst im »Stern«), oder griechisch lernen, weil sie von Troja träumen (SCHLIEMANN), oder TOLKIENS künstliche Hobbit-Sprache, weil sie ... – ja, warum eigentlich? (amerikanische College-Studenten; – man erinnere sich der bitteren Bemerkungen GRITTNERs über den niedrigen Stand des Fremdsprachen-Lernens in den USA) ... – Wußten Sie, daß (nach dem Wil-len seines Autors und Erfinders) Tarzan 27 Sprachen sprach?

Das erstaunlichste Beispiel ganz neuer Motivationsformen ist wohl der »psychologisch gut aufgebaute Englisch-Kurs« der Firma Starlight Tissue (Geschäftsführer: Peter Schmidt, 343 Witzenhausen/Hessen) – auf Toilettenpapier-Rollen! *Certainly a closed context* in Aufmerksakeit und Antizipation! Es ist schon delikat zu nennen, wie hier intrinsische und extrinsische Motivation sich verbinden. Auch für (»immanente«?) Rekurrenz ist gesorgt: Pro Rolle erscheint eine Lektion (von 26); sie ist jeweils nach 6 Blatt wiederholt, um mehrere *participants* in den Lernprozeß hineinzuziehen. – Nur die Transfer-Möglichkeiten sind nicht auf Anhieb erkennbar. Und auch mit der unmittelbaren »Applikation« hat es wohl eher metaphorische Bewandtnis.

Slot-Kalkulation, intermittierende Bekräftigung und situativer Kontext machen diesen Lehrgang zu einer denkwürdigen didaktischen Innovation, – wenn wir dem »SPIEGEL« glauben können (Meldung vom 9. 4. 1973; Nr. 15 S. 194). –

Nicht aus der personalen Organisation des Lernenden, wohl aber aus seiner biologischen ergibt sich – gegen alle intuitiven oder »aus der Sache entwickelten« Lernziel-Vorstellungen – die höhere Bedeutung **visueller** Elemente vor den **auditiven**.

Dies gilt für den Menschen allgemein und hat seinen Grund in der jeweiligen Größe, Durchbildung und Konstruktion des betreffenden Organs. FLEMING meint, 80 % seiner Wahrnehmungen empfange der Mensch durch die Augen, weniger als 10 % durch die Ohren; dazu kommt, daß der Behaltenseffekt für visuell Wahrgenommenes bei fast 50 % liegt, für auditiv Wahrgenommenes bei etwa 20 %.[83] Dies wird natürlich eher schlimmer durch den Verfall der Hörfähigkeit in den letzten Jahren in Verbindung mit der musikalischen Verstärker-Kultur unter Jugendlichen.

Abgesehen von biologischen Gegebenheiten scheint Visuelles auch von seiner »Materialbeschaffenheit« her leichter geeignet, Struktur über längere Zeit durchhaltend zu verdeutlichen. So nimmt es nicht wunder, daß Lehrbuch und Tafel in ihrer zentralen Rolle für den FU nach wie vor unschlagbar sind, da sie angesichts der hohen Bedeutung personaler Elemente im Lerngespräch überdies als *primäre Medien* gelten müssen.

Aber auch unter den *sekundären* (apparativen) *Medien* scheinen die klassischen auditiven Medien, allen voran das Sprachlabor,[84] viel von ihrem Nimbus eingebüßt zu haben. Mittlerweile werden vereinzelt sogar visuelle Elemente mit der Technik der Nacherzählung *(sic!)* gekoppelt[85] und haben die Hinweise PARRERENs auf das Schriftbild im Anfangsunterricht viel von ihrem beunruhigenden Charakter verloren.

Dies alles ist vollkommen unabhängig von der Frage, ob »die Sprache« ihrer besonderen »Wirklichkeit« nach, primär also, gehört oder gesprochen werde und ob dieser Zustand (als Lernziel) auch in der Fremdsprache in dieser Reihenfolge erhalten, wiederhergestellt oder gefördert werden sollte. Ohne Zweifel ist das Gespräch die selbstverständliche (weil primäre) *Grundlage* sprachlichen Lernens. Aber ist nicht im Gespräch bereits (und auch im Lerngespräch) die »erprobte« Reihenfolge von *Hören – Sprechen – Lesen – Schreiben* zumindest umakzentuiert? Auch ob *sekundäre* Medien solche *primären* psychophysischen Gegebenheiten zu erhalten vermögen, ist noch eine offene Frage.

5.2.6. Was also muß der Lehrer über den Aufbau des Lernprozesses (auf den sich ja sein Lehrverfahren richtet und bezieht) wissen? – Nach dem ersten, den Grundstein legenden Ansatz wird er durchgehend folgende Operationen stimulieren, steuern und kontrollieren müssen:

● **Semantisierung** neuer Lexis im Rahmen und Kontext der »alten« (weitgehend 1. Phase);
● **Habitualisierung** von Feld-Ordnungen und Strukturen in Kontext und Perspektive (weitgehend 2. Phase);
● **Transfer** des semantisierten und habitualisierten Sprachmaterials in wechselnden Perspektiven oder Kontexten;
● **Strukturierung** des »Materials« *(»Felder«)* und des Vorganges *(»Behavioreme«)* vor dem und während des Lernprozess(es); erster Schritt solcher Strukturierung ist die Feststellung der »tragenden« Informations-Einheiten eines Textes, zweiter Schritt die Erarbeitung der diese

Einheiten wiederum »tragenden« *key words* und ihrer Zuordnung. Selbstverständlicher Teil dieser Strukturierung wäre auch eine einheitliche Planung von *mündlicher* und *schriftlicher*, von *»freier«* und *kontrollierter«* Arbeitsweise in *Entsprechungseinheiten*.

- **Erfindung konzeptueller und verbaler Redundanz,** die das **Bezugsfeld-Vokabular** enthält (Kollokationen), Schüler-Äußerungen *motiviert* und *multipliziert* und Gelegenheit zu *gesprächs-immanenter* Rekurrenz oder *Umwälzung*, d. h. lernpsychologisch gesprochen: zu intermittierender Bekräftigung und Übung (Wiederholung) bietet.
- Vorgängige **Selektion des zu lernenden Sprachmaterials.**
- Bereitstellung und Vorkalkulation der **Medien** (Tafel, Buch, AV etc.).
- **Planung des Unterrichts nach** den Elementen von **Situation und/oder »Regel«** (vgl. dazu zwei wesentliche Veröffentlichungen in NM 4/72: (1) Stellungnahme der Fachseminarleiter des Faches Englisch . . ., SS.237–240; (2) F. W. Gester: Zurück zur grammatischen Regel? – SS. 224–230.
- **Sequentialität:** »Die Eigenart des Fremdsprachenunterrichts besteht in seinem Aufbaucharakter: die Elemente des Lernzuwachses bauen ständig aufeinander auf. Der Faktor der *Sequentialität* ist offenbar in keinem Schulfach, auch nicht in der Mathematik, so zwingend wie im Fremdsprachenunterricht« (HEUER).[86]

5.3. Muß er es als »Methode« erinnern?
(Das komplexe didaktische Modell und die eine Methode)

5.3.0. Nach so vielen Vorläufigkeiten (– warten doch unsere ängstlichen Vereinfachungen auf HEUERs neues Werk wie die 7 Geißlein auf den Wolf!) eine einfache Frage: Da doch alles bisher Gesagte darauf hinausläuft, daß es die Bedingungen von Aufmerksamkeit und Antizipation (in dem entwickelten terminologischen Sinn) sind, auf die es im FU ankommt, – gibt es eine *richtige oder zu bevorzugende Art, diese Bedingungen herzustellen, zu bündeln, zu entwickeln?* – »Aufmerksamkeit« verweist eher auf »Sehweise« als auf »Methode«. Ist überhaupt eine Methode nötig? – »Lernpsychologisch«: ja. Der *Lehrer als* (in seinem Beruf) *Lernender* wird stärker motiviert durch genau das, was auch den Lerneffekt bei Schülern erhöht: Er wird etwas überschaubar Strukturiertes besser behalten, häufiger und leichter (auch bei Schwierigkeiten) erinnern *und anwenden* als etwas locker Beisammenstehendes. –
Wie sah das früher aus?[87]

5.3.1. Unter einem neuen kommunikativen Lernziel hatte man den Paukbetrieb des 19. Jhs. als öde empfunden. So kam es zur Proklamation der »direkten Methode« – mit ihrem naiven Vertrauen in die Analogie des Fremdsprachen-Lernens zum Erwerb der Muttersprache. Die direkte Methode geriet zunächst in den Wirbel »inhaltlicher« (kulturkundlicher) Lernziel-Postulate, danach in den Strudel empirisch-wissenschaftlicher . . . – *fixer Vereinfachungen* aus den USA. Der mit einer Entdeckung einhergehende Enthusiasmus hat allgemein die Tendenz, beschleunigt und wirkungsvoll zu vereinfachen. Verbindet sich das – wie im obigen Fall – mit ungeheurem Fleiß in den pertinenten Wissenschaften (besonders der Linguistik), dann ist der Effekt segensreich. Der Einbruch strukturalistischer und behavioristischer Vorstellungen in den fremdsprachenunterrichtlichen Reflexions-Betrieb hatte zur Folge, daß man fortan Phänomene nicht mehr vereinzelt oder in Hinsicht auf ein Prinzip betrachtete (– die »direkte Methode« war in diesem Sinne eher ein Prinzip als eine Methode!),[88] sondern als miteinander verbunden unter dem Gesichtspunkt praktischer Arrangements, psychologischer und praktischer Vorgänge, psychologischer und praktischer Wirkungen. Diese wiederum wurden dann insgesamt als Einheit gedeutet, *als Einheit* reflektiert und aus der Schlüssigkeit der Theorie heraus einheitlich in der Form von Anweisungen für alle Bereiche der Praxis formuliert. Kurzum: Man dachte in »Methoden«.

Als die große »Überwundene« (doch wohl nicht ganz so überwunden, wie man glaubte) wurde zunächst die **grammar-translation theory** formulierbar. Sie bedarf hier keiner weiteren Erläuterung; der Name ist *self-explanatory*. Aus den Anstößen des amerikanischen Strukturalismus (L. BLOOMFIELD, C. C. FRIES) und der behavioristischen Lerntheorie (B. F. SKINNER) entwickelte sich eine den Lernvorgang ganz und gar auf Impulse und Reaktionen zwischen Mund und Ohr gründende Verfahrensweise. Diese wurde dann mit der Bewußtseins-Wende im Gefolge CHOMSKYS als unzulänglich, weil ohne Instinkt für die produktiven und kognitiven Züge sprachlichen Verhaltens empfunden. Die Rede ist von der **audio-lingual habit theory** und der **cognitive code-learning theory** bzw. von dem didaktischen Gegensatzpaar *habituelles Lernen – konzeptuelles Lernen* (H. ARNDT).

JOHN B. CARROLL charakterisiert die *audio-lingual habit theory* durch 3 Sätze:[89]

(1) *Since speech is primary and writing is secondary, the habits to be learned must be learned first of all as auditory discrimination responses.*

(2) *Habits must be automatized as much as possible so that they can be called forth without conscious attention.*

(3) *The automatization of habits occurs chiefly by practice, that is, by repetition.*

THEODORE H. MUELLER faßt die – aus »*Gestalt psychology and transformational linguistics*« entwickelte – *cognitive code-learning theory*, wiederum CARROLL folgend, in 4 Sätzen zusammen[90]:

(1) *The frequency with which an item is contrasted with other items is more important than the frequency of repetition.*

(2) *The more meaningful the materials with which the student works the greater the facility in retention.*

(3) *Materials presented visually are more easily learned than comparable materials presented aurally.*

(4) *Conscious attention to critical features and understanding of them will facilitate learning.*

»Der theoretische Gegensatz zwischen *cognitive code-learning* und *habit formation* ist in seiner Relevanz für den realen Lernprozeß offenbar nur von platonischer Bedeutung«, schreibt HEUER, nachdem er »Interiorisierung« gekennzeichnet hat als »einen Vorgang, der sowohl durch *kognitive* als auch durch *imitative Lernformen* gekennzeichnet« sei.[91] Er steht mit seiner Meinung und Erfahrung nicht allein da. Es hat sich, auch in empirischen Groß-Experimenten, immer wieder gezeigt, daß eine *eindeutige* Stellungnahme zugunsten der einen oder der anderen Theorie nicht möglich war,[92] daß vielmehr in den meisten Fällen eine *Verbindung* beider durchaus sinnvoll sein könnte, – da auch eine reinliche Fixierung auf die eine oder die andere schon in diesen wohlgeplanten Experimenten nicht immer möglich schien.

Beide *theories* bzw. *methods* haben ihre *Grenzen*: Zuviel »reine« Kognition hebt schließlich die Möglichkeit unmittelbarer Performanz auf; C-Schüler bedürfen einfach der kognitiven Klärung, zumindest aber notionaler Hilfen. Abgesehen davon aber ist es doch auch einfach absurd, die Aspekte des Fremdsprachen-Lernens auf eine so harte Holzschnitt-Dichotomie ausdörren zu lassen. Andere und neue Ideen, Verfahren, Didaktiker sind auf dem Markt. Solange der Streit läuft, gibt es schon andere Stimmen, die gehört zu werden verdienen. Mit ausgearbeiteten Medien-Systemen drängen audiovisuelle Verfahrensweisen mit Methoden-Anspruch (früheste Form: die **»audio-visuelle, global-strukturelle Methode«** von P. GUBERINA)[93] nach vorn. – Und vom **situativen und kommunikativen Approach,** an dem uns hier soviel gelegen ist, war noch gar nicht die Rede: Er paßt in vielerlei Hinsicht nicht in die genannten Schemata. Er ist – um einen in diesem Zusammenhang auch von HEUER verwandten Ausdruck zu gebrauchen[94] – »ganzheitlich«. Als ganzheitlicher *Approach* ist er auf der Frühstufe gewiß oft zugleich »imitativ«. Aber schon die ersten Bände des Lehrbuches »*English for Today*« zeigen Fälle »kognitiver Brechung« im Rahmen dieses *Approach'*. Und ebenso gewiß sind unsere Empfehlungen für die Mittel- und Oberstufe, die diesen *Approach* ausdrücklich zum Ausgangspunkt nehmen, auf eine Überleitung imitativer in *produktive* Verfahrensweisen angelegt. – Warum sollten denn auch jene Schemata passen? – Man kann mit ihnen spielen; man kann sie in Frage stellen (wie jene künstliche »Scheidung« der kommunikativen von den situativen »Techniken«); und man kann auch, wie FUNKE gezeigt hat, ganz andere Kombinationen vornehmen: Wenn es »einsprachig-imitativ« gibt, dann ist doch wohl auch ein »einsprachig-kognitiv« möglich oder ein »einsprachig-kontrastiv«. Nach F. W. GESTER[96] ist dies letztere (nicht etwa »zweisprachig-kognitiv-kontrastiv« o. ä.) die Position N. CHOMSKYS, der ja den Muttersprachenerwerb beschreibe, nicht den Fremdsprachenerwerb. GESTER empfiehlt ganz konsequent, einen Unterschied zwischen der *»expliziten Regel«* und der *»impliziten Regel«* zu machen. Folgen wir ihm, dann gelangen wir mit Hilfe unserer obigen Unterscheidung von Dominanzfigur und Komplementärfigur auf die natürlichste Weise von der Welt zurück zu einer alten methodischen »Weisheit«: *Soviel »implizite« Grammatik wie möglich, soviel »explizite« Grammatik wie nötig.* Das »möglich« und »nötig« bewußtseinsmäßig (= in Hinsicht auf die Aufmerksamkeits- und Antizipations-Bedingungen der Stunde) theoretisch bestimmen zu können, ist dabei allerdings das einzige, was wir unserem Vorredner voraus haben.

5.3.2. Eine »Methode« müßte wohl der Komplexität dessen, was sie zu bewältigen auszog, angemessen sein. Menschliches Bewußtsein, und sei es das eines *right dope*, ist, so scheint es, ziemlich komplex. Ein Fach, das seinen »Stoff« als Artikulation von »Bewußtsein hoch zwei« begreift, darf nicht mit schnellen methodischen Lösungen rechnen: Wo es eine »Sache« nur als Perspektiven-Bündel gibt, muß die der Sache angemessene *Methode* selbst multiperspektivisch sein.

»Methode« ist immer in Gefahr, ihres didaktischen Grunde beraubt, auf ein System linearer Operationen nach behavioristischer Lernauffassung zu schrumpfen: Wo eine *beobachtbare* Verhaltenssequenz ist, gibt es *herstellbare Lehrsequenzen*, – Erziehung als Einwirkung von *Hergestelltem* auf *Beobachtetes*. – Im Falle von »Bewußtsein hoch zwei« gibt es da Schwierigkeiten.

Menschliches Verhalten ist nicht »genau«: Alle Versuche, Stimuli so eng zu fassen, daß präzise die gewünschte verbale Reaktion herauskommen müßte, scheiterten – oder hoben den Transfer-Effekt auf, den sie anstrebten. Wie eng immer ein Stimulus ausfällt, der folgende Response ist stets einer von mehreren möglichen. Menschliches Sprachverhalten ist vielfächerig, bündelnd, alternativ. Responses sind nicht aus einer »kausalen« Vorgeschichte zu verstehen, sondern aus einem Feld alternativer Bezugsbündel, auf das ein *»Evocator«* stieß: PARREREN und kein Ende!

Sprachlicher Response erfolgt – um's einmal recht grob-populär zu fassen – im allgemeinen gemäß Antizipation dessen, was folgen könnte, nicht vorzugsweise gemäß Bedingung durch das, was voraufgeht. – Etwas von dieser Einsicht ist sogar in den SKINNERschen Begriff des *»operant conditioning«* eingegangen; aber es scheint nicht, daß *diese* Implikation der SKINNERschen Sprachverhaltens-Analysen beträchtliche Unruhe bei den Zuständigen ausgelöst hat.

Wollen wir verbales Verhalten ziel-orientiert beeinflussen, dann müssen wir mit seiner Antizipationsstruktur beginnen: Nicht »*Methode*« (im alten Sinne: *Verhaltens*steuerung) ist erforderlich, sondern ein Instrument, das »*Sehweise*« auslegt und »benutzbar(!) macht«. Das Verfahrensmodell muß notwendig »pluralistisch« (abermals PARREREN!) sein, um der Response-Vielfalt der Lernenden gerecht zu werden. »Unitaristisch« ist nur der *Appeal* an die »Sehweise« im ganzen. So kommt es zur »Vorschrift«, es müsse dominante Formen im Alternativen-Salat zwischen Motivation und Ziel-Orientierung geben; oder: es hätten *bindende* Elemente die Sicherung des *Entfalteten* zu bewirken. – Ist erst einmal ins allgemeine Bewußtsein gedrungen, wie komplex der Lernvorgang – und das heißt doch der Stunden-Alltag – notwendig ist, dann ist das leichtfertige Einfrieren didaktischer Vernunft in prozedurale Schemata *von allgemeinstem Anspruch* nicht mehr lange möglich:

Die Zeit der großen *theories* und *methods* ist vorbei. – Was wir statt dessen haben, sind Einsichten in Bewußtseinszustände und -möglichkeiten sowie gewisse allgemeine *Prinzipien*, nach denen die vielerlei (z. T. sehr verschiedenartigen) zur Verfügung stehenden *Vermittlungs-Techniken* des konkreten Unterrichts so einzusetzen sind, daß diese Bewußtseins-Gegebenheiten maximal genutzt wurden.

> Es ist sehr bezeichnend, daß das einzige wirklich durchschlagende neue didaktische Schlag- und Leitwort der letzten Jahre nicht ein Bündel *methodischer Operationen*, sondern ein solches *Prinzip* bezeichnet: W. BUTZKAMMS glückliche Formel von der »**aufgeklärten Einsprachigkeit**«. Und es ist hiernach nicht weiter erstaunlich, daß es derselbe BUTZKAMM war, der so mancherlei verfestigte methodische Schemata ... – nein: nicht etwa »zerbrach«, sondern *relativierte*[96]: Indem er mit Nachdruck z. B. das »Gesamtgefüge der am Lernerfolg beteiligten Faktoren« gegen alle »ausgeklügelte Progression« des Details betonte, nicht scheute, notfalls auch »Eindrücke« gegen scheinbar Etabliertes zu setzen, oder z. B. immer wieder auf die unbewältigte Schwierigkeit im Raum der audiovisuellen Methode hinwies: die Unmöglichkeit, durch eine »klar erkannte Situation« völlig »unzweideutig« einen Response zu stimulieren – statt einer »ganze(n) Reihe sprachlicher Reaktionen«. – Geht nicht: Ein Bild – wie jeder situative Kontext – ist kein Stimulus (im strengen Sinne), sondern allenfalls ein Stimulans, i. e. ein »*Evocator*« ... – Es liegt in der Konsequenz dieser Linie, daß BUTZKAMMS erklärtes Ziel nicht die Re-installation eines vag-irrationalen »Kontakt«-Mythos ist (der dann an den »von ihm zerbrochenen Stellen« stark zu sein hätte), sondern *Methodisierung*[97]: Analytische Vorklärung künftiger fremdsprachenunterrichtlicher Arrangements.

Fülle empirischer Einzeldarstellungen, die in Einzelstößen daherkommt, nützt dem *Praktiker* gar nichts. Was er lesen soll, muß sich zu einer Vorstellungsfigur schließen: anderes ist angesichts der *contextual pressure* realer Arbeits-Enge nicht mehr zu verdauen. Nun haben wir zwar keine *Methode*, aber wir haben ein *Prinzip*. Der unifizierende Effekt ist der gleiche (– und die »Ausschnittvergrößerungen« und »Vermittlungs-Techniken« folgen später nach!).

Approach, nicht »Methode«: unter diesem soviel bescheideneren *password* halten wir die nicht mehr möglich geglaubte »große Synopse« des Typs »synthetische Methodik« sogar für notwendig.[98] *Unser Approach* geht aus von der Steuerung der (antizipatorischen) Aufmerksamkeit des Schülers und nennt eine Reihe von Verhaltens- und Vorstellungs-Imperativen, die eine solche Steuerung fundieren sollen. Zugleich erkennt er die Notwendigkeit »flankierender Maßnahmen« von stimulierend kontrastiver Art, die als komplementäre methodische Schritte der dominanten Form an Gelenkstellen und/oder in schwachen Momenten Verdeutlichung, Abhilfe oder einfach Sicherung zugeben sollen. Anlage, Sicherung, kommunikative und linguistische Organisation der Stunde lassen sich in *5 Regeln* fassen, die diese Überlegungen spiegeln:

1. Die Stunde sollte weitgehend zielsprachlich einsprachig geführt werden – ohne deswegen auf Unterbrechungen durch die Muttersprache anders als *integrierend* zu reagieren (Hysterie ist hier völlig fehl am Platze).
2. Sie sollte eine motivational *entfaltende*, flexibel vielgliedrige Gesprächsstunde sein – aber auf keinen Fall auf formale oder informelle Zusammenfassungen und Wiederholungen, Drill-Einlagen, apparative Zwischenspiele verzichten (Unterricht ohne *bindende* Lernformen und Ergebnissicherung wäre bald boden-los).
3. Sicherung und Stütze dieses Lernarrangements ist zum einen die strenge Bindung aller Unterrichtsvorhaben an *Texte*, – aber auch diese Dominanzform ist natürlich komplementär durch rein thema-orientierte Impuls-Eingabe von Schüler oder Lehrer notwendig und laufend zu beleben.
4. Zweite und ebenso grund-legende Form methodischer Sicherung sind die *Vorverweise* (stimulierender Effekt: Könnte man ...?), *Rückverweise* (beruhigender Effekt: Ich *habe* ... = kann »nach Hause tragen«) und *Wechselverweise* (bindender Effekt: Ich muß zuhören!) einer sorgfältig gliedernden Technik fremdsprachlicher Gesprächsführung, – aber auch dieser weitgehend *immanenten* Lernform sind natürlich (s. o. 2.) eine Reihe *expliziter* Lernoperationen zur Seite zu stellen; auch eingeschobener Lehrervortrag kann als alternative Komplementärform unter gewissen Bedingungen sinnvoll sein.
5. Vorbereitung und sprachliche Organisation dieses Lernarrangements ist weitgehend durch *Feld-Vorordnung sprachlicher Elemente* bestimmt.

Es ist also notwendig, daß junge Englischlehrer so früh wie möglich in die Technik der **didaktischen Analyse** und des sich aus einer solchen Analyse ergebenden **Unterrichtsentwurfs** eingeführt werden[99]: Das setzt an bei den (vorstrukturierten) Lehrbuchtexten der Unterstufe und geht über die Erfindung äquivalenter Kontexte und deren Behaviorem-Transfer in Stundengliederung bis zur feldmäßigen Vorbereitung des freien Unterrichtsgesprächs. Strenge Methodisierung ist unmittelbar die Quelle größerer Äußerungs-Motivation *und -Steuerung*: Je »freier« die Ziel-Vorstellung von Unterricht, desto sorgsamer sollte die Vorarbeit zur *Sicherung* dieser Freiheit sein.
Und dies gilt auch in einem anderen Sinne:
Strukturelle und sequentielle Ordnung, Vorbedingung allen Lernens (und das »Geheimnis der alten Pauker«) sollte, wenn es im »Geistigen« nicht möglich ist. wenigstens als pragmatische Stütze eher »oberflächlicher« Lernakte wirken können. Überschaubare Einheit von *erarbeiteter* Leistung und *geforderter* Leistung z. B. »trägt« auch den schwächeren Schüler. –
Ein unter sozialem Gesichtspunkt erfreulicher Nebeneffekt unseres *Approach* ist: *Alle wesentlichen Lernvorgänge spielen sich* – da unmittelbar auf aktive »Aufmerksamkeit« gegründet – *im Unterricht ab*. Finanzierte häusliche *Einzel*-Kompensation für Verhaltensausfälle während der Stunde ist kaum noch möglich. Interaktion ist alles.

Das Ganze ist vielleicht als ein radikalisiertes *situational teaching* zu bezeichnen: Ausgehend von den bekannten psychologischen und sprachlich-»stofflichen« Bedingungen von Situation und Kommunikation –

- Einheit, Selektivität und Perspektive der *tragenden Vorstellung*,
- Transportvokabular, Topikalvokabular und Terminalvokabular des *Textes*,
- *Sprechakt*-Konstellationen –

führt es die üblichen (und für die Unterstufe oft beschriebenen) Verfahren über bewußt zu machende Techniken der Gesprächsführung sowie der Textwahl gemäß kontextueller Äquivalenz bis in die »freien« Gesprächsformen der Sekundarstufe II. Es vollzieht sich in Dominanzfiguren und Komplementärfiguren gesteuerten verbalen Verhaltens. Seine drei

Säulen sind **Situation, Kommunikation, Text**; Medium und »stoffliche« Basis ist die feld-
mäßig verstandene und organisierte Zielsprache.

Noch zu entwickeln und auszuarbeiten ist das von uns mehrfach in seinen einzelnen Aspekten
bezeichnete Haupt-*Instrument* einer ganz und gar nur feld-orientierten Arbeitsweise (die eben
in dieser »reinen« Form noch nicht möglich ist): ein **Raster,** in dem sprachliche Form (von Text
oder Schüler-Äußerung) und die jeweilige psychologische Perspektive dieser Form als *eines*
verständlich sind. In voller Ausführung müßte er wohl
- menschliche Grundverhältnisse und -aktivitäten,
- didaktisch kalkulierte Texteme

und
- unterrichtliche Behavioreme

und deren Zusammenhang umgreifen. Darunter fielen die oben unter 4.3.4.3.8. genannten
Beispiel-Kategorien ebenso sehr wie die Arten von Sprechakten, LECHLERS M-M-C-Schema
ebenso wie die Einheit der gewisse Krimis *und gewisse unterrichtliche Akte* (Texterarbeitung)
in gleicher Weise »tragenden« Sprachfelder *(to deduce, to infer from, to conclude* etc.). Ein
solcher Raster, in dem das strukturalistische Schema der Substitution Table in umfassender
Manier auf die Arbeit im FU angewandt wird, ist vorläufig nur in wenigen Aspekten zu
verwirklichen Jeder Kollege wird sich eine mehr oder minder »persönliche« **kommunikative**
»Textem-Grammatik« für seinen Unterricht zurechtbosseln müssen oder bereits zurechtgelegt
haben. *Volle* Ausarbeitung und Verwirklichung dieses Rasters wird nicht möglich sein, bevor
seine wissenschaftliche Matrix – der von M. A. K. HALLIDAY vorerst nur in den großen Haupt-
zügen entwickelte Raster sprachlich-attitudinaler **Optionen** (mitsamt seinen soziolinguistischen
Implikationen)[100] – einfach überschaubare, applikable Gesamtform gewonnen hat. – Bis zu
jenem (hoffentlich nicht allzu fernen) Zeitpunkt ist das, was davon schon mit konventionellen
Mitteln möglich ist (und das ist viel!)[101], zugleich auch als Quelle »latenter« sprachlich-
kognitiver Kreativität im Stile E. DE BONOS[102] im Unterrichtsgespräch anwendbar.

UB 17: Kl. 6. / *Stoff: Learning English* A 1 neu, *Lesson* 18,1: *»A Pony for Mary«* / *Thema:* Vor-
stellungs- und Spielkontexte zum Lektionstext. / *Basis:* D. Lesetext ist aus der voraufgegangenen
Stunde bekannt; das Vokabular war durch einige kleine Geschichten aus dem *Workbook II* vorbereitet worden. / *Hausaufgabe und Stunden-Ansatz:* Schriftliche Nacherzählung der Ereignisse aus
der Perspektive des Mr. Butler. / *Übungsziel:* »Produktive« Anwendung (und Aneignung) des
»gelernten« Vokabulars in wechselnden Kontexten, zuletzt mit Perspektivenwechsel in einem neuen
(äquivalenten) Kontext; Einübung des Relativpronomens. / *PLANUNG der Stunde:*
A. *VORGESCHICHTE:* Erarbeitung des **Thema-Kontexts** »Lektionstext *A Pony for Mary«* im
Zusammenhang mit einigen der **Kontrasttexte** aus dem Workbook II (= **äquivalente Kontexte**
»dritten Grades«: alle Personen, auch die Hauptperson, sind ausgewechselt; gewisse für die thematischen Feld-Ordnungen charakteristischen Situationsmerkmale sind erhalten).
B. *EINSTIEG:* Die Hausaufgabe = der Thema-Kontext aus anderer *Perspektive* (Nebenfigur
erzählt, was vorgefallen ist).
C. *SCHRITTE* (i. e. Unterrichts-»**Behavioreme**«: *1.* Thema-Kontext, durch ein anderes *Medium*
präsentiert (Bild aus dem Lehrbuch S. 149 im Matrizenabzug, bei vorläufig geschlossenem Buch
ausgegeben), in einem anderen *Zeichentyp* zu reproduzieren (*activity:* jeder S. schreibt 5 Sätze über
das Bild auf; nach Fertigstellung lesen einige S. vor; Vergleich). 2. Thema-Kontext, aus anderer
Perspektive und durch eine neue *activity* präsentiert (Rollenspiel in der Klasse, zweimal, mit wechselnder Rollenbesetzung). *3.* Neuer Kontext: **Äquivalenter Kontext ersten Grades,** i. e. einer der
Beteiligten *erzählt* den Thema-Kontext *in einem anderen Kontext* (Mary erzählt, was vorgefallen
ist, nach ihrer Heimkehr von Blackpool ihren Klassenkameradinnen – die immer wieder nachfragen;
activity: ein »Rollenspiel zweiten Grades« in der Klasse). 4. Neuer Kontext: **Äquivalenter Kontext**
zweiten Grades, i. e. die aus einem vorhergehenden Kontext bekannten Figuren erscheinen in einem
anderen Kontext, der nur noch die für Feld-Rekurrenz des Vokabulars nötigen Situationsmerkmale
des Thema-Kontexts aufweist (Marys Freunde zu Besuch, um das Pony zu bewundern; *activity:*
Einsetzübungen zu einem auf Matrizenabzug ausgegebenen Lückentext: Dieser ist zugleich Übungs-
kontext für das Relativpronomen.).
D. *HAUSAUFGABE:* Je 2 Sätze mit *who/which, whose, to whom, whom/which* bilden.
Der Lückentext lautet:

Mary's friends ... she had shown a photo of Charlie came to have a look at the pony. They all liked Charlie ... new owner was very proud of him. They also wanted to see his stable ... was behind the garage. The pony ... nobody was watching now went to the tea table ... Mary's mother had put in the garden. Charlie ... Mary always gave sugar and ... liked sweets very much took the pieces of cake from the plate. When Mary and her friends came back they saw the empty plate ... had been full of cakes before. The mother ... they asked about the cakes answered that she had put it on the plate. Suddenly they remembered Charlie ... place was under the big apple tree. When they saw his mouth ... was white with sugar they knew ... they had to blame for the empty plate.[103]

Verlauf d. St.: Genau nach Planung. 2 S. lesen d. Hausaufgabe vor; Mitschüler beurteilen sie *(Is he Mr. Butler? – he can't know that ...).* – Behaviorem-Wechsel: Stillarbeit – währenddessen kontrolliert L. die Hausaufgabe und sammelt einige Hefte ein. – Behaviorem-Wechsel: Vorlesen und abermaliges gegenseitiges Beurteilen. – Behaviorem-Wechsel: Vorbereitung des Rollenspiels. – Wer nimmt welche Rolle? – Fröhliches Wünschen und Vorschlagen. Aus dem Rollenspiel ergibt sich das 4. Behaviorem als eine Variante des 3. wie von selbst: Dabei ergibt sich reiche situative Arbeit im Zusammenhang mit dem Antwort-Bericht Marys vor ihren Freundinnen. Fragen wie *Where did the pony »sit« when you came back from Blackpool in your car?* und *Why didn't Mr. Butler call a vet?* zeigen, daß die Klasse gut trainiert ist. Ein auffälliger Behaviorem-Wechsel ergibt sich erst wieder bei der Austeilung, dem Durchlesen und Bearbeiten des Lückentextes. Der 4. Satz darin gibt Gelegenheit zu Fragen und Erklärungen; dabei wird zur Unterscheidung von *whom/which* die Art der (Gefühls-)Beziehung zwischen Charlie (dem Pony) und dem Mädchen ausgiebig beschnackt (= abermals ein, wenn man will, *äquivalenter Kontext zweiten Grades* mit entsprechenden immanenten Rekurrenzmöglichkeiten. /

Beurteilung: Eine lernpsychologisch musterhaft geplante und – da auch die kinesische Response-Beziehung zur Klasse (i. e. »streuender« Blick über Sitz-Distanzen, S.-Namen, Blick-Zuwendung, Schulter-Response etc.) glänzend aufgebaut war – ebenso musterhaft durchgezogene Stunde **mit einem flaw:** Statt die fröhliche Rangelei um die Rollen und das gruppendynamisch so wohlgeplante gegenseitige Zitieren und Beurteilen (= äußerst wertvolle *habit!*) *durchgehend* zum Aufbau eines lockeren kommunikativen Rituals (Transportvokabular von der Art *I'd like to ... / I'd rather ... / Let me ... / I think he ...*) zu nutzen, ging immer wieder deutsch Formuliertes, auch Lustiges (»Ich möchte das Pony sein.«) un-integriert durch. Die Möglichkeiten von L. und S. zeigten sich bei der Unterhaltung über den Lückentext, die durchgehend auf englisch geführt wurde! – Abgesehen von diesem Detail, wie gesagt, eine musterhafte Stunde. *L. hat die richtigen Schlußfolgerungen aus den beiden konkurrierenden fremdsprachen-lernpsychologischen Modellen gezogen:* Durch Skinner und Lado wissen wir, daß eine Erhöhung der Zahl der Schüleräußerungen notwendig ist (– einmal ist im FU keinmal, weil nicht die Einsicht zählt – die man »hat« oder »nicht hat« –, sondern die Wiederholbarkeit der Ausdrucksformeln = deren »Einschleifen« = potentielles »Haften« im Langzeitgedächtnis); die Kontextualisten und die Kognitivisten zeigten, daß sinnlos Wiederholtes *nicht »haftet«* und das zu Wiederholende also in Vorstellungs- und Aussage-Kontexten zu »evozieren« ist: Es geht – mit Parreren zu sprechen – zugleich um die **Stärke** und um die **(nur situativ zu evozierende) Regsamkeit des intendierten Spuren-Subsystems.** Das ergibt sich in der vorliegenden Stunde aus der **Vervielfältigung der Aktualisierungen von sprachlichen Ziel-Feldbündeln durch den Gebrauch in wechselnden (äquivalenten) Kontexten.** So ist die Stunde zugleich Evidenz der *Einheit* fremdsprachenunterrichtlicher Lernvorgänge sowie der *Zusammengehörigkeit* beider lernpsychologischer System-Vorstellungen. – Sehr sinnvoll ist auch die Art, wie hier eine grammatische Übung zum Teil eines situativen Gesamtarrangements gemacht wurde. Die Einsetzübung hätte in der gleichen Form unter den *Exercises* des Lehrbuches stehen können. Durch Einbettung in den psychologischen Kontext = den situativen Vorstellungszusammenhang des Unterrichtsgesprächs verliert es seine durch die Druckanordnung mit-erzeugte motivations-ferne Starre: **Nicht Form und Aufbau, sondern »Ort« und Gebrauch bestimmen den lernpsychologischen Charakter von Texten.** – Schade, daß nicht auch das EINSTIEGs-Behaviorem *situativ* eingebettet war (– etwa: *Mr. Butler writes a letter to an old friend ... / tells his old mother who suddenly comes and visits him ...* – neuer Slot: ihre Gegenreden!)! – Auch das Problem der Beschäftigung einer Klasse bei der Hausarbeiten-Kontrolle wurde hier glänzend gelöst. /

Alternativen: In anderen, leichteren Fällen wie z. B. den *tenses* oder *if*-Konstruktionen (vgl. Lechlers Hinweise) wäre es vielleicht angebracht gewesen, die einzuschleifende grammatische Erscheinung schon in einen der Gesprächs-Kontexte hineinzunehmen, d. h. bei der Vorbereitung das

Lehrbuch sozusagen von den *Exercises* her zu lesen. – Im Falle des Relativpronomens wäre vielleicht als zusätzliche Übung ein Kontext zu suchen, in dem deren diskriminierende Funktion und geheime Frage-Assoziation natürlicherweise eine Rolle spielt. Zum Beispiel wäre ein zweites Mädchen in Blackpool denkbar, das Mary sehr ähnlich ist, so daß bei den zahlreichen Verwechslungen auf unterscheidende Details in erläuternden Nebensätzen hinzuweisen wäre (– vielleicht hat »die andere« einen Papagei; ihr Heimatort, die Schuhe, die sie trägt, ihr Akzent etc. könnten z. B. zu nennen sein).

UB 18: Vorsemester der Studienstufe (ehem. 11. Kl.) / *Stoff:* T. CAPOTE »*A Diamond Guitar«* – nach »*Great American Short Stories«* / Klett – S. 47 Mitte (auf den Schluß zu) / *Basis – technisch:* Interpretation anderer amerikanischer Kurzgeschichten, beginnend mit FAULKNERS »*A Rose for Emily«*, endend mit A. BIERCES »*An Occurence at Owl Creek Bridge«;* Diskussion von Aufbaufragen (bes. *flashback*) und psychologischen *cases; – lexikalisch:* Vokabular zu Aspekten literarischer (psychologisch relevanter) Texte, bes. *flashback* und Symbolisierung; das für das unmittelbare Verständnis der Geschichte nötige Vokabular aus der Erarbeitung in den voraufgegangenen Stunden; – *behavioral:* D. Klasse ist gewöhnt, ihre Eindrücke durchgehend *zitierend* am Text zu belegen (hat ihn also zuvor sorgfältig gelesen). / *Hausaufgabe – mündlich:* Vorbereitung des Schlusses der Geschichte (SS. 47/48); – *schriftlich:* Kurze Beantwortung der Frage: *How does Tico Feo's arrival change life on the prison farm?* / *Stunden-Ansatz: 1.* »Vorweg-Behaviorem«: Kurz-Vortrag eines Schülers: »*Latest News«* mit Fragen oder Zusätzen der anderen S. (nicht zensiert; freiwillige Sprecher: ursprünglich einmal von der Klasse gewünscht; zur festen *Habit* im Stunden-Schema dieser Klasse geworden!). *2.* »Eigentlicher« Ansatz: Ausdrücklich *nicht* die Hausaufgabe, die vielmehr (sehr geschickt) für Einsatz etwa in Stundenmitte vorgeplant ist – als Rückgriff in doppelter Hinsicht (behavioral: läßt Diskussion nicht »auspetern«; konzeptuell: bindet d. entwickelte Vorverständnis des Schlusses an d. *body* der Geschichte); Einstieg ist vielmehr die stoffliche Zusammenfassung des in den voraufgegangenen Stunden Erarbeiteten als einer Basis für Erarbeitung und Diskussion (s. o. Vorverständnis) des Schlusses. / *Übungsziel:* »freies« Sprechen »dicht an« einem Text; Begründen eigener Meinungen. / *Verlauf d. St.:* (I) S. trägt anhand von (vorher angeschriebenen) Stichworten an der Tafel die »*latest news«* vor – ohne *newsreader's* oder *announcer's intonation!* Nach wenigen Kurz-Nachfragen der Mitschüler beginnt das »offizielle Programm«. (II) L. fragt Punkt für Punkt den Erzählstoff bis S. 47 zusammen (Typus: *Well, what happened after that?*), konzentriert dann durch Fragen nach den *most important points* (mit *Textzitat*), spitzt zu auf den *accident* auf S. 47 und die Frage: *What do you think of their friendship?* – Es gibt mehrere kontroverse S.-Äußerungen zum Problem dieser »*friendship*«. L. verknüpft nichts, hebt nichts hervor und gibt nichts weiter, läßt zu keinem Ergebnis zusammenfassen, was über die Beziehung der Protagonisten gesagt wird; die Unterhaltung versiegt. Leerstelle. (III) Neuansatz: L. verweist auf S. 47 *line* 28, läßt diesen *break* im Aufbau der Geschichte (und den anderen auf S. 39 *line* 30) beschreiben und erläutern und baut aus dem Gespräch das Tafelbild aus dem Lehrerheft zur Short Story S. 121 auf. (IV) »Zwischen« Text und Tafelskizze läßt L. in Stichworten (weiterer Tafelanschrieb) den inhaltlichen Aufbau des Mittelteils der Geschichte erarbeiten und gelangt dabei zum Unterschied zwischen *narrative arrangement* und *chronological order;* hier kommt das bereitliegende Wortfeld »*flash-back*« zum Tragen (Rückgriff!). Wie unter (II) nehmen die S. dies zum Anlaß, eine Reihe interessanter kontroverser Meinungen über die Bedeutung dieser Diskrepanz von Erzählaufbau und chronologischer Folge zu äußern; L. restringiert streng auf formale Gegebenheiten. Abermals Schweigen. (V) Neuansatz: L. läßt die Hausarbeit hervorholen und verlesen; 2 S. lesen nacheinander; Mitschüler vergleichen die 2 *papers;* statt der *changes* im Lager wird die Gitarre zum Zentrum des S.-Interesses. L. greift auf, sammelt Äußerungen, greift zurück auf das bereitliegende Ausdrucksfeld »Symbolisierung« und erarbeitet an der Tafel die Stichworte *(their) former life / the outside world / (temporary) happiness / a key for communication / the lost friendship.* Bei dem Versuch zu formulieren, was diese Aspekte des Gitarren-Symbols (»innerlich«) verbindet, ergeben sich wiederum kontroverse Meinungen, die der L. nicht aufgreift, verknüpft, verarbeitet läßt. Abermals Schweigen. (VI) Neuansatz: L. fragt: *What did Mr. Schaeffer do before Tico Feo came into the camp?* – S.: *He was carving dolls.* – L.: *That's right but I think he never reflected upon his own life. Let's talk about p. 41, 3rd. par.* – S. lesen. Hinweis auf symbolische Bedeutung (Rekurrenz, s. o.). Der *glitter* der Sterne am Himmel und der Steine auf der Gitarre wird verglichen; die S. bemerken, die Sterne seien *out of reach*, die Gitarre sei am Schluß der Geschichte trotz des Glanzes der (falschen) Steine *meaningless*, weil ohne *player*. L. verbindet dies nicht mit

dem *carving dolls,* das aus S.-Äußerung bereitliegt, er veranlaßt keine Diskussion über das komplexe Symbol; bevor die (sehr diskussionsfreudigen) S. von selbst »kommen«, klingelt es. L. schließt ab: *The stars had satisfied him beforehand; he wasn't satisfied any longer.* /
Beurteilung: Beispiel einer ganz besonders solide absichernden und *anbahnenden,* aber ebenso auffällig den gesteigerten geistigen Bedürfnissen der Sekundarstufe II nicht gewachsenen Unterrichtsführung: Beispiel für das, was noch zu leisten ist bei so geringer geistiger Geschmeidigkeit, – für »Größe und Grenze« der *Ersatzfunktionen, die aus strenger Methodisierung und gutem Willen sich aufbauen lassen.* Erfreulich zunächst die Gewohnheit, »*latest news*« an den Anfang zu setzen: Die Ausstrahlung über die Schule hinaus, aktuelle Motivation und aktuelles Vokabular als *habit* (= ein erfreuliches Indiz für die Bereitschaft des L., alle Schüler-Impulse »grundsätzlich« aufzugreifen) ... – aber wieso wurde die glänzende Gelegenheit verpaßt, in Simulation der Nachrichtensprecher-Attitüde Intonation einzuschleifen? – Eindrucksvoll auch der massiv fordernde Rückgriff auf bereitliegende, im Rückgriff umzuwälzende Feld-Ordnungen (*flashback,* Symbolisierung) sowie die solide erweiternde Feld-Ausbreitung zwischen Gespräch und Tafel (durch die spätere Rückgriffe vorbereitet werden). Dieses Heraus-Fordern vorheriger Eingaben und Eingeben von später zu Forderndem, dieser ganze zwingende kleinschrittige Zusammenhang von Sprachfeld-Übung und Sprachfeld-Kontrolle hat in Verbindung mit dem gründlich sammelndem Festhalten von Text-Elementen etwa außerordentlich Solides, das insbesondere die schwächeren Schüler »trägt«: Derlei aus dem programmierten Unterricht bekannte Methodisierung sichert im allgemeinen deren »Dankbarkeit« und Mitarbeit. Da es wegen der guten Vorplanung zugleich immer wieder in zwingender Schrittfolge auf *Problem-Slots* hinführt, ist auch den lebhafteren Geistern unter den Schülern etwas zum Beißen geboten; – aber wie lange werden die durch Abwesenheit aller intellektuellen »Bekräftigungen« Frustrierten das pointenlose Aufbauen und Nach-Arbeiten noch durchhalten? – Die im *Anbahnen* und *Ausbauen* so solide Stunde ist im Zerebralen ganz unknusprig und endet in nackter Hilflosigkeit (s. d. Schlußbemerkung). Die Verwechslung von *Reziprozität (meaningful slots)* mit *Rückkopplung* (hier: stoffliche Verknüpfungen), die an die Einsamkeit von mit Apparaten allein Gelassenen (im Sprachlabor) gemahnt, zeigt sich besonders deutlich in der Gesprächsführung: Alles kommt »von vorn«; im Grunde liegt hier nicht ein kommunikatives, sondern ein autoritäres Unterrichten vor. Es gibt Vor- und Rückverweise *en masse,* aber keine Wechselverweise (– jedenfalls nicht bei der Meinungszuordnung und -profilierung; bei stofflichem Wechselverweis aber handelt es sich, streng genommen, um eine andere Form von Rückverweis!) Es gibt alle 8 Minuten eine *summary,* aber das, was sie »bindet«, sind *stoffliche* Bestände und Kontexte, nicht *intellektuelle.* So zeigt die Stunde alle Anzeichen einer L.-Unsicherheit, die – bei glänzender Vorbereitung – sich in ordnend-sammelnden Pauk-Druck rettet; die zwar geschickt genug ist, immer wieder Problem-Slots geradezu schlafwandlerisch anzupeilen, aber zu furchtsam oder zu wenig beweglich, mit den Ergebnissen auch zu arbeiten.
Bei aller Immobilität lohnt es sich, die *Grundierungs-Technik* dieses superben Behaviorem-Architekten zu studieren. Durch die Sprachfeld-Engführung, die Schrittfolge innerhalb der einzelnen Stunden-Segmente (II–VI), den unausweichlichen Text- und Ziel-Bezug hindurch deutet sich in Rückgriffen und Schwäche-Momenten so etwas wie die **ideale Behaviorem-Figur** dieser Art fremdsprachenunterrichtlicher Unterhaltung an: **(1) Allgemeiner Eindruck – (2) Sammeln am Text – (3) auffächernder Problem-Slot – (4) Äußerungen zum Problem – (5) pointierende und gliedernde summary (auch der Problem-Aussage) – (6) Neuansatz mit stetem Rückbezug auf (1)–(5).** Schnellfertiges Parlieren ist auch auf dieser Stufe nicht die Norm: Wie in UB 17 zeigt dies Beispiel die *Einheit* fremdsprachenunterrichtlicher Lernvorgänge – in diesem Fall auch über den Abstand der Stufen hinweg. *Der Lernprozeß endet nicht irgendwo auf der Mittelstufe:* Was nicht durch strenge *Sprachfeld-Vorordnung und -Kontrolle* durchgeht, verfällt auch auf dieser Stufe bald. In den *Grundkursen* der Studienstufe ist dies Problem sogar noch erheblich akuter.

6. Normativer Abstract
(»Ergebnissicherung« in pragmatischer Absicht)

> Ch.: *Your brother Ernest dead?*
> J.: *Quite dead.*
> P.: *What a lesson for him! I trust he will profit by it.*
>
> (The Importance of Being Ernie)

> Da fragte der Esel: *Was jappst du so, Packan?*
> aus: Die Bremer Stadtmusikanten

> *The question is ... which is to be master – that's all.*
> Humpty Dumpty

6.1. *Grids,* zum letzten Mal! – Aber man kann wirklich nicht die kommunikativen Züge des FU soviel stärker betonen, ohne das Lehrverfahren *(und die Ausbildung der Unterrichtenden)* entsprechend umzustrukturieren. Anderenfalls fördert man geradezu den Schrei nach Grammatik als Wissensstoff, nach Vokabelkontrolle als Lehrverfahren und so vielem anderen mehr, das doch nur Ersatz ist für die nicht erfolgte Umstellung auf einen anderen Lehrbetrieb, – einen Schrei, den man von überall daher hört, wo eine Reform über die Köpfe der Unterrichtenden hinweg »durchgeführt« wurde – als wolle man die eigene Reform zum Scheitern verurteilen.[1] Ist eine Feld-Vorbereitung, Slot-Vorbereitung, Behaviorem-Vorbereitung, Kalkulation äquivalenter Kontexte und Minimal-Ziel-Bestimmung nicht möglich, dann ist dies, als hätte man Schaden, der vermeidbar war, mit einprogrammiert. –

Vom Lehrer erwarten wir *Sensibilisierung* für seine Aufgabe, *Vorbereitung* und *Durchführung* des Unterrichts. Der Schüler soll – im Bereich der durch das Fach gegebenen Fähigkeiten und Fertigkeiten – mit seiner Hilfe

- verstehen, was los ist (EINSICHT),
- behalten, was er lernt (ERWERB),
- weiter vorankommen (ZUWACHS).

Dazu nützt vielleicht eine knappe Überschau wesentlicher Stichworte für die Praxis.

6.2. Es ist auszugehen von

- der *Einheit des FU »unten« – »oben«,*
- der *Einheit von Theorie und Praxis,*
- dem *Recht des Praktikers*
  (auch auf »das erprobte Alte«, auf selbstgemachte Erfahrungen, auf eine Neigung zu reinen »Techniken«, *solange die beiden ersten Hinweise beachtet werden*).

6.3. Das Fach »Englisch« unterscheidet sich

- vom *muttersprachlichen* Unterricht dadurch, daß **keine Grund-Kompetenz** vorliegt und die Fremdsprache rollen-perspektivisch und strukturell »anders« ist.
- von allen anderen Fächern (einschließlich des *altsprachlichen* Unterrichts) dadurch, daß es **kein** »Objekt« hat: Es geht um **Tätigkeit, Fähigkeit, Fertigkeit,** die aber sehr bedeutende **attitudinale Implikationen** haben, – *nicht um »Wissen«,* abfragbare Kenntnisse. Gewisse formale Kenntnisse könne einen sekundären und begrenzten funktionalen Wert haben.

6.4. Wir unterscheiden allgemein

- 3 Lerntypen (*imitatives – produktives – situativ-kommunikatives* Lernen) und

- 3 Lernphasen *(Darbietung/Erstaufnahme – Übung/Anwendung – Transfer)*, von denen die 2. (und dritte) die größte Aufmerksamkeit beansprucht.
- 2 Arten von Übungsarrangements: **immanent – explizit.**

6.5. Wir unterscheiden fachspezifisch

- 2 Modi (Arten) fremdsprachlichen Lernens: Spracherwerb – Sprachausbau;
- 2 Formen fremdsprachlichen Lernens: Dominanzfigur – Komplementärfiguren;
- 2 Aspekte fremdsprachlichen Lernens: **entfaltend – bindend.**

6.6. Die drei »Kristallisationskerne« fremdsprachenunterrichtlicher Arbeit sind:

- **Situation – Kommunikation – Text.**

   Jede Stunde sollte einen (Aufmerksamkeit bindenden, Ziele setzenden, zu mannigfachen kommunikativen Operationen Anlaß und Ansatz bietenden) *»zentralen Text«* haben.
   »Text« meint hier jede Art von umrissenem Formulierungs- oder Äußerungszusammenhang, auf den – als auf sein linguistisches »Modell« – das Gespräch wiederholt rekurrieren kann.

6.7. Es ist nützlich, folgende 4 empirische Lerngesetze zu erinnern:

- **Strukturiertes** haftet besser als Unstrukturiertes.
- **Sequentiertes** haftet besser als Ineinander-Gleitendes.
- **Wiederholtes** haftet (bei **verteilter Wiederholung!**) besser als nur einmal Ausgesprochenes! Einmal ist – im FU – keinmal.
- **Ganzheiten mit innerem Wechselverweis** haften besser als assoziative Impuls-Folgen.

   Zu *Klassenarbeiten auf der Stufe des Sprachausbaus* bedeutet das z. B.: Es sollte nichts verlangt oder veranlaßt werden, das die »Ganzheit des Vorbringens« aufzusplittern geeignet ist (– kontextisolierte Punktfragen). Die Teile der Arbeit sollten aufeinander Bezug haben (– Problem der Aufgabenformulierung bei Mehrfragen-Aufgabe). Die Arbeit soll ein Teil einer sequentierten Unterrichtseinheit sein: Sie sei (notwendig auch wiederholende) Anwendung von Gelerntem; es geht dabei um Produktivität in neuen Kontexten, nicht um *»Creativity«*.

6.8. Aspekte des Lernvorganges in der fremdsprachenunterrichtlichen Einzelstunde:

- **Entfaltende Aspekte** (»Oberfläche« des Lernprozesses im Gespräch/Motivation): Mobilisierung der kommunikativen Potenzen:

   Anlaß und *Anlässe:* Jede Stunde sollte implizit die Frage beantworten können: *Warum treiben wir all dies auf englisch und nicht vielmehr auf deutsch?*
   (Reiz vorkalkulieren / Perspektive sichern / Slots).
   Die Motivation ist zu kalkulieren als
   – Interesse (am *topic*) überhaupt;
   – reaktives Interesse zu momentanen Fragen (SKINNERS *»operant conditioning«*);
   – reaktives Interesse zu Aufforderungs-Fragen (wohl eher SKINNERS *»respondent behavior«*).

   Mittel der *Weiterführung:* Einmal durch Anlässe (s. o.), zum anderen durch *»Verstärkung«* von Schüleräußerungen (durch Lehrer / Mitschüler / Text)

- **Bindende Aspekte:** (»Formale«) *immanente Übung,* d. h. Übung durch Distribution bzw. Rekurrenz von *Items* in Feld-Ordnungen. Komplementäre *Einlage(n) formaler Übung* (Typ »Du–du–du«).

   Ergebnissicherung in Verknüpfung, Wiederholung, Zusammenfassung.

   Vorgängige Gesprächs- und Motivations-Sicherung durch gezielte Beschränkung des Vokabulars: Auswahl und Sequentierung von Texten bzw. Themen unter dem Gesichtspunkt der Sprachfeld-»Verwandtschaft« – um Kontexte zu gewinnen, innerhalb derer die zu lernenden Äußerungsformen sich durch Wiederholung festigen.

- **Transfer:** Item- und Bezugsbündel-Rekurrenz in wechselnden Feld-Ordnungen (– **äquivalente Kontexte** finden und sequentieren).

6.9. Vorbereitung und Durchführung der fremdsprachenunterrichtlichen Einzelstunde; Prinzipien und Hinweise:

6.9.1. Kein primärer Erwerb *isolierter oder regel- (statt äußerungs-)bezogener Elemente*, etwa grammatischer »units« oder Vokabeln (nach Listen).

6.9.2. Prinzip der *»aufgeklärten Einsprachigkeit«.*

6.9.3. *»Rolle«* des Lehrers als des Kontext-Regulators (zugleich Kommunizierender und Steuernder):
● Rollen-Bewußtsein:
  – Kommunikative Gesprächsführung;
  – »Verstärkung« des einzelnen Schülers;
  – (Veranlassung von) Zusammenfassungen und Ergebnissicherung.
● Produktives Sprach-Bewußtsein:
  Er soll ein *Modell* geben, sichern und weiterentwickeln. Er tut dies innerhalb der 2 Haupt-Zeichenrelationen, der *paradigmatischen* (Felder) und der *syntagmatischen* (grammatische Felder/Behavioreme) Relation, in Sprechakten und in selektiver textueller Paraphrase.

6.9.4. Der fremdsprachliche Kontext selbst: **Momente statt Elemente**
(Motto: *No word is an island, entire of itself* ...):
● 4 Gesetze:
  – Gesetz vom *Sachbezug und sachhafter Klarheit.*
  – Gesetz von der *feldmäßigen Strukturierung* (Immanente Rekurrenz über Distanzen in Entsprechungsfeldern – sprachlich, behavioral, attitudinal).
  – Gesetz von der *»Bedeutung durch personalen Appeal«* (Namen der Schüler, persönliche Interessen und Meinungen der Schüler, Identifikationsmöglichkeiten).
  – Gesetz vom *weitgehenden Textbezug.*
● 2 Regeln:
  – Bewußtseins- und Vorstellungs-Regel – eher »unten« – **Tiggemanns Regel:** *Zuständliches ist in Vorgänge, Vorgänge sind* (als Tätigkeiten oder mögliche Tätigkeiten) *in Äußerungsanlässe zu verwandeln. –*
  – Reine Zeichen-Regel – eher »oben«: Textgehalte und Äußerungen sind in Hinsicht auf Feld- und Rekurrenz-Ordnungen der Sprache zu behandeln; »inhaltlich« treten an die Stelle menschlicher *Tätigkeiten* menschliche *Beziehungen.*
● Gesprächsführung: Aufmerksamkeits- und Antizipations-»Spannung« durch *Vor-, Rück- und Wechselverweise; »Spannung« zwischen Motivation und Lernziel.*

6.9.5. Sicherung der Motivation fremdsprachlich-kommunikativer Art:
● Es sind zu schaffen (und zu benutzen):
  Äußerungsanlässe, Gliederungsanlässe, Wiederholungsanlässe, Anwendungs- und Übertragungsanlässe, Anlässe zum Einschub formaler Kurz-Übung.
● Flexibilität und sprachliche Rückversicherung in der Gesprächsführung: *»Freiheit« in Einstieg und Verknüpfung – oberhalb des Ausdrucksfeldes, das sichernd die Unterhaltung »trägt«* (s. o.: Unterscheidung von »Oberfläche« und »Tiefe« der Lerngespräche)?
● Einsatz vielfältiger minimalisierter **Slots und Summaries:** »Substitutionsrahmen« für die **Behaviorem-Gliederung der Stunde;** – sichert
  – als *meaningful* realisierbare Impuls-Ordnungen,
  – zielsprachliche Rekurrenz (= Retention),
  – »Teilziel«- und Ergebnis-Motivation,
  – Verstärkung aus Behaviorem-*Wechsel,*
  – Verstärkung (aus Teilziel-Bewältigung) für den jeweils nächsten Schritt.

6.9.6. Unterscheidung der *akademischen Perspektive,* der *didaktischen Perspektive* und der *methodischen Perspektive* bei der Textarbeit:
Regel: *Texte sind als Informations-Einheiten, Informations-Einheiten als Ausdrucksrepertoires zu analysieren* (und zu »behandeln«) in Hinsicht auf *Aussage-Kern (key-words* und Zuordnungs-Bezugsbündel) und *Aussage-Redundanz.* Dabei ist nach *Transportvokabular, Topikalvokabular* und *Terminalvokabular* zu unterscheiden.

6.9.7. Grammatik sollte *auch* als Regel, vorzugsweise aber als *intentionale Perspektive* (von Text- und/oder Äußerungsform) verstanden und behandelt werden.

6.10. Angesichts der hohen Forderung an die sprachliche und sprachpädagogische Beweglichkeit des Unterrichtenden mag es abschließend auch von Nutzen sein, **Alternativen** zu erwägen. Es gibt nur eine einzige. Da nämlich jedes *Zögern* ohnehin den dimensional-perspektivischen Spannbogen des Gesprächs aufzuheben droht, ist die einzige echte Alternative, *seine Aufhebung zu institutionalisieren:* die *Fremdsprache* als **Gegenstand** *(statt als Verhaltens- und Vorgangs-Ordnung)* den Aufbau des Lernprozesses bestimmen zu lassen. Bei einer Ablösung des »inhaltlichen« Interesses (im Medium der Muttersprache) bedeutete das eine Rückkehr zu den (älteren!) Methoden des *altsprachlichen* Unterrichts. Der Verfall der Sprechfertigkeit wäre »kompensiert« durch ein *Wissen über* die Sprache und ihre Ordnungen. – Wer wollte das wohl?

Hoffen wir indessen, daß unsere Lehrerbildungsstätten einschwenken und die Voraussetzungen kommunikativen Unterrichts ausbauen. Hoffen wir auch, um an den Anfang unserer Ausführungen (*ET Vorspiel* 1.) zurückzukehren, daß vielleicht ein ursprünglicher *»Appetit«* beim Lesen dieses Buches gewachsen ist *(L'appetit vient en lisant?)*, oder – um ganz zuletzt mit Hilfe der Anspielungen jener Kapitel die frühen Griechen, die Bibel, Joyce und schließlich auch Marx in das Joch eines Geschirrs zu spannen:

Babbelbrüder aller Länder, vereinigt euch:
The more one has, the more one wants!

Anhang I:

Drei Diagramme zu Lernprozeß und Gesprächsführung im FU

Abb. 26

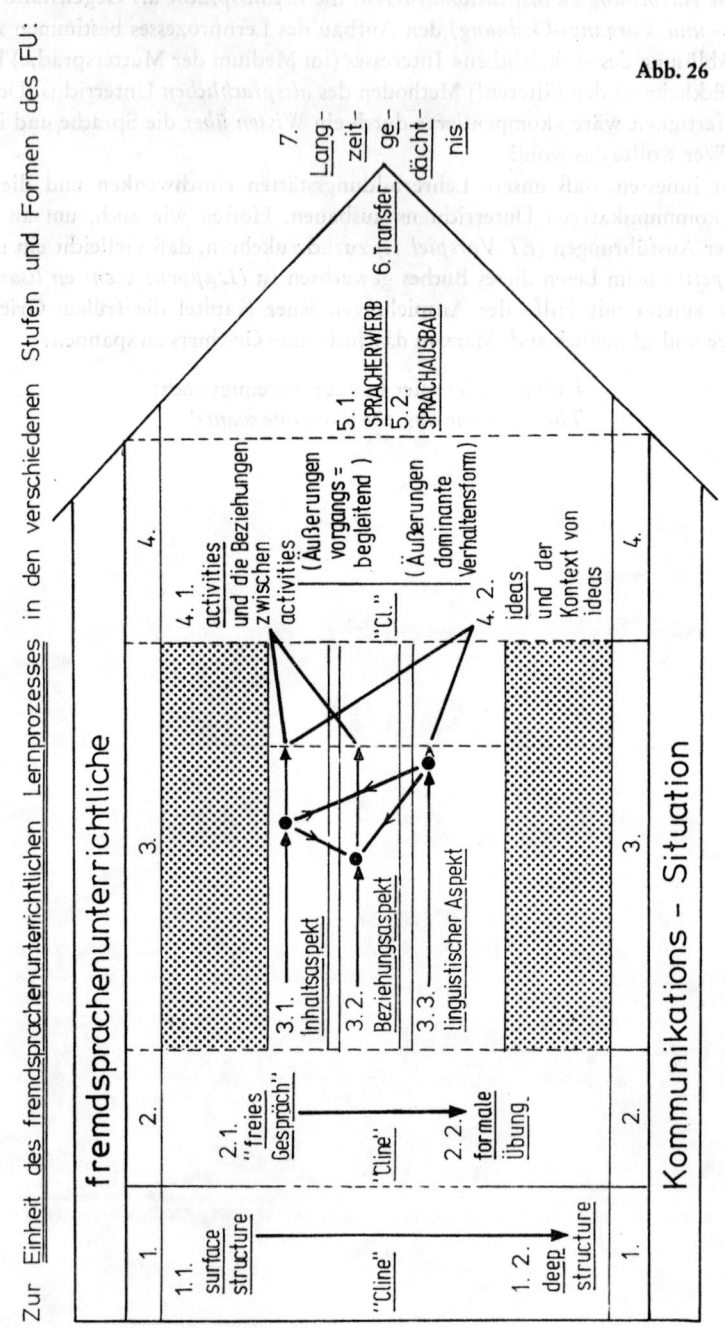

Zur Einheit des fremdsprachenunterrichtlichen Lernprozesses in den verschiedenen Stufen und Formen des FU:

Legende zur Abbildung 26

Das Diagramm zeigt die Summe und Zuordnung der im fremdsprachenunterrichtlichen Lernprozeß im jeweiligen Lernakt *zugleich* zusammenwirkenden Elemente.
Unterschiede zwischen den verschiedenen Lernakten ergeben sich aus dem Überwiegen des einen oder anderen Elements, von denen aber keines je gänzlich fehlt.
So ergeben sich Dominanzformen.
Die übliche *sequentielle* Anordnung in Lernphasen (Anbahnung – Übung – Transfer) bezieht sich auf solche Dominanzformen, etwa in der Folge 3.1.(+ 2.)–2.(i. e. 2.2., auch 2.1.)–3.1.

Zu 1. und 2.: Das Lern-Arrangement ist im Sinne des HALLIDAYschen Begriffs der »*Cline*« zu verstehen: »Oben« und »unten« gehören jeweils zusammen als zwei Aspekte eines nur zunehmend »feineren« (»*more delicate*«) Verstehens des jeweilig Gemeinten. Betrachtet man sie isoliert, dann ergeben sich abstrakt »reine« »Oberflächen«-Formen, nur-behaviorale Kontrastformen, die auf einander verweisen und beide einzeln für den Langzeit-Effekt im FU wenig bringen: 2.1. isoliert verführte leicht zu muttersprachlichem Sprachdenken, 2.2. zu den bekannten Folgen der S-R-Aversion. Ideal ist die Verbindung eines dominanten situations- und rollen-bezogenen 2.1. mit knappen disziplinierenden Einschüben von 2.2. an jeweils »funktional richtigen« Stellen (= Wiederholung wesentlicher Äußerungen oder Ergebnisse und kurze thematische Übungen).

Zu 3.: Kommunikationstheoretische Aspekte von Sprechakt und Sprachform:
3.1.: *the content of the linguistic substance:* Vorstellungen der *participants* (Kontext: *ideas*); Motivation, Einstieg (bzw. Anbahnung), Äußerungsimpuls; – isoliertes Lernen unmöglich, trüge aus der Fremdsprache hinaus in muttersprachliche Artikulation.
3.2.: *the communicative structure of the linguistic substance:* Beziehungen der *participants* (Kontext: *utterances* und *activities*); soziales Lernen; – isoliertes Lernen aus den gleichen Gründen wie unter 3.1. im FU unmöglich.
3.3.: *the formal structure of the linguistic substance:* Formulierungen der *participants* (Kontext: Strukturen, idiomatische Formen, Lexis); isoliertes Lernen ist – als »rein« formalisierte Übung (S–R?) – möglich: sie trägt unmittelbar (und ausschließlich) in das Kurzzeitgedächtnis hinein und erzeugt im Langzeitgedächtnis allenfalls *passive* Sprachkenntnis.

Zu 4. und 5.: Elemente von 4.1. und 4.2. sind immer im jeweiligen Lernakt verbunden (s. o. zu 1.!): *ideas* gehen in *activities* ein und auf; auch die Äußerung von *ideas* ist behavioral, d. h. als Folge von *activities* zu verstehen. Entsprechend sind in jedem Lernakt 5.1. und 5.2. verbunden: Der »Charakter« des Lernakts bestimmt sich geradezu aus der relativen Dominanz des einen oder des anderen.

Zu 6.: Jeder Wechsel des perspektivischen oder situativen Kontexts.

Zu 7.: Der gemeinte »*stock*« im Langzeitgedächtnis wäre noch zu unterscheiden nach (7.1.) *aktivem* und (7.2.) *passivem Sprachschatz.*

Legende zur Abbildung 27

Operationen (1–7) im Unterrichtsgespräch zwischen »Text« und »Feld«:

1. Nennen (lassen): Einfall oder Einsicht zu Struktur oder Gehalt;
2. wiederholen (lassen);
3. präzisieren (lassen);
4. variieren (lassen): Formuliermöglichkeit erproben = gedankliches Feld aufdröseln;
5. verknüpfen (lassen) des Zusammenpassenden;
6. Kontraste herausarbeiten, bezeichnen, erläutern, diskutieren (lassen);
7. zusammenfassen und gliedern (lassen);
(8.) Fortführung nach 1. oben.

Lehrer: Fragen, nachfragen, sammeln, provierenden Impuls (Behauptung) geben, etwas betont wiederholen, pointiert zusammenfassen, Aufgaben formulieren.

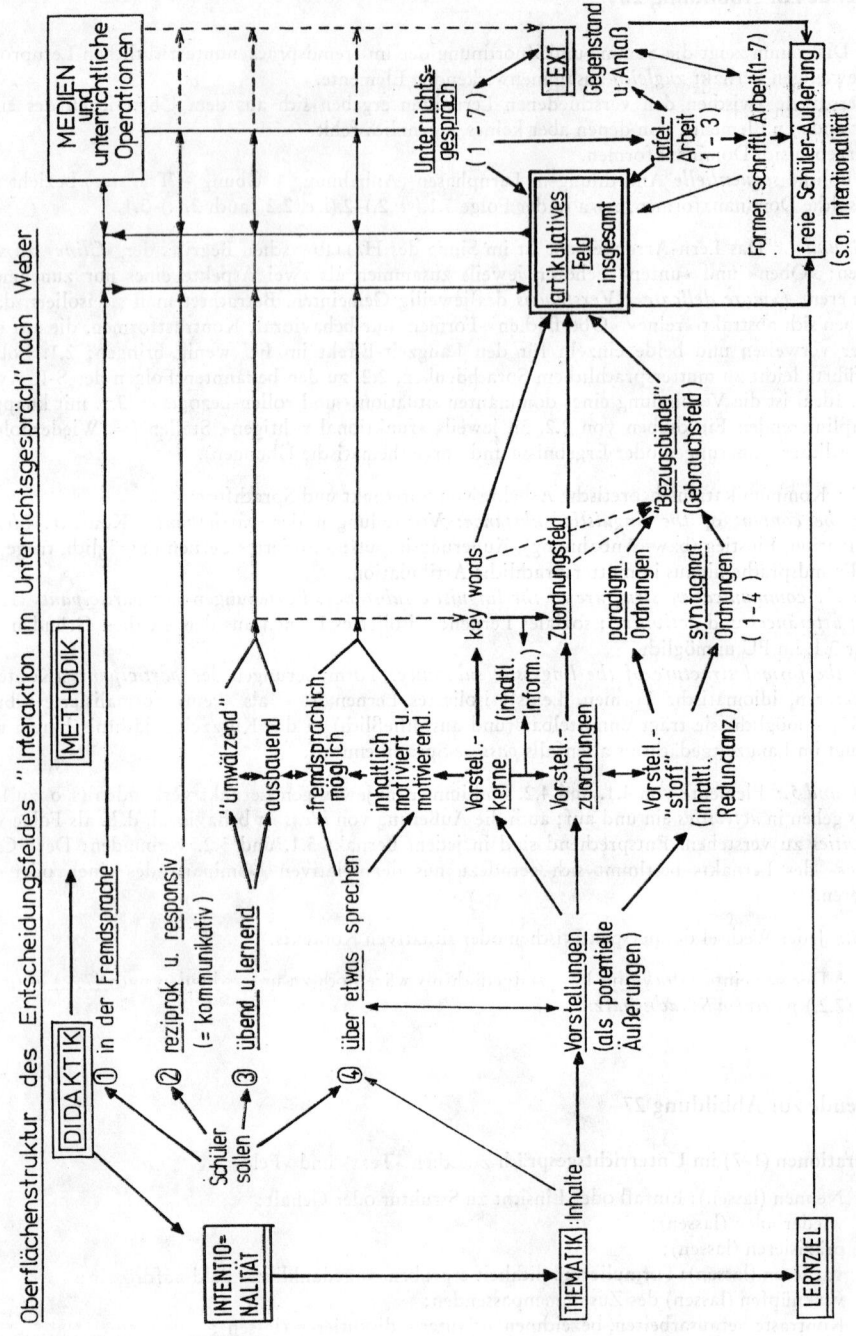

Abb. 27

Formen und Funktionen (1–3) der Tafel-Arbeit zwischen »Text« und »Feld«:
1. Festhalten, i. e.
    1.1. neue Ausdrücke überhaupt,
    1.2. deren »Bedeutung« (Synonymen-, Antonymen- und Kollokationsfelder);
2. strukturieren;
    beides durch
    – Anordnung auf der Tafel (*Columns*, Reihen, Oppositionen, Lücken-Arrangements),
    – Zeichen-Hinweis (»Rahmen« um Worte oder Wortgruppen, Pfeile, Unterstreichungen);
3. umwälzen:
    – bei Substantiv-Ordnungen: »vorher« beim Aufbau, »nachher« bei der Erläuterung von Ver-
      knüpfungen und Zuordnung (Wiederholung, Kontrolle, Neuansatz);
    – bei jeder Art der wiederholenden Verbalisierung eines Strukturschemas;
    – bei Rückgriffen (Verdeutlichung) im laufenden Gespräch.

Formen (1–7) schriftlicher Arbeit zwischen »Text« und »Feld«:
1. Hausaufgabe: Protokoll;
2. Hausaufgabe: Auszüge aus e. Lexikon (z. B. in lockerer Verbindung mit einem Bezugstext
   oder Themaproblem); deren Erläuterung;
3. *Summaries;*
4. Formulierte Antwort auf eine Problemfrage;
5. Erläuterung von Einzelaspekten oder -ausdrücken eines Textes;
6. Klassenarbeit: Anwendung auf einen neuen Kontext;
7. Erarbeitung von Musterfassungen aus verschiedenen Arbeiten der Gruppe.

Arten (1–4) von syntagmatischen Ordnungen:
1. Kollokationsfeld;
2. Informationsstruktur *(topic-comment structure);*
3. rhetorische Struktur (Satzbau und Satzfolge);
4. syntagmatische Feld-Arrangements.

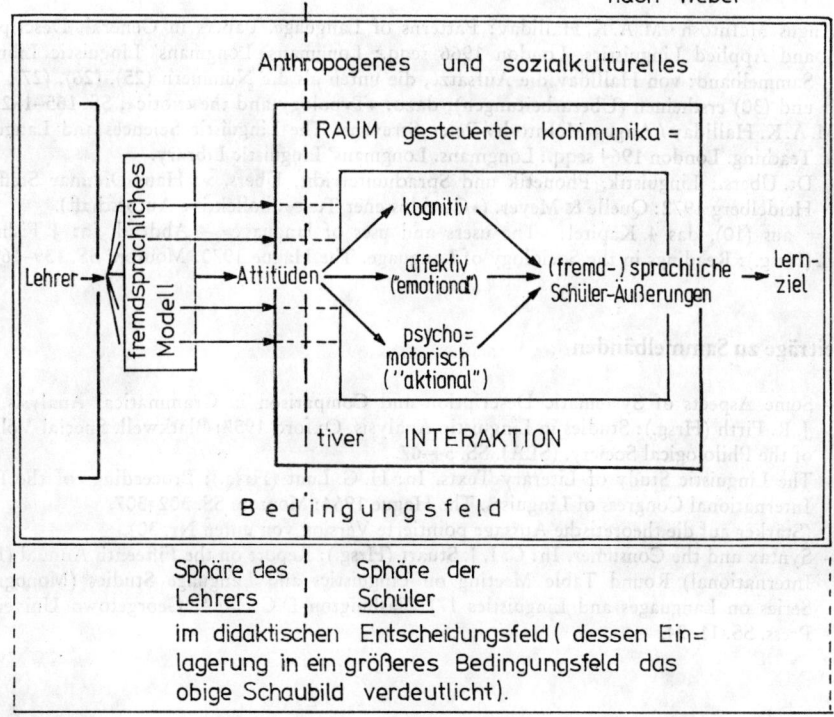

Abb. 28

Anhang II:

Bibliographie M. A. K. Halliday 1956–1973

A. Buchveröffentlichungen und pamphlets

I. Halliday als alleiniger Autor

(1) – The Language of the Chinese »Secret History of the Mongols«. Publication 17 of the Philological Society. Oxford 1959: Blackwell.
(2) – English Intonation. Edinburgh 1960.
(3) – Grammar, Society and the Noun. London 1967: An Inaugural Lecture publ. for University College, London, by H. K. Lewis.
(4) – Intonation and Grammar in British English. The Hague 1967: Mouton (Janua Linguarum, Series Practica 48). – Darin als Part I und Part II die Aufsätze eingearbeitet, die unten als die Nummern (27) und (28) erscheinen.
(5) – A Course in Spoken English: Intonation. London 1970: Oxford University Press. 1 gedruckter Kommentarband und 5 Tonbänder.
(6) – Explorations in the Functions of Language. London 1973: Edward Arnold. Reihe »Explorations in Language Study«. Enthält u. a. die Arbeiten, die unten als die Nummern (17), (18), (35) und (38) erscheinen.
(7) – Language and Social Man. Papers in Linguistics and English Teaching, Series II. London 1973: Longman.
(8) – An Outlook on Modern English. London: Oxford University Press. (Arbeitstitel – in Vorbereitung; erschein. wahrsch. 1973).

II. Halliday als Mitautor

(9) Angus McIntosh / M. A. K. Halliday: Patterns of Language. Papers in General, Descriptive and Applied Linguistics. London 1966 seqq.: Longmans. Longmans' Linguistic Library. Sammelband; von Halliday die Aufsätze, die unten als die Nummern (25), (26), (27), (28) und (30) erscheinen (Überarbeitungen); dazu: »Typology and the exotic«, SS. 165–182.
(10) M. A. K. Halliday / Angus McIntosh / Peter Strevens: The Linguistic Sciences and Language Teaching. London 1964 seqq.: Longmans. Longmans' Linguistic Library. – Dt. Übers.: Linguistik, Phonetik und Sprachunterricht. Übers. v. Hans-Dietmar Steffens. Heidelberg 1972: Quelle & Meyer. (»Geschlossener Text«: kollektive Autorschaft).
(10a) = aus (10), das 4. Kapitel: »The users and uses of language« – Abdruck in: J. Fishman (Hrsg.): Readings in the Sociology of Language. The Hague 1970: Mouton. SS. 139–169.

B. Beiträge zu Sammelbänden

(11) – Some Aspects of Systematic Description and Comparison in Grammatical Analysis. In: J. R. Firth (Hrsg.): Studies in Linguistic Analysis. Oxford 1957: Blackwell. Special Volume of the Philological Society. (SLA). SS. 54–67.
(12) – The Linguistic Study of Literary Texts. In: H. G. Lunt (Hrsg.): Proceedings of the IXth International Congress of Linguists. The Hague 1964: Mouton. SS. 302–307. (Stärker auf die theoretische Aussage pointierte Version von unten Nr. 30).
(13) – Syntax and the Consumer. In: C. I. J. Stuart (Hrsg.): Report on the Fifteenth Annual (First International) Round Table Meeting on Linguistics and Language Studies (Monograph Series on Languages and Linguistics 17) Washington D.C. 1964: Georgetown University Press. SS. 11–24.

(14) – Speech and Situation. In: Some Aspects of Oracy (NATE). 1965.
(15) – Lexis as a Linguistic Level. In: C. E. Bazell / J. C. Catford / M. A. K. Halliday / R. H. Robins (Hrsg.): In Memory of J. R. Firth. London 1966: Longmans. SS. 148–162.
(16) – Language Structure and Language Function. In: J. Lyons (Hrsg.): New Horizons in Linguistics. Harmondsworth 1970: Penguin (Pelican Books). SS. 140–165.
(17) – The Functional Basis of Language. In: B. Bernstein (Hrsg.): Class, Codes, and Control. Vol. II. London 1973: Routledge. Abgedruckt in (6).
(18) – Linguistic Function and Literary Style: An Inquiry into the Language of William Golding's *The Inheritors*. In: S. Chatman (Hrsg.): Literary Style: A Symposium. London 1971: Oxford University Press. SS. 330–368. Abgedruckt in (6).

C. Veröffentlichte Diskussionsbeiträge

(19) Zu: N. Chomsky: The Logical Basis of Linguistic Theory. In: H. G. Lunt (s. o. Nr. 12) 1964. SS. 986–990.
(20) Zum eigenen Vortrag oben Nr. 13, in: C. I. J. Stuart (s. o. Nr. 13) 1964. SS. 49–55. Vgl. auch zu Nr. 18 die letzten 4 Seiten: SS. 365–368.
(21) Zu: A. V. Isačenko: Basic syntactic structures in teaching. In: Council For Cultural Co-operation Of The Council Of Europe (Hrsg.): Linguistic Theories And Their Application. AIDELA 1967 (Vertr. in Deutschland: Julius Groos, Heidelberg). SS. 111–113.
(22) Zu: P. Rivenc: The present state of a number of investigations into spoken languages and scientific and technical languages. In: Council etc. (s. o. Nr. 21) 1967. SS. 178/179.

D. Zeitschriftenaufsätze

(23) – Grammatical Categories in Modern Chinese. In: Transactions of the Philological Society (TPS) 1956. S. 192.
(24) – Categories of the Theory of Grammar. In: Word 17 – 3, 1961. SS. 241–292.
(25) – Linguistique générale et linguistique appliquée. In: Études de linguistique appliqué (ELA) (Paris: Didier, für das Centre de Linguistique Appliquée, Besançon) I, 1961. SS. 5–42. – Überarbeiteter Abdruck in oben Nr. 9, SS. 1–41 als »General linguistics and its application to language teaching«.
(26) – Linguistics and machine translations. In: Zeitschrift für Phonetik, Sprachwissenschaft und Kommunikationsforschung, 15 (i/ii), 1962. SS. 145–158. – Wiederabgedr. in oben Nr. 9, SS. 134–150.
(27) – The Tones of English. In: Archivum Linguisticum 15 – 1, 1963. SS. 1–28. – Zur »Nachgeschichte« s. unten Nr. 28!
(28) – Intonation in English Grammar. In: Transactions of the Philological Society 1963. SS. 143–169. – Zusammen mit oben Nr. 27 in verkürzter Form eingefügt in oben Nr. 9, SS. 111–113 unter dem Titel »Intonation systems in English«; desgl. in voller Länge, überarbeitet, als Parts I und II in oben Nr. 4.
(29) – Class in Relation to the Axes of Chain and Choice. In: Linguistics: an International Review. 2, 1963. SS. 5–15.
(30) – Descriptive Linguistics in literary studies. English Studies Today, Third Series, ed. G. I. Duthie. Edinburgh 1964. Edinburgh University Press. SS. 25–39. Wiederabgedr. in oben Nr. 9, SS. 56–69; desgl. in: Donald C. Freeman: Linguistics and Literary Style. New York 1970: Holt, Rinehart and Winston. SS. 57–72. (Textnäher entwickelte Version von oben Nr. 12.)
(31) – The concept of rank: A reply (Received 29 November 1965). In: Journal of Linguistics (JL) 1965. SS. 110–118.
(32) – Some notes on ›deep grammar‹. In: Journal of Linguistics (JL) 2, 1966, SS. 57–67.
(33) – Notes on Transitivity and Theme in English. Parts I, II and III. In: Journal of Linguistics (JL) 3, 1967, SS. 37–81, und 199–244; 4, 1968, SS. 179–216.

(34) – Language and Experience. In: »The Place of Language«. Educational Review. University of Birmingham (School of Education). 20 – 2, Februar 1968. SS. 95–106.
(35) – Relevant Models of Language. In: »The State of Language«. Educational Review. University of Birmingham (School of Education). 22 – 1, November 1969. SS. 26–37. Wiederabgedr. in oben Nr. 6, SS. 9–21.
(36) – Options and Functions in the English Clause. In: Brno Studies in English (BSE) 8, 1969, SS. 26–37. Wiederabgedruckt in: Fred W. Householder (Hrsg.): Syntactic Theory 1: Structuralist. Harmondsworth 1973: Penguin Modern Linguistics Readings.
(37) – Functional Diversity in Language as seen from a Consideration of Modality and Mood in English. In: Foundations of Language 6, 1970, SS. 322–361.
(38) – Language in a Social Perspective. In: »The Context of Language«. Educational Review. University of Birmingham (School of Education). 23–3, June 1971, SS. 165–188.
(39) – ›Learning how to mean‹. In: E. u. E. Lenneberg (Hrsg.): Foundations of language development: a multidisciplinary approach. UNESCO & IBRO (International Brain Research Organization). In Druck (1973).

E. Sonderdrucke, Mimeographien u. ä.

(40) – English system networks. 1964 (mimeographed).
(41) – Some Aspects of the Thematic Organization of the English Clause. Santa Monica/Calif. 1967: The RAND Corporation (Memorandum RM–5224–PR).
(42) – On Functional Grammars. Paper read to seminar »The construction of Complex Grammars«. Boston, Mass. 1970 (mimeographed).
(43) – Sociolinguistics and Linguisti Change. Abstract (mimeographed) des Vortrags (ungedr.) auf dem XIth International Congress of Linguists in Bologna, 1972.

F. Rezensionen

(44) Zu: J. Whatmough: Language: A Modern Synthesis. In: Archivum Linguisticum (AL) X (vor 1961).
(45) Zu: G. Herdan: Language as Choice and Chance. In: Archivum Linguisticum (AL) XI (ii) (vor 1961).
(46) Zu: Ebeling: Linguistic Units. In: Archivum Linguisticum (AL) 13, 1961, SS. 91–94.

G. Nachträge

(47) – Systemic grammar. In: *Atti del I e del II Convegno de Studi*, Societá di Linguistica. 1969. SS. 23–39.
(48) – System and Function in Language: Selected Papers. (Hrsg. Gunther Kress). London: OUP. Reihe »Language and Language Learning« (LaLL). In Vorber.: Für 1974 angekündigt; – *identisch mit oben (8)*??

Anhang III:

Voraussichtliche Gliederung des 2. Bandes
der »Kritischen Methodik des Englischunterrichts«

A. Zum Lernziel des FU

B. Spracherwerb

1. Das »Modell«
2. *Elemente* der Fremdsprache im FU
   (Feld-Gliederungen auf der paradigmatischen und der syntagmatischen Achse: systematisierte
   Zeichenrelationen als der »Stoff« fremdsprachenunterrichtlicher Vorbereitung und Arbeit, i. e.
   Ausdrucks-Stimulierung, -Steuerung und -Sicherung)
3. *Momente* fremdsprachenunterrichtlicher Kommunikation: Phasen und Formen des FU
   3.1. Lernphasen
   3.2. Unterrichts»register«
      – mündlich
      – schriftlich
   3.3. Unterrichts-Medien
      – primäre Medien
        (der Unterrichtende selbst, das Lehrbuch, die Tafel, Hefte usw.)
      – sekundäre, i. e. apparative bzw. technische Medien
        (AV, Tonband/Schallplatte, Unterrichtsprogramme, Sprachlabor usw.)
4. Die Einzelstunde
5. Sonderproblem Grammatik

C. Sprachausbau

1. Das »Modell«
2. *Elemente* der Fremdsprache im fortgeschrittenen FU
   (Texte und Techniken)
3. *Momente* fremdsprachenunterrichtlicher Kommunikation im fortgeschrittenen FU
   Unterrichts»register« und Unterrichts-Medien:
   3.1. Textbezug oder Themabezug?
   3.2. Zur Didaktik und Methodik des zugleich text- und rasterbezogenen »freien« Unterrichts-
        gesprächs im fortgeschrittenen FU
   3.3. Formen schriftlicher Arbeit
   3.4. Unterrichts-Medien (s. o.)
4. Sonderproblem Leistungskontrolle
   (Tests und Kontrollen *versus* Erarbeitung und Gebrauch; explizite und implizite Kontrollen)

Literaturverzeichnis

Auswahlbibliographie zu unmittelbarem Beleg textueller Details; voller *background* ist auf derart begrenztem Raum nicht möglich. – Für kommentierte und topikalisierte Literaturhinweise vergleiche man außerdem die SS. 52 ff., 267 ff. und 324 ff. (+ 351).

(1) Werner Abraham (Hrsg.): Kasustheorie. Frankfurt 1971: Athenäum. Reihe »Schwerpunkte Linguistik und Kommunikationswissenschaft« Band 2. – S. a. LV (101).

(2a) Frank Achtenhagen: Didaktik des fremdsprachlichen Unterrichts: Grundlagen und Probleme einer Fachdidaktik. Weinheim 1969: Beltz. (Pädagogisches Zentrum: Veröffentlichungen Reihe D: Didaktik – Analysen und Modelle, Band 7). (Rez. v. H. Heuer in: PRAXIS 2/72/134).

(2b) –: Das Verhältnis von Fachwissenschaft und Fachdidaktik – dargestellt am Beispiel der neueren Sprachen (Anglistik). In: B. Hanssler (Hrsg.): Materialen und Dokumente zur Lehrerbildung. Deutscher Bildungsrat. Gutachten und Studien der Bildungskommission, Band 17. Stuttgart 1970: Klett.

(2c) Frank Achtenhagen/Götz Wienold: Curriculumreform und fremdsprachlicher Unterricht. In: F. Achtenhagen/H. L. Meyer (Hrsg.): Curriculumrevision – Möglichkeiten und Grenzen. München 1971: Kösel. SS. 216–233.

(3) J. E. Alatis (Hrsg.): Report of the Nineteenth Annual Round Table Meeting on Linguistics and Language Studies: Contrastive Linguistics and its Pedagogical Implications. Monograph Series on Languages and Linguistics, 21. Washington, D.C. 1968: Georgetown University Press.

(4) Edward Albee: The Sandbox – The Death of Bessie Smith. New York 1963: A Signet Book publ. by The New American Library. Tb.

(5) Harold B. Allen (Hrsg.): Teaching English as a Second Language. A Book of Readings. New York 1965: McGraw-Hill.

(6) J. P. B. Allen / P. van Buren (Hrsg.): Chomsky: Selected Readings. London 1971: OUP. Reihe »Language and Language Learning« 31. (Rez. v. R. Zimmermann in: IRAL 4/72/369–375).

(7) Kingsley Amis: Interesting Things. In: Interesting Things. Five Short Stories. Berlin u. Bielefeld o.J.: Velhagen & Klasing (i. e. Cornelsen). Englische und amerikanische Lesebogen 7010. SS. 5–15.

(8) A. Andersen: Deutsche Sprichwörter und Redensarten mit ihren englischen und französischen Gegenstücken. Hamburg 1968: Matari.

(9) Shusaku Arakawa: Mechanismus der Bedeutung. München 1972: Bruckmann. Bericht im SPIEGEL 4/72/106–108.

(10) Hans Arens: Sprachwissenschaft. Freiburg/München 1969 (2. Aufl.): Karl Alber. Reihe »Orbis Academicus« Band I 6.

(11a) Horst Arndt: Linguistische und lerntheoretische Grundaspekte des Grammatikunterrichts im Englischen. In: FU 6–2/68/3–22.

(11b) –: Grammatik – Semantik – Discourse Analysis. Zum Verhältnis von Linguistik und Fremdsprachenunterricht. In: FU 11–3/69/9–27.

(11c) –: Curriculum-Probleme im Fach Englisch – Zu den Axiomen der Lehrpläne und Richtlinien. In: NM 1/70/24–34.

(11d) – Sprachlerntheorien und Fremdsprachenunterricht. In: FU 16–4/70/2–25.

(11e) –: Grammatiktheorien und Lerngrammatik. Vortrag, geh. auf der Sonnenberg-Tagung April 1970 (unveröff.; n. d. Prot.).

(11f) –: Fragestellungen in der neueren linguistischen Forschung und deren Anwendbarkeit im Fremdsprachenunterricht. In: NSpr. 7/72/391–407 (bes. Anm. 13).

(11g) –: Fragen zum gegenwärtigen Stand einer Fremdsprachenlerntheorie. In: LV (178d) SS. 7–29.

(12) John L. Austin: Zur Theorie der Sprechakte (How to do things with Words). Dt. Bearb. v. E. von Savigny. Stuttgart 1972: Reclam. U.-B. 9396–98.

(13) Dieter Baacke: Kommunikation als System und Kompetenz. Materialien zu einer pädagogischen Kommunikationstheorie. In: Neue Sammlung 6/71/567–580 und 1/72/59–68.

(14) K. Baasch *et. al.*: Chancen und Grenzen linguistischer Beiträge im Deutschunterricht. In: LuD 9/72/1–19.

(15) Theodor Ballauf: Skeptische Didaktik. Heidelberg 1970: Quelle & Meyer.

(16a) Douglas Barnes: Language in the Secondary Classroom. In: D. Barnes *et. al.*: Language, the learner and the school. Harmondsworth 1969: Penguin Papers in Education. SS. 9–77.

(16b) –: Classroom Contexts for Language and Learning. In: Educational Review 23–3–June 1971. University of Birmingham. Sondernummer »The Context of Language«. SS. 235–247.

(16c) –: Language and learning in the classroom. In: LV (54) SS. 112–118 (Nr. 16).

(17) Roland Barthes: Die strukturalistische Tätigkeit. In: LV (92) SS. 190–196.

(18) William Warren Bartley: Die österreichische Schulreform als die Wiege der modernen Philosophie. In: Gerhard Szcesny Hrsg.): Club Voltaire – Jahrbuch für kritische Aufklärung IV. Reinbek bei Hamburg 1970: Rowohlt. SS. 349–366 sowie die Berichte in den Anmerkungen SS. 391–396.

(19) Hans-Peter Bayerdörfer: Poetik als sprachtheoretisches Problem. Tübingen 1967: Niemeyer. Studien zur deutschen Literatur, Band 8.

(20) J. Bechert / D. Clement / W. Thümmel / K. H. Wagner: Einführung in die generative Transformationsgrammatik. München 1970: Hueber. Reihe »Linguistische Reihe« 2.

(21) B. W. Beljaev (Beljajew): Über die grundlegende Methode und die Methodiken für den Fremdsprachenunterricht. In: pl 3/67/118–126.

(22) A. A. Bellack /H. M. Kliebard / R. T. Hymon / F. L. Smith, Jr.: The Language of the Classroom. New York 1966: Teachers College Press, Teachers College, Columbia University.

(23) Max Bense: Zusammenfassende Grundlegung moderner Ästhetik. In: LV (213) SS. 313–332.

(24a) Rudolf Bergius (Hrsg.): Lernen und Denken. 2. Halbband des 1. Teils (»Der Aufbau des Erkennens«) des 1. Bandes (»Allgemeine Psychologie«) im *Handbuch der Psychologie;* i. e. *Band 1 – I/2.* Göttingen 1964: Verlag für Psychologie (C. J. Hogrefe).

(24b) Rudolf Bergius: Analyse der »Begabung«: Die Bedingungen des intelligenten Verhaltens. In: LV (313) SS. 229–268.

(24c) –: Psychologie des Lernens. Stuttgart 1971: Kohlhammer. Urban-Tb. 141.

(25a) Basil Bernstein: Social Structure, Language, and Learning. In: LV (60) SS. 89–103.

(25b) –: A Critique of the Concept of Compensatory Education. In: D. Rubinstein / C. Stoneman (Hrsg.): Education for Democracy. Harmondsworth 1970: Penguin Education Special. SS. 110–121. (Dt. Übs. in: betrifft: erziehung 9/70/15–19).

(26) Franz F. Beschorner: Short Stories with Variations. Stuttgart 1972: Klett. Ein Arbeitsbuch.

(27) Rudolf Biermann: Unterricht. Ein Versuch zur Beschreibung und Analyse. Essen 1972: Neue Deutsche Schule. Reihe »Neue pädagogische Bemühungen« 55.

(28) Manfred Bierwisch: Strukturalismus: Geschichte, Probleme, Methoden. In: LV (92) SS. 77–152.

(29) F. L. Billows: The Techniques of Language Teaching. London 1961 u. ö.: Longman. (Dt. Übs. v. G. Bach. Heidelberg 1973: Quelle & Meyer).

(30) Günther Bittner: Sprache und affektive Entwicklung. Stuttgart 1969: Klett.

(31) Max Black: The Labyrinth of Language. New York 1969: The New American Library – Mentor Book. Tb. (jetzt auch in Penguin).

(32) Herwig Blankertz: Theorien und Modelle der Didaktik. München 1970 u. ö.: Juventa. Reihe »Grundfragen der Erziehungswissenschaften« Band 6.

(33) Armin Blass / Wolf Friederich: Englischer Wortschatz in Sachgruppen. München 1956 u. ö.: Hueber.

(34) Leonard Bloomfield: Language. New York 1933: Holt, Rinehart and Winston.

(35) Peter Blythe: Hypnosis. Its Power and Practice. London 1971: Arthur Barker.

(36) Eduard Bol / Jacques A. M. Carpay: Der Semantisierungsprozeß im Fremdsprachenunterricht. In: PRAXIS 2/72/119–133. – *Diskussion:* PRAXIS 3/73/314–316.

(37) Edward de Bono: The new word *po.* London 1970: Ward Lock Educational. Chapter 20 from: Lateral thinking – a textbook of creativity.

(38) Ray Bradbury: Marionettes, Inc. In: R. Bradbury: The Illustrated Man. London 1963 u. ö.: Corgi Books. Tb. SS. 156–162.

(39) »BREAKTHROUGH to literacy«. Textbuchreihe für den muttersprachlichen Elementarunterricht der Grundschulphase für das Fach Englisch; darauf aufbauend die Reihe der »Breakthrough Books« (D. Mackay, B. Thompson u. P. Schaub); beide London 1971 seqq.: Longman.

(40) Hartmut Breitkreuz: Visualisierung und Verbalisierung im Englischunterricht. In: PRAXIS 4/72/429–431.

(41) Tobias Brocher: Gruppendynamik und Erwachsenenbildung. Braunschweig 1967: Westermann.

(42) Nelson Brooks: Sprache und Spracherwerb. Theorie und Praxis des Fremdsprachenunterrichts. Berlin 1973: Cornelsen. (Orig.: 1960!).

(43) R. Brown / M. Ford: Address in American English. In: Dell Hymes (Hrsg.): Language in Culture and Society. New York etc. 1964: Harper & Row. SS. 234–244.

(44) Klaus-Jürgen Bruder: Taylorisierung des Unterrichts. Zur Kritik der Instruktionspsychologie. In: H. M. Enzensberger (Hrsg.): Kursbuch 24. Juni 1971. Berlin: Kursbuch Vg./ Wagenbach. SS. 113–130.

(45) Jerome S. Bruner: Der Prozeß der Erziehung. Düsseldorf 1970: Schwann. Reihe »Sprache und Lernen« Band 4.

(46) Karl Bühler: Sprachtheorie. Jena 1934: Ernst Fischer.

(47) Bundeszentrale für politische Bildung, Bonn (Hrsg.): Sprache und Politik. Bonn 1971. Schriftenreihe der Bundeszentrale für politische Bildung, Heft 91. Spez. SS. 181 ff. und SS. 228 ff. zur Sensibilisierung für Sprache (am Beispiel der Muttersprache).

(48) Karl-Dieter Bünting: Einführung in die Linguistik. Frankfurt 1971: Athenäum.

(49a) Wolfgang Butzkamm: Aufgeklärte Einsprachigkeit. Darstellung und Diskussion von C. J. Dodsons Bilingual Method. In: PRAXIS 1/71/40–55.

(49b) –: Zum Prinzip der Einsprachigkeit – Dogma oder Forschungsproblem der Fremdsprachendidaktik? – In: NM 1/71/39–46.

(49c) –: Hörtraining und Ausspracheschulung im konventionellen Unterricht und in der Programmierten Instruktion. In: pl. 1/71/38–48.

(49d) –: Kritische Gedanken zur audiovisuellen Methode. In: NSpr. 11/71/581–595.

(50) John B. Carroll: The Contributions of Psychological Theory and Educational Research to the Teaching of Foreign Languages. In: G. Müller (Hrsg.): BERICHT Internationale Konferenz Moderner Fremdsprachenunterricht. Berlin 1965: Pädagogisches Zentrum (i. e. Cornelsen). SS. 365–381.

(51) Lewis Carroll: Jabberwocky. In: The Annotated Alice. Ed. and ann. by Martin Gardner. Harmondsworth 1960 u. ö.: Penguin. Tb. SS. 191–381.

(52) Anthony Carson: A Rose by Any Other Name. Harmondsworth 1962 u. ö.: Penguin Books. Tb.

(53a) Broder Carstensen: Die »neue« Grammatik und ihre praktische Anwendung im Englischen. Frankfurt 1966: Diesterweg. Reihe »Schule und Forschung« Heft 9.

(53b) –: Grammatik und Wörterbuch: Kriterien zur Abgrenzung syntaktischer und semantischer Informationen. In: NM 1/69/8–17.

(53c) –: Englische Wortschatzarbeit unter dem Gesichtspunkt der Kollokation. In: NM 4/70/193–202.

(54) A. Cashdan / E. Grugeon (Hrsg.): Language in Education. A source book. Prepared by the Language and Learning Course Team at The Open University. London 1972: Routledge / The Open University Press. (Open University Set Book).

(55a) J. C. Catford: The teaching of English as a foreign language. In: R. Quirk / A. H. Smith (Hrsg.): The Teaching of English. London 1964 u. ö.: OUP. Reihe »Language and Language Learning« 3. SS. 137–159 (1. Ausg. 1959).

(55b) –: Linguistic Aspects of Second Language Learning. In: Times Ed. Suppl. June 7, 1963.

(56) Courtney B. Cazden: Die Situation. Eine vernachlässigte Ursache sozialer Klassenunterschiede im Sprachgebrauch. In: W. Klein / D. Wunderlich (Hrsg.): Aspekte der Soziolinguistik? Frankfurt 1971: Athenäum. Reihe »Schwerpunkte Linguistik und Kommunikationswissenschaft« 1. SS. 267–296.

(57) Britta M. Charleston: Studies on the Emotional and Affective Means of Expression in Modern English. Bern 1960: Francke. Schweizer Anglistische Arbeiten 46.

(58) Colin Cherry: Kommunikationsforschung – eine neue Wissenschaft. O. O. (i. e. Frankfurt – Hamburg) 1967: Fischer. Reihe »Welt im Werden«. Fischer Paperback.

(59) Noam Chomsky: Aspekte der Syntax-Theorie. Frankfurt 1969 u. ö.: Suhrkamp. Reihe »Theorie 2«. (Engl. Orig.: 1965).

(60) John P. de Cecco (Hrsg.): The Psychology of Language, Thought and Instruction. Readings. London – New York etc. 1967 u. ö.: Holt, Rinehart and Winston.

(61) D. Waldo Clarke / M. D. Munro Mackenzie: The Groundwork of English Sentence Structure. London 1966: Macmillan.

(62) Arno Combe: Kritik der Lehrerrolle. Gesellschaftliche Voraussetzungen des Lehrerbewußtseins. München 1972: List. List Taschenbücher der Wissenschaft – Erziehungswissenschaft, Band 1662.

(63a) Walter A. Cook, S. J.: On Tagmenes and Transforms. Washington, D.C. 1964, 1967: Georgetown University Press.

(63b) –: The Generative Power of a Tagmemic Grammar. Monograph Series on Languages and Linguistics No. 20, 1967. (Hinw.: IRAL 3/71/280).

(64) Friedrich Copei: Der fruchtbare Moment im Bildungsprozeß. Heidelberg 1950 u. ö.: Quelle & Meyer.

(65) S. Pit Corder: The Visual Element in Language Teaching. London 1966 u. ö.: Longmans. Reihe »Education Today: Language Teaching«.

(66) Werner Correll: Lernpsychologie. Grundfragen und pädagogische Konsequenzen. Donauwörth 1961 u. ö. (1970): Auer.

(67) Eugenio Coseriu: Einführung in die strukturelle Betrachtung des Wortschatzes. Hrsg. G. Narr. Tübingen 1970: Fotodruck PRÄZIS B. v. Spangenberg KG. Tübinger Beiträge zur Linguistik 14.

(68) R. M. Coulthard *et al.* (i. e. J. McH. Sinclair, I. J. Forsyth, M. C. Ashby): Discourse in the Classroom. Positionspapier O.O./o.J. (i. e. Birmingham 1972: Department of English Language and Literature, University of Birmingham). – S. a. LV (339b)!

(69a) David Crystal / Derek Davy: Investigating English Style. London 1969: Longman. (English Language Series).

(69b) David Crystal: Linguistics. Harmondsworth 1971: Penguin. Pelican.

(70) William B. Currie: Discovering Language. London 1967 seqq.: Longmans. Sprachbuch für den muttersprachlichen Englischunterricht; bis 1973 erschienen: Books V und II.

(71) Mary Danby (Hrsg.): The Armada Book of Fun. O.O./o.J. (i. e. London 1970): Armada Cx389. Tb.

(72a) A. E. Darbyshire: A Description of English. London 1967: Edward Arnold.

(72b) –: A Grammar of Style. London 1971: Deutsch. The Language Library.

(73) Alan Davies (Hrsg.): Language Testing Symposium. A Psycholinguistic Approach. London 1968 u. ö.: OUP. Reihe »Language and Language Learning« 21.

(74) Heinz Decker / Herbert Rühl: Lernziele der Studienstufe: Englisch. In: LV (163) SS. 45–64.

(75) Klaus Peter Dencker: Text-Bilder – Visuelle Poesie international von der Antike bis zur Gegenwart. Köln 1972: DuMont Schauberg.

(76) Friedrich Denig: Fremdsprachenintensivkurse in lernpsychologischer Sicht. In: NM 2/73/103–106.

(77) Friedhelm Denninghaus: Die wechselseitigen Einflüsse zwischen der Linguistik und dem Fremdsprachenunterricht. In: PRAXIS 1/71/31–40.

(78a) DIFF = Deutsches Institut für Fernstudien an der Universität Tübingen (Red.): Funkkolleg SPRACHE. Wissenschaftliche Koordination: K. Baumgärtner / H. Steger. Studienbegleitbriefe 1–11. Weinheim 1971/72: Beltz.

(78b) DIFF (Red.): Funkkolleg Pädagogische Psychologie. Wissenschaftl. Leitung: C. F. Graumann / H. Heckhausen / M. Hofer / F. E. Weinert (zugleich Koordinator). Studienbegleitbriefe 1–12. Weinheim 1972/73: Beltz. – Dazu: LV (376).

(79) Marianne Direder (Hrsg.): Paths to Spoken English: Ein Handbuch für die Unterrichtspraxis der Mittelstufe. München 1969: Hueber.

(80) Norbert Dittmar: Möglichkeiten einer Soziolinguistik: Zur Analyse rollenspezifischen Sprachverhaltens. In: SpTZ 38/71/87–105.

(81a) R. M. W. Dixon: On Formal and Contextual Meaning. Acta Linguistica (Budapest) 14/64/23–45.

(81b) –: What *is* Language? London 1965 u. ö.: Longman.

(82) C. J. Dodson: Language Teaching and the Bilingual Method. London 1967: Pitman.

(83a) P. S. Doughty: The Relevance of Linguistics for the Teacher of English. Paper No. 1 des »Programme in Linguistics and English Teaching«. London 1968: Longmans.

(83b) P. Doughty / J. Pearce / G. Thornton: Language in Use. London 1971: E. Arnold. Lehrmaterialhefter für den muttersprachlichen Englischunterricht.

(83c) –: Exploring Language. London 1972: E. Arnold. Das »Teacher's Book« zu »Language in Use«.

(83d) P. S. Doughty / G. M. Thornton: Notes towards a theory of competence. London 1973: Longman. Reihe »Papers in Linguistics and English Teaching«, Series II.

(84a) Peter Doyé: Englisch: Simple Present Tense (SPT) und Present Progressive Tense (PPT). Planungsbeispiel für eine Grammatikstunde in der 5. Klasse. In: LV (157) SS. 140–147.

(84b) – Systematische Wortschatzvermittlung im Englischunterricht. Dortmund/Hannover 1971: Lensing/Schroedel. Reihe »Moderner Englischunterricht – Arbeitshilfen für die Praxis« 7.

(85) Conan Doyle: Sherlock Holmes. Selected Stories. London 1951 u. ö.: OUP. Reihe »The World's Classics« 258.

(86) James Drever / W. D. Fröhlich: dtv-Wörterbuch zur Psychologie. München 1971 (5. Aufl.): Deutscher Taschenbuch Verlag. Tb. – Stichwörter deutsch *und englisch!*

(87) W. Edelstein / F. Sang / W. Stegelmann: Unterrichtsstoffe und ihre Verwendung in der 7. Klasse der Gymnasien der BRD (Teil I). Eine empirische Untersuchung. Berlin 1968: Institut für Bildungsforschung in der Max-Planck-Gesellschaft. Studien und Berichte. SS. 142–319: 12. Kap. »Englisch«.

(88) *Eingabe* des Vorstandes des Landesverbandes Hamburg im Fachverband Moderne Fremdsprachen (bisher: Allgemeiner Deutscher Neuphilologen-Verband) an das Amt für Schule. Betr.: »Entwurf einer Stundentafel für die Klassen 1–10 der allgemeinbildenden Schulen in Hamburg vom 10. 1. 1972«. In: NM 3/72/177–179.

(89) Janet D. Elashoff / Richard E. Snow: Pygmalion auf dem Prüfstand. Hrsg. v. F. Achtenhagen. München 1972: Kösel.

(90) J. O. Ellis: On Contextual Meaning. In: Bazell et al., s. o. Halliday-Bibliographie Nr. (15).

(91) Nils Erik Enkvist / John Spencer (Hrsg.) / Michael J. Gregory: Linguistics and Style. London 1964 u. ö.: OUP. Reihe »Language and Language Learning« 6. – Dt. Übs. v. T. Schelbert: Linguistik und Stil. Heidelberg 1972: Quelle & Meyer.

(92) H. M. Enzensberger (Hrsg.): Kursbuch 5/1966. *Strukturalismus.* Frankfurt 1966: Suhrkamp.

(93) Franz Eppert: Die Forderung nach Sprech- und Situationsüblichkeit. Zur theoretischen Begründung und terminologischen Klärung. In: IRAL 4/71/359–363.

(94) Martin Esslin: Harold Pinter. Velber bei Hannover 1967: Friedrich. Reihe »Friedrichs Dramatiker des Welttheaters« Band 38. Tb.

(95) Julius Fast: Body Language. London 1970: Pan Books. Tb. – Dt. Übs. v. J. Abel: Körpersprache. Hamburg 1972: Rowohlt.

(96) E. C. Fehrmann: Tabulated English. In: ETF 4/72/22–24.

(97) E. Festag: Untersuchungen zu systematischen Übungsabfolgen für grammatische Erscheinungen der englischen Sprache. In: W. Apelt *et al.* (Hrsg.): Moderner Fremdsprachenunterricht. Band 1. Berlin 1968: Volk und Wissen. SS. 100–117 (spez. SS. 100/101 und 117!).

(98) Götz Feuerstein: Die Behandlung der Lexis der Meinungsäußerung in einer 11. Klasse: Ein Versuch zur Anwendung situativer Methoden zur Verbesserung der Sprachverwendung. Hausarbeit zur Pädagogischen Prüfung für das Lehramt an Gymnasien. Hamburg 1973: Staatl. Studienseminar Hamburg, Abt. 2. – Ungedr.; maschinengeschr.

(99) Gerd Filbry: Gruppendynamische Probleme kooperativer Unterrichtsplanung und -arbeit. Neue Sammlung 4/70.

(100a) Rudolf Filipović: Linguistic Theory and Modern Language Teaching. In: LV (112a) SS. 14–27.

(100b) R. Filipović (Hrsg.): Active Methods and Modern Aids in the Teaching of Foreign Languages. Papers from the 10th F.I.P.L.V. Congress. London 1972: OUP. Reihe »Language and Language Learning« 32.

(101) Charles Fillmore: Plädoyer für Kasus (Orig.: The Case for Case. 1968). In: LV (1) SS. 1–118.

(102) Th. Finkenstaedt: Englischunterricht – Ziele und Wege. Hamburg 1970: Arbeitskreis für Hochschuldidaktik (AHD). Hochschuldidaktische Materialien 12.

(103a) J. R. Firth: The Tongues of Men *and* Speech. Neudruck London 1964: OUP. Reihe »Language and Language Learning« 2. (Erstveröff. 1937 bzw. 1930).

(103b) –: Papers in Linguistics 1934–1951. London 1957 u. ö.: OUP.

(103c) –: Synopsis of Linguistic Theory 1930–1955. In: LV (218) SS. 24–27 (Auszug; Erstveröff. 1957).

(104) Ned A. Flanders: Künftige Entwicklungen bei einer Analyse der verbalen Kommunikation in der Klasse. In: pl 3/71/133–148.

(105a) Karl-Heinz Flechsig (Hrsg.): Neusprachlicher Unterricht I und II. Quellen zur Unterrichtslehre, Band 10 und 11. Weinheim 1965 und 1970: Beltz.

(105b) K.-H. Flechsig: Die technologische Wendung in der Didaktik. Konstanz 1969: Universitätsverlag. Reihe »Konstanzer Universitätsreden« 23.

(106) Gerald M. Fleming: Gedanken zur Entwicklung neusprachlicher Lehrsysteme. Unveröff. Vortragsmanuskript (maschinengeschr.) zum XI. Internationalen Kongreß der Fremdsprachenlehrer, Saarbrücken 1972 (4. 4. 72).

(107) Ian Fleming: Octopussy *and* The Living Daylights. London 1965 u. ö.: Cape. Jetzt auch Tb.

(108) Johannes Flügge (Hrsg.): Zur Pathologie des Unterrichts. Befragung des pädagogischen Fortschritts. Bad Heilbronn 1971: Klinkhardt.

(109) Dorothy L. Forrester: The Pernicious Influence of Linguistics. Vortrag, geh. auf d. AVLA/BAAL-Tagung in Knuston Hall/Northants. 29–31 Oct. 71; Bericht: AILA-Bulletin 1/72/27–28.

(110) Helmar G. Frank / Brigitte S. Meder: Einführung in die kybernetische Pädagogik. München 1971: Deutscher Taschenbuch Verlag. dtv WR 4108.

(111) F. G. French: English in Tables: A set of blue-prints for sentence-builders. London 1968: OUP.

(112a) Reinhold Freudenstein (Hrsg.): Focus '80. Fremdsprachenunterricht in den siebziger Jahren. Berlin 1972: Cornelsen & OUP.

(112b) R. Freudenstein / H. Gutschow (Hrsg.): Fremdsprachen. München 1972: Piper. Erziehung in Wissenschaft und Praxis 16.

(112c) R. Freudenstein: Zur Bestimmung von Lernzielen im modernen Fremdsprachenunterricht. In: W. Klafki *et al.* (Hrsg.): Probleme der Curriculumentwicklung. Entwürfe und Reflexionen. Frankfurt 1972: Diesterweg. SS. 122–127.

(113a) Charles Carpenter Fries: Teaching and Learning English as a Foreign Language. Ann Arbor 1947: University of Michigan Press.

(113b) –: The Structure of English. London 1957 u. ö.: Longmans. (Erstveröff. New York 1952: Harcourt, Brace & Co.).

(114) U. Fries: Textlinguistik. In: LuD 7/71/219–234.

(115) Walter R. Fuchs: Knaurs Buch vom neuen Lernen. München/Zürich 1969: Droemer-Knaur. Reihe »Exakte Geheimnisse«.

(116a) Peter Funke: Elemente einer Fremdsprachendidaktik – Ein Denkmodell:
1. Vortrag, geh. am 4. 2. 70 in Bielefeld;
2. Bericht ü. d. Vortr. in: NM 3/70/179 (W. Lohmann, Bielefeld);
3. Erw. Fassung in: PRAXIS 3/70/217–280.

(116b) –: Modell einer funktionalen Fremdsprachenlerntheorie. Revidierte Fassung von LV (116a). In: IRAL-Sonderband »Kongreßbericht der 2. Jahrestagung der Gesellschaft für angewandte Linguistik GAL e.V.«. Heidelberg 1971: Groos. SS. 59–66.

(117) Hans Galinsky / Leo Marx / Calvin Rus: Amerikanische Dichtung in der höheren Schule. Interpretationen. Frankfurt 1961: Diesterweg. NSpr. – Beiheft 3.

(118) J. E. Garner / N.W. Schulz: The Missing Link in our English Instruction. In: ETF 5/70/2–6.

(119a) Hans-Martin Gauger: Wort und Sprache. Sprachwissenschaftliche Grundfragen. Tübingen 1970: Niemeyer. Reihe »Konzepte der Sprach- und Literaturwissenschaft«.

(119b) –: Sprache und Linguistik (und H.H.B.). In: SpTZ 38/71/167–177.

(120) J. O. Gauntlett: Teaching English as a Foreign Language. London 1966: Macmillan.

(121) Gunter Gebauer: Wortgebrauch, Sprachbedeutung. Beiträge zu einer Theorie der Bedeutung im Anschluß an die spätere Philosophie Ludwig Wittgensteins. München 1971: Bayerischer Schulbuch-Verlag. Reihe »Grundfragen der Literaturwissenschaft« 3.

(122) Horst Geckeler: Strukturelle Semantik und Wortfeldtheorie. München 1971: Fink.

(123) Georg Geißler (Hrsg.): Das Problem der Unterrichtsmethode. Weinheim 1952 u. ö.: Beltz. Reihe »Kleine pädagogische Texte« 18. (SS. 5–17: Einl. d. Hrsg.).

(124) R. Geißler / G. Valiaparampil: Sprachversuchungen. Frankfurt 1972: Diesterweg.

(125) Uta Gerhardt: Rollenanalyse als kritische Soziologie. Ein konzeptueller Rahmen zur empirischen und methodologischen Begründung einer Theorie der Vergesellschaftung. Neuwied – Berlin 1971: Luchterhand. Soziologische Texte 72.

(126) Berthold Gerner: Der Lehrer – Verhalten und Wirkung. Ergebnisse empirischer Forschung im deutschsprachigen Raum. Darmstadt 1972: Wissenschaftliche Buchgesellschaft. Reihe »Erträge der Forschung« 6.

(127a) Friedrich Wilhelm Gester: Pattern und pattern practice. In: PRAXIS 1/72/37–46.

127b) –: Zurück zur grammatischen Regel? In: NM 4/72/224–230.

(128) Peter Gill: Zur Verwendung arbeitsschulischer Methoden im modernen Unterricht lebender Fremdsprachen. In: NSpr. 1/72/37–47.

(129) Helmut Gipper: Polysemie, Homonymie und Kontext. In: LV (333) SS. 202–214.

(130) Denis Girard: Linguistics and Foreign Language Teaching. London 1972: Longmans. (Frz. Orig.: 1970).

(131) A.-R. Glaap: Grammatikschulen und Schulgrammatik. In: NSpr. 12/72/707–716.

(132) H. A. Gleason jr.: Linguistische Aspekte der englischen Grammatik. München 1970: Hueber.

(133) Hans Glinz: Die Sprachen in der Schule. Skizze einer vergleichenden Satzlehre für Latein, Deutsch, Französisch und Englisch. Düsseldorf 1965 (2 Aufl.): Schwann.

(134a) Erving Goffman: Interaktionsrituale. Über Verhalten in direkter Kommunikation. Frankfurt 1971: Suhrkamp. Reihe »Theorie«.

(134b) –: Encounters. Harmondsworth 1972 (Erstveröff. 1961): Penguin University Books.

(135) Gisela Göhrum: Englischunterricht an Haupt- und Realschulen. Teil 1: Wortarbeit. Bonn 1968: Dümmler.

(136) Eugen Gomringer: Konkrete Poesie. Deutschsprachige Autoren. Anthologie. Stuttgart 1972: Reclam. U.-B. 9350/51.

(137a) Goscinny / Uderzo: Asterix and Cleopatra. Transl. A. Bell / D. Hockridge. Leicester 1969: Brockhampton Press.

(137b) –: Asterix bei den Briten. Stuttgart 1971: Ehapa-Verlag.

(138) M. de Grève / F. van Passel: Linguistik und Fremdsprachenunterricht. München 1971: Hueber. Hueber Hochschulreihe 8.

(139) Frank M. Grittner: Teaching Foreign Languages. New York / London 1969: Harper & Row. – In Vorber.: Dt. Übs. v. U. Bliesener. Frankfurt: Diesterweg.

(140) Hans-H. Groothoff (Hrsg.).: Pädagogik. Frankfurt 1964 u. ö.: Fischer. Das Fischer Lexikon, FL 36. Tb.

(141) Christoph Gutknecht / Peter Kerner: Systematisierte Strukturmodelle des Englischen. Lernpsychologische und methodologische Grundfragen zur Pattern-Grammatik. Hamburg 1969: Buske. Hamb. Philol. Studien 4. – Rez. in: NSpr. 2/72/110 f. (G. Schlömp).

(142a) Harald Gutschow: Englisch an Hauptschulen. Probleme und Arbeitsformen. Berlin 1971 (7. Aufl.): Cornelsen.

(142b) –: Tradition und Wandel im Englischunterricht unserer Schulen. In: NM 3/65/136–141.

(142c) –: Der Beitrag des britischen Kontextualismus zur Theorie und Praxis des Fremdsprachenunterrichts. In: FU 2/68/23–39 (Heft 6: »Neue Wege der Grammatik«).

(142d) –: Der Einfluß linguistischer Theorien und technischer Entwicklungen auf die Gestaltung des Fremdsprachenunterrichts. In: NM 2/70/92–102.

(142e) H. Gutschow (Hrsg.): Englisch – Reprints 1. Ausgewählte Aufsätze aus den ersten fünf Jahrgängen der Zeitschrift ENGLISCH 1966–1970. Berlin 1971: Cornelsen – Velhagen & Klasing.

(142f) –: H. Gutschow: Linguistische und methodische Norm. In: LV (178d) SS. 53–65.

(143a) Jürgen Habermas: Zur Logik der Sozialwissenschaften. Frankfurt 1970: Suhrkamp. es 481.

(143b) –: Vorbereitende Bemerkungen zu einer Theorie der kommunikativen Kompetenz. In: J. Habermas / N. Luhmann: Theorie der Gesellschaft oder Sozialtechnologie. Was leistet die Systemforschung? – Theorie-Diskussion. Frankfurt 1971: Suhrkamp. Reihe »Theorie«. SS. 101–141.

(144) Christel Häfner: Die Einführung des Passivs mit Hilfe der Filztafel. In: FU 4/72/12–24.

(145) Allan Hall (Hrsg.): Worse verse / from the Look! pages of The Sunday Times. London o.J. (i. e. 1972): Times Newspapers Limited.

(146a) Edward T. Hall: The Silent Language. New York 1959: A Fawcett Premier Book T 402. Tb.

(146b) E. T. Hall / Mildred Hall: The Sounds of Silence. In: PLAYBOY, June 1971. SS. 139 ff.

(147) Rudolf Haller: Wörter, Bedeutungen, Begriffe. In: SpTZ 8/63/595–607.

– M. A. K. Halliday, – sämtliche Titel in der »Bibliographie M. A. K. Halliday 1956–1973« oben im »Anhang II« (SS. 324 ff.).

(148) Peter Handke: ABBRECHEN MITTEN IM SATZ. In: Die Innenwelt der Außenwelt der Innenwelt. Frankfurt 1969: Suhrkamp. es 307.

(149) Charles S. Hardwick: Language Learning in Wittgenstein's Later Philosophy. The Hague – Paris 1971: Mouton. Janua Linguarum – Series Minor, 104.

(150) Ludwig Harig: SPRECHSTUNDEN für die deutsch-französische Verständigung und die Mitglieder des Gemeinsamen Marktes, ein Familienroman. München 1971: Hanser.

(151) M. Hartig / U. Kurz: Sprache als soziale Kontrolle. Neue Aufsätze zur Soziolinguistik. Frankfurt 1971: Suhrkamp. es 453.

(152) Paul Hartig (Hrsg.): Lernpsychologische Grundlagen des neusprachlichen Unterrichts. Themenheft der Zeitschrift FU, Heft 16–4/70.

(153) Peter Hartmann: Aufgaben und Perspektiven der Linguistik. Konstanz 1970: Universitätsverlag. Konstanzer Universitätsreden 33.

(154a) O. W. Haseloff (Hrsg.): Kommunikation. Berlin 1969: Colloquium. Reihe »Forschung und Information«, Band 3.

(154b) – (Hrsg.): Lernen und Erziehung. Berlin 1969: Colloquium. Reihe »Forschung und Information«, Band 4.

(154c) O. W. Haseloff / E. Jorswieck: Psychologie des Lernens. Methoden – Ergebnisse – Anwendungen. Berlin 1971 (2. Aufl.): de Gruyter.

(155) Have a Nice Time at the REVOLUTION. Cartoons from Playboy. Chicago 1971: The Playboy Press. Tb.

(156) Frigga Haug: Kritik der Rollentheorie und ihrer Anwendung in der bürgerlichen deutschen Soziologie. Frankfurt 1972: Fischer Taschenbuch Verlag. Texte zur politischen Theorie und Praxis.

(157) Paul Heimann / Gunter Otto / Wolfgang Schulz: Unterricht – Analyse und Planung. Hannover 1965 u. ö.: Schroedel. »Auswahl« Reihe B. 1/2.

(158a) Gerhard Helbig: Die Bedeutung syntaktischer Modelle für den Fremdsprachenunterricht. In: Deutsch als Fremdsprache (DaF) 1967, SS. 195–204 u. 259–267.

(158b) –: Zu modernen linguistischen Theorien im Fremdsprachenunterricht und zu den Beziehungen zwischen Sprach- und Lerntheorien. In: SpTZ 32/69/287–305.

(159) Harald Hellmich: Lerntheorie und Applikation linguistischer Theorien im Fremdsprachenunterricht. In: Deutsch als Fremdsprache (DaF) 5/69/358–369.

(160) Jürgen Henningsen: Kinder, Kommunikation und Vokabeln. Heidelberg 1969: Quelle & Meyer.

(161) Hans-Jürgen Heringer: Zur Analyse von Sätzen des Deutschen auf der Unterstufe. In: LuD 1/70/2–28. – Zurückweisung durch D. Wunderlich in: LuD 4/70/297 ff.

(162a) Peter Herriot: The comprehension of active and passive sentences as a function of pragmatic expectations. Journal of Verbal Learning and Verbal Behaviour, 1969/166–169.

(162b) –: An Introduction to the Psychology of Language. London 1971: Methuen. (– S. 5: »The text does not contain reference to second language learning«!).

(162c) –: Language and Teaching. A Psychological View. London 1971: Methuen. University Paperback UP 418.

(163) Hessisches Institut für Lehrerfortbildung (Hrsg.): Probleme, Prioritäten, Perspektiven des fremdsprachlichen Unterrichts. Frankfurt 1972: Diesterweg. Informationen des Hess. Inst. f. Lfb., Heft 3. (Dir. d. Inst.: H. Osieka; wissensch. Beratung: H.-E. Piepho).

(164a) Helmut Heuer: Die Englischstunde: Fallstudien zur Unterrichtsplanung und Unterrichtsforschung. Wuppertal/Ratingen 1968: Henn. Henns Pädagogische Taschenbücher Nr.
17. – *Darin:* Behavioreme in der Unterrichtsstunde / »Mr. Baker ist a Funny Fellow«.
SS. 108–122.

(164b) –: Brennpunkte des Englischunterrichts: Grundschule – Hauptschule – Fachoberschule –
Gesamtschule – Gymnasialoberstufe. Wuppertal/Ratingen 1970: Henn. Henns Pädagogische Taschenbücher Nr. 22.

(164c) –: Zur Struktur der Fremdsprachen-Lernpsychologie. In: FU 16–4/70/42–58; vgl. LV
(152).

(64d) –: Zur Motivation im Englischunterricht. – Die Ergebnisse einer empirischen Untersuchung:
In: LV (142e) SS. 24–28.

(164e) Helmut Heuer / Egon Heyder: Das Lernen neuer Wörter in Beziehung zur Vokabelzahl,
zur Darbietungsmethode und zur Altersstufe. In: PRAXIS 1/71/21–27.

(164f) Heuer / Parry: *Hands Up!* Classroom Phrases in English and German. Dortmund 1971;
Crüwell.

(164g) Helmut Heuer (Hrsg.): Themenheft »Neusprachliches Curriculum«, NM 3/71. – *Darin:*
H. H.: Curriculum-Aspekte des neusprachlichen Unterrichts. SS. 129–133.

(164h) Helmut Heuer: Über die Beziehung zwischen Satzlänge und Imitationsleistung. In: NSpr.
4/71/178–184.

(164i) –: Curriculum: Englisch. Literaturbericht und Auswahlbibliographie. Praxis-Dokumenta-
tion Heft 1. Dortmund 1972: Lensing.

(165) L. A. Hill / D. Mallet: cartoons 4. For Students of English. London 1972: OUP.

(166) E. D. Hirsch: Validity in Interpretation. New Haven – London 1967: Yale University
Press. – Dt. Übs. v. A. Späth, München 1972: Fink. UTB 104.

(167) Charles F. Hockett: A Course in Modern Linguistics. Toronto 1969: Macmillan (Erstaufl.
1958).

(168a) Peter R. Hofstätter (Hrsg.): Psychologie. Frankfurt 1957 u. ö.: Fischer. Das Fischer Lexikon FL 6.

(168b) P. R. Hofstätter: Sozialpsychologie. Berlin 1970: de Gruyter. Slg. Göschen 104/104a.

(168c) –: Gruppendynamik. Kritik der Massenpsychologie. Hamburg 1971: Rowohlt. rde 38.

(169) R. Högel: Der umwelt- und alltagsbezogene Wort- und Sprachschatz im weiterführenden
Englischunterricht. In: PRAXIS 4/72/377–382.

(170) Rudolf Hohberg: Die Lehre vom sprachlichen Feld. Düsseldorf 1971: Schwann.

(171) Heinz-Otto Hohmann: Steps to Reproduction. Dortmund 1968: Lensing.

(172) Dietrich Homberger: Darstellung einer allgemeinen Zeichentheorie im Hinblick auf Probleme des Literaturunterrichts. In: DU 1/72/97–116.

(173a) Eleonore Hombitzer: Test und Kurzzeitarbeit im Englischunterricht. In: FU 14–2/70/
27–44.

(173b) –: Ein Weg zu einer neuen Arbeitsform in der Oberstufe. Technique of Inquiry im Englischunterricht. In: PRAXIS 4/70/343–351.

(173c) –: Die Erschließung der Short Story im Unterricht. Vorschlag einer Methode. In: FU
19–3/71/2–13.

(174) Hans Hörmann: Psychologie der Sprache. Berlin 1970: Springer.

(175a) A. S. Hornby: A Guide to Patterns and Usage in English. London 1954 u. ö.: OUP.

(175b) –: The Teaching of Structural Words and Sentence Patterns. Stages One – Four. 4 Bände.
London 1959 u. ö.–1966: OUP.

(175c) –: The Situational Approach in Language Teaching. In: LV (5) SS. 195–200.

(176) Kibbey M. Horne: Language Typology. 19th and 20th Century Views. Washington, D.C.
1966: Georgetown University Press.

(177) Eric Hoyle: The Role of the Teacher. London 1969 u. ö.: Routledge. The Students Library
of Education (SLE). Tb.

(178a) Werner Hüllen: Linguistik und Englischunterricht. Didaktische Analysen. Heidelberg 1971:
Quelle & Meyer.

(178b) –: Zur linguistischen Begründung fremdsprachlicher Übungsformen. In: LuD 9/72/32–41.

(178c) –: Linguistik als Unterrichtsfach. In: LV (112a) SS. 58–68.

(178d) – (Hrsg.): Neusser Vorträge zur Fremdsprachendidaktik. Berlin 1973: Cornelsen. – *Darin:* W. H.: Pragmatik – die dritte linguistische Dimension. SS. 84–98.

(179) H. Hurst / K. Lüngen / U. Schulz: Bilanz des dreijährigen Kurssystems im Fach Englisch am Gymnasium Oberalster in Hamburg. In: NM 4/72/197–199.

(180) IFS-Dokumentation »Fremdsprachen- und Sprachlehrinstitute«; 1. Arbeitstagung, 25./26. Sept. 1970. Bochum–Marburg 1971.

(181a) Jens Ihwe: Linguistik in der Literaturwissenschaft. München 1972: Bayerischer Schulbuch-Verlag. Reihe »Grundfragen der Literaturwissenschaft« 4. – Rez.: Rolf Kloepfer: Kann die Literaturwissenschaft Wissenschaft werden? – In: SpTZ 38/71/160–166.

(181b) – (Hrsg.): Literaturwissenschaft und Linguistik: Ergebnisse und Perspektiven. Eine Auswahl. Texte zur Theorie der Literaturwissenschaft. 2 Bände. Frankfurt 1972 seqq.: Athenäum Fischer Taschenbuch Verlag. FAT 2015/2016.

(182) Karlheinz Ingenkamp / Evelore Parey (Hrsg.): Handbuch der Unterrichtsforschung. Deutsche Bearbeitung des Handbook of Research on Teaching, ed. N. L. Gage. Teil I, II und III (3 Bände). Weinheim 1970 seqq.: Beltz. (Pädagogisches Zentrum. Veröffentlichungen. Reihe C. Berichte. Band 6, Teile I, II und III).

(183a) Elisabeth Ingram: Alter und Sprachunterricht. In: LV (238) SS. 16–21.

(183b) –: A Further Note on the Relationship between Psychological and Linguistic Theories. In IRAL 4/71/335–346.

(183c) –: Rezension zu LV (342). In: IRAL 4/72/384–390. Mit einem Appendix »Teaching Strategies«, SS. 390–393.

(184) Eugène Ionesco: The Bald Primadonna. A Pseudo-Play in One Act. Translated and Adapted by Donald Watson. French's Acting Edition. London 1958: John Calder Ltd. (Samuel French).

(185) Wolfgang Iser: Die Appellstruktur der Texte. Konstanz 1970: Universitätsverlag. Reihe »Konstanzer Universitätsreden« 28.

(186) R. A. Jacobs / P. S. Rosenbaum: Transformationen, Stil und Bedeutung. Frankfurt 1973: Athenäum Fischer Taschenbuch Verlag. FAT 2020.

(187) Leon A. Jakobovits: Foreign Language Learning. A Psycholinguistic Analysis of the Issues. Rowley, Mass. 1970: Newbury House.

(188) Roman Jakobson: Linguistics and Poetry (Concluding Statement). In: Thomas A. Sebeok (Hrsg.): Style in Language. Cambridge, Mass. 1964 (2. Aufl.): The M.I.T. Press.

(189) Gemma Jappe: Über Wort und Sprache in der Psychoanalyse. Frankfurt 1971: Fischer. Reihe »Conditio humana«.

(190) Otto Jespersen: The Philosophy of Grammar. London 1924: Allen & Unwin.

(191) Eberhard Jeuthe: Aufbau von Lehrerdominanz? – In: PRAXIS 4/72/428 f. (»Forum«).

(192) Martin Joos: The Five Clocks. New York 1961 u. ö.: Harcourt, Brace & World.

(193) James Joyce: The Cat and the Devil. London 1965: Faber & Faber.

(194) Jànos Juhàsz: Das Ranschburgsche Phänomen beim Lernen von Fremdsprachen. In: LuD 3/70/215–221.

(195) Gertrud Jungblut: Zum Wissenschaftsverständnis von Fachdidaktik. In: NM 2/73/65–71.

(196) Egon Jüttner: Die schwedische Gesamtschule und ihre Probleme. In: Die Höhere Schule 11/72/264–270, spez. 266/267.

(197) J. Kamratowski / J. Schneider: Das Erinnern englischer Wortbilder im Fremdsprachenunterricht. In: Die deutsche Schule 1968/256–264.

(198) G. Kandler: Dogmatismus und Empirie in der Sprachforschung. In: LV (333) SS. 118 ff.

(199) Robert Kar: So lernt man Sprachen. Rationalisierung und Immedialisierung des Fremdsprachenerwerbs als Ergebnis einer Analyse der psychologischen Phänomene des Sprachvermögens. Meisenheim am Glan 1959: Hain.

(200) G. Kegel: Zur Problematik des Gegenstandsbereichs der Linguistik und Psycholinguistik. In: Nickel/Raasch (Hrsg.): Kongreßbericht der 3. Jahrestagung der Gesellschaft für angewandte Linguistik GAL e.V. Heidelberg 1972: Groos. SS. 188–196.

(201) H. Kemelman: The Nine Mile Walk and other stories. Harmondsworth 1971: Penguin.

(202) Harold V. King: Oral Grammar Drill. In: LV (5) SS. 190–195.

(203) H. v. Kleist: Prosastücke. Stuttgart o.J.: Reclam. U.-B. 7670.

(204) Joachim Klowski: Wesen der generativen Transformationsgrammatik und mögliche Anwendung im Unterricht, I. – Vortrag, geh. i. Inst. f. Lehrerfortbildung, Hamburg, 26. 11. 70. (Ungedr.).

(205) Norbert Kluge: Pädagogisches Verhältnis und Erziehungswirklichkeit. Essen 1972: Neue deutsche Schule. Reihe »Neue pädagogische Bemühungen« 48. Tb.

(206) Walter A. Koch: Zur Taxologie des Englischen. Versuch einer einheitlichen Beschreibung der englischen Grammatik und englischer Texte. München 1971: Fink. Reihe »Internationale Bibliothek für allgemeine Linguistik« Band 5.

(207) Klaus H. Köhring / J. Tudor Morris: Instant English: Lehrmodelle für den englischen Sprachunterricht. Heidelberg 1971: Quelle & Meyer. 2 Bände: I und II.

(208) Ekkehard König: Syntax und Semantik der Modalverben im Englischen. In: LuD 4/70/ 245–259.

(209) E. König / L. Legenhausen: Englische Syntax 1 – Komplexe Sätze. Frankfurt 1972: Athenäum Fischer Taschenbuch Verlag. FAT 2009.

(210) René König (Hrsg.): Soziologie. Frankfurt 1967 u. ö.: Fischer. Das Fischer Lexikon, FL 10.

(211) Kurt Koszyk / Karl H. Pruys: dtv-Wörterbuch zur Publizistik. München 1970 (2. Aufl.): Deutscher Taschenbuch Verlag.

(212) Lothar Krappmann: Soziologische Dimensionen der Identität. Strukturelle Bedingungen für die Teilnahme an Interaktionsprozessen. Stuttgart 1971: Klett. Texte und Dokumente zur Bildungsforschung (Max-Planck-Institut für Bildungsforschung).

(213) Helmut Kreuzer / Rul Gunzenhäuser (Hrsg.): Mathematik und Dichtung: Versuche zur Frage einer exakten Literaturwissenschaft. München 1965/67: Nymphenburger Verlagshandlung. Sammlung Dialog 3.

(214) Heinrich Kronen: Bildung und Wortschatz im Englischunterricht. Lerneffekt durch dynamische Verben. Saarbrücken 1972: Universitäts- und Schulbuchverlag Saarbrücken.

(215) Hans-Jürgen Krumm: Analyse und Training fremdsprachlichen Lehrverhaltens. Ansätze für die berufsbezogene und praxisnahe Ausbildung von Fremdsprachenlehrern. Weinheim 1973: Beltz. Beltz Monographien / Erziehungswissenschaft.

(216) Wilfried Kuckartz: Sozialisation und Erziehung. Essen 1971: Neue deutsche Schule. Reihe »Neue pädagogische Bemühungen« 39. Tb.

(217) Herbert L. Kufner: The Grammatical Structures of English and German. Chicago – London 1962 u. ö. (1967): University of Chicago Press. Reihe »Contrastive Studies Series« 3.

(218) W. Kühlwein (Hrsg.): Linguistics in Great Britain. Vol. II: Contemporary Linguistics. Tübingen 1970: Niemeyer. – S. o. LV (103c).

(219) P. S. Kuznecov: Die morphologische Klassifikation der Sprachen. Halle (Saale) 1960 (2. Aufl.): Niemeyer.

(220) N. Lademann: Zur Bedeutung von Erfahrungen, Begriffen, Situationen und Kontexten beim Erlernen einer Fremdsprache. In: Deutsch als Fremdsprache (DaF) 6/68/343–351. – Zusammenfassung eines Teilaspekts in LV (295) SS. 77 ff.

(221) Robert Lado: Moderner Sprachunterricht (übs. v. R. Freudenstein). München 1969: Hueber.

(222a) R. D. Laing / H. Philipson / A. R. Lee: Interpersonelle Wahrnehmung. Frankfurt 1971: Suhrkamp. es 499.

(222b) Ronald D. Laing: Knots. Harmondsworth 1971: Penguin. Tb.

(222c) –: Das geteilte Selbst. Köln 1972: Kiepenheuer & Witsch.

(223a) W. E. Lambert / R. C. Gardner / K. Tunstall: Attitudinal and Cognitive Aspects of Intensive Study of a Second Language. In: Journal of Abnormal and Social Psychology, April 1963, S. 358.

(223b) W. E. Lambert / R. C. Gardner / R. Olton / K. Tunstall: A Study of the Roles of Attitudes and Motivation in Second Language Learning. In: J. A. Fishman (Hrsg.), s. o. Halliday-Bibliographie Nr. (10a), SS. 437–491.

(224) D. Terence Langendoen: The London School of Linguistics: A Study of the Linguistic Theories of B. Malinowski and J. R. Firth. Cambridge, Mass. 1968: The M.I.T. Press. Research Monograph Nr. 46.

(225) The Language of Legs. In: PLAYBOY, April 1969, SS. 121–123.

(226) J. Laver / S. Hutcheson (Hrsg.): Communication in Face to Face Interaction. Selected Readings. Harmondsworth 1972: Penguin Education. Penguin Modern Linguistics Readings.

(227a) Hans-Joachim Lechler: Die Unlust im Englischunterricht der Mittelstufe. In: FU 2/67/13–22. – Wiederabgedr. in LV (227 f.) SS. 59–69.

(227b) –: Vom Substitution Table zur Composition. In: FU 4/67/70–78. – Wiederabgedr. in LV (227 f.) SS. 49–58.

(227c) –: To simplify or not to simplify? – Kriterien und Verfahren für die Erstellung von simplified texts. In: FU 9–1/69/9–23. – Wiederabgedr. in LV (227f) SS. 70–86.

(227d) –: Bild und Grammatik. In: FU 11–3/69/35–53. – Wiederabgedr. in LV (227f) SS. 7–27.

(227e) –: Harold Pinters Sketch »Last to Go« – Untersuchungen zur Dialogführung. In: FU 13–1/70/29–37. – Wiederabgedr. in LV (227f) SS. 174–183.

(227f) –: Lust und Unlust im Englischunterricht. Methodische Beispiele. Stuttgart 1972: Klett. – Enthält u. a. die Aufsätze oben LV (227a–e).

(228) Geoffrey N. Leech: English in Advertising. London 1966: Longmans.

(229) U. O. Lehmann: Untersuchungen zur deutschen Übersetzung von *Alice in Wonderland* und *Through the Looking-Glass*. Staatsexamensarbeit Hamburg 1969: Universität Hamburg (P.: B. Carstensen). Ungedr./maschinengeschr.

(230) Martin Lehnert: Rückläufiges Wörterbuch der englischen Gegenwartsprache. München 1972: Hueber (VEB Enzyklopädie, Leipzig).

(231a) Ernst Leisi: Der Wortinhalt. Seine Struktur im Deutschen und Englischen. Heidelberg 1961 u. ö.: Quelle & Meyer. – Erste Aufl. 1952; seit 1972 auch UTB. – Rez. zur 2. Aufl.: NSpr. 7/61/334–339 (B. Carstensen).

(231b) –: Das heutige Englisch. Wesenszüge und Probleme. Heidelberg 1967: Winter. – Seit der 1. Aufl. von 1955 immer wieder überarb. u. erw. Auflagen.

(231c) –: Gedanken zum Stellenwert der »Neuen Grammatik«. In: FU 11–3/69/3–8.

(232a) Fritz Leisinger: Der elementare Fremdsprachenunterricht. Stuttgart 1949 u. ö.: Klett.

(232b) –: Elemente des neusprachlichen Unterrichts. Stuttgart 1966: Klett.

(233) Anton Leist: Zur Intentionalität von Sprechhandlungen. In: LV (397c) SS. 59–98.

– »Sammlung Lensing 2« s. u. LV (316).

– »Lernpsychologische Grundlagen des neusprachlichen Unterrichts« s. o. LV (152).

(234) A. Leonhardi: The Learner's Dictionary of Style. Dortmund 1955: Lensing.

(235) H. Leuninger / M. H. Miller / F. Müller: Psycholinguistik. Ein Forschungsbericht. Frankfurt 1973: Athenäum. Reihe »Schwerpunkte Linguistik und Kommunikationswissenschaft« Band 9. – Bereits 1972 (in gleicher Paginierung und Druckordnung) im Athenäum Fischer Taschenbuch Verlag als FAT 2018.

(236) M. M. Lewis: Language and the Child. Slough – London 1969 u. ö.: National Foundation for Educational Research in England and Wales.

(237) John Leyton: Modern English Vocabulary in Narrative Form. München 1971 (3. Aufl.): Hueber.

(238) B. Libbish: Neue Wege im Sprachunterricht: Advances in the Teaching of Modern Languages (übs. v. R. Schäper). Frankfurt 1969: Diesterweg.

(239) Bruno Liebrucks: Sprache und Bewußtsein. Band 1: Einleitung – Spannweite des Problems. Frankfurt 1964: Akademische Verlagsgesellschaft.

(240) Elisabeth von der Lieth: Personal vermittelte Tradition? – Beruf und Aufgabe des Lehrers. In: Die Höhere Schule 1/73/1–5.

(241) Gudula List: Psycholinguistik. Eine Einführung. Stuttgart 1972: Kohlhammer. Urban-Tb 146.

(242) Kuno Lorenz: Elemente der Sprachkritik. Frankfurt 1970: Suhrkamp. Reihe »Theorie«.

(243) Käte Lorenzen: Englischunterricht. Bad Heilbrunn OBB 1972: Klinkhardt. Reihe »Didaktische Grundrisse.

(244) Alfred Lorenzer: Über den Gegenstand der Psychoanalyse oder: Sprache und Interaktion. Frankfurt 1973: Suhrkamp. es 572.

(245) Gerhard Ludwig: Französischer »Literaturunterricht« – à quoi bon? – In: NSpr. 5/73/250–266.

(246) Wilhelm Luther: Sprachphilosophie als Grundwissenschaft: Ihre Bedeutung für die wissenschaftliche Grundlagenbildung und die sozialpolitische Erziehung. Heidelberg 1970: Quelle & Meyer.

(247) Dieter Lüttge: Einführung in die Pädagogische Psychologie. Frankfurt 1972: Ullstein. Ullstein-Buch 2904.

(248a) John Lyons (Hrsg.): New Horizons in Linguistics. Harmondsworth 1970: Penguin. Pelican Books. Tb.

(248b)   John Lyons: Einführung in die moderne Linguistik. München 1971: Beck. (Orig.: 1968).

(248c)   –: Noam Chomsky (dt. Übs. v. M. Immler). München 1971: dtv 770. Reihe »moderne theoretiker«. – Engl. Orig. London 1970: Collins. Reihe »Fontana Modern Masters«. Tb.

(249)   Utz Maas / Dieter Wunderlich: Pragmatik und sprachliches Handeln. Mit einer Kritik am Funkkolleg »Sprache«. Frankfurt 1972: Athenäum. Athenäum-Skripten Linguistik 2.

(250)   William Francis Mackey: Language Teaching Analysis. London 1965 u. ö.: Longman.

(251)   Ronald Mackin (Hrsg.): A Subject Analysis of the Advanced Learner's Dictionary of Current English. Volumes 1–5. London 1973: OUP.

(252)   Robert F. Mager: Lernziele und Programmierter Unterricht. Weinheim 1965 u. ö.: Beltz. Beltz Bibliothek 2.

(253)   Hans Maier / Hans-Jürgen Pfinstner: Die Grundlagen der Unterrichtslehre und der Unterrichtspraxis. Heidelberg 1971: Quelle & Meyer.

(254)   Richard Mallery: Grammar, Rhetoric and Composition for Home Study. O.O. (i. e. New York) 1944, 1967 u. ö.: Barnes & Noble. Everyday Handbooks, BN 228. Ppb.

(255)   Herbert Marcuse: One-Dimensional Man. The Ideology of Industrial Society. O.O. (i. e. London) 1968 u. ö.: Sphere Books.

(256)   William F. Marquardt: »Guest Informants« for the Classroom? – In: ETF 5/72/22–23.

(257)   P. H. Matthews: Classes and Functions. In: »Linguistics: Present Frontiers«. Sondernummer der TLS vom 23. 7. 1970, S. 799 f.

(258)   George Herbert Mead: Sozialpsychologie. Neuwied 1969: Luchterhand. Reihe »Soziologische Texte« Band 60.

(259a)   Hans Messelken: Drei Aspekte der anthropologischen Sprachtheorie. Ratingen 1968: Henn.

(259b)   –: Empirische Sprachdidaktik. Heidelberg 1971: Quelle & Meyer. Reihe »Grundlagen der Sprachdidaktik« / UTB 36. (Muttersprachl. orientiert).

(260)   Emil Mihm: Die Krise der neusprachlichen Didaktik. Frankfurt 1972: Hirschgraben.

(261)   E. Millar / E. Kobersky: Semantic Problems. In: CONTACT 18/19–1972/38–42.

(262)   D. C. Miller: Teaching the Reading Passage. London 1966 u. ö.: OUP.

(263)   Dieter Mindt: Strukturelle Grammatik, generative Transformationsgrammatik und englische Schulgrammatik. Frankfurt 1971: Diesterweg.

(264)   Peter Mohr: Bericht über den 2. Internationalen Kongreß für Angewandte Linguistik, Cambridge 8.–12. IX. 1969. Marburg 1970: Informationszentrum für Fremdsprachenforschung (IFS). IFS-Dokumentation »Angewandte Sprachwissenschaft«. Positionspapier.

(265)   A. Morrison / D. McIntire (Hrsg.): Social Psychology of Teaching. Selected Readings. Harmondsworth 1972: Penguin Books. Penguin Modern Psychology Readings.

(266a)   William G. Moulton: Applied Linguistics in the Classroom. In: LV (5) SS. 74–83.

(266b)   –: The Use of Models in Contrastive Linguistics. In: LV (3) SS. 27–38.

(267)   Theodore H. Mueller: The effectiveness of two learning models: the audio-lingual habit theory and the cognitive code-learning theory. In: LV (293) SS. 113–122.

(268)   W. Mues: Strukturanalyse und ihre Bedeutung für den modernen Englischunterricht. Frankfurt 1969: Diesterweg.

(269)   James Muir: A Modern Approach to English Grammar. An Introduction to Systemic Grammar. London 1972: Batsford.

(270a)   Gert Müller: Sprachstatistik und Feldstruktur. In: NSpr. 5/65/211–225.

(270b)   –: Grammatische Felder. In: NSpr. 11/65/508–511.

(271a)   Richard Matthias Müller: Situation und Lehrbuchtexte: Die Kontextualisierbarkeitsprobe. In: PRAXIS 3/70/229–242.

(271b)   –: Was ist »Situational Teaching«? – In: PRAXIS 3/71/229–239.

(271c)   –: Dreizehn Thesen zur Fremdsprachendidaktik (Englisch) als Wissenschaft und ein Studienplan für Fremdsprachenlehrer. In: NSpr. 4/72/207–211.

(272)   Vladimir Nabokov: Speak, Memory. An Autobiography Revisited. Harmondsworth 1969: Penguin Books.

(273)   Walter Nash: Our Experience of Language. London 1971: Batsford.

(274)   H.-J. Neumann / S. Zander: Sprache als Verständigungsmittel und Zeichensystem. Eine Einführung in die Linguistik. Karlsruhe 1971 u. ö.: G. Braun. Reihe »Sprachhorizonte / Arbeitsunterlagen für den Sprach- und Literaturunterricht« 11/12. Textheft. – *Dazu:* Lehrerheft.

(275) Gerhard Nickel: Kontextuelle Beziehungen zwischen Sätzen im Englischen. In: PRAXIS 1/68/15–25.

(276) F. Nikol / J. Maisch (Hrsg.): Ausgewählte Reifeprüfungsaufgaben an den höheren Lehranstalten / Aus den Jahren 1926–1950. Band I SS. 118–206: Englisch. München 1951: Bayerischer Schulbuch-Verlag.

(277) James S. Noblitt: Pedagogical Grammar: Towards a theory of Foreign Language Materials Preparation. In: IRAL 4/72/313–331.

(278) Dean H. Obrecht: Fundamentals of language and fundamentals of teaching: the necessity of crossbreeding. In: LV (293) SS. 181–188.

(279) Ulrich Oevermann: Schichtenspezifische Formen des Sprachverhaltens und ihr Einfluß auf die kognitiven Prozesse. In: LV (313) SS. 297–356.

(280) Suzanne Öhmann: Theories of the ›linguistic field‹. In: Word 9/53/123–134.

(281) J. Olbert / B. Schneider: Mißverstandene Linguistik. In: französisch heute 1/72/32 ff.

(282) R. C. Oldfield / J. C. Marshall: Language. Harmondsworth 1968: Penguin.

(283a) J. W. Oller / D. H. Obrecht: Pattern drill and communicative activity: a psycholinguistic experiment. In: IRAL 2/68/165–174.

(283b) John W. Oller: Transformational Grammar, Pragmatics, and Language Teaching. In: EFT 2/71/8–11.

(283c) –: Language Use and Foreign Language Learning. In: IRAL 2/71/161–168.

(283d) –: Language communication and second language learning. In: LV (293) SS. 171–179.

(283e) –: Rez. zu. R. Barrutia: Linguistic Theory of Language Learning as Related to Machine Teaching (Groos). In: IRAL 4/72/398–401.

(284) E. Orton / P. H. Stoldt: Discussing and Debating. Stuttgart 1968 u. ö.: Klett.

(285) Ch. E. Osgood: Method and Theory in Experimental Psychology. New York 1953: OUP.
– H. Osieka (Hrsg.): Probleme, Prioritäten etc. s. o. LV (163).

(286a) Carel F. van Parreren: Lernprozeß und Lernerfolg. Eine Darstellung der Lernpsychologie auf experimenteller Basis (dt. Übs. v. W. Vontin). Braunschweig 1972 (2. Aufl.): Westermann. (Holl. Orig.: 1. Aufl. 1960/1962 – 1. dt. Aufl. 1966).

(286b) –: Psychologie und Fremdsprachenunterricht. In: PRAXIS 1/63/6–10. – *Diskussion* in den »Foren« der PRAXIS 2/63, 3/63 und 2/64 (sowie dem Aufsatz 2/64/156–162); s. auch LV (291b)!

(286c) –: Die Systemtheorie und der Fremdsprachenunterricht. In: PRAXIS 3/64/213–219.

(286d) –: Lautbild und Schriftbild im Anfangsunterricht. In: PRAXIS 4/69/359–365.

(286e): –: Lernen in der Schule (dt. Übs. v. W. Vontin). Weinheim 1970: Beltz. Beltz Bibliothek 5.

(286f) –: »Reine« Lernpsychologie und Fremdsprachen-Lernpsychologie. In: LV (112a) SS. 94–104.

(287a) Denys Parsons: Funny Ha Ha and Funny Peculiar. London 1965 u. ö.: Pan Books. Tb.

(287b) –: Funny Amusing and Funny Amazing. London 1969 u. ö.: Pan Books. Tb.

(287c) –: FUN-TASTIC. A side-splitting collection of Howlers and Misprints. London 1971: Pan Books. A Piccolo Original. Tb.

(288) Lothar Paul: Prinzipien einer schichtintegrierenden Sprachdidaktik. In: Muttersprache 81/71/H. 3 – SS. 131–161.

(289a) Hans Petersen: Zur Anwendung der generativen Transformationsgrammatik im Englischunterricht an deutschen Schulen. Braunschweig o.J.: Vieweg. LB-Papier Nr. 11. – (Abschwächende) Neufassung in: FU 18–2/71/25 ff. u. d. Titel »Überlegungen zur Anwendung ...«

(289b) –: Untersuchungen zur Praxis des Englischunterrichts auf der Grundlage der generativen Grammatik. Braunschweig o.J.: Vieweg. LB-Papier Nr. 10.

(289c) –: Reformbestrebungen im Englischunterricht und ihre Kriterien. In: LuD 4/70/261–268.

(290) Regina Petersen: Einführung in die Arbeitstechnik des field system anhand politischer Zeitungsartikel. Schriftliche Arbeit zum 2. Staatsexamen. Hamburg 1970: Staatl. Studienseminar, Abt. 2. Ungedr./maschinengeschr.

(291a) Hans-Eberhard Piepho: Die didaktische Analyse als Prinzip der Vorbereitung des Englischlehrers. In: PRAXIS 4/61/155–163.

(291b) –: Die Auseinandersetzung hat erst begonnen. Ein Beitrag zum Gespräch über Van Parrerens Aufsatz »Psychologie und Fremdsprachenunterricht« in Heft 1/63 der PRAXIS. In: PRAXIS 3/63/182–184. (Letzte Hinweise in PRAXIS 4/63).

(291c) –: Über die Rolle der Muttersprache im Englischunterricht. In: PRAXIS 1/64/40–48.

(291d) –: Zum Begriff der »Situation« in der Didaktik des elementaren Englischunterrichts. In: PRAXIS 1/67/23–32.

(291e) –: Von der linguistisch-didaktischen Analyse zur methodischen Unterrichtsgestaltung. In: Protokoll des Lehrgangs 1561, »Englisch in der Förderstufe«, hrsg. v. Hess. Inst. f. Lehrerfortbildung, 1970; SS. 47–62.

(291f) –: Situationen als Sprechanlässe im elementaren Englischunterricht. In: PRAXIS 2/71/133–142.

(291g) –: Entwurf für Lernzielbestimmungen in den Klassen 5 und 6. In: LV (163) SS. 35–44.

(291h) –: Didaktische Modelle und Artikulationsphasen des Unterrichts, dargestellt am Beispiel des Englischunterrichts. In: LV (163) SS. 93–105.

(291i) –: Differenzierungsmöglichkeiten bei der Arbeit mit English for a Start. Vortrag, geh. i. Inst. f. Lehrerfortbildung Hamburg, 9. 5. 73; ungedr./persönl. Mitschrift.

(291k) –: Moderne Unterrichtsgestaltung – Stundenvorbereitung: *Englisch für die Klassen 5 bis 10. 30 Beispiele.* Dornburg 1973: Frankonius-Verlag. Reihe »Stundenvorbereitung« Band 9.

(292a) Kenneth L. Pike: Language in Relation to a Unified Theory of the Structure of Human Behaviour. The Hague 1967: Mouton. Janua Linguarum – Series Major XXIV. Second, Revised Edition. (Erste, »preliminary edition«: Part I 1954, Part II 1955, Part III 1960).

(292b) –: Nucleation. In: LV (5) SS. 67–74. (erstveröff. 1960).

(293)   P. Pimsleur / T. Quinn (Hrsg.): The Psychology of Second Language Learning. Papers from the Second International Congress of Applied Linguistics Cambridge 1969. Cambridge 1971: Cambridge University Press.

(294)   PLAYBOY PLAYS WITH WORDS. Chicago, Ill. 1972: playboy press 16171. Tb.

(295)   L. Pohl: Analogiebildung und Differenzierung als didaktische Kategorien und ihre methodische Umsetzung im Fremdsprachenunterricht (dargestellt an einem Übungssystem zu grammatischen Erscheinungen im Französischunterricht). In: W. Apelt *et al.* (Hrsg.): Moderner Fremdsprachenunterricht. Band 2. Berlin 1962: Volk und Wissen. SS. 32–53 (spez. SS. 38–41 und 53).

(296a) Robert L. Politzer: Some Reflections on Transfer of Training in Foreign Language Learning. In: IRAL 3/65/171–177.

(296b) –: Some Reflections on ›Good‹ and ›Bad‹ Language Teaching Behaviors. In: Language Learning, Bd. 10, Nr. 1, 1971, SS. 31–43.

(297)   Wolfgang Preibusch / Heidrun Zander: Wortschatzvermittlung: Auf der Suche nach einem analytischen Modell. In: IRAL 2/71/131–145.

(298a) Gerhard Priesemann: Zur Theorie der Unterrichtssprache. Düsseldorf 1971: Schwann. Reihe »Sprache und Lernen« 11. – Teil-Vorabdruck in: SpTZ 33/70/40–77.

(298b) –: Probleme pädagogischer Kommunikation. In: Die Höhere Schule 6/72/131–136.

–   Probleme, Prioritäten, Perspektiven des fremdsprachlichen Unterrichts, s. o. LV (163).

(299)   »Programme in Linguistics and English Teaching«, Series I und Series II. London 1968 seqq.: Longman. (Auch »Nuffield *Papers in L...*«; urspr. für das *Communication Research Centre* am University College London, zul. für d. *Schools Council* veröffentlicht. – Für den Lehrer; muttersprachl. orientiert.).

(300)   Jürgen Quetz: Wortschatzarbeit im Lichte neuerer Semantiktheorien und lernpsychologischer Untersuchungen. In: LV (178) SS. 130–137.

(301a) Randolph Quirk: The Use of English. London 1962, 1968: Longman.

(301b) R. Quirk / A. H. Smith (Hrsg.): The Teaching of English. London 1966: OUP. Reihe »Language and Language Learning« 3. (Erstveröff. 1959).

(301c) R. Quirk *et al.* (i. e. S. Greenbaum, G. Leech u. J. Svartvik): A Grammar of Contemporary English. London 1972: Longman.

(302)   R. C. Rainsbury: Getting Meaning into the Drill. In: EFT 2/71/17–19.

(303)   Anne Ratzki: Klischeevorstellungen von der Familie in Lehrbüchern für den englischen Anfangsunterricht. In: Neue Deutsche Schule, Heft 16/17 – Sept. 1970, SS. 326–328 (Essen: Neue Deutsche Schule Vg.).

(304)   Helmut Reisener: Zum Problem der Sprechsituation im Englischunterricht. In: Englisch 4/69/100–104.

(305) A. Reum: Dictionary of English Style. Seit 1931 immer wieder abgedruckt; 3. Aufl. 1961: Hueber/München.

(306) Wilga M. Rivers: The Psychologist and the Foreign-Language Teacher. Chicago & London 1964: University of Chicago Press.

(307) Saul B. Robinsohn: Bildungsreform als Reform des Curriculum. Berlin 1973 (3. Aufl.): Luchterhand. (1. Aufl. 1967).

(308) Ivan Roe: A Style of Your Own. A Commonsense Guide to Clear English. Newton Abbot 1972: David & Charles.

(309) Peter M. Roeder / Artur Pasdzierny / Willi Wolf: Sozialstatus und Schulerfolg. Bericht über empirische Untersuchungen. Heidelberg 1965: Quelle & Meyer.

(310) P. M. Roget: Thesaurus of English Words and Phrases. Neu hrsg. R. A. Dutch. London 1962: Longman (– auch in Penguin erhältlich).

(311) B. Rosenshine: Enthusiastic Teaching: A Research Review (1970). In: LV (265) SS. 277–292.

(312) R. Rosenthal / L. Jacobson: Pygmalion im Unterricht. Weinheim 1971: Beltz.

(313) Heinrich Roth (Hrsg.): Begabung und Lernen. Stuttgart 1968 u. ö.: Klett. Deutscher Bildungsrat: Gutachten und Studien der Bildungskommission, Band 4.

(314) Tobias Rülcker: Der Neusprachenunterricht an höheren Schulen: Zur Geschichte und Kritik seiner Didaktik und Methodik. Frankfurt 1968: Diesterweg. Reihe »Frankfurter Beiträge zur Pädagogik«.

(315) Bertrand Russell: The Autobiography of Bertrand Russell. 3 Bände. London 1967–69: Allen & Unwin.

(316) »Sammlung Lensing 2«. Text Analysis and Writing Practice. Arbeitsmaterialien für die Oberstufe in Loseblattform. Dortmund 1971 seqq.: Lensing.

(317a) Helmut Sauer: Fremdsprachen in der Volksschule. Untersuchungen zur Begründung des Englischunterrichts für alle. Hannover 1968: Schroedel.

(317b) –: Sequentialität als Ursache für Minderleistungen im Fremdsprachenunterricht. In: NM 3/71/133–143. – S. o. LV (164g).

(318) F. de Saussure: Grundfragen der allgemeinen Sprachwissenschaft. Berlin 1967 (2. Aufl.): de Gruyter. (1. Aufl. 1931: Orig. 1916).

(319) Hermann Schäfer / Klaus Schaller: Kritische Erziehungswissenschaft und kommunikative Didaktik. Heidelberg 1971: Quelle & Meyer. UTB 9.

(320) Karl Schaffert: Die Nacherzählung im Lichte der Lernpsychologie und der Informationstheorie. In: PRAXIS 1/71/1–11.

(321) Klaus Schaller / Georg Wodraschke (Hrsg.): Information und Kommunikation. Ein Repertorium zur Unterrichtslehre und Lerntheorie. Hamburg 1968: Leibniz-Verlag. Reihe »Repertorien zum Hochschulstudium« 10.

(322) Manfred Scheler: Bedeutungsaufspaltung und Dublettenbildung im Englischen. In: NSpr. 9/71/471–476.

(323) Maximilian Scherner: ›Code‹ oder ›Horizont‹. In: DU 6/71/37–57.

(324) Bernhard Schiff: Entwicklung und Reform des Fremdsprachenunterrichts in der Sowjetunion. Berlin 1966: Osteuropa-Institut Berlin (in Komm.: Quelle & Meyer, Heidelberg). Reihe »Erziehungswissenschaftliche Veröffentlichungen« Band 3.

(325) Ludger Schiffler: Einführung in den audiovisuellen Fremdsprachenunterricht. Heidelberg 1973: Quelle & Meyer.

(326a) Günter Schiwy: Der französische Strukturalismus. Reinbek bei Hamburg 1969: Rowohlt. rde 310/311.

(326b) –: Bedeutung und Grenzen der strukturalistischen Sprachtheorie. In: LuD 2/70/81–91; spez. 81/82.

(327) Werner Schlotthaus: Lehrziel: Kommunikation. Überlegungen zu einer situationsbezogenen Studiengangsplanung für das Unterrichtsfach Deutsch. In: betrifft: erziehung 4/71/15–22.

(328a) Siegfried J. Schmidt: Das kommunikative Handlungsspiel als Kategorie der Wirklichkeitskonstitution. In: LV (333) SS. 215–227.

(328b) –: Text als Forschungsobjekt der Texttheorie. In: DU 4/72/7–28.

(328c) – (Hrsg.): Konkrete Dichtung. Texte und Theorien. München 1972: Bayerischer Schulbuch-Verlag.

(329) Bruno Schneider: Kritische Anmerkungen zu den audio-lingualen Übungstypen im fremd-sprachlichen Unterricht. In: PRAXIS 1/71/56–66.

(330) Helmut Schnelle: Möglichkeiten und Grenzen der Automatisierung der Sprachverwen-dungsprozesse. In: LV (333) SS. 160–166.

(331a) Heinrich Schrand: Von mechanischen Drills zu kommunikativen Übungen. In: FU 4/68/ 38–46.

(331b) –: Stand und Entwicklung des technologischen Fremdsprachenunterrichts. In: LV (112a) SS. 131–137.

(332) Wolfgang Schulz / Wolfgang P. Teschner / Jutta Voigt: Verhalten im Unterricht. Seine Er-fassung durch Beobachtungsverfahren. Deutsche Bearbeitung von: D. M. Medley / H. E. Mitzel: Measuring Classroom Behavior . . . – In: LV (182) Band I, SS. 633–851.

(333) Klaus Günther Schweisthal (Hrsg.): Grammatik – Kybernetik – Kommunikation. Festschrift für Alfred Hoppe. Bonn 1971: Dümmler.

(334) Olaf Schwenke (Hrsg.) Literatur in Studium und Schule. Loccumer Experten-Überlegun-gen zur Reform des Philologiestudiums (I). Loccum 1970: Evangelische Akademie Loc-cum (Eigendrucke). Reihe »Loccumer Kolloquien« 1.

(335) F. S. Scott *et al.* (i. e. C. C. Bowley, C. S. Brockett, J. G. Brown, P. R. Goddard): English Grammar. A Linguistic Study of its Classes and Structures. London 1968: Heinemann. Heinemann Educational.

(336) John R. Searle: Speech Acts. An Essay in the Philosophy of Language. Cambridge 1970: Cambridge University Press. – Dt. Übs. v. R. Wiggerhaus: Sprechakte. Ein sprachphilo-sophischer Essay. Frankfurt 1971 u. ö.: Suhrkamp. Reihe »Theorie«.

(337) Larry Selinker: Interlanguage. In: IRAL 3/72/209–231.

(338) The Sesame Street Book of Puzzlers. New York 1971: The American Library. A Signet Book Q 4501. Tb.

(339a) John McH. Sinclair: A Course in Spoken English: Grammar. London 1972: OUP.

(339b) J. McH. Sinclair *et al.* (i. e. I. J. Forsyth, R. M. Coulthard, M. Ashby): The English Used by Teachers and Pupils. Birmingham, August 1972: Department of English Language and Literature, University of Birmingham. Final Report to SSRC for the period Sep-tember 1970 to August 1972. Maschinengeschr. u. mimeographiert. – S. o. LV (68).

(340) Helmut Skowronek: Psychologische Grundlagen einer Didaktik der Denkerziehung. Han-nover 1968: Schroedel.

(341) Dan I. Slobin: Psycholinguistics. Glenview, Ill. 1971: Scott, Foresman and Co. The Scott, Foresman Psychological Concept Series.

(342) Ph. D. Smith, Jr.: A Comparison of the Cognitive and Audio-lingual Approaches to For-eign Language Instruction. Philadelphia 1970: The Center for Curriculum Develop-ment. – Ausl. i. Dtld.: Hueber-Didier, Wiesbaden. – Rez. v. E. Ingram s. o. LV (183c).

(343) Dieter Spanhel: Die Sprache des Lehrers. Grundformen didaktischen Sprechens. Düssel-dorf 1971: Schwann. Reihe »Sprache und Lernen« 12.

(344a) Ewald Standop: Die Rolle der Sprachwissenschaft in einem Fremdspracheninstitut. In: LV (344b) SS. 73–84.

(344b) E. Standop / K. Vopel (Hrsg.): Sprachlehrinstitute – Modelle und Maßnahmen. Hamburg 1971: Arbeitskreis für Hochschuldidaktik (AHD). Hochschuldidaktische Materialien Nr. 18.

(345) Oswald Stein: Lernziele in der Sekundarstufe. In: LV (163) SS. 25–34.

(346) *Stellungnahme* der Fachseminarleiter des Faches Englisch der Abt. II am Staatl. Studien-seminar in Hamburg zu dem »Entwurf der Stundentafeln für die Klassen 1–10 der All-gemeinbildenden Schulen in Hamburg vom 10. 1. 1972.« In: NM 4/72/237–240.

(347a) Earl W. Stevick: »Technemes« and the Rhythm of Class Activity. In: LV (5) SS. 302–308 (Nr. 37).

(347b) –: Who's Who in Language Transfer. In: IRAL 2/72/105–122.

(348) Frank R. Stockton: The Lady or the Tiger? – Ambrose Bierce: An Occurence at Owl Creek Bridge. München 1948 u. ö. (4. Aufl. 1969): Hueber. Huebers Fremdsprachliche Texte Nr. 2.

(349) E. Stones: An Introduction to Educational Psychology. London 1967 u. ö.: Methuen. Uni-versity Paperback UP 172. (Open University Set Book).

(350) Barbara M. H. Strang: Modern English Structure. 2. Aufl. London 1968 u. ö.: Arnold.

(351) Peter Strevens: Papers in Language and Language Teaching. London 1965 u. ö.: OUP. Reihe »Language and Language Learning« 9.

(352) Süddeutscher Rundfunk (Hrsg.): Sprache – Brücke und Hindernis. 23 Beiträge nach einer Sendereihe des »Studio Heidelberg«. München 1972: Piper.

(353) Robert D. Sutherland: Language and Lewis Carroll. The Hague 1970: Mouton. Janua Linguarum – Series Major 26.

(354) P. J. Tansey: Educational Aspects of Simulation. London 1971: McGraw Hill.

(355) J. L. Taylor / Rex Walford: Simulation in the Classroom. Harmondsworth 1972: Penguin. Penguin Papers in Education.

(356) Owen Thomas: Transformationelle Grammatik und Englischunterricht. München 1968: Hueber. (Muttersprachl. orientiert).

(357a) Werner Tiggemann: Unterweisungstechniken im mündlichen Englischunterricht. Dortmund/ Hannover 1968: Lensing/Schroedel. Reihe »Moderner Englischunterricht – Arbeitshilfen für die Praxis« 3.

(357b) –: Das Problem des Transfers im neusprachlichen Unterricht mit Sprachlabor. In: pl 4/69/ 146–156.

(358) Hans Günther Tillmann: Die sogenannte Inhaltsanalyse (content analysis) und der sprachliche Kommunikationsprozeß. In: LV (333) SS. 179–190.

(359) Renzo Titone: A Psycholinguistic Model of Grammar Learning and Foreign Language Teaching. In: LV (100b) SS. 36–55.

(360) Alfred Töpfer: Assoziative Festigung des Wortschatzes. In: FU 2/67/35–46. – Wiederabgedr. in LV (79) SS. 191–203.

(361) Dieter Ulich: Gruppendynamik in der Schulklasse. Möglichkeiten und Grenzen sozialwissenschaftlicher Analysen. München 1971 u. ö.: Ehrenwirth. Reihe »Unterricht, Erziehung, Wissenschaft und Praxis«.

(362) Stephen Ullmann: Language and Style: Collected Papers. Oxford 1964: Blackwell.

(363a) Gerold Ungeheuer: Inhaltliche Grundkategorien sprachlicher Kommunikation. In: LV (333) SS. 198–201. (– Hinweis auf Janis' Raster!).

(363b) –: Sprache als Informationsträger. In: LV (352) SS. 35–46.

(364) Louis Untermeyer (Hrsg.): The Pan Book of Limericks. London 1961: Pan Books. Tb.

(365) Hans J. Vermeer: Einführung in die linguistische Terminologie. Darmstadt 1971: Wissenschaftliche Buchgesellschaft.

(366) Kurt Wächtler: Das Studium der englischen Sprache. Stuttgart 1969: Klett.

(367) J. F. Wallwork: Language and Linguistics. London 1969: Heinemann.

(368) Mario Wandruszka: Interlinguistik. München 1971: Piper. »Serie Piper«. Tb.

(369) Ronald Wardhaugh: Some Reflections on the State of the Art. In: EFT 5/70/11–15.

(370) Kenneth L. Warner: Surprise Endings – stories to talk about. Stuttgart 1969: Klett.

(371) Neil Warren / Marie Jahoda: Attitudes. Selected Readings. Harmondsworth 1973 (2. Aufl.): Penguin Education. Penguin Modern Psychology Readings.

(372) Paul Watzlawick / Janet H. Beavin / Don D. Jackson: Menschliche Kommunikation. Bern/ Stuttgart 1969 u. ö.: H. Huber.

(373) Alexander Weber: Verbales Verhalten im Schulunterricht. Vergleich zweier Lehrergruppen mit unterschiedlich langer Berufserfahrung. (Ein Beitrag zur empirischen Unterrichtsforschung). Essen 1972: Neue Deutsche Schule. Reihe »Neue pädagogische Bemühungen« 54. Tb.

(374) A. Weber / H. Trauerstein: Zur Vorhersage von Merkmalen des verbalen Schülerverhaltens im Unterrichtsgespräch. In: pl. 2/72/83–92.

(375a) Hans Weber: Pattern Practice im gymnasialen Englischunterricht. In: FU 4/68/17–29.

(375b) –: Von der didaktischen Interpretation zum Unterrichtsentwurf. In: PRAXIS 1/69/1–12.

(375c) –: Lernzielbestimmung: Ein Weg zur Einbeziehung des Lehrers in die Curriculum-Diskussion. In: NM 3/71/160–168. – S. o. LV (164g).

(375d) –: Äußerungen als illokutive Handlungen. In: PRAXIS 1/73/22–32.

(376) Franz Weinert: Text der *Einführungssendungen*. Sonderdruck zum Funkkolleg »Pädagogische Psychologie«, s. o. LV (78b).

(377a) Harald Weinrich: Linguistik der Lüge. Heidelberg 1966: Lambert Schneider.

(377b) –: Tempus: Besprochene und erzählte Welt. Stuttgart 1964: Kohlhammer. Reihe »Sprache und Literatur« 16.

(377c) –: Textlinguistik für einen kommunikativen Sprachunterricht. In: LV (112a) SS. 28–37.
(378) Erich Weis: Grund- und Aufbauwortschatz Englisch. Stuttgart 1965: Klett.
(379) Ernst Wendt: Ionesco. Velber bei Hannover 1967: Friedrich. Reihe »Friedrichs Dramatiker des Welttheaters« Band 15. Tb.
(380) Heinz F. Wendt: SPRACHEN. Frankfurt 1961 u. ö.: Fischer. Das Fischer Lexikon FL 25. Tb.
(381) Egon Werlich: Wörterbuch der Textinterpretation – The Field System Dictionary for Text Analysis. Word fields, defining phrases, word families, and use (fields of collocation) – Arranged in fields of subject-matter and marked as either elementary or advanced. Dortmund 1969 u. ö.: Lensing. – Theoretisch relevant die *»Einleitung«*, spez. S. 11 ff. (= Pointe der 2 PRAXIS-Aufsätze Werlichs, i. e. 1/69/23–38 und 2/69/159–174).
(382) H. Werner / B. Kaplan: Symbol formation. New York 1963.
(383) Michael West: Teaching English in Difficult Circumstances. London 1960: Longman.
(384) H. G. Widdowson (Hrsg.): Language Teaching Texts. London 1971: OUP. English Studies Series 8.
(385) Hans Wiebe: Englischer Wortschatz in Wortsippen. München 1971: Hueber.
(386) Wilhelm Wieczerkowski: Erwerb einer zweiten Sprache – Probleme, Möglichkeiten, Grenzen. In: LV (112a) SS. 76–93.
(387) Oscar Wilde: The Importance of Being Earnest. In: Plays, Prose Writings & Poems. London 1962 u. ö.: Dent. Everyman's Library 858. Ppb. – Schulausgabe im Vg. Hirschgraben; Hrsg. W. Moss, Frankfurt 1966.
(388a) D. A. Wilkins: Linguistics in Language Teaching. London 1972: E. Arnold. – In Vorber.: Dt. Übs. v. R. v. Antropoff. Heidelberg 1974: Quelle & Meyer.
(388b) –: An investigation into the linguistic and situational content of the common core in a unit/credit system. Strasbourg 1972. Council of Europe Committee for out-of-school education and cultural development.
(389) Wolfgang Wilss: Rezension zu LV (333). In: IRAL 4/72/375–384.
(390) Peter Winch: Die Idee der Sozialwissenschaften und ihr Verhältnis zur Philosophie. Frankfurt 1966: Suhrkamp. Reihe »Theorie 2«.
(391) Hans Windmann: Englische Redewendungen. Ein Beitrag zur fremdsprachlichen Diskussion im Unterricht. Münster 1959 u. ö.: Aschendorffsche Verlagsbuchhandlung.
(392) R. J. Wingfield: Conversational Responses to Statements. In: ELT XXVII, 1/Oct. 72/24–27.
(393) Friedrich Winnefeld: Pädagogischer Kontakt und Pädagogisches Feld. Beiträge zur Pädagogischen Psychologie. München/Basel 1967 (5. Aufl.): Ernst Reinhardt Verlag. Beihefte der Zeitschrift »Schule und Psychologie« Nr. 7.
(394a) (Ludwig Wittgenstein:) The German Text of Ludwig Wittgenstein's »Logisch-Philosophische Abhandlung« – A New Translation by D. E. Pears and B. F. McGuinness. London (– New York) 1961: Routledge & Kegan Paul. Reihe »International Library of Philosophy and Scientific Method«.
(394b) Ludwig Wittgenstein: Philosophische Untersuchungen. Frankfurt 1967: Suhrkamp. Wissenschaftliche Sonderausgabe.
(395) Writing: Unit-Lessons in Composition. Boston 1965: Ginn & Co. 3 Bände in je 3 Ausgaben A, B und C sowie Teaching Guide.
(396) WORD POWER from the Reader's Digest. London 1967: The Reader's Digest Association Limited.
(397a) Dieter Wunderlich: Unterrichten als Dialog. In: SpTZ 32/69/263–287.
(397b) –: Die Rolle der Pragmatik in der Linguistik. In: DU 4/70/5–41.
(397c) – (Hrsg.): Linguistische Pragmatik. Frankfurt 1972: Athenäum. Reihe »Schwerpunkte Linguistik und Kommunikationswissenschaft« Band 12. – *Darin:* D. W.: Zur Konventionalität von Sprechhandlungen. SS. 11–58.
(398) Walter Zifreund: Verlaufsdarstellungen und Interaktionsanalysen als Instrument für unterrichtliches Verhaltenstraining und zur Präzisierung von Unterrichtsmethoden überhaupt. In: pl 3/71/129–132.
(399a) Günther Zimmermann: Integrierungsphase und Transfer im neusprachlichen Unterricht. In: PRAXIS 3/69/245–260.
(399b) –: Motivation und Fremdsprachenunterricht. In: FU 16–4/70/59–74. – S. o. LV (152).
(399c) –: Personale Faktoren und Fremdsprachencurriculum. In: PRAXIS 1/73/3–14.

Nachträge

(Titel, die uns erst nach Drucklegung unseres Textes erreichten und nicht mehr voll zu integrieren waren)

(400) Rosalinde K. Chiu: Measuring Register Characteristics. In: IRAL 1/73/51–68.
(401) Michael Law: Assumptions in Linguistics and the Psychology of Learning made in Current Modern Language Courses. In: PRAXIS 3/73/231–238.
(402) Hans Peter Lütjen: Zur kommunikativen Kompetenz in der Fremdsprache. In: IRAL 1/73/81–89.
(403) R. Roth *et al.* (i. e. W. D. Oswald u. K. Daumenlang): Intelligenz: Aspekte – Probleme – Perspektiven. Stuttgart 1972: Kohlhammer. Urban-Tb 144.
(404) Gert Solmecke: Psychologische Grundlagen des neusprachlichen Unterrichts. Ratingen 1973: Henn. Henns Pädagogische Taschenbücher Nr. 41.
(405) K. H. Pribram (Hrsg.): Brain and Behaviour 1–4. Selected Readings. 4 Bde.: (1) Mood, states and mind; (2) Memory mechanisms; (3) Perception and action; (4) Adaptation. Harmondsworth 1969: Penguin Books. (Penguin Education:) Penguin Modern Psychology UPS 21–24.

Anmerkungen

Die eingeklammerten Ziffern beziehen sich auf die Nummern des Literaturverzeichnisses (LV), die jeweils folgenden freistehenden auf die Seitenzahlen; Angaben, die sich auf die Halliday-Bibliographie im Anhang II beziehen, sind durch ein vorangestelltes »Halliday« gekennzeichnet. Nicht-spezifizierter Quellenbezug *im Text* (Autor oder Titel ohne Seitenreferenz) wurde nicht aufgeführt; s. dafür das Literaturverzeichnis.

Einübender Teil

Vorspiel

1 (307) 29.   2 (24b) 255 (spez. 7.4.1.).   3 Vgl. u. Kap. 3.4. (s. d. Anm. 44) und 4.12.
4 D. Pollak, Stuttgart 1971 (3. Tgg. der GAL).
5 Halliday (10) 154. Bed.: (190) 147, (57) 139 f. – S. auch d. Referenz-Implikationen der minor construction des HS.
6 Kleist behandelt *französischen* Urtext und *deutsche* Übersetzung gleich. Alle bisherigen – so *muttersprachlich* geschlossen« erscheinenden – Analysen erfolgten *an einer Übersetzung!*
7 Vgl. (8) 6, Nr. 12. – Andererseits Hamlet I,2 (144 f.).

Nachtrag

1 (2a) bes. 21–23 Anmm. 49 u. 50, auch für d. folg. Zitate u. Aussagen: (2c) 222, 223, 233.
2 (116b) 59, (116a–3) 272. Allg. auch (215) 38–45. Zum »Ergebnis« Achtenhagenscher Reflexionen vgl. vor allem (402) 82 u. (164i) 22/23. Dem in (402) zu erwartenden Transfer Habermasscher Kategorien in die Bedürfnisse des FU ist (178d) näher.
3 (2a) 81–84 referiert (174) 263 ff., zitiert (174) 260 ohne die so wesentliche Einschränkung der Aussage! – Vorsichtiger, zugleich einleuchtender: (404) 46–50.
4 (2c) 233.   5 (2c) 223.
6 Dortmund/Hannover 1968 seqq.: Lensing/Schroedel; vgl. d. gleichlautende Vorwort aller Hefte, bes. d. 1. Abs.
7 Stuttgart 1973 (3. Tgg. d. GAL): Diskussionsäußerung.
8 Vgl. pl 3/69/138 (Rez. zu F. v. Cube, Kybernetische Grundlagen ...).
9 Halliday (10) 183.
10 i. e. jeweils eine Lektion überspringend; – über den »Steilheitsgrad« der Lektionstexte in der Vorlage werden im »Waschzettel« des Verlages ziemlich seltsame Angaben gemacht.
11 i. e. der *Assimil*-Kurs »Englisch«.   12 Halliday (10) 200 f.
13 (32) bes. 85–88, 62 ff., 153–160; erster Hinweis: 25 f.
14 (393) bes. 158; der generations-bedingt abschreckende Stil sollte nicht über die psychologisch-technische »Wahrheit« dieser Passagen hinwegtäuschen.
15 (108) 9.   16 (116b) 61; ausdrücklicher: (291k) 8 f., auch (317a) 204 ff.
17 (2a) 29, (157).   18 Halliday (10) 222.   19 (116b) 59.
20 (102) 4; vgl. allg. (215) 29/30.   21 (344a), (180).   22 (139) 161 f.
23 In: PMLA Vol. 70, Nr. 4, SS. 46–49 (Sept. 55). Dt. Übs.: (221) 302 ff.   24 (102) 12 ff.
25 (139) 82/83.   26 Halliday (10) 87.   27 Erste Inf.: (11b); (351) 74–86.
28 nach (102) 21.   29 Halliday (10) 92/93.   30 (102) 22.   31 (375b) 2.
32 (375c) 160/*161*.
33 Vgl. (276)! – Allerdings wurde dieser Satz vor 1972 geschrieben; vgl. inzwischen (346) u. (88).
34 (259b) 21/22.   35 Vgl. entspr. (148) im dt. Sprachraum.   36 (193).

Darstellender Teil

Kap. 1 (Wittgenstein etc.)

1 Einleitungssatz zu (394a) – in der Sprache, in der er seine erste und mächtigste Wirkung entfaltete. – *Zur Vorgeschichte:* (315) 3. Bd./130 f. – *Zur philos.-histor. Debatte:* (242) 64 ff., (174) 162 ff., auch (147), (246) 68/69, (82b) 70–72; vor allem (121) u. (328a) 218 ff.

2 (231a) 121, 113 ff., 13 ff., auch (231b) 40, vor allem 82.

3 (149) 57–59; desgl. TLS v. 17. 9. 71/1111.

4 Vgl. z. B. (315) 2. Bd./98–101, 196–200, auch 116–121, 57, 74 sowie (18) 349–366 u. 391–396.

5 (394b) § 31.   6 (174) 162, (394b) § 1.

7 (315) 2. Bd./118. Vgl. Shakespeare JC I,1 (11); dazu (231b) 37. Weitere Bsp. *gramm. Konversion* (231b) 92 ff., (246) 168 f. u. 39: *like* = in 6 Wortarten »in Gebrauch«: Subst., Adj., Adv., Verb, Präpos., Konj. – (268) 47.

8 etwa als complement vom Typ »C^I«; vgl. Halliday (10) 285 (dt. Übs. 274) oder (335) 43–46. – Für das folgende: (231b), (53a+b), (178a) 51, 124. – Nützl. Hinweis.: NM 1/72/51 f. (W. St. Allen)!

9 Dagegen: *carries* (!) *the case* (– womit »case« zum *Koffer* wird; vgl. als 4. »Bedeutung« den Fillmore-Titel LV 101). – *USURY magination!*

10 Vgl. Sunday Times 28. 3. 71.   11 (139) 167 ff., (231b) 38, 80 f., (322).

12 Vgl. u. a. (248b) 191 f.; (379) 114–117, 197–200; kritisch: (10) 496 f. – Zitate: (103a) 77–79 u. 34 f. – Ähnlich vielfältig deutbar z. B.: *Remember you are always welcome.*

13 (83b) *Unit C6* (S. 79 f.), auch *units C7* u. *C8.*

14 (188) 354: zu *Tonight* (Stanislawski). R. Kingdon verzeichnet *sechzig* »intonation stress variants« zu *I can't find one* – nach (250) 51.

15 Vgl. Sunday Times 21. 3. 71.   16 Vgl. d. Hinw. (379) 197, auch o. Anm. 8.

17 Weitere Anregungen vgl. (139) 168, (208) 246/247, (146a) 119/120. *Disk.:* (129), (242) 126 ff., (31) 119 f.; wir haben abermals aus pädagogischen Gründen bewußt versimpelt.

18 (242) 126 ff.   19 Halliday (24) 274.

20 »Stern« 13(19. 3.)/72/15 (*Orig.:* Auskunft d. Red.).

21 aus der Verfilmung des Fieldingschen »Tom Jones«.   22 (160) 11/12.   23 (121) 15.

24 Dt. Allg. Sonntagsblatt 8. 11. 70.   25 (255) 142, 149.

26 (149) 138–146, (255) 145 ff. u. 155 ff., (143a) 244 ff., 247.

27 Vgl. Halliday (24) 279/280, Halliday (10) 9 (dt. Übs. 19).

28 (178a) 55, auch 57 f., (174) 168, (248b) 412 ff., 419 ff., (366) 184 ff.; *Orig.:* (60) 142. – Gebauers Darstellung hierzu, (121) 18, ist unbrauchbar.

29 (121) 85 (Anm. 14), 20, 71 Mitte (Anm. 11): (394b) §§ 380–381.   30 Halliday (10) 9.

31 (121) 23–25, (143a) 241/242, 249/250, 255 f.

32 (394b) § 43, (121) 21 ff. u. 24: *meaning* ist nicht »einfach« *equivalent to use!*

33 (366) 186, (121) 83 (Anm. 8)! – Für unseren sprachdidaktischen Zusammenhang irrelevante Schwächen Wittgensteinscher Darlegung bleiben hier unerörtert; z. B.: Sind Sprachspiele etwa »monadisch«? – Vgl. (143a) 252 u. (149) 48.

34 (394b) § 206.   35 (143a) 255/256: energisch, aber begrifflich vag!

36 (121) 104 (Anm. 13). – Für die folgenden Darlegungen vgl. (394b) §§ 5, 198, 449, 495; Zitate: §§ 208 u. 199.

37 nach (121) 72. – Vgl. auch (394b) §§ 597, 652 (der Nachsatz), 656 etc. – Zitat aus den »Bemerkungen zu den Grundlagen der Mathematik« § III 35.

38 (394b) § 664; Rückbezug (59) 248 (Anm. 13). – S. unten die Verstehenssysteme TOLMANS und PARRERENS in 5. Kap.: Ansatz zu einer *Grammatik des Bewußtseins.* Gebauer verweist auf (394b) §§ 185 (*der Schlußsatz!*), 478, 481, 485, 486 (s. o. ARAKAWA!), SS. 215 u. 240 f. – Vgl. auch § 597.

39 (115) 56.   40 (394b) § 673, auch §§ 652 (der Nachsatz) u. 572.

41 Vgl. S. J. Schmidt im Vorwort zu (121): S. 11.   42 (31) 124 ff.   43 Vgl. auch (84b) 73.

Kap. 2 (Bühler etc.)

1 (46) 24; vgl. auch (174) 20 ff. u. (19) 84.   2 nach (79) 15.

3 Vgl. (259a) 68 u. (24a) 138/139.   4 (46) 28; vgl. (10) 547 ff.   5 Vgl. (239) 452.

[6] (239) 452, 490; (340) 79; (246) 272; dazu (339a) 20: »*moodless*« als gramm. Kategorie!
[7] Zitat: (239) 229; vgl. auch (242) 170 (Anm. 10).   [8] Hinweis: (10) 497.
[9] (46) 27/28.   [10] (174) 23 f., 324; Zitat: 31.   [11] (259b) 24.   [12] s. auch (161) 3.
[13] Hinweis: (377b) 42/43.   [14] Hinweis: (340) 75/76.
[15] (188) 353–357; vgl. (334) 73 f.: d. Ausf. v. Dieter STELAND; – Rez.: betrifft: erziehung 3/72/64 (W. Schlotthaus).
[16] Vgl. (301a) 62 ff.; (72a) 25, auch 8, 34, 144; Halliday (10) 91 (dt. Übs. 98). Verständnislos: (224) 24/25.
[17] (243) 89, 120, 169/170; 150. – Auch: (301a) 249 ff. – Gefahren: (29) 7/8.
[18] (94) 30/31. – Interpretationsgespräch und Textarbeit im FU sind Anwendungsformen der metasprachlichen Funktion.
[19] Vgl. (164a). – Desgl. u. Kap. 4.   [20] Vgl. (259b) 29, auch 40/41.   [21] (142a) 25–28.

Kap. 3 (Sprachwissenschaftliche »Grids«)

[1] (239) 435–437.   [2] (45), (44).   [3] (365) 15 ff.   [4] (163) 25 f.
[5] (275) 18 f.   [6] (257) 799 f.
[7] (127a). Auch: (221) 143–156, (139) 203–241, (178a) 94 ff., (96).
[8] (188) 358, (48) 36 ff.   [9] (178a) 64.   [10] Halliday (10) 35; (82b) 95/96.
[11] (178a) 93, 91.   [12] (164a) 108 ff., (178a) 91, (132) 75–77.   [13] (178a) 102.
[14] (326a+b).   [15] zuletzt (331b) u. (178b); auch (357a), (141), (178a), (302), (261).
[16] Vgl. (335), (350), (367); dagegen (339a) 103 f.: das »O«!
[17] (113b) 65 ff., vor allem 87–109, (366) 127, 158–160, 193–195 (Catford!), (356) 56–60, (132) 42 ff., (178a) 71 ff., (232b) 171, 195, auch (243) 100 ff. und (84b) 25.
[18] (113b) 25.   [19] Vgl. auch (242) 176.   [20] (292a) 25.   [21] (167) 262.
[22] (51); (353) 208 ff., 13, 148 ff. – (113b) 70 f., (167), (350) *in der 1. Aufl.*, vgl. (384) 25 ff.; (243) 78/79. – (217) 51. (229) 37–55, spez. 41 f. – (356) 58–60, (232b) 77 ff., (268) 21, (366) 126 f.; bes. klar (404) 40–44.
[23] (113b) 104/105, (250) 195, (404) 31 u. 36 f.   [24] (292a) 665 ff.
[25] Erste Information: (178a) 43 u. 109–130, auch (366) und – *slightly dated* – (53a). Allg. Einf.: (248c). – Ansonsten (356), (20). Spezieller: (209). Für den FU z. B. R. Zimmermann zu (6), spez. S. 373 ff. und (263) 18–23, 190 ff., 196, 206/207, dazu 10. – Negativ-Folie: (289a+b).
[26] Zum taxonomischen Erkenntnis-Arrangement nach dem Prinzip von *Punkt* und *Linie* tritt das der *Zuordnung unter einer Regel:* eine »dritte Koordinaten-Achse«. – Vgl. dazu (231c), spez. 5. – »Zahlenmäßig endlich« = unsere Querschädeligkeit!
[27] Für den ganzen Abs.: (174) 15, (326b) 81/82. Erstes Zitat aus e. ungedr. Arbeitspapier v. H. P. Drögemüller (1972). Schlußzitat: (368) 8.
[28] (63a+b); Halliday (10) 150, 186, spez. 299–*302* (dt. Übs. 151 f., 184, 287 ff.) – (248b) 250–252 (Kap. 6.6.1.); (293a) 509.
[29] (158a), (178a) 109/110. – Halliday (24) 287 (Anm. 98) u. ö. spricht von verschiedener *delicacy* des linguistischen Erkenntniszugriffs im Bereich der *deep grammar* und betont *that delicacy is a cline*. Zum Begriff der »Cline« vgl. auch (81a) 33 (Anm. 21) u. (350) 14.
[30] (326b) 81/82. Desgl. »*alternative*« 62/63 (Dez. 68) 212 ff. u. 222 ff.
[31] (390), (143a) 222, 232–236.
[32] Dagegen (335) 122 (*the NOTE*) u. (358), spez. 188 (Anm. 1).
[33] (100a) 20, (369) 13, R. Zimmermann zu (6) 373 unten. – (77) 37.   [34] (178a) 110.
[35] (178a) 103 ff., 105, 124 f.   [36] (178b) 32–37, I u. II; (288); »*abschließend*«: (283).
[37] J. A. Fodor in (282) 231 ff.
[38] (178b). – Weitere Kritik: SPIEGEL 16. 10. 72/164–169; (91) 63 (Anm. 3), (109), (231c), (206) 23/24, (249) 64/65, vor allem (11c) 33/34 (Anm. 7), (11d), (11f) 400/401, 403, 406. – Vgl. schließlich sogar (341) 31 nach den »KLOWSKI-nahen« Ausf. d. S. 30.
[39] (2b) 240.   [40] (127a) 44 oben.   [41] u. a. (243) 197–199.   [42] zum *vierten* s. u. Kap. 3.5.
[43] (55a) 152 ff., auch (243) 155 u. 189. – (266a) 31: der Traum vom »*universal semantic grid*«; dazu Kühlwein (IRAL 3/71/286).
[44] Notwendige pädagogische Versimpelungen sollten hier niemanden verprellen: Was hier, verdeutlichend zur »*Schule*« und zum »*Ismus*« stilisiert, als Schnellgericht serviert wird, ist natürlich

weder das eine noch das andere, vielmehr eine lockere Übereinstimmung »innerlich verwandter Individualitäten« im Forschungsbereich der Linguistik, der Sprachpädagogik und der Kommunikationstheorie (s. auch u. Kap. 4.1.2.). *Einführende Literatur zum »Kontextualismus«:* (348), (218), vor allem (228) 8–22 (Chapter 2), auch (269) 1–13; desgl. Halliday (10). Bes. »dicht«: *Halliday (24), (33), (16), (6),* auch *(38)* u. *(36);* »ferner liefen«: Halliday (4), (12), (29), (30), (32), (33) u. (41). Z. Begr. d. *Kontextes:* (81a) u. (90), auch (275); unzulänglich: (260) 232 ff., (404) 34 f. Applikable *Kurz-Grammatiken* – vordergründig-schnell handhabbar: (335); – anspruchsvoller: (339a) u. (269). *Wissenschaftl. Darst.:* H. M. BERRY: Systemic Grammar. London: Batsford. In Vorb. (= angekündigt für 1973).

⁴⁵ (206) 17 + »Graph 2« (Beiblatt), zur Terminologie: 35/36.

⁴⁶ (350) 4, (81b) 95/96 (Anm. 404).   ⁴⁷ (327) 16 (gilt für den FU stärker!).

⁴⁸ Halliday (10) 89 (dt. Übs. 96).

⁴⁹ *PERSPEKTIVE* als auszubauender Zentralbegriff: s.o. das KLOWSKI-Beispiel S. 112 f.; dazu (160) 61 ff. – (365) 15/16, 19, 45, 56.

⁵⁰ (274) 20.   ⁵¹ (353) 154–158, auch 136 ff.   ⁵² (283b) 10.

⁵³ Disk. u. Darst.: s. o. Anm. 44, dazu (65) 13–22, (91) 68; (362) 23–28, (122) 49–55, auch 35; desgl. Carstensen zu (231a).

⁵⁴ Zitat: (359) 43/44.

⁵⁵ Vgl. *Halliday (24), (33), (16), (10)* bzw. *(10a);* – für die vorliegende Fragestellung unergiebige Unterscheidungen wurden *nicht* mit aufgenommen.

⁵⁶ *Halliday (10)* Kap. 2, *(24),* überschaubar verknappt: *(21).*

⁵⁷ (243) 83/*84.* – Allerdings (339a) 103 f.: das »O«!

⁵⁸ Vgl. d. genaue strukturelle Entsprechung im sozialpsychologischen Begriff der *Attitüde* unten Kap. 4.2.2.4. – Halliday (16) 142 u. (38) 171 ff., auch (34) 103, (35) 35; (6). – Forschungsbericht: (114).

⁵⁹ Halliday (10) Kap. 4, auch 2.

⁶⁰ (327) 17: eine Art »Register-Perspektive«.   ⁶¹ Halliday (24) 273.

⁶² (83b+c), (70), (39); vgl. auch (299). Die explosionsartige Zunahme der Zahl der Veröffentlichungen über situatives Sprachverstehen, *varieties,* den Komplex von Sprache und Erziehung (basically »mother tongue oriented«) seit etwa 1971 bezeugt die »markt-beherrschende« Position kontextualistischer Sehweise und Theoreme in England: Wir können hier nur eine für unsere Zwecke nützliche sehr kleine Auswahl zitieren oder vorstellen!

⁶³ z. B. P. Strevens, J. C. Catford, S. P. Corder u. F. L. Billows.

⁶⁴ z. B. (228), (69a), (351); bes. umfassende (laufende) Projekte: J. McH. Sinclair.

⁶⁵ i. e. Chapter 4.4. – Vgl. (91). – Zum Interaktions-Aspekt vgl. (339b) 56 f.

⁶⁶ (351) 85 u. (11b) 25 f. (Anm. 21); – systematisch: (400), spez. 52–59 (die Diagramme!); auch (91) 19, (25a) 97, (273) 82/83; – Quirk, in (301c) 23 ff., spricht von »varieties according to *attitude«,* unterscheidet allerdings – erkenntnistheoretisch regressiv – *attitudes* und *»repertoires«* (S. 21)!

⁶⁷ z. B. (114) 228.   ⁶⁸ Halliday (16) 142.

⁶⁹ (29) z. B. 16/17, (291f) 135 f.; auch (357a) 35/36, darüber hinaus (40); (144) 13/14 u. 24. Entspr. (227d) 35/36 u. 39 bzw. (227f) 7/8 u. 11. Vor allem (271b) 238/239. Vgl. auch (402) 82 (Anm. 4!) ff.; desgl. unten Anm. 152. – Weitere (auf »unmittelbare Praxis« gewendete) Ausführungen zum Situations-Konstrukt in unserem 2. Band.

⁷⁰ Halliday (10) 198 ff., 207 ff., 222 (d. Tabelle). Vgl. (250)!

⁷¹ (91) 99–102 u. 104, 30/31; Halliday (38) 166: Malinowskis Unterscheidung des *context of culture* und des *context of situation!*

⁷² (350) 6.   ⁷³ (292a) 665 ff., (146a) 92.   ⁷⁴ (326a+b).   ⁷⁵ (91) 84, 104.

⁷⁶ Vgl. (323), (78a) 9. Brief/45 f., (233): Hinweis auf HUSSERL.

⁷⁷ s. o. Anm. 44 zu (339a) u. (269).   ⁷⁸ Halliday (10) 19; vgl. (90).   ⁷⁹ (344a) 80.

⁸⁰ In: Halliday (10) 213 u. 298; deutlicher (291f) 135, allg. (29) u. (175b).

⁸¹ Wir schlagen diesen Namen vor aus Hochachtung vor einer »einfachen großen Einsicht«, die Tiggemann zwar nicht »in abstrakter Reinheit« konzipiert, wohl aber vielfältig exemplifiziert hat; »nächste« Formulierung (357a) 22; lernpsychologische Begründung (286a) 399! – Vgl. auch (164a) 26!

⁸² (72a) 178; – Halliday (24) 272–280. Dazu (292a) 144.   ⁸³ Halliday (24) 277 u. 279.

⁸⁴ Vgl. z. B. (243) 100 ff. u. 106 ff.; desgl. Abb. 11.   ⁸⁵ (65) 5–11; nützliche Vereinfachungen!

⁸⁶ (381) 11 ff. (Einleitung!): Didaktisches *telos* seiner Feld-Aufarbeitungen scheint uns allerdings

nicht eine Vokabelkartei, sondern der Aufbau komplementärer Äußerungssequenzen um *key-word*-Felder: in Vorbereitung, Erwartungs-pattern, *Slot*-Ordnung und Impuls-Generation, immanenter Rekurrenz und responsivem Weitertragen des Gesprächs, in Tafelbild und Aufgabenstellung.

[87] dies Beispiel: (84b) 91.   [88] (232a) 137 f.

[89] (232a) 138, (234) 46: *tea* make/take/drink/sip (strong ‖ weak, hot) S. auch Abb. 16.

[90] (232b) 276 f. – *Für die Unterrichtsarbeit:* (378), (237), (33), (310), (251).

[91] Vgl. bereits (232b) 277 oben.

[92] Das »morphologische Feld«, (381) 12, wurde – als semantisch weniger relevant – ausgelassen. *Nachschlagewerke:* (385); auch (230).

[93] Halliday (10) 35 (dt. Übs. 43).   [94] Halliday (24) 276, 3. Abs.

[95] (178a) 64. – Vgl. als Kontrast (67), spez. 48 ff. u. 110 ff.; allg. (122).

[96] *Halliday (10)* 33 f., *(24)* 276; Hinweise in *(15)* u. *(29);* zul. *(10)* 23.

[97] (232b) 67/68, 75 f., 277, auch 70; (232a) 136/137.

[98] *Halliday (9)* 20, auch *(10)* 33 f.: A lexical set is simply a grouping of items which have a similar range of collocation. – (243) 86/87 u. 155 f.

[99] Halliday (10) 230, 232–233 (Hinweise), 151, 245 (wörtl.; Bez auf Firth); programmatisch: Halliday (24) 241 (Anm. 3).

[100] (228) 32/33.   [101] (103b) 181/182, auch 143 ff. – (365) 45.   [102] (103a) 110 ff.

[103] (178a) 131.   [104] (326b). Dazu *»alternative«* 71 (April 70), auch 49/50 (Okt. 66).

[105] (255) 143/144, auch 157.   [106] H. E. Palmer und die Folgen! – Vgl. u. a. (178a) 90 u. 101.

[107] Anregung und Beispiele: H. P. Drögemüller.

[108] vor allem in den Untersuchungen von M. Bierwisch; vgl. (248a) 166–184.

[109] (243), bes. 294, 48.   [110] Halliday (10) 304.

[111] Als *Terminus* erscheint »Option« erst in Halliday (38), (16), (36) und (6); seine Voraussetzungen sind bereits hier gegeben.

[112] Dazu: (170) u. (280).   [113] (174) 176.   [114] (84b) 82 ff.; auch (135).

[115] (84b) 87 f.   [116] (301a) 137–140.

[117] Kolumnengruppierung oder Pfeil-Zuordnung erscheinen uns allerdings nützlicher als die komplexeren Anschauungsordnungen Doyés (SS. 84–87).

[118] Mackey (SS. 208/209) macht den Zusammenhang beider »Felder« deutlich, indem er (nach Bally) das »Wortfeld« als Assoziationsfeld deutet – *Words may be grouped together (i) by association, or (ii) by collocation* –, i. e. durch psychologisch-usuelle statt noëmatisch-konzeptuelle Begründung. Vgl. (360) 47 ff. bzw. 191 ff. – Koll. als grundl. Lernproblem: W. Friedrich, ZE 1/73/22.

[119] (84b) 88–92, spez 91.   [120] (243) 87 u. 155.   [121] (381) 14 f.; (243) 87 u. 155; (231a) 58, 62.

[122] (273) 168. – Einseitigkeit: Es fehlen alle Verb-Verbindungen.   [123] (257).

[124] Zitate: Halliday (10) 302. – (81b) 102 f. – Außerdem: (292a) 506–509 (Kap. 11.77.).

[125] (266a) 81 f.

[126] Dieser Ausdruck, für Pike zu hoch gegriffen, bezeichnet bereits unseren *weiterführenden Transfer* Pikescher Kategorien auf konkrete Wirklichkeit des FU, s. u. 3.5.3.3. u. 4.1.3.

[127] Zitate und Beispiele: (292a) 26 u. 5–24, 73–94, 98–117, auch 649–653 u. 660, vor allem auch 144; – *emic/etic:* (292a) 37, (366) 199.

[128] (164a); vgl. (292a) Kap. 3. u. 4., bes. 84/85 ff. + Anm. 3.: Vereinfachende Vorwegnahme der Kapp. 6–9, vor allem 5 (SS. 120–149). Vgl. auch E. W. STEVICKS »Techneme« (347a), vor allem (339b). Besonderer Vereinfachung (für die Zwecke des FU) bedarf der Begriff der *Distribution;* wir folgen hierin dem Vorgehen Heuers.

[129] (372) 57 ff.   [130] (243) 49.   [131] (377b) 44/45, 311.   [132] (166) 106.

[133] (292a) 665 ff.   [134] (71) 73.   [135] (142a) 26.   [136] Halliday (10) 213 u. 298.

[137] (164a) 123 f. – Kompl. »Gegenbeispiel«: Billows.   [138] B. Pattison nach (164a) 125.

[139] Für das folgende: (160) 9, 66, 125 ff., bes. 127.   [140] (314) 79–81; (123) 8 oben.

[141] (278) 187 f.; (306) 16; (164a) 125; allg. auch (354), (355), (105a) u. I. Assmann (in pl 3/72/149).

[142] (47) 181 ff. – Für die ganz andere Forschungslage in England vgl. (388a) 85, 118, 228/229; (16b) 235, 243 f.; Halliday (34) 95 f., 105; auch (69b) 35.

[143] Wir deuten die urspr. punktuell-voreilige Verallgemeinerung dieser Passage bewußt um im Sinne der erkennbaren allgemeinen Intentionen des Hellmichschen Aufsatzes.

[144] Hinweise: Heuer Rez. (2a) 135; (159); Wilkins, AILA-Bulletin 1/72/28 – drei Äußerungen unter vielen!

[145] Zitate: (159) 362; Halliday (38) 170 u. 171.   [146] (17) 191/192, auch (326a) 154.

[147] Bewußte terminologische Annäherung an (91) 28 f. u. 85: *Einheit* des FU in seinen Stufen und Aspekten!

[148] (388a) 174 (Anm. 7).   [149] (388a) 118.

[150] Für die sog. *»Frühstufe des FU«*, i. e. bei 8- bis 10jährigen, gelten die obigen Hinweise sinngemäß, d. h. (1) in Richtung auf flockig-gruppendynamische Spielgestaltung (auch medial) *gesteigert*, (2) in anderen Zeitarrangements (= *kürzere* Übungseinheiten *häufiger!*) und (3) mit anderen Formen der Ergebnissicherung.

[151] Vgl. (232b) 183/*184* und 194.

[152] Für diese notwendige Weiterbildung des Situationsbegriffes finden sich Ansätze z. B. bei (65) 33–35, (40) – (65) produktiv mißverstehend – und (144) 13/14. – S. bereits oben Anm. 69.

[153] (227f) 41–48.   [154] Vgl. UB 7 u. UB 17.

Kap. 4 (Kommunikationsforschung und FU)

[1] Es ist offenbar mehr als das (wenn es dauern soll)!   [2] Vgl. (306) 128.

[3] Vgl. allg. (283), (178d), (375d), (291i). – Vgl. im übrigen die Anmm. 44 und 62 oben zu Kap. 3.

[4] Zitat: (103a) 110/111.   [5] Vgl. z. B. (319) 148/149, (376) 21; grundlegender: (253) 46/47.

[6] (66) 113 ff., (253) 46/47, (247), (123) 43, (205)! Ansatz: (339b), s. z. B. 56 f.

[7] (66) a. a. O.   [8] z. B. (128) 43/44.   [9] z. B. (253) 30/31.

[10] (221) 146 f.; statt dessen u. a. (388a) *174 Anm.!*   [11] (26), (370), (348).   [12] (211) 194.

[13] Vgl. bereits oben Abb. 8 u. 9.

[14] Für Rat und Nachsicht bei der Zubereitung dieses *pudding* danke ich meinem Kollegen Otto Schmidt.

[15] Vgl. (172), spez. 100 f.; auch (23).

[16] (146b), (95), (225), schon (142b) *136;* vor allem (146a) – Problem: 93/94 (»stripped of overtones«), 121 ff.

[17] (58) 54 ff.   [18] (174) 15, (249) 62.   [19] Vgl. Pikes *Slots!*   [20] (72) 15.

[21] z. B. (222b) 48, 37, 30, 14, 15.   [22] (84a) 140, (271c) 209.

[23] (58) 38/39, (421) 132 ff., spez. 140–142 (v. Cube). (140) 184.

[24] (375b) 162; (421) 149 ff. (Travers); (58) 65, 245 ff.   [25] s. o. Anm. 23 u. 24, dazu (110).

[26] Verbindung (252) – Prinzipien der PI – mit (397a) *281* (5. Prinzip und (421) 140–142 (v. Cube).

[27] (421) 129 (Köchel); (249) 56, auch schon 34/35.   [28] (421) *128,* bereits (58) 98 ff., (372).

[29] (72b) 162.   [30] Cf. Macbeth I, 5 (20 f.).   [31] (273) 79.

[32] (249) 86/87; überdies (363a) 49.   [33] (249) 279, 61/62, 66 f., 34/35, 32, (78a) 10. Brief/7 ff.

[34] (397a) 264 f., 272, 269, (252) 33–36; s. bereits oben Anm. 26.

[35] (264) 12–14 (Oller, Estacio, Fiks), (293), (388a) 22, (331b), (283c).   [36] (249) 29.

[37] (249) 281.   [38] (249) 49.

[39] (333), (389) 384 Mitte, (328b) 14/15, (377c) 60+Anm. 12, 31+Anm. 7.

[40] (153) 14, 35, 84, 43, 88 ff.; enger: (146a) 92.   [41] Zitate nach (389) 376/377, auch 381/382.

[42] U. v. a. (222c) – nach Sartre – u. (212).

[43] (83d), auch (83c) 117 unten (+Literaturhinweis S. 128).   [44] (161), spez. 3 (+Anm. 2).

[45] (273) 9.   [46] z. B. (279) 332.

[47] (361) 71, 73, 44 ff., 62, 77; 71–73; vor allem 53: die Verhaltensformel für Interaktion im Klassenverband, $V = f(P, S, GZ, I)$, wobei P = Persönlichkeit bzw. Lerngeschichte, S = Deutung der Situation (und Aufgabe), GZ = Gruppenzusammengehörigkeitsgefühl, I = momentane Kontakt- und Interaktionsmöglichkeiten mit den anderen Partizipanten darstellen; vgl. auch (41) 23. – *Für den FU wären dieser Formel die »Elemente« LS (für »Lehrersteuerung«) und SLR (für »Schüler–Lehrer–Relation«) hinzuzufügen!*

[48] gegen (361) 8, 59, 77, 79, 90, 93, 62.

[49] Vgl. (347b) 112, 118–120, (80), (78a) 10. Brief, (279) 332.   [50] (249) 76.

[51] (249) 280, (319) 135 ff.; *terminologische Fixierung z. T. von mir.*

[52] (372) 53 ff., 69.   [53] (372) 70.   [54] (35).

[55] Vgl. Macbeth III, 2 (55). – Folgend: *»Naur an...«* = »Hebe dich hinweg, Ungeheuer!« – Hamlet I, 5 (160).

[56] (205) u. (216).   [57] (240).   [58] Vgl. u. a. (66) 109 ff.

[59] insbes. (78b) 5. Brief/11. 3. 2./72.   [60] (62) 103 ff., (312)+(89), (41).

[61] (253) 174/175, 177–179.   [62] (319) 147 ff., (298b) 134, (319) 11, 134 ff., 144–152, bes. 147 ff.

[63] Vgl. z. B. (243) 50–52, spez. *51*, auch 55, 124.   [64] spez. (89) 80–84.

[65] fehlt bei Tausch! – Vgl. (253) 219.   [66] (164a) 123 ff.   [67] Ausnahme: frz. *»si«*.

[68] Vgl. (124) 89–105, (380) 28 f. u. 35.   [69] (285) 698 ff., (306) 116 ff.

[70] (154b) 21 ff., 77, 120–127, (154c) 225.

[71] (210) 300/301; weitere Inf.: (371), (247) 106–113, (154b) 126 f.   [72] (24c) 110 f.

[73] (86) 87/88.   [74] (249) 303, 286.

[75] (306) 83, 179, (188) 353, (248c) 41 (Anm. 11), (356) 31 (Anm. 3), 16 (Anm. 5); Halliday (10) *dt. Übs. S. 10*, (178a) 68, 136, 171.

[76] (157) 25 ff.   [77] (394b) § 206; s. o. Kap. 1.6.   [78] Vgl. (388a) 111.

[79] *aus:* (287a) 118, (287c) 24, 44 (= aus dem *Evening Standard*).   [80] (308) 86.

[81] (160) 61–64.   [82] Vgl. *Reader's Digest*, March 65/114.

[83] PLAYBOY, April 70/163, Nov. 70/183, Feb. 72/161; insges. vgl. (294), (396) 62; Gin-Ad: Winter 67, z. B. im *Reader's Digest*.

[84] Vgl. (136) u. 328c); (145).   [85] (117) 65/66.   [86] *aus:* (165).

[87] nach: *Reader's Digest*, Sep. 69.   [88] (107) 24 f.; vgl. auch *Reader's Digest*, Jan. 69/93 f.

[89] *Reader's Digest*, Feb. 65/125 f.

[90] Methodistische Wayside Pulpits, Sommer 1966 bzw. 1970; – Strumpfhosen-Ad, Sommer 1970.

[91] *Sunday Times* 24. 10., 3. 11. 68 u. 14. 12. 69; *Time* 19. 9. 69/24 f.; – vgl. (387) 383/384 (II. Akt; Schulausg. S. 38).

[92] H. Heißenbüttel, SPIEGEL 1–2/72/83.   [93] (272) 63.   [94] s. o. Anm. 68.

[95] (160) 29.   [96] (43) u. (74).   [97] (364) 82 u. 70.

[98] Die Asterix-Bücher sind voll solcher Spiele mit verbalen Zeichensystemen!

[99] s. o. Kap. 1.6.!   [100] (85) 279.   [101] (249) 49.   [102] (306) 157.

[103] Vgl. Midsummer Night's Dream V, 1 (270) – nach I,2 (71 ff.).

[104] aus: T. S. Eliot »East Coker« (II) 68.   [105] Vgl. Macbeth I, 3 (130 f.).

[106] Vgl. (22) unten Kap. 4.4.; vor allem das analytische und »pragmatische« Instrumentarium in (339b).

[107] Zit. aus einem unter meiner Mitwirkung entwickelten Hamburger Arbeitspapier vom Februar 1973.

[108] (388a) 118.   [109] Goethe »Unbegrenzt« I 3/4 (a. d. »West-Östl. Divan«).

[110] (189d).   [111] (143b); (13), vor allem 61–63; kritisch: (397b) 29–31.

[112] (189d) 92 (Anm. 20!).   [113] (336) 69 (dt. Übs. 110).

[114] eigene Formulierung, parallel zu Baacke; – Kategorie verschiedentlich falsch gedeutet.

[115] *coll.* eher: ... *it'd be (more) c.* ...   [116] (143b) 110.

[117] (375d) 32; (143b): Begriff des *Diskurses.*   [118] (233) 69 ff.

[119] (375d) 29 (Anm. 24).   [120] (399a) 258 f.

[121] etwa G. Mikes *»On Arguments«* oder D. Frost über *Sport*.   [122] zit. nach (186) 48.

[123] Vgl. (98) 27 ff., 35, 19, 17, 38 ff. – Vgl. auch die »Formeln der Kommunikation« und die »thematische(n) Einheiten nach Lebensbereichen« für die Beobachtungsstufe der Gymnasien in den Hamburger »Richtlinien und Lehrpläne(n)« von 1973 (unter 33.3.10. B. 1 u. 2.).

[124] (388a) 207–209 sowie (402) – prägnanter (178d) 96; s. ber. oben 3.4.6. – Hüllen setzt dort an, wo Lütjen, s. o. Anm. 1 zum Nachtrag des ET – abbricht; wir unsererseits beabsichtigen – mit unserem Vorschlag einer *Typologie fremdsprachendidaktischer Situationen bzw. Kontexte* (unten: »Raster«) – Hüllens Ansätze »fortzuführen«.

[125] (227f) 41–48.   [126] (12) 164, (336) 112.

[127] schon (397c) 50 u. 52, (233) 59+Anm. 1.   [128] (233) 94 ff.; (134a) 8/9.

[129] (1), vgl. auch (178b) sowie R. Zimmermann in IRAL 2/72/167–178.

[130] vor allem Halliday (33).   [131] vgl. Halliday (39).   [132] (85) 344.

[133] Vgl. die Vereinfachungen in (191).

[134] (139) *329/330*–340. Allg. u. ausgr. Disk.: (215) 60 ff., vor allem 76–85(–101); die Verlegenheit Krumms (S. 79) gegenüber dem Unterschied der unter 3 und 4 genannten »Komplementärformen« des FU ist unverständlich.

[135] (373) 43/44; verständnisvoll, korrekt und klar dagegen (343) 133–139.

[136] (311) u. (104).

Kap. 5 (Zur »Fremdsprachen-Lernpsychologie«)

[1] (291c) 41, 3.   [2] (178a) 20 über die Analyse-Schemata der Berliner Schule.

[3] (387) 360 (I. Akt; Schulausg. S. 19).

[4] Für alles folgende vgl. (279) u. (246); aus Neuerem vor allem auch Darstellungen aus psycholinguistischer Sicht, z. B. (341) 21 ff., spez. 30/31 oder (235).

[5] (377b) 42 f. u. 93 ff. (K. Heger als »Folie«).   [6] u. a.(309).

[7] Vgl. (189) u. (244), auch (30).

[8] (291c) 40–45; stärker: (291i) – »This is my friend Peter«. – Zur Bewußtseinsschwelle: (286b)
9(–4.) u. (399c) 73 f., (399c) 5 ff., auch (164b) 78 f.

[9] (78a) 10. Brief, 66/67; 11. Brief, 12 ff.; (78b) 4. Brief, 8.5.1.2./46 ff.; (56).

[10] Vgl. (29), (291d+f), (357a), (271a+b) u. v. a. m. – Was hier noch als Bedingung von (fremd-
sprachenunterrichtlichem) »Lernprozeß überhaupt« formal generalisiert zu nennen ist, ist natürlich
im 2. Band »inhaltlich«-konkret, als sprachliche Selektionsrestriktion bzw. Auswahl von Kontexten,
nach Lernziel und Transferwert zu bestimmen.

[11] (291i), (375d).   [12] Vgl. die sehr schmale Basis von (98).   [13] (49d) 583.

[14] Selbst (49a) 47/48 zitiert nur Gutschow – *für den Anfangsunterricht!*   [15] Vgl. (49a), (199).

[16] (291i). – In (291k) scheint er sich eher auf »unserer Linie« (= Kommunikation als »Pointe«
eines recht verstandenen *situational teaching*) einzupendeln.

[17] (82) 58.   [18] Vgl. Lado *gegen* (73) 12; dt. S. haben den gleichen »background«!

[19] Hüllen – nach (164b) 35 –: *Hören, Sprechen* und *Lesen* gehören zusammen; das *Schreiben* ist
eine eigene Fertigkeit.

[20] (164b) 37.

[21] Vgl. die (bei großem Fehlerreichtum!) erstaunlichen Lernleistungen, von denen Piepho (291i)
zu berichten weiß.

[22] Zitat: (245) 258 gegen (112c).   [23] (178a) 20 f.   [24] Vgl. (154b) 14, auch (78b) Kap. 18.

[25] (24a) 42; dies Prinzip erlaubt beträchtliche Differenzierungen; vgl. W. Wundt nach (174) 127
und die unterrichtliche Anwendung bei A. Töpfer nach (79) 191–203. Anschauliche und einleuch-
tend-»lesbare« Darstellung der daraus entwickelten S-R-Theorien Skinners: (404) 78–88.

[26] (24a) 123.   [27] (24a) 42, 255 ff., auch 38.   [28] (24a) 318 f., auch 266 ff.

[29] (154c) 174.   [30] (24a) 38 u. 42. – Zur neurophysiologischen Basis dieser Konstrukte vgl. (405).

[31] (24a) 186, auch 128 ff.   [32] (154b) 47; (168a) 199, auch 193.

[33] (154b) 77 u. 126, (286a) 100 ff.

[34] (11d) 21. – (142c): das Carroll-Zitat 98+Anm.! – Vgl. auch (154b) 126 f., auch (115) 283
sowie unten Anm. 91. – Texte in (60).   [35] (286f) 98.

[36] U. a. (36), sonst vor allem verschiedene Untersuchungen Heuers. Zum gegenwärtigen Stand
der »Fremdsprachen-Lernpsychologie« vgl. auch (immer noch) allgemein (152). Im übrigen gibt es
so gut wie ausschließlich Arbeiten, die (ausschnittweise!) die Komplexität der Sachlage auch darstellungstechnisch spiegeln und also für den Ungeübten schwer verdaulich sind – mit einer Ausnahme: die (innerhalb ihrer Grenzen) überaus lesbare Darstellung von Solmecke (404). Diese
allerdings bleibt in Hinsicht auf unser didaktisches Modell einer Fremdsprachen-Lernpsychologie
(wie auch in Hinsicht auf unterrichtspraktische Applikabilität) durchweg auf halbem Wege stehen;
vgl. nur die Schwächen auf den SS. 92 ff., 102 ff., 124 ff.

[37] (286a) 10.   [38] (324) 101, (97) 100.

[39] (286a) 297, 299, 300; vgl. demgegenüber die etwas hilflos wirkenden »Vermittlungs«-Ver-
suche in der quasi »offiziösen« britischen Kurzdarstellung für Studenten, (349) 63 f.: die Formel
S-O-R!

[40] (286a) 334, 301; vgl. auch (141).   [41] (174) 109.   [42] (286a) 299.

[43] (300) 132, (232b) 238, (291c) 42, (49a), (199), (260) 267 ff.; bes. »lesbar« (404) 33 ff., vor
allem 51–72.

[44] gegen (286a) 100–103 (*»pro«*: Tolmans Konzept der *cognitive map*)!

[45] Halliday (39). – (154c) 225.

[46] (286a) 252 ff.; für das folgende: 262 u. 267.   [47] (399a) 253.   [48] (286a) 262.

[49] Vgl. (291c), (36) 133 (»grundsätzlich einsprachig«); (243) 159/160.   [50] nach (164b) 68/69.

[51] (345) 84. – Verbales Lernen scheint sich überhaupt zunächst einmal auf syntaktische Struktur
zu beziehen. Zwar ist sprachliche *Rezeption* durch selektives Behalten und Vergessen syntaktischer
Struktur unter dem Primat des »Inhalts« gekennzeichnet (und damit in *fremd*sprachlicher Rede

leicht in Gefahr, den »Boden« unter den Füßen zu verlieren; Sprach*produktion* aber »stützt sich« auf die Möglichkeit von solchen interaktional und responsiv »erworbenen« (interiorisierten) oder »aufgebauten« Aussagestrukturen: Semantische Feld-Ordnungen (die »höheren« Lern-Bezugs-systeme des FU) sind – wie die *fillers* eines *sentence switchboard* (»Vokabeln«) – bei gleichem Diffe-renzierungsgrad wechselseitig substituierbar. Für den Ansatz vgl. (404) 41–50 u. (341), u. a. 27 ff.

[52] (286a) 322; vgl. die Anwendung dieses Prinzips *sogar auf Phänomene der »1. Phase«* durch Bol/Carpay im »Forum«, PRAXIS 3/73/316 (unter »2«, 1. Abs.), desgl. (297) 134, Z. 20–26, auch (110) 142. – Formalistisch und akontextuell dagegen (296a).

[53] (306) 48, 127 f.,   [54] außer in Anm. 80 (S. 412).

[55] gegen (286a) 100–103; s. o. Anm. 69 zu Kap. 3.   [56] Vgl. (286a) 252 ff.

[57] (399a) 254/255 (s. auch unser UB 2 oben S. 76); (329) 65, (178a) 101; (283e) 400 unten. – Eher unzulänglich: (118).

[58] (141) 35 ff., vor allem 37 (Typ: *If you were a mad dog, whom would you bite?*)

[59] (375a), (227c+b+d); vgl. auch die oben unter 4.3.4.3.7. (Anm. 123) notierten interessanten Ansätze kommunikativer »Seitenformen« aus (98).

[60] Hinweis: DU 6/67/65 ff.   [61] (286c) 213 f. + Anm. 1, 215; (286a) 334.

[62] (49d) 591 oben.   [63] (291c) 43.   [64] (24a) 266.   [65] (247) 89 ff. u. (78b) Kap. 18.

[66] (60) 380 ff., spez. 383 u. 395.   [67] (11c) 29 oben, 32 unten.

[68] basierend auf (91); Ausführung im 2. Band.

[69] (49a) 52, 2. Abs., auch 51 oben; desgl. (49d) 593/594: Butzkamm bewirkte nicht etwa die *nuclear fission* gewisser Grund-»Elemente« des FU, sondern eine *new clear vision* eben dieser Elemente. – Das im Verlag Quelle & Meyer angekündigte größere Werk Butzkamms über »Aufge-klärte Einsprachigkeit« lag bei Drucklegung unserer Darstellung noch nicht vor.

[70] (168a) 113, (320) 1–6, (247) 65 ff.; vor allem natürlich (24a) 225–284 u. (78b) Kap. 19; auch (403) 95 f.

[71] (76) 104, (164c) 49, (154b) 41, (24a) 120/121, (399b) 69/70.

[72] Vgl. z. B. (399a) 245 ff. (der Leser wird Abweichungen von Fall zu Fall vermerken). Zur vol-len Komplexität der Interrelation von *Phasen* und *Aspekten* des (fremdsprachenunterrichtlichen!) Lernprozesses vgl. (291g) 36 ff., (291k) 11 u. 30, (291h) 95 f. – Die konkrete Bedeutung solcher Schemata kann sich natürlich erst aus der Darstellung möglicher oder wirklicher unterrichtlicher Prozesse und Operationen ergeben: s. dazu unseren 2. Band!

[73] (214) 39 ff., 43, 51/52, 70/71, 80 ff.

[74] Für alles folgende: (292b), (286a) 394–399, (320), (168a) 113, (110) 59, 128–130, 143/144; (297) 134, Z. 20–26, (194). Die oben ET Nachtrag 2.2.2. zitierten Einwände H. Blankertz' treffen diesen Teilbereich der kybernetischen Pädagogik nicht.

[75] Vgl. Halliday (10) 254 f. (dt. Übs. 247). (183c) 392 unter »*Functional Skills – Rationale*«.

[76] s. o. Halliday (10) 254; vgl. auch (196).   [77] Vgl. (265) 191/192, auch 171/172.

[78] Einzelne S. »spielen« nach einiger Zeit »mit« (nach dem Prinzip des »Modell-Lernens«) in Formulierungen wie: »Are there also ›dethatched‹ houses?« – »It is a long, long way to ›literary‹.« (als Einwürfe). Oder: »... the druggist, a small gnomelike agonizing ant – and Sangstrom's ›ant-agonist‹ ...« (aus einer Klassenarbeit).

[79] (183c) 390; vgl. auch Mueller und Miller nach (404) 120 f. sowie (399c) u. (240). Die folgende »Erledigung« des Themas *Motivation* durch anekdotische Mätzchen und einige wenige Literatur-Verweise hat ihren guten Grund: Abgesehen von der sozusagen »tiefenstrukturellen« Art von Motivation (affektive Beziehung zur Fremdsprache als *Fremd*sprache; affektive Beziehung zum Lehrer und gruppendynamische Momente, Klarheit der Vorstrukturierung) sind deren eher »ober-flächenstrukturelle« operationale Formen (Vorstellungsreiz, »Leistungsreiz«, die »situativen Mo-mente« des Lerngesprächs, Art und Form von Lehrer-Präsenz und -Steuerung im Lerngespräch) genuiner Teil des 2. Bandes. – Vgl. im übrigen (399b+c), (404) 110–121 sowie (164a) 26 u. 103.

[80] (223b) 488.

[81] (42) 19 ff.; (78b) 4. Brief/7.4./20–21! – Unterrichtspraktische Probleme, die sich angesichts der personalen Einlagerung *jeden* Sprechaktes ergeben – z. B. die *attitudinale* (nicht etwa: intellek-tuelle!) »Enge« der sog. C-Schüler – sind hier nicht weiter zu verfolgen. Die niemals wirklich an ihr Ende geführten Beobachtungen und Reflexionsansätze ROEDERS, (309) 29+78, zur Äußerungs-beteiligung im FU hingegen bedürfen sorgfältiger pragmatisch-kritischer Fortführung: S. unseren 2. Band.

[82] (236) 12, (82) 30, (306) 120/121, spez. Anm. 20, (243) 50–52, (164b) 37, (174) 2.   [83] (106) 8.

84 Vgl. H. Jalling in: CONTACT 18/19–Jan. 72/51.
85 Vgl. Löbner, PRAXIS 2/73/150 u. NSpr. 8/72/463–473.
86 (164g) 130, (317b), (179) 198, (60) 382.
87 Vgl. (260), (105a), (314), (317a).   88 (291b) 184, (291c) 41,4.
89 (50) 375; ausführlicher: (404) 89 ff.   90 (267) 114.
91 (164b) 138 (Anm. 17); s. bereits oben Anm. 34.   92 (267) 121/122, (183c) 389/390.
93 Vgl. (238) u. (325).   94 (164b) 36 ff.   95 (127a).
96 Vgl. (49c) 47/48 u. (49d) 588 ff.; s. bereits oben *Anm. 69!*
97 (49d) 595 (– nur eben nicht Methodisierung von *einsinniger* Art).   98 Vgl. (164b) 74.
99 Dazu: (291a) und (291k), auch – mit Einschränkungen – (232b) 177 ff., vor allem (375b); vgl. auch die Analyse nach Informations-Einheiten und Basalwörtern oben unter 5.2.4. (+ oben Anm. 74).
100 vor allem in: Halliday (6).
101 Vgl. vor allem die Anregungen von Lechler, Weber und Hombitzer.
102 (37).   103 Text und Stundenidee: B. Mattik.

Kap. 6 (Normativer Abstract)

1 Vgl. bes. d. schwedischen Erfahrungen nach (196) 267.

Namenverzeichnis

(Auswahl-Register: Reine »Nachweis-Nennungen« wurden nicht aufgenommen; für Anmerkungs-Hinweise – außer bei ausdrücklicher Namennennung – vergleiche man die entsprechende LV-Ziffer.)

a. Allgemeines Verzeichnis

b. Unterrichts-bezogen erwähnte Autoren englischsprachiger Literaturwerke

Sachverzeichnis

Die Stichworte erscheinen zu *Sinn-Einheiten* gebündelt: Einem an Vergleichen strukturierter Information Interessierten wird das gefallen! Da aber fast alle Zwischenverweise geopfert werden mußten, ist auch dem punktuell Nachschlagenden anzuraten, sich an den übergreifenden Sinn-Einheiten unseres Faches zu orientieren.

Dieses Register mußte aus technischen Gründen und auch um die zahlreichen Vorbesteller dieser »Kritischen Methodik« nicht länger warten zu lassen, knapper ausfallen als vom Autor vorgesehen.
Im zweiten Band »Kritische Methodik des Englischunterrichts. Zweiter Teil: Anwendung«, ließen sich vielleicht einige Stichworte nachträglich berücksichtigen. Wie überhaupt manches so angelegt werden könnte, wie es sich Leser und Benutzer wünschen.
Der Autor ist gern bereit in einen Dialog einzutreten, er ist aufgeschlossen und dankbar für Verbesserungsvorschläge und Kritik.

Anschrift des Autors: Rudolf Nissen, 2 Hamburg 50, Bielfeldtstraße 6.

In Vorbereitung

Rudolf Nissen
Kritische Methodik des Englischunterrichts
Zweiter Teil: Anwendung

Bedingungen, Voraussetzungen, Möglichkeiten des Lehrens und Lernens im
Englischunterricht, der »Rahmen«, Medien und Techniken, die »Sache selbst«:
Der zweite Teil der »Kritischen Methodik des Englischunterrichts« wendet sich
(nach den Exkursen über unmittelbare Praxis im 1. Teil) der konkreten Unterrichtspraxis zu. Im Mittelpunkt steht der praktizierende Lehrer. Zurückweisungen
folgenloser Empfehlungen à la mode und Reduktion komplexer Tatbestände auf
Modelle erfolgen in seinem Namen – und zu seinem Vorteil.

Die kommunikativen und »textuellen« Strukturen des Fremdsprachenunterrichts
spiegeln sich am reinsten im fremdsprachlichen Lerngespräch. Nissen expliziert den
Kontext von Lehrverfahren, Lernprozeß und kommunikativem Handeln aus dem
Ineinander der zwei grundlegenden Modi fremdsprachlichen Lernens: Sprach-
erwerb und Sprach*ausbau*. Dabei hat die einleitende Erörterung der *Lernziele* des
Fremdsprachenunterrichts Gelenk-Funktion: Sie überträgt die Denkbewegung
und die Distinktionen des 1. Teils auf die Analysen und Diskussionen von Unterrichtsarrangements, die für den 2. Teil charakteristisch sind.

Vor dem Hintergrund einer sehr umfangreichen Literatur und auf der Grundlage
ausgedehnter persönlicher Ausbildungs- und Lehrerfahrungen entwickelt Nissen
eine zugleich handfeste und trennscharfe Typologie methodischer Impuls- und
Übungs-Patterns. War dem ersten Band die Mahnung vorangestellt, *Techniken* nur
aus einem Kontext von *Haltungen* herzuleiten, so quellen im zweiten Band
»Techniken« (und Auseinandersetzungen mit Techniken) in Hülle aus dem sorgsam
abgesteckten Kontext: »Kritik«, angewandt, prägt Unterrichts-Alltag und -Praxis.

Die voraussichtliche Gliederung des 2. Bandes der »Kritischen Methodik des Englischunterrichts« finden Sie auf Seite 327 dieses Buches.

Quelle & Meyer · Heidelberg